史記論叢

二○二一年苏州孙武子与《史记》学术研讨会暨中国史记研究会第二十届年会论文——《史记论丛》第十八集

主 编 张大可 金海龙 陈 曦

中国文史出版社

图书在版编目（CIP）数据

史记论丛. 第18集／张大可，金海龙，陈曦主编.
—北京：中国文史出版社，2021.11
ISBN 978-7-5205-3246-4

Ⅰ. ①史… Ⅱ. ①张…②金…③陈… Ⅲ. ①《史记》—
学术会议—文集 Ⅳ. ①K204.2-53
中国版本图书馆 CIP 数据核字（2021）第 201610 号

责任编辑：王文运

出版发行：中国文史出版社
社　　址：北京市海淀区西八里庄路 69 号　邮编：100142
电　　话：010-81136606　81136602　81136603（发行部）
传　　真：010-81136655
印　　装：北京洲际印刷有限责任公司　邮编：101119
经　　销：全国新华书店
开　　本：710mm×1000mm　1/16
字　　数：760 千字
印　　张：37
版　　次：2021 年 11 月北京第 1 版
印　　次：2021 年 11 月第 1 次印刷
定　　价：140.00 元

题　记

　　中国史记研究会与苏州市孙武子研究会多年来密切合作，携手干成了两件大事：一是在十年前2011年两会联袂成功举办第一次孙武子与《史记》研究学术研讨会暨中国史记研究会的第十届年会，编辑出版了《史记论丛》第八集，当年在苏州的穹窿山庄热烈探讨"史圣"与"兵圣"的美好场景仍为两会参会学者所时时怀想；二是在2015年两会合作编纂出版了《史记论丛精选·孙武子研究专集》一书，共同将《孙子兵法》的研究推向了一个新阶段。十年后的今天，两会再度携手将在苏州召开第二次孙武子与《史记》研究学术研讨会暨中国史记研究会第二十届年会，共同推出《史记论丛》第十八集，书中收录孙子兵法研究和大战役两个栏目，论文达21篇，20余万字。这是两会共同献给苏州穹窿山孙武居留圣地的厚重礼物。

　　苏州市孙武子研究会多年来不断开拓进取，在弘扬孙子文化、吸取孙子智慧方面做出了重大贡献。学会创造性地开展了进机关、进部队、进学校、进社区、进军营、进农村的"六进"活动，卓有成效地将以《孙子兵法》为代表的中国优秀传统文化普及到社会的各个层面，值得中国史记研究会的全体同人好好学习、深深礼赞。中国史记研究会以务实的精神活跃于学术界，成立以来虽然只有20年，在学术界也办成了几件大事，特别是对吴文化研究的启动、对楚汉相争遗址成皋城的保护以及聚焦悲剧英雄项羽出版《乌江论坛》学术专集，堪称学术研讨的经典。中国史记研究会与苏州市孙武子研究会的合作，是强强联合推动学术研讨迈向新台阶的成功范例。戈春源先生是两会的会员学者，是推动两会合作的发起人，发挥了学术界的正能量，值得点赞。苏州市孙武子研究会的历届会长热情支持，功不可没。

　　《史记论丛》第十八集，是两会密切合作的又一重要成果。在"史圣""兵圣"两大精神的感召下，两会秘书处协作配合，全力约稿，精选精编，如期为年会献上了这份学术大礼。本集收录两会学者论文共61篇、76万字，设置了六大栏目：《孙子兵法》与吴文化研究、《史记》军事文化研究、《史记》文本与注释研究、《史记》思想文化研究、《史记》文学艺术研究、附录。本集论文的亮点：一是孙武与《孙子兵法》研究所收16篇论文，不少篇章新意迭出，彰显了《孙子兵法》研究领域不容忽略的最新成果。二是《史记》军事文化研究所收论文虽只有7篇，但可谓篇篇精到，老话题有新意，新话题看似平淡，确补了学术空白。这些论文深化了《史记》的军事文化思想研究，可与本集中的《孙子兵法》研究论文对读，共同推进了先秦两汉军事思想的研究。

　　此外，关于《史记》的文本注释、思想文化、文学艺术等研究，是每年《史记》论丛的必设栏目，常规选题之下彰显的是投稿作者的新发现、新收获。有很多论文值得读者细细品读，特别是作者的创新开拓文章，彰显了《史记》研究每年均能保持较高水平的喜人态势。论文集在大会召开之际即及时出版，大会采用分组讨论与大会交流两种形式，使每一个作者都有心得交流。这个舞台留给每个作者，《题记》中就不做具体点评了。

本集论文主编：张大可，中国史记研究会会长；金海龙，苏州市孙武子学会会长；陈曦，国防大学军事文化学院教授。

本集的编辑、出版，恰逢庆祝中国共产党成立一百周年的重要历史时刻。在这里，恭祝伟大的中国共产党百年华诞！恭祝伟大的祖国繁荣昌盛、国泰民安！恭祝两大学会的全体会员身体健康、阖家幸福！

编委会

2021 年 10 月

目　　录

《孙子兵法》与吴文化研究

《史记》军事文化研究

《史记》文本与注释研究

《史记》思想文化研究

《史记》文学艺术研究

附　录

《孙子兵法》与吴文化研究

孙子兵法

——中华文化的巍巍丰碑

＊本文作者孙则宁，中国孙子兵法研究会理事，苏州市孙武子研究会副会长。

"孙子武者，齐人也。以兵法见于吴王阖庐。"吴地是孙武晋献兵法之地，是孙武建功立业之地，也是孙武终老之地。吴地的今人更应当了解孙武，为传承中华文化做出我们应有的努力和贡献。

一、欲知《孙子兵法》，先知孙武其人

孙武生于春秋末年，约公元前 540 年，距今 2560 年。据欧阳修《新唐书·宰相世系表》和邓名世《古今姓氏书辨证》记载，孙武字长卿，是原陈国公子陈完的后裔，陈完是孙武的七世祖。公元前 672 年，陈国内乱，陈完避难奔齐，被齐桓公委以"工正"之职，管理手工业生产。陈、田音同义通，所以陈完在齐也称田完。

齐桓公于公元前 685 年即位。任用管仲为相，革新军政，发展生产，成为"九合诸侯，一匡天下"的春秋时代第一个霸主。陈完奔齐，正是出于靠大国以庇其荫之目的。

陈氏几代之后，逐渐发展成齐国的新兴势力代表。到齐庄公时，陈完的四世孙陈无宇已是齐国的大夫。他用大斗借粮，小斗收粮的办法，争取民众，从者如流。在齐国"四姓之乱"中，陈无宇联合鲍氏，击败栾氏和高氏，并将栾、高两

氏的财产全部分配给齐国公族中已无土地的公子、公孙们，同时救助贫困孤寡的百姓。一时声誉鹊起，受封高唐。史书"陈氏始大"指此。陈完的五世孙，陈无宇的次子陈书，也就是孙武的祖父，是一名能征善战的将军，由于伐吕有功，被齐景公赐姓孙，封乐安（惠民）为采邑。"五世其昌，并入正卿"。孙书受封后，在乐安生下孙凭，孙凭即孙武的生父，也是齐国的卿士。

春秋末期是一个社会急剧变革的时代，正如孔子曰："天下有道，则礼乐征伐自天子出；天下无道，则礼乐征伐自诸侯出。"天下大乱，礼乐征伐自大夫出。这是当时各诸侯国内部激烈争斗的无情现实。如晋国原有十几个卿大夫，后只剩韩、赵、魏、中行、范、知六大宗族。称"晋六卿"。晋国大小事均由"六卿"说了算。后又火并成韩、赵、魏、知四家，其中知氏势力最大。赵、韩、魏三家联合灭掉了知氏。将晋国一分为三。史称"三家分晋"。即后来战国七雄中韩、赵、魏三国产生。社会由奴隶制向封建制过渡。

齐国也不例外，齐景公在位时，生活奢侈，政治昏庸，贵族间残酷倾轧。公元前545年，栾、高、田、鲍等族联合，赶走国相庆封。公元前532年，田氏在联合鲍氏消灭栾、高两族后，田、鲍、国、高（另外一个高氏）又展开了激烈的斗争。孙武是田氏的后代，在这场卿大夫之间的斗争中自然不能超然度外。在这种险象环生，随时随地都有杀身之祸的情势下，孙武已有避乱他国的念头。公元前518年，齐国大司马田穰苴猝死，可能是孙武"避祸奔吴"的最后推动力。

田穰苴也是田完的后代，与孙武同祖同宗。以兵法《司马法》和军门立表的故事为世人熟知。"将在军，君令有所不受"的著名论断与孙武"涂有所不由，军有所不击，城有所不攻，地有所不争，君命有所不受"如出一辙。身处要职的田氏宗亲突然死去，不能不引起孙武对未来的担忧。终于做出了154年前其七世祖陈完"避乱奔齐"大致相同的选择。

田氏家族多人身居显赫要职，到后来甚至能左右朝政，行废立齐公之事。在公元前391年，田和废齐康公，取姜姓齐国为田姓齐国。史称"田氏代齐"，这是后话。所谓"八世之后，莫之与京"（京，大也）正是也。关于孙武的家世，学术界仍有争议。我们本着"信而存疑"的态度，述而不评。从孙武的家世中可以看出，孙武所出的田氏，累代为齐国卿大夫，家族中且多有军事造诣很深的军事将领。这种家族世家的环境熏陶，为孙武接受系统而良好的文化教育，继承和学习先人的军事典籍提供了得天独厚的条件，无疑为孙武日后的军事著述和战争实践打下良好的基础。

而此时的吴国有三江五湖之利，政治清明，国势正蒸蒸日上。孙武奔吴，一定有全方位的考量与选择。孙武出齐到吴，中间大约有两年的时间。这时孙武约22岁，正值青春勃发之年。对一个热爱军事的青年人，利用这一时机考察东南一带地形，应该是一个自然而合理的选择。这无疑为他以后的战争实践和军事理论著述创造了必要条件。正如孙武后来在地形篇中指出的"夫地形者，兵之助也。料敌制胜，计险易远近，上将之道也。知此而用战者必胜，不知此用战者必败"。

孙武到吴后，辟隐深居，静观局势，结交志同道合者。潜心阅读上古以及春秋时代的战史、战例和军事理论典籍，总结历史经验。和历史上所有有作为的军事家一样，在战史和战例的学习中，孙武不断成长成熟。"居不隐，患不远，身不逸，志不广"。居吴辟隐三年多的时间，是孙武一生中最为关键的时段，这是《孙子兵法》孕育待出的时期。这时吴国年轻的君王阖闾在伍子胥的辅佐下，君臣同心，吴国出现一派欣欣向荣的景象。阖闾雄心勃勃，欲对楚一战而争霸东南。公元前512年在伍子胥"七荐"之下，孙武以所著兵法一十三篇呈吴王。一部彪炳史册，光耀千秋的《孙子兵法》横空出世。这一年孙武28岁。这一年距今已2532年矣。

正值春秋末年大动荡、大分化、大瓦解、大混战的时代，使"兵者，国之大事，生死之地，存亡之道，不可不察"成为时代的需求。而孙武恰逢吴国争霸急需人才之时，集春秋及上古战争经验总结之精华，展平生所学之才智，造就了这样一部集兵法之大成的著作，筑就了一座中华文化的巍巍丰碑。

二、"前孙子者，孙子不遗，后孙子者，不能遗孙子"

明朝茅元仪《武备志·兵诀评》中的两句话，言简意赅，道出了孙武在兵学中无与伦比的地位。孙武出生地的齐国是一个有兵学传统的大国。齐国创始人吕尚就是一个大军事家，曾辅佐周文、武二王完成伐纣灭商建国的大业。司马迁说："吕尚阴谋修德以倾商政，其事多兵权与奇计，故后世言兵及周之阴权皆宗太公为本谋。"齐国的兵学传统一直延续到春秋战国时期。在此期间出现了齐桓公、管仲、司马穰苴、孙武、孙膑、田单等著名的军事家。先后出现了《孙子兵法》《司马法》《孙膑兵法》《六韬》等军事名著，占先秦传世兵法2/3之多。其中田氏一族占其三。孙武诞生于齐国这样一个具有悠久兵学传统的诸侯国，又出生于一个著名的兵学世家，这对孙武的成长和《孙子兵法》的诞生有不可忽视的影响。但仅此认识还是不够完全的。从文化史的角度看，任何文化成果都是一定历史条件下的产物。除了时代发展的需求外，文化思想的积累也是不可忽视的重要条件。春秋末期出现的反天道精神，无疑对孙武产生重要影响。占卜是中国古代战争中决疑的主要形式，"天下无疑，何卜乎"？而到春秋末期，这种占卜受到强烈的冲击。晏子明确提出"天道远，人道迩，非所及也"。孙武在用间篇中指出，"故明君贤将，所以动而胜人，成功出于众者，先知也。先知者，不可取于鬼神，不可象于事，不可验于度，必取于人，知敌之情者也"。表现出彻底的唯物主义精神。周《易》是群经之首。"易"根本的含义就是变易、变化。《易》"穷则变，变则通，通则久"。这种对事物运动的变化持积极和肯定的态度，对当时的人文思想起到革命性的推动。《老子》是中国历史上形成的最早的辩证法思想体系。"物壮则老，是谓不道，不道早已"。揭示了事物对立、转化的基本特征和规律，是一部充满人生智慧的书。《老子》其实也是一部兵书。许多格言可以看成是战争经验的总结。《老子》"以其不争，故天下莫能与之争"与《孙子兵法》的"不战而屈人之兵"何其相似。老子是南方文化的代表人物，《孙子兵法》中不仅有北方文化的刚健进取的特色，也有南方文化崇柔尚静的特点。在一定意义上，我们可以说《老子》是《孙子兵法》的先驱。总之，春秋末年，中国古代朴素辩证法思想已趋成熟。《孙子兵法》中充满军事辩证思想的光芒，无疑是那个时代的印记，也是《孙子兵法》长盛不衰的重要原因。所谓"前孙子者，孙子不遗"。我们应当这样认识，即孙武不仅继承了他以前的军事思想成就，而且也继承了那个时代文化上先进思想的精华。《文心雕龙》的作者刘勰说："孙武兵经，辞若珠玉，岂以习武而不晓文也。"历代文人如唐宋八大家的宋六家均有论孙子之兵法的篇章问世。无疑《孙子兵法》是那个时代最高水平的思维成果。

《孙子兵法》在孙武晋见阖闾时，就是一部独立的军事著作。这在汉朝中期以前都没有疑义。《史记》中吴王"子之十三篇，吾尽观之矣"。《孙子兵法》残简中两次提到十三篇，可见《史记》所言为实。可是西汉末年刘向《七录》中则称《孙子兵法》三卷而不是十三篇。而《汉书·文艺志·兵权谋》中记载《孙子兵法》八十二篇图九卷。清朝学者毕以珣在《孙子叙录》中指出，八十二篇中，除孙子见吴王以前作的十三篇外，其余六十九篇都是孙子的佚文，而这六十九篇佚文大都已经失传了。在《孙子兵法》残简中有《吴问》《四变》《黄帝伐赤帝》《地形二》都是十三篇以外的佚文或后人的注释。

恢复十三篇原型的工作，在东汉末年由曹操完成，他把十三篇以外的六十九篇另编为《续孙子兵法》二卷。这在《隋书·经籍志》和《唐书·艺文志》中有著录，在唐以后失传。曹操是对《孙子兵法》第一个进行注释的人。"吾观兵书战策多矣，孙武所著深矣"。"审计重举，明画深图，不可相诬，而但世人未之深亮训说，况文烦富，行之世者，失其旨要，故撰为略解焉"（详审的计谋，慎战的思想，明智的策略，深远的思考，不可误解。然一般人不能对它透彻了解和解说。同时，流行的《孙子兵法》兼收并蓄，文字繁多，有失重要的本旨，为此才作简要的注释）。曹操征战一生，文治武功都是千古英杰，他的注十分重要，带动了后世对《孙子兵法》的研究。

历代为孙子继绝学，注解《孙子兵法》比较著名的有十一家。这就是宋本《十一家注孙子》。除去曹操之外，主要是唐朝和宋朝的学者，唐朝的李荃官至刺史。他口气很大，说曹操注的错误太多，所以他要重注一遍。唐朝的贾林，曾拜神策统军，本身是一个军事家，他的注简略可信。唐朝中叶有个宰相叫杜佑，曾撰《通典》二百卷，其中有对《孙子兵法》的收录与训解。杜佑的注，高屋建瓴，不愧为大家之注。杜佑的孙子杜牧是大家熟悉的诗人，他是曹操之后最大的注家。他的注，往往上来就是"曹说非也"。晚唐有个陈皞，针锋相对，"杜说非也，曹说是"。史称陈皞以曹公注隐微，杜牧注疏阔，更为之注。曹操、杜牧、陈皞三人注释合起来，就是《三家注》，堪称为经典之注。杜牧的注，是唐代《孙子兵法》之注的最高水平。他旁征博引，开以史作注的先河，但他没有带兵打仗的经历，他理解不了曹操的一些话。唐朝安史之乱后，年年征战，大家都在研究兵法，所以唐朝是十一家注中最多的朝代。

第二个重视兵法的朝代是宋朝。宋朝在统治者"杯酒释兵权""弱枝强干"的政策下，面对夏辽军事压力，朝中一度已无能征之将惯战之兵，研究兵法成为应对危机的不二之选。《武经七书》作为军事教科书，就是在宋代确立的。《孙子兵法》为武经首书，其在兵学中的地位，由此得到正式确认。宋代四家注孙子：王皙、梅尧臣、何氏、张预。其中梅尧臣是大诗人，他的注简切严整。张预的注质量高篇幅大（530条）。"预观历代将兵者所以成败，莫不与孙武书相符契"。所以张预还有一本《百将传》传世。

十一家注孙子中，还有一个孟氏，名、籍贯、身世均不详。也有说是南朝梁人。所谓"后孙子者，不能遗孙子"。我们可以这样理解，孙子以后兵家迭出，但都无有超乎孙子之上者。唐太宗曾说"朕观诸兵书，无出孙武"，所言是也。"古今兵法，尽于《七经》，而《七经》尽于《孙子》"。这就是说《孙子兵法》较其他兵书都来得博大精深，是集中国古代兵法精华之大成。是后世兵家兵法无法逾越的制高点。《孙子兵法》最大的特点、最高明之处，就是"舍事而言理"。后世的译注往往是"言事而论理"。"事"，战史、战例也。"理"，兵法、规律也。十一家注孙子及后世对孙子的注释，其实也是对《孙子兵法》的一种继承和发扬。

三、"师其意，而不泥其迹"

《孙子兵法》十三篇，作为一部军事名著，内容完备，逻辑严谨，宏观而整体，精深而博大，词约而义丰，"求之益深""叩之不穷"。二千五百多年来，引无数志士仁人探究真谛，孜孜以求。用现代战争的眼光来审视《孙子兵法》，我们惊奇地发现，现代军事学所包含的主要内容和原则都可以在《孙子兵法》中找到。难怪英国著名的军事战略理论家利德尔·哈特说："《孙子兵法》包罗战略战术的基本原则，是研究战争的最佳入门捷径，又是深入全面研究战争问题时经常要参考的宝贵资料。"

（一）"胜败可知"的唯物辩证思想

孙武认为战争的胜败是可知的。"先知"是战争实践的先决条件。这里的"先知"不是唯心论的先天而知，而是在战争实践之前，对战争胜败的综合分析判断。孙武在计篇中讲"经之以五事，校之以计，而索其情"。"经"就是度量、研究，"校"就是比较。"五事七计"就是预测战争胜负的重要方法。"一曰道，二曰天，三曰地，四曰将，五曰法"。"主孰有道？将孰有能？天地孰得？法令孰行？兵众孰强？士卒孰练？赏罚孰明？吾以此知胜负矣。"孙武的分析方法，遵循了一条从客观到主观、从存在到意识的朴素的唯物主义认识路线。在谋攻篇中，孙武指出，"知可以战与不可以战者胜；识众寡之用者胜；上下同欲者胜；以虞待不虞者胜；将能而君不御者胜"；在地形篇中指出，"知吾卒可以击，而不知敌之可击，胜之半也；知敌之可以击，而不知吾卒之不可以击，胜之半也；知敌之可以击，知吾卒之可以击，而不知地形不可以战，胜之半也"。所以孙子曰"知彼知己者，百战不殆；不知彼而知己，一胜一负；不知彼，不知己，每战必殆"。不难看出，孙子主张战争的胜负可以预测，强调预测战争胜负必须建立在充分的了解情况和比较分析敌我双方诸方面因素优劣的基础之上。坚持了朴素的唯物辩证思想，这是十分难能可贵的。可以说唯物辩证的思想是《孙子兵法》的理论基石。

（二）"安国全军"的重战、主战与慎战的战争观

《孙子兵法》指出，"兵者，国之大事也"。"廓地分利"，"伐大国"。"无恃其不来，恃吾有以待之；无恃其不攻，恃吾有所不可攻"。"战胜攻取"而"修其功"是孙武重战、主战思想的基本面。孙武所主张的战争，是封建制取代奴隶制这样一种历史发展的必然过程中的进步战争，是值得肯定的。恩格斯曾说，"暴力在历史中还起着另一种作用，革命的作用；暴力，用马克思的话说，是每一个孕育着新社会的旧社会的助产士；它是社会运动借以为自己开辟道路并摧毁僵化的垂死的政治形式的工具"。《孙子兵法》从历史的角度来看，是顺应时代发展而创立的兵学新说。"名尊地广以至王者，何故？战胜也；名卑地削以至于亡者，何故？战罢者也。不胜而王，不败而亡，自古至今，未尝有也"。"谁能去兵？兵之设久矣，所以威不轨而昭文德也。圣人以兴，乱人以废，废兴存亡昏明之术，皆兵之由也"（《左传》）。春秋争霸战争实则加快了统一中国的步伐，加速了新旧制度的更替，客观上促进了中华民族的大融合大交流。在这个意义上，春秋是有义战而非无义战。这也是孙武兵学新说的意义所在。

慎重对待战争是孙子战争观的重要观点，"主不可以怒而兴师，将不可以愠而致战"。要"非利不动，非得不战，非危不战"，要"合于利而动，不合于利而止"。孙武的战争观是封建统一的战争观，是重战、主战和慎战辩证统一的战争观。重战、主战是"安国"之基，慎战则是"全军"之策。既重战、主战又慎重对待战争，这才是"安国全军"之道。"故明君慎之，良将警之"。

（三）"不战而屈人之兵"的全胜战略

《孙子兵法》中的"全"，如同孔子的"仁"，老子的"道"，是贯穿《孙子兵法》的核心思想。"全"，纯玉曰全。"全"引申为完整、完备、完美的意思。"全胜"就是完美的胜利，是以最小的代价取得的最大的胜利。"必以全争于天下，故兵不顿而利可全"。所谓全胜就是"百战百胜，非善之善者也；不战而屈人之兵，善之善者也"。不经过直接的交战而使敌人屈服的"全胜"战略思想是孙武对战争所企求达到的理想境界。实质是战争爆发前便创造和形成具备赢得胜利的充分条件，从而迫使敌人屈服，达到不战而胜的目的。

孙子曰："凡用兵之法，全国为上"，使敌国完整的降服是上策。"故上兵伐

谋，其次伐交，其下攻城"。伐谋、伐交无疑是实现全胜战略的重要手段，"是故不知诸侯之谋者，不能预交"。"伐谋"就是打破敌人战略企图。"伐交"就是利用非军事手段，创造有利于我而不利于敌的外交形势。"夫王霸之兵，伐大国则其众不得聚；威加于敌，则其交不得合"。"善除患者，理于未生，善胜敌者，胜于无形"。伐谋、伐交都是政治战略上的斗争。既有区别，又有联系。

孙武"全胜"的战略，不能片面地理解为仅仅是"伐谋""伐交""不战而屈人之兵"。他在兵法中的一系列的作战指导和作战思想的表述，无不是其"全胜"思想和战略的延伸和扩展。

(四)"先胜而后求战"的取胜要诀

孙武在《形篇》中指出，"昔之善战者，先为不可胜，以待敌之可胜。不可胜在己，可胜在敌"。这是孙武总结前人的战争经验得出的至理名言。是作战取胜的要诀。也是在军事上实现"全胜"战略的最可靠途径之一。"先为不可胜"是指"其所措必胜"。而不单指"不可胜，守也"。"以待敌之可胜"是"胜于易胜者"，"胜已败者"。这是两个重要的条件，而不是单指"可胜，攻也"。先使自己立于不败之地，造就使敌人不能战胜自己的条件和态势。同时等待寻找敌可以被我战胜的条件和时机。"不可胜在己，可胜在敌""能为不可胜，不能使敌之可胜"。我们能创造不为敌战胜的条件，但不能强求敌人一定能被我战胜的机会。"是故胜兵先胜而后求战，败兵先战而后求胜"。只有先有了胜利的条件和把握才投入战斗，而不是投入了战斗去企求取胜。敌人的失误和错误才是我们能够取胜的条件。换句话说，敌人不犯错，我们很难取得胜利。造成敌人的错误，引诱敌人犯错，才能有胜利的可能。"胜可知而不可为"。敌人的错误就是我们先胜的条件和胜利的基础。在此之后的攻击，就能取得预期的胜利。

(五)"致人而不致于人"的作战艺术

"善战者致人而不致于人"。"致人"，调动敌人，让敌人按照我们的意图行事。"致于人"，即被敌人所调动。战争中最重要的是掌握战场主动权。而主动权的获得在于能否有效地调动敌人。这是作战艺术的真谛。如何调动敌人而不被敌人所调动呢？孙子曰"能使敌自至者，利之也；能使敌不得至者，害之也"。以"利"诱之，以"害"阻之，可以动敌、止敌，调动敌人。"兵者，诡道也"。以示形使敌动而无措，暴露弱点，而我则"出其所必趋，攻其所必救"。示形动敌，还可使"我专而敌分"，"我众而敌寡"。使我能以众而击寡，攻而必取。"故善动敌者，形之，敌必从之；予之，敌必取之；以利动之，以本待之"。"故形兵之极，至于无形"，这就是"致人而不致于人"作战艺术的运用。

(六)"以迂为直"的取胜规律

"军争之难者，以迂为直，以患为利。故迂其途，而诱之以利，后人发，先人至，此知迂直之计也"。孙武认为，将受君令，征组军队，对阵于敌，没有什么比争夺制胜的条件更为困难的了。军争，是一条艰难曲折，迂回漫长的道路。而唯此却是达到取胜目标的最短、最直、最容易实现的道路。这就是取胜必须遵循的规律。为达目的必须"以诈立，以利动，以分合为变者也"。必须以利诱敌，分兵造成敌之分散，合兵以打击分散之敌，才能搅乱敌军的决心，打击敌人的士气。必须保护好自己的辎重、物资、粮道和重要战略要点。必须尽量避免向已有准备的阵地作正面攻击。必须在敌人想象不到的地点，方向和时间发起攻击。必须尽可能地威胁敌人的后方和补给线，以造成敌心理和物理上的双重瘫痪。遵循"以迂求直"的军争规律，才能在战争中游刃有余，是谓："先知迂直之计者胜。"

（七）"奇正相依"的灵活作战原则

"战势不过奇正，奇正之变，不可胜穷也"。孙武指出，"三军之众，可使必受敌而无败者，奇正是也"。孙武的"奇正"思想，实则是灵活作战的原则。《十一家注孙子》中关于奇正的解释有多种。曹操曰："先出合战为正，后出为奇。"李筌曰："当敌为正，旁出为奇"。梅尧臣曰："动为奇，静为正，静以待之，动以胜之"。张预援《尉缭子》曰："正兵贵先，奇兵贵后。"唐太宗曰："以奇为正者，敌意其奇，则吾以正击之；以正为奇者，敌意其正，则吾以奇击之。使敌势常虚，我势常实。"用现代军事的观点看，守常为正，通变为奇。按通常的方法作战为正，以特殊的方法作战为奇；主力部队为正，特种部队为奇；坚守部队为正，机动作战部队为奇；正面攻击为正，迂回侧击为奇；明攻为正，暗攻为奇；先发制人为正，后发制人为奇等等。奇正之变主要在兵力的主次变化和战法的灵活运用上有不同的表现形式。"善用兵者，无不正，无不奇，使敌莫测。故正亦胜，奇亦胜。"《李公问对》中还将孙武的奇正与虚实联系起来。"奇正者，所以致敌之虚实也。敌实，则我必以正；敌虚，则我必以奇"。强调出奇制胜与避实击虚结合起来，趁敌之虚，以奇制敌。奇正的运用不是孤立的，须与虚实、示形结合运用，战场多变，奇正善变。唯灵活运用以奇制胜方得要旨。

（八）"兵贵胜，不贵久"的速战速决作战指导

孙子曰"故不尽知用兵之害者，则不能尽知用兵之利也"。何为用兵之害？"夫钝兵挫锐，屈力殚货，则诸侯乘其弊而起，虽有智者，不能善其后矣"。孙武认为，战争消耗巨大，日费千金。"国之贫于师者。"久拖不决，将枯竭财力，造成物价飞涨，加重人民的负担，引起民众的不满。同时会陷入两面作战的不利境地。吴国灭于越国，就是北上会盟，越国突袭，陷入两面作战而致。如何速战速决，孙武的观点就是力避顿兵坚城。"攻城之法，为不得已"。"攻城则力屈，久暴师则国用不足"。他主张"役不再籍，粮不再载，取用于国，因粮于敌"。他主张"取敌之利者，货也"，"卒善而养之"，重赏夺取敌军物资者，优待俘虏。"是谓胜敌而益强"。这是孙武实现"兵贵胜，不贵久"的主要方法和途径。

"兵之情主速，乘人之不及，由不虞之道，攻其所不戒也"。能达成速战速决的目的还取决于战役战斗的突然性。"故为兵之事，在于顺详敌之意，并敌一向，千里杀将，此谓巧能成事者也"。寥寥数语，揭示了速战速决作战指导的内涵。这是现代"闪击战"的思想，孙武早在二千多年前就有了完整的论述。

（九）"五德"之将"五间"俱起的用人之道

《孙子兵法》中对待将帅和用间极为重视。"夫将者，国之辅也，辅周则国必强，辅隙则国必弱"。"知兵之将，生民之司命，国家安危之主也"。"故惟明君贤将能以上智为间者，必成大功"。孙武对将提出"智、信、仁、勇、严"五条标准，也称将之"五德"。"智"，智能为谋。能机权识变通也。古人云：孙武尚智，孙膑贵势。孙武将"智"放在五德之首，可见其对将帅指挥才能的重视。一个贤将对事观全局的五事（道、天、地、将、法）必须有深刻的了解。对于复杂多变的战场情况要灵活处置。"故将通于久变之利者，必杂于利害"。要有丰富的作战经验和应变能力。"故知兵者，动而不迷，举而不穷"。没有良好的军事素质，高人一等的综合判断能力和预见能力，是不可能胜任贤将之责的。"信"，赏罚有信，使人不惑于刑赏也。"仁"，爱人悯物，知勤能劳也。"勇"，勇敢果断，决胜乘势也。"严"，明法申纪，以威刑肃三军也。孙武认为，要恩威并施，行之以信。"爱而不能令，厚而不能使，乱而不能治，譬若骄子，不可用也"。将不仅要有"五德"，还要避免"五危"。"将有五危：必死，可杀也；必生，可虏也；忿速，可侮也；廉洁，可辱也；爱民，可烦也。凡此五者，将之过也，用兵之灾也。覆军杀将，必以五危，不可不察也。"张预说得好："庸常之将，守一而不知变，故取则于己，必为凶于兵。智者则不然，虽勇而不必死，虽怯而不必生，虽刚而不可侮，虽廉而不可辱，虽仁而不可烦也。""将帅应有相当高的个人素养和相对稳定的性格特质。""将军之事，静以幽，正以治。"孙武认为将帅应站在国家利益之上，处理好与国君的关系，"唯民是保，利合于主"。将帅要"进不求名，退不避罪"。"将受命于君"只有在与国家利益相左时才可以不受君命。"战道必胜，主曰无战，必战可也；战道不胜，主曰必战，无战可也"。所谓"君命有所不受"应放在更高的层次上理解把握。

孙武认为，"不知敌之情者，不仁之至也，非民之将也，非主之佐也，非胜之主也"。用间制胜，是孙武重要的兵法思想。所述"五间"主要是用间的形式。"因间者，因其乡人而用之。内间者，因其官人而用之。反间者，因其敌间而用之。死间者，为诳事于外，今吾间知之，而传于敌间也。生间者，反报也。"用间的实质是"五间俱起，莫知其道，是谓神纪，人君之宝也"。如果五种间谍同时使用起来，就可以使敌无法摸清我神妙莫测的意图和作战行动，这是国君制胜的法宝。"五间俱起""反间"最重。"反间"以智为上，伊挚吕牙也。"五间之事，主必知之，知之必在于反间，故反间不可不厚也"。孙武主张"三军之亲，莫亲于间""赏莫厚于间"。用间绝非易事、小事。"非圣智不能用间，非仁义不能使间，非微妙不能得间之实"。用间举足轻重,"此兵之要,三军所恃而动也"。

《孙子兵法》十三篇是一个军事哲理深邃,理论体系博大精深,文学语言辞如珠玉的兵学圣典。孙武不仅是一个军事理论家,也是一个军事战略家。孙武不仅有理论问鼎兵学顶峰,也有军事实践光耀战史。《孙子兵法》不仅是中华文化的思想宝库,也是整个人类社会的宝贵精神文化财富,我们研究和探寻的脚步将永不停顿。

从汉墓竹简《见吴王》看
《史记·孙子吴起列传》

＊本文作者黄朴民，中国人民大学教授，历史学博士，博士生导师。

一

我们在今天能见到的有关"百世谈兵之祖"孙子生平事迹的系统记载，始于《史记·孙子吴起列传》。在此之前，虽然不乏有提及孙子与《孙子兵法》者，[①]但无疑是一鳞半爪、只言片语，虽说是吉光片羽，颇为可贵，但是，毕竟是缺少了必要的完整性。从这个意义上说，《史记》孙子本传，是我们考察孙子其人其书基本情况最重要的第一手资料，而在《左传》《国语》等先秦史籍未著录孙子事迹的情况下，《史记》的这个孙子传略之价值就更显得弥足珍贵了。

《孙子吴起列传》在《史记》一书中属于"类传"性质，换言之，乃为先秦兵家群体代表性人物的"类传"。[②]在该传中所记述的孙武、吴起、孙膑等三个兵家代表人物中，有关孙武的记载，内容最为简单，基本上就是叙述了"吴宫教战"这个故事；文字也最简略，仅仅350字左右，明显地要少于记载吴起、孙膑的文字。更为令人遗憾的是，"吴宫教战"的内容有如一则传奇故事，文学色彩过于浓厚，几近"小说家言"，而有关孙子在吴国崛起乃至整个春秋历史上的贡献，仅仅是蜻蜓点水似的在本传的结尾处一笔带过。[③]正是因为这些问题的存在，对孙子其人其书可信性的质疑不绝如缕，代有其人。如宋代叶适就认为"吴宫教战"一节的行文"奇险不足为信"，司马迁是将传说故事当成信史，实不足为凭。

---

① 如，《尉缭子·制谈篇》："有提三万之众，而天下莫敢当者谁？曰武子也。"又如，《韩非子·五蠹》："境内皆言兵，藏孙吴之书者家有之，而兵愈弱，言战者多，披甲者少也。"

② 就历史编纂学性质考察，我们可以看到，《史记》70篇"列传"中有许多记叙专业人物生平事迹的"类传"，如载录先秦思想学术流派代表性人物的《孟子荀卿列传》《老子韩非列传》等等。

③ 按，《孙子列传》结尾处那段文字，"西破强楚，入郢，北威齐晋，显名诸侯。孙子与有力焉。"过去的解读，是将"西破强楚"云云，视为孙子本人的活动。这是不正确的。其文的真实含义是吴国在阖闾、夫差的领导下，于春秋后期全面崛起，终于"显名诸侯"。而在这个过程中，孙子他积极参与了（"与"），并做出了自己的贡献（"有力焉"）。这里，"西破强楚"等大业造就的主语，是吴国，而非孙子。

可以这么说，后世所有怀疑孙子及其著作的种种论调，其立论的逻辑起点，均与释读与理解《史记》孙子本传真实性和合理性相关。①

对《史记》孙子本传的真实性、可靠性有一定的保留，甚至有所疑虑，这是合乎情理的，也是完全可以予以理解的。

首先，司马迁撰著《史记》，是在汉武帝中晚期，裴骃《史记集解》引李奇言："迁为太史后五年，适当于武帝太初元年，此时述《史记》。"武帝太初元年为公元前104年，这时距离可作孙子活动的明确时间轴线坐标的，即吴王阖闾杀王僚上位（前515年）、吴楚柏举之战（前506年），已经相隔400年有余了，此时的追叙，不免是邈远混沌，扑朔迷离。设想一下，假如我们今天写明代历史人物的传记，许多细节的真实性，是否能够得到充分的保证？尤其是在《左传》《国语》等孙子同时代文献并无只字片语提及孙子生平事迹的情况下，《史记》能写出350字左右的孙子传略，的确会给人造成一种比较"突兀"的印象。

众所周知，在经历了秦王朝"燔《诗》《书》"，"烧各国史书"这一摧残文明、灭绝文化的浩劫之后，"文献不足征"已经成为汉代学术复兴、文化重建的严重挑战，这个不容忽略的现实，同样会给司马迁的史著撰写造成可以想象的困扰。尽管司马迁已经尽了自己的努力，网罗各种文献资料，并注重实地考察，寻访耆老，采撷阙文，抢救性地搜集旧闻，记录秘辛，可谓不遗余力，"二十而南游江、淮，上会稽，探禹穴，窥九疑，浮于沅、湘，北涉汶、泗，讲席齐、鲁之都，观孔子之遗风，乡射邹、峄，厄困鄱、薛、彭城，过梁、楚以归"（《太史公自序》）。"网罗天下放失旧闻，王迹所兴，原始察终，见盛观衰"（同上），"略考其行事，综其终始，稽其成败兴坏之纪"（《报任安书》）。但是，遇上"巧妇难为无米之炊"的窘况恐怕亦当属常态，这在撰写孙子传略时显然是如此，材料贫乏，颇难下笔，只能拿一个"吴宫教战"的传奇故事来敷衍成篇，至于孙子的其他行事，在具体的记叙上，只能是浮光掠影，浅尝辄止了。而"吴宫教战"的内容，又实在太具有戏剧性，无怪乎，叶适等人要以"奇险"视之，进而对孙子其人其书的真实性持质疑的态度了。

其次，《史记》作为中国历史上早期的史学典籍，其历史书写，本身就具有一定的文学虚构性。不少内容，多"逻辑的真实"，而就"历史的真实"言，则不可避免地存在着一定的缺失。这自然也导致一些学者对《史记》中的某些内容真

① 叶适在《习学记言》"卷四十六"《孙子》（中华书局，1977年校点本）中指出："凡谓穰苴、孙武者，皆辩士妄相标指，非事实。"论定《孙子兵法》乃是"春秋末战国初山林处士所为"。齐思和云："孙武实未必有其人，十三篇乃战国之书"（《孙子兵法著作时代考》，载氏著：《中国史探研》，中华书局1981年版）。梁启超指出"此书未必孙武所著。当是战国人依托，书中所言战事规模与战术，虑皆非春秋时所能有也"（《汉书·艺文志·诸子略考释》，载氏著：《饮冰室专集》，中华书局1989年版）。黄云眉在《古今伪书考补证》（齐鲁书社1980年版）中也认为"孙武之有无其人虽未暇定，而十三篇之非孙武书则固无可疑者"。钱穆推论道："《孙子十三篇》，洵非春秋时书。其人则自齐之孙膑而误"（《先秦诸子系年·孙武辨》，香港大学出版社1956年版，第11页）。

实性持保留的态度。例如，《史记》叙述在楚汉相争的最后一幕的垓下之战里，十面埋伏，四面楚歌，西楚霸王项羽只好跟虞姬诀别，整个场面被刻画得活灵活现，非常生动："项王则夜起，饮帐中。有美人曰虞，常幸从；骏马名骓，常骑之。于是项王乃悲歌忼慨，自为诗曰：'力拔山兮气盖世，时不利兮骓不逝。骓不逝兮可奈何，虞兮虞兮奈若何！'歌数阕，美人和之。项王泣数行下，左右皆泣，莫能仰视。"（《史记》卷七《项羽本纪》）①

　　但是，若复原到当时的历史现场，应该是只有跟随项羽突围的人，或者说当时军营大帐里的人才能看到这个场面，可是，他们绝大多数在接下来的突围之中或乌江边上战死了，当事人虞姬死了，项羽也死了。那么霸王别姬这个故事，又是怎么来的呢？我认为，这个故事很有可能就是司马迁自己按照所谓的常识与逻辑加以演义的。在司马迁的想象空间里，项羽身边有个美人始终相随，"常幸从"，所以，当他们面对生离死别的时候，是一定会演出一场可歌可泣、英雄美人最后诀别的场景。从这个意义上说，霸王别姬的历史真实性在逻辑上是能够成立的，按照逻辑推理来讲，是可以讲得通的，他们不会一个招呼也不打，眼泪也不流的，就这么分手了，这不可能！《史记》一书中许多故事，都是按"逻辑真实"的原则而得以载录的。

　　孙子本传中的"吴宫教战"，在性质上同样是属于"逻辑的真实"，而不宜看成是严格意义上的"历史的真实"。但是，随着历史编纂学内涵与外延的界定越来越规范化，"据事直书"对史著中文学合理性虚构的排斥亦日益成为现实，于是，像"吴宫教战""霸王别姬"这类传奇性故事从历史编纂学的角度，也渐渐失去了作为明确史实依据的合法性。这样，叶适等人有关《史记》所载孙子事迹的怀疑，也就顺乎自然发生了。

　　其三，司马迁《史记》一书中，有不少史实的记载，存在着自相矛盾，扞格难通的问题，这种情况，或许也诱发了叶适等人对《史记》"权威性"的信仰动摇，这样的心态，或许也会折射到他们怎样看待孙子生平事迹的可信性一事上。

　　应该说，《史记》史实记载上的矛盾处，并不在少数。例如，关于春秋晋景公在位时晋国发生的"下宫之难"的记载，《赵世家》与《晋世家》《十二诸侯年表》之间，就是各说各话，自相矛盾，根本无法契合。② 按《史记·赵世家》，晋国赵氏家族是在晋景公三年（前597年）遭遇灭族之祸的，史称"下宫之难"。赵氏的遗腹子赵武，在门客程婴和公孙杵臼的保护下，得以幸免于难，17年之后，韩厥等人进谏晋景公，终于使"下宫之难"得以平反昭雪，赵武逆袭成功，诛杀"下

----

　　① 唐代张守节《史记正义》引有陆贾《楚汉春秋》中的虞姬和诗："汉兵已略地，四方楚歌声。大王意气尽，贱妾何聊生！"此诗真伪莫辨，但性质上与《史记》《汉书》所载的项羽"自为诗"并无区别，故亦可供参考。

　　② 《史记》中有关史实的记载与考定，方枘圆凿、自相矛盾者多有之，不是个别的现象。除"下宫之难"外，像晋、吴"黄池之会"上究竟由谁主盟，率先歃血？同书中也是纷纭分歧，莫衷一是。《秦本纪》《晋世家》《赵世家》均称吴王夫差为盟主，而《吴太伯世家》则谓晋定公为盟主。

宫之难"的"始作俑者"屠岸贾等一众奸党，使赵氏一族满血复活，再次成为晋国政治生活中的一股主导力量。

但是，就在同一部《史记》中，《晋世家》有关"赵氏孤儿"的记载就大相径庭，截然不同，它根本不是什么忠奸生死搏斗的故事，而是晋国内部公室与强卿之间的一场权力博弈。没有哪一方特别神圣高尚，能以所谓的道德情操相标榜。

《史记·晋世家》是这样记载"下宫之难"与"赵氏孤儿"的：赵庄姬与赵婴有奸情，事情败露后，赵婴被赵同、赵括兄弟驱逐出晋国，并客死在齐国。赵庄姬因此而怀恨在心，在晋景公面前进谗言加以诬陷，"赵同、赵括将要作乱"。与此同时，与赵氏家族早有矛盾的栾氏、郤氏家族趁机出面为赵庄姬作证。于是，晋景公下令诛杀了赵同、赵括，并灭其族。

变乱发生的当时，赵武跟着赵庄姬住在晋景公宫里，并无遭追杀的威胁。不久，韩厥对晋景公谈起赵衰、赵盾的功绩，称如果他们这样的人都没有后人祭祀，谁还愿意为国家效力，"赵衰、赵盾之功岂可忘乎？奈何绝祀！"于是晋景公复立赵武为赵氏后嗣，恢复了赵氏的爵位和封邑，"乃复令赵庶子武为赵后，复与之邑。"

这里，"赵氏孤儿"的故事情节就明显不同于《赵世家》的记载了，一是赵氏孤儿根本没有遭到追杀；二是既然赵武生命安全无虞，程婴、公孙杵臼这些舍生取义、杀身成仁的英雄人物就自然无需存在并出现了；三是"下宫之难"发生的时间《史记》一书中《赵世家》与《晋世家》自相矛盾，应该说《晋世家》的记载更为可信，且与《史记·十二诸侯年表》的记载相一致。即是在晋景公十七年（公元前583年），而非在晋景公三年（公元前597年）。

《史记》同书中《晋世家》《赵世家》有关"下宫之难"记载上的分歧，其实反映了司马迁对史学不同功能的认识。《晋世家》记载的"下宫之难"内容，可以与《左传》《国语》相参证，应该是较为真实可信的，但《赵世家》所记载的"下宫之难"内容，无其他史籍可作参证，真实性程度似乎偏低，但它具有特殊的价值，因此，亦有保留甚至浓墨重彩加以渲染的必要。换言之，如果说《左传》《国语》《史记·晋世家》有关"下宫之难"的叙述，是反映了历史的"近似真实"与"逻辑真实"，还是有根有据的追叙，那么，《史记·赵世家》关于"下宫之难"的叙述，则已异化成了历史的"想象真实""艺术真实"，与历史的本相几无对应的关系。司马迁他这么做，也许有自己的考量在内，即：在《晋世家》中，他客观地延续《左传》的说法，以保存所谓的历史之"真"，在《赵世家》中，他又有意识地接受"成王败寇"背景之下赵氏崛起乃"天命所归"的社会认同，将"下宫之难"转型为一个充满道德正义性的"神话"，以弘扬所谓的历史之"善"。这种"双标式"的历史书写，有一定的合理性，但同时也会引起一些人对《史记》史学"真实"产生某种程度的"困惑"，有关孙子本传中"吴宫教战"的"奇险不足为信"质疑，其实就是这种"困惑"所衍生的自然结果。

二

　　"山重水复疑无路，柳暗花明又一村"，银雀山汉墓竹简《孙子兵法》佚文《见吴王》的发现，使我们能够对《史记·孙子吴起列传》中有关孙子"吴宫教战"等事迹记载的真实可靠性问题，做出正确而有力的肯定性判断。

　　1972 年在山东临沂银雀山西汉古墓中出土了一大批珍贵简牍[①]，其中有关古代兵书的竹简占了相当大的比重。其中就包括了《孙子兵法》佚文。它不仅具有文献学的价值，更不乏历史学的意义。这些佚文，根据竹简整理小组的考定，比较明确的共有 5 篇，分别为《吴问》《见吴王》《黄帝伐赤帝》《四变》以及《地形二》。[②] 通过对其内容的考察，我们认为从性质上，它可以分为三个类型，一是有关孙子本人生平事迹的记载，如《吴问》记叙孙子与阖闾讨论、预测晋国政治发展大势，深刻揭示了孙武的政治见解和进步倾向，表明孙子不但是一位卓越的军事家，同时也是很有头脑的政治家。《见吴王》相当具体地追叙了孙子与阖闾的君臣际会，重现孙子吴宫教战的戏剧性一幕，内容较司马迁《史记》所叙更为翔实。它们在某种程度上可以补充《史记》本传叙述孙子行事上不足、单薄之缺憾。[③] 二是对《孙子兵法》本文中有关原则或提法的补充性阐释与说明，如《四变》即为对《孙子兵法·九变篇》中"途有所不由，地有所不争，城有所不攻，军有所不击"之缘由的具体解释。如它说明"城之所不攻者"："曰：计吾力足以拔之。拔之而不及利于前，得之而后弗能守。若力（不）足，城必不取。及于前，利得而城自降，利不得而不为害于后。若此者，城唯（虽）可攻，弗攻也。"［参见《银雀山汉墓竹简》（壹），文物出版社 1985 年版，下同］将"城有所不攻"的道理，说明得一清二楚；《黄帝伐赤帝》，则显然是就《孙子兵法·行军篇》中"黄帝之所以胜四帝"一语做出明确的说明，叙述历史事迹，从中阐明战争制胜的基本条件，"休民，孰（熟）穀，赦罪"。三是与存世本《孙子兵法》的兵学论述主题相同，但是文字表述上存在着一定差异的篇章，如《地形二》。

---

　　① 银雀山出土的这些竹简文字，据考古专家研究推定，"是文、景至武帝初期这段时间内抄写成的"。详参：《银雀山汉墓竹简（一）》，文物出版社 1985 年版，第 5 页。

　　② 银雀山出土的《孙子》佚文中，《见吴王》与《四变》原有篇题均已漫漶莫辨，现有篇题系竹简整理小组依据竹简文字所增添。《见吴王》的命名也许受《史记·孙子吴起列传》影响，在 1974 年第 12 期《文物》杂志中，它起初被命名为《孙武传》，但在 1976 年文物出版社出版的《孙子兵法》简体本中，改而命名《见吴王》。

　　③ 按：先秦诸子学术思想在结集时，往往有学术宗师的传略，冠名为某子者的经典，在某种意义上，可视为该学派的学术综合大全，如《墨子》，就显然是墨家学派的"墨学丛书"，故今本《墨子》中的多篇文字，像《耕柱》《贵义》《公孟》《鲁问》《公输》等，多记载墨翟及其弟子的生平事迹，孙诒让据此而撰就墨子的传略，而鲁迅则写成历史小说《非攻》，收入其《故事新编》作品集中。《见吴王》《吴问》等篇在性质上与《墨子》这类篇章相似。这是先秦著作编撰体例的特色之一，不可不予以注意。

对司马迁《史记·孙子列传》所载内容的印证与补充，是汉简《孙子兵法》佚文墓竹简《见吴王》的历史文献学价值的具体体现。毫无疑问，司马迁写作《史记》的态度是认真和严肃的，在史料搜集与鉴别方面可谓是竭泽而渔、旁征博引而又审慎考究、提玄钩要，其《太史公自序》对此曾有生动的描绘："悉论先人所次旧闻，弗敢阙"，"史记石室金匮之书"。然而如前所述，由于种种原因，《史记》中有关史实的记载与考定，也并非无瑕可击、尽善尽美，方枘圆凿、自相矛盾者在所不免。

当然，更明显的问题是，局囿于史料的限制①，有些传主的生平事迹记载内涵上比较单薄、苍白，像《孙子吴起列传》中有关孙子生平事迹的描述，基本上只是写了一则"吴宫教战"的故事，除此之外，只有概括性的抽象提炼，"西破强楚，入郢，北威齐、晋，孙子与有力焉"。《吴问》中孙子与吴王阖闾的精彩对答没有写入，而其劝阻阖闾在条件不成熟情况下大举伐楚的言论，"民劳，未可，待之"等等，也散见于《吴太伯世家》《伍子胥列传》，不见本传载录。正是因为无太多实质性内容可记载，司马迁也只好以"能言之而不必能行之，能行之而不必能言之"这种话来施行"障眼法"，予以自我解嘲。这不能不说是一种缺憾。

即使是"吴宫教战"一事，《史记·孙子列传》的相关记载也显得比较突兀，人们在其中所看到的只是一个相当奇谲、不尽合理的故事。姑且暂不论其字数偏少，仅仅 350 余字而已，更是由于孙子勒兵杀姬的描述过于剑走偏锋了，它虽然说明了"慈不掌兵"的道理，突出体现了孙子"君命有所不受"的勇气，使得孙子执法严明、令行禁止的治军原则与能力风貌跃然纸上、凛凛生威，但毕竟给人以冷血残忍、视生命如草芥的负面印象。无怪乎，宋代叶适对此生发其事过于"奇险而不足信"的感慨，并进而怀疑孙子其人其事的历史真实性。

但是，汉简《孙子兵法》佚文《见吴王》的出土，则帮助我们看到了或许当年司马迁所未曾见过的"吴宫教战"另一个版本，它除了证明这一点：像"司马穰苴辕门立表斩庄贾"一样，"吴宫教战"当时也普遍流行于社会上，成为民间认知"严格治军"原则与做法的一个形象生动之典范案例之外，更丰富了故事本身所具有的内涵，进一步建构并完善了故事的内在逻辑，更合乎情理，而可以帮助摘掉叶适给孙子扣上的"奇险而不足信"的帽子。

《见吴王》现存简文为 500 余字，但据该篇简文结尾处所附识的数字判断，全文原有字数当多达 1000 余字②。从文字篇幅上，几为《史记·孙子列传》文字数的 3 倍。尤为重要的，是《见吴王》所记叙的"吴宫教战"情节，无论是完整程度，还是生动程度抑或曲折程度，均远远地超过了《史记》本传的相应叙述。

在《见吴王》简文叙述中，与《史记》本传所言的由孙子本人主动出击，以

---

① 《史记》是通史著作，55 万字左右的总篇幅，不可能将数千年的史事完全铺陈展开地写，只能简洁，择其善而删其芜，这应该说也可能是原因之一。

② 参见熊剑平、黄朴民：《简文〈见吴王〉与〈史记·孙子列传〉关系考论》，《中国人民大学学报》2012 年第 6 期。

"兵法十三篇见吴王阖闾"不同，乃是吴王阖闾礼贤下士，主动地屈尊纡贵，前往孙子所入住的馆舍，与孙子相见（"于孙子之馆"），这么寥寥数字，使得阖闾本人励精图治、求贤若渴的形象跃然纸上，这也曲折地折射出春秋战国时期普遍的尊士敬贤社会风尚。①

两人相见，孙子开门见山地表述了自己的战争观理念，对吴王阖闾"好兵"的主张加以批评："兵，利也，非好也；兵口（也），非戏也。君王以好与戏问之，外臣不敢对。"阖闾听了后，态度也立即变得庄重严肃，虚心认错："不穀未闻道也！"这段文字，是与传世本《孙子兵法》所倡导的"慎战"思想相呼应、相吻合的："兵者，国之大事，死生之地，存亡之道，不可不察也"，"合于利则动，不合于利则止"，"主不可以以怒而兴师，将不可以愠而致战"。这样卓荦不凡的见识，树立起孙子高大的形象，令人对其钦佩有加。

而有关让宫女操练的描述，《见吴王》中孙子的行为，则更是合乎情理与逻辑。面对吴王所提的"小试勒兵"的要求，孙子曾经就具体对象提供了诸如贱者、贵者等多个选项，这中间当然也包括了宫女，"唯君王之所欲，以贵者可也，贱者可也，妇人可也"。这本来是孙子的诙谐与幽默，中间不无调侃成分，谁知道吴王顺坡下驴，趁机和孙子较真起来：那么，就依先生所言，用宫女来"小试勒兵"。孙子见弄假成真，赶紧婉拒，以"妇人多所不忍"为借口，请求吴王阖闾收回成命，更换"勒兵"训练之对象。但是，这么一来，反而平添了吴王的疑虑，觉得孙子是大言炎炎，是玩假的。所以，吴王斩钉截铁加以拒绝，看孙子怎样来收场。在这样的情势下，孙子不经意而被逼到墙角了，所以，只能遵命行事，表示自己可以这么做，"有何悔乎"！就真的让宫女来作"勒兵"的对象，于是才有接下来的斩吴王宠姬以立威的故事发生。不过虽然付出了人命的沉重代价，但是，应该说这个插曲的结果还是比较理想的，通过杀姬立威，孙子的治军用兵才能终于得到肯定与信任，本人也如愿当上吴国的将军，其所主张的治军管理方面的"将之道"，"威行于众，严行于吏"，也得以坚持和贯彻，所谓"道得矣。……三军信其将畏（威）者，乘其适（敌）"！②

由此可见，按《见吴王》简文的记载，孙子以宫女教战，完全是被动的应对，属于形格势禁、迫不得已之举。他并非视生命为草芥，而是一位具有浓厚人情味的帅才。这样一波三折、柳暗花明的记载，自然要比《史记》本传同一事件记载

---

① 《战国策·齐宣王见颜斶章》中的齐宣王与颜斶之间的对话，就是当时士人自信心爆棚的一个生动例子："（齐宣王）忿然作色曰：'王者贵乎？士贵乎？'对曰：'士贵耳，王者不贵！'"

② 古希腊军事学家色诺芬曾说："一支没有惩罚的军队是没有好处的，一个兵要执行好勤务，不伤害朋友，或是毫无遁词地去攻击敌人，他必须对指挥官怕得比敌人厉害"（《长征记》，崔金戎译，商务印书馆 1985 年版，第 57 页），这就是严，是说士卒对领导的害怕要超过对敌人的害怕。类似的表述，其实在中国古代兵书中也不缺乏，如《尉缭子·兵令上》尝言："卒畏将甚于敌者胜，畏敌甚于将者败。所以知胜败者，称将于敌也，敌与将犹权衡焉。"竹简《见吴王》中孙子所言"将之道"，其精神实质可谓是异曲同工。

上的生硬、突兀来得相对的合理，合乎逻辑，连贯通达，从而使孙子的历史形象显得更为饱满和人性化。

更为重要的是，与此同时，《见吴王》的出土，更可以起到与《史记·孙子列传》的相关文字内容进行相互印证的重要作用，它从一个侧面证实了《史记》有关"吴宫教战"的记载并非无本之木、无源之水，属于空穴来风、为"小说家言"，而是有实实在在的文献做依据、做支撑的，《史记》孙子本传的相关记载，决不是"孤证"，而为"铁证"。由此可见，《见吴王》在一定程度上只是丰富和细化了"吴宫教战"的具体内容，使之更富有生动性、形象性。它与《史记》本传的情节和相关内容，起到了互为印证、相得益彰的作用。

三

《孙子兵法》一书究竟有多少篇数？字数大致为几何？这在历史上是存有疑问的。一般通行的观点，认为《孙子兵法》的本文为"十三篇"，字数在 5000 字左右。应该说这是比较靠谱的看法，也得到文献史料的支撑。像篇数问题，《史记》的说法是"十三篇"，《史记》孙子本传就明确说明"子之十三篇，吾尽观之矣"。又称："世俗所称师旅，皆道《孙子》十三篇，《吴起兵法》。"而全书的字数问题，东汉高诱同样指出《孙子兵法》其书篇幅应为"五千言"：其注释《吕氏春秋·上德》"阖庐之教，孙、吴之兵，不能当也"曾有言："孙、吴，吴起、孙武也。吴王阖闾之将也，《兵法》五千言是也。"

但是，问题是在东汉班固的《汉书·艺文志·兵书略》相关著录中，《孙子兵法》的篇数有了急剧的增益与膨胀，居然多达"八十二篇"："《吴孙子》八十二篇，图九卷。"众所周知，《汉书·艺文志》所据之本为刘歆的《七略》，而刘歆《七略》又渊源于其父刘向之《叙录》，这表明，早在西汉时期，《孙子兵法》的篇数卷目就有了"八十二篇"的另一类统计之说法。而据与司马迁同时代人东方朔的叙述，《孙子兵法》的文字亦远远超过了"五千言"之数，"年十三学书，三冬文史足用。十五学击剑，十六学诗书，诵二十二万言，十九学孙吴兵法，战阵之具，铮鼓之教，亦诵二十二万言。凡臣朔固已诵四十四万言"（《汉书》卷六十五，《东方朔传》）。这"二十二万言"之中，当然不仅仅是《孙子兵法》，还应该包括了《吴子》等其他兵书，但是，《孙子兵法》不止"五千言"，当是殆无疑义的，我们认为，东方朔所言《孙子》文字数的依据，应该是"八十二篇"而非"十三篇"。

正因为同在西汉时期就存在着《孙子兵法》在篇数、文字方面统计上的差异与分歧，所以，唐代张守节在《史记正义》中就认为《七录》将《孙子兵法》分列为上、中、下三卷是正确的，"《七录》云《孙子兵法》三卷，案：十三篇为上卷，又有中、下二卷"，即认为"上卷"为《孙子兵法》原始本文，即"十三篇"，而"中卷"与"下卷"则为孙子后学所撰，附益于孙子名下而流传。而东汉末年大军事家曹操则对这些依托于孙子的增益内容很不满意，认为"而后世人未之深亮训说，况文烦富，行于世者失其旨要"，遂汲汲致力于恢复《孙子兵法》之原貌，"故撰为《略解》焉"，仅仅就"十三篇"作注（见《孙子序》）。这样，便构成了孙子兵学发展研究史上的一则公案。

从这个意义上讲，《孙子兵法》其书大概像《庄子》有"内篇""外篇""杂篇"一样，也可以分为"内篇"与"外篇"，"内篇"就是司马迁所称的"十三篇"，其主要内容当出自孙子本人之手①。而"外篇"则为除"十三篇"之外的"八十二篇"之文字，当出自孙子的后学或认同、依从孙子兵学理论的佚名兵学家之笔下。众所周知，家族内部或同门内部专门学问的累代相传，乃是当时学问传授的主要方式，我们通常把这种情况叫做"家学"和"私学"，其中的规则，则称为"家法"或"师法"。比如，赵括熟读其父赵奢的兵书；据传苏代、苏厉学习其兄苏秦的纵横之术；甘罗继承并光大其祖父甘茂的谋略，都是家学代代相传的史例。兵学的传承在这方面自然也不例外。《孙膑兵法·陈忌问垒》所附残简中提到的"孙氏之道"，是"明之吴越，言之于齐"，就说明两种《孙子》本系一家之学。其门徒或仰慕追随者，按宗师的指导思想而撰就的文字，往往是依托和附挂宗师之名，与宗师的文字一起传诸后世。

问题是，在竹简《孙子兵法》佚文出土之前，我们对所谓孙子后学撰就的《孙子兵法》"外篇"的情况并不了解，只能加以蠡测而已。但是，现在通过《见吴王》等五篇佚文，我们就能对所谓的"外篇"有一个具体而形象的认知，可以直观地就"外篇"的主旨、内容、特色展开全面深入的讨论，从而在此基础上进一步梳理和分析"十三篇"与"八十二篇"之间的衍生关系，为解决《史记》与《汉书·艺文志》有关《孙子兵法》一书著录上分歧的疑案创造有益的条件，这显然是值得庆幸的。

《见吴王》诸篇的成型，必定是在《孙子兵法》面世之后。不过，大致的时间点，究竟在何时，还是值得斟酌讨论的。我们认为，比较可以成立的时间点，应该是在战国中后期，因为该时期，诸子学说的政治观念开始全面渗透于兵学理论的建构之中，而《见吴王》《吴问》诸篇，大量涉及政治指导战争，民本主义色彩浓厚，所反映的正是这种时代文化精神。

战国中后期文化上的重大特征之一，是学术兼容成为不可逆转的历史趋势。在这样的背景之下，稍晚出的兵书，如《司马法》《吴子》《孙膑兵法》《尉缭子》《六韬》等等，就开始较多地受到诸子学说的某些渗透与影响，传递当时各家学说的不同政治文化信息。

---

① 当然也不排除后人的一些附益，如"其下攻城"之后的"攻城之法，为不得已……"一大段文字，就很有可能是后人解释为何"攻城"为"下"策的增益内容。又如，"五行无常胜，四时无常位。日有短长，月有死生"云云，也属于同样的性质。因为以"兵无常势，水无常形，能因敌变化而取胜者，谓之神"结尾，《虚实篇》全文文意已足，再加"五行无常胜"等句，纯属画蛇添足，徒添烦扰。

　　诸子学说对战国兵书文化精神构建的影响，比较集中地体现为在战国兵书中，较多地带上政治伦理学的色彩。受这一文化传统的影响和制约，使得战国兵书注重将军事问题较大限度地从属于政治伦理学的主体，换言之，就是使其许多军事观点，在一定程度上成为政治伦理学的具体诠释。战国兵书中都有大段大段的政治色彩浓厚的论述，而且一般都放在全书的首篇或靠前位置，例如《司马法》的"仁本""天子之义"；《尉缭子》的"天官""兵谈""制谈""战威"诸篇；《孙膑兵法》中的"见威王"；《六韬》中的"文韬"；《吴子》中的"图国"等等，就是明证。它们均不是纯粹从军事学的角度立论，而是从政治学的本体基础上对军事问题进行理性的认识和总结。这应该说是诸子学说对战国兵书文化精神构建施加影响的必然结果。

　　诸子学说对战国兵书文化精神的构建，都有不同程度上的渗透和影响，其中尤以儒家与法家学说最为突出。这不仅表现为这两派学说的基本语言、概念范畴以及思想观点在战国兵书中出现的频率远较其他学派为高，而且也表现为它们在实质上决定了战国兵书的价值取向和基本文化特征。具体而言，儒家学说为战国兵书规范了用兵的根本宗旨与目的，对待战争的基本态度，以及战争与政治之间的内在逻辑关系等问题。一句话，即儒家学说从总揽全局的高度，为战国兵书解决了政治原则问题，从而使战国兵书在哲理上获得了升华。而注重实事的法家学说，亦从政治操作的角度，给战国兵书提供了具体而丰富的政治实践理论，并从实用的层次上满足了社会大变革条件下对兵书的要求。理想的境界与成熟的经验这两者的密切结合，互为弥补，这就是儒、法两派学说对战国兵书文化精神构建最富有积极意义的渗透和影响。

　　孙子的后学者，在撰写《孙子兵法》"见吴王""吴问"等"外篇"时，显然也不能超越或摆脱这个历史文化的大氛围。《见吴王》言"赏善始贱，罚……口请谢之。"其所申明的赏罚基本原则，就与战国后期成书的兵书《六韬·龙韬·将威》所说的相一致："杀贵大，赏贵小。杀及当路贵重之臣，是刑上极也。赏及牛竖、马洗、厮养之徒，是赏下通也。刑上极，赏下通，是将威之所行也。"① 这种赏罚原则，与战国之前的"礼不下庶人，刑不上大夫"立场，显然是存在着明显的差异，而与法家的政治理念相一致。所谓"不别亲疏，不殊贵贱，一断于法"。（《史记》卷一三〇《太史公自序》）

　　儒家的基本宗旨是讲究"仁义"，提倡"礼乐"，重视"民本"，其影响所及，使得战国兵书普遍注意强调战争与政治的关系，注意民心的向背对战争胜负的影响。这些构成了战国兵书指导原则（宗旨）上的浓厚儒学色彩。这里，特别值得充分注意的是，儒家的"民本"思想，在战国兵书之中得到了有力的体现。这是儒家思想对当时兵书文化精神构建最富有积极意义的影响。这种"民本"思想，在《司马法·仁本》中的表述，就是"战道，不违时，不历民病，所以爱吾民也；

---

　　① 同样的观点，也见于《尉缭子·武议》："夫能刑上究，赏下流，此将之武也。"

不加丧，不因凶，所以爱夫其民也；冬夏不兴师，所以兼爱其民也。"在《尉缭子·战威》中，是"励士之道，民之生不可不厚也；爵列之等，死丧之亲，民之所营不可不显也。"而《六韬·武韬·发启》中则表述为："无取民者，民利之；无取国者，国利之；无取天下者，天下利之。"

儒学精神笼罩之下的军事"民本"观念，在《孙子兵法》佚文《见吴王》《吴问》《黄帝伐赤帝》诸篇中，也有如一条红线而贯穿始终。如在《吴问》中，孙子正确预测了晋国政治发展趋势，其根本依据，就在于发现了当时掌握晋国政治实权的六大宗族，在尊重民意，减轻剥削，爱惜民力等方面做得有好坏，表现有落差，"公家富，置士多，主乔（骄）臣奢，冀功数战，故曰先［亡］。"认为范氏、中行氏、智氏等之所以最终出局，就是民众负担过重，军事费用过大，官吏队伍豢养成本过高，君主骄奢淫逸，又好大喜功，穷兵黩武。同时认定赵氏一族将在残酷的政治搏杀中笑到最后，成为终极胜利者，则是反"范氏"诸家之道而行之。换言之，就是强调赵氏家族的情况，与上述五家大不一样。六卿之中，赵氏的亩制最大，以一百二十步为畹，二百四十步为亩。不仅如此，其征收租赋向来不过分。亩大，税轻，公家取民有度，官兵数量寡少，在上者不致过分骄奢，在下者尚可温饱生存。苛政丧民，宽政得众，赵氏必然兴旺发达，晋国的政权最终要落入赵氏之手："公无税焉。公家贫，其置士少，主金臣收。以御富民，故曰固国，晋国归焉！"在此基础上，作者借阖闾之口，明确提出了政治决定军事的一条铁律："王者之道，□□厚爱其民者也！"

《黄帝伐赤帝》一文中，虽然不乏"兵阴阳"的色彩①，但基调同样也是儒家"足食，足兵，民信之"的观念体现。黄帝之所以能战胜四方之帝，大有天下；商汤、周武王之所以能灭夏代商，"天下四面归之"，均是能做到节用民力，发展经济，宽政轻刑，"休民，孰（熟）榖（谷），赦罪"。认为这才是政治成功的必有之义，"皆得天之道，□之□，民之请（情）"。

竹简《孙子兵法》佚文沾染有相当浓厚的政治思想色彩，很显然是战国中后期兵学理论建构时代特色的反映。②《孙子兵法》十三篇，固然也有不少有关政治与军事关系的论述，如"道者，令民与上同意"，"修道而保法"，"上下同欲者胜"

---

① 按：《孙子兵法》为"兵权谋家"，而据《汉书·艺文志·兵书略》的界定，"兵权谋"的特色包含有"兼形势，包阴阳，用技巧者也"，那么，孙子及其后学，在其思想理论体系中含有"兵阴阳"的成分，也是很自然的现象。

② 这样的历史文化现象是很多的，值得研究者引起注意。例如，晋文公重耳能在流浪近二十年后返回晋国，登上国君的宝座，离不开秦穆公的武力支持。对此，《左传·僖公二十四年》："秦伯送卫于晋三千人，实纪纲之仆。"这是真实的史实。但是，到了《韩非子·十过》那里，秦穆公出兵护送晋文公回国这个史实没有变，但兴师动众的规模则大大膨胀了，成了"公因起卒，革车五百乘，畴骑二千，步卒五万，辅重耳入之于晋，立为晋君。"事情还是那个事情，可军队动员的规模，乃是战国的场面了。可见，史实的记载或叙述，一定会呈现历史书写者所处时代的固有特色。竹简《见吴王》等也没有例外，种种迹象表明，它们是孙子的后学所为，大致成型于战国中后期，但应该被视为孙子兵学体系的有机组成部分。

等等，但主体是讲战略指导，战法运用和战术变化，"兵以诈立""兵者诡道"，是全书的根本主题，是比较纯粹的狭义的"军事艺术"，但是到了其后学撰作的《见吴王》《吴问》《黄帝伐赤帝》这里，兵学与诸子之学显然就得到融汇综合了，逐渐形成了相对广义的"军事艺术"。这是时代给当时兵学理论建构打下的深刻烙印，也说明我们今天对《孙子兵法》整个兵学体系的认知与理解，不能仅仅局囿于"十三篇"，而应该将它与其后学所作的补充与发展的内容联系在一起，进行通盘的考察，从而看到这个理论体系"随时迁移，应物变化"的嬗递轨迹和文化贡献！

《孙子兵法》的核心概念

＊本文作者赵国华，华中师范大学历史文化学院教授。

《孙子兵法》十三篇、六千字，作为一部中国兵学元典，蕴含着一系列核心概念。这一系列核心概念是打开《孙子兵法》的钥匙，是把握孙子思想的关键。学术界对此多有关注，却未形成一致的认识。依照笔者的浅见，《孙子兵法》的核心概念主要包括"兵""将""计""战""攻""胜"六个词语。本文从历史语言学的视角，依据《孙子兵法》的论述，针对这些词语进行解释，以期有裨于孙子学研究。

一、论兵

兵，作为中国兵家元典的元关键词，当然是《孙子兵法》的核心概念，并且居于所有核心概念的首位。这一核心概念主要有三个义项：兵器、军人和战争。《孙子兵法》较少论及兵器之"兵"，全书仅见《作战篇》曰："其用战也胜，久则钝兵挫锐。"①《行军篇》曰："奔走而陈兵者，期也。"《地形篇》曰："将弱不严，教道不明，吏卒无常，陈兵纵横，曰乱。"这里所谓"钝兵"，指损坏兵器；"陈兵"，指摆放兵器。战时兵器遭到损坏，或者摆放混乱，都会导致作战失败。

在先秦兵家元典中，军人之"兵"使用频率较高者，当属《孙子兵法》。通检《孙子兵法》十三篇，"兵"字出现过 70 次，主要指军队和士兵。如《作战篇》曰：

> 不尽知用兵之害者，则不能尽知用兵之利也。
> 善用兵者，役不再籍，粮不三载。

《谋攻篇》曰：

> 百战百胜，非善之善者也；不战而屈人之兵，善之善者也。
> 故善用兵者，屈人之兵而非战也，拔人之城而非攻也，毁人之国而非久也，必以全争于天下，故兵不顿而利可全。

---

① ［春秋］孙武撰，［三国］曹操等注，杨丙安校理：《十一家注孙子校理》，中华书局 1999 年版，第 30 页。以下引自本书，仅出篇名或注页码。

《形篇》曰：

> 胜兵先胜而后求战，败兵先战而后求胜。善用兵者，修道而保法，故能为胜败之政。
>
> 胜兵若以镒称铢，败兵若以铢称镒。

《虚实篇》曰：

> 以吾度之，越人之兵虽多，亦奚益于胜败哉？
>
> 形兵之极，至于无形；无形，则深间不能窥，智者不能谋。

《军争篇》曰：

> 善用兵者，避其锐气，击其惰归。

《九变篇》曰：

> 将通于九变之地利者，知用兵矣。……治兵不知九变之术，虽知五利，不能得人之用矣。
>
> 用兵之法，无恃其不来，恃吾有以待也。

《行军篇》曰：

> 兵非益多也，惟无武进，足以并力、料敌、取人而已。

《九地篇》曰：

> 谨养而勿劳，并气积力，运兵计谋，为不可测。
>
> 兵士甚陷则不惧，无所往则固，深入则拘，不得已则斗。是故其兵不修而戒，不求而得，不约而亲，不令而信。
>
> 四五者，不知一，非霸王之兵也。夫霸王之兵，伐大国，则其众不得聚；威加于敌，则其交不得合。

在《孙子兵法》一书中，"用兵"出现过19次，虽然可以理解为使用兵器，但较准确的解释是动用军队，进行战争。所谓"用兵之法"，即用兵作战的方法。所谓"胜兵"，即胜利的军队；"败兵"，即失败的军队。在孙子看来，胜利的军队就像以镒称铢，占据绝对的优势；失败的军队就像以铢称镒，处于绝对的劣势。所谓"兵士"，指战士、士卒。所谓"越人之兵"，实指越国的军队。所谓"霸王之兵"，是指王者、霸主的军队。这样的军队攻伐一个大国，该国的民众就无法聚集；若是兵威加于敌国，敌国的盟友就不敢联合。

与军人之"兵"相较，《孙子兵法》使用战争之"兵"亦很频繁，如《计篇》曰：

> 兵者，诡道也。

《作战篇》曰：

兵闻拙速，未睹巧之久也。夫兵久而国利者，未之有也。

兵贵胜，不贵久。

《谋攻篇》曰：

上兵伐谋，其次伐交，其次伐兵，其下攻城。

《形篇》曰：

兵法：一曰度，二曰量，三曰数，四曰称，五曰胜。

《虚实篇》曰：

夫兵形象水，水之行，避高而趋下；兵之形，避实而击虚。水因地而制流，兵因敌而制胜。故兵无常势，水无常形，能因敌变化而取胜者，谓之神。

《军争篇》曰：

兵以诈立，以利动，以分合为变者也。

《地形篇》曰：

知兵者，动而不迷，举而不穷。

《九地篇》曰：

兵之情主速，乘人之不及，由不虞之道，攻其所不戒也。

兵之情，围则御，不得已则斗，过则从。

《用间篇》曰：

此兵之要，三军之所恃而动也。

《孙子兵法》开宗明义地把战争当作国家大事，要求君主和将帅进行深入研究。所谓"上兵"，指用兵作战的上策，即运用谋略战胜敌人。所谓"兵法"，指用兵作战的方法，即战争指导的方略或指挥作战的方法。所谓"兵形"，又称"兵之形"，指军事行动的态势。所谓"兵之情"，简称"兵情"，指军事行动的情势。所谓"兵之要"，简称"兵要"，指军事行动的要领。所谓"知兵者"，就是通晓军事、了解战争的人。从上述引文来看，孙子使用战争之"兵"，主要论述战争指导的原则和方法，而较少涉及战争观，对战争的性质、起因及终结等问题，缺乏较细致的论述。

从上述可知，《孙子兵法》使用"兵"字作前缀，构成"兵法""兵形"等词语，而以"兵"字作后缀，构成"胜兵""败兵"等词语，加上"知兵""用兵"等短语，就形成了一个关键词系。特别是《计篇》曰："攻其无备，出其不意，此兵家之胜，不可先传也。"这是"兵家"一词的出处。所谓"兵家"，指研究军事、指导战争的人。全书仅此一处使用"兵家"，则表明以"兵家"指代军事家，并非孙子的习惯用语。

二、论将

将，又称将帅、将领，是领导军队建设、指挥军队作战的军事统帅。在《孙子兵法》一书中，孙子对军事统帅的称谓有"将""智将""良将""贤将""知兵者""知兵之将""善战者""善用兵者""善出奇者""善动敌者""善攻者""善守者"，其中使用较多的是"将"和"善战者"。

通检《孙子兵法》一书，"将"字出现 49 次，主要用作名词，指军事统帅。仅有《九地篇》曰："敌众整而将来，待之若何？"又曰："吾将一其志""吾将使之属"。此 3 处用作副词，是即将、将要之义。

孙子撰著《孙子兵法》，强调将帅的关键作用，如《作战篇》曰："故知兵之将，民之司命，国家安危之主也。"《谋攻篇》曰："将者，国之辅也。辅周则国必强，辅隙则国必弱。"这是把懂得军事的将帅视为民众命运的主宰、国家安全的柱石。因为将帅的关键作用，孙子从将帅必备的素质、能力、品格等方面对于"将"作出了详细的论述。《计篇》曰：

> 将者，智、信、仁、勇、严也。

这是说作为一名将帅，必须具备智谋、诚信、仁爱、勇敢和严明等素质。针对以上五种素质，曹操概括地说："将宜五德备也。"李筌解释说："此五者，为将之德，故师有丈人之称也。"[①] 将帅应该"五德"兼备，由此确立了传统将论的基本内涵。

不仅如此，孙子还从上述素质的反面考察，认为将领如果过分拘泥于某一方面的品德，而不知变通，则往往会堕入致命的缺陷。《九变篇》曰：

> 将有五危：必死，可杀也；必生，可虏也；忿速，可侮也；廉洁，可辱也；爱民，可烦也。凡此五者，将之过也，用兵之灾也。

这是说将帅有勇无谋，只知道拼命，就会被敌人诱杀；临阵畏怯，一味贪生怕死，就会被敌人俘虏；情绪急躁，容易动怒，就会被敌人故意凌辱而轻举妄动；廉洁好名，过于自爱，就会被敌人有意侮辱而失去理智；只知道爱护民众，就会被敌人烦扰而陷于被动。这都是将帅的致命缺陷，会给用兵作战带来祸害，所以必须注意克服。

在一般的情况下，将帅与君主应该保持互信关系，君主信任将帅，将帅服从君主。因为君主信任将帅，将帅统领军队、指挥作战，才能拥有绝对权威，从而保证将帅令行禁止；将帅服从君主，才能获得君主的信任，并且为下属服从上级

---

① 《十一家注孙子校理》，第 7 页。

作表率，从而保证三军行动一致。但在特殊的情况下，将领必须具备随机应变的能力，从夺取战争胜利的需要出发，能够及时做出决断，"君命有所不受"①。所以，孙子特别告诫说："战道必胜，主曰无战，必战可也；战道不胜，主曰必战，无战可也。故进不求名，退不避罪，唯人是保，而利合于主，国之宝也。"② 这说明进不企求功名，退不推脱罪责，只为了保护民众，符合君主的利益，才是优秀将帅的基本品格。

此外，在《孙子兵法》一书中，还出现过"将军""上将军"等词语。《九地篇》曰：

> 将军之事，静以幽，正以治。
>
> 聚三军之众，投之于险，此谓将军之事也。

《军争篇》曰：

> 卷甲而趋，日夜不处，倍其兼行，百里而争利，则擒三将军，劲者先，疲者后，其法十一而至；五十里而争利，则蹶上将军，其法半至。

这里的"将军"，即军队的指挥官。所谓"三将军"，通常被解释为上、中、下三军或左、中、右三军的将领，也有人说应作"三军将"，指三军的统帅。所谓"上将军"，即上军的指挥官。

孙子认为，对于一支军队来说，将帅占据着支配地位。"将"相较于"士""卒"，是决定战争成败的关键因素。在《孙子兵法》一书中，"士"和"卒"分别出现 9 次和 18 次，明显地少于"将"字。这表明孙子讨论战争指导问题，更加重视将帅的作用。实际上，孙子撰著《孙子兵法》，主要是为了阐发为将之道，给将帅提供理论指南。

三、论计

计，指计算、合计。《说文解字》曰："计，会也，筭也。"谋，指考虑、谋划。《左传・襄公四年》曰："咨难为谋。"《国语・鲁语》曰："咨事为谋。"《说文解字》曰："谋，虑难曰谋。""计""谋"二字互训，如《玉篇・言部》曰："谋，计也。"是以"计"释"谋"；《篇海类编・人事类・言部》曰："计，谋也。"是以"谋"释"计"，故而连缀在一起，组成"计谋"一词。

《孙子兵法》以"计"开篇，曹操注："计者，选将、量敌，度地、料卒，远近、险易，计于庙堂也。"李筌注："计者，兵之上也。……故孙子论兵，亦以计为篇首。"杜牧注："计，算也。曰：计算何事？曰：下之五事，所谓道、天、地、将、法也。于庙堂之上，先以彼我之五事计算优劣，然后定胜负。胜负既定，然

① 《十一家注孙子校理》，第 171 页。
② 《十一家注孙子校理》，第 226—227 页。

后兴师动众。用兵之道，莫先此五事，故著为篇首耳。"张预注："用兵之道，以计为首。"① 这说明在战争决策方面，孙子注重军事力量的计算和敌我双方的对比，由此预测战争的胜败。

通检《孙子兵法》一书，"计"字出现 11 次，"谋"字出现 10 次。其中，有作名词使用的，如《计篇》曰：

> 校之以计，而索其情。
> 将听吾计，用之必胜，留之；将不听吾计，用之必败，去之。

《谋攻篇》曰：

> 上兵伐谋。

《虚实篇》曰：

> 策之而知得失之计。

《军争篇》曰：

> 此知迂直之计者也。
> 不知诸侯之谋者，不能豫交。
> 先知迂直之计者胜。

《九地篇》曰：

> 易其事，革其谋，使人无识。

有作动词使用的，如《计篇》曰：

> 计利以听，乃为之势，以佐其外。

《谋攻篇》曰：

> 兵不顿而利可全，此谋攻之法也。

《虚实篇》曰：

> 无形，则深间不能窥，智者不能谋。

《九变篇》曰：

> 围地则谋。

《地形篇》曰：

> 料敌制胜，计险阨远近，上将之道也。

先秦兵家崇尚计谋，尤以《孙子兵法》为最。孙子认为"道""天""地"

---

① 《十一家注孙子校理》，第 1 页。

"将""法"五者是战争胜败的决定因素，被称为"五事"。在进行战争预测时，可以把"五事"分解为："主孰有道？将孰有能？天地孰得？法令孰行？兵众孰强？士卒孰练？赏罚孰明？"这叫作"七计"。参照"五事七计"的标准，分析和比较敌我双方的情势，就能够预测战争的胜败。在上述例句中，通常作动词的"计""谋"，是表示行为的过程，而作名词的"计""谋"，是表示行为的结果，都具有计算、谋划的意思。

值得注意的是，"计谋"作为一个复合词，最早见于《孙子兵法》。《九地篇》曰："运兵计谋，为不可测。"这里所谓"计谋"，通常被看作动宾结构，"计"为动词而"谋"为名词，与现代汉语中的"计谋"有所不同。不过，历代孙子学者从军事谋略的角度来解释《孙子兵法》，总把"计谋"与"诡道""兵以诈立"连在一起。如《计篇》曰：

> 兵者，诡道也。故能而示之不能，用而示之不用，近而示之远，远而示之近，利而诱之，乱而取之，实而备之，强而避之，怒而挠之，卑而骄之，佚而劳之，亲而离之，攻其无备，出其不意。此兵家之胜，不可先传也。

所谓"诡道"，指诡谲狡诈的手段，用以欺骗、迷惑和战胜敌人。能攻须装作不攻，要打须装作不打，在近处行动须指向远处，朝远处行动须指向近处。敌人贪利，就用小利引诱它；敌人混乱，就乘机战胜它；敌人力量充实，就注意防备它；敌人力量强大，就暂时避开它。敌将容易动怒，要想方刺激他，使其轻举妄动；敌将行为谨慎，要设法骄纵他，使其丧失警惕。敌人休整良好，就多方骚扰它；敌人内部团结，就用计离间它。在敌人没有准备的状态下实施攻击，在敌人意想不到的情况下采取行动。这一系列指挥作战的方法是兵家制胜的秘诀，所以通常被解释为权谋、谋略。

纵观《孙子兵法》一书，谋略不仅运用于战争决策，而且运用于战争实施，在整个战争过程中起着支配作用。这一鲜明的理论特征，备受后世学者的关注，汉代经过文献整理，《孙子兵法》被归入"权谋"，列在所有兵书之首。

四、论战

长期以来，许多孙子学者习惯于参照现代军事理论，运用战略战术、进攻防御的观点来论述孙子的战争指导原则和方法。这种论述固然有一定的道理，却不完全合乎《孙子兵法》的本义。实际上，《孙子兵法》讨论的作战方式，主要是以"战"为核心概念。

战是一个形声字。《左传·庄公十一年》曰："皆陈曰战。"《说文解字》曰："战，斗也。"这都说明了"战"的特点。春秋战国之际，随着武器装备的改进和军队构成的变化，作战方式发生了巨大变化。春秋以前的作战方式以车战为主，这种方式的战争没有战役和战斗的区分，也没有进攻和防守的对抗。在通常的情况下，战争双方摆开阵形之后，差不多同时向对方冲击，使用冷兵器展开搏杀，直到一方逃离战场，战胜者追击一段路程，就结束了这场战争。

通检《孙子兵法》十三篇，"战"字一共出现 73 次，是出现频率较高的一个字。其中，有作单字使用的，如《计篇》曰：

> 夫未战而庙算胜者，得算多也；未战而庙算不胜者，得算少也。

《谋攻篇》曰：

> 百战百胜，非善之善者也；不战而屈人之兵，善之善者也。
> 善用兵者，屈人之兵而非战也。
> 敌则能战之。
> 知可以战与不可以战者胜。

《虚实篇》曰：

> 战胜而天下曰善，非善之善者也。
> 能以众击寡者，则吾之所与战者，约矣。
> 敌所备者多，则吾所与战者，寡矣。

《九变篇》曰：

> 围地则谋，死地则战。

《地形篇》曰：

> 通形者，先居高阳，利粮道，以战则利。

《九地篇》曰：

> 诸侯自战其地，为散地。
> 散地则无战。

这里的"战"字，都是指敌我两军交战，交战双方先摆开阵形，而后相向对冲厮杀。李筌注解"谋攻"说："合阵为战，围城曰攻。"[1] 这说明"战"和"攻"的区别，在于前者是战阵交合，后者是围攻城邑。"战"作为一种作战方式，通常在比较开阔的地带进行，所以就是野战。

孙子撰著《孙子兵法》，不但反复地对"战"进行阐述，还以"战"为词根，构成了一系列军事术语。这些军事术语分为两类：一类是用"战"加前缀组成的词语，如第二篇以"作战"为标题，主要论述了速战速决的必要性和持久作战的危害性。这是第一次提出"作战"的概念，但其语义不同于现代汉语。

《作战篇》曰：

> 车战得车十乘以上，赏其先得者，而更其旌旗。

---

[1] 《十一家注孙子校理》，第 44 页。

其用战也胜，久则钝兵挫锐。

《虚实篇》曰：

知战之地，知战之日，则可千里而会战。

《军争篇》曰：

夜战多火鼓，昼战多旌旗，所以变人之耳目也。

《行军篇》曰：

远而挑战者，欲人之进也。

《地形篇》曰：

远形者，势均，难以挑战，战而不利。

知此而用战者必胜，不知此而用战者必败。

《九地篇》曰：

疾战则存，不疾战则亡者，为死地。

这里的"车战"，即以战车为核心的作战形式。"用战"，指用兵作战。"会战"，指敌我双方在一定地域和时间内进行的决战。"挑战"，指采取一定的措施诱使敌人出来应战。"疾战"，指速战、速决战。"夜战"和"昼战"，分别指敌我双方在夜晚和白天作战，这样的区分是要说明夜晚作战多用金鼓，白天作战多用旌旗，目的在于确切地指挥作战。

另一类是用"战"加后缀组成的词语，如《形篇》曰：

胜者之战民也，若决积水于千仞之溪者，形也。

《势篇》曰：

战势不过奇正。任势者，其战人也，如转木石。

善战人之势，如转圆石于千仞之山者，势也。

《虚实篇》曰：

凡先处战地而待敌者佚，后处战地而趋战者劳。

知战之地，知战之日，则可千里而会战。不知战地，不知战日，则左不能救右，右不能救左……

《地形篇》曰：

战道必胜，主曰无战，必战可也；战道不胜，主曰必战，无战可也。

《九地篇》曰：

践墨随敌，以决战事。

这里的"战民"与"战人"同义，即指挥军队作战。"战势"，指敌我双方作战的情势。"战地"，指敌我双方交战的地方。"战日"，指敌我双方交战的日期。"战道"，指战争规律。"战事"，即军事方略、作战计划，或者指战争。

需要指出的是，《孙子兵法》经常使用"善战者"一词，指那些善于指挥作战的人。如《形篇》曰：

昔之善战者，先为不可胜，以待敌之可胜。

善战者，能为不可胜，不能使敌之可胜。

古之所谓善战者，胜于易胜者也。故善战者之胜也，无智名，无勇功。

善战者，立于不败之地，而不失敌之败也。

《势篇》曰：

善战者，其势险，其节短。

善战者求之于势，不责于人，故能择人而任势。

《虚实篇》曰：

善战者致人而不致于人。

这些"善战者"，有的出于孙子对历史经验的总结，有的只是孙子的个人设想。借助这些"善战者"的做法，孙子揭示出一系列战争指导原则，构成孙子思想的核心内容。

五、论攻

春秋战国之际，随着兼并战争规模的扩大和军队构成的变化，攻城和守城作战日益频繁，逐渐成为基本的作战方式。孙子关注这一军事变革趋势，既重视对"战"的理论阐发，又把"攻"作为核心概念。"攻""守"作为两个单字，在甲骨文中已经出现，但"攻"和"守"相对而言，用于表述作战方式，则始见于《孙子兵法》。

通检《孙子兵法》全书，"攻"字出现 32 次，都是指进攻、攻击；"守"字出现 13 次，大多指防守、防御。孙子认为，选择进攻、防守的作战方式，主要取决于敌我力量的对比。《形篇》曰："不可胜者，守也；可胜者，攻也。守则不足，攻则有余。"这是说不想被敌人打败，就应当防守，而要想战胜敌人，就必须进攻。防守是因为兵力不足，进攻是因为兵力有余。

关于进攻和防守的原则，《虚实篇》曰："攻而必取者，攻其所不守也；守而必固者，守其所不攻也。故善攻者，敌不知其所守；善守者，敌不知其所攻。"这是说进攻必定取胜，就要进攻敌人没有防守的地方；防守必定稳固，就要防守敌人不敢进攻的地方。所以善于进攻的人，能使敌人不知道如何防守；善于防守的人，能使敌人不知道如何进攻。不过，比较对攻和守的论述，孙子明显地偏重于进攻，只是不轻视防守。

孙子从作战指挥的角度讨论进攻和防守的要领，往往把进攻、防守两者相对比而立论。《形篇》曰：

> 善守者，藏于九地之下；善攻者，动于九天之上，故能自保而全胜也。

这是说善于防守的人，隐蔽自己的兵力，如同深藏于地下；善于进攻的人，使用自己的兵力，就像从天而降。这样既能保全自己，又能取得完全胜利。

《虚实篇》曰：

> 进而不可御者，冲其虚也；退而不可追者，速而不可及也。故我欲战，敌虽高垒深沟，不得不与我战者，攻其所必救也；我不欲战，画地而守之，敌不得与我战者，乖其所之也。

这是说我军前进时，使敌人不能抵御，是因为冲击敌人力量薄弱的环节；撤退时，使敌人无法追击，是因为我军行动迅速，敌人追赶不上。所以，我军要与敌人交战，敌人即使高垒深沟，也不得不出来交战，是因为进攻的是敌人必救的地方；我军不想与敌人交战，即使划定区域防守，敌人也无法与我交战，是因为我军设法改变了敌人的进攻方向。

值得注意的是，《孙子兵法》中"攻"的含义，除泛指进攻、攻击之外，有时专指攻城作战。如《谋攻篇》所谓"攻"，李筌解释说："合阵为战，围城曰攻。"[①] 这是把"攻"与"战"相区别，专指攻城。所谓"谋攻"，即指谋划攻城作战，讨论攻城的要领。

> 上兵伐谋，其次伐交，其次伐兵，其下攻城。攻城之法为不得已。修橹
> 轒辒，具器械，三月而后成，距堙，又三月而后已。将不胜其忿而蚁附之，
> 杀士卒三分之一，而城不拔者，此攻之灾也。

孙子把"攻城"与"伐谋""伐交""伐兵"相并列，视为用兵制胜的四种途径，从比较的观点来说，攻城作战是不得已而采用的下策。这里"此攻之灾"之"攻"，因为前有"城不拔者"作条件，无疑是指攻城，是"攻"即"攻城"的例证。根据孙子的解释，攻城作战需要制造攻城的大盾和四轮大车，准备攻城的器械，三个月才能完成，而后构筑攻城的土山，又要三个月时间。如果将帅控制不住忿怒的情绪，驱使士卒像蚂蚁一样去爬梯攻城，导致士卒伤亡三分之一，仍然攻不下城邑，这就是攻城的祸害。

仅从敌我双方兵力对比而言，孙子认为攻城作战的方法，关键在于保持优势兵力，而在兵力不及敌人的情况下，又要设法避开敌人。《谋攻篇》曰：

> 用兵之法，十则围之，五则攻之，倍则分之，敌则能战之，少则能逃之，
> 不若则能避之，故小敌之坚，大敌之擒也。

---

① 《十一家注孙子校理》，第44页。

这里所谓"十则围之"，曹操解释说："以十敌一则围之，是将智勇等而兵利钝均也；若主弱客强，不用十也。操所以倍兵围下邳，生擒吕布也。"① "少则能逃之"，曹操解释说："高壁坚垒，勿与战也。"② 这样说攻城的方法，有十倍于敌人的兵力，就要包围敌人；有五倍于敌人的兵力，就要攻击敌人；有两倍于敌人的兵力，就要设法分散敌人；如果敌我兵力相当，就可以与敌人交战；如果兵力少于敌人，就要避免与敌人交战，所以弱兵固守城邑，就会成为强敌的俘虏。

与"攻"为攻城作战相一致，《孙子兵法》中"守"的含义，除泛指防守、防御之外，也专指守城作战。《用间篇》曰："凡军之所欲击，城之所欲攻，人之所欲杀，必先知其守将，左右，谒者，门者，舍人之姓名。"这里的"守将"，即指负责守卫城邑的将领。由此而言，如果简单地把"攻"解释为进攻，把"守"解释为防守，那就没有真正弄懂《孙子兵法》。

此外，孙子重视用火攻击敌人，提出了"火攻"一词。"凡火攻有五：一曰火人，二曰火积，三曰火辎，四曰火库，五曰火队。"③ 所谓"火人"，即焚烧敌军人马；"火积"，即焚烧敌军储备物资；"火辎"，即焚烧敌军辎重；"火库"，即焚烧敌军仓库；"火队"，即焚烧敌军粮道。孙子单独列出一篇，集中论述了火攻的方式和实施要领，赋予"攻"独特的内涵。

孙子针对春秋战国之际的军事变革，把"战""攻""守"作为三种作战方式加以详细的论述，直接影响到中国兵学的理论建构。到了战国后期，尉缭讨论战争指导原则和方法问题，专门列出三篇：《战权》《攻权》《守权》，仍然把野战、进攻、防守视为三种作战方式，这是对《孙子兵法》的继承和发展。

六、论胜

胜，是一个形声字，与"败"相对而言。在先秦兵家元典中，"胜"字作为动词，指打胜、取胜；又作名词，指胜利、成功。通常所说的"胜败"，多数是指预测性之"胜败"，即在战争决策时对战争胜败的预测，也讨论到指导性之"胜败"，即在战争指导中对战争胜败的认识，而较少关注检讨性之"胜败"，即在战争结束后对战争胜败的分析。所以，如果说预测性之"胜败"属于未来时，指导性之"胜败"属于现在时，那么，检讨性之"胜败"则属于过去时。

通检《孙子兵法》，"胜"字出现83次，主要有五种含义：一是胜利，如《谋攻篇》曰："知胜有五。"二是战胜、取胜，如《计篇》曰："将听吾计，用之必胜，留之。"三是速战速胜，如《作战篇》曰："兵贵胜，不贵久。"四是指克制、忍受，如《谋攻篇》曰："将不胜其忿而蚁附之。"五是指尽、全，如《势篇》曰：

---

① 《十一家注孙子校理》，第52页。

② 《十一家注孙子校理》，第54页。

③ 《十一家注孙子校理》，第276—278页。

"声不过五，五声之变，不可胜听也；色不过五，五色之变，不可胜观也；味不过五，五味之变，不可胜尝也；战势不过奇正，奇正之变，不可胜穷也。"相比较而言，孙子重视战争胜败的预测和指导，更加关注胜利之"胜"，并作出了深刻的论述。

首先，孙子着眼于决定战争胜败的物质力量，论述了战争胜败的基本原理。《形篇》曰：

> 兵法：一曰度，二曰量，三曰数，四曰称，五曰胜。地生度，度生量，量生数，数生称，称生胜。

依照孙子的解释，战争的基本因素有五项：一是土地面积的"度"，二是物质资源的"量"，三是兵员众寡的"数"，四是军事力量强弱的"称"，五是胜负优劣的"胜"。敌我所处地域的不同，产生双方土地面积大小不同的"度"；敌我土地面积大小的"度"的不同，产生双方物质资源多少不同的"量"；敌我物产资源多少的"量"的不同，产生双方军事力量强弱不同的"称"；敌我军事力量强弱的"称"的不同，最终决定战争的胜负成败。

在敌我双方力量对比的基础上，战争指导者可以预测战争的胜败。《孙子兵法》开篇讨论战争胜败问题，认为战争决策的依据有"五事""七计"。所谓"五事"，是指决定战争胜败的五种基本因素：

> 道者，令民于上同意也，可以与之死，可以与之生，而不畏危。天者，阴阳、寒暑、时制也。地者，远近、险易、广狭、死生也。将者，智、信、仁、勇、严也。法者，曲制、官道、主用也。凡此五者，将莫不闻，知之者胜，不知之者不胜。[①]

孙子认为，"道""天""地""将""法"五个基本因素，每一位将帅都必须了解。能了解这些因素的，就有可能打胜仗；反之，就不能打胜仗。在具体的战争决策中，"五事"可以分解为"七计"，从各方面对战争双方进行比较，进而预测战争的胜败。所以，孙子得出结论："夫未战而庙算胜者，得算多也；未战而庙算不胜者，得算少也。多算胜，少算不胜，而况于无算乎！"[②] 这里的"胜"和"不胜"，都是指战争的结局。

上述"五事""七计"之外，孙子审视战争胜败的主观条件，还做出了重要的论述。《谋攻篇》曰：

> 知胜有五：知可以战与不可以战者胜；识众寡之用者胜；上下同欲者胜；以虞待不虞者胜；将能而君不御者胜。

这是说有五种情况可以预见胜利：知道在什么情况下可以与敌作战，什么情

---

① 《十一家注孙子校理》，第3—8页。
② 《十一家注孙子校理》，第20页。

况下不能与敌作战，就能够胜利；懂得根据兵力多少，采取不同战法，就能够胜利；全军上下团结一致，就能够胜利；经过周密的准备对付没有准备的敌人，就能够胜利；将帅有指挥才能而君主不加牵制，就能够胜利。

其次，战争作为暴力的对抗，会给战争双方造成损失，战争指导有一项基本原则，即以最小的代价换取最大的收获。如果不付出任何代价，就能取得战争的胜利，那自然是完全的胜利。孙子站在这一高度，宣扬"不战而屈人之兵"，把"全胜"当作最高原则。《谋攻篇》曰：

> 百战百胜，非善之善者也；不战而屈人之兵，善之善者也。

根据"全胜"的原则，孙子把战争胜利的途径，区分为四种方式："上兵伐谋，其次伐交，其次伐兵，其下攻城。"即认为最好的制胜方法，是在谋略上战胜敌人，其次是通过外交战胜敌人，再次是使用武力打败敌人的军队，最下策是攻击敌人的城邑。攻城作战尽管是一种不得已的作战方式，但在当时的战争条件下，根本无法回避。所以，孙子专门论述了攻城作战的原则和方法，特别明确地指出："善用兵者，屈人之兵而非战也，拔人之城而非攻也，毁人之国而非久也，必以全争于天下，故兵不顿而利可全。"这是从"战""攻"两方面进一步地重申"全胜"原则。

再者，战争胜败的预测，既然体现在敌我双方的力量对比上，就要求战争指导者对敌我双方有充分的认知。《谋攻篇》曰：

> 知彼知己者，百战不殆；不知彼而知己，一胜一负；不知彼，不知己，每战必殆。

《地形篇》曰：

> 知吾卒之可以击，而不知敌之不可击，胜之半也；知敌之可击，而不知吾卒之不可以击，胜之半也；知敌之可击，知吾卒之可以击，而不知地形之不可以战，胜之半也，故知兵者，动而不迷，举而不穷。故曰：知彼知己，胜乃不殆；知天知地，胜乃不穷。

这就是说既了解敌方，又了解自己，就不会有失败；不了解敌方，只了解自己，胜败各占一半；不了解敌方，不了解自己，每战都要失败。换句话说，只了解自己的部队能打，而不了解敌人不可以打，胜利的可能只有一半；知道敌人可以打，而不了解自己的部队不能打，胜利的可能也只有一半；知道敌人可以打，也了解自己的部队能打，但不了解地形条件不利于打，胜利的可能也只有一半。懂得用兵的人，行动不会迷惑，战术变化无穷。所以说，既了解敌方，又了解自己，胜利就可以确保；既了解天时，又了解地利，胜利就不会穷尽。

还有，孙子在论述战争指导问题时，特别阐释了"胜兵""败兵"等一系列概念，分析了作战失败的不同情形。《形篇》曰：

> 胜兵先胜而后求战，败兵先战而后求胜。

　　胜兵若以镒称铢，败兵若以铢称镒。胜者之战民也，若决积水于千仞之溪者，形也。

　　这里，"镒""铢"是一种重量单位，1镒等于24两（一说为20两），1两等于24铢。孙子用镒和铢的比率来形容"胜兵"和"败兵"，说明"胜兵"较之于"败兵"，犹如"以镒称铢"那样的绝对优势；而"败兵"较之于"胜兵"，就像"以铢称镒"那样处于绝对劣势。所以，"胜兵"之所以能取得胜利，就像在万丈悬崖决开积水一样，完全处于绝对优势的作战态势。至于"败兵"的失败，孙子通过综合的考察，认为有"走""弛""陷""崩""乱""北"六种情形，还分析了造成失败的各种原因。

　　最后，除了预测性之"胜败"之外，《孙子兵法》也论及指导性之"胜败"。如《虚实篇》曰：

　　　　因形而错胜于众，众不能知；人皆知我所以胜之形，而莫知吾所以制胜之形。故其战胜不复，而应形于无穷。

　　把根据敌情变化而灵活运用的战术摆在众人面前，众人也不能认识其中的奥妙。人们只知道我用以战胜敌人的方法，却不知道我怎样运用这些方法取胜。因此，每次取胜都不是重复使用某一种作战方式，而是适应具体情况的变化而变化。

　　《地形篇》曰：

　　　　战道必胜，主曰无战，必战可也；战道不胜，主曰必战，无战可也。

　　这里提出了"必胜"和"不胜"、"必战"和"无战"两对概念。照理说是"必胜"则"必战"，"不胜"则"无战"。然而，面对君主的不当指挥，将帅必须作出相反的决定，有必胜把握的时候，即使君主说不打，也一定坚持打；没有必胜把握的时候，即使君主说必须打，也可以不打。这样的将帅，被孙子誉为国家的宝贵财富。

　　《形篇》曰：

　　　　昔之善战者，先为不可胜，以待敌之可胜。不可胜在己，可胜在敌。故善战者，能为不可胜，不能使敌之可胜。故曰：胜可知而不可为。

　　从前善于打仗的人，先要创造条件，使敌人不可战胜自己，然后等待敌人暴露弱点，我发动进攻，就可以战胜敌人。不会被敌战胜的主动权操在自己手中，能否战胜敌人则在于敌人是否有隙可乘。所以，善于打仗的人，能够创造不被敌人战胜的条件，而不可能做到使敌人必定被我所战胜。所以说，胜利可以预见，但不可强求。

　　孙子讨论战争的胜败，比较在意作战时间的长短。《作战篇》曰：

　　　　其用战也胜，久则钝兵挫锐，攻城则力屈，久暴师则国用不足。夫钝兵挫锐、屈力殚货，则诸侯乘其弊而起，虽有智者，不能善其后矣。
　　　　故兵贵胜，不贵久。

　　这两个"胜"字，不是指取胜或胜利，而是指速战速决。孙子认为出动十万大军去作战，就要力求速战速决。旷日持久，会使军队疲惫，锐气挫伤，武器装备耗损；强行攻城，就会耗尽战斗力；军队长期在外作战，会使国家的财政发生困难。如果军队疲惫、锐气挫伤、战斗力耗尽、国家财政枯竭，别的诸侯国就会乘机前来进犯，那时即使再高明的人，也无法挽回危局。所以，用兵作战贵在速胜，不应当旷日持久。

七、结束语

综括上述，《孙子兵法》的核心概念，主要包括"兵""将""计""战""攻""胜"六个词语。《孙子兵法》论述的"兵"，主要指军队和战争；"将"指将帅，是负责军队建设，指挥军队作战的军事统帅；"计"指计算、计谋，是战争决策与指挥作战的原则和方法；"战"指野战，通常具有会战、决战的涵义；"攻"指进攻、攻打，或专指攻城作战；"胜"即胜利，主要指预测性的胜利。

从世界军事史来看，上古时代的战争都具有会战和决战的意义。孙子总结春秋时期的战争经验，把"战"视为基本的作战形式，并且提出了"会战"的概念，这是一个非常重要的军事观点。春秋战国之际的战争，从以车战为主演变成以步战为主，攻城作战逐渐成为常见的战争形式。因此，孙子论述战争指导原则和方法，既着重分析了野战方式，又特别关注到攻城方式。这种作战方式的变化及其相应的战争指导原则和方法的改变，是认识《孙子兵法》所不可缺乏的视域。

孙子时代的战争，从战争指导的角度来看，还没有明确的战略战术区分，因此，参照现代军事学的战略战术理论来解释孙子的战争指导原则和方法，难免削足适履之嫌。如"凡战者，以正合，以奇胜""致人而不致于人""避实而击虚""兵以诈立，以利动，以分合为变"①，可以视为孙子的战争指导原则，却不能硬作战略来解释；如所谓"诡道""九变""九地"，可以视为孙子的作战指挥方法，却不能仅作战术来理解。然而，从现代战争或社会问题出发，运用孙子的战争指导原则和方法进行论述，则属于孙子学研究的应有之义。

孙子思想作为一个军事理论体系，包括战争观、战争指导和军队建设思想三个组成部分，战争指导原则和方法处于核心地位。孙子虽然强调战争的重要性，提出了"知战""慎战""不战"等观点，却没有深入的理论分析；虽然重视军队建设问题，提出了"令之以文，齐之以武"等观点②，却缺乏相关的制度保障。相比较而言，在战争指导问题上，孙子从敌我、强弱、虚实、奇正、进退、攻守诸矛盾范畴为切入点，论述了一系列战争指导原则和方法，从而具有鲜明的军事谋略性质。所以准确地说，《孙子兵法》是一部写给将帅的、主要论述战争指导问题的军事谋略著作。

---

① 《十一家注孙子校理》，第87、106、124、142页。
② 《十一家注孙子校理》，第203页。

《孙子》旧疑新识三则

＊本文作者王珏，军事科学院战争研究院研究员。

一、《孙子》的作者及其家世

一般而言，"周、秦古书，皆不题撰人。俗本有题者，盖后人所妄增。"①《孙子兵法》不符合"周、秦古书"通例，而是一开始便贴着著作权人的标签。

《孙子兵法》的作者是谁？较早的线索出现在《韩非子》和《吕氏春秋》的记载中，《吕氏春秋·上德》曰："阖庐之教，孙、吴之兵，不能当矣。"高诱注："孙、吴，吴起、孙武。吴王阖庐之将也，《兵法》五千言是也。"《韩非子·五蠹》曰："境内皆言兵，藏孙、吴之书者家有之，而兵愈弱，言战者多，被甲者少也。"相对明确的答案出自《史记·孙子吴起列传》："孙子武者，齐人也。以兵法见于吴王阖庐。阖庐曰："子之十三篇，吾尽观之矣。"早于《史记》的银雀山汉简《见吴王》，两次提到孙子的"十三扁（篇）"。《史记·货殖列传》记载："白圭，周人也。当魏文侯时，李克（悝）务尽地力，而白圭乐观时变，故人弃我取，人取我与。……故曰：吾治生产，犹伊尹、吕尚之谋，孙、吴用兵，商鞅行法是也。"一直到北宋，关于《孙子兵法》的作者问题，并没有出现异说。

宋代疑古之风盛行，于看似不能疑处生疑！面对凿凿有据的记载，梅尧臣还是正式提出《孙子兵法》为"此战国相倾之说"的颠覆性意见（《欧阳修全集·居上集孙子后序》卷四三），随之引发历代诸多的集讼。时至今日，质疑的波澜尽管渐渐平复，但千百年来，曾不断引起更加激烈的讨论和更深入的思考，也打开更上一层楼的视野。

必须承认，无论质疑的声音多么嘈杂，孙武著述《孙子兵法》的意见更具说服的力量，从晚近到当代，始终占据主流。清代朴学鼎盛期间代表人物孙星衍（1753—1818）对《孙子兵法》的总体印象是："诸子之文，皆出没世之后，门人小子撰述成书。惟此（指《孙子兵法》）是其手定，且在《列》《庄》《孟》《荀》之前，真古书也。"②当代旅美华人学者何炳棣则将《孙子兵法》考订为"中国现

---

① 余嘉锡：《目录学发微·古书通例》，中华书局 2009 年版，第 202 页。

② 孙星衍：《问字堂集》卷三，商务印书馆影印原刊本 1926 年版。

存最古的私家著述"①。

关于孙武的家世，春秋以后的一千五百年间，纯属"茫昧非受授"的合理缺失。令人啧啧称奇的是，延至北宋编撰《新唐书·宰相世系表》时，一下子理得清清楚楚。确认孙武的远祖为陈国公子妫完、祖父为孙书。揆诸相关历史资料，发现这种说法十分可疑！

姓氏谱系之学，滥觞于西周，所谓"周家小史定系世，辨昭穆，则亦史之职也"（《隋书·经籍志》）。战国时代即已有《世本》叙黄帝以来世代帝系，司马迁据以作《史记》。对于孙武的家世，司马迁《史记·孙子吴起列传》记载："孙子武者，齐人也。以兵法见于吴王阖闾。"自此以后，信实的史料始终没有任何增加。东汉赵晔所著《吴越春秋》介于历史与小说之间，也没有对此问题有过多发挥："孙子者，名武，吴人也。善为兵法，辟隐深居，世人莫知其能。"

唐朝初年，为调整新贵勋戚与魏晋以来世家大族的关系，朝廷曾多次组织大型修谱活动。入宋以后，学者较多关注姓氏问题，姓氏谱牒著作的修纂又出现了一个新高潮。北宋宋祁、欧阳修等人编修《新唐书》，其中的卷七十三下《宰相世系表》开始对孙子的家世作出比较清晰的记述："齐田完字敬仲，四世孙桓子无宇，无宇二子：桓、书。书字子占，齐大夫，伐莒有功，景公赐姓孙氏，食采于乐安。生凭，字起宗，齐卿。凭生武，字长卿，以田、鲍四族谋为乱，奔吴，为将军。"

两宋之际的邓名世、邓椿年父子撰述《古今姓氏书辨证》一书，对孙姓的世代传递也有类似的梳理。清人孙星衍《孙子兵法序》称："孙子，盖陈书之后。见《春秋传》称孙书。《姓氏书》以为景公赐姓，言非无本。又泰山新出孙夫人碑，亦云与齐同姓。史迁未及深考。"清人毕以珣对《古今姓氏书辨证》所记亦持采信的态度，其《孙子叙录》说："绍兴四年，邓名世上其书，胡松年称其学有渊源，多所按据。序又云'自五经子史，以及《风俗通》《姓苑》《百家谱》《姓纂》诸书，凡有所长，尽用其说。'是其书内所云，皆可依据也。"可惜《古今姓氏书辨证》的原本早已亡佚，清乾隆年间又从《永乐大典》中辑出编入《四库全书》，《四库全书总目提要》给出"较他姓氏书特精核"好评。

此后，许多晚出的史籍多采《新唐书》卷七十三下和《古今姓氏书辨证》的说法，煞有介事地将孙武的家族谱系排比得越发确切，简直可以全须全尾呈现出孙武家族的历史：

据宋代出现的资料所载，孙武的族源或来自陈国。陈，西周至春秋时期的一个妫姓诸侯国，出土金文资料作敶。初封于株野（今河南柘城），后迁都陈之宛丘（今河南淮阳），辖地最大时达十四邑，大致是今天的河南省东部地区。大舜曾居住于妫水（今山西永济境内），故而以妫为姓。周武王灭商后，访求前代帝王的后裔，找到了大舜的嫡裔妫满，把长女太姬嫁给他，并让他奉守虞舜的宗

---

① 何炳棣：《中国现存最古的私家著述〈孙子兵法〉》，《历史研究》1999 年第 5 期。

祀。《左传·襄公二十五年》："郑子产献捷于晋，戎服将事。晋人问陈之罪，对曰：'昔虞阏父为周陶正，以服侍我先王，我先王赖其利器用，与其神明之后，庸以元女大姬配胡公而封诸侯，以备三恪。'"妫满的父亲是周初负责执掌陶器制作的"陶正"虞阏父，妫满以国为氏，称陈氏，侯爵，谥号胡公，陈胡公是陈氏的得姓始祖。

入春秋后，陈为十二诸侯之一。公元前707年，当君位传至陈桓公妫鲍时，陈国发生了内乱。陈桓公的弟弟杀了兄长陈桓公，篡夺君位，史称陈厉公。7年以后，陈桓公的儿子妫林，又杀死陈厉公自立为陈庄公。庄公在位7年，其弟妫杵臼继位为陈宣公。陈宣公立其长公子妫御寇为太子。公元前672年，陈宣公的宠妃为他生了一个儿子。为讨好宠妃，陈宣公废嫡立庶，杀死了太子妫御寇。公子妫完预感到大祸即将殃及自己，决定逃离陈国。他目睹在诸侯争霸中原的角逐中，齐桓公不计前嫌，重用和自己有"一箭之仇"的管仲为相，君臣同心，励精图治，对内整顿朝政，锐意改革，对外尊王攘夷，广纳人才。于是，妫完毅然来到齐国。妫完到达齐国后，齐桓公见他仪表堂堂，言谈不俗，颇有经天纬地之才，打算聘他为客卿，妫完谦逊地予以谢绝，齐桓公就任命他担任管理百工亦即齐国所有的手工制造业匠人的"工正"，妫完的身份转变为陈完。他在齐国，讲仁守义，办事得体，表现出很高的道德修养。有一次，陈完在白天招待齐桓公饮酒，天色向晚时，兴致仍不减。齐桓公说："点上灯继续喝！"陈完很恭敬地站起来说："臣只知道白天侍奉君主饮酒，不知道晚上陪饮，实在不敢奉命。"后人评价陈完如此做法："用酒来完成礼仪，不能无限度地继续下去，就是义；陪君主饮酒完成礼仪后便不再使君主过量过度，这就是仁。"这件事是陈完讲仁守义的很好体现。陈完在担任"工正"期间，不仅帮助齐国完成"工盖天下""器盖天下"的争霸目标，还组织人编定《考工记》一书。由于陈完出色的工作和绝佳的人品，齐桓公便赐给他一些田庄。陈完一则为了隐姓避难，二则为了表示对齐桓公赐封田庄的感激，三则当时陈、田二字的发音相近，故以田为姓，改陈完为田完。田完迎娶齐大夫懿仲之女为妻，家世逐渐兴旺起来，富贵盈门，成为齐国的望族。田完死后，谥号敬仲。

田完之子名穉孟夷。田穉孟夷生湣孟庄。田湣孟庄生文子须无，事齐庄公。田文子须无生桓子无宇，亦事齐庄公。田无宇承田氏家族尚武遗风，以勇武著称，力大无比，受到齐庄公的宠爱和器重，官至大夫，并将齐国的莒地赐为世禄的田邑。田无宇有三个儿子：田开（又称武子）、田乞（又称厘子）和田书（又称孙书）。田开是齐国有名的"乐师"，曾登柏寝台（今山东广饶境）为齐景公鼓琴。田乞为齐国大夫，先事齐景公，后为齐悼公之相。其执政期间，向民众收取赋税时，故意用小斗；而在向民众放贷时，却故意用大斗，暗行德于民，收取民心。从此，田氏深得民众爱戴，"归之如流水"，田氏家族日益强盛。田书即孙武的祖父，在齐景公朝官至大夫，后因景公赐姓孙氏，改姓名为孙书。孙书的儿子孙凭，即孙武的父亲，字起宗，在齐景公朝中为卿。

孙氏宗姓传承如次

　　黄帝→昌意→颛顼→穷蝉→敬康→句望→牛→鼓叟→虞舜→虞阏父→胡
公满→申公犀侯→相公皋羊→孝公突→慎围戎→幽公宁→厘公孝→武公灵→
夷公→平公燮→文公围→桓公鲍→厉公佗→公子完（奔齐）→穉孟夷→泯孟
庄→文子须无→桓子无宇→田书（赐姓孙）

　　《新唐书·宰相世系表》专采唐朝宰相家族之世系渊源，涉及两汉以来众多
世家大族的族源、流派，特别是唐代三百年间的政治人物之家族、仕宦。郑樵曾
评价："自汉至唐，世有典籍讨论兹事，然皆出于一时之意，不知澄本正源。每一
书成，怨望纷起。"（郑樵《通志·氏族略》）按照《新唐书》的说法，孙武就出生
在一个祖辈都精通军事的世袭贵族家庭里。但是，对照《左传》这些更早面世的
史籍，判定孙武是孙书的后人，显然缺乏有力证据。

　　《新唐书》说孙武是为躲避"田、鲍四族谋为乱"而投奔吴国的，齐国"四姓
之乱"发生在公元前532年夏季。由田氏联合鲍氏，趁执政的旧贵族栾氏、高氏
宴饮方酣的时候，突然包围了他们。经过激战，栾氏、高氏猝不及防，两个宗族
的主要人物栾施、高强战败逃往鲁国。

　　《新唐书》又说孙书的"孙"姓是在伐莒之役胜利后齐景公赐与的："齐田完
字敬仲，四世孙桓子无宇，无宇二子：桓、书。书字子占，齐大夫，伐莒有功，
景公赐姓孙氏，食采于乐安。生凭，字起宗，齐卿。凭生武，字长（zhǎng）
卿"。对照《左传·昭公十九年》所载，伐莒之役发生在公元前523年秋天。莒国
在商朝时期就已经存在，在山东半岛是一个比较强大的存在，堪称东夷雄国。周
武王伐纣的时候，莒国迅速站在支持周武王的行列，成为伐纣的力量。西周建立
之后，周天子封莒为子爵国，同时在山东地域又封建了齐国和鲁国。历史进入春
秋时期，齐国和鲁国挤压莒国的生存空间。鲁昭公十九年（前523），莒共公企图
脱离齐国的控制，于是齐国和莒国之间就爆发了一场战争。齐国派上卿高发领兵
进攻莒国，莒共公不敌，逃亡到纪鄣（今江苏赣榆东北海域），高发顺势遣孙书
率部分齐军攻打纪鄣。纪鄣东面和南面靠海，易守难攻，孙书想要攻下纪鄣来并
不容易。但孙书出人意料地攻下纪鄣城，莒共公吓得逃奔纪国。孙书是怎么攻进
城的呢？多亏纪鄣城内一个老妇人的帮助。原来多年之前，莒国的国君杀死一个
妇人的丈夫，失去依靠的妇人日渐老迈，流落到纪鄣，依靠纺线搓绳维持生计。
虽然她的丈夫已经死了很多年，但是她始终不忘为夫报仇。苍天不负有心人，她
终于等来了这个机会，她听说莒国国君到了纪鄣，虽然莒共公并不是杀死她丈夫
的人，但莒共公却是她仇恨的对象。在月色明亮的夜晚，她暗中测量城墙的高
度，然后搓制成一根等长的粗绳。孙书领兵来攻城，夜间她将绳子的一端固定在
城墙上，然后将绳子的另一端扔出城外。城墙外的齐军看到绳子，赶紧报告给孙
书，孙书派一个士兵顺着绳子爬上城墙探清虚实，随后一个个士兵攀绳而上，顺
利登上了城墙，等到上去六十个人的时候，绳子应声而断。孙书命令麾下击鼓呐

喊，城墙上的士兵大声响应。纪鄣城内乱作一团，莒共公看这架势，从西门逃走，孙书迅速攻进纪鄣。

依《新唐书》卷七十三下和《古今姓氏书辨证》的说法，陈书受齐景公赐姓为孙氏，是孙武的祖父。但《左传》记载孙书攻莒之事较详，却未言齐景公赐姓及受封乐安之事。从时间上看，孙武与伐莒有功的孙书之间虽然不能完全排除祖孙关系，但也存在自相矛盾之处。一是，按照《新唐书》提供时间表，孙武奔吴的时间是公元前 532 年夏季，早于孙书被齐景公赐姓 9 年，也就是说，孙武奔吴时尚不能姓孙，赐姓与奔吴两件事情在时间顺序上是颠倒的。二是，如果孙书在伐莒之后才被赐姓，《左传》不可能在战前便直接记为"使孙书伐之"。遇到这种令人心生疑窦的事情，古人姑妄言之，今人可以姑妄知之，切不可姑妄信之。平心而论，《古今姓氏书辨证》与《史记》多有抵牾，以孙武、孙膑关系为例，《史记·孙子吴起列传》说："孙武既死，后百余岁有孙膑。膑生阿、鄄之间，膑亦孙武之后世子孙也。"《古今姓氏书辨证》却言："武生三子，驰、明、敌。明食采邑于富春，生膑，即破魏军，擒太子申者也。"如果孙武、孙膑是祖孙关系，两者相差"百余岁"，不合常理，两相比较，前者暴露出牵合编排的嫌疑。

不得不承认，仅凭现存的历史材料，难以判定孙武出身的准确信息，在这个问题上，应该保持存疑的态度。

二、孙武画像的出处

孙武的生卒日期已成千古茫昧，但他一生主要活动的上下时限可以推定。大致给出孙武一生所处的历史区间，对深入理解《孙子兵法》的内容和思想是大有裨益的。信实的说法是孙武与孔子同时代人，对应中国历史的春秋末期。孔子约生于公元前 551 年，卒于公元前 479 年，三年后，春秋时期结束。孙武比孔子稍微晚一些，应该生活在公元前 545 年至公元前 470 年的这个时间范围。

至于孙武的相貌，已完全不可复原。形形色色的画像中，最为典雅也是接受度最高的当推"吴司马孙武图"，图中的孙子相貌堂堂，凤眼蚕眉，目光睿智，额宽腮阔，鼻如悬胆，唇若涂脂，中间三缕须髯，飘然似仙。所谓"隔竹引龟心有想，按图索骥术难灵。"后人虚构的画像究竟与历史上真实的孙子容貌是否神似？无法说得清楚。坊间流行的孙子这一画像，夹杂有合理想象，更寄托着追思先贤的美好情感。要想体察作画者的初衷，不妨品味一下鲁迅先生对孔子圣像的妙论："老实说，中国的一般的人民，关于孔子是怎样的相貌，倒几乎是毫无所知的。自古以来，虽然每一县一定有圣庙，即文庙，但那里面大抵并没有圣像。凡是绘画，或者雕塑应该崇敬的人物时，一般是以大于常人为原则的，但一到最应崇敬的人物，例如孔夫子那样的圣人，却好像连形象也成为亵渎，反不如没有的好。这也不是没有道理的。孔夫子没有留下照相来，自然不能明白真正的相貌，文献中虽然偶有记载，但是胡说白道也说不定。若是重新雕塑的话，则除了任凭雕塑者的空想而外，毫无办法，更加放心不下。于是儒者们也终于只好采取'全部，或全无'的勃兰特式的态度了。"①

　　或以为这一画像来源于明代万历年间王圻、王思义父子编撰的《三才图绘》刻本中。王圻（1530—1615），明文献学家、藏书家。字元翰，号洪洲，上海青浦人。明嘉靖四十四年（1565）进士，授清江知县，调万安知县，升御史。以敢于直言，因与内阁首辅张居正政见相左，被降为邛州判官。张居正去世后，王圻复起，任陕西提学使、神宗傅师、中顺大夫资治尹，授大宗宪。明万历二十三年（1595），王圻辞官回里，朝廷赐建十进九院府第，隐居松江之滨梅花源。在村里植梅万株，谓之"梅花源"，自号"梅源居士"，以著书为事。耄耋之年，仍点灯帐中，彻夜写作。以聚书、著述为事。与其子王思义合编百科式图录类书《三才图会》106卷。《三才图会》又名《三才图说》，具有很高的社会价值与艺术价值。所谓"三才"，即指"天""地""人"，此书就是要说明这三界中的一切。该书内容上至天文，下至地理，中及人物，分天文、地理、人物、时令、宫室、器用、身体、衣服、人事、仪制、珍宝、文史、鸟兽、草木等十四门。前三门为王圻所撰，时令以下十一门，为王思义所撰，全书又经思义以十年之力加以详核，始成就绪。每门之下分卷，条记事物，取材广泛，所记事物，先有绘图，后有论说，图文并茂，相为印证，为形象地了解和研究明代的宫室、器用、服制和仪仗制度等提供了大量资料。有些图加了一些想象及神话色彩，如鹤或鲨鱼等。而当中一些地图是改编自传教士带来的国外地图，所以《三才图会》被誉为明朝绘图类书的佼佼者。该书于1607年完成编辑，并在1609年出版。现有万历刊本存世，流布较广的是1987年广陵古籍刻印社出版的缩印本。王圻、王思义父子二人"挥纤毫而万类由心，展方寸而千里在掌"，为撰写《三才图会》耗时十数年，全书收录版画图像逾4000幅，但凡历史上稍微有点名气的人，父子俩都给做了画像。号为"图海"。其中596幅著名历史人物画像，汇集成《人物》篇的14卷，遗憾的是，《三才图会》图录中的人物并未见孙武踪影。

　　其实，《三才图会》中的图谱多取之于他书，引证的图书多达300余种，以博取胜，间有冗杂、虚构之弊。《四库全书总目提要》在肯定这套百科全书"采撷浩博，亦有足资考核者"的同时，又指出不足："圻书门目琐屑，排纂冗杂。其所系诸说，亦皆捃掇残剩，未晰源流，漫无考证。"特别是画像类，"务广贪多，冗杂特甚。其人物一门，绘画古来名人形像，某甲某乙，宛如目睹，殊非徵信之道。如据仓颉四目之说，即画一面有四目之人，尤近儿戏也。"

　　《三才图会》所选取的历代帝王画像主要参考明弘治十一年（1498）成书的《历代古人像赞》。《历代古人像赞》是现今所见刊刻时间最早的版画人物肖像画集，编纂者是明朝宗室朱天然，书中收录自伏羲氏至黄庭坚共88幅人物画像，并附有图赞与人物小传。图均为半身像，不著绘者姓名，每图右上角题人物姓名，

_____

① 鲁迅：《在现代中国的孔夫子》，《且介亭杂文二集》，人民文学出版社2006年版。

左上角题朱天然撰写的赞辞，文字均为行楷。卷首载有"弘治戊午仲春二月大明宗室七十翁天然书"的序："书以载古人心术，图以载古人形象也明矣。但书之流传者常充栋宇、汗马牛，而图之流传者何寥寥不一二见也。暇日搜检书轴，偶得旧藏历代古人图像一帙，展而视之，有圣焉，有贤焉，有善焉，有恶焉。前人作图，不无远见，且国风载善恶乃彰美刺，春秋载善恶乃寓褒贬，古人心术之微一览可得。前人作图备写古人善恶之像，其有得于孔圣删修之遗意欤？……遂取前图，各系以小赞四句，虽意浅辞荒，不足示人，亦一时好善善恶恶真心也。……夫明镜所以察形，往古所以知今，又孔圣格言也，遂寿诸梓，与好事者共之。"

史上留存的帝王画像不少，帝王的长相也风格各异鬼斧神工。但此类画像多是四色全彩，年代久远，破损、褪色、混沌、模糊，又囿于纸张和印刷技术限制，想清晰还原难度太大，印出来一团糊。这导致当年印刷这类画像，必须选择单色白描范本。不得不承认，民间画家绘制历史人物时想象力一向有限，又偷懒，于是《历代古人像赞》千人一面；而后世纷纷以此为底版，导致教科书上的历史人物也千人一面。作家张发财在《人五人六》一书中写道：从嬴政到刘秀到李隆基到赵匡胤，中国帝王长得都一样：光头强的倭瓜脸，加菲猫的肿眼泡，蜡笔小新的八字眉，慢羊羊的山羊胡子。不但长得一样，更过分的是衣服的褶皱都一模一样，着实令人咂舌不已。

"吴司马孙武"原图应来自故宫博物院南薰殿，它始建于明代，本是册封大典时中书官篆写金宝金册的地方。清朝乾隆十四年（1749），乾隆皇帝检阅内库，发现宫中所藏画像多斑驳脱落，就让工部把画像重新装裱贮藏于南薰殿，称"南薰殿图像"。历史人物千千万，南薰殿仅有大小人像共 583 位，纸本，十五对幅，每幅纵九寸三分，横七寸，设色画冠服半身像，各像签题，其中历代武臣像册中有"吴司马孙武"图。一般来说，宋以前的帝王像是宋人摹绘唐人的，宋、元、明三代帝王帝后图像大体和各朝相近，应是当时宫廷画像高手奉诏命而绘。其余历代圣贤名臣图像，除极个别外大都是明朝画家所为。但因为体制问题，这批画像几乎没有名款，因此孙武画像的作者究竟是哪位宫廷画像高手，难以考证。

三、《孙子兵法》成书于何时

孙武虽为春秋时人，而《孙子兵法》"所言皆战国事耳"，照此逻辑推绎，《孙子兵法》应成书于战国时代！较早提出此种论调的是北宋梅尧臣（1002—1060），字圣俞，宣州宣城（今安徽宣城）人，宣城古称宛陵，世称宛陵先生。梅尧臣少年便以诗知名，却时运不济，三十年终不得一馆职。皇祐三年（1051），50 岁时始得宋仁宗召试，赐同进士出身，为太常博士。由于得到欧阳修的大力推荐，为国子监直讲，累迁尚书都官员外郎，故世称"梅直讲""梅都官"。梅尧臣与欧阳修之间的友谊，算得上一段文坛佳话。宋仁宗天圣九年（1031）上巳节那天，欧阳修在洛阳初见梅尧臣，便被梅尧臣儒雅的外表震憾，发出"圣俞翘楚才，乃是东南秀。玉山高岑岑，映我觉形陋"的感叹。他说，这个梅尧臣个子高高的，身材又好，真是一表人才啊！站在他的面前，顿时觉得自己外表丑陋。梅尧臣晚年参与编修《唐书》，"书成未奏而卒，士大夫莫不叹惜。"他曾为《孙子兵法》作注，欧阳修为其书作《孙子后序》时，透露出梅氏的这一判断："独吾友圣俞不然，常评武之书曰：此战国相倾之说也。"然而欧阳修本人是承认孙武"自用其书"的，对孙武的评价亦近于平实："（孙）武尝以其术干吴王阖闾，用之西破楚，北服齐晋，而霸诸侯。夫使武自用其书，止于强霸。"在《孙子后序》文末，欧阳修不惜笔墨，再次赞美说："圣俞为人谨质温恭，衣冠进趋，眇然儒者也。后世之视其书者，与太史疑张子房为壮夫何异。""古之所谓将才者，曰儒将，曰大将，曰才将，曰战将。"（郑观应《盛世危言·储将才论》）以儒将为首，这也暗合中国文化的独特风格。自古及今，像张良、杜预、梅尧臣这样胸中藏有百万兵的儒雅文静之士，不乏其人。《魏书·崔浩传》有一则相近的记载："汝曹视此人，尪纤懦弱，手不能弯弓持矛，其胸中所怀，乃逾于甲兵。"

梅尧臣所论，成为后世怀疑《孙子兵法》作者不是孙武的主要依据。南宋叶适沿袭同样的思路，并进一步发挥："详味《孙子》与《管子》《六韬》《越语》相出入，春秋末、战国初，山林处士所为；其言得用于吴者，其徒夸大之说也。"叶适的判断大抵无误，《管子》《六韬》《越语》《孙子》或轻或重地带有战国时代的色彩，这是不争的事实。

应该指出，叶适没有提出任何令人信服的扎实证据，只是通过"详味《孙子》与《管子》《六韬》《越语》相出入"，就判定《孙子》一书是"春秋末、战国初山林处士所为，其言得用于吴者，其徒夸大之说也"。叶适所言，实为一己之习学心得，本非无懈可击的不易之论，一旦被后世疑古的学者奉为圭臬，便形成某种成见。后人研读《孙子》时，再将前人说过的话当成证据用，不求甚解者更会姑妄听之，姑妄信之，经悠悠众口以讹传讹，容易歪曲客观事物的原貌，这应该就是《列子·说符》示谕的疑邻盗斧心态：从前有个人，丢了一把斧子。他怀疑是邻居家的儿子偷去了，便观察那人走路的样子，像是偷斧子的；看那人的脸色表情，也像是偷斧子的；听他的言谈话语，更像是偷斧子的，那人的一言一行，一举一动，无一不像偷斧子的。不久后，丢斧子的人在翻检自家谷堆时找到了斧子。第二天，又见到邻居家的儿子，就觉得他言行举止没有一处像是偷斧子的人了。

必须说明，春秋著述夹带战国文字的现象可以得到合理解释。因为先秦时期没有著作权观念，难免发生改动、增益古籍的事情，阅读者随手添加一己之心得于古籍之中。王阳明就此发出"春秋以后，繁文益盛，天下益乱"的感叹："《书》《诗》《礼》《乐》《春秋》皆然。《书》自《典》《谟》以后，《诗》自《二南》以降，如《九丘》《八索》，一切淫哇逸荡之词，盖不知其几千百篇。《礼》《乐》之名物度数，至是亦不可胜穷。"（王守仁《传习录》）孔子可谓应运而生的时圣，见此乱象，晚年着手对存世文献"皆删削而述正之"。《史记·孔子世家》载："古者诗三千篇，及至孔子，去其重，取可施于礼义，上采契后稷，中述殷周之盛，至幽厉之缺，三百五篇。"孔子的"删述"就是"古籍整理"，他对当时流传的各种版本进行考订、辨析，最终选取出自己认为最为符合古籍原来面貌的内容加以整理、编订，形成一套通行的"正本"。不过就本质上来说，他的这种"删述"更是一种去粗存菁、造就善本的行为。"所谓'笔'者笔其旧，所谓'削'者削其繁，是有减无增。孔子述六经，惧繁文之乱天下，惟简之而不得，使天下务去其文以求其实，非以文教之也。"（王守仁《传习录》）即便如此，还是有人将孔子的"删述"当作罪过来说，诬指孔子为大量古代文献失传的祸手，而实际情况恰恰相反，那些没有经过"删述"整理的古书，损毁散佚得更为严重。孔子删定六经被后世儒家赋予崇高的意义，定性为让"乱臣贼子惧""王道粲然分明"的圣举。

孔子删述整理之举，尚属难能可贵，延至战国以后，那些擅自在古书中添加文字的做法，只应视为以己意揣摩古人的行径。王阳明曾说："天下所以不治，只因文盛实衰，人出己见，新奇相高，以眩俗取誉，徒以乱天下之聪明，涂天下之耳目，使天下靡然，争务修饰文词以求知于世，而不复知有敦本尚实，反朴还淳之行。"（王守仁《传习录》）虚文胜则事实衰！《孙子兵法》的流传与六经的际遇相类，兵书中窜入的虚文过多，便会徒增混乱。叶适见到的《孙子兵法》的南宋版本，更是历时性形成，在流传过程中，历代加工润色的工作自不能免，至于增益甚至遗失哪些文字，不同时代的论者给出的答案也不尽相同。值得一提的是，不论《孙子兵法》涨出多少战国以后虚推古人的文字，其主体内容却不脱春秋属性，从人物到事件，大多数材料终归取自孙子活动的那个春秋时代。

据不完全统计，北宋苏洵（1009—1066）《嘉佑集》、苏轼（1037—1101）《东坡文集》，明代胡应麟（1551—1602）《少室山房笔丛》、张燧（生卒年不详）《千百年眼》，姚际恒（1647—约1715）《古今伪书考》、全祖望（1705—1755）《鲒埼亭集》、凌扬藻（1760—1845）《蠡勺编》、姚鼐（1732—1815）《惜抱轩文集》、章学诚（1738—1801）《与孙渊如观察论学十规》、牟庭（1759—1832）《雪泥书屋杂志》均辟专节论列《孙子兵法》。倾听历代学者的声音，《孙子兵法》初成书于春秋时期孙武之手的调门，显然占据压倒性优势。

至于梅尧臣、叶适提出的那些"疑孙"具体举证，远远不能构成认定《孙子兵法》成书于春秋后期孙武之手的颠覆性证据。举例言，《孙子兵法・谋攻》云："将能而君不御者胜。"《孙子兵法・九变》亦云："君令有所不行"。叶适对《孙子兵法》中这一重要用兵原则提出质疑："春秋时固无中御之患，战国始有而未甚也；秦汉以后，其语遂为砭石。盖此书亦非能见微者，本于窥测而势转激耳。"其实，"将能而君不御"现象屡见于春秋战事，《史记・孙子吴起列传》明载孙武之言："臣既已受命为将，将在军，君命有所不受。"《孙子兵法》《史记》所载，也可以与《左传》所记春秋时期晋臣里克的谏言互相印证："夫帅师，专行谋，誓军旅，君与国政之所图也。非太子之事也。师在制命而已，禀命则不威，专命则不孝，故君之嗣适不可以帅师。君失其官，帅师不威，将焉用之？"（《左传・闵公二年》）里克意在告诫晋君：统率军队，要能够决断行军的谋略，全权号令指挥部属，这是国君和执政的卿大夫所应图谋的，不属于太子的职事范围。出兵打仗要求统帅能够独掌军令，如果凡事皆禀承君主的命令，就不能树立权威，如果不等待君主的命令擅自行事，则又是不讲孝道，所以国君的继承者不可以统率军队。您搞乱了任官授权的原则，让太子率军而没有权威，您还用他做什么呢？里克担心，军中统帅事事须请示君主才能行动，便失去威严，他只是从军队管理的角度道出"将能而君不御"的必要性。如果站在作战指挥的立场衡量，"将能而君不御"无疑是决定战争胜负的重要原则。冷兵器时代的通讯技术，致使国君与前线将帅之间的信息交流周期长。率领军队远征的将领，如果每每坐等君主的授意，必将贻误稍纵即逝的战机。

智者所见略同，《春秋公羊传》对"将能而君不御"也给出贴近战场实情的表述："大夫以君命出，进退在大夫也。"（《春秋公羊传·襄公十九年》）又如，《孙子兵法》传世本窜入过后人添加的文字，被叶适当作判断《孙子兵法》晚出的证据，是不妥当的。《孙子兵法》十一家注本《用间篇》尾段载："昔殷之兴也，伊挚在夏；周之兴也，吕牙在殷。故明君贤将，能以上智为间者，必成大功。此兵之要，三军之所恃而动也。"对照出土的银雀山汉简本，发现在"吕牙在殷"之后的衍文："【□□□】□率师比在陉·燕之兴也苏秦在齐"。汉简本校注云："苏秦时代远在孙武之后，简本此数语似可证《孙子》书出于孙武后学之手。或以为此数语当为后人所增，待考。"① 另有论者"一见到汉简本中竟有'燕之兴也，苏秦在齐'这样的涉及战国中晚期史料的记载，便如获至宝，以为是一个'强有力的证据'，可用来证明自己早年提出的'孙武实未必有其人，《孙子》乃战国之书'的论断。甚至有人揣想，在晚至苏秦之后，仍有孙武后学在从事《孙子》的加工整理工作。"经过深入细致地研究，却发现"这其实是对于简文的一种误读和误解，忽略了"·燕之兴也，苏秦在齐'句上圆点标记的存在及其意义，此盖因人们对于传本《孙子》中多有读者旁记之辞存在的现象缺乏深入研究所致。"② 汉简上的一个间隔符"·"连同后面的文字，得到合理的解释："此数语当为后人所增"。汉简整理者的判断，对《孙子兵法》出自孙武后学之手的观点形成有力反证。间隔符"·"表示，后世之人阅读《孙子兵法》到了会心处，禁不住要即兴提笔，在正文之旁添写数句发挥之辞。随着辗转传抄，圆点标记有可能被漏掉或省去，遂使后添的语句被误认为原书的正文。

再如，《孙子兵法·作战篇》提到："凡用兵之法，驰车千驷，革车千乘，带甲十万，千里馈粮。"《孙子兵法·用间篇》言及"兴师十万，出征千里"。自南宋叶适之后，即不乏学人以此为《孙子兵法》成书于战国的证据，因为他们的印象是春秋时代战争的规模比《孙子兵法》所说的要小得多。然而，据童书业先生考

①　吴九龙：《银雀山汉简释文》，文物出版社 1985 年版。

②　王正向：《孙子十三篇竹简本校理》，军事科学出版社 2009 年版，第 278 页。

证，"兴师十万"符合《孙子兵法》成书的春秋后期的时代特征。"鲁、齐在春秋初年皆千乘之国，故有国军三万人左右。"《左传·昭公十三年》载："叔向曰'寡君有甲车四千乘在，虽以无道行之，必可畏也。'"此时，晋国兵力已超出十二万人。"当春秋后期，晋、楚全国兵力盖已接近战国时'万乘之国'"①，拥有三十万左右的总兵力。至于"出征千里"，更是春秋早年的平常现象。鲁僖公四年（前656）齐桓公率领齐、宋、陈、卫、郑、许、鲁、曹、邾九国军队进攻楚的盟国蔡国，蔡军不战而溃。陈兵楚境，楚国见齐的盟军强大，不敢率军交战，派使者屈完质问齐桓公：你住北海，我住南海，风马牛不相及，你带大军来此是缘故？齐相管仲以楚不向王室朝贡及周昭王落水相质询。齐桓公又进兵到陉地（今河南郾城南），两国军队从春天相持到夏天，都不敢轻易进攻对方。楚王派大夫屈完与齐讲和，齐桓公也看到楚国强大，无隙可乘，齐桓公退军到召陵（今河南郾城东南），齐桓公见不能用强力屈楚，只好在召陵与楚国结盟，史称"召陵之盟"。齐桓公的这次远征，单程距离已不止千里。

① 童书业：《春秋左传考证》，中华书局 2006 年版，第 180—184 页。

"为客之道"：《孙子兵法》中心主题试探

＊本文作者熊剑平，国防科技大学国际关系学院副教授。

《孙子》十三篇以《九地篇》争议最多，而且历来褒贬不一。褒之者，誉其精彩迭出，不仅是精华和高潮，更是论战略奔袭之名篇；贬之者，则斥之为"胡乱拼凑"，不过是一堆下脚料。那么，究竟如何看待《九地篇》，它在孙子兵学思想体系中处于什么样的地位，是否存在文理不清等结构问题，笔者试图对此提出一愚之见。

一、孙武：伐楚之战的主导

在笔者看来，要想读懂《九地篇》，首先要知晓孙子写作十三篇的缘起，并了解吴楚争霸的时代背景，既尊重司马迁的历史记载，也看重出土文献所提供的新线索。

在《史记》中，司马迁为孙武写有一篇简短的传记，从中可以看出，在觐见吴王之前，孙武已经完成了十三篇的写作任务。因为这兵书被吴王阖闾看到，孙武才得到吴王召见。《史记》中记载，阖闾对孙子说："子之十三篇，吾尽观之矣。"[①] 由此不难推测，吴王该是先读了十三篇兵法才决定召见孙子，并且被深深吸引，所以才会"尽观之"。此后，他又通过"吴宫教战"这场面试，对孙子的才能有了更进一步认识，就此任命其为将军。孙子在接受任命之后，和伍子胥一起，协助吴王一举打败了强大的楚国。不少人将伐楚视为伍子胥的功劳，明太祖朱元璋和群臣讨论此役时，也否定了孙武之功。[②] 但在笔者看来，这场战争，就战争谋略设计而言，孙子起了更多的主导作用。

第一，不同的性格和人生际遇，造成二人对伐楚之战的不同认识和判断。

按照司马迁的记载，伍子胥性格刚烈，并且父亲和哥哥被楚王给杀害了，所以一直急着替父兄报仇。在吴王僚执政期间，伍子胥就已经在极力劝说吴王僚发兵攻打楚国。由于当时公子光只想着争夺王位，并不希望再继续用兵，尤其不希望由他来出头，所以劝说吴王僚"忍"字当先。公子光对吴王说："彼伍胥父兄为戮于楚，而劝王伐楚者，欲以自报其仇耳。伐楚未可破也。"[③] 伍子胥眼看自己的

---

① 《史记·孙子吴起列传》。
② 《明太祖宝训》卷四："若谓入郢之师为武之功，何故不旋踵秦救楚，而有稷之败？"
③ 《史记·伍子胥列传》。

心思被识破，只能暂时退缩，不再坚持。

孙子的心态则完全不同。他非常清楚伐楚是一场大战，是系统而庞大的工程，需要大量前期准备工作和周密筹划。因此，孙子虽说对伐楚也积极赞同，但态度非常冷静。这与急于报仇的伍子胥有着天壤之别。从所著兵法也可看出，孙子对战争的思考一直都非常冷静而又客观，十分慎重。他告诫和提醒统治者："亡国不可以复存，死者不可以复生。故明君慎之，良将警之。"① 一旦草率地发起战争，那就会带来不可预知的恶果。从性格上看，伍子胥稍显性急，孙武则相对谨慎。在基本战略形势的判断上，伍子胥会因为情感因素和性格原因等，容易发生偏差，孙子则头脑相对冷静，其谋划和判断显得更为重要。

第二，《史记》明确记载孙武阻止吴王连续用兵，与伍子胥的积极态度形成鲜明对比。

阖闾自立为王的第三年，就和伍子胥、伯嚭发动军队攻打楚国，占领了舒地，抓住了吴国的两名叛将。胜利来得容易，阖闾想乘胜进兵郢都，结果遭到孙子的劝阻。孙子说："民劳，未可，且待之。"② 吴王听从劝告，随即收兵。从这件事可以看出，阖闾对孙子已经非常信任，并不急于发起决战，多少会让急于求战的伍子胥大感失望。从这一角度来看，伐楚的许多重要战略决策，也是孙子起到更大作用。孙子才更像是伐楚之战的主心骨。因为此战根本没有按照伍子胥那种心急火燎的态度去打，而是更多按照孙子的思路稳步推进，甚至是按照十三篇的战争逻辑而逐步展开。如果是按照伍子胥的思路，正是孙子所批评之"怒而兴师"③，肯定早早发起大规模决战，而且必定会打成另一番模样。幸亏吴王没有听从伍子胥，而是按照孙子的设计一步步展开。在《史记·伍子胥列传》中，伍子胥的名字一直排在孙子之前，有人或许会产生疑问，认为伐楚之战伍子胥起到更大作用。此说非是。名字排前，一方面因为此篇传主为伍子胥，此外也有资历等原因，并不能说明伐楚之役主要出自伍子胥的主导。④

第三，伐楚策略的制定，既有伍子胥的深度参与，更离不开孙武的精心设计。

吴军在孙子和伍子胥的谋划之下，开始围绕伐楚制定各种战争策略。二人都曾参与战争谋划，但主要谋略思想与十三篇兵法非常接近。伐楚谋略主要可以集中概括为两点："翦楚羽翼"和"疲敌误敌"。也就是说，一面不停地骚扰楚军，一面耐心地等待决战时机。所谓"翦楚羽翼"，其实就是《孙子》"乱而取之"的谋略，趁着楚国无暇顾及之时，打击其盟国。所谓"疲敌误敌"，就是不停骚扰对手，让楚国人不得安宁，进而寻找机会发出致命一击。这就是《孙子》中"用而示之不用"和"佚而劳之"等"诡道"之法的综合运用。《左传》中记载："楚自

---

① 《孙子·火攻篇》。

② 《史记·伍子胥列传》。

③ 《孙子·火攻篇》。

④ 伐楚之战，司马迁在《伍子胥列传》中记载得更为详细，在《孙子吴起列传》中却只寥寥几笔，具体原因尚不得而知。

昭王即位，无岁不有吴师。"① 这里真实记载了当时孙子等人组织实施的伐楚之战的真实情况。经过几年试探，吴军逐渐摸清楚军虚实，决定将军事行动规模扩大，并施展种种外交策略，拉拢和分化楚国的盟国。公元前508年，吴国策动桐国（今安徽桐城县北）背叛楚国，然后引诱楚军出击，对其发起突然攻击，采取孙武"攻其无备，出其不意"② 的战法，在豫章（今安徽西部）一带大破楚军，并乘机攻克巢地，从而为日后破楚入郢的决战创造了条件。

二、作为试金石的吴楚决战

吴楚决战是孙子战争谋略的试金石。吴军取得战争的最终胜利，恰好为《孙子》兵学思想的运用价值给出了最为生动的证明。

阖闾九年（前506）秋天，楚国出动大军围攻蔡国。蔡国急忙向吴国求援，唐国也因为不满楚国不停的敲诈和勒索，请求吴国出兵共同抗击楚国。唐、蔡两国虽然兵微将寡，但战略地位非常重要，一旦和吴国结盟，楚国就会失去一条重要的战略防线，吴军则可以通过实施迂回奔袭，对楚国腹地展开袭击。这年冬天，吴王阖闾根据孙武和伍子胥等人的提议，组织军队三万余人，御驾亲征。他委任孙武、伍子胥、伯嚭等人为将军，乘着楚国疲惫虚弱之际，发起距离深远的战略奔袭。战争伊始，吴军按照孙子"以迂为直"的策略，实施大规模的战略迂回。只见吴军沿着淮水浩浩荡荡地向西开进，在抵达安徽凤台附近后丢下战船，改以步兵推进。他们选出三千五百人作为前锋，在唐、蔡两国军队的配合和引导之下，兵不血刃地神速通过楚国北部险要关隘，神不知鬼不觉地向前穿插，一直挺进到汉水东岸，就此占据了先机之利。这正如孙子所说，"由不虞之道，而攻于所不戒也"③，进攻路线完全出乎楚军意料之外。

楚军只得仓促应战，楚昭王派出令尹囊瓦、左司马沈尹戍等人，率领楚军昼夜兼程，奔赴至汉水西岸进行防御，两军遂隔着汉水形成对峙。没想到囊瓦因为贪功，擅自改变作战方针，冒险求战。阖闾、孙子立即指挥军队后撤。囊瓦以为吴军怯战，步步进逼，结果在大别山④一带遭到吴军伏击，随即在柏举地区⑤展开决战。楚军阵势大乱，吴军主力陆续投入战场，楚军则丧魂失魄，一路逃跑。此后，孙武等人指挥吴军全力进行追击，在柏举西南的清发水⑥赶上楚军。当时，楚军正在渡河，吴军抓住时机，乘势发起攻击，再次给楚军以沉重打击。此后吴军乘胜追击，阖闾和孙子挥师深入，势如破竹，五战五胜，长驱直入，很快就攻

---

① 《左传·定公四年》。
② 《孙子·计篇》。
③ 《孙子·九地篇》。
④ 今湖北境内大别山脉。
⑤ 即今天的湖北汉川县北，一说今湖北麻城。
⑥ 即涢水，今湖北安陆西。

占郢都。伐楚之战，吴军取得决定性的胜利。而且从头至尾始终占据主动，几乎是一场完胜。

按照一般人的思路，吴军人少且为客场作战，楚军人多且为主场作战，这两方孰优孰劣，一目了然，可孙子不这么想。在他眼里，客场作战也叫"死地"作战，吴军有机会获胜。关于"死地"，孙子有非常独到的认识。他认为，在这种地方作战，只有每个人都拼死奋战才可以存活下去，不然就会遭到覆灭。正所谓"疾战则存，不疾战则亡"，也可叫"陷之死地然后生"①。这就是"死地"的作战特征。周围全是敌兵，想要在刀枪之下求生，那就只有拼尽力气，抱团死战。孙子睿智之处就在于，他敏锐地抓住了人性中"向死求生"的特点，果断地用于伐楚之战。他不仅认为伐楚是可行的，而且成功的可能性很大。

吴国伐楚之战是一次非常成功的战略奔袭，足以载入史册。相对弱小的吴国通过成功的战略谋划和战术设计，一举打败了强大的楚国，孙子的战争谋略得到淋漓尽致的施展，十三篇的战争谋略从此备受瞩目。伐楚之战的获胜，其成功之处首先在于给战争谋略以足够的伸展空间。伐楚是战争谋略的胜利，同时也是《孙子》的胜利。《孙子》作为战争谋略的集大成者，恰好有伐楚之战及时地为其正名。孙子"能而示之不能，用而示之不用"②等"诡道十二法"得到了很好的运用。楚国正是在这种多方位、多层次的欺骗之下，丢掉战争主动权，吞下失败的苦果。《孙子》十三篇的出现，不仅使得战争从遵循"古军礼"的模式下挣脱开来，也使得研究和使用战争谋略从此变得光明正大。以"诡道"为中心的战争谋略，正大光明地走上历史舞台。因此，敢于彻底抛弃上古战争观念的孙子，其胆识和谋略，都是伐楚取得胜利的关键因素。

不仅如此，在笔者看来，孙子为伐楚而展开的战争筹划，在《孙子》十三篇中有集中展示，至于伐楚谋略则大量集中于《九地篇》。甚至可以说，这十三篇兵法，尤其是《九地篇》，是专门围绕着伐楚而写。

如果从这一角度出发解读这本兵书，也可就此找到解开《孙子》成书之谜的一把钥匙。孙子其实已经在《九地篇》将伐楚的战略目标和作战决心等，写得非常清楚："霸王之兵，伐大国。"他告诉吴王，要想称王称霸，在春秋末期的国际舞台上有所作为，那就要"伐大国"。谁是大国？楚国。就当时的情势来看，不言自明。在《九地篇》中，孙子非常明确地确定了千里伐楚的作战目标。因此，我们千万不能小看"伐大国"这三个字，孙子著述十三篇兵法的初衷固是为了求职，但他"想定作业"的模式设计和目标选定，都是为了帮助吴王实现"伐大国"这一总体战略目标。孙子相信，如果组织合理、准备充分，就一定可以打败强楚，也即"其城可拔，其国可隳"③。这八个字也出现在《九地篇》，不仅是作战

---

① 《孙子・九地篇》。
② 《孙子・计篇》。
③ 《孙子・九地篇》。

目标，同时也是在给吴王加油鼓劲，给吴军作战争动员。

三、"为客之道"再审视

在笔者看来，《九地篇》不仅不是胡乱拼凑的下脚料，恰恰相反，它是《孙子》的精华和高潮。孙子著述这本兵书的根本目标"伐楚"，包括其总体作战构想等，在这一篇都有较为集中的展示。《九地篇》是一篇讨论战略奔袭的不朽名篇，也是十三篇中最为出彩的华彩乐章。

《九地篇》顾名思义就是讲九种地理，包括散地、轻地、争地、交地、衢地、重地、圮地、围地和死地。"九地"并非普通地形，而是九种战略地理，其中最为重要的是最后一种：死地。这一篇在十三篇中最长，规模是《孙子》全书的五分之一。孙子写作时，将此篇作为重点。所谓"死地"，也即孙子所言"为客之道"，在敌方腹地作战，也即战略奔袭。吴国伐楚正是战略意义上的长途奔袭。《九地篇》讨论最多的核心内容，就是死地作战之法。其他八种都是铺垫。

那么，在《九地篇》中，孙武是怎么规划"死地"作战，怎么设计长途奔袭，为千里伐楚作筹划的呢？在笔者看来，主要有以下几点：

第一，做好外交准备。

首先是要做到"不争天下之交"，在外交战线有所为有所不为，必须要充分了解诸侯列国的战略意图。如果不了解别人，就不能急急忙忙地跑去和人家拉关系。其次就是要做到"不养天下之权"，不必刻意尊奉其他的诸侯，不用事事汇报，无比尊敬对方。最后还要注意"信己之私"①，适时伸展自己的抱负和主张，努力追求自己应得之利益，从而做到"威加于敌"，要把兵马之威施加到敌人头上，逼迫敌人屈服。

第二，秘密决策，悄无声息。

战略奔袭，一定要搞突然袭击，部队展开纵深突袭，要像尖刀一样直插敌人心脏。所以一定要秘密决策，巧妙伪装，不动声色，同时还要诱使敌人放松戒备，充分暴露弱点。还要注意隐蔽己方作战意图，也即"易其事，革其谋"。不仅如此，对于己方士卒，也要注意"犯之以利，勿告以害"②，对部下和士卒选择性地告知，选择性地欺骗，在需要告诉他们"利"时，就不要再说"害"，在需要告诉"害"时，就不要再说"利"。这其实也是一种高明的愚兵之术和必要的保密措施。

第三，选准时机和方向，集中兵力。

孙子指出，一旦发现敌人的弱点，有机可乘，就要立即以迅雷不及掩耳之势发起攻击，这就叫"敌人开阖，必亟入之"③。伐楚之战，吴国军队就是使用了这

---

① 这里的"信"，同"伸"，"伸展"之意。参见杨丙安校理：《十一家注孙子校理》，中华书局1999年版，第260页。

② 《孙子·九地篇》。

③ 《孙子·九地篇》。该句简本作"犯之以害，勿告以利"。

一攻击方式，如同神兵天降，打得楚军措手不及。孙子一向反对平均使用力量的战法，而是一直强调集中兵力，力争实现"并敌一向"。在十三篇的其他各篇，孙子也曾多次强调过这一理念，比如"以十攻一""以镒称铢""避实击虚"① 等等。在实施战略突袭时，孙子更是主张集中优势兵力，以最快速度打击敌人要害而又虚弱之处，大量杀伤敌人的有生力量，力争迅速解决战斗。因此，孙子一向强调"速决战"："兵贵胜，不贵久"②。

第四，变换战术，做好互相呼应。

就战术运用问题，孙武进行了认真而深入的探索，中心思想为："践墨随敌，以决战事"③，即根据敌情变化，灵活机动地决定战术运用。布列阵势要如同"常山之蛇"一般，必须做到灵活自如，反应敏捷，互相策应。各支作战队伍之间，一定要很好地呼应起来，尤其不能被楚军分割包围。孙子将能良好呼应的部队比喻为"常山之蛇"："击其首则尾至，击其尾则首至，击其中则首尾俱至。"④ 只有处处主动，互相照应，才能避免被动。客场作战，尤其不能马虎大意。

第五，后勤准备，掠于饶野。

打仗就是打后勤。对于这场长途奔袭，孙子更重视后勤保障。除了做好必备的长途运输之外，从国内源源不断地运送之外，也强调"因粮于敌"⑤ 和"掠于饶野"⑥。一旦粮食不够吃，就应就地抢劫。细读《孙子》不难发现，这是其一贯主张，也是其非常得意的后勤补给之法，在《作战篇》《军争篇》都有论及，《九地篇》围绕战略奔袭，再次强调了"掠于饶野"。⑦

第六，置之死地，向死求生。

孙子对身处死地时部队的心理状态进行了分析：一旦被围困，就会竭力抵抗；迫不得已，就会拼死决斗；身处危境，就会听从指挥。到了这时，士兵的作战能力一定会得到最大程度的发挥。因为他们只能向死求生，这正是"陷之死地然后生"⑧。部队的战斗力会被最大程度地激发出来，这样才能在绝境获得重生。

通过以上分析可知，《孙子》十三篇的许多重要内容都在《九地篇》得到重申，给部分读者以存在结构缺陷和编辑杂乱的感觉，但这只是表象。《九地篇》不仅不乱，恰恰相反，它是一篇结构严谨、论述透彻、主题集中的有关战略奔袭的专论。众多重要的战术原则集中于一处，就像是学生大考之前的总复习，老师要告诉学生哪些重点内容需掌握。每到此时，老师也会使尽浑身解数，对平时重

---

① 《孙子·虚实篇》："避实而击虚。"

② 《孙子·作战篇》。

③ 《孙子·九地篇》。

④ 《孙子·九地篇》。

⑤ 《孙子·作战篇》。

⑥ 《孙子·九地篇》。

⑦ 从中可以看出，孙武的兵学思想并非都是合情合理。"因粮于敌"这种掠夺思想，其中所看到的只是短期效应，于政治层面的考虑，或者长期效应的考虑，都有欠周全。

⑧ 《孙子·九地篇》。

点进行串讲，甚至反复叮嘱。

因此，在别人看来写得很差的《九地篇》，在笔者看来却是最为精彩。读懂了《九地篇》，才能真正理解孙子的兵法，才真正懂得那个时代孙子为何能凭借数万人马，千里奔袭，打败强大的楚国。其中奥秘，都写在《九地篇》。伐楚之战几乎按照《九地篇》的设计而展开。《孙子》十三篇最重要的战争谋略，正是这"绝境重生"和"向死求生"的谋略。"伐楚"才是这本兵书的中心论题。

从这一角度出发，《九地篇》也为我们揭开《孙子》成书之谜提供了机会。《孙子》确切写作时间无法考证，但它应该是在伐楚之前就已完成，在孙子拜见吴王之前就已经差不多写好。伐楚战争结束之后，孙子也许会对其进行适当的补充和修改，但主体内容应在这场大战之前已经完成。为了打动吴王，孙子在十三篇兵法中花费了不少心思，在《九地篇》更是费尽思量，就此为世人留下一篇不朽的战略名篇。

四、"错简说"及驳议

《九地篇》重要而且精彩，《武经汇解·孙子·九地篇》曰："全篇主意不过'投之亡地然后存、陷之死地而后生'二语"[①]，这句话很好地概括了该篇的主题。但这一篇文字，也曾引起广泛争议。

自从宋代注家张预怀疑"九变"即"九地之变"后，明代刘寅等人提出了《九变篇》和《九地篇》存在错简问题。他指出，《九变篇》"圮地无舍，衢地合交，围地则谋，死地则战"本应是《九地篇》文字，此论得到了赵本学的支持："及获见刘寅《直解》，知有张贲之书，直以'圮地无舍、衢地合交、围地则谋、死地则战'四句为衍文。"[②] 赵本学指出，如将《九变篇》"将受命于君合军聚众"其下四句归诸《九地篇》，则更加合理。[③] 当然，他们虽然在《军争篇》《九变篇》和《九地篇》中找出了一系列的错简和衍文，却仍然承认《九变篇》独立成篇的价值，也没有对《九地篇》发起猛烈批评。

民国学者也曾对《九地篇》进行过深入研究，并提出一些新观点。比如李浴日认为，《九地篇》是《地形篇》的"补遗"。[④] 另外，"错简说"自从遭到汪绂[⑤]等学者反驳后，曾长期沉寂[⑥]，此时又被重新提起，比如陈启天[⑦]。20世纪50年

① 黎观五：《武经汇解》，清康熙己酉刊本，齐鲁书社1992年影印本。

② 《孙子书校解引类·九变篇》。

③ 《孙子书校解引类·九变篇》。

④ 李浴日：《孙子新研究》，世界兵学社1946年版，第193页。

⑤ 汪绂非常明确地反对"错简说"："旧解多误。"《戊笈谈兵·孙子·九变篇》，齐鲁书社1992年影印本。

⑥ 黎观五《武经汇解·孙子》（清康熙己酉刊本）虽则收集旧注甚夥，甚至蔚为大观，却只字不提张贲等人的"错简说"，便是一种漠视。因为该书曾经数次引用了刘寅《直解》。对于刘寅等人的"错简说"只字不提的态度，可能是因为"错简说"其时已不再时髦，也可能认为这个说法显得太过幼稚，不值一驳。

⑦ 陈启天：《孙子兵法校释》，国魂书店1941年版，第238页。

代，杨炳安著作《孙子集校》时，也曾对张、刘、赵予以支持。① 李零曾对此提出批评，② 也批评张贲、刘寅、赵本学等人"动称'错简'，妄改原书"："银雀山简本的发现已经证明，他们的改动很少有对的。"③

在《孙子》十三篇中，《九地篇》最长，规模是《九变篇》的五倍有余。一个最长一个最短，有人就此将二者联系起来，认为《九变篇》是《九地篇》割剩下的尾巴。除了明代学者，李零也将这两篇联系在一起，认为："《九地》是全书整理的尾巴，最后没有加工好，《九变》就是从《九地》割裂，用该篇草稿中的材料拼凑而成。"④ 在李零看来，这两篇是《孙子》全书中编次加工最粗糙，存在着明显的"章句割裂"痕迹。⑤

对《九地篇》持猛烈批评态度的还有钮先钟。在《孙子三论》中，他指出："这一篇是十三篇中最长的一篇，也是内容最杂乱的一篇。其内容很多都有疑问，甚至于可以断言是后人所伪造和篡改。"⑥

与上述批评之说截然相反，吴如嵩、黄朴民等学者对《九地篇》给予高度评价。吴如嵩指出，《九地篇》是"从战略的高度宏观地论述了战略进攻作战的若干原则和方法。"⑦ 黄朴民不仅称赞该篇"思想精辟，说理透彻"⑧，还将其与柯林斯的《大战略》进行对比。《大战略》一书主要作战原则归纳为十二条：目的、主动权、灵活性、集中、节约、机动、突然性、扩张战果、安全、简明、统一指挥、士气。"如果拿它们同《孙子兵法·九地篇》对照着解读，你会欣喜地看到这十二项作战原则之基本要素，在本篇中都已经或多或少地包含，这说明孙子不愧为世界上深谙作战基本原理的第一人，《九地篇》也无疑是整个孙子兵学体系中的重要构成部分。"⑨

批评也好，赞扬也好，本属仁者见仁智者见智，但也可充分反映出各自对孙子兵学理论，尤其是《九地篇》的解读。就"错简说"，笔者在讨论《九变篇》时曾有涉及。李零所谓"割裂"，仅从简本考察，并不存在。由出土文献可知，《九变篇》和《九地篇》都各自成篇，"《九变》就是从《九地》割裂"的说法，仅从出土竹简考察也无法成立。魏汝霖等学者也坚决反对"错简说"，认为《九地篇》

---

① 杨炳安：《孙子集校》，中华书局 1959 年版。

② 李零认为，《集校》特别是对十家注系统之外武经系统诸版本以及张贲、刘寅、赵本学等人的意见做了较多吸收，对古书引文反而不大重视，认为这些引文多节引、改易、增删，不尽可据。但银雀山简本发现之后，杨校本的许多缺点就暴露出来了。详见李零：《关于〈孙子兵法〉研究整理的新认识》，《古籍整理与研究》1987 年第 1 期。

③ 李零：《关于〈孙子兵法〉研究整理的新认识》，《古籍整理与研究》1987 年第 1 期。

④ 李零：《兵以诈立》，中华书局 2006 年版，第 315 页。

⑤ 李零：《关于〈孙子兵法〉研究整理的新认识》，《古籍整理与研究》1987 年第 1 期。

⑥ 钮先钟：《孙子三论》，广西师范大学出版社 2003 年版，第 95 页。

⑦ 吴如嵩：《孙子兵法新说》，解放军出版社 2008 年版，第 166 页。

⑧ 黄朴民：《〈孙子兵法〉解读》，中国人民大学出版社 2008 年版，第 238 页。

⑨ 黄朴民：《〈孙子兵法〉解读》，中国人民大学出版社 2008 年版，第 261 页。

并不存在错简，而是深入讨论了容易被人忽略的"地略学"问题。①

考察《九地篇》，这显然为十三篇的高潮和精华，不仅所论内容非常精彩，而且写作手法非常精妙。《九地篇》所论，既有战术问题，更有战略问题。

孙子在《九地篇》系统论述了如何在"散地"等九种不同战略空间领兵作战的方法，同时就当时条件展开战略奔袭这一主题重点展开阐述。这些大多属于战略层面，部分属于战术层面。该篇所论"九地"，不能简单视为"地形"之"地"。在现代军事学中，属于战略地理。吴如嵩指出，"《九地篇》主要论述的是战略进攻问题，是远程奔袭的'为客之道'"，② 一语点破该篇主旨。该篇所论"为客之道"，是逐渐崛起的吴国与行将衰落的楚国进行的战略决战。两国之间的生死决战，一定属于战略决战。当然，《九地篇》所论内容甚广，具体战法设计中也不乏战术层面的内容。③

众多研究学者都看到《孙子》成书的时代背景，那就是吴、楚、越争霸的战争实践。④ 楚国正是吴国力争打败的大国，即"王霸之兵伐大国"。从当时南方争霸的背景来看，吴国战略目标主要针对楚国，越国则是与其长期角力的竞争对手。即便主张"错简说"的赵本学也非常认同这一点，指出："孙子以当时本国之事而断之以明，贵于料敌也。"⑤ 十三篇曾两次提及吴、越。其一见诸《虚实篇》："以吾度之，越人之兵虽多，亦奚益于胜败哉？"⑥ 这里明确指出吴、越互为仇敌的基本史实；其二则见诸《九地篇》："夫吴人与越人相恶也，当其同舟而济，遇风，其相救也如左右手。"孙子既描述吴、越彼此仇视之史实，但也认为他们需要在必要时同舟共济以自救，而相互之间的救援就像人的左手和右手一样。这显然是特殊条件之下的友谊。既然做出伐楚的决定，吴国就必须注意防止越国从背后发起偷袭，或不惜代价予以拉拢。

银雀山出土文献可与传世文献《史记》，包括《孙子·九地篇》互相呼应。从出土文献可以看出，孙子和吴王所处时代即为春秋末期，吴楚争霸是时代主题，吴国要做的头等大事就是伐楚。竹简文献很大程度支持了《史记》的记载。由出土文献可知，"孙子"本来就有两个，一个活动于春秋末期的吴国，另一个则活动于战国时期的齐国，各有兵法传世。孙武写的叫作《孙子兵法》，孙膑写的叫《孙膑兵法》。按照司马迁的记载，孙膑还是孙武的后人。通过新旧文献的对比，《孙子》成书背景逐渐明晰，令人们更有理由相信《史记》的有关记载。《九地篇》

① 魏汝霖：《孙子今注今译》，台湾商务印书馆 1972 年版，第 199 页。
② 吴如嵩：《孙子兵法新说》，解放军出版社 2008 年版，第 166 页。
③ 吴如嵩指出，《九地篇》围绕为客之道主要讲了两个层面内容，一是战术层面，一是战略层面。参见吴如嵩：《孙子兵法新说》，解放军出版社 2008 年版，第 166 页。
④ 详细讨论可参黄朴民、宋培基：《〈孙子兵法〉的吴文化特征》，《光明日报》2006 年 5 月 18 日。
⑤ 赵本学：《孙子书校解引类·九地篇》，齐鲁书社 1992 年影印本。
⑥ "以吾度之"，赵注本作"以吴度之"。张预曰："吾乃吴之误也。"

所论主题，也由此而从迷雾中浮现。

出土文献和《九地篇》所论"为客之道"，也与《通典》等收录的孙子佚文基本吻合。《通典》中收录文献，以《九地篇》佚文最多。毕以珣在《孙子序录》中不遗余力予以收录，并总结道："此皆释《九地篇》义，辞意甚详，故其篇帙不能不多也。"① 就"死地"，也收有一段问对。吴王问孙武"军于敌人之地"的求胜之法，孙武答曰："深沟高垒，示为守备；安静勿动，以隐吾能；告令三军，示不得已；杀牛燔车，以飨吾士。烧尽粮食，填夷井灶，割发捐冠，绝去生虑，将无余谋，士有死志。于是砥甲砺刃，并气一力，或攻两旁，震鼓疾噪，敌人亦惧，莫知所当。锐卒分兵，疾攻其后，此是失道而求生。故曰：困而不谋者穷，穷而不战者亡。"② 这段对话可视为对《九地篇》"为客之道"的进一步解释，与其基本战法大致相通。与死地作战有关的佚文还可见诸张预注，收录于《十一家注孙子》中，着重强调的仍然是死地求生的战法，突出强调了"困而不谋者穷，穷而不战者亡"等作战原则，③ 同样是《九地篇》主旨的申论。

由此可知，即便孙子佚文也多将《九地篇》作为重点。以前不少学者都纷纷怀疑司马迁有关孙武的记载，但我们可以从出土文献找到证据支持他的记载，也可从十三篇兵法中找到内证加以支持，尤其需要关注的是《九地篇》。出土文献和传世文献的互证，更可以帮我们对《九地篇》主题有明确判断，论述战略奔袭的"为客之道"，是《九地篇》乃至《孙子》最值得关注的主题。在伐楚这个时代背景之下，孙子的战略构想能够充分联系争霸战争实践，所论皆贴近实战，这才能诞生论述战略奔袭的这一不朽名篇。

---

① 杨丙安校理：《十一家注孙子校理》，中华书局1999年版，第342页。
② 同上，第341页。
③ 同上，第322页。

《孙子兵法》与江南诗性精神初探

＊本文作者韩光浩，江苏省苏州日报报业集团文旅体中心总监，江苏省优秀期刊主编。

　　《孙子兵法》十三篇，是中国人用兵如神的智慧精华，也是中华民族诗性精神在军事上的重要体现，故而《孙子兵法》一开始便开宗明义，"兵者，诡道也"。

　　如何理解"诡道"？前人多将"诡"注为"欺骗"或者"诡计"，不单未显"诡"之义，也未将"道"的含义诠释到位。而真正理解中华文化本质，才会理解孙子所言"诡道"之义。"诡"乃兵法之相，"道"是兵法之实。诡道，是需用兵者系统考虑，全方位观照的大道。"兵者，诡道也"，其实说的就是"兵者，是需要在变易与不易之间把握的军事艺术。"诡道用兵，是将最高的控制力和最高的非控制性结合而成的战争艺术的具体展现。

　　孙子以超凡智慧，借"兵法十三篇"明白地告诉世人，兵法即是易法。十三，这个数字就代表着五行八卦的智慧模式，而这种智慧乃阴阳体悟而成，核心就是"中"，"中"的本质也就是"易"。只有用这个"易"的价值观和精神，才能居于中位感悟，把握天、地、人的互动与交通。

　　自古以来，用"易"作为一个国家的世界观和方法论，并建立起辉煌灿烂文明的国家，就是中国。而在不易与变易之间中庸而成的，就是中国人的诗性文明。而从历史上看，中华文化的保育之地在江南，江南文化的本质就是诗性精神。在如今长三角一体化，沪、苏、浙、皖、赣等省市携力复兴江南文化的时代背景下，重新从诗性精神的角度进入《孙子兵法》的智慧天地，将有助于我们理解"中"的含义，理解"江南文化"的内涵，同时更能深入理解《孙子兵法》这一江南文化的元典，留给了我们怎么样的深层文化和心理结构，从而对当代人体察传统文化之正道有所裨益。

中西异同与诗性精神

　　说到中华民族，人们常用"诗性民族"加以概括。陈炎教授在《多维视野中的儒家文化》一书中曾将中国文化与西方文化做过一番简单的比较，认为西方人在进入文明时代的进程中将人与自然、人与社会分裂得比较彻底，从而在思维方式和行为方式上也将感性和理性分裂得比较彻底；而中国人则更多地保存了人与自然、人与社会的天然联系和原始情感，从而在思维方式和行为方式上也更多地保持了感性和理性相互渗透的原初状态。同时，陈炎教授认为，在中国的文化结构中，艺术和技术则占有了极其重要的地位。而无论艺术还是技术，都既非单纯的感性，也非纯粹的理性，而是将二者统合在一起。

《孙子兵法》，即体现着浓郁的中国文化艺技合一的整体精神。其用兵之法，并不以催动士兵的肉体极限为目的，也从来不陷入狄俄尼索斯式的迷狂，而是在战争中强调理性的制约，在对阵里注重智慧的较量。就像中国的武术不同于西方的拳击，它不仅要打得准、打得狠，且要打得巧妙、化得漂亮。体悟《孙子兵法》可以明白，中西战争观念有着明显不同，中国人不仅要以战胜为原则，更要以非战和合为终道。

在《孙子兵法》中，兵法乃法，说的是实战；兵法无法，讲的是境界；兵法万法归一，谈的是对虚实阴阳的把握，这种把握体现了中国人非凡的感悟能力。意大利哲学家维柯将这种能力叫做诗性智慧，他认为，原始人生活在思维的昏暗与混沌之中，生来就对事物无知，也没有逻辑推理的能力，但他们"浑身是强烈的感觉力和广阔的想象力"，这创造出了人类童年的诗篇。其实，维柯讲的这种原始人的智慧只说到了先天的感知力，尚不包含对技艺纯熟后再返回自然的把控力，这种把控力更在与对自身的控制，从而能对瞬息万变的外部世界实现最高的非控制性，通过其本性的出现实现更高层次的控制。就如钱穆先生所言：中国人的学问是人生境界，非关思想体系。的确，中国的诗性智慧有别于西方文艺复兴以逻辑思维为特征的理性智慧，也非诗歌、文学中的感性美学。我们的先辈把宇宙、环境、人体、社会当成一个生命整体来看待，凡事追求根本的解决和超越之道，涵养成了一种独属于中国的诗性精神。

如果要对中国人的诗性精神下定义，笔者认为，诗性是指把主观和客观同时观察，精神和物质同时体验，把天地人放在一起进行系统整体性的观察、体会和应用的一种境界，它带有预见性的"统一观"，是使我们在认识事物时更接近事物的本来面貌的方法论。诗性精神，一直运用在先人们观察事物、认识事物、把握事物之中，也体现在《孙子兵法》的各个篇章之中。简而言之：诗性精神，就是中国人透过生存与活动的具体现象，对万事万物变化的感悟力和把握力的核心体现。其中既有对事物显现方式的精通，又能顺从事物本性来控制事物。因此，在《孙子兵法》中，深具诗性精神的孙武，对战争艺术体察精微，实处入手，又不失整体；随势而变，自由通达，却不离根本，展现了东方"战神"的大境界。

人人尽说江南好。能从技入手，不离大道，把握事物和活动的时机感和分寸感，实现身心自由、安全富足、自信国强，那才是让中国人魂牵梦绕的江南，也才是《孙子兵法》千百年来充满魅力的缘由。

孙子智慧与江南文化

江南文化的三次衣冠南渡，是众多研究者眼中江南文化形成的标志性事件，也是后人所认为的南北文化交通融合的历史事件。而事实上，早在春秋之时，《孙子兵法》就已经显示着多元综合的文化品格，它是齐鲁文化与吴越文化碰撞、沟通、融合的产物，反映了中国古典兵学开放进取、兼容博采、随势创新的时代精神。

江南，意为长江之南，在人文地理概念里，特指长江中下游以南地区。从古至今，江南一直是具有伸缩性、变动性的地域概念。古时一般是指以吴国、越国等诸侯国所在的长江中下游，如今则包括沪、苏、浙、皖、赣等长江中下游以南部分地区。江南文化的根系最悠远的源头可以追溯到河姆渡、马家浜、淞泽和良渚文化，在黄河中原文化崛起执天下牛耳的春秋时代，则属于吴越文化。

长期研究江南文化的刘士林教授曾经指出：在江南文明起源研究中，长期以来占主导地位的是"黄河中心论"，由此导致的直接后果是，中原文明成为认识和研究江南的基本语境和判断标准。历史学家李学勤先生也曾认为，"黄河中心论"最根本的问题是"忽视了中国最大的河流——长江"。而综合 20 世纪考古学、历史学、人类学的研究，早在新石器时代，作为江南母体且自成一体的长江文明就已发育得相当成熟。由此出现了一个颠覆性的新发现——江南文明是长江文明的"亲生子"，而不是黄河文明的传播产物。

江南作为文化概念的出现，比《孙子兵法》成书的时期晚，迟至南朝文学家丘迟的《与陈伯之书》，但江南的诗性精神是同这方水土与生俱来的。自从孙子因避齐国内乱而出奔定居吴地起，他的活动基本上都是在吴地展开的，如吴宫教战、辅佐阖闾、对楚实施战略欺骗、五战入郢等等，均以吴国大地为广阔的舞台。从这个意义上说，孙子所创作的兵书，是江南文化的有机组成部分，《孙子兵法》带有强烈的江南文化特征。又或者说，正因为齐人孙武来到山水吴地，他身上的政治伦理诗性与吴地的自然性灵诗性交融，身心感悟后才诞生了这一军事巨作。这一点前人多有论述，在此不再多言。

《孙子兵法》所倡导的军事艺术中，为其打上强烈江南烙印的，是江南稻作文化的得机得势与江河湖海虚实变幻的水的精神。精确体悟并敏锐地调整的背后，是孙子对天、地规律的认知和生发。《孙子兵法》也由此成了江南的传统文化元典，给予了江南无比的战略定力与心胸智慧。我们可以看到，《孙子兵法》等典籍对江南精神和江南性格的养成有着重要意义，至今江南人的性格中还有着这样的稳定结构特征：精细、多谋、内蓄、旷达、诗意、自由、后发，这些看似不同甚至有些矛盾的性格特点，无比谐和地统一在了江南人的性格中。

《孙子兵法》思想体现江南之诗性，有多重多样的维度。但简而言之，一曰算，二曰变。

一曰"算"，在《计篇》《谋攻篇》《作战篇》中为孙子淋漓写就，体现了从技的层面，孙子对兵法的无比精通。《计篇》中的算，有"五事七计，十二诡道"。"五事七计"，是基本面、实力面、战略面。"五事"，是道、天、地、将、法，计算比较敌我双方这五个方面，得到"七计"。孙子认为，"夫未战而庙算胜者，得算多也，未战而庙算不胜者，得算少也。多算胜，少算不胜，而况于无算乎！吾以此观之，胜负见矣。""庙算"就是"谋定而后动"，涵盖了前期的各种计算、计划、战略运筹、应对方案，即使目前略处劣势，只要比对手拥有更完善的准备、更详尽的计划、更多应变的方法，即使遇到突发情况也能一一化解或者见招拆招，那么就拥有更大赢面、占据更多把握，就能"未战而庙算胜"。这"算"，无疑彰显了孙子兵法理性的魅力。

二曰"变"，在《军形篇》《兵势篇》《虚实篇》中重点强调。体现了从道的层面，孙子对兵法的绝对控制力，或者说，展示了孙子通过顺应事物的本性而来控制事物的能力。形、势二字是兵法之秘，孙子用此二字单独成篇章，一谓形篇，一谓势篇，在字义本身的解释中就蕴含了变化的内涵。形者，势也；势者，形也，通用互变。孙子著书立说，讲究气脉贯通，要从整体上把握其神。读《孙子兵法》十三篇皆是如此，既要拆解来看，更要统筹综观，以"变"的要诀来读。而在《虚实篇》中，孙子对顺应战争之性从而来取胜之道的论述更为精妙："因形而错胜于众，众不能知；人皆知我所以胜之形，而莫知吾所以制胜之形。故其战胜不复，而应形于无穷。"之后孙子再论："故五行无常胜，四时无常位，日有短长，月有死生。"显示了孙子在顺应战争变化规律的同时调整兵法，以此控制战局的能力。

清人陈澹然认为，"不谋全局者，不足谋一域"。其实，兵法的一域也势必含有全局的觉察。细读《孙子兵法》，通篇是由全局呼应的途径造就，处处体现出纲举目张、举重若轻的大局意识和见微知著、占隐察机的预见能力，犹如王羲之笔下那水性洋溢又浑然一体的《兰亭序》。这种变化的能力，被孙子自己称为"诡道"。诡道用兵，是将最高的控制力和最高的非控制性结合而成的具体表现。当然，这也是实现最大限度地减少战争伤亡和损失之道。

有人说，《孙子兵法》从本质上是一种创新。《孙子兵法》的创新包括观念的创新、战术的创新、思维的创新等多个层次、多个方面，是对"古代王者司马法"的颠覆与超越。笔者认为，与其说是创新，不如说是回溯到了战争艺术的原点，精悟了阴阳虚实的规律，从而使其兵学理论成为了不离礼义大道，又与时俱进的军事艺术，实现了中国古典兵学的一次复兴。

解读江南的"兵法密码"

中国的南北方文化各自孕育了不同特征的诗性精神。北方民族发展了政治伦理诗性。这种诗性智慧偏重于以社会伦理为核心，从实用入手调整社会和事物的发展。而在自然和地理环境相对复杂的江南，与北方文化中"百川东到海"式的大一统场面明显不同，呈现出一种人文自然诗性，这便是江南文化的精神内核。

因为自然诗性精神的洋溢，江南文化有着感性和理性、阳刚和阴柔相互融合的整体特征，这种诗性与江南的水性一脉相承，故孙子在《虚实篇》中亦有云：

"夫兵形象水，水之形，避高而趋下，兵之形，避实而击虚。水因地而制流，兵因敌而制胜。故兵无常势，水无常形，能因敌变化而取胜者，谓之神。"孙武所著的《孙子兵法》十三篇，不仅从兵法角度展现了江南文化的诗性特质，并对江南成为后世中华文化核心地具有密切的关系。

应该说，《孙子兵法》留给我们解读江南文化至少有如下三大密码：

1. 文化孕育的密码：形、势、意

《孙子兵法》中，因形而势、由势而形变、由变而利、最终和合相融的思维理念是解读江南文化的入门之径。其一，是形，代表江南物质文化。如大家耳熟能详的"鱼米之乡""苏湖熟，天下足"等，它们奠定了江南的经济基础。其二，是势，代表"江南非物质文化"。这是诗人、作家和艺术家的江南；其三，是意，就是介于前两者之间的文化。在江南人的心中和眼中，是非物质的技艺；到了身上和手上，便成了登峰造极的工艺与艺术。这就如孙子所言"微乎微乎，至于无形。神乎神乎，至于无声，故能为敌之司命。"脱离形、势来谈意，是虚幻的。意的精妙之处，就存在于形与势转化之间的最细微之处。形、势、意，是江南文化孕育之中的三大密码。

2. 智慧进阶的密码：知法、见机、悟道

战争的理想是和平；战争的最高境界是"不战而屈人之兵"。关于"非战"的文字，老子《道德经》里比比皆是："夫唯不争，故天下莫能与之争。""天之道，不争而善胜。""圣人之道，为而不争。"从这些不争的字眼中，能隐隐体会出《孙子兵法》所言之道。在当代，软战争这一概念的提出，比较接近于孙子的思想。但是，软战依然是战争，如何不战，求取和平共生？孙子言："故能而示之不能，用而示之不用，近而示之远，远而示之近。"从这些欲拒还迎的相反两方面，我们可以领悟出，孙子不是不争，而是超越了竞争。

如何超越，先要知法，就是《孙子兵法》的"算"，要从战法和技法的融会贯通进入；再要见机，就是"变"，觉察细微，随时机和势能的变化走化；最终才能悟道，开发出非凡的智慧，达到非战和合，归于一统的和谐之态。其中，见机是能超越的重中之重，也是打开智慧的钥匙。见机不单要见到控制事物发展的机会，也要能见到控制自己妄动的机会，甚至控制自己，才能让事物发展的规律显现出来，从而达到非控制性的控制。而人只有通过对技法的长期领悟，不断深化自身的感受力和理解力，才能控制自己，从而在更高层面上接近非控制性，也即"道"。最完美的兵法，是让战争的指挥者成为被"道"控制的一环，从而达到"非战"的最高天空。知法、见机、悟道，是《孙子兵法》留给当代江南的循经之脉。

3. 社会发展的密码：实用、审美、象征

《孙子兵法》是江南文化的元典之一，那么为什么说它是元典？因为兵法的

一思一动，处处都贯穿着"道"的作用。一时一地的战法势必受到局部战场的限定，而"道"则是在具体战法中对整体战争有着牵引和指引。战法是权谋的，因地而设；它是讲求控制的，可以带来中庸和合；它又是以仁为本的，恢复的是一种社会的秩序和礼仪。《孙子兵法》将实战、中庸和礼义融为一体，成为江南文化中的典型性格。

在生活方面，江南人一开始就不以纯粹科学的手法来摹仿自然，懂得如何在一种"似与不似之间"而获得"气韵生动"的美学效果。在创作方面，江南人一开始就不以纯粹客观的态度来再现生活，而懂得如何"想象以为事，惝恍以为情"，以达到一种"登山则情满于山，观海则意溢于海"的精神境界。在建筑方面，江南人一开始就不追求简单的对称和机械的构图，而是懂得如何处理阴阳、动静、虚实之间的辩证关系，以实现一种"神与物游""物我两忘"的审美理想。千百年来，江南融合实用、审美、象征，布局出现代经济的版图、演绎出城市生活的精致婉转、实现了社会的人文诗意。

统而言之，在《孙子兵法》中体现的诗性精神是江南文化的最高本质，也是中华民族倾心向往的精神家园。也可以说，保育诗性精神是江南对于中国文化最独特的贡献，如今这样的精神还长留在这块土地之上。这种精神心手相通，感性和理性合一，虚实互动，阴阳相生，是富有中国特色的辩证唯物主义，创造了如今盛世江南的文化和经济奇迹。"战势不过奇正，奇正之变，不可胜穷也。奇正相生，如循环之无端，孰能穷之哉"的诗性精神，是《孙子兵法》留给当代人的最大财富和启示。深刻理解《孙子兵法》对于江南文化的深远影响，对新时代的江南精神再造将有更多体悟。

孙子十三篇诞生于苏州之再认识

＊本文作者汪育俊，江南社会学院副教授。

　　"要让文物说话，让历史说话，让文化说话。要加强文物保护和利用，加强历史研究和传承，使中华优秀传统文化不断发扬光大。" 2017 年 4 月 19 日习近平同志在广西考察时说的这个精神，对我们研究孙子文化具有重大指导意义。

　　孙子十三篇兵法诞生在苏州已成基本共识，但具体在苏州何处却似无定论。这就要求我们随着考古学成果的不断展现和对有关历史资料再挖掘、再审视、再研究、再认识的同时，能结合吴地文化的特点，更准确、更深刻地把握孙子文化的核心思想及基本意义，并以之涵养社会主义核心价值观，更好地发展中国特色社会主义先进文化，增强文化自信，加快社会主义文化强国的建设。

　　重读有关历史资料，重温木渎考古成果之后，对孙子十三篇诞生在苏州谈点新的认识，以求教于方家。

一、孙子十三篇诞生于吴

　　司马迁《史记·孙子吴起列传》说：孙子武者，齐人也。以兵法见于吴王阖庐（"庐"通"闾"）。阖庐曰："子之十三篇，吾尽观之矣，可以小试勒兵乎？"对曰："可。"① 这意味着孙子兵法十三篇正式面世了。

　　此事发生在阖闾三年，即公元前 512 年。为纪念中华民族优秀传统文化发展史上这一重大事件，苏州市孙武子研究会曾决定，每年 5 月 12 日为孙子兵法诞生纪念日。因具体日期已无法考证，谨将诞生年份"512"重复一次以定月日，目的是便于广泛记忆。

　　在哪里"见"的呢？就常规而论，当在吴国"都城"。

　　《史记·吴太伯世家》说，"太伯仲雍二人乃奔荆蛮，文身断发……自号句吴。""荆蛮义之，从而归之千余家，立为吴太伯。"② 唐朝张守节在《史记·正义》中解释说，"吴，国号也。泰伯居梅里，在常州无锡县东南六十里。至十九世孙寿梦居之，号句吴。寿梦卒，诸樊南徙吴。至二十一代孙光，使子胥筑阖闾城都之，今苏州也。"③

---

　　①　司马迁：《史记》，中华书局 1959 年版，第 2161 页。

　　②　同上，第 1445 页。

　　③　同上，第 1445 页。

这个记述强调了五点：（1）"吴"是"国号"；（2）从太伯一直到十九世孙寿梦居"梅里"，是说梅里是吴"国都"；（3）二十代孙诸樊将吴都从梅里向南迁移；（4）二十一代孙光继位后称"阖闾"，让伍子胥负责建造新都，史称"吴大城"或"阖闾大城"；（5）到唐开元年间张守节为《史记》撰著《正义》时，阖闾大城已改称苏州。

泰伯至寿梦居梅里，说的明确；诸樊南徙吴后，吴国相继在王位的有诸樊、馀祭、馀眛、僚与阖闾等，他们在哪里办公的呀？语焉不详；"吴都"出现断档。

这一断档使人们搞不清楚吴王阖闾在何处接见孙子，也就搞不清楚孙子十三篇诞生的具体地点。阖闾不是在梅里称王的，梅里被排除了；那么是在诸樊南徙吴后所建的"故都"吗？还是在伍子胥所建的"新都"呢？

二、吴宫教战提供不少线索

《史记・孙子吴起列传》说，阖闾让孙子"小试勒兵"，一次就"出宫中美女，得百八十人。"[①] 史称吴宫教战。看来这吴宫够大的。

这"宫"在"吴"之何处呢？

清乾隆年间吴县东山学者金友理纂修的《太湖备考》卷一六"杂记"引《续吴录》说："万历己丑（1589）自五月不雨，至七月，太湖胥口去岸数里皆涸，中露一石桥，九洞，上石栏亦有存者，又得石台于淤土中，特缺其一足，此地于何时沉水底耶？""此疑即吴王故城，所谓南宫者。"金氏将"南宫"与"吴王古城"紧密相连是有道理的。

清末香山人徐矞先在其所纂修的《香山小志》（民国手抄本）中说："今小苑岑，下有村名石桥，去门臼处不半里，离太湖里许，此当是南宫故址，而旧亦有石桥在高处未沉者，故以村名。"他认为香山南麓的石桥村，即为南宫故址。

徐矞先与金友理两人的记载基本一致。比他们记载更早的还有：

明洪武《苏州府志》（卢熊纂修）卷四十三《古迹》云："南宫乡，在吴县界，亦吴王离宫。今小院岑南，尚有两石门臼，宛然相对，正在断浜尽处。"

明正德《姑苏志》（王鏊纂修）卷三十三《古迹》云："南宫在吴县界，亦吴王离宫。"

这里的"小院岑"或"小苑岑"，即今之香山，山南有一条被称为"南宫塘"的河流。南宫当在香山南麓、南宫塘北岸，宫门可能面向太湖。南宫塘东接胥湖、西联游湖，有专家称可能是当年为王室运输人员和物资的一条交通河道。

不难看出，这里的南宫、王宫、离宫和吴宫是同一指向。

据实地考查，在"南宫"周边，一直延续至今的地名除南宫塘外，还有：教场山、拜将台、二妃墓、二妃庙、胥山、胥王庙、炙鱼桥……这些地名密集，也

---

① 司马迁：《史记》，中华书局 1959 年版，第 2161 页。

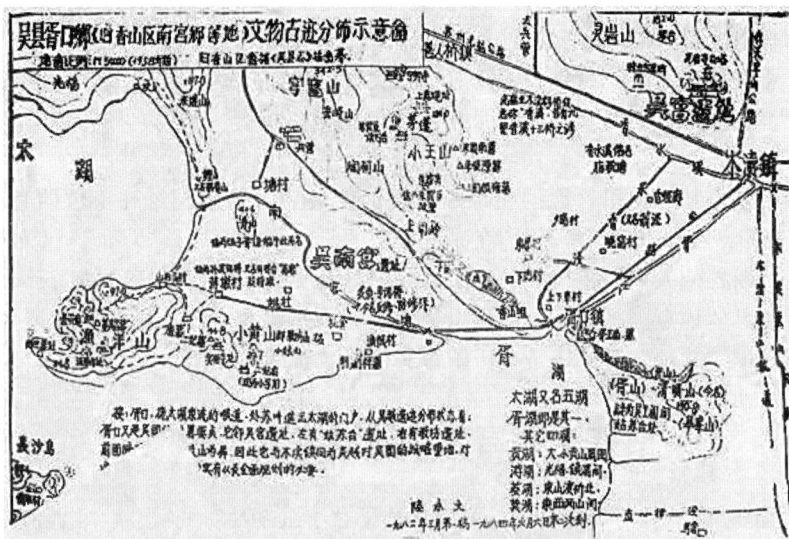

南宫遗址示意图（原吴县文管会陆永文依方志手绘）

可印证"南宫"即为"吴宫教战"之"吴宫"，当与"吴王故城"紧密相连。

其实，更早记录"吴王故城"的是北宋朱长文。他在《吴郡图经续记》中说"流俗或传吴之故都，在馆娃宫侧。"① 馆娃宫建在木渎灵岩山上，其建成一千多年后，朱长文并未发现灵岩山脚下有"吴王故城"的遗迹，所以只说这是"流俗"，意指民间传说，具有不确定性，有待考证。

那么，孙子与吴王阖闾"见面"的具体地点是否就在南宫抑或吴王故城呢？目前尚未发现《史记》或其他古籍有所记载，倒是 1972 年银雀山汉墓出土的汉简透露了一点端倪。

汉简《孙子》佚文（五）《见吴王》中记载道：……□于孙子之馆，……孙子曰："兵，利也，非好也。兵，□〔也〕，非戏也。君王以好与戏问之，外臣不敢对。"② 是说阖闾亲自到"孙子之馆"去拜访孙子，体现出吴王对广纳人才的渴求与礼贤下士的品格。

这"孙子之馆"可能在哪里呢？如按金友理、徐崧先等人所述，南宫故址就在吴王故城的话，那孙子之馆亦当在吴王故城，可能离"南宫"不会太远吧！

问题的关键是必须首先确定"南宫故址"究竟在哪里？

秦统一全国后实行郡县制。此时会稽郡治与吴县治都在原吴都阖闾大城；南宫塘与香山相连的一带称吴县"南宫乡"，直到两千多年后的民国元年才改称"香山乡"，现已改称"香山街道"；可"南宫塘"仍在原址未变。

---

① 〔北宋〕朱长文：《吴郡图经续记》，江苏古籍出版社 1999 年版。

② 邵斌、宋开霞：《孙武孙膑兵法试说》，齐鲁书社 1996 年 3 月第 1 版，第 153 页。

"诸樊南徙吴"的本义当指"都城"而不只是"宫殿""南徙"到了"吴"。如果只有"南宫"这个"点"的南徙，就无法理解此时吴国"都城"之"全貌"。可见，考查此时"吴都"所在地才是问题的根本。

三、从南宫故址到木渎古城

从北宋到现在又过了近千年，经当代考古专家调查和发掘，国家有关部门确认，在木渎镇、胥口镇和穹窿山一带，发现一座春秋古城遗址，是一个包括一座大城、一座小城和五座小型城址的遗址群，简称"木渎古城"。

遗址群周边被灵岩山、姑苏山、尧峰山、清明山、穹窿山、五峰山等江南丘陵环绕，呈现小型不规则盆地状态。古城内发现东周时期大型建筑基址，城址周边分布着大量两周时期聚落、墓葬及严山玉器窖藏等遗存。从已经公布的数据来看，遗址群中的大城四边：东墙 5650 米，南墙 5100 米，北墙 4280 米，西墙 3650 米，周长为 18.68 公里。而小城并非完全在大城内部，如将大城与小城合成一体计算，东墙的长度相加约为 10 公里……这种不规则状态可见一斑。

考古专家认定这是一座呈网络状布局、具有都邑性质的城址。城址、墓葬、遗址分布明确，其年代属春秋时期，是吴文化的典型遗存。

中国社科院在 2011 年初将苏州木渎春秋古城遗址公布为 2010 年全国六大考古新发现之一[①]。

早在北宋时已存在的民间"流俗"，正在被当代专家的考古发现所逐步证实。这里的"都邑性质"四个字十分重要，木渎古城因此才可能被定性为"吴都"。

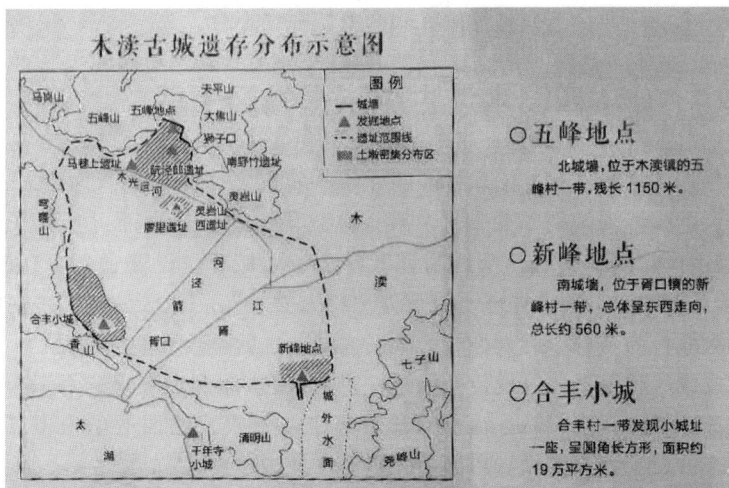

木渎古城遗存分布示意图

---

① 李伯谦：《考古学上的吴文化》，《苏州文博论丛》2010 年总第 1 辑，第 3 页。

　　确定木渎古城为"吴都"的意义，至少有两点值得我们关注。

　　首先，证实了"诸樊南徙吴"的历史记录，填补了"吴都"的断档：无锡梅里——木渎古城——阖闾大城。

　　《史记·吴太伯世家》说太伯十九世孙"寿梦立而吴始益大，称王。"① 吴王寿梦逐步向东南扩张。此时吴越争战的前沿已到达东太湖边缘，寿梦和诸樊父子就有可能将争战"指挥部"前移到木渎、胥口和穹窿山一带。如果不能在短期内完胜越国，他们就势必要做长期打算。这就有了将"前线指挥部"扩建为"王宫"的需要。从地理方位看，香山在梅里南面，而梅里已建有"王宫"，所以在香山建的"王宫"被称"南宫"，但从性质看又是"离宫"或"别宫"。还有专家说"南宫"是与北面"馆娃宫"相对而言。孰是孰非？两说一并记之以供参考。

　　"南宫"面对太湖、背靠香山。香山海拔只有七米高，越过它就是"合丰"小城了。据考古专家认定，"合丰小城"始建于木渎城址修建之前，而"千年寺小城"则为战国时期遗址。这说明木渎古城的形成也有一个过程，不是一蹴而就的。这个轨迹可能就是："前线指挥部"——南宫——合丰小城——木渎古城……千年寺小城。

　　其次，进一步证实了孙子十三篇诞生在吴国"都城"——木渎古城。

　　孙子见吴王和吴宫教战等大事的发生地：孙子之馆、教场山、拜将台、二妃墓、二妃庙、胥山、胥王庙、炙鱼桥等密集的地名都在"南宫"附近，这可能都在提示人们：孙子十三篇诞生地就在南宫或其附近。但是，如果没有"木渎古城"这个"吴都"为依托，似乎就没有了底气。

　　吴国——木渎古城（都城）——南宫（吴宫）或孙子之馆（下榻之所）——吴宫教战……孙子十三篇诞生地的链条就齐全了。

　　还有一个疑问，会不会是诞生在阖闾大城呢？不会。

四、木渎古城不是阖闾大城

　　东汉赵晔《吴越春秋》记载：阖闾元年（前514），举伍子胥为行人，以客礼事之而与谋国政。阖闾谓子胥曰："寡人欲强国霸王，何由而可？"② 子胥对曰："凡欲安君治民、兴霸成王、从近制远者，必先立城郭，设守备，实仓廪，治兵库"。阖闾深表赞同，便委托伍子胥首先"相土尝水"、"象天法地"，选择风水宝地建设吴大城作为新都。后人称之为阖闾大城，也就是今天的苏州城。

　　东汉袁康《越绝书·吴地传》记述："吴大城，周四十七里二百一十步二尺。陆门八，其二有楼。水门八。南面十里四十二步五尺，西面七里一十二步三尺，北面八里二百二十六步三尺，东面十一里七十九步一尺。"③

---

　　① 司马迁：《史记》，中华书局1959年版，第1447页。

　　② ［东汉］赵晔：《吴越春秋》，贵州人民出版社1993年版。

　　③ ［东汉］袁康：《越绝书》之《吴地传》《越绝卷第七》，贵州人民出版社1996年版。

唐陆广微《吴地记》说:"阖闾城,周敬王六年(前514年)伍子胥筑。大城周回四十五里三十步。小城八里六百六十步。陆门八,以象天之八风,水门八,以象地之八卦。《吴都赋》云:'通门二八,水道陆衢'是也。西阊、胥二门,南盘、蛇二门,东娄、匠二门,北齐、平二门,不开东门者,为越绝之故也。"①

这与《吴越春秋》《越绝书・吴地传》的说法基本相同。

对比上述关于阖闾大城的记载,与现在姑苏古城的实际状况基本相符,而与木渎古城的考古记录相去甚远。况且,与木渎古城相比较而言,阖闾大城内外也没有发生吴宫教战的地理条件。再说,阖闾大城的子城是在该城中心而不是边缘。

还有其他更早的历史记录可以进一步"印证"上述三条史料的真实性。

《史记・春申君列传》记道:"春申君黄歇言之楚王曰:……请封于江东,考烈王许之。春申君因城故吴墟,以自为都邑。"《正义》解释说,"吴墟,今苏州也。"② 意指越败吴、楚又败越后,几经战乱,吴都阖闾大城已成废墟。春申君请封于江东,意在恢复"吴墟"的昔日繁华。

《史记・货殖列传》说:"夫吴自阖闾、春申、王濞三人,招致天下之喜游子弟,东有海盐之饶,章山之铜,三江五湖之利,亦江东一都会也。"③《史记・正义》注:"吴,苏州也。"即当年吴都"阖闾大城"在历经阖闾(春秋)、春申(战国)、王濞(西汉)三个不同历史时期后,已成为"江东一都会"了。

司马迁还感叹道:"吾适楚,观春申君故城,宫室盛矣哉!"④ 意思是说"春申君故城"——原来的"吴墟"又重现繁华景象了。

因司马迁曾亲历吴越,"登姑苏,望五湖",所以这个记载十分可靠。

东汉袁康所著《越绝书・越绝卷第七》记载道:孔子的学生子贡到过吴大城。子贡说:"吴城高以厚,池广以深。"⑤ 他指出"吴城"(即"阖闾大城")是一座护城河环绕的泽国水城,而木渎春秋古城遗址地处山间盆地,四周群山逶迤,俨然是一座有高低险阻的丘陵山城。两者的特点十分明显,不难区分。

阖闾大城还有两个"地标"作佐证。

孔子的弟子澹台灭明,字子羽,"南游至江,从弟子三百人,设取予去就,名施乎于诸侯。"⑥《史记・索隐》按,"今吴国东南有澹台湖,即其遗迹所在。"⑦ 意指阖闾大城就在澹台湖的西北面。

晋王珣在其《虎丘铭序》中引述《吴越春秋》讲:"阖闾死,葬于国西北虎丘。"是说阖闾大城就在虎丘的东南面。

① [唐] 陆广微:《吴地记》,江苏古籍出版社1999年版。
② 司马迁:《史记》,中华书局1959年版,第2394页。
③ 同上,第3267页。
④ 同上,第2399页。
⑤ [东汉] 袁康:《越绝书》之《吴地传》《越绝卷第七》,贵州人民出版社1996年10月版。
⑥ 司马迁:《史记》,中华书局1959年版,第2206页。
⑦ 同上,第2206页。

而木渎古城则没有这两个地标。

还有一个历史事实：清嘉庆年间，孙武后裔——孙星衍，阳湖（今属常州）人，曾任山东布政史。他到苏州访寻孙武墓时，与当时吴县令商讨并达成共识：孙子是吴王阖闾重臣，一生为吴国争霸做出不朽的贡献，死后亦当在阖闾墓（虎丘山）旁建祠，以资后人公祭。他们决定集资在虎丘东山浜一榭园内购地建"沪渎庙"，俗称"孙武子祠"。前几年当地政府有关部门已将此祠在原址北移重建。

可见，不仅是木渎古城，就是无锡与常州交界处的阖闾小城、常州的淹城或其他什么地方的古城，都是很难找到澹台湖与虎丘这样两个地标的。

阖闾大城后来演变的简单轨迹是：周元王三年（前474）越灭吴，周赧王九年（前306）楚灭越，吴都阖闾大城变成"吴墟"。战国时春申君请封于江东并重建故城，恢复其昔日繁华。秦统一中国后实行郡县制，春申君故城为会稽郡及其首县吴县治所。东汉永建四年（129）析原会稽郡的浙江（钱塘江）以西部分设吴郡；会稽郡治所徙今绍兴，吴郡及吴县的治所未变。梁太清三年（549），改吴郡为吴州。隋开皇九年（589），改吴州为苏州，以城西有姑苏山而得名。

中国近现代史学家顾颉刚先生在《苏州史志笔记》中指出：苏州城之古为全国第一，尚是春秋时物，其次是成都，则战国时物，其所以历久而不变者，即以为河道所环故也。

可见，"河道所环"是阖闾大城最大的特色。而今的考古学家所描述的木渎古城则是"环山所抱"，而不具备"河道所环"这个条件。

阖闾大城就是今天的苏州古城，两千多年来已成历史定论。苏州古城内外至今还留有丰富的吴都历史信息，并可与许多历史典籍相印证。

有人质疑今天的苏州古城就是当年的阖闾大城，主要理由是没有考古学的实证材料。其实是有的，现在借机介绍几例：

1936年秋，苏州图书馆曾协同上海博物馆，对位于相门（古称匠门）与苏嘉铁路皇卦桥车站之间的汉代古祠遗址进行发掘。据考证，这里就是《越绝书》中记载的汉初吴王刘濞时的宗庙遗迹。可见，这处汉祠遗址也是一座地标：汉初吴县城的匠门，就在汉祠遗址的西面不远处。

1957年时，南京博物院曾对苏州平门遗址进行过考古发掘，发现在宋、唐、汉城墙与新石器时代文化层之间，还有一层土城，"其中含几何形印纹硬陶最多"，年代当为春秋末期。因此，这层先秦土城，应该就是阖闾大城的城基。

1980年底，在原相门南侧几十米的地方发现距今2000年前的汉代匠门的水门基础。这说明汉代吴县城的匠门依然是座水陆城门。

历年来，在苏州古城内发现的东周青铜器也斐然可观。尤其是20世纪七八十年代，曾先后在葑门内程桥河底、新苏丝织厂和相门内第三监狱工地出土青铜剑、尊、锯镰、鼎、编钟等器物共80余件。其中一把宝剑的暗格纹饰，与外地出土的吴王光剑、吴王夫差剑和越王勾践剑十分相似；铜鼎及三件编钟与江苏六合程桥春秋后期吴国贵族墓中所出的器物几乎完全相同。铜器纹饰也具有明显的吴地风格。

可以肯定地说，孙子十三篇诞生地不在阖闾大城而在木渎古城。从时序上讲，木渎古城在前，阖闾大城在后；从地理环境来看，在木渎古城南宫周边发生"吴宫教战"的可能性更大；从功能与作用来说，木渎古城足以满足吴越争战的需要，阖闾大城则更适合吴与中原各国争霸。从伍子胥提出"兴霸成王、从近制远者，必先立城郭……"这个战略来思考，阖闾元年即着手建阖闾大城；到阖闾三年，重点已转移到整顿军队、选将任能，伍子胥旋即七次推荐孙子给阖闾，紧接着便上演"吴宫教战"；这些非木渎古城之南宫莫属了。

五、孙子兵法核心价值观是吴文化的典型遗存

20 世纪 90 年代初，时任中国孙子兵法研究会会长的谢国良将军曾对苏州有关领导同志说，苏州是孙子兵法诞生地，希望苏州的同志在这方面多做些调查研究。在他的倡议下，1994 年成立了苏州市孙武子研究会。近 30 年来，研究会的领导已换了若干届，人员也不断更新，研究的方方面面也越来越多，但对孙子兵法诞生在苏州这个问题的研究却一直没停，所收集的资料也日益丰富，并且已逐步具体化了：孙子兵法诞生在春秋时期吴国故都木渎古城的"南宫"或"孙子之馆"；或者说是诞生在目前的苏州市吴中区木渎镇、胥口镇与香山街道一带的木渎古城遗址。

考古专家不仅认定"木渎古城"是具有都邑性质的城址，还认为是春秋时期吴文化的典型遗存。

这个"典型遗存"，不只是指太伯奔吴后断发文身、融入当地土著居民之中，广受拥护并建立"勾吴"国；也指十九世孙寿梦时吴国"益大"并称王；还指二十一世孙阖闾公开说出"欲强国霸王"的企图心；更指阖闾重用孙武并依靠孙子的"知己知彼、百战不殆""全争""全胜"等思想指导去"争霸"，进而到夫差时实现称霸中原的"吴国梦"。这个"典型遗存"，还进一步说明了吴国迅速崛起的重要原因，不仅是以太伯、寿梦等历代吴王励精图治为基础，还由于阖闾所遵循的核心价值观是以"厚爱其民"为核心的"天道观"。阖闾是吴国实践孙子"天道观"、进而实现"由强而霸"的领军人物。

中华民族是世界上伟大的民族，有着 5000 多年源远流长的文明历史。吴、越等国其兴也勃、其亡也忽，何也？归根到底就是一句话：初心易得，始终难守。这又在不断地启示我们：江山就是人民、人民就是江山，打江山、守江山，守的是人民的心。以史为鉴，可以知兴替啊！

在全面推进社会主义现代化建设过程中，我们的重要任务之一，就是让中华优秀传统文化不断发扬光大。苏州这种吴文化的典型遗存，不仅值得我们去深入挖掘与总结，更值得我们用来涵养社会主义核心价值观，为在本世纪中叶实现伟大的"中国梦"——中华民族的伟大复兴而做出更大贡献！

从《孙子》看汉武帝
对匈奴战争的战略得失

＊本文作者姚振文，滨州学院孙子研究院教授。

汉武帝（前 156 年—前 87 年），是中国历史上杰出的政治家和军事家。自武帝元光六年（前 129）始，他集中全国的政治、经济、军事力量，历时近半个世纪的时间，最终取得对匈奴战争的决定性胜利，这其中的军事谋略运用和经验积累是中国战争史上的宝贵财富。值得强调的是，汉武帝对匈奴的战争是一种全面的反击作战，也可以说是一场两大民族命运的战略决战。既如此，双方的战略较量，必然涉及中国古典战略理论尤其是《孙子》中的战略决策思想。汉武帝是否读过《孙子》，没有确凿的文献记载，然而司马迁在《史记》中曾经明确谈到他想教霍去病学习兵法，"天子尝欲教之孙吴兵法"。（《史记·卫将军骠骑列传》）据此推断，汉武帝应该能够大体了解和把握《孙子》的基本思想，同时也能在战争实践中自觉或不自觉地运用《孙子》的战略战术理论。那么，在汉武帝反击匈奴的战争中，其战争谋划和战略战术运用的成功之处，是如何与《孙子》战略思想契合相通的？而其战略的致命错误又在哪些方面违背了《孙子》的基本理论？这一问题，值得我们深入研究。

一、战争初期：践行《孙子》主动权思想，
扭转对匈战争的被动局面

汉朝与匈奴之间的战争长达 3 个世纪。汉初，由于国力的原因，一直对匈奴采取妥协退让的态度，要么是用屈辱的和亲政策换取一时的和平，要么是被动的消极的防御作战。在汉代大多数官员们看来，匈奴的军事优势及进攻策略实在是难以对付。"夫匈奴之性，兽聚而鸟散，从之如搏影"（《史记·平津侯主父列传》）；"且匈奴，轻疾悍亟之兵也，至如猋风，去如收电，畜牧为业，弧弓射猎，逐兽随草，居处无常，难得而制。"（《汉书·韩安国传》）

从军事学及《孙子》兵学理论的角度讲，汉朝这种对匈奴战争的困境本质上是丧失战争主动权的表现，它违背了孙子"致人而不致于人"的兵学原则。"致人而不致于人"，用现在的话来说，就是控制战争主动权的问题，即调动敌人而

不被敌人所调动，控制别人而不被别人控制，这是双方在对抗过程中所追求的根本目标，也是孙子思想体系中最高层次的指导理论。所以，李靖在《唐李问对·卷中》有这样一句话："千章万句，不出乎'致人而不致于人'而已。"而如何做到"致人而不致于人"呢？其中的关键因素在于"攻"与"守"的定位和把握问题。宫玉振认为："'攻'和'守'的本质是不一样的，'守'往往是为了掩盖和防护自己的弱点，因而总是具有消极的特征；而'攻'则是为了不放过敌人每一个可以利用的弱点，'攻'具有更为积极主动的特点，更易于达成主导对抗的目标。"① 克劳塞维茨曾说："决不要采取完全消极的防御，而要从正面或侧面攻击敌人，甚至当敌人正在进攻我们的时候也要这样做。"② 上述理论深刻揭示了汉朝对抗匈奴过程中一直被动的根本原因：一味被动防御，割裂攻与守的辩证统一关系，进而几乎完全丧失了战争主动权。

　　西汉时期，汉武帝对反击匈奴战争做出的首要贡献，正在于其深刻认识到战争主动权的重要性，在战争实践中力求根本性的战略转换，进而将原先的消极防御战略变成了积极防御的战略。汉武帝即位之初，即有采取积极防御的战略方针以抗拒匈奴之意。他在廷议上十分明确地宣布自己的主战倾向："单于侵盗无已，边境数惊，朕甚闵之。欲举兵攻之，何如？"（《汉书·韩安国传》）；"上（武帝）即位，欲事伐匈奴，而（韩）嫣先习胡兵，以故益尊贵。"（《史记·佞幸列传》）同时，汉武帝还尽情表达了自己这种"敢为天下先"的勇气和责任："汉家庶事草创，加四夷侵陵中国，朕不变更制度，后世无法；不出师征伐，天下不安；为此者不得不劳民。"（《资治通鉴·汉纪·戾太子事件》）当然，汉武帝能够实现这种由攻代守的战略转换，也是建立在汉朝综合国力与军事实力增长的基础之上。从国家综合实力讲，经过汉初的休养生息政策，"民则人给家足，都鄙廪庾皆满，而府库余货财。"（《史记·平准书》）而从军事实力讲，朝廷推行积极的养马政策，"民有车骑马者，复卒三人，车骑者天下武备也。"（《汉书·食货志》）至景帝二年（前155），汉代养马数量达到了三十万匹，这使得汉朝的骑兵力量大为增强，进而为汉武帝对匈奴实施积极的进攻战略奠定了坚实的基础。

　　不过，实现战略上的攻守转换并不是那么轻而易举的，战略思想和目标即使正确，付诸实践也必须慎之又慎，执行正确的战略计划。从当时的战争开局来看，汉武帝对战争虽然抱有必胜的信念，但急于求成的心理及不成熟的战略计划却使得初始阶段的反击行动连连受挫。以马邑伏击战为例，在"匈奴自单于以下皆亲汉，往来长城下"（《史记·匈奴列传》）的大好形势下，汉武帝仅仅是听取了一名商人的主意，便突然决定诱击匈奴主力，这在很大程度上是一种侥幸取胜的心理，可以说完全违背了《孙子》重战慎战的思想宗旨。细而言之，汉武帝对此役并未做到真正的庙算制胜，一则其对新建骑兵部队投入战争后的效果心中并无

---

① 宫玉振：《取胜之道，孙子兵法与竞争原理》，北京大学出版社 2010 年版，第 101 页。
② ［德］克劳塞维茨：《战争论》，解放军出版社 1964 年版，第 786 页。

底数，对于如何综合运用已有军事力量也没有新的思路；二则其对新选拔的优秀将领并没有大胆使用，战争中的各路主帅仍然是以传统型的将领为主；三则动用一支三十万人的军队进行伏击作战，本身很难保密，而为达隐蔽目的而进行的刻意伪装反而使得战略失真。最终的结果是，诱击匈奴主力的伏击行动不仅没有成功，反而导致了战略上的全面被动："单于不至，以故汉兵无所得……自是之后，匈奴绝和亲，攻当路塞，往往入盗于汉边，不可胜数。"（《史记·匈奴列传》）此后的关市反击战亦是同样的教训，四路大军同时出击却难以协调与配合，最后结果要么无功而返，要么大败而归，抑或是将帅被俘，只有卫青一路获得小胜。

尽管如此，以《孙子》"致人而不致于人"的战略指导思想而论，马邑之战毕竟拉开了大规模反击匈奴战争的序幕，关市反击战也对积极进攻战略做出了可贵的尝试。这不仅在汉匈战争史上是极其重要的转折点，在世界军事史上也具有里程碑式的伟大意义。自古以来，游牧民族与农耕民族生产、生活方式的不同决定了其战略思想与作战方式的重大差异，前者注重流动与进攻，在战争中往往居于主动地位；后者注重稳定与防御，在战争中往往居于被动地位，这似乎是一条千年不变的历史铁律，而汉武帝却从根本上颠覆了它。有学者曾指出："汉武帝创造性地采取进攻性战略，将汉民族军事上的天然的防御性格改变为进攻性格，就其规模和对历史产生的巨大影响而言，汉武帝时代的汉民族是历史上唯一向游牧民族采取大规模攻势作战、并获得决定性胜利的农耕民族，这是东西方历史上的奇观！"[1]

二、战争中期：活用《孙子》迂回奔袭战略，取得对匈战争的重大胜利

自河南之役始，西汉反击匈奴的战争进入中期阶段。这一时期，汉军对匈奴实施更积极主动的进攻，战略指导思想更加成熟，战略战术运用也表现出更多灵活性和创新性的特点。其最突出的表现就是将迂回奔袭战略与示形动敌、避实击虚、出奇制胜等思想紧密结合在一起，进而取得了全面的战略优势。按照《孙子》的基本理论分析，迂回奔袭是作战方式问题，避实击虚是进攻方向选择问题，出奇制胜是战略战术变化问题，而这一切都是以"出其不意，攻其不备"为基本原则，最终是为了实现"致人而不致于人"的根本目的。

从河南之役的基本过程来看，汉武帝的战略部署与上述理论原则几乎惊人地一致。前127年，汉武帝派出两路大军，进攻匈奴漠南地区。一路由李息率军直击东北，吸引匈奴主力。另一路由卫青率领汉军主力出云中向西突袭匈奴右部。此战攻击的主要目标是非单于亲信且力量弱小的白羊、楼烦二部，这完全符合《孙子》避实击虚的理论原则。从具体进攻路线看，卫青主力部队不是选择近距

---

① 倪乐雄：《撩开后冷战时代的帷幕》，上海人民出版社 2008 年版，第 263 页。

离方向的由南向北、由东向西路线进攻，而是先向东北，再向西南，进而包抄敌后，切断白羊、楼烦二部与右贤王的联系，然后攻击预定目标，这是典型的长距离迂回奔袭的作战方式，同时也取得了"出其不意，攻其不备"的作战效果。白羊、楼烦二部全军被歼，斩杀与俘虏匈奴 7000 多人，获马、牛、羊百余万头，并攻占河套地区。

前 124 年的高阙之战、前 121 年的河西之战与河南之战的战略运用几乎如出一辙。高阙之战，汉军运用少数兵力牵制匈奴左部，而集中优势兵力，长距离奔袭右贤王部，最终逼迫自认为"汉军不能至""饮酒大醉"的右贤王率少数壮骑突围逃跑，汉军获得俘敌 1.5 万人的重大胜利。河西之战，更是大规模长途奔袭作战的典范，深受汉武帝青睐的名将霍去病，仅率万余精骑，两次大胆深入匈奴腹地，出敌不意，横扫千里，共消灭和俘虏匈奴兵八万多人，最终夺得战略要地河西走廊，实现了"断匈奴右臂"的战略目标。

上述作战的胜利，说明迂回战略与出奇制胜、兵贵神速、避实击虚等作战方式的结合，已成为汉军对匈奴作战的成熟战略模式。迂回战略源于孙子《军争篇》的"以迂为直"思想，而英国战略学家利德尔·哈特将其总结提炼为一种间接路线战略理论。其核心原则包括以下几个方面：1. 选择一条敌人期待性最小的行动路线，不仅站在自己方面考虑问题，还要设身处地站在敌人的立场上想一想；2. 沿着一条抵抗力最小的路线采取行动；3. 选择一条可以同时威胁敌人几个目标的作战线路。目的是使敌人处于左右为难的窘境；4. 保证计划具有灵活性，同时根据情况的可能变化来部署军队。① 这一内容体系实际包含了《孙子》最核心的几条主要作战原则，即"迂回奔袭、攻敌虚弱""正合奇胜、出其不意""我专敌分，集中兵力""因形造势，迅速制敌"等。

然而，汉武帝未能将这种有效的间接战略思想持续地贯彻下去。河西之战之后，他便急于在沙漠和草原地区寻求与匈奴主力决战。这就有了公元前 119 年的漠北决战。此战充分体现了孙子实力决定战争胜负的基本思想。本来，匈奴单于将主力撤至漠北，是想引诱汉军深入漠北，待其人疲马乏之时，一举将汉军主力歼灭。然而他大大低估了汉朝的综合实力。为组织这一战役，汉武帝派出两路大军，共调集骑兵 14 万人，随军战马 14 万匹，步兵及转运夫 10 万人，财物粮食不计其数，匈奴亦出动全部兵力与汉军对决。双方战斗进行的极为残酷，"汉匈奴相纷挐，杀伤大当"。（《史记·卫将军骠骑列传》）最终，匈奴伤亡约十万人和大量战马，汉朝亦死伤七八万人，同时损失战马 10 余万匹，"两军之出塞，塞阅官及私马凡十四万匹，而复入塞者不满三万匹"。（《史记·卫将军骠骑列传》）漠北决战是汉匈之间规模最大，也是最艰巨的一次战役。此役，汉军虽然最终取得胜利，但却是典型的"惨胜"，它是不符合孙子所主张的易胜与全胜思想宗旨的。从军事理论角度讲，汉武帝寻求与匈奴进行主力决战，虽然有"毕其功于一役"

---

① 刘子明：《中国近代军事思想史》，江西人民出版社 1997 年版，第 32 页。

的积极作用和意义，但其缺陷和不足亦是非常明显的。其一，主力决战准备时间漫长，且大军行动迟缓，致使汉军难以造成进攻的突然性和震撼效果；其二，深入敌境决战，使得原先汉军"避实击虚""迂回机动"等有效作战手段难以发挥作用；其三，汉军北上决战，远离后方，物资供应困难，势必难以长久坚持。正因如此，漠北决战虽然使"匈奴远遁，而漠南无王庭"，但也使汉朝元气大伤，"无复以往""久不北击胡"。（《史记·匈奴列传》）由此而言，孙子"必以全争于天下，故兵不顿而利可全"（《谋攻篇》）的战略指导思想，确乎是一种最佳的战略目标选择。

三、战争后期：违背《孙子》基本战略原则，导致对匈战争的连续失败

漠北决战后，双方经历过短暂的休战，而后又进入战争对决状态。其间，汉武帝共五次派兵出击匈奴，结果是两次无功而返，三次全军覆没，尤其最后一次，14 万人出征，主将李广利率 7 万人投降，可谓是最悲催的一战。这一时期，汉朝对匈战争的失败，大致有三个方面的原因。

其一，战略目标左右摇摆，违背孙子理性决策理论。漠北决战后的初期阶段，汉武帝实际走的是消极防御的战略路线，它首先表现为公元前 117 年因霍去病去世而搁置出击匈奴的计划，继而在很长一段时间内，只对匈奴的进犯骚扰做小规模的防守反击，这无疑是回到了文帝、景帝时期的消极防御状态。之后的大兵出击，则又是在敌情不明的情况下盲目出兵，既没有全盘、周密的战略计划，也没有切实可行的战略部署，更谈不上各部队之间的密切配合及战略战术方法的灵活运用，这明显违背了孙子的理性决策理论，正所谓"夫未战而庙算胜者，得算多也；未战而庙算不胜者，得算少也。多算胜，少算不胜，而况于无算乎！"（《计篇》）这一时期的决策错误，一个很重要的原因在于汉武帝晚年的骄傲与固执，被胜利冲昏头脑，好大喜功，穷兵黩武，以至于在战争决策问题上严重违背了理性慎战的指导思想。尤其是在"巫蛊之案"发生后，汉武帝个人性格与精神状态几乎陷于癫狂，竟然在李广利率大军出征期间，追查其与刘屈牦密谋案，拘留其家属，致使李广利为求立功赎罪而孤军深入，最终全军败亡。这样的低级错误很难让人相信会发生在雄才大志、智慧高超的汉武帝身上。论及此，我们又不能不联想到孙子对战略统帅性格修养的重视。他在《地形篇》中特别论述了将帅的五种性格缺陷（"将有五危"），又在《九地篇》中专门强调将帅的性情修养（"将军之事，静以幽，正以治。"）某种程度上讲，一名全军统帅性格上的缺陷不单是个人问题而是会伤害到整个组织，诸如将领脾气暴躁、过于自信、刚愎自用等缺陷，都极有可能导致全军败亡的结局。

其二，战略模式单一，缺乏灵活性和创新性，违背孙子"战胜不复"理论。这一时期，汉武帝两次派兵寻求与匈奴进行战略决战。第一次是在天汉四年即公

元前 97 年，出兵 21 万，双方苦战十几天，不分胜负，最后无功而返。第二次是在征和三年即公元前 90 年，出兵 14 万，结果汉军死伤及被俘共 7 万人。两次决战均告失败的原因在于，未能正确把握双方战略形势的深刻变化而采取相应的战略对策。一方面，此时汉军实力已大不如前，且匈奴已西迁至汉朝的西北方向，兵力更加集中，这使得汉军的补给线大大延长，同时也不利于穿插作战。更重要的原因在于，匈奴吸取了以往战争失败的教训，不再是单纯地报复性袭击或与汉军硬拼厮杀，而是代之以实用灵活的战略和策略。如在战略指导方针方面，形势不利时不断向汉朝示弱、讨好，形势有利时则又频繁进攻骚扰；在战略联盟方面，成功运用间接手段，联合西羌和西域诸国夹攻汉朝，分散汉朝兵力；在具体作战原则方面，则是加强对汉朝军队的侦察，及时进行战略转移，然后诱敌深入、迂回奔袭，伺机集中兵力围歼汉朝孤军深入的部队。如此一来，战争的主动权已完全掌握在匈奴手中，汉军只能是处处被动，处处失利。战略活动的本质在于其灵活性和创新性。孙子在《虚实篇》中讲"战胜不复"，即言曾经给你带来优势或胜利的战略模式一旦在战争中为对方熟悉，就不能继续重复使用，曾经有效的打法一旦成为常规，就不会再有出奇制胜的效果。汉武帝晚年对匈奴战争的失败，根本原因在于一味地追求漠北决战时的取胜模式。从军事理论的角度讲，战争是一种活力对抗，战略方案的正确性及其效果必须取决于敌我双方行动的相互作用。换言之，我方有效的战略方案，必须以对手的战略决策为出发点，并充分考虑对手的可能后续反应。在匈奴已经全面改变对汉策略，注重灵活实用的情况下，汉武帝仍然寄希望于通过原先的主力决战模式来取胜，这正说明了其战略指导思想的刻板与僵化。

其三，战略实施过程中，任用将帅不当，违背孙子将帅选拔理论。将帅是战略规划的主要执行者，是战争对抗过程中最重要的变量。正因如此，孙子把"将"作为庙算决策的战略五要素之一，同时对将帅素质提出了至高的要求，所谓"将者，智、信、仁、勇、严也"。（《计篇》）"故知兵者，动而不迷，举而不穷"。（《地形篇》）汉武帝在对匈战争的前期和中期，能够破格提拔卫青、霍去病等优秀将领，大大加快了胜利的进程，而在对匈战争的后期，选用平庸将领为主帅则成为战争失败的重要因素之一。如在战争后期对匈奴的第一战——浚稽山战役中，作为汉军主帅的赵破奴，不但在形势骤变之际反应迟钝，没有引领军队迅速脱离危险区域，而且犯下一个低级错误——匆忙选定的驻军营地缺乏水源。更可笑的是，身为主帅的赵破奴竟然自以为是地只身远离大营，探察水源，结果与匈奴军队遭遇而被俘，这直接导致失去主帅的两万汉军全军覆没。再如天山—东浚稽山战役中的将帅李陵，虽然英勇善战，但太过自信，竟然信心满满地认为凭五千步兵就可以冲击匈奴王庭，结果反而成为匈奴的盘中餐。另一名将领公孙敖自领兵以来从未胜过，但在余吾水战役中仍然被汉武帝任命为汉军右翼主将，结果在两军对峙激战之时，他擅自引兵撤退，直接导致主力军队失去侧翼保护而失败。更为突出的是贰师将军李广利，此人才能极为平庸，战场上屡战屡败，但因其是汉武帝宠姬李夫人的哥哥而多次被任命为汉军主帅,结果在对匈奴的最后一战(速邪乌燕山战役)中,李广利率领的七万人大部死伤,其余向匈奴投降,成为汉军对匈作战历史上最彻底的惨败。孙子有言:"夫将者,国之辅也;辅周则国必强,辅隙则国必弱。"(《谋攻篇》)"知兵之将,民之司命,国家安危之主也。"(《作战篇》)就此而言,错用一名昏庸将领做主帅对一个国家、一支军队来讲,是何等严重的失误。

　　前事不忘,后事之师!汉武帝反击匈奴的战争进程及结局表明,最高决策者对战略形势的感知及对战略理论的正确运用,在很大程度上影响着一个国家的命运。西汉反击匈奴战争初期,汉武帝作为一代雄主,能够敏锐地抓住历史机遇,适时地完成战略转换,最终在战略防御走向战略进攻的进程中,拉开了反击匈奴战争胜利的序幕。反击匈奴战争中期,汉武帝及卫青、霍去病等著名将领以不拘一格的创新精神,综合运用了《孙子》示形动敌、迂回奔袭、出奇攻敌、避实击虚、我专敌分等战略战术理论,取得了一个又一个的胜利。而在反击匈奴战争后期,汉武帝的骄傲、固执和刚愎自用,使其战略决策处处违背孙子战略理论,最终导致了连续的战败。汉匈两大民族的对抗既是双方实力的较量,也是彼此战略思想与智慧的博弈,而这种战略思想实际应用的成败得失,又多能从《孙子》的思想理论体系中寻找到依据和经验启示。正如杜牧在其《孙子注》序言中所言:"自武死后凡千岁,将兵者有成者,有败者,勘其事迹,皆与武所著书一一相抵当,犹印圈模刻,一不差跌。"(《樊川文集·卷十·注孙子序》)

孙武与范蠡的比较研究

＊本文作者黄家凯，苏州市吴中区孙子兵法研究会特邀研究员。

孙武与范蠡同处社会转型时代，是特定历史条件下杰出的军事家，无论是在理论上还是在实践上，两人都是那个时代军事领域的杰出代表，是历史上少有的立德立言立功之人。只不过由于《孙子兵法》太过于耀眼，以至于人们忽略了范蠡应有的历史价值。实际上，两人既有很多相似之处，但由于出身、经历和所处条件的差异，又表现出了很强的个性。因此，研究孙武和范蠡之间的异同，一方面对于研究战争内在规律的统一性和外在表现形式的多样性之间大有裨益。另一方面，对于社会转型期培养统帅型、综合型的军事指挥人才也具有很强的现实意义。

一、孙武与范蠡均出生于社会转型期，
两人对战争规律和战争指导规律的认识具有很强的共性

孙武和范蠡是同一时代的人。孙武在吴国为将的时候，范蠡正在乡下抑郁不得志。孙武与伍子胥同朝为官，勾践、范蠡在吴国为奴期间，不止一次在夫差面前与伍子胥碰面，故可以认为孙武与范蠡属于同时代的人物，两人年龄相差约十岁。

孙武与范蠡同处中国历史上重要的社会转型期，这是孙武和范蠡认识世界、改造世界的共同基础，也是孙武和范蠡面对的客观现实。彼时，奴隶社会向封建社会转变，任何一个诸侯或国家要生存和发展，不但要积极主动顺应历史发展的趋势，锐意变革，招揽人才，而且还必须积蓄强大的实力。因此，把握历史发展规律、顺应历史发展潮流，不但是个理论问题，更是个迫切的实践问题。正是这种需求，催生了无数的思想家、政治家、军事家等深刻影响历史进程的人物，他们站在时代的前沿，着力于认识世界、改造世界，努力把握历史的潮流，引领世界发展潮流。孙武和范蠡不但在理论上对当时的社会发展、军事斗争进行了全面、系统的思考，准确地把握了战争规律和战争指导规律，为人类留下了宝贵的精神财富，而且在实践中留下了经典的战例，极大地改变了当时的政治格局、军事格局，承担了在军事领域建立军事理论、创新军事实践的重任。相对而言，孙武不但建立了系统的军事理论，而且创造了经典的以少胜多的战例。范蠡在实践中也创造了经典的战例，不但在政治上颇有建树，在军事上的表现更是可圈可

点。在理论上，范蠡没有留下像《孙子兵法》一样的军事著作，但从史料的记载以及范蠡的只言片语来看，范蠡确实撰写了军事著作。从范蠡对政治、战争的论述来看，范蠡的军事著作应当系统而深刻，为范蠡的军事活动提供理论指导。

孙武与范蠡具有相同的认知体系。我们从《孙子兵法》的认知体系、范蠡关于战争的言论中可以看出，在战争观、战争规律、战争指导规律方面，二人的认知体系大同小异。比如，两人都具备深厚的理论修养，学习、吸收了当时最前沿的知识，精通哲学、政治、经济、外交等方面的知识，具备强大的知识储备。他们首先是哲学家。哲学是系统化、理论化的世界观和方法论，军事领域的哲学家与其他领域的哲学家不同之处在于，军事斗争是流血的斗争，"死生之地、存亡之道"，军事哲学家不但要准确地认识世界、把握世界的规律，而且更要正确地改造世界，在实践中接受检验，孙武、范蠡也不例外。他们在对待战争的根本态度上，在认识战争规律、战争指导规律方面，在认识战争与其他领域的关系方面，具有高度的一致性，都认识到了政治对战争的决定性、战争的从属性，认识到了战争与自然条件、外交、经济、技术之间的关系，两人对战争态势的分析、对战争的时机把握上具有高度的相似之处：在战略上伐谋、伐交、伐兵，多方疲敌、误敌、弱敌、孤敌，而且选择最有利的时机和地点攻击，取得了事小功大的结果。孙武与范蠡既生活在同一个时代，又具备相同的认知体系，故他们在当时的历史条件下对战争基本规律的认识大同小异，这也是规律普遍性的表现。

孙武与范蠡在政治上的选择具有许多相似之处。二人都选择了新兴的东南小国。孙武与范蠡分别生活在当时的大国齐国、楚国，但他们都离开了原先的国家，不约而同地选择了东南新兴的小国家，这必然是对当时社会政治、经济、军事、文化等形势综合判断作出的选择，必然是把个人的命运与历史的发展紧密结合起来，也是二人在军事领域中实现抱负的前奏。在当时的历史条件下，吴王阖闾、越王勾践基本上能够虚心接受孙武、范蠡的建议，相对贤明。阖闾在政治上刻苦图强、勤恤人民、任人唯贤，食不二味、居不重席、国富民强、君臣同心；在军事上，阖闾与士卒同甘共苦、选贤任能、编练三军，与楚争斗多年，常常以少胜多，积累了丰富的战争经验；在科技上，吴国的冶炼技术、武器装备相对先进，军队的战斗力较强。勾践"十年生聚、十年教训"，君臣上下同心，把一个快要灭亡的国家建设成为一个国富兵强的国家。这两个国家虽然较小，但代表了先进的生产力，代表了当时历史发展的方向，自然引起孙武、范蠡的关注，吸引了伍子胥、文仲等人才。事实证明，两人的选择都是正确的，都遇到了明主，成就了霸业。而且，两人的生活方式也很相似，成名前后都选择了隐退的生活。对于孙武来说，出身于贵族世家，选择隐退的生活，这需要极大的勇气，至少看淡了功名利禄，才能专心研究军事理论，写出旷世巨著《孙子兵法》。范蠡虽然是草根出身，但不随波逐流，"被发佯狂，不与于世"，持重待机。两人虽然足不出户，但是一刻也没有忘记掌握天下大势，对本国、各国的基本情况了如指掌，为正确选择去向、在战争中科学决策提供了充分的支持。

二、由于出身和立场、条件的不同，
孙武和范蠡在在知行方面存在很大差异

一是在知行方面，二人具有很强的互补性，孙武侧重于知，范蠡侧重于行。从知的角度来看，二人都是唯物主义者，精通辩证法。孙武最大的贡献是构建了战争的理论体系，揭示了战争的一般规律，把人类对战争的认识提高到了新的高度。相对来说，孙武在行的方面留下的战例不多，在其他领域的成就也不大。范蠡虽然在知的方面也有记载，如《汉书》中曾记载范蠡曾著《范蠡》两篇，但终究没有留传下来，倒是在行的方面成就不小，而且极具创新性，不但体现在军事领域，而且体现在政治、经济、外交领域。以经济领域为例，范蠡的"商圣"之称名副其实，无论是在理论上还是在实践中，都倍受推崇。同一时期的子贡即便"结驷连骑，束帛之币以聘享诸侯。所至，国君无不分庭与之抗礼"，甚至越王勾践"除道郊迎，身御至舍"，也不敢称"商圣"，范蠡的创新性可想而知。这表明，范蠡不但掌握了天道、地道和人道等普遍规律，而且将天道、地道、人道渗透到多个领域及行业，掌握了特殊规律，认识世界更深刻、改造世界的领域更多。从行的结果来看，孙武、范蠡都是以少胜多，但范蠡比孙武成就更大些，在实践中进一步检验和丰富了《孙子兵法》的内容，实属不易，所以二人均被历代兵家尊为兵家正宗。孙武的柏举之战历来为兵家所称道并作为经典战例纳入教科书，相对而言，范蠡更能体现"不战而屈人之兵"的境界，更符合孙武所说的"善战者，无智名、无勇功"的境界。

二是在知行方面，二人还有很大的差异。在知行的物质基础上，孙武比范蠡有优势，孙武的知和行都是建立在相对强大的物质基础之上，所以孙武在行的方面是以强制强。范蠡则不同，不但君臣在外为奴、命悬一线，而且一穷二白，一旦疏忽，非但小命不保，更是复国无望，容不得半点的麻痹，输不起。因此，小到生活起居，大至复国复仇，范蠡和勾践临深履薄，无一处不格外留心、无一处不绞尽脑汁，更注重后发制人、以柔克刚。因此，孙武与范蠡的哲学知识体系虽然大同小异，但分析问题、解决问题的角度却是迥然不同，范蠡从天道、地道、人道三个角度来分析问题、解决问题，用今天的哲学观点来看，范蠡更侧重于必然和自由的关系，更注重认识和利用规律，在改造世界方面更加自由。在知行的过程中，两人都强调以少胜多。但孙武在战略上、战术上都处于相对的强势、攻势，虽然在形式上以少胜多，但在内容上却是以强胜强，更多的是体现了矛盾的斗争性；而范蠡在战略上处于弱势、守势，不但是以少胜多，更是典型的以弱胜强，完整地体现了矛盾的同一性和斗争性，展现了螺旋式上升的过程，这一点尤其难能可贵。在知行的结果上，范蠡不逊孙武。孙武与范蠡均担任军事指挥官，但是双方又有很大的差异。对于孙武来说，因为阖闾和伍子分别担任了军政最高指挥官，孙武没有担任吴国的最高军事指挥官，不掌握战争的最终决策权。范蠡则不同，不但担任大将军，拥有战争准备和战争实施的最终决策权，而且范蠡有治国之才，懂霸王之术，不但亲身参与了越国的政治、外交、经济、文化、社会等方面的决策和实施，而且能够直接影响勾践。所以，从个人任职经历上看，范蠡认识世界、改造的领域更宽、内容更多、能力更强。尉缭子有言："有提十万之众而天下莫能当者谁？曰桓公也。有提七万之众而天下莫当者谁？曰吴起也。有提三万之众而天下莫当者谁？曰武子也。"至于范蠡，"三千越甲可吞吴"，虽是文学上的夸张，却也道出了范蠡成功的不易及后人的肯定。孙武建立的强大的吴军，最终败在范蠡的手下。不同的是，即便范蠡离开了越国，但是越军仍然在淮泗之间横行无阻，称霸多年，显然比孙武训练的精兵强将更有战斗力和持久性。

三是在政治立场上，二人还是有明显的差异。二人出身之间的天壤之别，也决定了两人在政治立场上的差异。在对待战争的态度上，两人有很大区别。由于出身贵族，孙武属于权贵阶层，因而对人民群众的态度是高高在上。"令民与上同意也"，没有把人民群众放在主体地位，所以才会在《孙子兵法》中提出愚民观点，吴王阖闾才会做出在楚共王之丧出兵楚国、趁越国新丧之时出兵越国的不义之举，才会发生吴军入郢之后的暴行，虽经孙武苦谏，阖闾仍不收敛。这一点，连伍子胥也不例外，不但不能约束士兵，而且掘墓鞭尸，以至于楚人无一投降。吴国君臣的倒行逆施，不但激起了楚国人的反抗，而且还失去了孙武这样的优秀人才，没有及时把军事胜利转化为政治成果。反观范蠡，十分重视人民群众的地位和作用，要求越王勾践处处为百姓着想，把人民群众置于国家突出地位，在战争进行之前，更是明确告诉士兵战争的目的，并把老弱病残放回家，十分人道，这不但是一次高超的战前动员，也是提高军队质量、提高军队战斗力的有效手段。在灭吴战争中，越军围而不攻，用吴国的粮食救济吴国的百姓，及时把军事胜利转化为政治成果，不但争取了吴国人，奠定了长治久安的政治基础，而且在军事上孤立夫差，形成了强大的军事威慑，为以后称霸积蓄了足够的硬实力和软实力。这也是夫差复国无望而自杀的根本原因。同样是攻占都城，越国的灭吴之战与楚军入郢形成了鲜明的对比。范蠡之所以重视人民群众在战争中的主体地位，一方面是客观要求，越国没有更多的资本与吴国进行竞争，必须依靠人民群众才有可能实现富国强兵、报仇雪恨的目的；另一方面，范蠡出身草根，对人民群众的疾苦特别清楚，阶级认同感强，所以在范蠡的军事生涯中不会有虐待士兵、愚弄士兵的行为，更没有发生杀卒的行为。这方面，后期的吴起也有类似的观点，吴起提出过"在德不在险。若君不修德，舟中之人尽为敌国也。"所以，对于孙武甚至伍子胥、夫差来说，他们的贵族生活，决定了他们缺乏对人民群众的感情上的理解和同情，军事上的强大并不代表政治上的强大，难逃失败的命运。而对于越国这样的国家，即便军事上暂时较弱，但是，只要把百姓置于主体地位，却可以实现政治上的强大、军事上的逆袭，甚至维持较长时间的霸主地位。同时，因为范蠡出身草根，谋生能力成为生存的第一要务，因此，隐退后，范蠡能够从商，富甲天下，无论是在历史上还是在民间传说中，都是人生的大赢家，这在军事家中极少见。

三、孙武、范蠡虽然属于古人，但对社会转型期的人才队伍建设具有很强的启示性

　　研究孙武和范蠡的异同，对于认识人才成长规律、培养综合型、统帅型人才，具有很强的启示性。孙武、范蠡所处的时代，正是科技发展、社会进步的转型时期，思想的解放、生产关系的变革、社会结构的优化，都是不可阻挡的历史潮流。只有顺应历史发展潮流、建立适应社会发展的政治制度，才能够培养更多的人才、吸引各种人才、留住人才，才能最大限度地发挥人才的作用，实现国家的长治久安。比如，当时的楚国，尽管十分强大，但是，因为社会制度的落后、吏治腐败，文种、范蠡、伍子胥等优秀的人才出逃到他国，国运衰落。吴、越国虽然是小国，但生产力的发展、生产关系的变革、君臣的团结、吏治的清明，符合历史发展的方向，虽小而强，呈现了生机勃勃的发展趋势，不但自己培养了很多优秀的人才，而且吸引、使用了大量他国的优秀人才，这与后来的秦国兴起模式类似。一旦吴越君臣猜忌、任人唯亲甚至屠戮功臣，国家实力将迅速衰落，这种现象在历史上反复上演。这种情况，在清末至明国初年的社会转型期间也表现出了高度的相似性。不同的是，春秋时期的社会转型期发生在古老的中国，清末至明国初年的社会转型则产生于整个世界发展的历史进程中。目前，我们正处在新的历史转型期，这是全球共同面对的客观现实。能不能在这次社会转型中胜出，人才是关键。只有积极主动适应社会转型，实现政治上的优化，具有包容性，才能培养、吸引更多的优秀人才，顺利完成社会转型的历史重任。

　　研究孙武和范蠡的异同，有利于促进思想的解放。人类社会的发展，核心是人的发展。人类的思想发展到一个新的水平，先进的思想和文化必然会在不同的时间和地点、以不同的方式表现出来，这是社会发展规律普遍性的表现。孙武和范蠡生活在不同的国家，但在对社会发展规律、战争规律的认识和把握上，却有惊人的相似之处。考察同时代的西方，此时也诞生了大量的思想家、哲学家，他们此时对社会、战争的认识基本上处于相同的水准。当西方发生工业革命的时候，我们就错失了这一重要的时机。这表明，谁尊重历史规律、谁尊重人才，思想之花、文明之果才能落到这个国家，这个国家才能占领思想和文化的制高点，走在时代的前列。当前，唯有打破思想上的桎梏，才能实现人的充分发展。只有不断解放思想，创造有利于思想发展的良好氛围，这些思想才能落地生根，才能转化为国家和社会发展的真正动力。否则的话，东方不亮西方亮，优秀的人才、先进的思想只能在别的国家和地区产生。

　　研究孙武和范蠡的异同，对研究当前战争大有裨益。孙武、范蠡虽处不同的国家，但是，他们不约而同地掌握了军事斗争的规律，在实践中检验并完善了理论知识，引领着军事斗争的潮流。在当前全球一体化的形势下，我们研究战争

时，一方面要有紧迫感，以时不我待的精神研究智能社会条件下战争规律和战争
指导规律，掌握战争的主动权；另一方面，要着眼全球，不但要发扬传统兵学的
精髓，更要善于借鉴、学习和吸收当前军事强国的军事理论，形成独特的中国军
事理论。同时，要善于吸收人类一切优秀文明成果，因为这是人类认识世界、改
造世界的思想基础，没有强大的思想基础，认识世界的能力和改造世界的能力都
要大打折扣。孙武、范蠡是从当时的世界看问题，我们也应当从世界的角度看
问题。

《孙子兵法》地缘观探析

* 本文作者孙红军，苏州科技大学副教授，政治学博士。

"地缘因素自战争开始出现起就扮演了重要的角色，对于战争的整体进程及结局发挥了重要的甚至是决定性的作用。"[1] 在《孙子兵法》诞生的春秋战国时期，战争主要是在陆地或者水面上进行，因而，地缘因素就对战争的胜负产生极其重要的影响。是故，在《孙子兵法》中，孙子特别重视"地"在其兵学思想中的重要作用，"地利"思想（什么是地利？如何赢得地利？如何避免对己不利的地缘环境等）可以说贯穿于兵学十三篇的全过程，无论是他力主的"慎战"，还是强调的"全胜"，乃至于不得已而为之的"战胜"（速胜），"地利"思想及其影响可以说无处不在，最集中的反映就是他在《地形篇》中强调的"知彼知己，胜乃不殆；知天知地，胜乃不穷"（《孙子兵法·地形篇》）。对于这段话，唐人李筌注曰："人事、天时、地利，三者同知，则百战百胜"[2]。意思是：熟悉自己的情况，同时又了解对手的战略，再加上内部政通人和，配以天时地利，就可以战无不胜了。关于李筌讲的天时、地利与人和的关系，孙子一方面强调这三者缺一不可另一方面则更重视地利。在《地形篇》中，孙子指出："……知敌之可击，知吾卒之可以击，而不知地形之不可以战，胜之半也。"（《孙子兵法·地形篇》）意思是：了解敌人可以打，也了解自己的部队能够打，而不了解地形不利于作战，胜利的可能性就只有一半。孙子对"地利"的重视由此可以观之。"地利"研究的实际上就是"地缘"因素与战争胜负的关系，如上所述，在古代，地缘因素与战争胜负的关系更为密切。本文拟对《孙子兵法》的地缘观从政治、经济、军事、外交和心理几方面作一探析，并谈谈从中受到的启迪。

一、《孙子兵法》地缘观产生的时代背景

孙子生活的年代处于春秋后期，此时，政治上，最显著的特点就是周王朝的衰落和诸侯群起争霸；文化上，百花齐放百家争鸣；经济上，小农经济是这一时期的最主要的经济形态，这些因素都对《孙子兵法》及其地缘观的形成产生重要影响。

---

[1] 邱剑敏：《孙子兵法的地缘思想》，《滨州学院学报》2007 年第 5 期，第 44 页。

[2] 孙武著，曹操等注，杨丙安校理：《十一家注孙子校理》，中华书局 1999 年版，第 267 页。

（一）诸侯争霸：《孙子兵法》地缘观产生的政治前提

周取代商后，为了奖赏灭商有功之臣，也为了巩固周的统治，在政治上实行分封制，经济上实行井田制。周初分封诸王七十一人，既有同姓诸侯（五十三人），也有战功赫赫的异姓诸侯（如在灭商中立下赫赫战功的姜尚就被封于齐）。①被分封的各诸侯国都是相对独立的政治经济实体，诸侯国国君在其封地内享有政治经济乃至军事统治权。这种分封制在分封之初就已经蕴藏着分裂割据、尾大不掉的隐患。随着时间的推移，生产力的发展，井田制的瓦解，各诸侯国日益强大，周王室势力日趋衰微，分裂割据、诸侯竞相争霸成为历史的必然。

强大了的诸侯，不再安于现状、不再对周王室唯命是从，他们有的蚕食周王室的土地，有的攻伐别的诸侯国，还有的挟天子以令诸侯。比较大的诸侯国为争夺土地、人口和财富而相互攻伐，并积极从事争霸活动。齐桓公、宋襄公、晋文公、秦穆公、楚庄王先后登上霸主地位，史称"春秋五霸"。争霸战争由此便成为春秋时期历史发展的主旋律之一。频繁的兼并战争实践、较大诸侯国国君称霸野心的膨胀，使得当时的先秦社会，一方面迫切需要总结提炼争霸经验、形成能够服务诸侯争霸的理论，另一方面也需要能够为诸侯国国君称霸出谋划策、共谋霸业的人才。

（二）百家争鸣：《孙子兵法》地缘观产生的文化氛围

于是，先秦时期便迎来了一个人才倍出、学术兴盛的百家争鸣时期，管子、孔子、老子、孙子等著名思想家应运而生，他们纷纷著书立说、遍游各国，向诸侯国国君游说、兜售自己的学说，期待自己的学说能够为诸侯国国君所采纳，从而一展平生所学和宏大抱负，在帮助诸侯国国君实现称霸野心的同时，也验证自己的学说或者理论。当时最有影响的是以管子为代表的法家学派、以孔子为代表的儒家学派、以老子为代表的道家学派和以孙子为代表的兵家学派。管子提出"有生法，有守法，有法于法。夫生法者，君也；守法者，臣也；法于法者，民也。君臣上下贵贱皆从法，此谓为大治"（《管子·任法》），主张实行"法治"；孔子提出要"克己复礼"，实行"仁政"，主张"德治"；老子提出"人法地，地法天，天法道，道法自然"（《道德经·第二十五章》），强调"我无为，而民自化；我好静，而民自正；我无事，而民自富；我无欲，而民自朴"（《道德经·第五十七章》），主张"无为而治"；而孙子则提出"兵者，国之大事，死生之地，存亡之道，不可不察也"（《孙子兵法·计篇》），主张"武治"。当然，这一时期还产生其他一些学派及其代表人物，如墨子所代表的墨家、以邹衍为主要代表的阴阳家、以邓析为代表的名家等，他们也提出自己的学说或者主张。

春秋末期，各种社会矛盾尖锐复杂，各诸侯国竞相争霸，他们迫切需要的是

---

① 周天子分封天下，将土地连同人民，分别授予先古圣王后裔、同姓和功臣，让他们建立自己的领地，以拱卫王室。据《荀子》记载：周初"兼制天下，立七十一国，姬姓独居五十三人"。

能够切实解决各国内部矛盾激化、外部与诸侯争霸问题的"经世致用"之术。在上述各种学说中，成为显学的是主张"法治"的法家和主张"德治"的儒家，前者影响甚于后者。孙子代表的"兵家"思想介于"法治"与"德治"之间，偏向于"法治"。因此，兵家也成为当时仅次于儒、法的显学，为当时和后世所推崇。

（三）小农经济：《孙子兵法》地缘观产生的经济基础

小农经济（农耕经济）是这一时期、当然也是中国古代最主要的经济形态，其一大特点就是土地及人口在经济活动中占有极其重要的地位，土地产出是国家收入的最主要来源，也是国家政治经济活动乃至军事活动的最主要的依靠。人口特别是青壮年人口，既是从事经济活动的主体，也是国家兵员的主要来源。因此，开疆拓土与掠夺人口成为诸侯国发动兼并战争的最主要目的，也成为他们实现称霸于诸侯的前提。

在冷兵器时代，战争主要在陆地与水面上进行，于是，地缘因素对于决定战争的胜负就有着举足轻重的作用，人们研究战争问题就不能不关注地缘问题，如何正确认识"地利"、如何掌握和利益"地利"、如何避免"地害"就成为关注的重心和重点。作为传世的兵学盛典——《孙子兵法》也就不能不研究战争中的地缘问题，其地缘观也就在这种研究中产生并传世。

二、《孙子兵法》地缘观的主要内容

《孙子兵法》地缘观主要是围绕"如何正确认识'地利'、如何掌握和利益'地利'、如何避免'地害'"，从政治、经济、军事和心理几个方面展开的，并形成了孙子的与战争有关的地缘政治、地缘经济、地缘军事和地缘心理思想。

（一）《孙子兵法》地缘观的政治方面

孙子曰："兵者，国之大事也。死生之地，存亡之道，不可不察也。"（《孙子兵法·计篇》）战争乃国之大事，事关民众的生死、国家的存亡，是不能不详加考察、研究的。研究什么呢？这就是"五事七计"："一曰道，二曰天，三曰地，四曰将，五曰法"，"主孰有道？将孰有能？天地孰得？法令孰行？兵众孰强？士卒孰练？赏罚孰明？"（《孙子兵法·计篇》）"地"在其中列第三位，可见其对"地"的重视，是放在与"道"（政治）同等层面上的。如上所言，在农耕经济时代，战争不仅仅是一个军事问题，也同时是一个政治问题和经济问题，没有"仓廪实"（即坚实的经济基础），就不可能有民众对国君发动战争的支持（政治），就不可能为战争提供源源不断的兵源和后勤补给（经济）。而"地"是解决战争必须的兵源和后勤保障的前提，"地"的面积的大小关系到能养活人口的多少，人口的多少决定战时能够征得的兵员的多少，能够提供的后勤保障的力度。所以，一方面，作为统兵作战的将吏必须要熟知"五事七计"，并在战前进行详细的

"庙算"和深入的谋划，"知之者胜，不知者不胜。"（《孙子兵法·计篇》）另一方面，作为是否要开战的决策人，诸侯国的国君也要高度重视包括"地"在内的"五事七计"所涉及的问题。为此，孙子说："将听吾计，用之必胜，留之；将不听吾计，用之必败，去之。"（《孙子兵法·计篇》）如果一国的国君能够听从我的上述计谋（即"庙算"、谋划"五事七计"）并依计而行，用兵打仗必胜，我就留之与其共谋霸业；否则，必败，我就毅然离开另择明君。

在《孙子兵法·形篇》中，孙子详细论述了"地"对于决定战争胜负的重要性。孙子曰："一曰度，二曰量，三曰数，四曰称，五曰胜。地生度，度生量，量生数，数生称，称生胜。"意思是：一是土地面积的"度"，二是物产资源的"量"，三是兵员众寡的"数"，四是兵力对比的"称"，五是胜负优劣的"胜"。敌我所处地域的不同，产生双方土地面积大小不同的"度"；敌我土地面积大小的"度"的不同，产生双方物产资源多少不同的"量"；敌我物产资源多少的"量"的不同，产生双方兵员多寡不同的"数"；敌我兵员多寡的"数"的不同，产生双方兵力对比不同的"称"；敌我兵力对比"称"的不同，最终决定战争胜负的结果。在孙子所处的时代，一个诸侯国国土面积大小影响的不仅仅是兵源，还影响后勤保障与供给。因为，在当时，一旦国君决定启动战端，合军聚众，就不仅仅是点兵（组建军队）出征，还包括征集民夫以保障后勤补给。一国的人口，特别是青壮年人口对于古时的诸侯国而言，即是"兵源"，也是劳力，他们战时是士卒和民夫的主要来源；平时则是农耕生产的主体。古代为什么冬夏不交战，一方面固然与惜民力有关，另一方面更重要的是与农时有关。孙子为什么主张"速战"，一个很重要的原因是"久暴师于国外则国用不足"，不仅大量耗费国力、财力，而且必然要影响农业生产，影响农业生产就必然会影响战争的后勤保障与供给，严重的还会引发内乱，给其他诸侯国以可乘之机。

所以，"地"被孙子列入"五事七计"，是国君必须与"五事七计"其他几个方面同等重视详加考察、将吏在战前加以"庙算"及谋划的问题，是一个事关全局的政治性、战略性问题。

（二）《孙子兵法》地缘观的经济方面

粮秣与武备是军队行军打仗必须要解决的两个重要问题，《孙子兵法》贯穿始终的"慎战"思想以及"速胜"思想的一个前提都是"去国越境"作战，服务的都是当时有称霸雄心诸侯国国君，而"称霸"意图要实现要不就是并吞相邻的小国以增强实力，要不就是打败已经成为霸主的大国并取而代之。"去国越境"作战要解决的就是部队的给养与武备供应问题，如何解决？孙子提出，"善用兵者，役不再籍，粮不三载，取用于国，因粮于敌，故军食可足也。"（《孙子兵法·作战篇》）意思是：善于用兵打仗的人，兵员不再次征集，粮秣不多次运送，武器装备从国内取用，粮食饲料在敌国补充，这样，军队的粮草供给就充足了。

为什么呢？孙子曰："国之贫于师者：远师者远输，远输则百姓贫。近师者贵卖，贵卖则财竭，财竭则急于丘役。屈力中原，内虚于家，百姓之费十去其七。公家之费，破车罢马，甲胄矢弩，戟盾矛橹，丘牛大车，十去其六。故智将务食于敌，食敌一钟，当吾二十钟；其秆一石，当吾二十石。"（《孙子兵法·作战篇》）对此，曹操注《孙子》曰："欲战必先算其费，务因粮于敌也；兵甲战具，取用国中，粮食因敌也。"李筌曰："具我戎器，因敌之食，无匮乏也。"张预更一语中的："器用取于国者，以物轻而易致也；粮食因于敌者，以粟重而难运也。夫千里馈粮，则士有饥色，故因粮则食可足。"[①]

意思是：国家之所以因用兵而贫困，是由于军队远征，远程运输。军队远征，远程运输，就会使老百姓陷于贫困（青壮年要不被征为兵丁，要不被征为农夫，田地的耕种势必就要受到影响，进一步就要影响百姓的生活）。邻近驻军的地方物价必然飞涨，物价飞涨就会使国家财政枯竭。国家因财政枯竭就急于加重赋役。军力耗尽于战场，国内十室九空，百姓的财产十成耗去了七成。政府的财力，也会由于车辆破损、马匹疲病，盔甲、箭弩、戟矛、盾橹的制作补充以及征用运送辎重的牛车，而损失掉十分之六。所以，明智的将领务求在敌国解决粮草供应问题。消耗敌国的一钟（春秋时齐国的计量单位）粮食，相当于从本国运输二十钟；动用敌国的一石草料，等同于从本国运送二十石。

在孙子看来，在远离本土作战的情况下，一方面，如果靠国内运送粮草，路途遥远，损耗巨大，且劳民伤财；另一方面，"因粮于敌"既可以解决己方的粮秣保障问题，也能够同时削弱敌方的保障供给能力。

为了实现"因敌于粮"的目标，孙子提出要鼓励士卒在战争中勇夺敌方的战略物资，而且，要抢掠敌方乡野。"故杀敌者，怒也；取敌之利者，货也。故车战，得车十乘已上，赏其先得者，而更其旌旗，车杂而乘之，卒善而养之，是谓胜敌而益强。"（《孙子兵法·作战篇》）意思是：要使军队英勇杀敌，就应激励部队的士气；要使军队夺取敌人的军需物资，就必须依靠物质的奖赏。所以，在车战中，凡是缴获战车十辆以上者，就奖赏最先夺得战车的人，并且将缴获的战车换上我军的旗帜，混合编入己方的战车行列。对于战俘，也要善待他们，为我所用。这就是所说的通过战胜敌人而使自己更加强大的意思。在《军争篇》中，孙子强调军队去国越境作战要"掠乡分众"，即要分兵掠取敌域内作战物资补给自己的军队。

（三）《孙子兵法》地缘观的军事方面

孙子从地理环境对安营扎寨、列阵对敌的影响，从作战地域（战场）是否有利于军队通行、是否有利于交战、是否有利于"去国越境"作战的角度对"地形"、地域（地缘因素）对战争的影响进行了分析；从是否能够获得"地利"、如何获得"地利"的角度，对"地形"（地缘因素）对于战争的辅助作用展开了剖

---

① 孙武，曹操等注，杨丙安校理：《十一家注孙子校理》，中华书局1999年版，第70—71页。

析；从为将之道的角度强调"地形"（地缘因素）对于取得战争胜利的重要性，即"知彼知己，胜乃不殆；知天知地，胜乃可全。"（《孙子兵法·地形篇》）

1. 识地形、地域：多视角分析地形与战争的关系

地理环境、作战所处的地形是客观的，正确认识自然地理环境、因势利导列阵迎敌，充分利用对己有利的"地形""地域"，通过"庙算""谋划"及战地情势研判趋利避害，对于取得战争胜利非常重要。孙子在《行军篇》《地形篇》和《九地篇》中对不同的"地形""地域"进行了细致的分析，并提出了相应的应对原则。

（1）《行军篇》：四种不同地理环境的处军相敌原则。孙子认为，对于山、水、沼泽和平原这四种不同的地理环境，在安营扎寨、列阵对敌时应有不同的应对原则。"处山之军"，必须"绝山依谷，视生处高，战隆无登"（《孙子兵法·行军篇》），即部队在通过山地时应该选择有水草的溪谷穿行，应当在居高向阳的地方驻扎，不应当仰攻敌人占领的高地。"处水之军"，必须"绝水必远水，客绝水而来，勿迎之于水内，令半济而击之，利；欲战者，无附于水而迎客；视生处高，无迎水流"（《孙子兵法·行军篇》），即部队横渡江河时，应当远离水流驻扎。敌渡水来战，不要在水中迎击，要等它渡过一半时再攻击，这样最为有利。如果要同敌人决战，不要紧靠水边列阵；在江河地带扎营，也要居高向阳，切不可处于敌人的下游。"处斥泽之军"，必须"绝斥泽，惟亟去无留。若交军于斥泽之中，必依水草而背众树"（《孙子兵法·行军篇》），即路经盐碱沼泽地带，要迅速通过，不要逗留；如果同敌军在盐碱沼泽地带遭遇，必须旁依水草而背靠树林对敌。对于"平陆之军"，则要"平陆处易，而右背高，前死后生"（《孙子兵法·行军篇》），即在平原上应占领开阔地域，而主要翼侧要依托高地，前低后高。

（2）《地形篇》：六种不同"地形"行军作战地域的应对原则。孙子认为，军队在行军作战中会遇到六种不同的"地形"，即通、挂、支、隘、险、远，对于这六种地形，孙子做了详细分析并提出了不同的应对原则。

"通"地，就是敌我双方都可以相互来往，己方可以进攻，敌方也可以进攻的地域。遇到这种地域怎么办呢？"通形者，先居高阳，利粮道，以战则利。"（《孙子兵法·地形篇》）如果己方先行到达，就要先占据视野开阔的高地，占据向阳面，并保障粮道的畅通，这样与敌交战就处于比较有利的位置。

"挂"地，就是去而难返的地域。遇到这种地域怎么办呢？"形者，敌无备，出而胜之；敌若有备，出而不胜，难以返，不利。"（《孙子兵法·地形篇》）即敌若没有防备，则出兵突然袭击战而胜之。敌若有防备，我们攻击又不能得手，就可能陷入进退维谷境地，于我不利。遇到挂形，关键是要看敌人有没有防备。

"支"地，就是谁先进攻都比较困难，对谁都不利的地域。遇到这种地域该怎么办呢？"支形者，敌虽利我，我无出也，引而去之，令敌半出而击之，利。"（《孙子兵法·地形篇》）遇到这种支形，敌人虽然尽力利诱我，我也要坚决不出击。相反，我们要引军假装离开，让敌人出击，在出了一半我们再出伏兵攻击他。一言以蔽之，就是"诱敌深入，伏而攻之"。

"隘"地，就是"狭隘"类似两边高山，中间一条山谷的地域。这种地域怎么办呢？"我先居之，必盈之以待敌；若敌先居之，盈而勿从，不盈而从之。"（《孙子兵法·地形篇》）在这样的地域作战，若我军先到达，一定要用足够的兵力守住隘口，对敌军来犯；若敌先于我占领隘口，并用重兵把守，那么我们就不可随顺敌意进击敌人；如果敌未用重兵把守隘口，那么我们就要全力进攻，与敌争险阻之利。

"险"地，就是地势险要，易守难攻型的地域。这种地域怎么办呢？"险形者，我先居之，必居高阳以待敌；若敌先居之，引而去之，勿从也。"（《孙子兵法·地形篇》）对于这种地域，我军应抢先占据处高向阳的险要之地，争取主动，以待敌军；如果敌先我占据此地域，则应当率军离开，不可与敌交战。

"远"地，就是距离敌我双方都比较远的地域，这个时候怎么办呢？"远形者，势均，难以挑战，战而不利。"（《孙子兵法·地形篇》）即地远势均，不战是最好的。

孙子在分析了六种地形并给出了应对原则之后指出，"凡此六者，地之道也，将之至任，不可不察也。"（《孙子兵法·地形篇》）即上述六个方面是军队统帅和将领指挥作战利用地形必须遵循的原则，一定要熟悉掌握和透彻了解，这是职责所在。

接着，孙子在《地形篇》中列举了用兵"六败"：走、驰、陷、崩、乱，认为"凡此六者，非天地之灾，将之过也"（《孙子兵法·地形篇》）。

据此，孙子强调，"夫地形者，兵之助也。料敌制胜，计险易、远近，上将之道也。知此而用战者必胜，不知此而用战者必败。"（《孙子兵法·地形篇》）正确认识"地形"的利弊并趋利避害而用之，对于为将者来说，至关重要。"知"而用兵，必胜；不"知"而用兵必败。

（3）《九地篇》：九种不同种类的"去国越境"作战"地域"的应对原则。《行军篇》中论及的四种地理环境的处军相敌原则、《地形篇》中论及的六种不同地形的行军作战原则对于敌我双方都是适用的，但是，在《九地篇》孙子对于九种作战"地域"的分析及应对原则是完全从己方出发，并且是从"去国越境"作战、并吞弱小国家或者打败大国，从而能够威震诸侯、实现霸业的角度出发来论述的。

在此背景下，孙子在《九地篇》中，从是否有利于用兵作战并克敌制胜的角度，将作战"地域"分为散地、轻地、争地、交地、衢地、重地、圮地、围地、死地等九种，并对每一种"地域"都进行了分析而且给出了应对之道。

"诸侯自战其地，为散地"（《孙子兵法·九地篇》），也就是作战地域在己方的本土。这显然不符合有称霸雄心的诸侯国国君发动战争旨在增强国力、显名诸侯（对外称霸）的目的。所以，孙子提出"散地则无战""一其志"（《孙子兵法·九地篇》），即战场不能够放在己方国内，要打就要去国越境作战，并且要部队上上下下都要就此达成共识。"入人之地而不深者，为轻地也"（《孙子兵法·九地篇》），也就是去国越境作战、进入他国境内不远的作战地域。对于此种"地域"，由于尚未远离本土，士卒因为思乡而不全身心投入战斗。所以，"轻地则无止""使其属"（《孙子兵法·九地篇》），即要让士卒服从指挥，不要停留，向敌人腹地挺进。对于"散地"与"轻地"，孙子进一步指出，"深则专，浅则散"，也就是说，对于"去国越境"作战的军队来说，进入敌国越深，军队的凝聚力就越强；进入越浅，军心越容易涣散。

"我得则利，彼得亦利者，为争地也"（《孙子兵法·九地篇》），即对敌我双方都很重要的"地域"，是双方必争之地。对于"争地"，孙子提出"争地则无攻""趋其后"（《孙子兵法·九地篇》），即要探明敌情，不要贸然进攻，并让后续部队快速跟进。

"我可以往，彼可以来者，为交地也"（《孙子兵法·九地篇》），即四通八达、敌我双方都可以往来之地。对于"交地"，孙子强调"交地则无绝""谨其守"（《孙子兵法·九地篇》），即军队前后要保持联络、谨防行军序列被敌切断。

"诸侯之地三属，先至而得天下之众者，为衢地"（《孙子兵法·九地篇》），即四通八达，处于己方、敌方及其他诸侯国交汇的地区，能否先于敌方结交该诸侯国，争取其支持，对于能否取得战争胜利至关重要的地域。所以，"衢地则合交""固其结"（《孙子兵法·九地篇》），即要事先搞好与所涉诸侯国的关系，最好是与其结成并巩固联盟。

"入人之地深，背城邑多者，为重地"（《孙子兵法·九地篇》），即深入敌国腹地，背靠敌人众多城邑的地区，是"因粮于敌"、削弱敌方战斗力及后勤补给能力非常重要的地区。基于此，"重地则掠""继其食"（《孙子兵法·九地篇》），即要大肆抢掠敌方的军需物资为我所用、补充己方给养。

所谓""，"山林、险阻、沮泽，凡难行之道者，为圮地。"（《孙子兵法·九地篇》），即山林、险阻、沮泽等难于通行的地区。"圮地则行""进其途"（《孙子兵法·九地篇》），即对于这样的区域，要尽可能快速通过，不要有任何停留。

"所由入者隘，所从归者迂，彼寡可以击吾之众者，为围地。"（《孙子兵法·九地篇》），进军的道路狭隘，返回的道路迂远，敌军能够以少击众的地区。"围地则谋""塞其阙"（《孙子兵法·九地篇》），即对于这样的地区，要巧用计谋，堵塞受敌威胁的缺口，打破敌人围歼己方的图谋。

"疾战则存，不疾战则亡者，为死地"（《孙子兵法·九地篇》），即迅速果断决策与行动则生，否则则亡的区域。"死地则战""示之以不活"（《孙子兵法·九地篇》），即奋勇作战、死里逃生；要让士卒认识到除了决一死战，别无活路。

对于这类"地形"，孙子总结道："凡为客之道，深则专，浅则散。……故兵之情：围则御，不得已则斗，过则从。"（《孙子兵法·九地篇》）去国越境作战，越深入，军心愈稳定；越浅进，越容易军心涣散。军事上的情形是：被包围就会竭力反抗，形势险恶，迫不得已就会拼死战斗，深陷危境就会听从指挥。

2. "以迂为直"：后人发，先人至，与敌"地利"先机

"地形"是客观的，而且，"地形"的"利"与"害"对于敌我双方都是对等的，"利"与"害"也是相对而言的，在一定条件下是可以相互转化的。如何在战争中占得先机，获取"地利"，增强己方获胜的筹码，孙子对此做了深入研究，并提出了"以迂为直"，"后人发，先人至"，抢得"地利"先机。

孙子曰："军争之难者，以迂为直，以患为利。故迂其途而诱之以利，后人发，先人至，此知迂直之计者也。"《孙子兵法·军争篇》在孙子看来，"军争"以"争的先机"为目的，在战场上，任何一方只要占得先机，就能够取得战争的主动权，就能够增强克敌制胜的筹码。而"争得先机"最困难的地方，就在于如何"以迂为直""以患为利""后人发，先人至"。

如何才能够实现"以迂为直"呢？孙子提出要"迂其途而诱之以利"，从而达到"后人发，先人至"的目的。也就是以迂回绕道和小利诱惑敌人，摆脱敌人，先敌人而到达。一般来说，能够行军走直线的，没有哪一方的将领会选择走"弯路"，之所以选择走弯路，乃不得已，是因为前进的路途上有各种艰难险阻阻止直行通过。那么，在选择弯路后，怎么还能够后人发，先人至呢？孙子在《孙子兵法》的其他篇中，对于如何"诱敌"、迟滞敌人行动有许多精辟的论述。

比如，在《计篇》中，孙子提出的"诡道"十二法，目的就是通过"能而示之不能，用而示之不用，近而示之远，远而示之近。利而诱之，乱而取之，实而备之，强而避之，怒而挠之，卑而骄之，佚而劳之，亲而离之"（《孙子兵法·计篇》），达到"攻其无备，出其不意"的效果。这是从"惑敌"的角度迟滞、延缓敌人行军速度，保障己方后人发、先人至。

又比如，在行军作战过程中，如何充分利用"地形"，趋利避害，来增加己方达到战场的速度。在《行军篇》中，孙子特别提醒将吏，"上雨，水沫至，止涉，待其定也。绝天涧、天井、天牢、天罗、天陷、天隙，必亟去之，勿近也。吾远之，敌近之；吾迎之，敌背之。军旁有险阻、潢井、葭苇、山林、翳荟者，必谨复索之，此伏奸之所处也"（《孙子兵法·行军篇》）。孙子在《行军篇》中提出"相敌三十二法"。在《虚实篇》中提出，要通过计谋，实现"行千里而不劳者，行于无人之地也。"（《孙子兵法·虚实篇》）在《九变篇》中提出"途有所不由，军有所不击，城有所不攻，地有所不争，君命有所不受"（《孙子兵法·九变篇》）。这些都是从己方角度出发，通过充分利用地形之利，排除地形之害，增加己方到达战场的速度，达到后人发而先人至目的。

（四）《孙子兵法》地缘观的外交方面

"伐交"，是孙子"全胜"战略中仅次于"伐谋"、位居第二位的战略；"衢地交合"则是孙子尽得地之利的地缘战略的重要内容；"不争天下之交，不养天下之权，信己之私"，反映了孙子的战略自信。

1. "伐交"：仅次于"伐谋"之"全胜"谋略

在《谋攻篇》中，孙子在阐述"五全"（全国、全军、全旅、全卒、全伍）为上、"五破"（破国、破军、破旅、破卒、破伍）次之的"全胜"理想之后，开宗明义地指出："百战百胜，非善之善者也；不战而屈人之兵，善之善者也。"（《孙子兵法·谋篇》）意思是说，百战百胜并不是好中最好的；兵不血刃而使敌人屈服才是好中最好的。

如何实现"不战而屈人之兵"的"全胜"目标呢？孙子曰："上兵伐谋，其次伐交，其次伐兵，其下攻城。"（《孙子兵法·谋攻篇》）

即上策是挫败敌人的战略，其次是挫败敌人的外交，再次是击败敌人的军队，下策就是攻打敌人的城池，攻城为不得已。也就是，通过非战手段来使敌人屈服乃是上策，上策中的"伐交"（挫败敌人的外交谋略）仅次于挫败敌人的国家战略以及用兵战略。"事实上，伐谋也就是国家战略以及整个的用兵战略，也是国与国战略思维之间的一种对抗和制衡，这同样可以理解为是一种外交。"① 也就是说，"伐谋"与"伐交"具有同等重要的地位，甚至于"伐谋"之中包含着"伐交"，"伐谋"的战略要靠"伐交"来实现。

"故善用兵者，屈人之兵而非战也，拔人之城而非攻也，毁人之国而非久也，必以全争于天下，故兵不顿而利可全，此谋攻之法也。"（《孙子兵法·谋攻篇》）所以，在孙子看来，真正善于用兵的人，使敌人屈服不是靠直接的作战，占领敌人城池不是靠直接的攻城，吞并敌国不是靠旷日持久的战争，靠的是"全胜"的谋略。在"全胜"谋略中，外交地位显赫。

2. "衢地交合"：谋得地利之谋略

孙子在《九地篇》五处提到"衢地"，一处是在《九地篇》的一开始，将"衢地"作为九种地形之一提出；第二、四处是给"衢地"下定义："诸侯之地三属，先至而得天下之众者，为衢地。""四彻者，衢地也。"（《孙子兵法·九地篇》）所谓"衢地"，就是地处敌、我及其他一个或者数个诸侯国交汇之处且四通八达的作战地域。广义上讲，包括"凡是可以自由调遣部队，攻守自如之地，能够储存大量给养之地，能够应付各种变化之地，都属于衢地范畴之内。"② 第三、五处则是提出在"衢地"作战的应对原则，"衢地则合交""衢地，吾将固其结"（《孙子兵法·九地篇》），即在"衢地"作战，己方要事先通过外交手段先于敌方与这些诸侯国搞好关系，最好是结成联盟，并巩固与其的盟友关系，使其在己方与敌方交战时站在己方一边，为己方提供方便，最低限度也要保持中立，不站在敌方一边，成为对方的助力。

"衢地"之所以重要，之所以要通过外交方式与"衢地"所涉及的诸侯国建立友好关系，而且要先于敌人建立并巩固友好关系，原因在于己方去国越境作

---

① 赵璐：《孙子兵法的外交思想》，《管理智库》2014年第6期，第13页。
② 邱剑敏：《孙子兵法的地缘思想》，《滨州学院学报》2007年第5期，第47页。

战，"衢地"是必经之地，"衢地"所涉及的诸侯国站在哪一边对战争胜负至关重要。所以，孙子强调，己方要先于敌方建立并巩固双边友好关系，能够结成命运与共的盟友关系则更好。如果"衢地"涉及到的诸侯国已经与敌国建立了友好关系，甚至结成了盟友，那么，对己方来说，还要通过上文所述的"伐交"，离间、破坏他们之间的关系，使其转而投入己方的阵营。

当然，孙子在《九地篇》中也强调，"不知诸侯之谋者，不能预交"（《孙子兵法·九地篇》），也就是说，不能盲目地与"衢地"所在国结交，结交前一定要弄清楚对方与己方结交的真实意图，千万不能够使所结成的联盟成为实现他人战略目的的工具，为他人做嫁衣，要牢牢掌握结盟的主动权，为实现己方的战略目标服务。

3. "信己之私"：威加于敌的"交合"谋略

"交合"固然重要，但不能为了"交合"而"交合"，而且，作为外交的前提与基础的国家实力更为重要，没有一定的实力作为基础，外交是很难实现其目的的，即我们常说的"弱国无外交"。相反，如果国家实力很强，再辅之以正确的外交谋略，就能够在对外交往中收到事半功倍的效果。

"夫王霸之兵，伐大国，则其众不得聚；威加于敌，则其交不得合。是故，不争天下之交，不养天下之权，信己之私，威加于敌，故其城可拔，其国可隳。"（《孙子兵法·九地篇》）孙子强调，凡是王霸的军队，进攻大国就能使敌方的军民不能够聚集抵抗；兵威加在敌人头上，就能使它的盟国不能配合策应。正因为如此，孙子认为，不必争着同天下诸侯结交，也不必在各诸侯国培植自己的势力，只要发展并坚信自己强大的实力，把威力加在敌人的头上，就可以拔取敌人的城池，毁灭敌人的国家。

一句话，"合交"也是要"合于利则动，不合利则止"，一切以国家利益为重，并以追求和实现国家利益最大化为目的。国家实力是外交能否达到目的的前提，只有强大的实力做后盾，外交才能够真正发挥其作用。

（五）《孙子兵法》地缘观的心理方面

"心理战"是孙子在《孙子兵法》中提出的重要的战略战术，围绕地缘因素开展"心理战"虽是其中一个方面，但却是非常重要的方面。孙子敏锐地认识到地缘因素对行军作战中的士卒心理具有重要影响，提醒将史一定要高度重视，要趋利避害，尽可能不因作战地域的不利而对战争结果产生对己不利的影响。关于"地形"因素（地缘因素）对士卒战时心理的影响，孙子主要分析了"散地""轻地"及"死地"，重点在"死地"，"置之死地而后生"。

1. "散地"：士卒恋土，道近易散

孙子曰："诸侯自战其地者，为散地"，"散地则无战"。（《孙子兵法·九地篇》）对于"散地"，曹操注曰："士卒恋土，道近易散。"杜预注曰："战其境内之地，士卒意不专，有溃散之心，故曰散地。"梅尧臣注曰："我兵在国，安土怀生，

陈（阵）则不坚，斗则不胜，是不可以战也。"①

孙子强调"散地"应该无战，这不仅因为不符合他的兵学思想服从服务于诸侯称霸的出发点和归宿点；而且，也因为"吾兵在国，安土怀生，以陈则不坚，以斗则不胜"②，即士兵在本国作战，都有恋乡情结，偷生回家的心理，从而使部队战斗意志不强，士卒随时可能会溃散回家，在此作战有败无胜。

2. "轻地"：士卒思还，难进易退

孙子曰："入人之地而不深者，为轻地"，"轻地则无止"。（《孙子兵法·九地篇》）对于"轻地"，曹操注曰："轻地，士卒皆轻返也。"杜牧注曰："兵法之所谓轻地者，出军行师，始入敌境，未背险要，士卒思还，难进易退，以人为难，故曰轻地也。"③

孙子认为，部队进入轻地作战，因为"士卒未专以人为务，无以战为"，"敌人固垒不战，士卒思归"。即面临与"散地"同样的问题。因此，必须根据"轻地"作战的特点，"无近其名城，无由其通路，设疑佯惑，示若将去"；"分吾良卒，密有所伏，敌人若来，击之勿疑，若其不至，舍而去之"。④ 只有这样，三军才会"进乃不惧"。这一作战方略同样是考虑了地理条件对士卒的心理影响。

3. "死地"：置之死地而后生

孙子曰："疾战则存，不疾战则亡者，为死地"，"死地则战"，"示之以不活"。（《孙子兵法·九地篇》）所谓"死地"，就是只有勇猛作战，才能死里逃生的作战地域。对于这样的地域，孙子认为，除了一战，别无其他活路。对于将领来说，也要明确告诉士卒，只有拼死一战，才有可能死里逃生，而如此就能够激发士卒求生的本能，达到"置之死地而后生"的效果。

对此，孙子在《九地篇》中有明确阐述，"投之无所往，死且不北。死，焉不得士人尽力。兵士甚陷则不惧，无所往则固，入深则拘，不得已则斗。"（《孙子兵法·九地篇》）把部队置于无路可走的绝境，士兵就会死而不退。既然士兵死都不怕，怎么能不尽全力而战呢？士兵深陷危险的境地反而不会恐惧，无路可走时军心反而会稳固，深入敌国军队反而不会涣散，到了迫不得已的时候士兵就会殊死搏斗。"投之亡地然后存，陷之死地然后生。夫众陷于害，然后能为胜败。"（《孙子兵法·九地篇》）意即把部队投入亡地后方可保存；当部队陷于死地后方可生还。上面这段话集中反映了孙子利用士卒的求生本能激发其战地意志、绝地求生的战略，即有无数军事案例证明的"置之死地而后生"。

三、《孙子兵法》地缘观的当代启迪

当今世界正面临百年未有之大变局，世界格局加速重组，我们正大踏步地走

① 孙武，曹操等注，杨丙安校理：《十一家注孙子校理》，中华书局1999年版，第271页。

② 同上，第271页。

③ 同上，第272页。

④ 同上。

向世界舞台的中央；我们国家正处于从顺利实现第一个百年奋斗目标，开启向第二个百年目标新征程的历史交汇点上，我们比历史上任何时候都更接近实现中华民族伟大复兴的中国梦。我们面临的机遇前所未有，遭遇的挑战也是空前严峻。《孙子兵法》地缘观对于我们如何抓住机遇、迎接挑战，为实现第二个百年奋斗目标——建成社会主义现代化强国具有极大的启迪。

（一）经世致用：学习研究《孙子兵法》地缘观的出发点与归宿点

《孙子兵法》及其地缘观产生于春秋末期社会大动荡、大变革的年代，政治上群雄并起、竞相争霸，文化上百花齐放、百家争鸣，那是一个需要理论也产生伟大理论的时代，中国传统文化的根基就是在那个时代打下的，主要的思想学术流派也是在那个时代产生的。那个时代思想学术的一大特点就是"经世致用"，服从服务于当时的政治需要和社会现实，可以说哪个思想学术流派贴近现实、顺应时代发展潮流，哪个思想学术流派影响就大，就为各个诸侯国国君所接受，其理论也就能够与现实相结合，在指导实践中得到发扬光大而成为"显学"。《孙子兵法》在当时能够成为"显学"，在后世受到高度评价，盖因为其鲜明的服从宗旨，就是为了辅佐"明君"成就霸业。

《孙子兵法》相对于春秋时期其他各家思想的一个重要特点就是"经世致用"，既有宏观的战略主张，也有微观的战术指导；既将"慎战"思想贯穿于思想学说的始终，强调"兵者，国之大事也，死生之地，存亡之道，不可不察也"，强调战争可能带来的损失与破坏，强调因为战争导致国力的耗损而可能导致诸侯觊觎，又不一味地反对战争，毕竟在当时的背景下诸侯霸业首先是要靠并吞弱小国家和打败大国实现的；孙子在战争成为不得已的情况下，基于对战争可能带来的危害的忧虑，强调"全胜""速胜"，强调最好能够"不战而屈人之兵""兵不顿而利可全"，又对具体的战争提出了包括如何尽得"地利"在内的许多可行战术原则。

今天，我们学习研究《孙子兵法》及其地缘观，毫无疑问也要学习传承孙子从实际出发、研究现实问题、着力为解决问题出谋划策的"经世致用"品格，要有明确的服务指向，那就是服从服务于中华民族伟大复兴这个大目标，要有大视野、大格局，也就是着眼于百年未有之大变局的视角看待今天的世界与中国，对于今天的世界与中国要有一个清醒而正确的认识，也要着眼现实，研究解决当前面临的现实问题。

（二）"尽得地利"：高度重视地缘因素在实现第二个百年奋斗目标中的作用

《孙子兵法》及其地缘观产生于小农经济和冷兵器时代，其地缘思想也是基于对当时的战争现实与需要提出的，孙子对其分析和阐述相当的细致入微，从政治、经济、军事、外交及心理等五个方面，从宏观的战略视野到微观的战术指导进行了全面的分析，可以说达到了他那个时代能够达到的最高水平。

从政治方面来说，孙子高度重视战前的"庙算""谋划"，在"庙算""谋划"

需要考虑的"五事七计"中，"地"被排在第三位，在《形篇》中，"地"被上升到决定一个国家综合国力强弱的角度来说，这个思想意义重大。在当代，各个国家的竞争本质上是综合国力的竞争，现代战争虽然是高科技主导下的战争，但是，战争比拼的依然是交战双方的综合国力。当然，在当代，军事手段在国与国之间的竞争中，特别是大国竞争中已经不占主导地位，但是，正如孙子在《九变篇》和《形篇》中所强调的，"无恃其不来，恃吾有以待也；无恃其不攻，恃吾有所不可攻也"，"先为不可胜，以待敌之可胜。不可胜在己，可胜在敌。"因此，坚持发展这个党执政兴国的第一要务，不断增强国家的综合国力；推进军队和国防现代化建设，建设强大的人民军队在任何情况下都是必须的。

从经济方面来说，孙子提出"因粮于敌"的思想，主要讨论和要解决的问题是开战后，特别是去国越境作战的后勤补给问题。"兵马未动，粮草先行"，战争从某种意义上说就是比消耗，比敌我双方的后勤补给。在去国越境、远离本土作战的条件下，如何解决军队后勤保障和补给供应的问题，孙子一方面主张要"速胜"，"役不再籍，粮不三载"，另一方面主张"因粮于敌"，既解决己方的粮秣补给，又削弱敌方的补给能力。在当代，国与国之间的竞争，经济竞争乃至经济战上升到主要地位。在经济战中，"因粮于敌"的思想具有重要的借鉴意义。比如，在一些关键性领域，如能源领域，通过与一些资源丰富的国家合作开发，既可解决对方对发展经济的需求，又能解决我们的能源供应问题，减少对一些能源大国的依赖，等等。

在军事方面，孙子在这方面论述得最多、最具体，也最有可操作性，可以说思想既丰富又深刻。比如，在"识地形、地域"中，孙子在分析了四种处军相敌地理环境、六种行军作战的"地形"及九种去国越境作战地域的应对之道之后，强调"地之道也，将之至任，不可不察也"，也就是正确认识战争中地理环境以及作战地域对于指挥战争并克敌制胜至关重要，是将吏的责任所在。在现代战争中，地形、地域的作用虽然不如古代那么大，但是，其作用依然不容忽视，针对不同的地形、地域依然需要我们有正确的应对之策。比如，孙子在《军争篇》中强调"以迂为直"，正确处理"迂"与"直"的关系，对于我们今天在激烈竞争的世界里，如何正确驾驭国际局势，处理好主要大国之间的关系，尽可能避免直接的直面冲突与对抗，营造一个对我有利的外部环境，延续战略机遇期，是很有价值的。

在外交方面，孙子强调"衢地交合"，强调先于敌方建立与关键国家的友好合作关系的重要性，在敌方交战中，能够使对方站在我方一边，至少不成为对方的助力。应该说，在当今时代，竞争与合作已经成为处理大国关系的主旋律，如何使竞争不至于走向对抗乃至冲突，如何求同存异、扩大共识，使合作的领域与规模不断扩大，实现共赢乃至多赢，已经成为当代世界主要国家制定对外战略、发展对外关系要着力解决的问题，孙子上述思想的借鉴意义不言而喻。

对于我们来说，当前最主要、最重要也是最需要处理好的大国关系就是中美关系，对于中美关系，不管我们自己的意愿如何，美国都将我们当成威胁其霸权的主要竞争对手。而且，自 2016 年特朗普上台以来就不遗余力地全方位打压中国，挑起与中国的贸易战，不断拱火对抗中国，拜登上台以来，形势并没有得到多少缓解。所以，对我们来说，一方面要"慎战"，尽可能不和美国进行全面对抗，更要避免与美国发生直接的冲突；另一方面则要不畏战，我们不挑事但不怕事，对于触及我们底线的事，要坚决予以反击。但更重要的是，要把自己的事做好，要把外交建立在自己拥有强大实力的基础上。

在心理方面，孙子强调"置之死地而后生"，虽然，在当今世界，和平发展是时代的主题，局部战争、冲突虽然不断，但还没有到影响世界主题的地步。更主要的是，冷战结束以来，主要大国之间的竞争还主要在非军事领域，军事竞争尚未占主导地位，但这方面的风险一直存在。更何况，我们的周边并不太平，东海问题、南海问题始终不平静，尤其是我们还要解决祖国统一问题，所以，战争的危险始终存在。在这方面，我们在与主要大国竞争方面，在实现祖国统一问题上，要有"狭路相逢勇者胜"的勇气，要有"置之死地而后生"的信心和决心。

《孙子兵法》十三篇题解

＊本文作者陈曦，国防大学军事文化学院教授。

如何把握《孙子兵法》十三篇各篇的题旨？如何看待十三篇编排次序的内在理路？对此，古往今来的《孙子兵法》研究者非但远未达成共识，反而存在着诸多的歧解与争议。笔者在编撰《全本全注全译丛书·孙子兵法》①一书的过程中，参考古今研究成果，写出了每篇的"题解"，或许能对读者领悟孙子思想精髓提供些微帮助。

一、《计篇》

作为《孙子兵法》十三篇中的第一篇，《计篇》提出了统摄全书的重要理论，堪称全书的总纲。曹操解释"计"的内涵道："计者，选将、量敌、度地、料卒、远近、险易，计于庙堂也。"②可知此处的"计"，实即庙算，是指君臣在庙堂上的军事战略筹划。

本篇一开头便有摄人心魄的警句："兵者，国之大事，死生之地，存亡之道，不可不察也。"强调了军事学研究对于国家存亡、百姓生死的重大意义。而战争的胜负，在孙子看来，通过庙算是可以预知的。孙子将战前庙算的主要内容概括为"五事""七计"。敌我双方在社会政治、天时地利、将领素质、士卒能力、组织编制等诸多方面的优劣情况，孙子认为必须一一考察，缜密分析，才能准确推断未来战场的胜负形势。庙算是中国兵学理论史上第一个战略学概念，将其运用于军事斗争实际，它便成为战争决策者首先需要慎重落实的重要一环。"多算胜，少算不胜"，这个环节将关乎战争的最终结果，庙算的重要性因此被前所未有地凸显出来。

在"五事"的排序中，"道"位居首位，孙子将其界定为："道者，令民与上同意也。"俞樾《诸子平议补录》认为孙子先言"道"，后言"天""地"，与《老子》"道大、天大、地大，人法地、地法天、天法道"的哲理思路吻合，因此附和前人"兵家源于道德"之说。实际上，《老子》的"道"与《孙子兵法》相比，其内涵要丰富复杂得多。据研究，《老子》的"道"包含了形而上之宇宙本原、本体

---

① 陈曦：《全本全注全译丛书·孙子兵法》，中华书局 2011 年版。
② 《十一家注孙子校理》，中华书局 1999 年版，第 1 页。

和万物的运动变化所遵循的规律、人类生活的准则、最高知识和智慧、个人修养的最高境界、社会理想状态等诸多含义①。而《孙子》此处的"道"，其内涵则相对狭窄，仅限于社会政治领域。"地""天""道"在《老子》那里是不断递进的范畴，"地""天"均要遵循"道"的规律，而在《孙子兵法》当中，"道"与"地""天"是平行并列的，均为"五事"之一，"道"并不具有统领后两者的地位。两书所论之"道"各有不同指向，因而《孙子兵法》源于《老子》的说法即使不虚，但仅仅依据孙子此篇所论，是无法说清《孙》《老》必然具有渊源关系的。战争与政治的关系，西方人到了19世纪才由克劳塞维茨在《战争论》中明确揭示，所谓"战争无非是政治通过另一种手段的延续。"②而《孙子兵法》此篇的"道论"却在二千多年前就将军事斗争纳入政治领域加以研究，充分显示了孙子的远见卓识。

除了"庙算"理论的构建外，孙子在本篇还提出了一个重要的命题："兵者，诡道也。"这是他对以往战争注重旧"军礼"的一种变革与超越。春秋后期以降，兼并战争愈演愈烈，旧"军礼"渐成虚设，诈术则大行其道。"兵者，诡道也"的命题，在为诈术"正名"的同时，也从军事斗争原则的高度，强调了实施诈术的必要。孙子进而提出的"诡道十二法"，可谓战胜敌人、争取主动的十二条妙计，受到后世兵家的高度重视。

二、《作战篇》

《作战篇》紧随《计篇》之后，是《孙子兵法》十三篇中的第二篇。张预解释孙子如此排序的理由是："计算已定，然后完车马、利器械、运粮草、约费用，以作战备，故次《计》。"③吴九龙说："作战，即始战、战争准备，非指一般战阵之事。"④可知该篇的研究重心已由庙算环节，进入战争物资的准备阶段。作，意即"始也"。

兵马未动，粮草先行，强有力的后勤保障，是取得战争胜利的前提。此篇将《计篇》中的"五事""七计"未予涉及的战争与经济的关系，纳入研究视野。孙子告诫统治者发兵之前，必须考虑国家能否承受庞大的军费开支，"然后十万之师举矣"。战时环境下，贸易无法正常进行，物价难免上涨，百姓财源枯竭。战争机器一旦发动，必将消耗巨大的"百姓之费"与"公家之费"。战争既考验一个国家的军事实力，也考验一个国家的经济实力。战线拉得太长，时间拖得太久，均会极大消耗国库的物资储备，导致"国用不足"的严重后果。为了解决深入敌境、粮草乏供的后勤保障难题，孙子提出了"因粮于敌"的原则，即动用武力劫

---

①　陈鼓应：《老子评传》，南京大学出版社2001年版，第138页。

②　［德］克劳塞维茨：《战争论》第1卷，商务印书馆1978年版，第43页。

③　《十一家注孙子校理》，中华书局1999年版，第29页。

④　吴九龙：《孙子校释》，军事科学出版社1991年版，第19页。

掠敌人的粮草；还提出可将缴获的战车编入我方车队。这些均能有效弥补战时环境中的军需匮乏。

在深入考察了战争对物力、财力、人力的巨大消耗之后，孙子提炼出了"兵贵胜，不贵久"的作战指导思想。速战速决堪称本篇的灵魂。孙子速战速决思想的提出，主要基于"顿兵挫锐，屈力殚货"的认识，即：一是战争久拖不决将导致士卒战斗力的下降，二是战争对钱财物资的巨大消耗。以上两点引出了孙子对战争危害的深沉思考，他严正提醒统治者："不尽知用兵之害者，则不能尽知用兵之利也"。春秋以降，诸侯国之间的争霸、兼并战争愈演愈烈，在攫取土地财富的强大欲望推动下，各国（尤其是大国）统治者多对战争所可能带来的巨大利益心驰神往。《孟子》书中的梁惠王即以"好战"者自居，并宣称其"大欲"是"辟土地，朝秦楚，莅中国而抚四夷也"（《梁惠王章句上》），战争成为以梁惠王为代表的"好战者"满足"大欲"的重要手段。不断膨胀的欲望使他们更多地看到了战争之利，而忽略或忘记了战争之害。孙子此篇对战争危害的提示，至今仍能醒人耳目。核武器的发明使未来战争具有灭绝人类、摧毁地球的可能。罗古诺夫与池田大作对话时说："战争是犯罪，是数百万人的悲伤。在现代，战争就是毁灭，对全人类宣布死亡。不理解这一点的人，只能说他是狂人，或者是头脑极其浅薄的人。"[①] 这番言论，完全可以看成是孙子"用兵之害"的理论，在现代社会的回响与放大。

三、《谋攻篇》

在前两篇探讨战前庙算与战时经济的基础上，本篇立足于"全胜"之说，揭示了战争的理想境界是"不战而屈人之兵"。赵本学曰："庙计已定，战具已集，然后可以言攻。但攻人以谋攻为贵也，而不在于兵攻。以兵攻人者，决胜负于锋刃矢石之下，纵能尽杀之，安能自保其尽无伤乎！以谋攻人者，老成持重，制胜万全，攻期于无战，战期于无杀，不战不杀而人自服耳。此《谋攻》所以次《作战》也。"[②] 可知本篇的侧重点是"谋"，是"谋攻"，而不是"兵攻"。如何运用高超的谋略取得"全胜"，是孙子探究的重点所在。

战争的最高目标是"全胜"，是迫使敌人全部降服，即所谓"全国为上，破国次之；全军为上，破军次之；全旅为上，破旅次之；全伍为上，破伍次之。"攻城克隘，血流漂杵，把敌军杀得片甲不留，这种胜利不是孙子最推崇的；不通过直接的军事对抗手段，却能使敌人不战自降，顺心降服，这才是孙子心向往之，并希望各国决策者极力追求的方向。"是故百战百胜，非善之善者也；不战而屈人之兵，善之善者也。"上述表述出自本篇第一段的结尾，已成为《孙子》全书广为

---

① ［日］池田大作：《第三条虹桥》，中国国际广播出版社 1990 年版，第 234 页。

② 苏桂亮主编：《新编十一家注辑本》，北京大学出版社 2004 年版，第 51 页。

传诵的名言，几千年来在海内外产生了极大影响。英国当代军事学家利德尔·哈特在《战略论》一书中提出了著名的"间接路线战略"，认为"最完美的战略，也就是那种不必经过严重战斗而能达到目的的战略——所谓'不战而屈人之兵，善之善者也'"①。可知孙子的这一理论对利德尔·哈特战略思想的深深启迪。

　　为了凸显谋略的重要地位，孙子还按照由高到低的顺序，对以下军事手段依次定位道："上兵伐谋，其次伐交，其次伐兵，其下攻城；攻城之法，为不得已。"最高级的是"伐谋"，次一等的是"伐交"，挫败敌人的谋略与外交，这两者是抵达"全胜"境界的重要途径。联系春秋以来的历史实际，可知"不战而屈人之兵"的理论，是从齐桓公"九合诸侯，不以兵车"等政治、军事活动当中提炼概括出来的。齐桓公称霸天下的地位，依托于齐国雄厚的国力与军力，由此而造成的强大威慑，迫使其他诸侯不得不臣服。因此，孙子的"不战而屈人之兵"，不是说军队可以放松提升实力的各项建设，更不是说将领可以忽视对攻城略地的战术研究。孙子在提出了"全胜"理论之后，随即提出了"十则围之，五则攻之"等用兵法则，论述了将领对于国君与国家的重要作用，概括了国君因瞎指挥而导致的三种危害。文章最后提出了预测战争胜负的"知胜"说，在呼应并拓展"五事""七计"的同时，引出了孙子的又一不朽名句——"知彼知己者，百战不殆。"经由毛泽东的借鉴与引申，这两句话已远远溢出军事斗争的疆域，在国内家喻户晓，深入人心。

四、《形篇》

　　本篇的主旨在于军队的实力建设。军队的实力构成，既包括武器装备、粮草供应等经济基础方面的因素，也包括思想谋略、法规军纪、组织编制等上层建筑方面的因素。两者汇总在一起而彰显出来的，便是众寡、强弱等军队外显的战斗能力。形，有"形状""表露"之义。《毛诗序》曰："形动于中而形于言。"以"形"字为本篇命题，盖欲凸显军事实力的外在表征。王晢曰："形者，定形也，谓两敌强弱有定形也。善用兵者，能变化其形，因敌以制胜。"②赵本学曰："形者，情之著也，胜败之征也。见其形则得其情，得其情则得其所以制之之法。凡两兵未相见，彼此虚实各不相知，多用侦察、谍候，潜窥而窃听之者盖为此。然兵之有形，犹物之有影，虚实之可见，犹影邪正之难逃，惟先内自治而深秘之，然后徐观密察敌人之形而巧乘之，斯为用兵之善者矣。孙子以此篇次于《谋攻》之后何也？盖谋攻而不可得必主用兵，用兵之道形与势最为首务，故以《军形》次《谋攻》，而《兵势》次于《军形》。军形之义专以自固立言，若以诈形反示敌人而误之者，则诡谲之计精，实以后之事，故至《虚实篇》而后发之。此亦序次

　　① 吴如嵩：《孙子兵法新论》，解放军出版社1989年版，第25页。
　　② 《十一家注孙子校理》，中华书局1999年版，第69页。

之所在也。"① 以上分析有助于人们把握本篇的题旨，体悟孙子编排各篇次序的逻辑思路。

　　一开篇孙子即提出"先为不可胜"的理论，强调要想立于不败之地，自己首先必须拥有强大的实力。实力的强弱与否，实乃判断是采取进攻还是防守的前提。"不可胜者，守也"，不能战胜敌人就采取防守；反之，"可胜者，攻也"，可以战胜敌人，就可实施进攻。在如何衡量一个国家军事实力的问题上，孙子提出了"度""量""数""称""胜"等五大指标，并排列出了五大指标之间的层层递进关系，即所谓"地生度，度生量，量生数，数生称，称生胜"。五大指标测量出来的，主要是一个国家的粮食产量与军队规模。在孙子所生活的大国争霸的历史环境，这些是一个国家军事实力的重要体现。篇末用譬喻的方式对"形"这一概念解释道："胜者之战民也，若决积水于千仞之溪者，形也。"突出了强大的军事实力一旦形成所具有的荡涤万物的巨大威力。

　　在本篇第三段，孙子指出："善用兵者，修道而保法，故能为胜败之政。"该如何把握此处"道"的内涵？一般注家都会联系《计篇》"五事"中的"道"，认为指的是"令民与上同意"得以实现而采取的政治举措。然而，如此理解似有偏狭之嫌。在何守法看来，"修道而保法"的"道"，"所包者广，乃用兵之本，敌之不可胜我者也。要虚虚说，犹云道理法度之谓"。钮先钟也说："我个人认为作较广义的解释似乎比较适当。"② 联系《形篇》的语境，可知"善用兵者，修道而保法"的命题提出之前有一段文字，对"善战者"具备的素质作了具体的描述，即："古之所谓善战者，胜于易胜者也。故善战者之胜也，无智名，无勇功。"因而，"胜于易胜"与"修道"是有内涵上的相互关联的，后者是前者的思想准则，前者则是在军事实践中对后者的贯彻。"胜于易胜"指的是决策者能够洞察军事领域暗藏的玄机，找准软肋，加以攻击。这种胜利看似容易，实则超难，需要用兵者具备对"道"的体悟与认识的卓绝能力。在这一语境中，"道"已越过政治领域的疆界，扩展到复杂多变的兵家世界，涵盖了军事指挥的"道理法度"与本质规律，堪称"用兵之本"。如果这一解读能够成立，那么"修道而保法"的"道"与《老子》的"道"便有相通之处。它虽然还未达到《老子》"道"的哲学高度，但毕竟显示了《孙子》对军事斗争原则与规律的某种概括与揭示。

五、《势篇》

　　如果说孙子通过"形"这一范畴，探究的是军队实力建设的重大问题的话，那么通过"势"这一范畴，探究的则是在"形"的基础之上，如何合理调配、正

---

① 苏桂亮主编：《新编十一家注辑本》，北京大学出版社 2004 年版，第 76 页。

② 钮先钟：《孙子三论》，广西师范大学出版社 2003 年版，第 42 页。

确使用各种战争力量以取得胜利。张预曰："兵势已成，然后任势以取胜，故次《形》。"① 钱基博曰："势与形不同。形者，量敌而审己，筹之于未战之先。势者，因利而制权，决于临战之先。"② 也就是说，《势篇》之所以位列《形篇》之后，是因为"形"的建设主要是在战前，而"势"的运用则是在战时，两者大致分属前后有别的时空领域。

"形"和"势"堪称全书最为重要的两个范畴，对此，江贻灿曾有如下精辟阐释："军事领域需要研究的问题林林总总，概而言之，无非分为战争力量的建设和战争力量的运用两大类，《形篇》和《势篇》正是从不同角度，分别对这两类问题的一般规律作了研究。把握了孙武有关形的积聚和势的运用艺术，也就等于领悟了《孙子兵法》中的核心理论问题。"③ 关于战争力量准备的诸多范畴，诸如"道""财""将""兵""法""卒""天""地""分数""形名"等，以及关于战争力量运用的诸多范畴，诸如"虚实""奇正""专分""久速""迂直""攻守""死生"等，均由"形""势"两个范畴所涵盖、所统率。因此，抓住了这两个范畴，也就提纲挈领地抓住了《孙子兵法》军事思想的核心问题，抓住了《孙子兵法》战争思考的灵魂。

在《势篇》的第一段，孙子分析了四个范畴——分数、形名、奇正、虚实。在李零看来，"它们是分属于'形'和'势'两大类。'分数''形名'属于'形'，'奇正''虚实'属于'势'。"④ 而本篇接下来探讨的，主要是"奇正"这一范畴。所谓奇正，原指阵法中的奇兵与正兵，后引申为特殊战术与常规战术，以及机动灵活、出奇制胜的作战方法。孙子在第二段探讨了奇、正的变化多端与相互转化，指出"奇正相生，如循环之无端，孰能穷之？"深刻揭示了军事斗争方式方法的丰富无穷。本篇第三段提出了"节"的概念，突出的是兵贵神速、出其不意的理念。篇末同《形篇》一样，也使用了一个譬喻句式："故善战人之势，如转圆石于千仞之山者，势也。"显示了正确使用战略战术之后所形成的一往无前、势不可挡的巨大力量。

值得深究的是，孙子在第四段，由"势"引申出"任势"的概念，并进而提出"择人而任势"的命题。"择"，即"释"，放弃的意思。"释人"，并非放弃人的主观能动性，而是放弃那些自以为是的谬见；而要实现"释人"，就需做到"任势"，即任用、依赖"势"。《孙子》在此凸显了"势"的左右并制约军事行动的客观性。此外，由于"势"的形成关乎战争力量的运用，而这必然牵动天、地、人等方方面面的因素，故而"势"的客观表现就具有无限宽广的外延，已有将整个宇宙世界隐含其中的意味。由"任势"所倡导的尊重客观军事态势，到《老子》所推衍的"法自然"思想，其间的思想演进线索是可以寻绎的。围绕着"势"这

①　杨丙安：《十一家注孙子校理》，中华书局1999年版，第85页。

②　苏桂亮主编：《新编十一家注辑本》，北京大学出版社2004年版，第97页。

③　江贻灿：《势义探微》，载《〈孙子〉新论集萃》，长征出版社1992年版，第331页。

④　李零：《唯一的规则——〈孙子〉的斗争哲学》，三联书店2010年版，第120页。

一范畴所作的探究，标志着《孙子兵法》的哲学思考达到了最高峰。

六、《虚实篇》

"势"是《孙子兵法》全书最重要的一大范畴，"奇正"与"虚实"等均为其所统领。《势篇》已探究了"奇正"的内涵，此篇则全力揭示"虚实"的意蕴，故以"虚实"二字命题。张预曰："《形篇》言攻守，《势篇》说奇正。善用兵者，先知攻守两齐之法，然后知奇正；先知奇正相变之术，然后知虚实。盖奇正自攻守而用，虚实由奇正而见。故次《势》。"① 分别概括了《形篇》《势篇》《虚实篇》论述的重心，揭示了孙子依次编撰上述各篇的内在理路。综合孙子本篇所论，所谓"虚实"指的是军事实力的强弱优劣状况，以及针对这种状况而巧妙创造战机的作战方法与指导原则。深谙兵家三昧的唐太宗对本篇推崇备至，称颂道："观诸兵书，无出孙武。孙武十三篇，无出《虚实》。夫用兵，识虚实之势，则无不胜矣"（《唐太宗李卫公问对》卷中）。

军事将领若想取得对敌斗争的最后胜利，就必须掌握战场上的主动权，孙子在本篇第一段即对此作了精辟的揭示——"故善战者，致人而不致于人。"调动敌人，而不被敌人调动，这是使用"虚实""奇正"之术所欲达到的最佳状态，即李靖所谓"（兵法）千章万句，不出乎'致人而不致于人'而已"（同上）。毛泽东在论及军队的主动权时指出："一切战争的敌我双方，都力争在战场、阵地、战区以至整个战争中的主动权，这种主动权即是军队的自由权。军队失掉了主动权，被逼处于被动地位，这个军队就不自由，就有被消灭或打败的危险。"② 堪称是对孙子"致人而不致于人"理论的最佳诠释。

孙子围绕"虚实"这一范畴在本篇展开的论述，均以"致人而不致于人"为目的。为了充分拥有战场上的主动地位，孙子提出了"避实而击虚"的著名原则。根据战场上瞬息万变的敌情，准确判断敌人的兵力部署，查明何处为"虚"、何处为"实"，一拳击中软肋，使敌无力招架。在摸清敌情的同时，也要善于隐蔽我方实情，做到"形人而我无形"，以高明的伪装，迷惑、欺骗敌人，这样敌人才更容易暴露出弱点。

敌、我双方的"虚"与"实"，在孙子看来并非一成不变，而是可以相互转化的。"敌佚能劳之，饱能饥之，安能动之"，"故我欲战，敌虽高垒深沟，不得不与我战者，攻其所必救也；我不欲战，画地而守之，敌不得与我战者，乖其所之也"，想方设法使敌人由有利转向不利，由强大转向虚弱，由主动转向被动，然后寻找战机，歼灭敌人。当敌众我寡时，"我专而敌分"可谓扭转我军不利态势

---

① 《十一家注孙子校理》，中华书局 1999 年版，第 105 页。

② 毛泽东：《抗日游击战争的战略问题》，《毛泽东选集》第二卷，人民出版社 1991 年版，第 410 页。

的良方。"我专为一，敌分为十"，集中优势兵力，打击部分敌人，进而各个击破，彻底歼敌。

军事斗争形态多样，奥妙无穷。孙子在本篇深有感触道："善攻者，敌不知其所守；善守者，敌不知其所攻。微乎微乎，至于无形；神乎神乎，至于无声，故能为敌之司命。"此处的"微乎""神乎"与《老子》的"惚兮恍兮"，此处的"无形""无声"与《老子》的"大象无形""大音希声"，绝不仅仅是表述上的偶然相近，而是在感受并揭示客观规律的复杂性上英雄所见略同，有着精神旨趣上一脉相承的关联。

七、《军争篇》

在《孙子兵法》十三篇的整体框架中，《军争篇》堪称一道分界线。刘邦骥曰："此一篇，论两军争胜之道也。庙算已定，财政已足，外交已穷，内政已饬，奇正之术已熟，虚实之情已审，即当援为将者以方略，而从事战争矣。"① 陈启天曰："本篇以前，如《计》《作战》《谋攻》《形》《势》《虚实》等篇，皆泛论尚未实行战斗前之要务，必须预为讲求者。自此以下各篇，乃分论关于实际战争之各事，临敌决胜必须注意者。"② 可知此前的六篇探讨的是较为抽象的军事理论，从本篇开始，《孙子兵法》进入对实战内容的研究。自本篇至《九地篇》的五篇，被李零概括为"战斗组"，最后两篇则为"技术组"。"军争"意即两军争利。两军相争有无数环节，本篇聚焦于行军，探究的是军队如何利用行军争夺先机，顺利到达预定战场。

孙子一开篇便根据实战经验，指出在两军对垒、即将决战之前，"莫难于军争"，通过行军抢得先机，掌握战场上的主动权，较之其他军事斗争环节，可谓最难实施。作者进而揭示了落实这一环节的难点，所谓"军争之难者，以迂为直，以患为利。"要求决策者在调动部队行军时，需有辩证思维，要懂得"迂"与"直"、"患"与"利"之间的转换规律，以实现"后人发，先人至"的行军效益。

两军各争先机之利，在这一竞争过程中，不要只看到它的好处，还要看到其中潜藏的危害。孙子在第二段首先指出："军争为利，军争为危。"接下来着重分析了在行军的过程中，如果处理不好速度与粮食辎重、速度与士卒体质等关系，将会导致最后决战的失败。一味追求速度，而丢弃武器装备、后勤物资，这种做法是十分危险的。作者郑重指出："是故无辎重则亡，无粮食则亡，无委积则亡。"《孙子兵法》的《作战篇》已充分论述了物资装备的重要性，此处从"军争"的实战角度再次凸显了这种重要。除了《作战篇》的题旨，其他篇章的一些重要思想，也在本篇当中得到了呼应与贯彻。第三段的"不知诸侯之谋，不能豫交"，是

---

① 苏桂亮主编：《新编十一家注辑本》，北京大学出版社 2004 年版，第 143 页。
② 同上，第 143 页。

对《谋攻篇》"伐交""伐谋"思想的运用；"兵以诈立，以利动"，是《计篇》"势者，因利而制权也。兵者，诡道也"的回响。

第五段提出了"治气""治心""治力""治变"的"四治"说。如果说其中"避其锐气，击其惰归"的"治气"，"无邀正正之旗，勿击堂堂之阵"的"治变"，以及"以近待远，以佚待劳，以饥待饱"的"治力"，是落实了《计篇》的"诡道十二法"、《虚实篇》的"避实击虚"等作战原则的话，那么"以治待乱，以静待哗"的"治心"，则是对《作战篇》"故杀敌者，怒也"的军事心理思想的深化，明确显示了部队心理建设的重要。"三军可夺气，将军可夺心"，将士若无良好的作战心态，则将导致兵败如山倒的严重后果。

本篇篇末的"用兵八戒"——"高陵勿向，背丘勿逆，佯北勿从，锐卒勿攻，饵兵勿食，归师勿遏，围师必阙，穷寇勿迫"，分别从地形、计谋、心理、强弱等不同角度研究敌人，指出以上八种状况绝不可用兵。八句之中出现了七个"勿"字，加强了表达的力度，以便将帅牢记"八戒"，谨慎用兵。

八、《九变篇》

在《孙子兵法》十三篇中，《九变》是内容编排得较为混乱的一篇。此篇的篇题，以及篇中"五利"等词语，由于作者语焉不详，注释者难免聚讼纷纭。围绕着篇题"九变"，长期以来主要形成了以下五种意见：

第一种是"五变"说，以梅尧臣、张预等为代表。曹操在本篇"虽知五利，不能得人之用"的后面，注曰："谓下五事也。'九变'一曰'五变'。"[1] 张预曰："曹公言'下五事'为五利者，谓'九变'之下五事也，非谓'杂于利害'以下五事也。"[2] 认为"九变"实为"五变"，指的是本篇开头"圮地无舍，衢地交合，绝地无留，围地则谋，死地则战"五句，意谓军队在以上五种地形下机变灵活的作战原则。

第二种是"九变"说，以李筌、贾林、何廷锡为代表。贾林在"故将通于九变之地利者，知用兵矣"的后面，注曰："九变，上九事。将帅之任机权，遇势则变，因利则制，不拘常道，然后得其通变之利。变之则九，数之则十。故君命不在常变例也。"[3] 认为"九变"指的是"圮地无舍，衢地交合，绝地无留，围地则谋，死地则战，途有所不由，军有所不击，城有所不攻，地有所不争"九事，"君命有所不受"一句不在"九变"之列。《银雀山汉墓竹简孙子兵法》的整理者亦支持此说。汉简有佚篇《四变》，整理者认为该篇在解释"途有所不由"等四句以后说："'君令有所不行者，君令有反此四变者，则弗行也。'据此，九变当指'圮地

无舍'至'地有所不击'九事而言。"①

第三种是"错简"说，以张贲、刘寅、赵本学为代表。他们认为《军争篇》与本篇"简编错乱"，《军争篇》的末尾"高陵勿向，背丘勿逆，佯北勿从，锐卒勿攻，饵兵勿食，归师勿遏，围师必阙，穷寇勿迫"八句，与本篇开头"圮地无舍"一句，句型相近，原本蝉联一体，却被割裂措置。"高陵勿向"八句与"圮地无舍"一句合在一起，即为"九变"。

第四种是"泛指"说，以郭化若、杨丙安为代表。郭化若说："本篇讲各种特殊情况下的机断措施。'九'泛指多，'变'指不按正常原则处置。"②

第五种是"九地之变"说，以李零为代表。他指出："今按'九变'实即《九地》'九地之变'。""我有一种怀疑，《九地》可能是《孙子》各篇大体编定后，最后剩下来的材料，整理工作有点差，因此结构松散，前后重复。《九变》又是从《九地》分出来的一部分。"③

如果本篇文字确实源自《九地篇》，那么"九变"应该指的是兵家在熟知各种地形的前提下，机动灵活地变换战法以战胜敌人。本篇的第二段有言："将通于九变之利者，知用兵矣；将不通于九变之利者，虽知地形，不能得地之利矣。"只有通晓"九变"原则的好处，才算懂得用兵，否则即使了解地形，也不能利用地形之利。由此可知：依托不同的军事地形，强调灵活多变的战术原则，当是《九变篇》的主旨所在。

战术原则运用得当，便能实现既定的利益诉求。在追求战争利益的过程中，如果一味求"利"而不知"害"，便会导致亡国丧家的危险。孙子在本篇的第三段提出了"智者之虑，必杂于利害"的观点，要求战争决策者辩证地看待"利"与"害"，不仅做到两者兼顾，还要能够化害为利，始终掌握战争的主导权。本篇最后一段概括出了军事将领有可能存在的"五危"，即五种致命的缺陷。"五危"是"兵家之灾"，能导致"覆军杀将"的恶果。显然，只有了解"五危"，克服"五危"，军事将领在人格建设方面，才能更好地领悟《计篇》中的"智""信""仁""勇""严"等各项标准的丰富内涵。

九、《行军篇》

"行军"在现代汉语中，意即"军队进行训练或执行任务时从一个地点走到另一个地点"，而本篇篇题的含义却与此有别，指的是行军过程中的"处军"。"处军"，指的是军队在不同地形条件下的作战、驻扎与宿营。赵本学曰："行军者，军行处境须知之事也。次舍之处，则有水泽山陆之不同，经由之路亦有坑堑阻险

---

① 银雀山汉墓竹简整理小组编：《银雀山汉墓竹简孙子兵法》，文物出版社 1976 年版，第 99 页。
② 郭化若：《孙子兵法》，上海古籍出版社 2006 年版，第 84 页。
③ 李零：《唯一的规则——〈孙子〉的斗争哲学》，三联书店 2010 年版，第 254 页。

之不一，果何择而何避乎？军行见敌，敌人则有动静进退之迹，有障蔽疑似之计，有治乱虚实之形，果何觇而何察乎？处军不得其法，相敌不得其情，皆有败衄之祸。《孙子》此篇专载其事，上言处军，下言相敌，周悉详尽，无复余蕴矣。"① 指出了"处军"与"相敌"之术，对于战争结果的重要意义，因而被《孙子兵法》充分重视，详加分析。张预曰："知九地之变，然后可以择利而行军，故次《九变》。"则指出了本篇与《九变篇》在内容上的前后衔接。

本篇前两段谈"处军"。孙子依次分析了在山地、江河、盐碱地和平地等四种地形下的"处军"原则（如在山地"处军"，要"绝山依谷，视生处高，战隆无登"），均蕴含着充分利用各种"地利"以达到"致人而不致于人"的旨归。作者还从军需供应与卫生防疫的角度，论证"处军"时为何需遵循"好高而恶下，贵阳而贱阴"的原则。士卒身体的健康与否，亦直接关乎作战成败，因而将帅需掌握卫生保健的基本知识，才能正确"处军"以使"军无百疾"。作者还提出了我军必须快速离开的"六害之地"——"绝涧、天井、天牢、天罗、天陷、天隙"，并提醒将领途经"险阻、潢井、蒹葭、山林、翳荟"之地，需小心谨慎，认真搜索，以防敌人伏兵的袭击。

本篇第三段谈"相敌"，一共举出了 32 种"相敌"之法。"相敌"，即侦察与判断敌情。受军事科技水平所限，孙子时代的人们观察敌情主要依靠眼耳，但这看似原始的"侦察工具"，仍能获知各种敌情，高明的将帅透过表象而抵达本质，便能掌握敌人的作战意图、战略部署、士卒心理、官兵关系等等，从而因势利导，因敌制胜，在充分"知彼"的前提下战胜敌人。在而今高科技的武装下，侦察工具早已摆脱了孙子时代的原始简陋，但 32 种"相敌"之法所贯穿的"知彼知己，百战不殆"的精神思想，以及透过现象看本质的思辨方法，仍极具价值，永不过时。

本篇最后一段提出的一些观点，也闪烁着作者睿智的光芒。如"兵非益多也"，提出兵员并非多多益善，质量建设常比扩充数量更重要，在吴如嵩看来，这堪称"我国最早提出的精兵思想"②。又如"令（应作'合'）之以文，齐之以武"，提出在治军方面应"文""武"兼用，不可偏废。刘庆评价这一原则道："这一思想比单纯鞭笞杀戮的强制性方法要进步，且与崇尚'中庸'之道的中华民族文化相吻合，故几千年来一直被兵家奉为治兵准则。古代兵书《吴子》提出的'总文武，兼刚柔'的将帅素质要求，近代兵书《曾胡治兵语录》中蔡锷的评语说'带兵如父兄之带子弟一语，最为仁慈贴切。能存此心，则古今格言，千言万语，皆可付之一炬'，都可以看成是对这一思想的发展。"③ 指出了"文""武"并用的治军原则对后世兵家的深刻影响。

---

① 苏桂亮主编：《新编十一家注辑本》，北京大学出版社 2004 年版，第 196 页。
② 吴如嵩：《孙子兵法新说》，解放军出版社 2008 年版，第 156 页。
③ 刘庆：《名家讲解孙子兵法》，长春出版社 2009 年版，第 172 页。

十、《地形篇》

本篇第一句的前两个字是"地形"，作者遂"首章标其目"，以"地形"二字名篇。"知地"是本篇的重要题旨之一。赵本学曰："上篇水陆山泽，险阻潢井，牢罗隙陷之类，乃军行在途所经所处之地耳，所经所处亦当设备，是以处之各有其道。此篇《地形》乃论战场之形势，安营布阵之所也。"①可知《行军篇》与本篇虽均研究地形，但却角度有别，前者是从行军过程中"处军"的角度，而本篇则是从战场上"对敌作战"的角度。

第一段首先提出了"通者""挂者""支者""隘者""险者""远者"六种地形概念，继而揭示了在不同地形条件下所应采用的战术原则。前三种地形是从敌我双方进出往来方便与否加以区分命名的；后三种则分别是从狭窄、安危、远近的角度命名的。作者强调，以上六种地形的探究，实属"将之至任，不可不察也。"第三段进而指出："夫地形者，兵之助也。料敌制胜，计险厄远近，上将之道也。"若在制定对敌战术时，用兵者不知"地"，不懂得地形作为"兵之助"的重要价值，不能根据地形"险厄远近"的不同，机智灵活地运用相应的战术，便难免沦为败军之将。"知此而用战者必胜，不知此而用战者必败"，这是孙子对军事将领的谆谆告诫。"地"是《计篇》中的"五事"之一，在战前"庙算"环节，"天地孰得"（《计篇》）是考量一个国家军事实力的重要指标。然而，关于"天地孰得"的具体考量内容，《计篇》却语焉不详。本篇、《行军篇》以及《九地篇》对各类地形的研究，为人们筹算"地"之"孰得"提供了各种路径，可视为对《计篇》"地"论的展开与深化。

本篇末尾有警句曰："知彼知己，胜乃不殆；知天知地，胜乃不穷。"要求将领具备"四知"，即知彼、知己、知天、知地。陈启天曰："本篇始终以将为言焉。为将者能先知此四者，然后乃可开始战斗，以求全胜。然则本篇之要义也。"②他还指出：对于以上"四知"，本篇并不是平均用力，而是有所侧重，"知彼知天之事，已见于他篇，故本篇不甚详。本篇所详论者，则以知地为主，而知己次之。虽以《地形》名篇，而实不仅论地形也。"的确，除了"知地"之外，本篇的另外一大题旨是"知己"。对于将领而言，"知己"的关键是清楚自己的弱项，极力避免"六败"。"兵有走者，有驰者，有陷者，有崩者，有乱者，有北者"，以上"六败"的出现，究其缘由，"非天之灾，将之过也"，是将领用兵不当，特别是治军带兵出现重大失误造成的。将领既要关心爱护士卒，"视卒如婴儿""视卒如爱子"，但又不能过分宽松，以免陷入"厚而不能使，爱而不能令"的窘境。将领带兵用兵素质的提高，与其是否具备高尚品德有关。本篇对将帅的政治品格提出了

---

① 苏桂亮主编：《新编十一家注辑本》，北京大学出版社 2004 年版，第 231 页。
② 同上，第 232 页。

一个重要标准，即"进不求名，退不避罪，唯民是保，而利合于主"，若将其中的"主"改成"国"，去掉了其中的忠君思想，而替之以爱国情操，那么这一标准便应成为当代用兵者须臾不能忘记的座右铭。

十一、《九地篇》

本篇是《孙子兵法》十三篇中文字最多的一篇，约1200字，篇幅超过了全书的六分之一。同《地形篇》一样，本篇探究的重心也是军事地形，但两篇有所不同的是，前者是从战场作战的角度划分出六种地形，本篇则依据对"人情之理"的深入揣摩，从军队进入敌国的"为客之道"出发而划分出"九地"。赵本学曰："上篇《地形》之地，排兵布阵之地也，以宽狭险易言之。《九地》之地，侵我所至之地也，以浅深轻重言之。兵之所至，其地有九等，其法不同，大要皆本于人情。善用兵者，深达人情之理，驭之以术，发之以机，则人可用而地不困。《孙子》是篇，首序地法于前，次究人情于后，且复覆说而再申之，详悉周密，毫发无漏，其秘旨隐诀告人尽矣。"① 可知本篇具有"本于人情""详悉周密"的特点。本篇可以第六段开头"九地之变，屈伸之利"为界，分为前后两大部分。后一部分对前一部分的话题，再次给予层层论述，故而呈现出赵氏所谓"复覆说而再申之"的特点。

"九地"分别指散地、轻地、争地、交地、衢地、重地、泛地、围地、死地。本篇第一段对"九地"的概念一一定义后，指出了在每种地形条件下应当采取的战术原则，即"散地则无战，轻地则无止，争地则无攻，交地则无绝，衢地则合交，重地则掠，圮地则行，围地则谋，死地则战。"以上原则显然基于作者以下三种可贵认识：其一是重视士卒作战心态。比如为何不宜在散地打仗，是因为在本国土地上作战，士卒易因怀乡恋土而逃散。"散地"这一名称便源于士卒可能出现的这种逃散状况。其二是凸显了趋利避害、化害为利的思想。要抢先占据并充分利用有利的地形如争地、衢地，快速通过不利的地形如圮地，并要善于在不利的地形条件下扭转危局，如"围地则谋，死地则战"，或运用高超的谋略，或激发士卒高昂的斗志，便能冲出包围，脱离险境。其三是军事斗争须辅以外交手段。"衢地"是四通八达的兵家必争之地，用兵者不但要有积极争夺衢地的战略思维，更要在这种争夺战中展开外交攻势，所谓"衢地则合交"，广交外援，争取同盟，以实现战略意图。

显然，在对"衢地"等地形的研究中，作者已脱离战术层面，而进入战略层面。而这种较为宏观的战略视野，在文章其后对"为客之道"的探索中，得到了鲜明突出的呈现。吴如嵩将本篇具有战略高度的用兵原则，依照文脉依次概括为以下八条：（1）面对强敌，必须打敌要害，一战而胜。（2）兵贵神速，攻无备，

①　苏桂亮主编：《新编十一家注辑本》，北京大学出版社2004年版，第256页。

击不意。(3) 投之死地，愚兵激士。(4) 同舟共济，齐勇若一。(5) 秘密开进，愚卒耳目。(6) 威加于敌，其国可毁。(7) 并敌一向，千里杀将。(8) 秘密决策，隐蔽准备。[①] 以上各条，深化并拓展了本书其他篇章的相关论述。尤其是《作战篇》"兵贵胜，不贵久"的战略指导思想，以上第 (1)、(2)、(5)、(6)、(7)、(8) 等条，多围绕这一思想展开；合而观之，便是一套较为系统的"速胜论"。当然，本篇也有一些必须剔除的糟粕，如"愚兵"思想，正视于此，当无损《孙子兵法》在中国古代兵学领域"前无古人，后无来者"的伟大。

十二、《火攻篇》

水火无情，两者均可成为战争利器。本篇强调火攻与水攻均为战争进攻的重要辅助手段，所谓"以火佐攻者明，以水佐攻者强"，但由标题可知，火攻是本篇论述的中心题旨。张预曰："以火攻敌，当使奸细潜行；地里之远近，途径之险易，先熟知之，乃可往。故次《九地》。"[②] 陈启天曰："本篇主旨，乃论战斗进行中实行火攻之方法。战斗以能击败敌人为目的，然有时仅恃兵力，尚感不足以击败敌人，不得不用火攻以补助之，庶易于取胜。此在实行决战前及实行决战时，最有斟酌使用之必要，故次于《九地篇》而论之。"[③] 上引分析，均有助于人们理解本篇何以编次于《九地篇》之后。

本篇前三段集中论述了火攻的类型、条件、实施方法、重要性等。孙子将火攻分为五类，即火人、火积、火辎、火库、火队。实施火攻必须具备两大条件，一是"烟火必素具"，需提前准备好火攻的器具；二是选择气候适宜的时日。在《孙子兵法》的《计篇》中，"天"乃"五事"之一，"天者，阴阳、寒暑、时制也"，"天地孰得"则为"七计"之一，《地形篇》则有"知彼知己，胜乃不殆；知天知地，胜乃不穷"的精警表述，将"知天"列为"四知"之一，但两篇却仅此而已，均未展开论述。本篇谈火攻条件的相关文字，能够稍稍弥补此憾，分析了合适的天文气候条件是火攻的前提，说明用兵者必须"知天"方能实施火攻。在谈到火攻方法时，孙子提出了一条原则，即"凡火攻，必因五火之变而应之。""因""变"二字，凸显了这一原则的思想基础实即"因利制权"，在进行火攻时，要根据五种火攻所引起的变化，机动灵活地采取相应的办法对付敌人。孙子还通过比较火攻与水攻，来凸显火攻的重要性，认为"水可以绝，不可以夺"，火攻具有更为强大的威力。在孙子所生活的春秋后期，火攻战例并不很多，但他却看到了火攻的重要，并设置专文加以研究，足见其见识超前，眼光独到。

在最后一段，作者集中阐释了他的慎战思想。战车一旦发动，便很难适时停

① 吴如嵩：《孙子兵法新说》，解放军出版社 2008 年版，第 168—174 页。
② 杨丙安：《十一家注孙子校理》，中华书局 1999 年版，第 276 页。
③ 苏桂亮主编：《新编十一家注辑本》，北京大学出版社 2004 年版，第 315 页。

止。孙子提醒统治者在取得作战胜利后，要适可而止，不要沉迷武力，更不要支配于一时的恼怒情绪而悍然兴兵。"非利不动，非得不用，不危不战"，或有利于国，或稳操胜券，或陷入危境，在类似情境下方可出兵作战。战争不是儿戏，一旦失败便有亡国丧家的可能。"亡国不可以复存，死者不可以复生。故明主慎之，良将警之"，这几句犹如"兵者，国之大事，死生之地，存亡之道，不可不察也"的主题变奏，充分展示了孙子"安国全军"的慎战思想。作者为什么在《火攻篇》的篇末郑重论述其慎战思想？赵本学解释得好："愚谓水火之害，酷烈惨毒，固仁人所不忍为者。然水火无情之物，其机难制，攻人而一不中，焚溺之祸反在于我，要亦不可恃之以为利也。故孙子于上篇，虽深入死地而其机变活转绝无危词，独于《火攻篇》深以用兵为戒。如医者之用毒，切切为病者丁宁，岂其恶其惨，畏其危而言之慎欤！"①

十三、《用间篇》

作为《孙子兵法》全书的最后一篇，它在内容上与第一篇《计篇》遥相呼应。如果说《计篇》强调先计后战，要求从"五事""七计"的角度，一一比较敌我双方的优劣强弱，做到"知己知彼"，但"庙算"的首要内容毕竟是"知己"的话，那么《用间篇》的论述重心则在于"知彼"，从探知敌情最重要的手段之一——使用间谍的角度，说明"知彼"对于军事斗争的重大意义。《用间篇》堪称是一篇"知彼"论的专文，对此，陈启天有精辟的阐释："本书以《计篇》开宗明义者，乃首示知己之必要，而以《用间篇》殿全书者，乃专示知彼之必要也。战争之事，计与间贯彻始终，而复互为关联。非有计，则不能用间，非有间，则不能定计。计始于战争之前，间亦用于战争之前。计用于战争之中，间亦用于战争之中。其所以先计而后间者，诚以不先求知己，虽知彼亦无益耳。先求知己，复求知彼，作战之能事，得其大半矣。关于知彼之事，《计篇》以下各篇虽曾偶涉及之，然非专论，故终之以《用间篇》云。"②

本篇第一段的开篇八句，内容表述与《作战篇》第一段相近，均显示战争将极大消耗国家的人力物力财力，严重影响民众的社会经济生活。而与战争的巨额开支相比，用在间谍身上的钱财其实是微不足道的。如果决策者因为吝惜钱财而不愿使用间谍，导致"不知敌之情"而最终战败，那么这种人就是"不仁之至"。在作者看来，明君贤将之所以战无不胜，功业超群，就在于"先知"。"知"的对象，不仅有"己"，更要有"彼"，要掌握敌人的军事信息。孙子以冷峻的笔调，写出了闪烁着思想光芒的语句："先知者，不可取于鬼神，不可象于事，不可验于度，必取于人，知敌之情者也。"在两千多年前，孙子便能排除鬼神迷信的干

---

① 苏桂亮主编：《新编十一家注辑本》，北京大学出版社 2004 年版，第 315 页。
② 同上，第 336 页。

扰，睿智地提出"必取于人"的思想，极大地凸显了人的理性，凸显了掌握敌情对于战争结果的决定性作用，这标志着《孙子兵法》在唯物观与认识论方面所达到的高度。

其后四段，孙子论证了间谍的分类、功用，以及使用间谍的原则和条件。他把间谍分成五类，即因间、内间、反间、生间、死间，一一揭示了每类间谍的特点，强调了"五间"之中"反间"的重要，并将"三军之事，莫亲于间，赏莫厚于间，事莫密于间"，也就是"关系最亲近""待遇最丰厚""事务最机密"，作为使用间谍的三大原则。只有这样，间谍才有可能甘冒风险，传递出有价值的情报。理想的间谍，应有伊挚、吕尚一样的"上智"，因此对于用间者而言，他们自然需要具备极高的素质，要集"圣贤""仁义""微妙"三方面的才德要素于一体，否则便无资格使用间谍，所谓"非圣贤不能用间，非仁义不能用间，非微妙不能用间。"篇末指出："故明君贤将，能以上智为间者，必成大功。此兵之要，三军所恃而动也"，揭示了用间对于谋划军事行动，决定斗争胜利，具有巨大价值和重要作用。

略不世出　百世之师

——从《孙子兵法》看韩信的用兵艺术

＊本文作者徐业龙，江苏省淮安市淮阴区政协文史委主任。

俗话说：千军易得，一将难求。战争是敌我交战双方的政治、经济、军事等综合实力的对抗，亦是智慧、谋略、勇力等具体活力的竞争，要想在这种活生生的对抗和竞争中消灭敌人，保存自己，夺取胜利，除了物质因素之外，人的因素则是关键。《孙子兵法·计篇》对将帅素质提出了明确的标准、条件："将者，智、信、仁、勇、严也。"智，多谋善断；信，赏罚有信；仁，爱护士卒；勇，勇敢坚定；严，明法审令。这五条标准，习惯上称为"五德"。五者全备，方可为将。无数的军事战例雄辩地证明，将帅作为战争的运筹者、决策者和指挥者，直接关系到军队的强弱，战争的胜败，乃至国家的兴亡。综观古今中外的军事家，有的长于运筹帷幄、擘划大计，有的长于披坚执锐、攻城斩将，有的长于序次兵法、垂著篇籍，而真正大智大勇，身兼诸长的却寥寥无几，韩信则是其中的佼佼者。

《淮阴侯列传》是《史记》十大名篇之一，司马迁用细腻的笔触塑造了一位极富传奇色彩的伟大军事家形象。韩信娴习兵书，熟谙兵法，他不仅继承了《孙子兵法》等前代诸家兵法，还对这些兵法有所创新和发展。在血雨腥风、尸横遍野的楚汉战争中，韩信运筹帷幄，纵横捭阖，叱咤风云，成为这场战争的真正主角。时人蒯彻以"略不世出"来赞誉韩信，南宋文学家陈亮则说："信之用兵，古今一人而已。"韩信卓越的军事韬略和用兵智谋为后世兵家所推崇，他所创造的卓著业绩和经典战例堪称世界战争史上的奇观，在世界军事史上绝无二人，令后人高山仰止。

一、庙算为上，胸怀全局

《孙子兵法》开卷为《计篇》，这里的"计"，直译为计算、计较（比较）、计划等。作为十三篇之首，它从全局着眼研究和谋划战争的重要性，探讨决定战争胜负的基本条件，并指出："夫未战而庙算胜者，得算多也；未战而庙算不胜者，得算少也。多算胜少算，而况于无算乎！吾以此观之，胜负见矣。"也就是在未战之前，将帅要充分发挥战争指导者的主观能动性，在全面把握敌我双方政治、经济、军事等各方面条件的基础上，认真分析敌我力量优劣，比较战争得失，预料战争的胜负，从而制定作战计划，规定战略战术原则，夺取战争的胜利。楚汉战争中，从战争全局的战略运筹和历次战役的具体谋划，都证明韩信是一位能够从全局着眼，具有深谋远虑的伟大军事家。

韩信具有卓越的战略禀赋，这一点最突出地表现在对楚汉战争起首要战略指导作用的"汉中策"上。汉高帝元年（前206）六月，刘邦拜韩信为大将军，韩信以"汉中策"对刘邦。"汉中策"实际上是我国古代战争史上最成功的战略计划。在这段对话中，韩信对当时雄霸天下、如日中天的项羽提出了"其强易弱"正确判断，他列举了项羽在用人、战略、政策上的种种失误后，明确指出项羽的缺点正是刘邦应当利用的，项羽目前的这种貌似强大，实际上只是一种假象，是可以打败的。因此，要反其道而行之，任用贤将，论功行赏，救济百姓，收天下人心，取三秦、东向灭楚。这一经国硕划，卓识伟抱，为刘邦制定了东征以夺天下的根本方略，堪称战略谋划的典范①。从楚汉战争的历史进程和最后结局来看，韩信的见识确实高远而卓绝。

韩信虽然用兵于局部，但他始终高瞻远瞩、胸怀全局。汉高帝二年（前205）四月，刘邦兵败彭城，一些原来归汉的诸侯王纷纷改换门庭投靠项羽。九月，韩信平定魏地，但战略形势仍然十分不利于汉。汉军正面受到了很大的压力，荥阳、成皋多次失守。在十分困难的形势下，韩信估量了当时楚汉双方的力量对比和客观形势，分析了彭城之战和灭魏之战的经验教训，及时向刘邦提出建议："愿益兵三万人，臣请以北举燕、赵，东击齐，南绝楚之粮道，西与大王会于荥阳。"（《汉书·韩信传》）这一计划的实施，使得整个战场形势开始向有利于汉军而不利于楚军的方面转化，对战争全局影响极大。此后，韩信挥师北略中原，战诸侯，服地方，分散牵制了大量楚军，同时不断以魏、代、燕、赵、齐大量的人力、物力资源源源不断地支援成、荥防线，最终拥三齐之地南向进取楚都彭城，从西、北、东三面完成了对楚军的战略包围。项羽则一步一步地陷入汉军预设的包围圈之中，虽东挡西杀，亦穷于应付，疲于奔命，终成画牢困兽之势，以至于最后败亡。

在历次战役的具体指挥上，韩信也同样能够全面分析交战双方的实际情况，认真考虑每次战役对战争全局的影响，从中找出制胜之道，这是非常难能可贵的。汉高帝五年（前202）十一月，刘邦困守固陵。为解固陵之围，韩信统观全局，认真分析战场形势，他没有按照刘邦的命令挥师径驰固陵，而是采取围魏救赵的战术，因势利导，顺水推舟，作出了占领楚都彭城的战略决策。韩信率大军南下，以灌婴的骑兵部队为前锋，乘敌之隙，批亢捣虚，出其不意地直取楚都彭城。韩信占领彭城，顿使楚军失去战略依托，人心涣散，项羽极为惊慌，立即解固陵围兵向垓下撤退。此战，韩信不径趋固陵而首攻楚都彭城，既解了固陵汉军之危，又打破了项羽的持久战略，并迫使项羽进入汉军预设战场，大大加快了楚汉战争的进程。

① 徐业龙、侯林：《韩信对齐兵学的传承与弘扬》，《滨州学院学报》2020年第3期。

二、知己知彼，知天知地

决策者先知敌情，取得士卒信仰拱卫之心，这是战胜攻取的两大前提。毛泽东在《论持久战》中指出："我们承认战争现象是较之任何别的社会现象更难捉摸，更少确实性，即更带所谓'盖然性'。但战争不是神物，是世间的一种必然运动，因此，孙子的规律'知彼知己，百战不殆'，仍是科学的真理。""知己知彼，百战不殆"是《孙子兵法》军事思想的精华所在。千百年来，"知己知彼，百战不殆"这一具有普遍意义的基本规律给千千万万的军事家们以深刻的启迪。

《孙子兵法》对战争中如何做到"知己知彼"有如下概述："凡军之所欲击，城之所欲攻，人之所欲杀，必先知其守将、左右、谒者、门者、舍人之姓名，令吾间必索知之。"（《孙子兵法·用间篇》）就是说对想攻击的军队和城郭以及拟定杀死的人员，必须先探悉敌方守城的将领和他的左右、传达、守卫兵、勤务兵等的姓名。韩信以自己的军事实践对此进行了深入诠释，每战之前都进行严密侦察，不仅从战役全局出发，做到对敌情、己情了如指掌，甚至将敌方将帅性格、军事谋略、用兵特点都了解得一清二楚。井陉之战，韩信不仅高屋建瓴地把握战场局势，甚至赵军统帅陈余与谋士李左车的军事谋略及其意见分歧也在韩信的掌握之中。安邑之战也是这样，韩信对魏军大将柏直、步兵主将项它、骑兵主将冯敬进行深入了解，对魏军兵力情况及其在临晋关和安邑的军事部署也进行了严密侦察。进一步分析陈仓之战、潍水之战、彭城之战、垓下之战等战例，韩信亦无不如此。

战地地形的利害，与战争胜败关系极为重大。孙子说："知吾卒之可以击，而不知敌之不可击，胜之半也；知敌之可击，而不知吾卒之不可以击，胜之半也；知敌之可击，知吾卒之可以击，而不知地形之不可以战，胜之半也。故知兵者，动而不迷，举而不穷。故曰：知彼知己，胜乃不殆；知地知天，胜乃可全。"（《孙子兵法·地形篇》）地形对于作战的重要性是毋庸置疑的，身为将帅只有在战前进行实地考察，对战局了然于胸，才能驾驭复杂地形，巧于利用。夏阳古渡位于陕西省韩城市芝川镇夏阳村东，安邑之战，韩信从这里东渡黄河，攻占魏都，击败魏王豹，所以人们又把它称为"木罂渡"或"淮阴渡"。夏阳古渡是龙门关到蒲津关之间最好的一个渡口，黄河流出龙门峡谷到达这里，河面开阔，岸低水缓，较易行船，加之这里有二十里平川，利于军队集结，从夏阳渡河是韩信对战场地理环境和黄河水流形势进行详细调查后作出的最合理的选择。

古人说："他山之石，可以攻玉"，意思是用别的山上的石头能够用来琢磨玉器，比喻借助他方的力量可以攻克难关。巧借山岳、河流等外在辅助力量，取得事半功倍的效果，是杰出的军事家稳操胜券、战胜敌人的重要手段之一。井陉之战是韩信在各方面条件都极其恶劣的情况下进行指挥作战的[1]，韩信以数万新募

---

① 姚振文：《楚汉战争中的兵家人物及其兵学实践智慧》，《滨州学院学报》2020年第3期。

之军与二十万赵军劲卒对阵，他活用地形，随敌屈伸，趋利避害，背水列阵，把未经训练的士卒置于不战则死的境地，充分调动士卒的拼命精神，以求死里逃生。此战，韩信长途奔袭、孤军深入，陈余居险守要、以逸待劳。两军在井陉口对阵，韩信独具慧眼，巧妙地利用战场特殊的地形条件，将有限的兵力进行正确的部署和合理的使用，打了一个以劣胜优、以弱胜强的漂亮仗。由此可见，地形条件对作战双方来说都是公平的，如何利用它，关键还是取决于人的智慧。

三、先计后战，谋虑细密

战争是敌对双方综合"力量"的较量，这种"力量"是通过一定数量的兵力、武器装备等部署在一定的空间来体现的。因此，决策者必须在战前做周密的谋划，对战争中可能出现的种种情况做出不同的估计和安排，也就是说，要打有准备之仗。韩信从被拜为大将开始，率汉军战胜攻取，未曾败北，其中一个很重要的原因就在于韩信深谙用兵之道，不打无准备之仗，不打无把握之仗。

先计后战是韩信用兵的基本原则，在韩信指挥的所有战役中，不论是以寡击众，还是以众击寡，均是根据具体情况细密谋虑，先有成熟的计谋，然后再付诸实施，未战即已稳操胜券。安邑之战，魏王豹陈重兵于黄河东岸的蒲坂，封锁黄河渡口临晋关，企图阻止汉军渡河。韩信针对魏军部署，采用声东击西、避实击虚的战术，将大量船只集中在蒲坂对面的临晋，佯作由临晋关渡河，主力却直奔临晋关上游百余里处的夏阳，乘魏军无备，用木柙缚罂缶迅速渡过黄河，直捣魏军后方重镇安邑，打乱了魏部署。魏王豹率军仓促迎战，结果全军覆没。两千多年前，在既无桥梁又无舟楫的情况下，要率大军渡过素有天险之称的黄河绝非易事，而木罂缶取材便利，制作简易，操作灵活，在当时可以说是再理想不过的渡河工具了。韩信以木罂缶渡军，这实在是中外战争史上的一大创造。

将贵智，谋贵奇，自从《孙子兵法》问世以后，权谋制胜的军事思想得以确立。军事上的斗智赛谋具体表现为战争中对奇策妙计的运用，纵观古代战争史上，奇策妙想变幻莫测，应时而发的将领并不是很多，而韩信则是其中翘楚。韩信用兵，最鲜明的特点就是以智取胜，他能够百战百胜，除了各种必要的客观条件外，起关键作用的还是他那天才的军事智慧。在两军对峙的战场上，韩信总是以智慧对敌，以理性谋敌，并根据具体情况运筹胜算，确定战法，慎重行动，没有把握决不贸然用兵，既战则有章有法，处处主动，必获全胜。井陉之战，韩信抓住赵军统帅陈余与谋士李左车出现意见分歧之机，周密谋划，进行决战。韩信奇正并用，背水列阵，拔帜易帜，灵活用兵，出奇制胜，最终以少胜多，大破 20 万赵军，斩杀赵军统帅陈余，生擒赵王歇。当韩信以万人背水立阵时，诸将都迷惑不解，赵军则群起哄笑。然而，这正是韩信的高明之处，背水阵不仅将缺乏训练、军心不固的汉军置于死地，促其死战，而且可以对佯败之军起到缓冲作用，从而避免了因佯败成真败，一败不可收拾的可能。两千骑兵乘虚而入，轻而易举地夺取赵军营垒，起到动摇敌人军心的作用。韩信把兵法上的一般原则与战场上的具体情况结合起来，进行创造性的运用，虑事之周密，用兵之严谨，令人叹为观止。

战争的基本目的就是保存自己、消灭敌人。楚汉战争中，韩信常常以劣势兵力面对强大的敌人，敌人在兵力、物力或天时、地利等方面占有明显优势，在这样的情况下不被敌人消灭就算不错了，要想战胜强敌，谈何容易！在劣势情况下运用智慧战胜敌人正是韩信的高明之处。韩信是一位足智多谋，满腹韬略的军事家，面对强大的敌人，韩信总是敢于决策、敢于行动。韩信每每以弱胜强，大放异彩，其取胜的秘诀就是在战前进行严密侦察，周密谋划，创造条件，伺机出击，不战则已，战则必胜。潍水之战，韩信以数万汉军与二十多万齐楚联军对阵，且参战楚军原为项羽麾下的精锐部队，兵精将勇，战斗力很强，韩信要想取胜绝非易事。然而，韩信在充分利用各种条件的基础上，经过周密的谋划部署，仍然一战取胜，尽定齐地。此战，韩信灵活运用"半渡而击"的作战原则，并创新战法，自出机杼，其引军半渡以邀敌半渡之举，算计之准确，谋划之工巧，令人回味无穷。

四、知时为用，当机立决

善于捕捉战机，对于一个军事家料敌决胜，具有十分重要的意义。诸葛亮在《将苑》中说："夫以愚克智，逆也；以智克愚，顺也；以智克智，机也。其道有三：一曰事，二曰势，三曰情。事机作而不能应，非智也；势机动而不能制，非贤也；情机发而不能行，非勇也。善将者，必因机而立胜。"战场上的形势瞬息万变，胜负的关键就在于决策者能否认识战机，把握时机，当机立断，适时出击，因机而胜。陈仓之战，韩信乘齐地大乱，项羽无暇西顾，率汉军北出陈仓，一举还定三秦。破齐之战，韩信采纳谋士蒯通的建议，乘齐王与汉使讲和，疏于戒备之机，引兵渡河，袭破历下，齐军虽然多于汉军数倍，但因齐、汉两国议和，放松了警惕和戒备，正忙着要撤防东归，突然遭到汉军的意外打击，毫无抵抗能力，即时溃散。韩信轻易地占领了历下，歼灭了齐军主力，占领齐都临淄。

孙武强调："故为兵之事，在于顺详敌之意，并敌一向，千里杀将。"（《孙子兵法·九地篇》）这里包含了两层意思：一层意思是正确地选择进攻时机，即所谓"顺详敌之意"，就是因势利导地抓住敌人的意图，一旦有机可乘，就要不失时机地开始行动；另一层意思，那就是要正确地选定主攻方向，即所谓的"并敌一向"，简言之，就是集中兵力打击敌人既是要害而又虚弱的地方。具备了这两条，就达成了作战的突然性。破代之战，韩信利用代、赵联军被太行山隔开，难以互相策应与配合，代国国小兵弱，又无名将，代相夏说孤立地驻守于邬县之机，出其不意地直取邬县，韩信在赵军来不及接应的情况下以迅雷不及掩耳之势歼灭代军，打开了进击赵军的通道。

　　未战之前先定必胜之计历来是军事家临阵决策的不懈追求。定计决策是一个运筹帷幄、精心谋划的过程，一个高明的统帅并非都是在有百分之百把握的情况下才去决策的，如果都是有百分之百的把握，那么统帅的高明也就无从体现了。当然，在条件尚无百分之百把握的情况下去进行决策要担一定的风险，但倘若耐心地等到万事俱备，那么最佳时机就可能早已不复存在了。汉高祖三年（前 204）十月，韩信与张耳统兵数万越过太行山攻赵。赵王歇和赵军统帅成安君陈余集中 20 万兵力于太行山区的井陉口，占据有利地形，准备与韩信决战。当韩信侦知赵军统帅陈余不用李左车"正面'深沟高垒，坚壁勿与战'，以奇兵从间道断绝汉军粮道"的计策时，便抓住战机，周密谋划，进行决战，20 万赵军顷刻间灰飞烟灭，陈余被杀，赵王歇也成了汉军的俘虏。井陉之战称得上我国古代战争史上的经典之战，也充分反映了韩信善于捕捉战机的军事智慧、敢于胜利的斗争精神和井然不紊的指挥才能。

五、攻其无备，出其不意

　　《孙子兵法·计篇》说："兵者，诡道也。故能而示之不能，用而示之不用，近而示之远，远而示之近。利而诱之，乱而取之，实而备之，强而避之，怒而挠之，卑而骄之，佚而劳之，亲而离之，攻其无备，出其不意。此兵家之胜，不可先传也。"其要义是"攻其无备，出其不意。"也就是说，要在敌人无准备的情况下突施攻击，要在敌人意想不到的情况下采取行动，这也是韩信能够在战场上一次又一次取胜的关键因素之一。

　　历史上的无数战例证明，在敌人意想不到或没有戒备的时间、地点实施奇袭，可以取得巨大的军事效果。它能使对手因缺乏精神、物质准备而心慌意乱，以至于在慌乱中顾此失彼，举措失常，从而一败涂地。"明修栈道，暗渡陈仓"是我国古代战争史上的一个著名战例。汉高祖元年（前 206）八月，韩信借项羽在齐平定叛乱之机，采取明修栈道、暗渡陈仓之计，派樊哙、周勃率军万余大张声势地抢修褒斜栈道，吸引三秦王的注意力，造成欲从褒斜栈道东返争夺关中的假象，诱敌将重兵屯于褒斜栈道道口。自己则亲率主力翻越秦岭，走陈仓道出大散关，直趋陈仓，在章邯意想不到的时间和地点对其实施突袭，章邯仓促应战，结果连战失利，司马欣、董翳相继投降，章邯最终战败自杀。此战，韩信取胜的诀窍就在于出奇制胜，从敌人意想不到的路线进军，从敌人意外的地点攻击，收到了几乎是传檄而定三秦的效果，这也只有像韩信这样的军事天才才能做得到。

　　要达成"攻其不备，出其不意"，至少应做到三点：一是选择适当的时间和地点；二是巧妙地隐蔽自己的意图和行动；三是以迅雷不及掩耳的速度和力量发起突然攻击。攻其无备，出其不意，对敌实施突然攻击，要旨就在于集中兵力，攻虚击弱。因为无论是战役上或战斗上的伪装、佯动和欺骗，都是为了迷惑敌人。只有迷惑敌人，才能荫蔽自己，调动敌人，使其错误地变更部署，分散兵力。

唯其如此，才能最终达到攻其无备，出其不意的目的。韩信"明修栈道，暗渡陈仓"，利用出敌意外的进攻时机，出敌判断的主攻方向，成功地创造了我国战争史上由汉中进夺关中的战例。后世许多军事家效法韩信的做法，都未能成功。三国时诸葛亮曾多次由汉中进军关中，皆以失败而告终。相比之下，韩信所以能取得还定三秦的胜利，除了客观上的一些有利条件之外，起主要作用的因素还是韩信高超的用兵艺术。

避实击虚并不是说对敌之实处就不打，而是通过击其虚，孤立震慑其实，使敌人的实向虚转化，然后再实施打击。另外还可采取分敌之法，将敌人各个击灭。要实现避实击虚不能消极等待，作战指挥员只要正确运用谋略，巧妙地调动敌人，便可以造成决战战场上我实敌虚的态势，从而达到以实击虚、胜于易胜的目的。安邑之战是一个为后世称颂的出色战例，为人们诠释了避实击虚的妙谛。此战，韩信采取正面佯攻的策略，当魏军被牵制而集结固守时，韩信悄悄率汉军潜出夏阳，迂回到敌后，乘虚而入，进行决定性的突袭。"临晋设疑，夏阳偷渡"与"明修栈道，暗渡陈仓"有相似之处，都有迷惑敌人、隐蔽进攻的作用。二者的不同之处是：夏阳偷渡，隐蔽的是攻击目标；暗渡陈仓，隐蔽的是攻击路线。

孙子曰："致人而不致于人"（《孙子兵法·虚实篇》），"致"，即招致、引来，可以引申为调动。全句的意思是说，调动敌人而不为敌人所调动。战场上对于主动权的争夺无疑是双方斗智斗勇的焦点，谁掌握了战争的主动权，谁就会取胜。因此，争取主动，避免被动，历来是兵家不懈的追求。毛泽东在《论持久战》一文中剖析韩信破赵之战等战例指出："主观指导的正确与否，影响到优势劣势和主动被动的变化，观于强大之军打败仗、弱小之军打胜仗的历史事实而益信。"他还指出："战争力量的优劣本身，固然是决定主动或被动的客观基础，但还不是主动或被动的现实事物，必待经过斗争，经过主观能力的竞赛，方才出现事实上的主动或被动。在斗争中，经过主观指导的正确或错误，可以化劣势为优势，化被动为主动；也可以化优势为劣势，化主动为被动。"破赵之战就是一种主动进攻的奇妙的大智谋，韩信主动地采取背水列阵、拔帜易帜的战术，这实在是一个厉害到家的陷阱，非大智大勇者不可为。

六、用兵灵活，因敌制胜

《孙子兵法》最早完整地提出了奇正理论，这一谋略原则几千年来一直被兵家视为至圣的妙谛。奇正是针对人们常规思维所形成的定式，用非常规思维方式取胜的一种谋略。奇正理论的精髓是"奇正相生"，即以奇为正，以正为奇，变化无穷，使敌莫测，出奇制胜。能不能活用奇正之术，出奇制胜，是检验军事指挥是否高明的试金石。在两军对阵的战场上，韩信设计定策，或因敌情，或因己情，或因天时地利之情，真可谓见景生情，随机应变，而又能得心应手，左右逢源。井陉之战，韩信利用赵军统帅陈余昏聩愚蠢和轻敌心理，智设计背水阵，故意示敌以破绽，诱其脱离险隘，乘隙袭取赵军大营。完美的战术设计，巧妙的战术配合，终于使赵军完全丧失优势和主动地位，在处处被动中遭到全歼。

孙子曰："凡战者，以正合，以奇胜。故善出奇者，无穷如天地，不竭如江河。"（《孙子兵法·势篇》）战争中的情况是千变万化的，作战对象也是时常改变的，某种战法对此时此地之敌可以出奇制胜，而对彼时彼地之敌则未必能收出奇制胜之效。一种巧妙的战法，第一次使用时可以达到出奇制胜的效果，如果在以后的作战中老是搬用这种战法，不加以改变，就可能事与愿违。要每战都出奇制胜，就必须不断改变自己作战的方法。安邑之战中，韩信根据魏军主力封锁黄河渡口临晋关，其后方安邑则兵力少，守将柏直又不谙兵法的情况，采取示形于东而击之于西的战法，在临晋设疑，牵制魏军主力，而在没有渡船，魏不防备的夏阳偷渡黄河，给魏军以出其不意地打击。潍水之役，面对依托潍水设防的强大的齐楚联军，韩信没有采取破魏时的偷渡法，而是利用楚将龙且的轻敌心理和潍水的地理条件，采取沉沙决水、半渡击敌的战法，引军半渡而击，先佯败而退，以诱敌半渡，导敌就范，尔后决水淹敌，分割歼敌，一气呵成，大败数倍于己的齐楚联军。

战场上的情况瞬息万变，选择作战方向，制定作战方针，以及实施作战计划都必须随敌变化而变化，纸上谈兵、墨守成规、按图索骥，只能被战争的汪洋大海所淹没。孙子特别强调："夫兵形象水，水之形，避高而趋下；兵之形，避实而击虚。水因地而制流，兵因敌而制胜。故兵无常势，水无常形，能因敌变化而取胜者，谓之神。"（《孙子兵法·虚实篇》）韩信娴习前代兵法，但从不盲目照搬。在安邑之战、井陉之战和潍水之战，都遇到了河川，韩信分别采取偷渡、背水阵和水攻三种不同的战法赢得了胜利，三次江河地区作战，三种不同打法，变化多端，异彩纷呈。而同是声东击西的战术，在陈仓之战和安邑之战中就互异其趣。

作战是一场十分复杂的军事行动，天时、地利、敌情，变化莫测，谁能根据战场的具体情况做好充分准备，谁就能掌握战场的主动权，谁就有可能获得胜利。综观韩信所取得的一系列胜利，并不是依靠特殊有利的政治条件、外交条件或强大的军事实力，而是主要依靠自己主观上的正确指导。在韩信指挥的所有战役中，除了陈仓之战、灭代之战和垓下之战外，其他各次战役都是以少胜多、以寡胜众、以劣胜优，创造了一个又一个奇迹。灭魏时的陈船蒲坂，暗渡夏阳；灭赵时的背水布阵，奇袭敌营；灭齐时的因机立胜，出其不意；潍水之战时的沉沙断流，半渡而击；垓下之战时的四面楚歌，十面埋伏等等，不论是以寡击众，还是以众击寡，均是以智取胜。所有这些出神入化的战法，韩信无不根据作战对象的兵力多寡，主将的用兵方略、心理状态、性格特点等，因时、因地、因敌而异，充分显示了军事权谋家因敌变化灵活用兵的特色。

七、知势图强，速战速决

"兵贵胜，不贵久"（《孙子兵法·作战篇》）是《孙子兵法》基本的作战指导思想之一。孙子从军事上、经济上、政治上分析了战争久拖之害，阐明了用兵宜速胜的道理。这一思想，无论是对以往的战争还是现代战争，都有着很大的指导意义。从战争自身特点出发，只有突然袭击才能出敌不意，攻其不备，取得胜利，这也是由"兵之情主速"这一客观规律决定的。韩信指挥的战役都是以主动进攻的形式出现的，秦亡后，诸侯兵罢戏下，项羽本想一心一意去当他的西楚霸王，而刘邦则要东向争权天下，这就使汉军处于主动进攻的地位上。刘邦在彭城会战失败后，自己坚守荥阳、成皋一线，而派韩信率偏师对楚军实施战略包围，韩信仍处于主动进攻的地位。这种主动进攻的地位和当时的战场态势，都要求韩信每战必须迅速取胜。而在这一方面，韩信恰恰表现出异乎寻常的才能。陈仓之战，他仅用了两个月左右的时间。安邑之战，只用了一个多月的时间。破赵之战尤其神速，更是在一个早晨即大破赵军 20 万。

"久则钝兵挫锐"，战争久拖不决，伤亡不断增加，武器装备大量损耗，人力、物力逐渐困难，就会使军队在精神和物质方面受到极大的损伤，这样就容易陷入师老兵疲的被动地位。井陉之战，韩信指挥的军队是得胜之师，锐气正盛，足可以以一当十。韩信所担忧的只是被敌人切断粮道，在山冈小路上无法进军，旷日持久，消磨了军队的锐气，所希望的是与敌人速战速决。赵军以主迎客，贵在持久，如果能采取消磨汉军的锐气，打击其后勤供应，截断其归路的行动方针，就会使汉军处于粮秣不济、归路断绝的境地。这种局面为双方主帅施展其智略和才能，提供了一个大好机会，而在这一成败攸关的重要时刻，韩信超人的智略，为汉军的获胜起到决定性作用。汉军背水布阵、拔帜易帜，灵活巧妙的战术，迅猛快速的行动，一举打乱赵军指挥和部署。此战，韩信"拔赵帜竖汉帜，斩将成功，奇谋胜算，今古莫敌。"①

从战术的实施上看，神速出击往往能打敌人一个措手不及，令敌人防不胜防，从而大获全胜。韩信善于连续作战，不给敌以喘息之机。如还定三秦时，韩信在陈仓首战告捷后，即乘胜紧追，使章邯无法退保关中西部的战略要地雍城而败退废丘。《读史方舆纪要·陕西四》曰："(雍城) 居四山之中，五水之会。陇关西阻，益门南扼，当关中之心膂，为长安之右辅……规关中者，此其先资也。"汉军迅速拿下雍城，为以后平定关中奠定了基础。其后，韩信围章邯于孤城废丘之中，遣诸将四出攻城略地，迅速平定三秦。至于破魏、灭代、下赵、定齐等战役，韩信也都是在初战告捷以后，借破竹之势，乘胜追击，从不给对手任何喘息之机，最终大获全胜。

作为一个杰出的军事家，韩信的高明之处不仅体现在每战必胜，更重要的是，韩信每次指挥作战总是以取得完全彻底的胜利作为用兵的终结，从不遗患于将来。在楚汉相争的战场上，韩信向来不以杀戮为能事，但他每次作战必是在将

---

① [清] 韩国瓒：《重修韩庙碑记》，载徐业龙编著：《略不世出——历代名人论韩信》，南京大学出版社 2013 年版。

敌方首要人员或擒或杀并完全巩固地占领敌人的领土以后方才收兵，这一点令我国古代许多军事家不能望其项背，这也恰与其同时代的大军事家项羽形成鲜明的对照。项羽在战场上多次击败刘邦，但他始终没有在取得胜利后乘胜追击擒杀刘邦，留下无穷后患，并终致身死国灭。在韩信辉煌的战绩面前，秦末战乱中百战成名的英雄豪杰：章邯、司马欣、董翳、魏豹、夏悦、陈余、赵歇、田广、龙且、周兰、项羽……一个个倒下了，正是由于韩信在战场上消灭了一个又一个强大的对手，弱小的刘邦才终于在韩信的背后站了起来。事实上，刘邦能够一有天下，大抵皆韩信之功。

八、上兵伐谋，兵不血刃

孙子强调："百战百胜，非善之善者也；不战而屈人之兵，善之善者也。"（《孙子兵法·谋攻篇》）运用智慧不战而屈人之兵是《孙子兵法》的核心思想，究其实质，就是以军事实力为后盾，通过"伐谋""伐交"等一系列非军事手段来达到胜利的目的。这种全胜战略思想，成为后世用兵者孜孜以求的理想境界。韩信既重视奇谋诡诈的军事手段的运用，也重视"伐谋""伐交"的政治智慧的运用，他把政治斗争、外交斗争和军事斗争融为一体，这对古代军事家来说是难能可贵的。

"不战而屈人之兵"就是要在心理上或是计谋上胜过敌方，从而避免交战，取得战争的胜利，这样的战争才是高妙的战争，而这种取胜的方式，是兵法所谓"善之善者"，高招中的高招。韩信兵不血刃下燕就是运用智慧不战而屈人之兵的范例。汉王三年（前204）十月，韩信以背水阵大破赵军，迅速平定赵地，燕、齐成为他要依次打击的两个目标。当时的情况正如李左车所分析的那样，韩信虽然连战皆捷，名闻海内，威震天下，但其所部汉军，由于长期征战，已经疲惫不堪，实难再用。如果强攻燕国，势必钝兵挫锐于坚城之下，旷日持久，屈力殚货，使齐国乘敝于后。只要燕、齐不下，韩信对项羽实施战略包围的计划便不能实现，而楚汉间之胜负也就难见分晓。所以，如何迫使燕国屈服，确是当时既费筹划而又至关重要的一环。为此，韩信毅然采纳李左车"先声而后实"的策略，不费一兵一卒，使燕国望风而靡。

《太公·六韬·军势》说："争胜于白刃之前者，非良将也。"攻期于无战，战期于无杀，不战不杀，却能使敌人不得不自甘屈服，实为军事斗争的无上妙谛。但这种十全十美的胜利不可能毫不费力，唾手可得，它必须通过高妙的运筹和艰苦的斗争才能得来。在战前作好军事斗争准备的同时，还必须运用伐谋、伐交等手段，同敌人进行曲折的较量。这样一来，即使战争爆发，敌人刀已临颈，智不及谋，勇不及斗，动弹不得，只有低头认输，自甘屈服。韩信兵不血刃下燕确系由心计功力伐谋伐交换来的：一是通过显示有自己战则必胜的力量，对燕国形成强大的威慑；二是把在战争不可避免时敢于使用力量的决心和意志显示出来，并把这一信息明确地传给燕国。燕国之所以自甘屈服，实出于万不得已。

在攻心夺气不能屈人之兵的情况下，在"伐兵"问题上，韩信总是根据敌我力量的强弱，采取不同打法，灵活机动地战胜敌人，努力以最小的代价换取最大的胜利。事实雄辩地证明，在力量优势、态势有利、主观指导高明的情况下，可以取得损失小而战果大的胜利。垓下之战，汉军数量上占绝对优势，但是，韩信并未因此死板地采用四面围攻的打法，而是针对楚军战斗力很强的特点，以围三阙一、虚留生路的战术，正面佯攻，两翼包抄，将楚军击败，挫其锐气。然后围而困之，入夜，韩信令汉军四面唱起楚歌，楚军兵少粮尽，加之听到四面楚歌，军心更加涣散，纷纷逃亡。项羽见大势已去，在逃跑途中自刎于乌江。韩信以四面楚歌、十面埋伏的绝唱为自己的军事生涯画上了一个完美的句号。

人类的历史几乎就是一部战争史，在中国上下五千年伟大、纷繁而浩瀚的历史中，英才辈出，名将如云，韩信则是其中一位极富传奇色彩的伟大人物。韩信熟谙兵法，自言用兵多多益善，民间也有"韩信用兵，愈少愈精"的俗语流传。韩信不仅继承了前代诸家兵法，还对这些兵法有所创新和发展。其出神入化的指挥艺术和博大精深的军事谋略，丰富和发展了我国古代军事科学，给古代军事思想宝库增添了新的瑰宝，在中国乃至世界军事史上都是一份十分珍贵的遗产。明代学者茅坤《史记钞》对韩信的用兵艺术有如下精辟的论断："予览观古兵家流，当以韩信为最，破魏以木罂，破赵以立汉赤帜，破齐以囊沙，彼皆从天而下，而未尝与敌人血战者。予故曰：古今来，太史公，文仙也；李白，诗仙也；屈原，辞赋仙也；刘阮，酒仙也；而韩信，兵仙也，然哉！"两千多年来，韩信杰出的军事成就一直受到人们的推崇，他所创造的一系列经典战例受到后人的无限追忆。古今中外许多学者研究韩信，从他的作战实践中学习他的军事艺术，探讨战争的指导规律，吸收有益的借鉴。《百战奇略》一书将韩信"临晋设疑，夏阳偷渡"、"木罂渡军"和"沉沙决水，半渡而击"等战法作为"远战"和"水战"的法则写入该书。大约在明末清初成书的《三十六计》则将"暗渡陈仓"作为经典战法列为"三十六计"之一，让人们学习、效仿。

古吴国疆域变迁

＊本文作者戈春源，苏州市孙武子研究会副会长，苏州科技大学教授。

　　吴国为太伯所建。太伯是商末西方诸侯周国君主古公的长子，应是周的法定继承人，但古公想把诸侯之位传给能干的三子季历。太伯为避让侯位与大弟仲雍奔避至吴地，归附他的有千余家，被奉为君长，自号"勾吴"。太伯至吴的落脚点，有诸多说法。一说在今镇江地区。因这里所出西周青铜器较多，集中反映了周文化的特点。一说在湖州，因《吴越春秋》在《吴太伯传》中记载，太伯、仲雍两人托名为其父采药而至"衡山"，"遂之荆蛮。"衡山即今湖州之南。[①] 而多数人仍主张在今无锡梅村，这在《史记》正义中有确切的记载，历代史书与方志也都采用这一说法。这几处的共同特点是其国在东海之滨的太湖地区。其都城，在无锡东、苏州西部，主城"周三里二百步"，外郭"三百余里，在西北隅……人民皆耕田其中。"[②]

　　吴的疆域，随时代的发展，而逐步扩大。

一、商末至春秋早期疆土

　　在西周时，就合并了"奄"，其地在今常州市区东南20里许。奄原住山东曲阜一带，西周初年，周公东征，姬姓建鲁国，奄人大部分被迫南下，迁至今常州。至西周末为吴所兼并。《越绝书·外传记·吴地传》载："毗陵县南城，故古淹君地也。东南大冢，淹君子女冢也。吴所葬。"[③] 毗陵，即今常州。这句话说明在兼并的过程中，吴人仍给予奄一定的礼遇，故为之设墓以致祭。

　　西周前期，周王朝封吴国第五代君主章为"吴伯"，又封章的少子赟于今阳山，封周章之弟虞仲于夏墟（今山西平陆东北）称虞侯。周章的后裔矢，曾任周王室"乍册"之官，随周王"戍冀伐楚"。为了加强姬姓在江南的军力，改封矢于宜，称宜侯矢。宜在今镇江市丹徒区。宜侯矢死后即葬于此地。由于"宜"与"吴"为同姓诸侯国，在吴逐步强大后，属于吴。至春秋时这里演称吴国的朱方。

---

　　① 见《左传·襄公三年》杜预注："衡山，在吴兴乌程县南。"上海人民出版社1977年版，第805页。

　　② 赵晔：《吴越春秋》卷一《吴太伯传》，江苏人民出版社1986年版，第3—4页。

　　③ 袁康、吴平：《越绝书》卷第二《越绝外传记吴地传》，上海古籍出版社1985年版，第15页。

约在西周末年，吴国已扩至今扬州一带。当时今江苏地区普遍存在属东夷的干族，其一部分在太湖东北岸即今苏州新区与昆山，而干的重地却在扬州。西周末，吴国的力量大增，由江南伸向江北，与干国发生长期而残酷的斗争。据说干国连小孩都参加了抵抗的战斗。"昔者吴、干战，未龀不得入军门。国子摘其齿，遂入，为干国多。"① 然终为吴国所占领，在此建邗邑。因而，吴人袭其号，称干吴。春秋时，从寿梦至夫差，也都兼有邗王的名号。吴国的领土扩展至长江以北、淮河以南的江淮地区。

春秋前中期，吴国的势力已到达淮河以北，与五霸之首的齐桓公发生冲突，吴联合楚、越，讨伐齐国，一直打到谷地（今山东东阿县），齐桓公带领兵车千乘，会诸侯于境，吴军才逃退。② 吴军与越军这时还攻打位于今泗县的徐国，与徐关系密切的强大齐国救之，结果把吴越联军打败，齐国对吴国采取了严厉的措施，而"分吴半"。③ 割去吴的一半土地。这一半土地，是指整个吴国的一半还是吴北部的一半呢？现已不得而知。但这时吴国仍有相当实力。时齐桓公称霸天下，尊王攘夷，诸侯国大多前来朝见，但"四夷不服""吴越不朝"。④

吴国的西部边疆，已扩至今皖东巢湖。《左传》"宣公八年"（前 601）："夏，楚为众舒叛故，伐舒蓼灭之。楚子疆之，及滑汭，盟吴、越而还。"⑤ 当时吴、越两国都是楚的属国。"滑汭"是订盟之地，也应在边界之处。滑汭，滑水隈曲处，据《汇纂》，在江南庐州府东境，"则当在今合肥市庐江县之东，而在巢县、无为之间。"⑥ 但更在东边的棠，一直被楚国所占。

这时，西南边境或吴的影响已扩至今皖南与江西的中北部。今江西中部樟树出土有春秋前期十多件青铜钟，铸有"工歔王"等铭文。"工歔"的合音即"吴"，而吴国诸侯早在第十世周繇时代已称吴王。可见这时吴国的疆域或势力已达江西中北部。

至于吴国南部与越的疆界，早期似没有明文的划分。从太伯仲雍至湖州衡山等地活动，到百丈山采药⑦的记载，可见其界应在太湖南岸。其分界应依自然山川划分，吴占太湖流域，越大致在今钱江两岸。

二、寿梦至吴王僚时期

吴自十九世寿梦继位后，改变了依附于楚的策略，采取联晋抗楚，疆界有所

---

① 《管子》卷十六《小问》，《诸子集成本》第五册，中华书局 2006 年版，第 278 页。
② 见《管子》十八《大匡》，诸子集成本第五册，中华书局 2006 年版，第 101 页。
③ 《管子》二十《小匡》，诸子集成本第五册，中华书局 2006 年版，第 126 页。
④ 《管子》二三《轻重甲》，诸子集成本第五册，中华书局 2006 年版，第 395 页。
⑤ 杨伯峻：《春秋左传注·宣公八年》，中华书局 1981 年版，第 696 页。
⑥ 同上。
⑦ 吴文化研究促进会：《勾吴史集·山丘》，江苏古籍出版社 1998 年版，第 199 页。

改变。寿梦二年（前584），吴军北上，"讨伐"郯国。《左传》"成公七年"："七年春，吴伐郯，郯成。"① 这次攻郯，有人以为是吴"欲启通晋之道"。吴伐郯之举引起邻国鲁国的恐慌。郯，在今山东郯城县，与江苏新沂相邻。当时吴派大夫赴晋，要求与晋等中原诸国修好。寿梦十八年（前568），晋派鲁国孟献子，卫国孙文子与吴国会谈，定下盟会的时地。这次会谈的地点是在善道（也称善稻，在今江苏盱眙县北）。寿梦二十三年（前563）中原诸国晋、宋、鲁等诸侯会寿梦于相，相就是今江苏邳县北加口镇）。可见，当时吴国的北界，在今苏鲁的交界处。

吴国西北方，已至徐（今安徽泗县西北）、州来（今安徽凤台）一线。与伐郯同年，吴军伐楚，伐徐，伐州来，使楚国子重奔命。但州来后又被楚国重新占领。再被吴占，后封给寿梦幼子季札。

僚二年（前525），吴军深入到楚国的淮北地区，占领了棘（今河南永城县南）、栎（今河南新蔡县北）、麻（今安徽砀山县东北）。②

吴的西边应在今江苏、安徽之境。寿梦上台，即与鲁成公相会于钟离（今安徽凤阳）。寿梦十年（前576），吴会晋、齐、鲁等国大夫于钟离。一般来讲，会谈的地点应在边界之上，钟离在今凤阳县东，此地当为吴的西境。

接着，吴军把矛头指向楚国的巢、驾，包围了厘、虺。巢，吴、楚相争之地，其地望已如前述；驾，厘在今安徽无为县境内，虺（今安徽庐江县）。③ 寿梦十六年（前570）楚共王命令令尹子重选练军吏、士卒讨伐吴国，克鸠兹（今安徽芜湖东南），一直深入衡山（今湖州），但由于吴军中途拦击，楚军大败，吴军取得"驾"地。诸樊元年（前560），吴军主动伐楚，在庸浦（今安徽无为县南），被楚养由基用诱敌深入的办法而打败。次年春，吴向晋报告庸浦之役情况，会晋、齐、鲁、宋、卫等国大夫于向。④ 向，在今安徽怀远西。

诸樊二年（前559），楚的令尹子囊从楚深入楔形根据地棠（今江苏六合）侵犯吴国，吴在皋舟地方拦截，获得大胜，俘楚太子宜谷。诸樊十二年（前549年）吴楚在舒鸠争战，吴军败退。这年冬天，诸樊攻打楚国的巢地，被楚军射死。馀祭八年（前540），楚国占领了吴国的固城（今江苏高淳东）。馀祭十年（前538）楚军并率领蔡、陈、许等军深入吴国腹地朱方，杀掉了逃到这里的齐相庆封。该年冬，吴军再次到楚的淮北地区，重占棘、栎、麻。楚为报复吴"侵"淮北地，而把军队集结于今安徽中部，进攻吴军阵地鹊岸（今安徽无为县南铜陵市北）。⑤

馀祭十二年（前536），吴国援救被楚征伐的徐国，派军队至乾溪（今安徽亳县）一带，攻打楚军，在房钟（今安徽蒙城西南）打败楚军，获楚宫厩尹弃疾。馀眛二年（前529），原在楚任职的常寿过因受楚王之辱而反楚，围住了固城，

① 《左传·成公七年》，杜预注本，上海人民出版社1977年版，第687页。
② 《左传·昭公四年》，杨伯峻注本，中华书局1981年版，第1255页。
③ 见杨伯峻：《春秋左传注》，中华书局1981年版，第904页。
④ 杨伯峻：《春秋左传·襄公十四年注》，中华书局1981年版，第1004页。
⑤ 杨伯峻：《春秋左传·昭公五年注》，中华书局1981年版，第1271页。

"克息舟，城而居之。"① 在楚军不利的回撤途中，吴军在豫章伏击楚军，俘楚荡侯等五位将军。豫章，其地在今安徽霍丘、六安、霍山之间，说明吴楚之战的界线已西移。十月，吴军拿下了被楚军重占的州来。但似不久，州来又被楚所占。吴王僚二年（前525），吴楚在长岸（今安徽当涂西南西梁山）开战，② 为争夺吴主帅的座船"余皇"而激战。吴王僚六年（前521）有吴军在鸿口（今河南虞城县），被宋齐联军打败的记载。吴王僚八年（前519），吴军夺取得而复失的州来（今凤台），双方在钟离（今凤阳县）相持。那年七月，吴军利用楚方矛盾在鸡父（今河南固始县南）打败楚军。次年（前518），吴楚两国边界为争桑而引起边邑斗争后，吴国夺取了居巢与钟离两城。但南北界变动较小。

这一时期，吴国的疆域显然在扩大，吴占有今安徽的大部地区，战线已推进到安徽西北与河南南部。

三、阖闾至夫差时期

周敬王六年（前514）吴王阖闾上台。三年（前512），经充分军事准备的吴国，灭掉了接纳吴逃亡公子的钟吾（今江苏宿迁北）与徐（今安徽泗县北），又"拔舒，杀吴亡将二公子。"③ 舒，在今安徽庐江之西。约这时，吴接收了棠（今六合）。次年，吴军打到楚国的夷（即城父，也叫徐子城，安徽沈丘县东北），进犯楚的潜（安徽霍山县南），六（今安徽六安县北），又进围弦（今河南息县）。阖闾七年（前508），吴军大败楚于巢，俘虏了楚公子繁，并击败豫章的楚军，吴的西部疆域扩大至今合肥西部，并完全控制了居巢（今安徽巢县东北）。这里成为阖闾九年讨伐楚国的出发地。可见吴的西边疆域已有大的扩展。至夫差时，这一区越较稳定。但西南一角已延伸到江西中部。所谓吴国"左洞庭，右彭蠡，后滨长江，南至豫章，水戒险阻之国也。"④ 江西中部的方志也认为春秋时属吴。夫差之子庆忌见吴国朝政日非，便向夫差谏议改革内政，被吴王夫差所否定。庆忌便退避至艾地。⑤ 这个艾地，在今江西修水县西百里龙岗坪，很可能是庆忌的封邑。

此时北部的边界，似变化不大。夫差八年（前488），吴国扶邾伐鲁，战争的第一站就是武城（今山东费县西南），说明北部边界应离武城不远。其南部边界与越相接处御儿，⑥ 就是今浙江省的嘉兴南。但吴军在寿梦前就与越作战。到过今杭州市萧山区，时吴军占有优势，在馀祭四年（前544）。"吴人伐越，获俘焉。"⑦ 阖闾五年（前510），因越国"不从伐楚"，而讨伐越国，这些战争似都在越境。

① 《左传·昭公十三年》，杜预注本，上海人民出版社1977年版，第1366页。
② 杨伯峻：《春秋左传·昭公十七年注》，中华书局1977年版，第1392页。
③ 司马迁：《史记·吴太伯世家》，中华书局1959年版，第1463页。
④ 张华：《博物志》卷一，中华书局1980年版，第9页。
⑤ 《左传·哀公二十年》，杨伯峻注本，中华书局1981年版，第1715页。
⑥ 《国语·越语上》，上海书店1987年版，第230页。
⑦ 《左传·襄公二十九年》，见《春秋左传正义》，北京大学出版社1999年版，第1092页。

有史可查，吴越大规模的决战，共有三次。第一次，阖闾十九年（前496）吴乘越王无余死之机，而伐越，新越王勾践"御之，陈于槜李。"① 杜预注《春秋左传》认为是今嘉兴南，醉李城；② 陆广微《吴地记》认为在嘉兴城北三十里，"有槜李地，是吴越战敌处。"③ 这次吴军大败，阖闾因伤趾而死于离槜李附近的陉。槜李，是吴越交战之地，也是疆界划分之地。

越在西边的界域据点是"姑蔑"，即今浙江龙游，这里也应是吴越南边偏西的疆界。

在整个阖闾时代，吴国南界，即越国的北疆，稳定在今海宁、嘉兴至莫干山，湖州之南一线。吴在这里建筑众多堡垒以防越。如杭州的吴山"春秋时为吴东南界，故名。"④

崇德县西边三里的何城、东南三十一里的萱城、东北二十里的晏城、南境的管城，"四城相传皆春秋时吴所筑以御越者。"⑤ 秀水县（今嘉兴）有"练浦塘，在府南二十五里，……相传春秋时吴王练兵处也。"⑥ 崇德县"石门塘""春秋时吴拒越垒石为门，即此处也。"⑦ 再西，至湖州铜山，一名铜岘山，是吴采铜的地方。莫干山在湖州"西南百五十里，上有铸剑池，旁有磨石，相传吴王铸剑处，亦曰莫邪山。"⑧ 湖州长兴县，在县西戍山下有吴王城"夫差使弟夫概城于吴西，城狭而长，谓之长城。"⑨ 在县东北旁临太湖，是吴王屯戍之地，筑三城三坼⑩。"吴城与斯坼连，彭城与石坼连，丘城与芦坼连，步骑列于三城，水军列于三坼。"可见今嘉兴大部与湖州，都属于吴国。在吴越第二次决战，使越降服后，吴国的疆土达钱塘江北岸，但不几年，在夫差的许可下，又恢复原界。

纵观吴国的疆域，是逐步扩大的，由偏于海边的小国，扩展成五霸之一的大国。春秋晚她东临海，南在今嘉兴，湖州一线，西南至皖南、江西中北部。西部接今河南，几占今安徽全境。北部为今江苏山东交界处。

————————

① 《左传·定公十四年》，杨伯峻注本，中华书局1981年版，第1595页。
② 杜预：《春秋左传集解》，上海古籍出版社1978年版，第1644页。
③ 陆广微：《吴地记》，江苏古籍出版社1986年版，第46页。
④ 顾祖禹：《读史方舆纪要》卷九十《杭州府》，中华书局2005年版，第4124页。
⑤ 顾祖禹：《读史方舆纪要》卷九一，中华书局2005年版，第4173页。
⑥ 同上，第4170页。
⑦ 同上，第4174页。
⑧ 同上，第4186页。
⑨ 同上，第4191页。
⑩ 同上，第4191页。

古吴国交通研究

* 本文作者洪鸣，苏州科技大学教授；姜建国，苏州科技大学副教授。

从商末至春秋的古吴国，面积逐步扩大，国内交通有所发展，与周边国家楚、越、宋、齐、鲁交往也得到进一步加强。

一、水上航线

吴国偏于东南沿海，号称水乡泽国，水上航线就显得十分重要。

（一）利用自然河流的航线

吴都通向江海的自然河流，古有三江。三江历来有多说，在今江浙的三江，据颜师古《汉书》注，即北江、中江、南江。① 北江即今长江下游主流，中江即溧水，南江就是今天的吴淞江。亦有人认为，太湖东注曰松江，下七十里有水口分流东北入海为娄江，东南入海为东江，吴淞江为中江。（虞仲初《阳都赋》注）或言浙江（钱塘江）、浦阳、吴淞江为三江。浙江与浦阳并非与太湖相连，由此可见，松江为太湖水入江海的重要通道。古人由三江进入长江，再溯江西上，到西边吴楚交界处活动。公元前601年，吴与楚、越一起在滑汭订立同盟协议，疑就在这一带。吴楚在春秋后期，于长江沿岸经常发生战争。双方对"巢"的争夺，吴军似亦通过长江进入。寿梦十二年（前574）吴军伐巢（今巢湖市），还包围了楚国的厘（今无为县）、虺（今庐江）。诸樊十二年（前549）"楚子为舟师以伐吴。"② 似亦沿长江而下。结果，楚大胜。次年，吴为报楚水军侵吴的怨仇，吴军再次进击楚军于巢邑。"诸樊战死。"这次战争亦应是长江进入巢湖。

另一条通向楚国的自然水道是淮河。这是吴国进伐楚国北面边邑以及徐、宋等中小国家的通道。寿梦二年（前584），逐步强大起来的吴国在伐巢的同时伐徐（今泗洪），进入楚国的州来（今安徽凤台），使楚国重臣子重、子反疲于奔命。后吴得州来而复失，吴楚间在此多次拉锯。馀眛十五年（前529）"晋侯会吴子于良。"③ 良在今邳州东南，吴都至良须经淮河，转泗水，再入沂水。不容否认，吴

---

① 颜师古：《汉书·地理志注》，中华书局1962年版，第1528页。

② 《左传·襄公二十四年》，北京大学出版社1999年版，第1005页。

③ 《左传·昭公十三年》，杨伯峻注本，中华书局1981年版，第1353页。

人在淮北的这些政治军事活动，是由三江进入今黄海的近海，再转道淮河而形成的。最明显的是阖闾九年（前506），吴国联合唐、蔡，"讨伐"楚国，"吴（军）乘舟从淮来，过蔡而舍之。"① 也就是吴军在淮水乘船到蔡（今安徽凤台）便舍舟登陆，在豫章（今安徽西北部）与楚作战，直至汉水。这次，吴国大胜，几灭楚国。

公元前478年，越灭吴之战，勾践正面攻击吴都外，越还派一支军队，由范蠡带队，在淮河沿线布防，以阻断夫差的退路。范蠡、舌庸之军是"沿海溯淮"，② 也是走的这条线路。当然，这些自然河流中一些河段、河岸亦有可能做了人工改造。如三江，传大禹时已经经过治理，所以有"三江既入，震泽底定"③ 之语。

（二）人工运河航线

有记载的吴国第一条运河是商末太伯所开，西起今天运河无锡段清明桥，东接苏、锡间蠡湖，全长40余公里。"太伯渎，去州东五里，贯景云、太伯、梅里，垂庆四乡。西枕官河（运河），东通蠡湖，入平江界。"④ 这是元《无锡县志》的记载。有人认为，它的源头应在今羊腰湾，当比今太伯渎要长一些。此河唐元和间孟简重开，也有称"孟渎"的，但民间仍称太伯渎不废，因"民德太伯，故名其渎，以示不忘。"⑤ 此水沟通了今苏西与锡东之间的交通，使人民取得灌溉航行之利，又可防旱涝之害。

在春秋后期阖闾、夫差时代，开筑了多条运河。一条为伍子胥所开凿。从今苏州胥门出发，通太湖称胥江，到荆溪，直至皖南。中间经过溧阳与高淳间的地势较高，必须设堰以通航，因有五堰，称五堰河，又称中河。再西通固城、石臼等湖，连接青弋江、水阳江流域，称胥溪。吴楚间在中、南段边界战争中，此河是吴运兵、运粮的通道。公元前504年，吴太子终累以舟师败楚军，或恐由此道出。公元前480年，"楚子西、子期伐吴，及桐汭。"⑥ 桐汭即今桐水，源出于广德县，折西北流经郎溪县南……注入丹阳湖。楚军应通过胥溪上源而来。总之，这是太湖通向长江重要水道，是"苏常水利之一大关锁。"⑦

伍子胥所开另一条运河称胥浦。这条运河自长泖出发，全长数十百里。"周敬王二十五年，吴行人伍员凿河自长泖接界泾，而后尽纳惠高、彭巷、处士、沥渎诸水，后人颂其功，名曰胥浦。"⑧ 界泾，今上海青浦有界泾港，该水道通过淀

---

① 杜预：《春秋左传集解》，上海古籍出版社1978年版，第1631页。
② 《国语·吴语》，上海古籍出版社1998年版，第219页。
③ 《尚书·禹贡》，《十三经注疏》本，中华书局1980年版，第148页。
④ 王仁辅：《无锡县志》卷二，中国社会出版社2005年版，第71页。
⑤ 同上。
⑥ 杨伯峻：《春秋左传注》，中华书局1980年版，第1690页。
⑦ 金友理：《太湖备考》卷一，江苏古籍出版社1998年版，第38页。
⑧ 乾隆《吴县志》卷十六，藏苏州图书馆。

山湖、泖湖，至金山、嘉善间出海，是夫差初年吴用兵于越的通道。与此河相类的有百尺渎，在今海宁境，吴军用来运粮，是沟通钱塘江与吴都的通道。后越军征吴，或由此河道入境。

吴国为向北发展，与齐、晋争霸，开凿了北上的运河。"吴古故水道，出平门，上郭池，入渎，出巢湖，上历地，过梅亭，入杨湖，出渔浦，入大江，奏广陵。"① 此河从吴大都平门开始，通过外郭护城河到巢湖（在苏锡交界处，又称漕湖），经梅亭（今梅村）、杨湖（今作阳湖），由江阴渔浦（今利港）过大江，赴广陵（今扬州）。在公元前 495 年，开挖了一条从望亭出发，经无锡、常州城区，"抵奔牛镇达于孟河，行百七十里"的河道。② 这两条运河与今大运河有多点重合，如望亭、杨湖、奔牛等，很可能是今大运河苏锡常段的前身。

吴王夫差力主向北发展，在广陵开辟了一条通向北方的邗沟。公元前 486 年，"吴城邗，沟通江、淮。"③ 这是自今扬州市的长江北岸起，直至今淮安市淮水南岸的河道，邗沟又称韩江、邗江、邗溟沟，经射阳湖，全长 200 余里。过了四年，即公元前 482 年，吴国又为北上争霸"阙为深沟，通于商、鲁之间，北属之沂，西属之济。"④ 这是邗沟的延长线，可通沂水与济水，达到宋国与鲁国，到黄池与晋争霸。邗沟及其延长线，不仅沟通了长江与淮水，而且一直伸向北方，加强了吴国与北方诸国的政治、经济、文化的联系。

吴国为了加强都城建设，在城内开辟了多条水道，对今后苏州城内"五纵四横"的水系打下基础。据今所知，吴春秋时，在城内的河流有两条：一条"从阊门到娄门，九里七十二步"，一条"平门到蛇门，十里七十五步。"⑤ 这两条是水陆并行之道。当时水道宽二十八步，陆道宽三十三步。并广开水门，使城内外水系相通，形成网络。

（三）海上航线

春秋末，吴国已开辟了海上航线，此航线应从三江，尤其是吴淞江出海至山东半岛登陆。公元前 485 年吴大夫"徐承帅舟师将自海入齐，齐人败之，吴师乃还。"⑥ 这是我国有海军的第一次记载。这条海路，具体状况已不得而知，很可能从三江或百尺渎出海，其登陆口，可能是琅玡。

二、陆上交通

吴国通向北方陆线有多条。一条从吴都出发，向西北的所谓古故陆道，"出

① 袁康、吴平：《越绝书》卷第二，上海古籍出版社 1985 年版，第 10 页。
② 束方昆：《江苏航行史》第一章引《通志》，人民交通出版社 1989 年版，第 6 页。
③ 杨伯峻：《春秋左传注·公九年》，中华书局 1980 年版，第 1652 页。
④ 《国语》卷十九，《吴越》，上海书店 1987 年版，第 219 页。
⑤ 袁康、吴平：《越绝书》卷第二，上海古籍出版社 1985 年版，第 10 页。
⑥ 《左传·哀公十年》，杨伯峻注本，中华书局 1981 年版，第 1656 页。

胥明，奏出土山，度灌邑，奏高颈，过犹山，奏太湖；随北顾以西，渡阳下溪，过历山阳，龙尾西大决，通安湖。"① 这条道路的走向，至今仍可知大概。胥明，即今苏州胥门。土山，今有狮山、何山等多座小丘。高颈，今作高景，山名。犹山，今阳山之一部。阳下溪，在今无锡西，称"洋溪"。历山，又称舜柯山，在今无锡惠山西。龙尾，即龙山山脉的末尾。安湖，今锡常之间，已湮。元时尚存"安上"乡、"富安"乡的地名，今还存"东安庄""安桥"之名。那时的"陆"道，乃是以"陆"为主的水陆之道，以两岸作路，中间夹水，故通溪湖。

吴国北界通向齐、晋、宋、鲁之路，有"郯"道。寿梦二年（前584），吴征讨北方的郯国（今山东郯城），引起鲁国的惊慌。吴的目的之一是"伐郯之役，盖欲启通晋之道，与上国盟会，非欲侵犯中原也。"② 其后，晋联合齐、鲁、邾等国伐郯，似亦为了"通吴"。

陈东道，在陈国之东，是齐通向蔡国的南北通道，是齐桓公伐蔡的重要路线。后吴王夫差，在黄池与晋争霸后南撤，似亦经过此线。吴军先撤至鲁国，向鲁乞粮，再攻打宋都"以焚其北郛焉而过之。"③ 作为示威；为避开越军，再经东道而回。

莒道。寿梦二年（前584），为联合抗楚，晋派大夫巫臣带兵车30辆到吴，教吴车战阵法。巫臣这次来吴，是"假道于莒"④。莒，春秋小国。今有莒县，在山东诸城、沂水之间。莒已与吴相接。至于何地入吴？很有可能是在柤（今邳州加口镇），这里是吴与北方诸国盟会的地方。

访北道。这是季札北上路线。吴王馀祭四年（前544），吴季札奉命到北方进行外交活动。由吴国的北方据点善道（今盱眙）出发到徐（今泗洪）受徐君的接待。然后到鲁（今山东曲阜），卫（今河南东部地），再到齐（今山东临淄），到郑、晋诸国。⑤

征鲁道，吴王夫差九年（前487），吴因鲁国侵邾而征鲁。应从今淮安、泗洪一带出发进入鲁国的武城，再进至东阳（以上两地均在今费县西南），然后占领五梧、蚕室（两地在今山东平邑西），再到泗上（今山东泗水县）。这条由原鲁国大夫后奔吴的公山不狃带队的征鲁之线，应是吴鲁之间交通要道。

吴国西边的陆上通楚交通可分南北两线。北边，从今安徽中北部延至河南南部。寿梦二年（前484），吴军就伐徐（今江苏泗洪）伐巢（今安徽巢湖市东北部），进入州来（今安徽凤台）。后州来又被楚重占。馀祭十年（前538）冬，吴军与楚开战，占领了楚国的棘（今河南永城县南）、栎（河南新蔡县北）、麻（今安徽砀山），迫使楚派然丹前去，加强了对州来的防御。吴楚两国相争之地在豫

① 袁康、吴平：《越绝书》卷第二，上海古籍出版社1985年版，第10页。
② 童书业：《春秋左传研究》，上海人民出版社1980年版，第79页。
③ 《国语·吴语》，上海书店1987年版，第222页。
④ 《左传·成公八年》，见《春秋左传正义》，北京大学出版社1999年版，第743页。
⑤ 《左传·襄公二十九年》，杨伯峻注本，中华书局1980年版，第1161—1167页。

章（今安徽中部霍丘、六安、霍山之间），吴国在馀眛二年（前529）于此地大败楚军俘楚将五人，[①] 又乘机拿下被楚重占的州来。吴王僚十二年（前515）吴楚相战于穷（今安徽霍丘西南）。吴王阖闾七年（前508），吴楚间进行了第二次豫章之战，吴军大胜，完全取得巢地，俘获楚公子繁。阖闾四年（前511），吴军进攻楚国，打到楚国的夷（即城父，也叫徐子城），进犯潜（在今霍山县南）、六（今六安县北）。说明阖闾时代，战场已移至今安徽中西部，这里也是通楚之地。

　　阖闾九年（前506），吴国在充分准备的基础上，以大力和善跑的士兵3500人为前锋进攻楚国。吴兵乘淮水到蔡地，然后舍舟登陆，进入楚境，从今小别山（今河南光山县北）到大别山（在今鄂豫皖三省间，主峰在今罗田）三战皆？僵，而后才有取得柏举之战的胜利，进入郢都之事。

　　上述地方是双方争夺的所谓"争地"，也是交通重地。从战争的轨迹看，吴楚之间的北途在今安徽中北部与河南中南部。其激战的巢与豫章都在这一带。通楚的北途中重要的一条是从今砀山、永城至凤台，再深入至今光山一带。尤其是当时被称作州来的凤台在春秋后期，吴楚两国呈反复争夺状态，是交通枢点。

　　吴楚南边的交通，主要在长江南岸。寿梦十六年（前570年），楚国征吴，克鸠兹（在今安徽芜湖东南），一直打到衡山（在今湖州市南或说在当涂东北）。诸樊元年（前560），吴乘楚共王死进攻楚国。楚养由基、子庚用诱敌深入的办法，在庸浦（今无为县南）大败吴军，俘吴公子党。馀祭十一年（前537），吴国抵御楚、蔡、许、陈等联军于鹊岸，取得胜利。鹊岸在今铜陵市北与无为县南的长江沿岸。馀眛元年（前530）在楚的越国大夫叛楚，占领了楚的固城与附近的息舟。可见今苏南固城曾被楚所据。吴王僚二年（前525）吴王率水师"伐"楚，楚在长岸（今当涂西南西梁山）与吴开战，获吴主帅座舰"余皇"。后吴公子光又把"余皇"夺回。吴伸向楚在南部的交通线，应经皖南至江西中北部，到达楚国。早在西周末春秋初吴国的青铜器，如者减钟，已流传至今江西中部，"乾隆二十六年（1761），临江民耕地，得古钟十一。"[②] 其钟为吴王者减为其父皮　所铸。临江即今江西省樟树市，说明吴国的疆域已扩至这一带。夫差末年，吴公子庆忌见吴政日非，要求吴王改革朝政，清除内奸，而不为吴王夫差所容，而退至艾地，艾地很可能是他的封邑。艾即今天江西修水县西百里的龙岗坪。这里是通向楚国道路。庆忌回艾后，"遂适楚"，[③] 进行外交活动。

　　吴南边通越的道路，较为清晰。公元前496年，吴越第一次大规模战争发生的地点是槜李，此战吴王阖闾伤足死。槜李在嘉兴县南，是越国北进的起点。第二次大规模战争是经百尺渎或吴松江至太湖水战。称夫椒之战，越王勾践战败投降。公元前482年，越军乘吴军在北方的机会，袭击吴国。越先头部队由畴无余、

　　① 《左传·昭公十三年》，《春秋左传正义》本，北京大学出版社1999年版，第1316页。
　　② 《西清续鉴》甲编第十七卷。
　　③ 参见《左传·襄公三年》，杨伯峻注本，中华书局1981年版，第1716页。

讴阳率领，从御儿（今浙江桐乡西南），经太湖东岸，由越来溪（今存）到泓（今苏州古城区西南横山），先是越前锋受挫，后勾践大部队继进，"遂虏杀（吴）太子，焚姑胥台。"①

吴越之间最后一次大战是灭吴之战。那次，越军由松陵进攻吴都。② 松陵又称笠泽，在吴淞江通太湖处。由于吴国"士皆罢弊"，③ 越军大破吴军。吴再败于"没"地。"没"在今苏州南、吴淞江之北。吴王夫差死于卑犹位（今阳山）。

可见，吴越之间的陆道是从嘉兴、桐乡到吴江，再到苏州。

总之，吴国水乡，以水道为主，陆道往往沿江河而行，这是古吴国交通特色。

① 赵晔：《吴越春秋》卷十《勾践伐吴外传》，江苏古籍出版社 1996 年版，第 135 页。

② 同上，第 142 页。

③ 司马迁：《史记·吴世家》，中华书局 1959 年版，第 1474 页。

阖闾大城位置考

＊本文作者施晓平，江苏省苏州市政协特邀文史研究员，主任记者，苏州市吴中区文联副秘书长，苏州市吴中区文艺交流中心主任，苏州市吴中区政协文史委副主任（兼）。

周敬王六年、阖闾元年（前514），伍子胥奉阖闾之命，"相土尝水，象天法地"①，组织军民在长三角腹地造筑了一座规模宏大的城市，史称"阖闾城"②，又称"吴越城""吴大城"③"姑苏城"④。为区别于伍子胥同时兴筑的"小城"，这座城又被称为"大城"⑤（今一般称为"阖闾大城"，为便于大家阅读，下面除引文保持原文名称外，其他提到这座城的地方均称"阖闾大城"）。

传统认为，阖闾大城就是苏州古城的前身，其位置就在今天的苏州古城区位置之上。然而，最近几十年来，阖闾大城位置说法出现了一些新版本，主要包括无锡常州交界处的阖闾城位置（以下称"锡常阖闾城"，过去只认为这里是阖闾小城）、位于苏州木渎西部的古城位置（以下称"木渎古城"）两种。究竟孰是孰非，试论述如下。

一、锡常阖闾城应该只是普通军事基地

锡常阖闾城遗址位于无锡、常州交界处，分属无锡市滨湖区胡埭镇和常州市武进区雪堰镇。

在现存最早的《无锡县志》（元代纂修）中，这座城池已有记录：

> 阖闾城在州西富安乡，相去四十五里……今按阖闾大城在姑苏，即今之平江是也；小城在州之西北富安乡间埭，其地边湖，其城犹在，至今其处土人有"城里""城外"之称⑥。

可见，锡常阖闾城名称由来已久，并非近现代编造。但按照当时的观点，这

---

① ［东汉］赵晔：《吴越春秋·阖闾内传第四》，江苏古籍出版社1999年版，第31页。

② ［唐］陆广微撰、曹林娣校注：《吴地记》，江苏古籍出版社1986年版，第14页。

③ ［东汉］袁康《越绝书》（钦定四库全书版）卷二第一筒子页前半页提及"吴越城"，后半页提及"吴大城"。

④ ［唐］陆广微撰，曹林娣校注：《吴地记》，江苏古籍出版社1986年版，第114页。

⑤ ［东汉］赵晔：《吴越春秋·阖闾内传第四》，江苏古籍出版社1999年版，第31页。

⑥ ［元］佚名纂修：《无锡县志》（钦定四库全书版）卷三下，第十三筒子页。

座城只是阖闾小城。

而 2014 年 2 月开馆的阖闾城遗址博物馆，通过官网对锡常阖闾城作了这样的介绍：

阖闾城遗址是无锡市极为珍贵的历史文化遗产，是春秋五霸之一阖闾的都城。该城始建于阖闾元年（周敬王六年，公元前 514 年），距今已有 2500 多年。

早在 1956 年，阖闾城遗址就被江苏省政府命名为省级文物保护单位。在 2008 年召开的全国专家论证会上，该遗址被认定为吴王阖闾的都城，被评为"2008 年中国十大考古新发现"之一。2011 年，入选"江苏大遗址"。2013 年 3 月，被国务院命名为第七批全国重点文物保护单位。同年 12 月，入选国家文物局公布阖闾城遗址为国家考古遗址公园立项名录①。

介绍中说这座城是"阖闾的都城"，显然是把锡常阖闾城认定为阖闾大城了。

对于这座城池的结构和规模情况，时供职于江苏省考古所的研究员张敏在《阖闾城遗址的考古调查及其保护设想》中披露：

2007 年初，结合第三次全国文物普查的开展，江苏省考古研究所和无锡市第三次全国文物普查办公室组成联合考古队，对阖闾城遗址进行了为期一年半的考古复查……卫星航片较直观地反映了阖闾城遗址的东、西小城之外有长方形的环壕……通过对卫星航片进行分析，在东西小城之外可能存在阖闾大城……考古勘探的结果确认了阖闾大城的存在，大城东西长约 2100 米，南北宽约 1400 米，面积约 2.94 平方公里，年代与小城相同②。

然而，《阖闾城遗址的考古调查及其保护设想》一文还透露，中国社科院考古研究所对阖闾城采集到的泥炭标本进行的碳十四测年表明，这一城池的年代大致相当于战国中后期到西汉时期，比阖闾时期晚了约 150—400 年。张敏对此认为："可能因为是泥炭而不是木炭的原因所致③。"

但如果我们跳出这座城就是阖闾大城的"先入为主式"判断思维，那就可能认识到，该城并非阖闾时期所建。

另外，文中提及这座"大城"东西长约 2100 米、南北宽约 1400 米。这样判断下来，整座"大城"城墙周长不过 7000 米左右。但是，近一半篇章写于战国时期的《越绝书》记载："吴大城，周四十七里二百一十步二尺"（此句后面记述"南面十里四十二步五尺，西面七里百一十二步三尺，北面八里二百二十六步三尺，东面

---

① 阖闾城遗址博物馆官网"资讯"栏"关于阖闾城"，网址为 http：//museum. hlcruinspark. com/＃/about。

② 张敏：《阖闾城遗址的考古调查及其保护设想》，《江汉考古》2008 年第 4 期。

③ 同上。

十一里七十九步一尺"①），按周朝到东汉时期一尺约等于今天 0.231 米②，一步等于六尺，一里折合三百步③、约等于今天 415.8 米等折算，阖闾大城周长约等于19.734 公里（若按南面、西面、北面、东面四个面相加，实际总长为三十七里一百六十一步，折合约 15.608 公里），锡常阖闾城与之相去甚远，倒是实测长度15.204 公里的现今苏州古城墙周长④与之较为接近。文中提及锡常阖闾城面积仅2.94 平方公里（根据下文，其实面积还不到这个数字），这样的面积也实在配不上"大城"的称号。

正因为如此，许多人并不认可"锡常阖闾城"就是"阖闾大城"的说法。考古爱好者、曾协助无锡鸿山邱承墩吴越贵族大墓发掘工作的无锡人陈万康，就在他的新浪博客里刊发了《"阖闾大城"子虚乌有》系列稿子，其理由主要是：

> 阖闾大城的地图南界河错了……查江苏省无锡市城市地名录（1983.11出版）所附的地图，这条现名武进港的护城河还没挖，由雪堰镇往东还只是断头浜，武进港折向西南由马圩西入太湖。可以确证，阖闾大城的南界河，不是 2500 年前伍子胥挖的，而是 30 年前才开挖的。

> 查中华民国二十六年无锡国土航拍图（藏无锡市锡山区档案馆），界河所在乃是湖水一片。2.94 平方公里的吴大城有三分之一在太湖水面之下。

> 五十岁开外的无锡人都知道始自 1969 年 9 月的围湖造田……那个让人心酸的太湖底怎么变成吴大城呢？

> （2008.10.6 发于武汉大学简帛网）⑤

基于上述记录和论述，笔者认为，锡常阖闾城其实只是一个扼守太湖北侧湖口的普通军事基地而已。

二、木渎古城为已知春秋时期最大城址

苏州木渎古城位于苏州市吴中区木渎镇和胥口镇之间，被灵岩山、天平山、五峰山、穹窿山、香山、清明山（古称"胥山"）、尧峰山、七子山（古称"横山"）等一系列山体包围。2000 年，苏州博物馆考古部通过考古调查，在灵岩山西侧发现了大量的长条形土墩和长方形土墩，总长绵延数千米，并初步判断为一处古代大型遗址。2001 年春对三处长条形土墩进行了试掘解剖，根据土墩结构和

---

① ［东汉］袁康：《越绝书》（钦定四库全书版）卷二，第一筒子页后半页。

② 梁方仲编著：《中国历代户口、田地、田赋统计》，上海人民出版社 1980 年版，第 546 页。

③ ［晋］范宁：《春秋谷梁传注疏》（钦定四库全书荟要版）卷十二，第二十八筒子页前半页，"古者，三百步为里"。

④ 施晓平：《苏州城门城墙那些事》，古吴轩出版社 2015 年版，第 29 页。

⑤ 陈万康：《"阖闾大城"子虚乌有》，网址为 http://blog.sina.com.cn/s/blog_5d2f3e160100bnq7.html。

出土印纹陶片的时代初步推测其为春秋晚期城墙①。

从 2009 年下半年至 2010 年年底，由中国社会科学院考古研究所与苏州市考古研究所共同成立的联合考古队，在木渎、胥口一带山间盆地内进行了一年多的考古发掘工作。2010 年 6 月，经专家组论证确认，苏州木渎古城遗址包括吴中区木渎镇、胥口镇和穹窿山风景区三个乡镇的部分地区，依山临湖而建，呈不规则状，似扇形。遗址南北城墙之间的距离为 6728 米，东西城墙距离为 6820 米，经测算，总面积约 24.79 平方公里，是目前所知的我国春秋时期最大的城址。古城址内已经发现的遗存种类丰富，如城墙、河道、水城门、作坊、墓葬等②。这一考古活动，分别入选国家文物局"2010 年度全国十大考古新发现"和中国社会科学院六项"2010 年中国考古新发现"。

对于这样一考古成果，联合考古队结论下得小心谨慎，认为其性质"应是一座春秋晚期具有都邑性质的城址"③。

然而，也有专家学者认为，苏州木渎古城就是当年的阖闾大城。苏州博物馆原副馆长、考古专家钱公麟就是持这一观点的人之一。

钱公麟在《春秋时代吴大城位置新考》④ 中说，研究阖闾大城主要借助于《吴越春秋》和《越绝书》，其中又推《越绝书》为冠，但编成于汉朝建武二十八年（52）的《越绝书》，说大城周长四十七里多，提供的四边长度相加，实际却只有三十七里多；《越绝书》中关于阖闾大城城门的阐述，都没有确切的位置，两书也没有出现阖闾大城就是当时之"郡城"（即苏州城）的说法……而《吴郡志》说，"香水溪，在吴故宫中"，说明木渎也应是阖闾大城所在地；上方山东北尽头处有作战时堆垒的吴城遗址，居高临下，其东面隔越来溪有越城，如果姑苏城在现在的苏州古城区，吴城就到了敌人的后面，这样的对峙岂不成为笑话？

钱公麟据此认为，苏州城与《越绝书》中反映的阖闾大城不是同一座城；"吴大城之外围应该是呈曲线状的四边形，其东面为七子山西麓……南面为尧峰山、清明山到胥口之北面；西在箭泾以西，北达灵岩山南麓，北面为灵岩山"。

钱公麟所推测的吴大城范围，正与今天的木渎古城位置吻合。

另外，明代初年成书的洪武《苏州府志》卷第四（城池）也引《崇德县志》说：

　　　吴之国都，今平江木渎⑤。

---

① 中国社会科学院考古研究所、苏州市考古研究所苏州古城联合考古队：《江苏苏州市木渎春秋城址》，《考古》2011 年第 7 期，第 20 页。

② 吕继东：《2010 年度全国十大考古新发现揭晓 苏州木渎古城遗址高票入选》，《苏州日报》2011 年 6 月 10 日 A02 版。

③ 中国社会科学院考古研究所、苏州市考古研究所苏州古城联合考古队：《江苏苏州市木渎春秋城址》，《考古》2011 年第 7 期，第 26 页。

④ 钱公麟：《春秋时代吴大城位置新考》，《东南文化》1989 年第 4—5 期合刊，第 137—142 页。

⑤ ［明］卢熊著，苏州市地方志办公室编：《洪武苏州府志》，广陵书社 2020 年 6 月第 1 版，第 87 页。

这一说法，与钱公麟的观点一致。只是，这一记载"未详所出①"。

但必须注意到，木渎古城遗址还发现了更早的古城。2016 年 10 月苏州市考古研究所联合苏州城墙博物馆推出的"苏州木渎古城遗址考古成果展"，通过 20 多块展板、视频、西周晚期至春秋早期硬陶罐和春秋时期原始青瓷碗等 5 件实物，向公众介绍了木渎古城考古发掘的收获与发现。展板披露，木渎古城有着复杂的发展演变过程，在西周（公元前 1046 年—前 771 年）晚期、春秋（公元前 770 年—前 476 年）早期就出现了合丰小城；到春秋晚期出现木渎古城，到战国仍在沿用，并有所增益。按此推算，合丰小城的历史至少比木渎古城还早 200 多年②。

三、苏州古城被《吴郡志》等锁定为阖闾大城

传统意义上的苏州古城，指的是苏州护城河以内的区域。其间除房屋、桥梁、道路、河道等以外，还有城墙，以及城墙上开辟的阊门、胥门、盘门、蛇门、娄门、齐门、平门等城门。

长期以来，多数人认为，今天的苏州古城，就在当年的阖闾大城位置上。南宋范成大《吴郡志》对此记载：

> 阖闾城，吴王阖闾自梅里徙都，即今郡城③。

苏州地区的郡城，就是今天的苏州古城。所以，《吴郡志》认为的阖闾（大）城位置，就在今天的苏州古城区。

著名历史学家顾颉刚对此说：

> 苏州城之古为全国第一，尚是春秋时物。其次为成都，则战国时物。其所以历久而不变者，即以为河道所环故也④。

另外，《越绝书》记载：

> 阖闾冢，在阊门外，名虎丘⑤。

这与虎丘和现在的阊门的位置关系是一致的。

《越绝书》同时记载：

> 吴古故水道，出平门，上郭池，入渎，出巢湖，上历地，过梅亭，入杨湖，出渔浦，入大江，奏广陵⑥。

① ［明］卢熊著，苏州市地方志办公室编：《洪武苏州府志》，广陵书社 2020 年版，第 87 页。
② 施晓平：《苏州木渎古城考古成果首次展出 遗址范围内西周晚期、春秋早期已出现城址》，《苏州日报》2016 年 10 月 2 日 A03 版。
③ ［南宋］范成大：《吴郡志》（乌程张钧衡、石铭景宋本重开版）卷第三"城郭"，第一个筒子页后半页。
④ 顾颉刚：《苏州史志笔记》，江苏古籍出版社 1987 年版，第 37 页。
⑤ ［东汉］袁康：《越绝书》（钦定四库全书版）卷二，第三筒子页前半页。
⑥ ［东汉］袁康：《越绝书》（钦定四库全书版）卷二，第二筒子页后半页。

按，古代没有标准地名词典，地名往往写同音字，上面提到的平门外巢湖就是漕湖（今属相城区）；杨湖即阳湖，在现在的常州与无锡交界处；大江指长江；广陵是现在的扬州。根据水路的这一走向，吴国都城显然在漕湖的东南面，无锡阖闾城与灵岩山春秋古城方位与之不符。

但钱公麟却在《论苏州城最早建于汉代》一文中提出，现在的苏州古城建城于汉朝，其根据有：城墙下有战国、汉时期的文化堆积，说明战国时期苏州尚未建筑城墙；相门古水门基础中没有发现早于汉朝的遗物，对基础木材分别取样进行碳十四测定，结果都是汉朝，和同时出土的筒瓦、板瓦、陶片的时代一致；城外的大量汉墓，也为苏州古城确立于汉朝提供了间接的证据[①]。

如果钱公麟的说法成立，那苏州古城就不会是阖闾大城了，因为始建年代不合。

四、阖闾大城位置到底在哪里

通过上面的阐述可以发现，锡常阖闾城遗址无论从规模还是年份看，都不是阖闾大城所在地；至于苏州木渎古城遗址、苏州古城到底哪个才是阖闾大城位置所在地，或者会不会两个都不是，尚需进行分析研判。

原古吴轩出版社副总编辑、曾从事地方志工作的张维明认为，苏州木渎古城遗址的所在，只是吴国的故都；伍子胥奉命选址建造的阖闾大城是吴国的新都（吴大城），其位置大体上就在苏州古城区；阖闾借以开创霸业的国都实际上包括二城一台，即吴大城、吴国故都及姑苏台，东西绵延约 20 公里，规模之宏伟，堪称东周第一大都城[②]。

对于阖闾大城的位置，笔者的观点是，还是在今天的苏州古城位置，木渎古城可能是诸樊所建吴国都城。理由如下：

一、吴国历史长达五六百年，其间都城位置多次迁徙，这就导致出现多座都城的遗址，不能因为找到其中某一座而否定其他城池的都城性质。

正如《吴郡志》卷第四十八所称：

> 大抵泰伯之后，吴自梅里凡三徙。而定居于今之郡城，中间迁徙不出数十里之内也[③]。

其实还不止迁徙三次，因为 1954 年镇江市丹徒县大港乡烟墩山古墓中出土的青铜器"宜侯夨（zè）簋（guǐ）"，颠覆了这一说法。

---

① 钱公麟：《论苏州城最早建于汉代》，《东南文化》1990 年第 4 期，第 67—70 页，。

② 张维明：《吴王阖闾都城考——关于苏州木渎春秋古城遗址的讨论》，《苏州科技学院学报（社会科学版）》2010 年第 3 期，68 页。

③ ［南宋］范成大：《吴郡志》（乌程张钧衡、石铭景宋本重开版）卷第四十八"考证"，第一个筒子页后半页。

宜侯矢簋铭文共 126 字，保存下来 115 个，记述的是周康王册封"矢"于宜地为宜侯的历史。现在越来越多的专家学者接受这样的观点："矢"就是仲雍的曾孙"周章"，"宜"是吴国的前身，吴国早期都城就在镇江一带。后来由于西面的楚国越来越强大，向东进逼，吴国无奈东迁，进入了原属越国人的领地，最终引发了吴越之战①。

在东迁过程中，吴国大地出现了一系列城市，其中包括无锡、常州交界处的阖闾城、苏州阖闾城等，也因此引发了对阖闾大城所在位置的争议。

从吴国的迁徙史看，木渎古城遗址范围内的合丰小城，建造者当为越国贵族。吴国占领当地后，大约是诸樊在位时期（前 560 年—前 548 年），在那里建造了都城（即木渎古城），将合丰小城等城池围在里面，导致城墙形状并不规整。公子光（即阖闾）派专诸刺杀王僚后，可能他出于迷信思想，觉得王僚会阴魂不散，于是命伍子胥另外找地方建都。伍子胥就选择今天的苏州古城位置兴建了阖闾大城，最终发展成今天的苏州古城。但建造新的都城后，吴国故都（木渎古城）并没有拆除，这就像明成祖朱棣迁都北京后南京继续存在一样。

对于《越绝书》卷二称阖闾"筑吴越城……徙治胥山"②的说法，笔者认为，"徙治胥山"应该是夫差时的事。夫差为了取悦西施，让她可以登高望远，眺望越国家乡，于是在靠近吴国旧都（木渎古城）的灵岩山上修馆娃宫，在胥山建姑苏（胥）台，"秋冬治城中，春夏治姑胥之台③"。

二、苏州古城目前发现的早期城墙基础多为汉代，不能证明苏州古城始建于那个时期。因为苏州古城地下并没有进行密集探挖，发现的汉代以前的东西不多也就十分自然了。另外，考古部门并未掌握苏州古城地下全部遗址遗物，一个典型的例子是，2008 年，平江实验学校停车场工地地下出土了史前陶器（可称"良渚黑衣双系罐"），被苏州大学博物馆原馆长、博导、原甘肃省博物馆副馆长张朋川教授鉴定为四五千年前的良渚文化时期文物④。这是苏州古城区首次在地下发现良渚时期文物，但苏州考古部门却不知情。类似的例子应该还有很多。况且，考古发现的苏州古城汉代城墙位置，跟春秋后期建造的阖闾大城城墙位置并不一定重合，有可能阖闾大城城墙位置在拓宽护城河时挖掉了，或者在秦始皇统一六国后拆毁各地城墙的运动中被夷平了⑤，所以找不到痕迹，但不能以此否定阖闾大城的位置。

三、阖闾大城虽然因为有文献记录且傍上阖闾这位名人而名气较响，但一开

---

① 施晓平：《苏州城门城墙那些事》，古吴轩出版社 2015 年版，第 12 页。
② ［东汉］袁康：《越绝书》（钦定四库全书版）卷二，第一筒子页前半页。
③ ［东汉］袁康：《越绝书》（钦定四库全书版）卷二，第一筒子页后半页。
④ 施晓平：《苏州古城区地下首次发现良渚文物》，《城市商报》2009 年 11 月 11 日 A03 版。
⑤ 司马迁：《史记》（影印古籍资料网"钦定四库全书荟要"版）卷八十七 李斯列传第二十七，第七筒子页前半页，"夷郡县城"，此处"城"当理解为"城墙"，但不排除也包括城墙内建成区的可能。

始很可能并不很兴旺。这一方面是因为，当时吴国总人口并不多，能够入住都城的人口数量有限；其次，部分定居旧都的人口未必愿意搬到新都；第三，《左传》记载，鲁哀公九年（前 486 年），"秋，吴城邗，沟通江淮"，这是夫差为了北上争霸而开凿邗沟、迁都于邗（今扬州）的记录，这样算下来，阖闾大城从开建到弃用也就 28 年，其中部分年份还只有秋冬才被王室使用。所以，在今苏州古城区地下未发现成片居民区也是很正常的。木渎古城城墙较多地保存至今，恰恰证明这座古城并非阖闾大城（秦朝时为会稽郡城、吴县县城），所以秦始皇统一六国的时候，那里并没有被列入夷平名单，结果侥幸躲过了一劫。

《史记》记载与何山东周墓出土文物

＊本文作者张志新，原江苏省苏州市吴县文物管理委员会副主任，苏州市孙武子研究会常务理事。

《史记》是研究吴国历史最重要的文献之一，同样也是研究吴楚关系史的重要文献。

寿梦称王之后，"始通中国"，吴国开始强大。特别是晋景公采纳大夫申公巫臣"远交近攻"的策略，派遣申公巫臣父子来到吴国，"教吴射御，导之伐梦"之后，吴国的车战技能迅速得到提升，从此对楚国的征战可谓连年不断。

吴王僚当政时，伍奢及伍尚被楚平王残杀，伍子胥带着刻骨仇恨逃亡到吴国。阖闾元年（前514），伯嚭也因祖父伯州犁被平王虐杀投奔吴国。他俩在吴国得到重用，都想利用吴国的军事力量，打回楚国去，为家人报仇。这无疑是在吴国仇楚的烈焰上添了一把柴，浇了一瓢油。

阖闾刺杀王僚自称吴王时，僚的弟弟公子盖余与烛庸正在伐楚。听说兄长被杀，"乃以其兵降楚，楚封之于舒"（《史记·吴太伯世家》）。阖闾认为盖余、烛庸是心腹大患，必欲灭之。嗣后，吴楚征战不断加剧，一度曾直捣楚国郢都，即所谓"破楚入郢"之战，这应该说是吴国强盛的一大标志。而这场战争，能够"以少胜多"，与阖闾重用"兵圣"孙武，有着莫大的关系！

一、关于"破楚入郢《史记》如是说

关于兵圣孙武，《史记》有《孙子吴起列传》一卷。尽管卷内记载孙武一共只用了494字，但三皇五帝到西汉出了多少风云人物？《史记》有传的不出百人，孙武有传还放在《伍子胥列传》的前面，可见孙武在太史公心目中的地位！

《孙子吴起列传》开篇说："孙子武者，齐人也。以兵法见于吴王阖庐。阖庐曰：'子之十三篇，吾尽观之矣，可以小试勒兵乎？'对曰：'可。'"接着司马迁用440字，详写了一则名曰"吴宫教战"的故事，生动形象地把孙武操练女兵的事例展现在读者面前。孙武一生功高卓著，其十三篇更是流芳百世。司马迁为什么在其传记中，花那么大篇幅，浓墨重彩地写其操练宫女？"以小搏大"是司马迁写人物的惯用手法！往往一件小事，却能体现一个人的能力、性格与行事风格。司马迁通过"吴宫教战"，把孙武的治军能力活脱脱地跃然纸上。而在写到孙武的功业时，却只用了"阖庐知孙子能用兵，卒以为将。西破强楚，入郢，北威齐晋，显名诸侯，孙子与有力焉。"寥寥数字。可见想要通过《孙子列传》来了解"破楚入郢"战争的情况是远远不够的。

关于吴国"破楚入郢"之战的情况，《史记·吴太伯世家》和《伍子胥传》都有记载："三年，吴王阖庐与子胥、伯嚭将兵伐楚，拔舒，杀吴亡将二公子（盖余、烛庸）。光（阖庐）谋欲入郢，将军孙武曰：'民劳，未可，待之。'四年伐楚，取六与潜。六年楚使子常、囊瓦伐吴。迎而击之，大败楚军于豫章，取楚之居巢。"……"九年，吴王阖庐谓子胥、孙武曰：'始子言郢未可入，今果何如？'二子对曰：'楚将囊瓦贪，而唐、蔡皆怨之。王必欲大伐之，必先得唐、蔡乃可。'阖闾听之，悉兴师与唐、蔡伐楚，与楚夹汉水而陈。吴王弟夫概将兵请从，王不听，遂以其属五千人击楚将子常。子常败走，奔郑。于是吴乘胜而前，五战，遂至郢。己卯，楚昭王出奔。庚辰吴王入郢。"……"及吴兵入郢，伍子胥求昭王。既不得，及掘楚平王墓，出其尸，鞭之三百，然后已。"伍子胥的做法引来了本与伍子胥同朝为官的申包胥的不满，哭秦廷，搬来了救兵，败吴于稷。同时夫概逃回吴国，自立为王，阖庐不得不"释楚而归，击其弟夫概。夫概败走，遂奔楚。楚昭王见吴有内乱，乃复入郢。封夫概于堂溪，为堂溪氏。楚复与吴战，败吴，吴王乃归。"……这就是《史记》关于"破楚入郢"之战的记载。

二、破楚入郢之战很精彩

无疑《史记》对"破楚入郢"的记载是提纲挈领式的，简单到不能再简单了。参看《左传》和《吴越春秋》，内容要丰富得多。特别是冯梦龙、蔡元放根据史实再创作的《东周列国志》，更是精彩，读之使人欲罢不能。这些文献把楚、晋、吴、越之间以及诸多小国的关系描写得鞭辟入里，淋漓尽致。例如楚昭王得了一把宝剑，就要各国诸侯来楚朝贺。唐国和蔡国本都是楚之属国。蔡昭侯有玉珮一双，美裘两副。他主动将一裘一珮作为贺礼献于楚王，自己留其一，结果被囊瓦看到。唐成公有名马两匹，名"肃霜"，是天下少有的名马，也被囊瓦看上。囊瓦索要不得，竟把两位国君拘押，整整关了三年，直到他们将裘、珮与宝马送给了囊瓦，才放唐、蔡两君回国。

唐公、蔡侯心有不甘，通过晋定公上告周王朝。周敬王发王师会宋、齐、鲁、卫、陈、郑、许、曹、燕……并唐、蔡十七路诸侯，联合伐楚。他们对楚国的霸凌都深恶痛绝，但各国还是各有各的算盘：资金由谁出，粮草由谁供？加之天降大雨，疟疾方兴……困难不少，领头的晋国又不肯担责。大军未近楚境，就各自都散了。这使蔡侯大失所望！伐楚未成，还使囊瓦大为恼怒，发兵伐蔡，围其城。蔡侯不得不向吴国求救，并以公子乾为人质，发誓自为先驱。

对照《史记》，参看这些文献可见，孙武用兵是极其谨慎的。他始终认为："兵者，凶器也！"不轻易发动无准备之仗，不打无道义之仗。早在孙武、伍子胥破舒城，杀掩余、烛庸时，阖闾便想乘胜入郢，但孙武却说："民劳，未可骤用也。"后来楚昭王派囊瓦伐吴，孙武迎击，围之于豫章时，吴王又想乘胜攻打郢都，又被孙武劝阻。这令吴王十分生气，甚至说："吾欲乘危入楚都而破其郢。不得入郢，二子何功？"……尽管遭到埋怨，孙武仍然坚持自己不可战的主张。这次唐蔡两国前来求援，孙武分析："楚所以难攻者，以属国众多，未易直达其境也。今晋侯一呼，而十八国群集，内中陈、许、顿、胡皆素附于楚，亦弃而从晋，人心怨楚，不独唐蔡，此楚势孤之时矣。"建议吴王不要失去这次破楚入郢的极好机会。阖闾大悦，即拜孙武为大将，伍员、伯嚭副之。命亲弟夫概为先锋，悉起吴兵从水路渡淮，直奔蔡国。唐蔡两君率军为左右翼，开始了灭楚的战役。

吴军远道奔袭，自有许多不利。两军对阵汉水，孙武命舍舟改就陆路，争取到时间。他还深知楚国主副将之间貌合神离，囊瓦争功好胜。孙武用计分而击之，大败楚军。孙武又分兵三路，先攻下与郢都为掎角之势的麦城与纪南城，最后引漳江水灌郢都，前后五战均获大胜。楚昭王知郢都难保，与爱妹登舟出逃。一个时辰后，孙武奉阖闾带兵开进郢都城。

整个破楚入郢的战役，孙武纯熟地运用了谋攻中：天时、地利、人和的诸多有利因素，表现出他非凡的军事指挥才能，"上下同欲"合力取得了"西破强楚"的胜利。但是破楚大胜之后，在关于如何巩固、扩大胜利成果，如何统治楚国的问题上，孙武与吴王、伍子胥产生了分歧。孙武建议废楚昭王，而立楚太子建的儿子胜为王，他认为太子建被楚平王废黜，楚国大半人都抱不平，如果立公子胜为王，楚国人肯定感激大王，列国诸侯必定钦佩大王，公子胜更忘不了大王，这样楚国就可以变成吴国的属国，这是个名利双收的好办法。但这建议未被采纳。相反，在攻入郢都之后，伍子胥因找不到楚昭王，杀父之仇似还未报，一定要拆了楚国的宗庙；阖闾更贪图楚国的地盘，便听从了伍子胥的话，执行了一整套错误的策略；把楚国的宗庙拆了。伍子胥对死人也不放过，掘平王之墓，鞭尸三百，把铜鞭戳进楚平王的眼眶里，断其头，弃之原野，以孝夺忠，家仇及国。阖闾还"宿楚王之宫，淫王妾媵殆遍，子胥，伯嚭及诸将士也分据诸大夫之室，淫其妻妾以辱之。遍收各家宝货金帛，充牣室中，资左右运取，狼藉道路……郢都城中，几于兽群而禽聚。"极尽侵略者之能事……

吴王和伍子胥、伯嚭不恰当的决策与做法，引发了各诸侯国与吴国的矛盾。楚大夫申包胥哭秦廷引来了救兵；夫概见有机可乘，引兵潜回吴地自立……迫使阖闾不得不撤军回吴国平叛……终使"破楚入郢"的胜利昙花一现，未能取得应有的成果。

三、何山东周墓及其出土文物

限于篇幅，上一节的记述，仍然是"破楚入郢"之战的更概，如要深入了解战事的经过，还是应该详读《东周列国志》的相关章节。该志虽然是演义性质的历史小说，但涉及的内容并非空穴来风。1980年我在何山发现一座东周墓，征集回了一批重要文物，可以引征文献，也正是"破楚入郢"之战非常难得的明证！

何山是苏州高新区境内的一座小山，地属枫桥，位于狮子山之北，虎丘山西南。7月6日，天下着蒙蒙细雨。我和文管会的王建华同志，到枫桥狮子山去看一年前晋墓发掘的现场，准备顺便看看当年覆盖、保护的那几座晋墓的现存情况。当年协助我们发掘的林场职工告诉我们：昨天公社水泥厂职工在何山取土时，挖出了一批铜器和陶器。得此消息，我们立即择道来到水泥厂何山驻地。当我们踏进办公室时，放在最里边一张办公桌案头的一件青汪汪、亮闪闪的古铜器突入我的眼帘，我激动得心差一点要从嗓子眼里跳出来。因为吴县，甚至苏州从来没有发现过这样完整的青铜重器！我立即"自报家门"，说自己是县文管会的工作人员，在狮山林场听说这里出土了铜器，特意冒雨赶过来……根据我们的要求，水泥厂的工作人员领我们去了文物出土的现场。可惜出土现场已经破坏，根据取土职工回忆：文物分布在东西宽5米，南北长约8米，距离地表约2米同一平面的地层内。出土文物地段的土色土质与周围的土壤均为暗红色砂壤土，没有什么差别，也没有棺木之类葬具的痕迹。但根据出土物的分布，可确定这些文物是一个墓葬内的随葬品。经过沟通，我们征集回了那批文物。

何山东周墓出土的铜器，是我这辈子唯一一次批量征集到的青铜器①。回文管会整理后发现，征集到的有：鼎、盉、簠、缶、匜、盘、戈、矛、镞及车马器等共33件。其中：

鼎　五件，分二式：

Ⅰ式二件，有盖，直口有子扣，鼓腹，圜底，直附耳，兽面纹膝蹄足。鼎耳以分铸法铸就后嵌入。盖顶有六柱圆圈状钮。盖部正中饰回纹，腹部带饰有划纹的凸棱一周，盖周围、附耳及鼎腹部均饰十分规整细密的蟠螭纹。其一通高25、口径21.6、盖纽直径8厘米。另一件严重破残，足高11、盖钮直径10厘米，较前一件略大。

Ⅱ式二件，直口，平折沿，底较平，凿形足外撇，竖耳立在口沿上，与足不在同一直线上。器身素面无纹。一件通高10.2、口径13.8、足高5.8、腹深4、耳高0.7厘米。其二较大，口径32.8、耳高3、足高13厘米，已破残。

还有一件残甚，素面，蹄形足，近于Ⅰ式鼎。

五件鼎腹下均有烟炱，应是实用器。

盉　一件。直口，扁鼓形腹，下有三个兽面膝蹄足，盉肩立夔龙形提梁。前带夔龙首流，后设夔龙尾形把。圆盘形盖，上立一环钮，有链条两节与提梁相连接。盖面饰回纹，腹部饰细密的蟠螭纹，并有饰划纹的凸棱两周。通高25.2厘米、提梁高8.5厘米、足高6.8厘米、口径10.8厘米，重4105克。盉肩部有篆书铭文一行八字："楚叔之孙途为之盉"。

---

① 吴县文物管理委员会：《文物》1984年第5期。

簠　两套。直口，直腹，折收胫，曲尺形足，两端设象鼻式器耳。口沿及器足部各饰回纹一道，器身遍饰细密的蟠螭纹。器身口沿部设有对称的四个小铺兽，卡住器盖。通高 19.6 厘米、口边长 30×22 厘米，重 4550 克。

缶　一件。折沿、广肩、鼓腹、收胫。肩部有两个兽面耳。器盖顶上，有六柱圆圈状钮，柱作蛇头状，衔住圈钮；盖及肩腹部均饰蟠螭纹，盖部有六个隆起的圆饼形堆饰，腹部有圆饼形堆饰八个对称布列，饼上有飞轮式错金纹饰。此器破残也较严重，通高 39.5 厘米、口径 22 厘米、底径 18 厘米。

匜　一件。平底，尾部高起，作瓢形，前端有兽头形流，后尾部把手已缺。口沿下饰蟠螭纹一道。通高 11、流长 4.5 厘米、长 19 厘米、宽 17.5 厘米。重 610 克。

盘　一件。敛口，平底，口沿下有四个绳纹圈状耳，用圆环铆合于盘腹上。胎薄，质软，素面，口径 41 厘米、高 8.6 厘米。

戈　三件，分二式。

Ⅰ式二件。长胡三穿，援部中间起脊，援和阑侧的夹角为 105 度，胡部有梯形穿孔三个，援顶有一孔，内上也有一长方形穿孔，饰划纹。通长 23 厘米、援长 16 厘米、胡长 11 厘米、内长 7 厘米，重 307 克。

Ⅱ式一件。短胡一穿。援部平缓，与阑侧的夹角为 90 度，内部有"凸"字形穿孔一个。通长 24.5 厘米、援长 16 厘米、内长 8.5 厘米、胡长 7 厘米。重 220 克。

矛　三件，形式相同。窄叶形，断面呈菱形，有脊。锋锷犀利，骹口圆形，骹内口空直至脊部前端，骹口有方形凹口，凸出部分有插销钉的小圆孔。脊旁饰倒刺形云雷纹，似有血槽的作用。矛长 32 厘米、翼宽 5.5 厘米。

镞　十四件，分三式。

Ⅰ式五件。窄双翼形，中有棱，两翼分开，锋呈流线形，实心铤。长 8.6 厘米、翼宽 1.5 厘米。

Ⅱ式七件。阔双翼形，前锋尖利，两侧翼分得较开，铤中空，圆锥形骹。通长 9.5 厘米、翼宽 2.4 厘米。

Ⅲ式二件。弹头形，中有圆锥形骹，长 3.4 厘米、骹口 0.9 厘米。

軎、辖　两套。軎头作十边形，顶部饰羽状纹，沿部饰蟠螭纹，辖孔 2×1.6—1.8×1.45 厘米，辖断面为长方形，头部饰对称的羽状纹。通长 9 厘米、头宽 4.4 厘米。

陶器、原始瓷器各一件。

硬陶罐　一件。方唇、敛口、扁鼓腹、平底，呈灰褐色，饰规整的小方格纹。内壁拍印纹饰时留下的垫印窝经抹平。通高 12.1 厘米、口径 10.4 厘米、底径 13.8 厘米。

原始瓷碗　一件。直口，壁微斜向内收，平底，器内壁有旋坯留下的轮旋纹。釉呈浅黄色。通高 5.9 厘米、口径 10.2 厘米。

何山东周墓的出土文物丰富而精美，是当年吴县文管会乃至苏州博物馆少有的精品，至今仍是吴中博物馆反映吴地历史最重要的展品！

四、何山古墓的时代与意义

吴地东周的历史，素有"吴头楚尾"之说。泰伯奔吴之后，这里一直属于吴国。吴王夫差二十三年（前473）吴国被越国所灭，越王勾践占有了吴地。到楚怀王二十三年（前306），越国又被楚国所灭。古吴之地开始归楚，一度还成为春申君黄歇的封地。何山古墓是否会是战国时楚国统治这一地区的墓葬？但细考枫桥何山古墓出土的铜器明显有两种不同风格。其中一部分器物，制作精细，纹饰以蟠螭纹、羽状纹为主，兼有回纹、云雷纹、蛇头纹、圆饼饰等。如Ⅰ式鼎、提梁盉、缶、匜、簠、辖等，形制与河南淅川下寺一号墓①出土的鼎，淅川下寺一号墓的盉、缶、匜和簠辖相近似②。与安徽寿县蔡侯墓、长沙浏城桥一号墓出土同类铜器在造型、装饰纹样上也都十分相近③，因此，这部分铜器，时代与淅川下寺楚墓和安徽寿县蔡侯墓相近，应该是春秋晚期的楚器。盉上有铭文"楚叔之孙途"，正好也证明了这一点。"途"当为人名，文献中未见记载，但根据李零同志对"楚叔之孙佣"的考证④，认为佣应该与蓮子冯有亲属关系。因此"途"也应该是楚王室的成员。

另一部分器物，制作简单而朴质，如此墓出土的Ⅱ式鼎，与苏州城东北出土的鼎⑤及丹徒束壁粮山出土的Ⅱ式鼎相似；此墓出土的Ⅰ式戈，与六合程桥东周墓的铜戈一致。这部分铜器有明显的吴地铜器的风格。

具有楚国和吴国春秋晚期特征的铜器，出于吴地枫桥何山的同一座古墓，正好印证了《史记》所载：周敬王十四年（前506），吴王阖闾、孙武和伍子胥率兵"破楚入郢"的史实。墓中出土大量兵器和车马器，说明墓主人生前应该是一位军士，并曾参加过当年"破楚入郢"的战争。墓中精美的楚国青铜器，应该是吴国将士攻入郢都之后，"遍收各家宝货金帛，充牣室中，资左右运取……"所掠回的"战利品"，生前由他享用，死后又随他一同埋葬入土。墓葬的年代，也应在春秋晚期"破楚入郢"战事结束后不久或稍晚。

苏州何山东周墓的出土文物精美而重要，是研究吴、楚两国文化的重要实物例证，也是吴国"破楚入郢"之战的重要证据。同时也为深入研究《史记》提供了不可多得的实物佐证。

---

① 河南省博物馆等：《河南淅川县下寺一号墓发掘简报》，《考古》1981年第2期。
② 河南省丹江水库区文物发掘队：《河南省淅川县下寺春秋楚墓》，《文物》1980年第10期。
③ 陈家梦：《〈寿县蔡侯墓出土遗物〉编辑后记》。
④ 李零：《"楚叔之孙佣"究竟是谁》，《中原文物》1981年第4期。
⑤ 杨锡璋：《苏州发现一批东周青铜器》，《文博通讯》1978年第17期。

《史记》军事文化研究

司马迁写历史转折的三大战役

＊本文作者张大可，中央社会主义学院教授，陕西师范大学人文社会科学高等研究院特聘研究员，中国史记研究会会长。

战争，是政治的最高形式。大战役是战争中的一种形式，它是发生在特定历史时期最激烈的政治斗争。国家是政治斗争的平台。从战争的视角，国家的建立与发展历史，就是一部战争史。黄帝草创国家，靠战争起家。[①] 国家的发展、壮大，依靠战争护航。《史记》所写十二本纪，三千年的王朝更替，无论是夏、商、周三代因积德累善而得天下，还是秦汉大一统以力取天下，均以战争为先导。尤其是历史的大变局，大战役必将伴随历史转折而发生，也可以说大战役催生历史转折。战国后期的长平之战、秦汉之际的楚汉相争、西汉盛世的汉匈大决战，是司马迁所写古代三千年历史长河中催生历史转折的三大战役，精彩淋漓。三大战役为何发生？司马迁怎样写三大战役？三大战役积淀的历史思考有何现实意义？这些问题发人深思，值得研讨。本文提出笔者的研讨，以供抛砖引玉。

一、战国后期的长平之战

战国后期发生在公元前 260 年的秦赵长平之战，这是秦赵两国拼尽全力的大战役，秦胜赵败，赵卒被斩杀活埋达 45 万人，赵国元气大伤，从此衰败。自此，东方六国再没有一国有能力单独对抗秦国，秦并六国的形势不可逆转。从而，长

---

① 《史记》卷一《五帝本纪》载，黄帝"修德振兵"，阪泉之战灭炎帝，涿鹿之战杀蚩尤，于是"诸侯咸尊轩辕为天子，代神农氏，是为黄帝"。

平之战成了历史转折的大战役。表面看，这场大战役是秦赵两国大决战，其实质是战国时代合纵与连横两大战略的大决战，卷入战争的共有五国，韩与赵是盟国，楚、魏救赵，也就是秦国为一方，韩、赵、楚、魏为一方，是连横与合纵的对决，历程整八年，跨九年，长平之战只是决战的高峰。此役起于公元前 264 年白起攻韩，止于公元前 257 年秦兵解围邯郸，前后历时八年。秦兵退出战役在公元前 256 年初，所以说跨九年。

（一）长平之战的背景

长平之战是千年历史大变局历史转折的关键之战。千年大变局，就是秦汉大一统政治将取代夏商周三代以来的分封、建藩列国并立的旧制度。秦国统一六国，连横代表新生的大一统政治，赵国救韩，以合纵对抗连横，代表列国分治，是延续夏商周三代的分封建藩旧制。秦国自秦孝公任用商鞅变法以来，强势崛起，称雄天下，志在一统六国。苏秦为六国的生存谋长远提出合纵抗秦的策略，公元前 334 年说燕，拜六国相印；张仪为秦国谋统一提出连横瓦解合纵的策略，公元前 328 年相秦。合纵与连横的博弈，到长平之战的公元前 260 年，已持续了半个多世纪，连横逐渐占上风。连横策略是军事、外交两手并用，用当下的语言就是胡萝卜加大棒。合纵策略必须有一个挑头的国家，连横的大棒就打这个出头鸟。公元前 278 年，秦白起攻破楚都郢都，迫使楚国东迁到陈，夺取了楚国大片地方。公元前 274 年，秦攻魏都大梁，斩杀魏兵四万；公元前 273 年，秦将白起打败赵魏联军，杀魏卒十三万，俘获赵兵二万，全部沉入黄河。楚魏遭受深重打击，已无单独抗秦国的实力。然后，秦国迫使被打击的国家与秦订立双边和约，退还一些侵占的土地，这就是胡萝卜。燕、齐两国，一个在北，一个在东，远离秦国，秦施连横手段，迫使两国中立。东方韩赵两国唇齿相依，又有深厚的世代情谊，韩厥救赵孤，两国王室世代联姻，加强情谊，韩国小弱又紧邻秦国，韩国能长期对抗秦国，靠的就是赵国为后盾。赵国自武灵王胡服骑射强大以后，在战国中后期是六国的中流砥柱，具有单独抗击秦国的实力。公元前 270 年秦将胡阳攻韩阏与，赵救韩，大败秦军。秦国经过六年的蓄力，在公元前 264 年派出白起攻韩，目的是腰斩韩国，夺取韩国黄河北的上党地区，打开进攻赵国的通道。秦军攻韩的前一年，公元前 265 年，趁赵孝成王新立，秦军攻赵，夺取三城，警告赵国不要救韩。公元前 264 年，秦将白起攻韩，夺取韩国陉邑（在今山西曲沃境）五城，杀韩卒五万，秦军在汾水旁筑汾城，建立大本营，决心长期攻韩。公元前 263 年，另一支秦军夺取了韩国的南阳（今河南济源）。公元前 262 年，秦军又取韩十城，攻下野王（今河南沁阳），切断了太行道。韩国与秦苦战三年，赵畏秦未出兵救韩。韩力不支，割上党郡十七城与秦臣服。上党郡守冯亭不降秦而投赵，其目的是引赵为援，韩赵共同抗秦。

赵王面对韩国上党郡守冯亭的归附，是接受还是不接受，赵王室贵戚有两派意见。平阳君赵豹，反对受地，秦攻韩三年，眼看口中食为赵所取，当然不答应，秦赵之间一定要发生大战役。赵豹说："无故贪利是大祸。"赵国相平原君认为："动员百万大军，经年累月攻不下一座城，一下能得十七座城，这是大利，机不可失。"赵王说："得十七座城，增强赵国力量，不惜与秦一战。"

赵王接受上党之地，是必然的形势，有三个原因：其一，从地理态势增强邯郸西部的防务，上党入秦，邯郸门户洞开。此所谓唇亡齿寒，赵不可不救。其二，秦兵东进，意在并吞各国，东方各国都清楚。坐等秦国各个击破，不如联合一拼，但谁也不想出头，遭秦进攻，只好无奈观望。如今秦兵到了家门口，韩国又入地，又助力，入地增赵形胜，于是不惜一战受韩地。其三，赵有与秦一战的实力，八年前的阏与之战，赵救韩，大败秦军。有以上三个理由，平原君主张接纳冯亭是正确的决策。但司马迁批评平原君"利令智昏"，是警告人们，不要无故受益，天上不会掉馅饼。赵王、平原君既受地于韩，却又没有下定决心与秦一拼到底的思想准备，心存侥幸，这是失败的一个重要原因。司马迁的批评也是正确的。

（二）长平之战的历程

公元前 262 年，赵王受地后，双方都积极地做大战的准备，双方都做了全国总动员。赵国动员在第一线的军队达 45 万，又在上党地区北沿修建百里石长城的防线。秦国动员更彻底，年 15 岁的男子都动员。原来是 23 岁为戍卒，一下子降低 8 岁。秦国男子，扫境以赴前线，造成优势歼灭赵军，总兵力应多于赵军，第一线的兵力至少在 50 万以上。秦国后勤，关中运粮，把灌农田的水调入渠道运军粮。决战时刻，秦昭王从首都咸阳赶到前线坐镇河内，鼓舞士气。对参战的家庭赐民爵一级。

公元前 261 年，战场沉寂一年多，双方展开了外交战与间谍战。赵国副相虞卿建言赵王，与秦国断交，专注与楚、魏、齐联合，尤其是争取齐国的援助，把赵王准备献给秦国的六座城邑献给齐国。赵王不听，派重臣入秦和谈，还要献地与秦王，秦王高调宣扬秦赵和谈，以最高的礼节迎接赵使，用以迷惑楚、魏、齐各国，他们都不敢救援赵国，秦国达到了孤立赵国的目的。赵国外交战失败。秦国又施反间计，在公元前 260 年的决战高峰时，赵王临阵易将，用纸上谈兵的赵括取代廉颇，犯兵家大忌，赵王中了秦人的反间计，又失一着。

公元前 260 年四月，秦赵两军主力对峙长平，在今山西高平西北。秦军前线统帅王龁，赵军统帅廉颇，从四月到六月两军展开阵地战，秦强赵弱，赵军连折数阵，损失了几位尉官，丢了几个阵地。廉颇改变策略，避其锋芒，坚壁不出，秦军挑战，赵军岿然不动，秦军无可奈何。此时秦军反间计得逞，七月赵王任命赵括代廉颇，秦军白起秘密赶赴前线任统帅，对外仍称王龁为统帅，麻痹赵括。赵王换将，意味着改变廉颇坚壁挫敌的战略，而是攻坚退敌，也就是以短击长。秦军善于野战。蔺相如看到这一点，他上书赵王说："赵括徒有虚名，他只会读兵书，不懂得临阵变化，打仗按书本，好比弹奏琴瑟，用胶把柱子粘牢，只能弹出一个声音，不成乐曲。"① 赵王不听。这时赵括母也出来上奏说，赵括从小读兵书，喜欢夸夸其谈，赵括的父亲就说："我这儿子只会纸上谈兵，根本不会打仗，他若为将，兵败国亡的祸就要发生。"赵王仍然不听。

赵括至军，果然全线出击，中了白起诱敌深入之计，等到赵军进入秦军的口袋后，秦军事先埋伏的两万五千骑兵从两侧同时冲击，把赵军切断一分为二，团团包围赵军。从七月到九月，赵军断粮四十六日，战马吃光了，就把生病瘦弱的军人杀来吃。赵军山穷水尽，赵括分全军为四队轮番冲击秦军突围，赵括冲锋在前，不幸战死。赵军主将战死，军无斗志，全军投降。

秦将白起全部活埋了赵军，前后斩杀与活埋赵军 45 万。只选了 240 个青年士兵回国报信，赵国全国震动。秦军 50 余万也战死了一半，达 20 余万。双方总计死亡 70 余万，在中国战争史上骇人听闻。由此可见，两国生死存亡决战之酷。

公元前 260 年九月长平之战主力决战刚结束，白起立即兵分三路扩大战果。白起率主力夺取上党全境，司马梗率军北定太原，王龁攻韩皮牢（在今山西省河津县境）。经过十月、十一月、十二月三个月的激战，秦军全部拿下这些地区，相当于当今山西省全境，赵、韩丧失大片国土。白起正要合军进攻邯郸一举灭赵，突然被命令退军回国。原来长平战败，韩国震恐，连忙请出苏代带了重金到秦国游说范雎，避免白起灭赵，功大居范雎之右，以秦军困乏兵需休整为由，说秦昭王召回白起，换将攻赵。公元前 259 年九月，秦军主帅王陵大举攻赵围邯郸。赵经过九个月的休整，加固邯郸，秦军经过四个月苦战，兵败邯郸城下，丧师五校。秦昭王强令白起出征，白起认为此时赵不可破，称病不出，被罢为士伍。

秦将王陵无功，换将王龁，兵围邯郸三年不拔。公元前 257 年楚魏来救，三国之军大败秦军，秦将郑安平率部两万降赵。白起被赐死，范雎因所荐郑安平降赵受牵累，也失去了权势，不久被蔡泽所取代。秦国所侵地被赵韩重新夺回，还损失了良将白起和名相范雎。秦国是赢了还是输了呢？下文评说。

（三）如何评价长平之战

从战争进程来看，长平之战并不是秦赵两国事先谋划的一场大战，而是秦国统一战争必然要发生的一场大决战，是形势的发展使然。公元前 264 年秦攻韩陉城，拔五城，斩首五万，是秦韩两国的一场大战。公元前 262 年白起断韩太行道。公元前 261 年又攻拔野王，上党危急。韩上党太守冯亭对官民说："上党与韩国都城的联系已经断绝，韩国保不住上党了。秦兵天天进逼，韩国无力反击，我们不如投降赵国。赵国如果接纳了上党，秦国必然大怒，一定攻赵。赵国遭到攻击，一定亲近韩国，韩赵联合为一，那就可以抵挡秦国了。"② 赵国接受了上党，局势

---

① 引文见《史记》卷八十一《廉颇蔺相如列传》："王以名使括，若胶柱而鼓瑟耳。"此为译意。下引赵括母语，亦为该传译意。

② 此据《史记》卷四十三《赵世家》冯亭投赵之辞撮述其意。

果然按照冯亭的预想发展，秦、韩之战演变成了韩赵联合抗秦的大战。秦国不惜倾全国之兵，连续三年攻韩，其战略目标是一定要拿下上党，上党入秦，不仅韩国遭到极大的削弱，而且赵国的门户洞开，邯郸就暴露在秦军的视野之下。赵国接纳上党，也是为邯郸的安全保有一道屏障。赵王与平原君，当然知道冯亭的打算，也明白接纳上党必然受祸。如果不愿坐等待毙，眼看被秦国各个击破，赵国必须冒险一战，这样既得上党，又得到韩国的同盟。赵国不接纳上党，可以免去长平之祸，眼前得到安宁，但秦国缓过劲来，下一个目标必然是攻打赵国。形势逼使韩赵联合，长平之战势不可免。秦攻韩之战，与秦围邯郸之战，都可视为长平之战的组成部分，前后八年，相当于中国的八年抗日战争。一场持久八年的大战，决不是偶然的。在这一背景上评价长平之战，有如下几个意义：

其一，长平之战是秦国统一战争中划时代的一场大战役，它既是秦赵之间的一场主力决战，也是秦国与东方诸侯各国之间的一场主力大决战。东方诸侯韩、赵、魏、楚四国参战，秦国为一方，五国决战，历经八年。战役上，东方诸侯列国最终胜利，赶走了秦兵，韩国也收回了上党；战略上，秦国大胜，韩赵被彻底削弱，赵国损失巨大，从此韩、赵两国一蹶不振。

其二，长平之战，赵国倾全力而失败，说明东方列国单独一国不能抗秦。邯郸之战的胜利，说明秦国不能战胜东方列国的合纵。这场大战生动地证明：合纵存，则东方列国存；合纵亡，东方列国亡。秦要统一，必须打破合纵，各个击破才可能统一。苏秦合纵，张仪连横在长平之战半个世纪之前，秦国力量还不十分强大，东方列国单个可以对阵秦国，所以合纵不坚，被秦国连横打破。长平之战形势明朗，秦国野心暴露无余，单个国家又无力对抗秦国，因此长平之战后，东方列国没有形式上的合纵，而互相依存的实际合纵更加坚定。公元前247年和公元前232年，魏楚燕韩赵五国两次联合打败秦兵就是证明。齐国彻底守中立。秦始皇亲政后，采纳尉缭的建议，用重金，用间谍战破坏合纵，还假东方列国昏庸国君之手自毁长城，屠杀良将。因此秦始皇只用十年功夫就灭了六国，统一天下。长平之战为双方提供了经验，最终秦国取得了胜利。

其三，长平之战从秦伐韩起始，其后赵国卷入，再后楚魏卷入，愈来愈失控，没完没了拖了八年，因此绝不是"利令智昏"四个字就可以了结的。如同《亮剑》电视剧李云龙兵围平安县城，绝不是李云龙"为老婆报仇"这五个字可以了结的，它只不过是一个导火索。李云龙打平安县城，搅动了整个中日华北战场，牵一发而动全身，恰恰是中日两国生死决战这个大局决定的。赵国接收上党也只是一个导火索，秦赵决战，秦与东方诸侯的大决战迟早要发生。公元前270年的阏与之战，也是赵救韩。秦欲吞上党，打开攻赵的门户，早就虎视眈眈。赵王救韩，保守门户，并上党，无疑是正确的。但"利令智昏"的批评，也有道理，赵国不纳上党，可以暂时免祸。从这一角度，不要贪无妄之财，也有警示意义。

其四，战争最终是国力、军力、财力、政治力的综合较量。当时三晋韩赵魏三国土地近一半已丧失给秦国，三国的地盘加起来也只有秦国的一半，三国力量的总和也只能与秦国打个平手。秦国动员 15 岁以上男子出征，可以说扫境以战，才勉强赢得胜利。长平之战，如果齐国加盟，用粮食支援赵兵，秦军就要失败。赵国救韩，秦国使者四出，警告列国不要参战，而赵国是在长平战败后才紧急求救。赵国长平之战，来得突然，准备不足，不但军力失败，也是外交失败，后了秦国一步，付出了沉重代价。

其五，秦国的野蛮战法，杀降，报复平民，也增加了统一进程的难度。东方之民，不愿为秦民。上党地区民众自救，秦国在长平之战后又经过了十年，直到公元前 247 年才彻底平定上党的反抗，再次从韩国手中夺回。就是生动的明证。公元前 227 年，秦始皇破赵邯郸，赵公子嘉在代地一弹丸之地抗秦，经过了五年，到公元前 222 年最终才灭亡，也是生动的明证。但秦军彻底消灭对方有生力量，在军事角逐上也有一定意义。

长平之战产生了许多故事，留下许多成语，如：利令智昏、纸上谈兵、窃符救赵、脱颖而出、一言九鼎等，为后世人们留下深深的启迪。

二、秦汉之际的楚汉相争

秦朝灭亡后，刘邦与项羽两人争夺天下，司马迁称其为平乱诛暴的统一战争，史称楚汉相争。楚强汉弱，项羽凭的是力，善于征战，刘邦凭的是智，用谋略取胜。

公元前 207 年十二月，刘邦与项羽在鸿门会盟，史称鸿门宴，表面上是刘项和解，实质是刘项矛盾公开化的一次外交调解，拉开了楚汉相争的序幕。由于楚强汉弱，刘邦要取胜项羽，必须用智，而刘邦手下恰恰有一大帮谋士，张良、陈平、郦食其、随何都是奇士。韩信不但善用兵，而且善用计，战略决策不在张良、陈平之下[1]。项羽手下也有一个奇士范增，由于项羽"奋其私智"，"谓霸王之业，欲以力征经营天下"，所以有一范增而不能用。楚汉相争必然成了智与力的决斗，楚亡汉兴也成了历史上人谋取天下的经典战例。双方谋略，是本题评说的主线；战争过程和结局只做略说。

（一）汉王刘邦的灭楚战略

汉王刘邦的灭楚大计，由两场军事会议，两次对话提出，分述于次。

其一，对策汉中，刘邦东出。汉元年（公元前 206 年）五月，汉王在南郑的练兵场上筑坛举行了隆重的拜将礼。这是汉王进入汉中兴办的第一件大事。拜将大礼成了激励士气的一项盛典。汉王部属，日夜思归。汉王举行拜将大礼，表示整军讲武，是东出的前奏，全军有了盼头，人人欢欣鼓舞。萧何做了认真的准备。午时正刻，汉王登上祭坛，由萧何主司仪。先由汉王祭拜天地，再祭拜祖宗，

---

① 陈平、韩信两大奇才，原在项羽帐下，项羽不用，鸿门宴后两人转投了刘邦。

接着举行拜将大礼。全军注视接印大将何许人也，出乎所有人的意料，原来接印大将竟是新来的治粟都尉韩信，全军皆惊。中国历史上一颗杰出的将星，就这样在汉王建筑的拜将坛上冉冉升起。开汉家四百年基业的军事家韩信，此刻正式登上了安邦定国的政治历史舞台。

拜将礼毕，汉王推韩信坐上座。汉王向韩信咨问天下大计，韩信有条不紊，一吐胸中韬略，提出了楚汉相争的纲领。韩信对策考虑周全。孟子有言："天时不如地利，地利不如人和。"孟子分析历史变局三要素，天时、地利、人和，三者之中人和最重要，因为"得道者多助，失道者寡助。寡助之至，亲戚畔之；多助之至，天下顺之。以天下之所顺，攻亲戚之所畔；故君子有不战，战必胜矣"①。楚汉相争，论天时，由于项羽背义帝之约，分宰天下不平，诸侯叛之，借众力以斗项羽，项羽虽强，独木难支，趁乱东出，此其时也。论地利，项羽不居关中形胜，又封秦民所怨三秦王，只要汉王东出，"三秦可传檄而定"，岂非天意以三秦资汉王者乎？论人和，汉王更胜项王一筹。"项王所过无不残灭者，天下多怨，百姓不亲附"；而汉王"秦民无不欲得大王王秦者"。这是说，百姓亲附汉王，汉王东出，"以义兵从思东归之士，何所不散！"汉王部属是山东人，高举义旗，打回老家，全军拥护，所向无敌，战士亲附汉王。项羽虽仁爱，"言语呕呕"，婆婆妈妈，妇人之仁，只能博得那些好面子多礼仪的书呆子们拥护；而汉王慢易，说话粗鲁，但胸怀大度，有功重奖，"以天下城邑封功臣，何所不服"，那些攻城夺地的勇士们都归到汉王旗下，这是说将相人才亲附汉王。单打力斗，逞匹夫之勇，汉王不如项王，而纵观天下大势，天时、地利、人和，汉王远胜项王，楚汉相争，必然是刘胜项败，韩信分析得清楚明白。如何东出，有步骤，有方略。这第一步就是不失时机，还定三秦，长远方略，则是收民心，智胜项王。

韩信说完，汉王心悦诚服，非常高兴，"自以为得信晚"。于是汉王全面采纳韩信计谋，部署诸将日夜操练，做好战备，听从韩信调遣。

韩信五月拜将，八月就兵出秦川。"明修栈道，暗渡陈仓"，取得突击效果，一举拿下陈仓，获得大量军实。韩信初战得手，乘胜扩大战果，以迅雷不及掩耳之势，闪电般推进，分兵四出攻击三秦王。仅用一个月时间，韩信就打通了八百里秦川。汉元年八月，雍王章邯被围困于废丘，塞王司马欣、翟王董翳望风而降。章邯弟章平与原秦将赵贲等退守陇西、北地，负隅顽抗，为章邯外援，等待项羽驰援。

汉将韩信充分利用秦民拥戴汉王的政治优势，趁项羽伐齐无暇西顾这一战机，大胆地置关中残敌于不顾，与汉王亲率主力，于汉二年十月东出函谷关，十月驻兵于陕县（在今河南三门峡市西）。此时，张良，以及赵王张耳前来归汉。

汉二年（公元前205年）十月，项羽举大兵东击齐，欲先安定后方，再率兵西向。韩信东向出关至陕，则是尽力向中原推进，确保关中，扩大领地。这是一

①《孟子·公孙丑下》。

着妙棋，在政治和军事上至少有三方面的收获。第一，阻断章邯与项羽的交通，汉军在关中对章邯形成关门打狗之势，章邯只能坐以待毙。第二，汉王大张声势，与诸侯交通，安抚关外父老。第三，韩信出关，趁新韩王郑昌立足未稳，夺取韩地。

十一月，河南王申阳降，汉立河南郡。韩信击破韩王郑昌，汉更立韩太尉韩信为韩王，为汉南翼屏障。至是，汉王帐下两韩信。一是大将淮阴人韩信，一是韩王韩太尉韩信。

刘邦的这一着棋影响极大，汉军成了正义之师。强大的政治攻势，迎得了诸侯归心，他们纷纷派兵讨伐项羽，到了汉二年春正月，刘邦东出三个月后会合五诸侯之兵达五十六万之众，这时连项羽的心腹大将九江王黥布也不服从项羽的调遣，坐山观虎斗。韩信率领的汉军只有三万人，自汉元年八月出兵，到汉二年四月兵进彭城，在短短八个月的时间，由西向东横扫了大半个中国，从还定三秦到攻略韩地，一路高奏凯歌，直捣楚都彭城，端了项羽的老窝，兵众从三万发展到五十六万，几乎扩大了二十倍。如此大军，韩信运筹调度，有条不紊，他自称领兵"多多益善"，初露头角。萧何称赞韩信是"国士无双"。

其二，下邑画策，峰回路转。汉二年（公元前205年）四月，汉军攻占彭城，项羽陷入齐地，汉军若乘胜追击，联合齐军在山东围歼项羽，楚汉战争可提前三年结束。由于汉兵一路顺风，没有遮拦地进入了彭城，汉王志骄意得，以为天下已定，收取楚宫室美人宝藏，日置酒高会，丧失了一举灭楚的最佳时机。

项羽闻听都城已破，赶忙从齐地回救。项羽精选三万骑兵，日夜兼程，绕在彭城之西，从萧县发起进攻，在黎明夜幕下由西向东向彭城推进。刘邦占领彭城以后，把大军布防在彭城以东、以南，阻挡项羽回救，防堵黥布北上，汉军意想不到项羽用轻骑兵从西边的空虚之处杀来。在彭城东面和南面用重兵布防的汉兵未见一兵一卒楚军，而后方阵地已乱了套，在混乱中，汉兵不知楚军虚实，一场混战，汉兵自相残杀，十几万人被推压在睢水中，睢水为之不流。汉兵溃散，刘邦突围时，正值大风沙，迎面不见人，刘邦才得以逃脱。项羽用三万精兵，打败刘邦的五十六万大军，获得了彭城大捷。这一以少胜多的战例是范增的杰作。它把项羽的军事生涯推向了顶峰。

由于楚军大获全胜，诸侯倒向，齐、赵与楚连和，魏豹反叛汉王，彭越丧失城邑，汉王处于孤立境地，项王恢复了盛强。

楚军彭城大捷，项羽进入彭城收拾残局，他没有亲自乘胜追歼刘邦，让刘邦脱逃，这是项羽的失策。也就是说，彭城大战之前与之后，刘项两人各丧失了一次追击穷寇而获全胜的时机。在天时的利用上，刘项两人打了个平手。

汉军彭城溃败，引起了汉王与策士张良的深思，意识到楚汉相争将是一场持久的较量，如何夺取胜利，需要认真总结失败原因，分析整个战局形势，筹划全盘战略方案，要一步一步周密地规划作战，再不能犯骄傲、被动作战的错误。

刘邦退逃到下邑（秦县名，在今安徽砀山），召开了紧急的军事会议。这里是汉王反秦时的基地，群众基础好。吕后兄吕泽在汉王东进时起兵于下邑，下邑兵人数不多，却都是可靠的家乡子弟兵。汉王与张良等在西逃中前往下邑，靠拢吕泽，收聚散卒，获得了喘息的机会。汉王刚刚摆脱了险境，来不及休息，就急切地问计于张良，张良于是规划了楚汉持久的战争方略，这就是"下邑画策"。张良说："九江王黥布，楚枭将，与项王有隙；彭越与齐王田荣反梁地，此二人可急使。而汉将独韩信可属大事，当一面。即欲捐之，捐之此三人，则楚可破也。"①

这就是张良下邑画策的总体方略，其核心是调动韩信、彭越、黥布三方力量与汉王自率的汉兵四方配合作战，打一场持久战来蚕食项羽，并最终消灭项羽。这一战略包括了对敌、我、友三方的历史与现实格局的分析，还运用了间敌与统战的策略，有四大战略要点和三个实施步骤，试分析如下。

先说四大战略要点。

（1）瓦解项氏集团，建立汉兵南翼战线。项羽伐齐，九江王黥布称病不出，彭城大战，决定项王生死命运，黥布坐山观虎斗，张良从中看出了黥布与项王已产生了裂痕。黥布是项王手下第一枭将，如果黥布反楚归汉，不仅削弱了项氏集团，而且在政治上、心理上对项王将是沉重打击。黥布所处地理位置，是楚国的大后方，又是汉兵的南翼。只要黥布按兵不出，项王就要分力，尤其是当前汉兵溃败，只要黥布拖住项王几个月时间，汉王就可重组力量，这是至关重要的一着，是成败的关键。汉王称是。他立即考虑派出最能干的使者去完成重任。汉王退逃至虞城（在下邑西，今河南虞城北），对谒者随何说："公能说九江王布使举兵畔楚，项王必留击之。得留数月，吾取天下必矣。"② 随何往说黥布，黥布果然叛楚。

（2）争取中间力量，乱楚后方。彭越是朝秦暮楚的中间力量，是汉军灭楚建立统一战线的首选人物。第一，彭越可独当一面，是一员勇将；第二，彭越恨项羽最深，项羽不仅没有分封彭越，反而夺取他的梁地；第三，彭越的基础在梁地，这是项羽的心脏地区，彭越反楚如同一把尖刀插在楚军的心脏上，乱其后方，断其粮道，破坏楚军的供应，项羽就不能深入，而且腹背受敌。成皋对峙，项羽疲于奔命，顾了前方顾不了后方。

（3）放手韩信，开辟北翼第二战场。韩信有独当一面之才，放手让其发挥才能建立奇功。韩信如果待在汉王手下做参谋，无法尽其才能，还要重蹈彭城之败，甚而背汉也未可知。韩信在汉中对策中对刘邦说："以天下城邑封功臣，何所不服！"韩信要功名，后来他的悲剧就因于此。汉王正当用人之际，不能不放手使用韩信，充分调动他的积极性。若不放手韩信去开辟北方战场，完成对项羽的战略包围，只在正面与项羽作战，楚汉两军势必只能硬拼，楚强汉弱，对汉不

---

① 《史记》卷五十五《留侯世家》。
② 《汉书》卷一《高帝纪上》。

利。张良反问汉王："你不是要分封土地与功臣吗？那就分封给韩信、彭越、黥布三人好了，那么楚国是一定可以打破的。"韩信能为汉王打下半壁江山，多亏了张良的力谏与下邑画策方略。

（4）汉王正面拒敌，牵制项王。张良在回答中没有谈到汉王，因为韩信、彭越、黥布三人都能独当一面，正面拒敌者当然是汉王。汉王扼守荥阳、成皋，正面吸引项王，守险不战，消耗楚军，以待侧翼发展，积小胜为大胜，转弱为强。

以上是张良下邑画策的四大战略要点，它是放眼全局的一个总体作战方略，四个方面军全部发动起来，项羽将陷于前后左右四面受敌之中。汉王在正面，黥布在南翼，韩信在北方，彭越在项羽背后。要实现四个方面军的全面联动与完成对项羽的战略包围，需要时间，所以这个战略是一场人谋规划的持久战。

执行下邑画策的当务之急，是要打一场胜仗，阻止项羽西进，使汉军在荥阳、成皋一线站稳脚跟，这是第一步。第二步，就是汉王守险拒敌，全面实施下邑画策，乘势转入相持，吸引项目于坚城之下。第三步，四个方面军全面联动合围之日，就是楚汉相争结束持久战之时。最后总攻，歼灭项羽。

下邑画策的提出是在汉二年（公元前205年）四月汉军溃逃途中。有了正确的战略决策，汉军士气振作起来，峰回路转。汉王君臣、全军上下，全力投入对项羽的阻击作战，争取第一步的胜利。汉二年六月，汉军在京索阻击成功，楚汉对峙成皋，直到汉四年（公元前203年）九月对峙结束，前后共二十九个月，史称成皋之战。接着垓下会战，一战歼灭项羽，战争进程完全按下邑画策预计的计划进行，显示了这一策略的正确性。

韩信汉中对策与张良下邑画策，共同构建了楚汉战争的人谋规划，早于诸葛亮隆中对策人谋规划三分天下四百余年。张良规划全国大统一，诸葛亮规划局部统一。历史条件不同，成功大小有异，而人谋规划历史转折与前途，是他们的共同之点，非命世之才，不能有此杰作。陈寿评诸葛亮称其为良平之亚，极为中肯。良平者，张良、陈平也。陈平归汉与张良同在汉王军中为画策臣。汉二年三月，汉王东进击降殷王司马印时，陈平渡河归汉，随同进军彭城。下邑画策，亦当有陈平参与。

（二）项王亚父范增奇计

范增是秦末乱世涌现出的一个大谋士。他是秦居鄡县（今安徽桐城南）人。范增善奇计，投靠项梁为谋士。项梁死后，范增随项羽北上救赵，项羽尊为"亚父"。项羽心胸狭窄，有妇人之仁，用人唯亲，信人不专，当范增之计与项羽亲叔父项伯相左时，项羽不辨是非，总是倒在项伯一边。鸿门宴放走刘邦，是项伯破了范增之计，此时项伯不自觉成了项王的内奸。以后一步步堕落成了自觉的内奸。项羽分封十八王，原本分封汉王的土地只有巴蜀，这是范增之计。张良运动项伯加封汉王汉中地，在军事态势上就有了还定三秦的前沿阵地。项羽分封三个秦朝降将章邯、董翳、司马欣为三秦王，其实是构筑了封锁刘邦东出的一道防线。又是张良用计，让刘邦入汉中明烧栈道，麻痹项羽，韩信暗渡陈仓，灭了三秦王，打破了项羽的封锁。张良配合韩信还定三秦，致书项王说，汉王只是欲得关中而已，又一次麻痹项羽，诱使项王东征齐王田荣，丧失了西向救援三秦王的战机。

汉王兵破楚都彭城，把重兵布置在彭城的东面和南面。东面防守项羽回军，南面防守黥布北上。范增用奇计，使项羽率领三万轻骑兵绕出彭城之西，凌晨在萧县从背后发起对汉军的进攻，楚兵三万破汉兵五十六万，取得大胜，汉王败逃，诸侯转向，又回到了楚强汉弱的态势。项羽擅长攻坚，突击，以骑兵为军魂。范增奇计是充分发挥项羽用兵的特点，制定快速决战与奇袭的方略，打破汉王的持久战略。彭城大战后，楚汉对峙成皋，进入相持，范增制汉策略，要点也有四项：

第一，拒绝汉王提出的割荥阳以西归汉的要求和建议，加紧进攻，争取速决。

第二，派人前往淮南说服九江王黥布出兵武关、西击关中。

第三，联合齐、赵，阻击汉韩信军，共同打击汉王。

第四，由项羽亲率大军攻击荥阳，切断汉军运输粮道，再进取成皋，西入函谷关，与黥布会师关中。

双方战略的主战场在河南，刘邦与项羽直接对决。刘邦依托荥阳、成皋的丘陵地带，坚固防守，御敌项羽于洛阳之东。项羽攻坚，突破汉王的荥阳、成皋防线，长驱直入关中。双方都需要侧翼的配合。汉王派韩信在河北开辟第二战场，派随何出使淮南说降黥布归汉，迟滞了项羽的进攻，打破了范增的战略。更为严重的是，项羽用人不专，唯亲是从，范增奇计不仅受到项伯干扰，而且项羽中了汉王的反间计，在成皋之战进入难分难解的关键时刻，赶走了范增，范增气愤疮发背而死。范增走后，项羽被动挨打，走了下坡路，灭亡的命运不可避免。刘邦说他手下有张良、萧何、韩信三杰，"吾能用之，此吾所以取天下也。项羽有一范增而不能用，此其所以为我擒也"。① 刘邦帐下何止三杰，可以说是智士如云，猛将如雨。陈平、随何、郦食其、刘敬、陆贾等都是智士。刘邦集众智，项羽崇武单打独斗，逞匹夫之勇以对众智，哪有不败的道理？项羽帐下第一勇将黥布，也被刘邦挖了墙脚。忠心耿耿的钟离昧等大将被猜疑，不能充分发挥作用，项羽信用的诸项亲戚子弟，全都是饭桶。一个像样的叔父项伯，项羽言听计从，而项伯在鸿门宴上拉开楚汉相争的序幕之时就被汉王刘邦诱骗，两人拜为把兄弟，又结为儿女亲家，就沦落为内奸。一个缺少阅历的青年项羽，命运着实可悲。

（三）悲剧英雄项羽落幕

楚汉相争的相持阶段，即成皋对峙，通称成皋之战，此是楚汉相争的主战场和正面战场，汉王刘邦与楚王项羽直接对抗。刘邦一方用智，项羽一方用力，是典型的智与力的决战。前文指出，此役起于汉二年（前 205 年）六月，讫于汉四

---

① 《史记》卷八《高祖本纪》。

年（前203年）九月，历时两年零五个月（加一个闰月）。双方动员参战第一线的兵力达一百余万，是中国古代历史上继长平之战后，又一次投入兵力最多、历时最长的大战役。作战进程分为三个阶段。汉二年六月至后九月，为成皋序战，是第一阶段，凡五个月，以黥布反淮南为临界标识。汉三年十月至汉三年九月（汉承秦历，十月为岁首，故十月至九月为一年），为荥阳、成皋攻防大战，是第二阶段，凡十二个月。此阶段是楚汉双方争夺最激烈的阶段，也是楚军范增谋略用力的时期，汉军两度陷入危境，而最终以汉王的谋略居上，用反间计假项王之手逐除范增占有优势，双方强弱开始转换。汉四年十月至汉四年九月，双方对峙广武，为第三阶段，凡十二个月。由于韩信、彭越观战，刘邦、项羽智力俱困，相持不决。最后刘邦采用张良计，与项羽以鸿沟为界媾和，中分天下，诱项羽东归，然后顺势追击，才打破均势，转入战略反攻。汉五年十二月，当公元前202年元月①，汉王刘邦会合韩信、彭越、黥布、诱降楚大司马周殷的刘贾等，五路汉军众五十余万，项羽之军只有十万，楚汉强弱易势，汉军处于绝对优势，项羽败走乌江自刎，悲剧英雄落幕。汉五年正月，当公元前202年2月，汉王即皇帝位，楚亡汉兴。

　　项羽失败，有多种原因，主要有四个方面：其一，兵法不精，以力斗智；其二，用人唯亲，贤才遭忌；其三，残暴不仁，失去民心；其四，政治幼稚，封王失计，这一原因是致命的。司马迁在《项羽本纪》的论赞中归纳为五个原因：第一，分裂天下，引起争斗；第二，背关怀楚，失去地利；第三，放逐义帝，诸侯叛乱；第四，自矜攻伐，不行仁政；第五，专恃武力，失去民心。司马迁的批评，无疑是切合实际的，五条中多了一条失去关中地利，两者精神是一致的。在项羽失败的多种原因中，为什么分封十八王是最致命的？项羽把亲信将领封王善地，以为这样就可控制局面，殊不知诸将得地称王，就不听他的号令了，黥布封淮南王以后不听调遣就是一个典型例证。项羽封刘邦为汉中王，将三秦将章邯、董翳、司马欣封为三秦王来拒塞刘邦，实际上等于拱手将关中送与刘邦。一是关中三分而势弱；二是因项羽在新安坑杀了秦降卒二十余万，关中秦民恨透了三秦王。又，项羽封王，主观武断，未能处置好一些拥有实力的中间军事集团。山东田荣、河南彭越、河北陈余皆被排斥在封王之外。所以项羽回彭城，还没来得及坐下来休息，这几个军事巨头就联合起来反抗项羽。刘邦趁机明烧栈道，暗渡陈仓，占了关中，杀出函谷，直捣彭城，端了项羽的老窝，幸亏项羽及时回救在彭城打了一个大胜仗，才避免了过早的覆亡。

　　项羽封王，争论最大，主要有两种观点。其一，论者或曰，项羽分封代表旧贵族的割据势力，开历史的倒车，必然失败。这种观点值得商榷。公元前210年，秦始皇出游天下，巡行浙江，当时项梁、项羽叔侄随众观看，项羽情不自禁地说："彼可取而代也。"可见他不是不想当皇帝，不是一心想分封。其二，项羽迫

――――――――――――

　　① 汉继秦历以十月为岁首，汉五年十二月，即汉五年的第三月，当公元前202年元月。汉五年正月，即汉王年的第四月，汉王刘邦即皇帝位，为公元前202年2月。

于各路诸侯都要称王的形势，那就更不符实际。钜鹿之战，诸侯折服，强捷有力者皆归项羽旗下，成了他的部将。最大的异己刘邦，欲与项羽争衡，心有余而力不足，他像踩钢丝一样，冒死入虎穴乞和。当时，谁敢和项羽对抗？迫于形势之说根本不成立。

那么，项羽为何分封十八王？追本溯源应是范增劝项梁立楚怀王这一政治失计，给入世未久的项羽套上了绳索。范增在秦末诸侯并起之时，建言立楚王后，以利号召民众。本来秦并六国，政治一统，废除分封，用郡县制取代了侯王林立，消除了兼并战乱，民众"莫不虚心而仰上"①。可是由于秦施暴政，二世而亡，由于历史的局限，当时多数民众把大一统的集权政治与暴政二者等同起来，对秦政制度产生了惶惑，六国遗民纷纷乘势而起，分封制度的沉渣泛起，只不过是回光返照。项羽分封十八王，不自觉地走了回头路，并不是代表旧贵族势力开历史倒车。范增劝项羽急击刘邦，可见也是要争天下的。但刘项两人封王，形似而内核实质不同。刘邦封王，只是政治策略，刘邦是在被动局面下利用封王的策略树羽之敌，壮大自己争取主动；而项羽封王，恰恰是在主动的鼎盛局面下，为了一个"如约"而封王，给自己树敌，显然是政治失计。刘邦集团的谋臣郦食其也曾献策立六国后，被张良建言制止了。最后为了合击项羽，同一个张良建议刘邦封韩信、彭越为王，为了策反黥布也封了王。张良看清了历史大势，只把分封作为策略运用，坚持统一路线，最后胜利了。范增识见不远，逊于张良，他建言项梁立楚后在当时还有一些积极意义，而建言项羽封十八王则是误导，逆历史潮流而动，失败是必然的。于是又有一种观点认为，范增非善谋之士，他对项羽的失败应负主要责任，这也是不妥的。范增只是一个谋臣，听不听还在项羽，何况智者千虑之一失并不足以导致项羽的失败。分封固然是馊主意，但设计鸿门除害、王刘巴蜀，这些主意并不坏。问题是，范增的馊主意，项羽采纳了；范增的好主意，项羽拒绝了，最后把范增赶走了，重瞳子以亲疏画界，虽有一范增而不能用，不亡何待！而那个改姓刘的项伯，却是项羽言听计从的一个笨伯和内奸！

项羽的致命弱点是政治幼稚。由于他少年逃难，在叔父项梁保护下成长，所以任人唯亲。设宴鸿门时的项羽，才是一个27岁的马背上的将军，他还不懂得用阴谋手段诛除异己，而且以形势论，项羽并不需要搞阴谋手段。本来，项羽用范增的计谋，封刘邦为蜀王，想把他困在巴蜀，又是张良运动项伯说情，改封刘邦为汉中王。项羽这一改动，既负背约之名，而又实授关中之实，为一大失策。他在鸿门宴上即使杀了刘邦，也担当不起靖乱安邦的历史重任。而刘邦多次出入险地，九死一生却安然无恙。鸿门宴上，项伯保了他；彭城战败了，丁公释放了他；荥阳出逃，有纪信替死；成皋逃出，项羽不察，这一切仿佛暗中有神灵保佑似的。怪不得司马迁发出了"岂非天哉，岂非天哉！"②的慨叹。以今天的观点来

① 引文见贾谊《过秦论·中篇》。
② 《史记》卷十六《秦楚之际月表序》。

看，这"天"就是历史必然之中的偶然取得了胜利，实质是一个老谋深算的中年战胜了一个鲁莽天真的青年，刘邦的胜利是必然的，项羽的失败是值得同情的。

三、汉匈大决战

汉匈大决战，起于汉武帝元光二年设谋马邑，拉开了汉匈大决战的序幕，到汉宣帝甘露元年，呼韩邪单于入朝臣服汉朝止，即公元前 133 年到前 53 年，汉匈大决战画上句号，前后历时 81 年，差不多可以称为世纪之战。汉匈大决战最精彩的段落是汉武帝伐匈奴，从元光二年到汉武帝征和三年下轮台诏休战止，即公元前 133 年到公元前 90 年，前后 44 年是最为激烈的战争状态，可分为三个段落。三段时间大体各为 15 年，前后两段均为汉匈大决战，中间一段是间隙备战。第一段从元光二年设谋马邑到元狩四年漠北大战，即公元前 133 年到公元前 119 年，这十五年是汉匈大决战最激烈的时期，结局汉胜匈败，漠南无王庭。从元狩五年到元封六年，即公元前 118 年到公元前 105 年，其间 14 年，双方休息备战，匈奴不臣服，仍时常犯边。从太初元年到征和二年李广利兵败降匈奴，征和三年汉武帝下轮台诏宣布休战止，即公元前 104 年到公元前 90 年，其间十五年是汉匈第二阶段大决战，西汉扩张，断匈奴右臂，置河西四郡，切断羌胡交通，汉通西域。张骞凿空，开辟了丝绸之路。西汉获得完胜，匈奴远遁，衰落分裂，但仍未臣服，汉朝也付出了沉重的代价。昭宣中兴，西汉达于鼎盛，匈奴衰败分裂，呼韩邪单于来朝，汉匈大决战画上句号。汉武帝时期的 30 年大决战，汉武帝的雄才大略，彻底打败了匈奴，这是汉匈大决战的闪光点。

将近一个世纪的汉匈大决战为何发生？汉朝付出了怎样的代价？如何评价其性质和意义？前人的论说多是负面的，认为汉武帝穷兵黩武，汉朝付出了"海内虚耗，户口减半"[①]的代价，得不偿失，特别是李广利两次兵征大宛，天下骚动，汉军损失数十万，只获得三千匹汗血马，很不值当。汉武帝晚年，民不堪重负，农民起义此起彼伏，已出现秦末的衰败征兆，还说司马迁是反战的，对汉武帝是批判的。如何看待昔贤的评说？本题循着司马迁记载的史实，从人类社会发展文明冲突的视角予以评说，抛砖引玉，以待贤者。

（一）汉匈大决战的背景

汉匈战争为何发生？本质是一场人类文明冲突。亚洲北方气候寒冷，是大牧场，自然发展的是游牧文化。汉民族宜于农耕的黄河流域的黄土高原与长江流域的江汉平原发祥成长，发展农耕文化也是自然的。两种文明的冲突早在春秋战国时期就开始了。从秦穆公的并国十二，辟地千里，到赵武灵王的胡服骑射，就是两种文明冲突的战争。万里长城的修筑，亦是两种文明冲突的标志，一道万里

---

① 《汉书》卷七《昭帝纪》，中华书局 1962 年点校本，第 233 页。

长城，说明在冷兵器时代，农耕民族处于守势，付出的代价也十分昂贵。

当历史指针指向秦汉之际，亚洲南方农耕民族以最先进文明的华夏民族统一黄河长江两大流域成为一个超级大国，国土面积大约 400 万平方公里。北方匈奴游牧民族出了一个英武的冒顿单于，他把许多不统属的氏族、部落都统一起来，建立了强大的匈奴单于国，其地东起辽河，西至葱岭，北抵贝加尔湖，南到长城，东西万里，国土面积大约 1000 万平方公里以上，两倍于西汉的国土，是北方的超级大国。两个超级大国的碰撞，战争就要发生质的变化，形成两种文明的冲突，可以说是古代的一场世界大战，由于势均力敌，所以旷日持久。汉初汉匈两国发生的平城之战可以说就是大决战的一场预演。公元前 200 年，匈奴冒顿单于统领 40 万骑兵，大败汉高祖率领的 32 万步骑，一次战役，双方动员用于第一线的兵力就达 70 万以上，在当时可以说是双方倾全国之力的一场大决战。双方都是从长期的统一战争中走过来，双方兵强马壮，但都是国家初建，经济匮乏，不利于持久战争，又势均力敌，以和亲罢战收场，其实是双方的一种休养备战。

到了汉武帝登场，西汉经过半个多世纪的休养生息，文景时代养马备战，储粮于边，汉朝的人口与财富是匈奴本部人口与财富的十倍，这就是汉武帝敢于亮剑的资本。

（二）汉匈大决战的代价和结局

汉匈大决战是一场世纪大战，汉武帝伐匈奴的决胜阶段，历时三十年，故战役过程不必细说。只需说一说汉匈大决战的规模和双方付出的沉重代价，就足可以透视这场大决战为何不可避免，战争性质，以及惨烈景象了。汉武帝时的匈奴大决战，匈奴本部人口 500 余万，加上兼并的各游牧部众，估计人口在 1000 万左右；汉朝人口约 4000 万，四倍于匈奴人口，十部于匈奴本部人口。古代无战乱的承平时期，大约 100 年间人口增长翻一倍。汉武帝时期是西汉中期，汉匈大决战前承平 70 余年，大决战后到汉末战乱承平 80 余年，刚好两者在承平时期相当，人口增约一倍。汉初人口依范文澜《中国通史简编》①，以战国时人口五人一兵计，秦统一六国，全国人口 2000 余万，到西汉汉武帝发动汉匈大决战时人口增至约 4000 万。《汉书·地理志》统计西汉末人口 5950 万，即约 6000 万，减半计是 3000 万。4000 万减 3000 万，这 1000 万人口之差，就是汉匈大决战汉朝付出的人口代价。"户口减半"之说有些夸张，因战乱导致一些户口隐没未能登记，但减少三分之一则是可信的。即汉匈大决战，西汉人口减三分之一，损失一千二三百万。匈奴本部人口，以五人一兵计，平城之战一次投入骑兵 40 万，人口则有 200 多万，到汉匈大决战时匈奴本部人口 500 余万，损失 200 万。汉匈大决战，双方损失人口总计一千四五百万，相当于第一次世界大战损失人口之半，毫无疑问是古代的一场世界大战。这是游牧民族与农耕民族两种文明发展到不可并存时必然

---

① 范文澜：《中国通史简编》（修订本）第二编，人民出版社 1965 年版，第 18 页。

要发生的大决战，也是世界整个人类发展史上古代空前绝后的历史大变局。何为决战？决战就是双方交战必须分出胜负，一方彻底打败另一方，不达目的，双方战斗决不会停止。从这个意义上，汉武帝是非常之人，他带领卫青、霍去病、张骞、李广等时代英雄建立了非常之功，是值得肯定的。汉匈大决战改变了人类文明的历史进程。欧亚大陆板块，农耕民族由守势转入反攻，并战胜了游牧民族，先进文化得以传承。假如匈奴胜利，汉朝溃败，中华五千年文明就此中断，则历史不知道要倒退多少年。东汉又一次打击匈奴，迫使其西迁，而在西晋末尚有五胡入主中原的动乱，这是北方游牧残余导致的变局，由此反推，汉匈大决策西汉的胜利，即使付出了"户口减半"的代价也是值得的，因为这一代价的付出保卫了农耕文化。

（三）张骞凿空建言断匈奴右臂，英雄创造时势

张骞，汉中城固（今陕西城固县）人，西汉杰出的外交家和大探险家，这是学术界公认的评价，张骞当之无愧。张骞还是一位大政治家和战略家。张骞约生于公元前159年，卒于公元前114年，享年46岁，是一位中青年才俊，可以说其英年早逝。

准确地评价历史人物地位，必须放在当时的历史背景中，全面掌握人物的活动事迹。公元前139年张骞21岁出仕为郎，到公元前114年死于大行令，任职26年。其中两次出使西域17年，在宫廷为官9年，历郎官、太中大夫、卫尉、大行令，带兵出征为校尉、将军。郎官为皇帝侍从。太中大夫参决谋议，备顾问。卫尉、大行令位列九卿。卫尉，警卫宫殿。大行令，秦官为典客，掌蛮夷归义，相当于外交部部长。西汉大行兼理诸侯王事务，相当于内政部长。张骞的任职，表明了他是汉武帝的亲信大臣，处于决策中枢，参与军国大政谋议。

张骞出使西域，他的使命是联结大月氏抗击匈奴。由于大月氏在中亚已安居乐业，不想报复匈奴，张骞的使命未能完成，但他从西域的考察中提出了更高的战略。《大宛列传》记载张骞回答汉武帝的询问。可称为"西域对"。前文楚汉相争已述及韩信在汉中拜将，回答汉高祖询问，可称为"汉中对"。《三国志·诸葛亮传》记载刘备三顾茅庐，咨问天下大计，诸葛亮答以"隆中对"。这"三大对"都是当世历史转折的英雄规划历史变局的谋略。"汉中对"规划了楚汉相争，以弱胜强的谋略。"隆中对"规划了三分天下，为刘备割据一方提出了胜利的人谋。"西域对"提升了汉武帝反击匈奴要放眼世界开拓进取断匈奴右臂的谋略。"三大对"标志张骞站到了韩信、诸葛亮的行列，可以说是一代人杰。

"西域对"影响汉匈大决战主要有三项决策：其一，提出断匈奴右臂，通使联结中亚的乌孙；其二，建言取大宛汗血马，改良中国马种，组建高质量骑兵，如同当今的现代化国防建设；其三，倡言通身毒国而重开经营西南夷。断匈奴右臂的胆识，只有张骞身临西域，了解大世界，才有头脑提出。以上几项，都是根本性的国策。张骞死后，西汉政府继续执行，平西南夷为郡县，兵征大宛，和亲

乌孙，置河西四郡，既通西域，又切断羌胡交通，为日后青藏高原的归附，奠立了万世之基。这些战略决策，直到宣帝之世，全部实现张骞的战略理想。从决策角度考察，张骞不只是一个杰出的外交家，他还是一个胆识过人的政治家和战略决策人物。他对于历史的贡献和对西汉政治的影响，要给予崇高的评价。

张骞出使，不是掠夺、占领，他没有带庞大武装，而是传播忠诚信义，带去东方的物产，以和平为宗旨交谊朋友，这是更值得永远发扬光大的精神。特别是第二次出使乌孙，当时匈奴势力已被逐出西域，东西交通畅通，张骞携带丝、缯、帛、金钱、货物等前往。张骞在西域活动，始终贯彻"以义属之"的和平外交路线，寻求友谊与合作。乌孙王昆弥倨傲无礼，张骞责以大义，讲求忠诚与信誉，受到西域各国的热情欢迎和接待。甚至张骞死后，汉使都要打张骞博望侯的旗号，才能赢得西域各国人民的信任。张骞结盟大月氏夹击匈奴以及招大月氏重回故地，这一具体目的因客观原因没有实现，但不是外交的失败。张骞从长远战略目标出发，以和平友好使者身份传达友谊，沟通中西文化交流，从此中西使者、商队络绎不绝，获得了外交的极大成功。在公元前一二世纪，东西方文化各自达到了古代文明的高峰，西方有希腊、罗马文化，东方南亚有印度文化、东亚有中国秦汉文化。张骞通西域，在三大文化交流中做出了重要贡献，在世界文化史上写下了灿烂的一页。张骞无疑是一位世界文化名人，他的名字与丝绸之路是不可分割的。他是东西方文化的和平交流使者，有别于中世纪和近代那些以掠夺为目的的探险者、淘金者，这是中华民族的骄傲。

张骞通西域，《史记》《汉书》均称为"凿空"。苏林注："凿，开也。空，通也。骞始开通西域道也。"颜师古注："空，孔也。犹言始凿其空穴也。故此下言'当空道'，而《西域传》谓'孔道'也。"[①] 对阻路的大山，开凿通道，就叫凿空。张骞备受艰难险阻，首次由汉直通西域，故形象比喻为凿空，匈奴是阻挡汉朝走向世界的大山，打开这座大山，突围向前，"凿空"二字比喻极为形象生动，也是对张骞备尝艰险的描述与赞评。古代没有人工开凿的穿山通道，司马迁创立"凿空"这一概念，本身就是一个伟大的创造。司马迁慧眼识英雄，把张骞的通使行迹上升为放眼看世界，中国的发展要走向世界，内涵极为丰富。张骞凿空，汉通西域，汉武帝移七十万民众于河西走廊，这是地域政治的凿空，屏断羌胡交通，迫使匈奴远遁并臣服，为日后青藏高原并入中国版图奠定基础，这是张骞非始料所及的又一贡献，也是汉匈大决战影响历史深远意义的外延，值得大书一笔。

四、结束语

综上所述，司马迁所写中国古代历史转折的三大战役，长平之战、楚汉相争、汉匈大决战，给人类文明积淀下厚重的历史思考，是一份珍贵的文化遗产。

---

① 《汉书》卷六十一《张骞传》颜师古注。

所谓历史思考，就是已往历史留给人们的经验、教训和借鉴。三大战役留下的历史借鉴，主要有四个方面。其一，大战役必将伴随历史转折而发生。长平之战转折了千年历史之变，楚汉相争转折产生了新王朝，汉匈大决策转折了处于守势的先进农村文化战胜游牧文化。其二，历史转折的大战役，双方矛盾不可调和，也就是大战役不可避免。战争来临，要迎难而上，奉陪到底。长平之战，赵王意志不坚，心存侥幸，把一副合纵好牌打烂了，教训是深刻的。其三，历史转折大战役，必须决出输赢，双方都要拼尽全力，所以时间长、规模大，双方的投入都是全民总动员，使出浑身解数。其四，大战役取胜既是力敌，更要智取，往往是新生方以弱胜强，表现为智胜力。用智就要分清敌、我、友，孤立敌人、瓦解敌人；自我团结，上下一心，同仇敌忾；争取中间，广交朋友。楚汉相争，刘邦做得最好，以弱胜强。汉匈大决战，张骞凿空通西域，也是争取中间。任何强势一方，单打独斗，终将失败离场。长平之战，强势秦军不敌韩赵楚魏联军，就是一个生动的例证。试看今日之域，百年大变局，已见历史端倪，就要丢掉幻想，做大做强自己，准备战斗，迎难而上，敢战才能止战，或许才能不战而屈人之兵，留给历史来做结论。

《史记》中灾星与战争的关系

本文作者李小成，西安文理学院文学院教授；戴毅欣，西安文理学院文学院学士。

引言

　　"天人合一"的思想自古有之，不管是儒家还是道家，都认为自然和人类社会有某种神秘的关联性。《易传·系辞上》云："天垂象，见吉凶，圣人象之。"①张洽《春秋集注》文公十四年云："秋，七月，有星孛入于北斗。《传》：周内史叔服曰：'不出七年，宋、齐、晋之君皆将死乱。'是后，齐弑君舍；宋弑昭公；十八年，齐又弑庶公；宣二年，晋弑灵公。刘歆云：'天之三辰，纲纪之星。宋、齐、晋，天子方伯，中国纲纪。斗七星，故曰不出七年。'胡氏曰：'此三君，皆违道失德而死于乱，符叔服之言。天之示人显矣，史之有占明矣。'"②自先秦以来人们认为天象和人事有某种必然的联系，上天显示的各种异象，和人们的社会生活有某种密切的关系，而观察天空中特殊的星象能预测吉凶祸福。灾星星占是利用星象变化预测人间吉凶的一种占卜方法，和龟卜蓍占有异曲同工之妙。灾星星占具体是根据灾星所处的位置、大小、色泽、运行轨迹以及出现的时间长短等状况来进行预测，与当时天人感应的思想关系密切。《史记·天官书》是我国西汉以前天文观测的科学总结，代表了当时天文学的最高水平。由于古人预测灾星星象的目的大多数在于预示朝廷的军国大事，故而《史记·天官书》不可避免地涉及不少关于灾星星象与发生战争之间关系的记载，是以灾星星占卜的卜辞具有浓厚的神秘色彩，对秦汉时期的军事、政治也产生了深远影响。

　　古人很早就关注天上的日月星辰，它们的变化和从事农耕民族的关系极为密切。《尚书·尧典》云："乃命羲和，钦若昊天，历象日月星辰，敬授人时。分命羲仲，宅嵎夷，曰旸谷。寅宾出日，平秩东作。日中，星鸟，以殷仲春。厥民析，鸟兽孳尾。申命羲叔，宅南极，曰交阯。寅敬致日，平秩南为。日永，星火，以正仲夏。厥民因，鸟兽希革。分命和仲，宅西土，曰昧谷。寅饯纳日，平秩西成。

---

① ［魏］王弼撰，楼宇烈校释：《周易注校释》，中华书局 2012 年版，第 244 页。
② ［南宋］张洽撰，陈岘点校：《春秋集注》，中华书局 2021 年版，第 211 页。

宵中，星虚，以殷仲秋。厥民夷，鸟兽毛毨。申命和叔，宅朔方，曰幽都。寅在易日，平秩朔伏。日短，星昴，以正仲冬。厥民隩，鸟兽氄毛。"① 战国时期《荀子·天论》亦言及星辰变化与人事的关系，《天论》云："列星随旋，日月递照，四时代御，阴阳大化，风雨博施，万物各得其和以生，各得其养以成。……星坠木鸣，国人皆恐。"② 在汉代以后关于日月星辰的记录，天文学史的书中均有专门的记载。如《史记·天官书》中记载了天官、星占、云气占、二十八宿、分野等内容，《史记·日者列传》和《史记·龟策列传》也有涉及相关的天文知识；《汉书·天文志》《汉书·五行志》和《后汉书·天文志》《后汉书·五行志》中也记录了日食、流星、彗星等星象变化，以及大量的气象占等；《淮南子·天文训》中也涉及了一些关于天文的篇章；《晋书·天文志》则对汉代的天文学知识体系做了系统的概括整理。但由于先秦和秦汉时期的天文文献到了后代基本散佚，关于天文星占的大部分内容都保存在唐代瞿昙悉达编撰的《开元占经》中，其中包括《黄帝占》《海中占》《荆州占》《春秋纬》等，从中可以看到大量的星占学占辞。《通占大象历星经》亦言星象与兵事，其书卷上云："彗孛入斗中，天下改主，有大谬。"③

今人对古代天文学研究作出了很大贡献，江晓原于 20 世纪 90 年代陆续出版的《星战学与传统文化》《历史上的星占学》《天学外史》等，总结了古代星占学的理论和成就，并提出中国天文学是政治天文学的观点。近几年讲到星占学和战争的相关论文有：黄一农《星占、事应与伪造天象——以"荧惑守心"为例》④、徐凤先《中国古代异常天象观对社会影响的历史嬗变》⑤、田甜《中国古代天文学与战争》⑥、甄尽忠《汉代彗星星占及其政治影响》⑦，相关的硕博论文有张骞《星占学与汉代政治研究》⑧、陈敏学《秦汉政治视野下的天象解说》⑨ 等，这些文章都开拓了我们的研究视野，对本天文星象与人事关系的研究有诸多启发，尤其是对《史记》中灾星出现与战争关系有一定的参考价值。

一、《史记》中所记灾星星象的分类

在天人感应和阴阳灾异思想极其盛行的汉代社会，人们认识到自然和人类存

---

① 屈万里著，李伟泰、周凤五校：《尚书集释》，中西书局 2014 年版，第 6—7 页。
② 梁启雄：《荀子简释》（新编诸子集成续编），中华书局 1983 年版，第 222、226 页。
③ 撰人不详：《通占大象历星经》，《丛书集成初编》第 153 册，中华书局 2011 年版，第 94 页。
④ 《自然科学史研究》1991 年第 2 期。
⑤ 《自然辩证法通讯》1995 年第 3 期。
⑥ 《陕西师范大学学报》2007 年第 2 期。
⑦ 《求索》2017 年第 6 期。
⑧ 河北师范大学 2017 年硕士论文。
⑨ 中央民族大学 2017 年博士论文。

在某种联系，而且能够相互感应。他们面对浩瀚的星空，对各种天文星象如日食、月蚀、五星、灾星的出现等作出了不同的吉凶判断，其中灾星星象就是古人极为关注的星象之一。灾星又叫彗星、妖星，它和日食、地震一起被列为三大最严重的灾异，而日食和灾星给人类带来的灾异又是多样的，或为战乱，或为大丧，或为饥荒，或为旱灾，或为疫病等等。灾星星象的出现和其占辞在汉代社会和政治环境中有着极其重要的分量，对朝廷的决策者和执行者都有着重要的影响，更甚者还会影响底层普通士兵在军事作战中的士气，从而导致对整个战局胜负的影响。所以灾星星象及其占辞所预示事件的重要性不言而喻，这在各种典籍中人们对灾星的记载之多也可以看出。

何谓灾星？"灾"，《说文》写作"烖"，云："天火曰烖。"①《左传·宣公十六年》："凡火，人火曰火，天火曰灾。"②《谷梁传·桓公十四年》："御廪灾。"何休注："火自出烧之曰灾。"③"灾星"就是"引起灾变的星辰"，彗星、妖星等出现大多数会引起人世间的灾变，因此，灾星又叫彗星、妖星。"彗星"古称"妖星""欃抢"，"彗"有扫帚之意，故又俗称"扫帚星""孛星""长星"，它是绕太阳运行的一种天体。"灾星"是古人相信天象与人事相关，认为某个星体呈现异常，则人间就会有相应的灾异，也喻指造成大灾大难的人或事。

在《史记·天官书》中涉及到的星辰不胜其数，面对如此繁杂的星辰名，司马迁并没有作出完整的分类，其中预示战争的星辰不完全是灾星。为了能一目了然地分辨出哪些是灾星，哪些灾星的出现预示战争，有必要对《史记·天官书》中涉及的星辰进行辑录分类，以对各星辰分属有一定的概念，亦便于准确地找到灾星分析其与战争的关系。

七政：古人把日、月及金、木、水、火、土这五颗星合起来称为"七政"，又叫"七曜"。《史记·天官书》中《索引》马融注《尚书》云："七政者，北斗七星，各有所主：第一曰正日；第二曰主月法；第三曰命火，谓荧惑也；第四曰煞土，谓填星也；第五曰伐水，谓辰星也；第六曰危木，谓岁星也；第七曰剽金，谓太白也。日、月五星各异，故曰七政。"④

日、月。

火星（荧惑，或谓之罚星）；

土星（镇星，又名填星、地侯）；

水星（辰星，又名兔星、细级、钩星、爨星、伺祠、小正、天欃、安周星、

---

① [汉] 许慎撰，（宋）徐铉校定，愚若：《注音版说文解字》，中华书局 2015 年版，第 208 页。

② 杨伯峻：《春秋左传注》，中华书局 1981 年版，第 769 页。

③ [清] 钟文烝撰，骈宇骞、郝淑慧点校：《春秋谷梁经传补注》，中华书局 1996 年版，第 119 页。

④ [汉] 司马迁撰，（宋）裴骃集解，（唐）司马贞索引，（唐）张守节正义：《史记》卷二十七，中华书局 1959 年版，第 1292 页。

细爽、能星）；

木星（岁星，又名摄提、重华、应星、纪星、经星）；

金星（太白，又名太白金星、明星、启明、长庚、殷星、太正、营星、观星、宫星、大衰、大泽、终星、大相、天浩、序星、月纬）①；

北极星：古人认为北极星是天的中心，由于它靠近北极，故名北极星。《史记·天官书》曰："中宫天极星，其一明者，太一常居也。"② 这里所说的天极星就是北极星。

北斗七星：北斗星，是接近北极星的七颗星，分别由天枢、天璇、天玑、天权、玉衡、开阳、摇光组成，因此人们也习惯称之为北斗七星。《史记·天官书》曰："北斗七星，所谓旋、玑、玉衡以齐七政。"《索引》案："《春秋运斗枢》云：'斗，第一天枢，第二旋，第三玑，第四权，第五衡，第六开阳，第七摇光。第一至第四为魁，第五至第七为标，合而为斗。'"③

二十八宿：二十八宿即二十八个星宿，每个星宿作为行星舍止之处所，是古人设想依据恒星在天球上的位置，将天球划分为一定的星空区域，即把黄道、赤道附近的星空划分为二十八个星空区，是为二十八宿。这二十八宿中每一个星宿都有一定的星座，以作为固定的标志。

三垣：古人将北极星周围附近的星座，用想象的线条联系为三个星空区域，各区都以东西两藩的星绕成墙垣的形式，故取名为三垣，作为天宫中天帝的官署，各分担不同的职务，共分为紫微垣、太微垣、天市垣三个官署。

十二次：十二次是指行星经过星空时所暂居的十二个处所。分别是：星纪、玄枵、诹訾、降娄、大梁、实沈、鹑首、鹑火、鹑尾、寿星、大火、析木。

灾星：《后汉书·郎顗襄楷列传》引李贤注："故金火并为罚星也。"④《史记·天官书》曰："察刚气以处荧惑曰南方火，主夏，日丙、丁。礼失，罚出荧惑，荧惑失行是也。"⑤ "察日行以处位太白。曰西方，秋，日庚、辛，主杀。杀失者，罚出太白。"⑥ 汉墓出土的帛书中绘有各式彗星图 29 幅，席泽宗称之为"世界上关于彗星形态的最早著作"。除去名称相同者之外，共出现彗星名称 19 个，分别是赤灌、白灌、天箭、虉、彗星、蒲彗、耗彗、秆彗、厉彗、帚彗、竹彗、蒿彗、苦彗、苦发彗、甚（椹）星、廧（牆）星、扚（内）星、蚩尤旗

---

① ［汉］司马迁撰，（宋）裴骃集解，（唐）司马贞索引，（唐）张守节正义：《史记》卷二十七，中华书局 1959 年版，第 1327 页。

② 同上，第 1289 页。

③ 同上，第 1291—1292 页。

④ ［宋］范晔撰，（唐）李贤等注：《后汉书》卷三十下，中华书局 1965 年版，第 1076—1077 页。

⑤ 《史记》卷二十七，中华书局 1959 年版，第 1317 页。

⑥ 同上，第 1322 页。

和翟星。① 在《晋书·天文中》共列妖星名称 21 个，分别是彗星、孛星、天棓、天枪、天欃、蚩尤旗、天冲、国皇、昭明、司危、天谗、五残、六贼、狱汉、句始、天锋、烛星、蓬星、长庚、四填、地维藏光。② 其中引汉代京房《风角书·集星章》中列出了 35 种妖星名称，分别是："天枪、天根、天荆、真若、天椽、天楼、天垣、天阴、晋若、官张、天惑、天崔、赤若、蚩尤、天上、天伐、从星、天枢、天翟、天沸、荆彗、若星、帚星、若彗、竹彗、牆星、椽星、白蘿、天美、天欃、天杜、天麻、天林、天蒿、端下。"③ 与席泽宗《马王堆汉墓帛书中的彗星图》相同的妖星名称有 8 个，分别是白蘿、天欃、帚星、竹彗、天蒿、牆星、蚩尤旗和天翟。

在《开元占经·彗星占上》中明确提到的彗星的名称有天棓、天枪、天谗、莆星、孛星、拂星、扫星、彗星、长星。④《黄帝占》曰："妖星者，五行之气，五星之变。如见，其方以为灾殃，各以其日五色占知何国，吉凶决矣。"⑤ 可见妖星亦是引起灾变的星辰，是以亦为灾星。《晋书·天文中》引《河图》云："岁星之精，流为天棓、天枪、天猾、天冲、国皇、反登、苍彗。荧惑散为昭旦、蚩尤之旗、昭明、司危、天欃、赤彗。填星散为五残、狱汉、大贲、昭星、绌流、句始、蚩尤、虹蜺、击咎、黄彗。太白散为天杵、天樹、伏灵、大败、司奸、天狗、天残、卒起、白彗。辰星散为枉矢、破女、拂枢、灭宝、绕綖、惊理、大奋祀、黑彗。"⑥ 此外，在《开元占经·妖星占》中，除了引《河图》的上述灾星，还有六贼、莆星、天锋、烛星、蓬星、长庚、四填、地维藏光、女帛、盗星、瑞星、昏昌、华星、白星、莵昌星、格泽、归邪、蒙星。⑦ 在《开元占经·妖星占下》中引《孝经雌雄图》三十五妖星："天垣、天楼、天椽、首若、天荆、天根、天枪星、端下、商若、天杵、天麻、天杖、天挼星、天英、白旧、星、粪星、林若、若彗、帚星、若星、蚩尤、赤若、天雀、天惑、官张、晋若、天阴、折若、天拂、天翟、天枢、天从、天罚、天社。"⑧ 由于彗星是不祥的象征，故而古人对彗星的异常极为关注，《史记·天官书》就记载了春秋时期"日蚀三十六，彗星三见"⑨ 的天文星象，日蚀和彗星的多次出现，也预示了当时动荡的社会局势。在汉代天文学家对彗星的种类划分得非常仔细。具体的彗星图像如下：

①　席泽宗：《马王堆汉墓帛书中的彗星图》，《文物》1978 年第 2 期，第 6 页。

②　[唐]房玄龄等撰：《晋书》卷十二，中华书局 1974 年版，第 323—326 页。

③　同上，第 327 页。

④　[唐]瞿昙悉达著：《开元占经》卷八十八，九州出版社 2012 年版，第 877—888 页。

⑤　《开元占经》卷八十五，九州出版社 2012 年版，第 847 页。

⑥　《晋书》卷十二，中华书局 1974 年版，第 326 页。

⑦　《开元占经》卷八十五，九州出版社 2012 年版，第 847—863 页。

⑧　同上，第 869—876 页。

⑨　《史记》卷二十七，中华书局 1959 年版，第 1344 页。

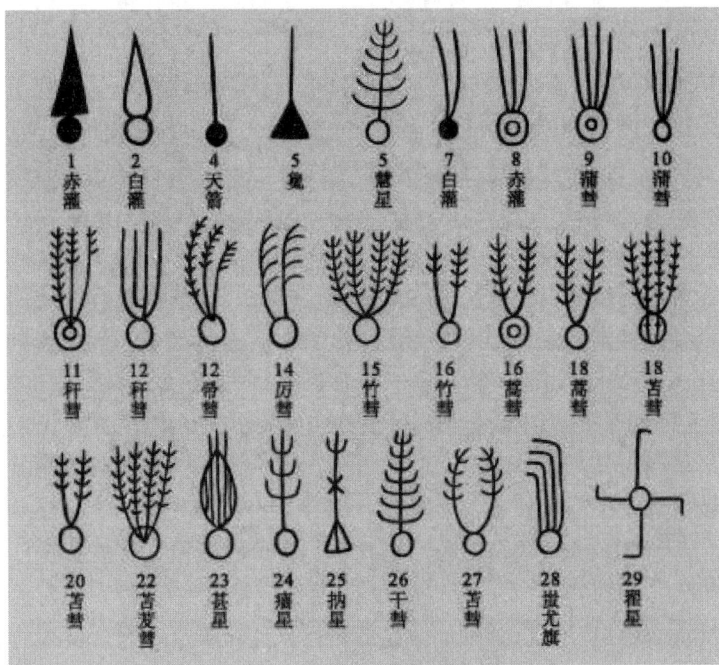

马王堆帛书彗星图（席泽宗摹本）[①]

在《史记·天官书》中对彗星或灾星的名称或多或少都有提及，但却没像《晋书·天文志》和《开元占经》对彗星、妖星有明确的分类，所以有必要对灾星作出大致归纳和分类，以便分析灾星与战争的关系。

二、《史记》中灾星星象的内涵、出现状况及其象征意义

灾星在先秦两汉又统称为彗星、妖星、星孛，人们认为灾星的出现是凶兆。《淮南鸿烈集解·天文训》亦言："虹蜺彗星者，天之忌也。"[②] 可见古人对彗星是十分忌讳的。所以，人们对灾星的出现也就多加留意，观察其出现的状况、出现时间的长短、颜色、亮度等，对灾星星占的卜辞进行分析，研究其具体的象征意义，以便于做好应对灾异的准备。

（一）《史记》中灾星星象出现的状况

灾星包括彗星、妖星、太白、荧惑，由于太白和荧惑并称为两大灾星、罚星，

---

① 席泽宗：《一份关于彗星形态的珍贵资料——马王堆汉墓帛书中的彗星图》，上海科学技术出版社1978年版，第40页。

② 刘文典撰，冯逸、乔华点校：《淮南鸿烈集解》卷三，中华书局1989年版，第84页。

是五大行星之一，也属七政之一，是比较重要的行星。唐代瞿昙悉达的《开元占经》中也有专门的《太白占》《荧惑占》，在《史记·天官书》中金星占和火星占所占的篇幅也比较多，所以在描述灾星星象出现状况和过程中单独列出，分别分析太白和荧惑的内涵和出现状况。而彗星和妖星无论其名称和种类都较为繁杂，《开元占经》引石氏曰："凡彗星有四名，一名孛星，二名拂星，三名扫星，四名彗星。其状不同，为殃如一。"① 所以把彗星和妖星两者放在一起，归纳它们在《史记》中出现的状况。

太白：太白为金星，主杀伐。《史记·天官书》云："察日行以处位太白。曰西方，秋，日庚、辛，主杀。杀失者，罚出太白。"② 《汉书·天文志》曰："太白，兵象也。"③ 《开元占经·太白占》引甘氏曰："太白主大将，主秦郑。"巫咸曰："太白主兵革诛伐，正刑法。"④ 由上述引文可知，太白是主杀伐，主兵象之星。此处辰星亦与其类似"辰星，杀伐之气，战斗之象也。"⑤ 在对外国的战事中太白通常被认为主中国，辰星主夷狄。

《史记·天官书》曰："行胜色，色胜位，有位胜无位，有色胜无色，行得尽胜之。"《集解》晋灼曰："太白行得度者，胜色也。""行应天度，唯有色得位；行尽胜之，行重而色位轻。"⑥ 这说明灾星的运行位置和颜色对太白星占的影响。下面将太白的运行状况和色泽分别列出，以比较其与战争的联系。

1. 出与入

出则出兵，入则入兵。⑦

当出不出，未当入而入，天下堰兵，兵在外，入。未当出而出，当入而不入，天下起兵，有破国。其当期出也，其国昌。其出东为东，入东为北方；出西为西，入西为南方。所居久，其乡利；易，其乡凶。⑧

2. 色泽

小以角动，兵起。始出大，后小，兵弱；出小，后大，兵强。出高，用兵深吉，浅凶；库，浅吉，深凶……圆以静，静。顺角所指，吉；反之，皆凶。……赤角，有战；白角，有丧；忧，有水事；青圈小角，忧，有木事；

---

① 《开元占经》卷八十八，九州出版社 2012 年版，第 878 页。
② 《史记》卷二十七，中华书局 1959 年版，第 1322 页。
③ [汉] 班固撰，（唐）颜师古注：《汉书》卷二十六，中华书局 1962 年版，第 1283 页。
④ 《开元占经》，九州出版社 2012 年版，第 451 页。
⑤ 《汉书》卷二十六，中华书局 1962 年版，第 1283 页。
⑥ 同上，第 1325—1326 页。
⑦ 同上，第 1324—1325 页。
⑧ 同上，第 1324 页。

黄圆和角，有土事，有年。①

　　太白白，比狼；赤，比心；黄，比参左肩；苍，比参右肩；黑，比奎大星。②

　　荧惑：荧惑为火星，自古以来荧惑出现多为凶兆。《史记·天官书》曰："察刚气以处荧惑。曰南方火，主夏，日丙、丁。礼失，罚出荧惑，荧惑失行是也。出则有兵，入则兵散。以其舍命国。荧惑为勃乱、残贼、疾丧、饥兵。"③《开元占经·荧惑占一》引《洪范五行传》曰："礼亏视失，逆夏令，则荧惑为旱灾、为饥、为疾、为乱、为死丧、为贼、为妖言，大怪也。"④《荆州占》更是认为"荧惑上承天一，下主司天下人臣之过，司骄、司奢、司祸、司贼、司饥、司荒、司死、司丧、司正、司直、司兵、司乱、司惑，灾殃无不主之。"⑤因此，司马迁在《史记·天官书》中云："荧惑为孛，外则理兵，内则理政。故曰'虽有明天子，必视荧惑所在。'"⑥荧惑的出现常与贼乱、疾丧、饥兵等恶兆相联系，故为不祥之星。在《史记·天官书》中司马迁所记荧惑的运行状况：

1. 反道：即逆行

　　反道二舍以上，居之，三月有殃，五月受兵，七月半亡地，九月太半亡地。因与俱出入，国绝祀。居之，殃还至，虽大当小；久而至，当小反大。⑦

　　故甘、石历五星法，唯独荧惑有反逆行；逆行所守，及他星逆行，日月薄蚀，皆以为占。⑧

2. 守、犯、入

　　即行星运行当中经过或靠近恒星星宿的状况。《集解》引孟康曰："犯，七寸已内光芒相及也。"韦昭曰："自下触之曰'犯'，居其宿曰'守'。"⑨"荧惑守心"是古代一个重要的天象，就是火星在心宿发生由顺行并停留在心宿一段时间的现象。在星占学上认为，这是一个对统治者极为不利的天象。

　　火犯守角，则有战。房、心，王者恶之也。⑩
　　火守南北河，兵起，谷不登。⑪

---

① 《史记》卷二十七，中华书局1959年版，第1324—1325页。
② 同上，第1325页。
③ 同上，第1317页。
④ 《开元占经》卷三十，九州出版社2012年版，第293页。
⑤ 同上，第294页。
⑥ 《史记》卷一百零六，中华书局1959年版，第1347页。
⑦ 同上，第1317—1318页。
⑧ 同上，第1349页。
⑨ 同上，第1319页。
⑩ 同上，第1298页。
⑪ 同上，第1302页。

西宫咸池，曰天五潢。五潢，五帝车舍。火入，旱；金，兵；水，水。中有三柱；柱不具，兵起。①

其入守犯太微、轩辕、营室　主命恶之。心为明堂，荧惑庙也。谨候此。②

彗星（妖星）

彗星在古人眼中是一种极其反常的天文星象，它神出鬼没，变幻莫测，形状不一，毫无规律可循，因此，无论是东方还是西方，都把彗星的出现视为大凶之兆。而由于其特殊的形态、亮度等，除了日蚀和月蚀外，彗星也是较为能引起人们注意的天文星象。再者，古人在当时并未熟悉掌握彗星的运行规律，对于彗星的出现只能勤于观测，因此，对彗星出现时的形状、大小、亮度、位置等都有较为详细的记载。

托名黄帝而成书于汉代的星占学著作《黄帝占》中保存了大量的彗星占辞，现主要收录在《开元占经》中。《黄帝占》曰：

彗星出见，可二丈，至三丈，形如竹，木枝条，名曰扫星，三丈已上至十丈，名曰彗星，彗扫同形，长短有差，殃灾如一，见则扫除凶秽，必有灭国，臣弑其君，大兵起，国易政，无道之君当之，期三年，中五年，远九年。③

彗星者，所以除旧布新，扫灭凶秽。其象若竹彗树木，枝条长大而见，则灾深期远；短小而见，则灾浅期近；皆为兵、饥、水、丧、亡国之殃。④

《荆州占》曰：

彗星见久，灾深大；其短浅，为灾小。⑤

彗星长度不同，名称也不同。彗星的长度越长，出现的时间越久，灾害就会越严重，更甚者，还会带来亡国之祸。《史记·天官书》对于彗星的占辞与事应也有着详细的记录，下面按上文提到的彗星、妖星的名称按照其出现方位和时间、声音、色泽进行分类归纳：

1. 出现方位、时间

其失次舍以下，进而东北，三月生天棓，长四丈，末兑。进而东南，三月生彗星，长二丈，类彗。退而西北，三月生天欃，长四丈，末兑。退而西

---

① 《史记》卷一百零六，中华书局 1959 年版，第 1304 页。
② 同上，第 1319 页。
③ 《开元占经》卷八十八，九州出版社 2012 年版，第 879 页。
④ 同上，第 880 页。
⑤ 同上。

南，三月生天枪，长数丈，两头兑。①

色白五芒，出蚤为月蚀，晚为天夭及彗星，将发起其国。②

其蚤，为月蚀；晚，为彗星及天夭。③

五残星，出正东方之野。其星状类辰星，去地可六丈。④

大贼星，出正南南方之野。星去地可六丈，大而赤，数动，有光。

司危星，出正西西方之野。星可去地六丈，大而白，类太白。

狱汉星，出正北北方之野。星去地可六丈，大而赤，数动，察之中青。此四野星所出，出非其方，其下有兵，冲不利。

四填星，所出四隅，去地可四丈。

地维咸光，亦出四隅，去地可三丈，若月始出。所见，下有乱者亡，有德者昌。

烛星，状如太白，其出也不行。见则灭。所烛者，城邑乱。⑤

星者，金之散气，本曰火。星众，国吉；少则凶。

汉者亦金之散气，其本曰水。汉，星多，多水，少则旱，其大经也。⑥

旬始，出于北斗旁，状如雄鸡。其怒，青黑，象伏鳖。⑦

秦始皇之时，十五年彗星四见，久者八十日，长或竟天。

项羽救巨鹿，枉矢四流，山东遂合从诸侯，西坑秦人，诛屠咸阳。

吴楚七国叛逆，彗星数丈，天狗过梁野；及兵起，遂伏尸流血其下。

元光、元狩，蚩尤之旗再见，长则半天。其后京师师四出，诛夷狄者数十年，而伐胡尤甚。越之亡，荧惑守斗；朝鲜之拔，星茀于河戍；兵征大宛，星茀招摇：此其荦荦大者。⑧

2. 声音

天鼓，有音如雷非雷，音在地而下及地。其所往者，兵发其下。⑨

3. 色泽

国皇星，大而赤，状类南极。所出，其下起兵，兵强；其冲不利。

---

① 《史记》卷一百零六，中华书局1959年版，第1316页。
② 同上，第1327页。
③ 同上，第1328页。
④ 同上，第1333页。
⑤ 同上，第1334页。
⑥ 同上，第1335页。
⑦ 同上，第1336页。
⑧ 同上，第1348—1349页。
⑨ 同上，第1335页。

　　昭明星，大而白，无角，乍上乍下。所出国，起兵、多变。①

　　如星非星，如云非云，命曰归邪。归邪出，必有归国者。②

　　天狗，状如大奔星，有声，其下止地，类狗。所堕及，望之如火光炎炎冲天。其下圜如数顷田处，上兑者则有黄色，千里破军杀将。

　　格泽星者，如炎火之状。黄白，起地而上。下大，上兑。其见也，不种而获；不有土功，必有大害。

　　蚩尤之旗，类彗而后曲，象旗。见则王者征伐四方。③

　　枉矢，类大流星，虵行而仓黑，望之如有毛羽然。

　　长庚，如一匹布著天。此星见，兵起。④

（二）《史记》中灾星星象的象征意义

　　灾星在古代是不吉之兆，会给人们带来兵丧、灾害、叛乱等不祥之事。人们认为彗星出现的形状越长危害越大，比如亡国、臣弑君、大兵起、国易政等等。彗星、妖星等一系列灾星的星占意义与国家军政大事密切相关。下面按其在《史记·天官书》中占辞的象征意义予以分类说明：

1. 社会大乱和谋反叛乱之象

　　　　秦始皇之时，十五年彗星四见，久者八十日，长或竟天。其后秦遂以兵灭六王，并中国，外攘四夷，死人如乱麻，因以张楚并起，三十年之间兵相骈籍，不可胜数。自蚩尤以来，未尝若斯也。⑤

　　　　建元六年，彗星见，淮南王心怪之。或说王曰："先吴军起时，彗星出长数尺，然尚流血千里。今彗星长竟天，天下兵当大起。"王心以为上无太子，天下有变，诸侯并争，愈益治器械攻战具，积金钱赂遗郡国诸侯游士奇材。诸辨士为方略者，妄作妖言，谄谀王，王喜，多赐金钱，而谋反滋甚。⑥

　　　　天一、枪、棓、矛、盾动摇，角大，兵起。⑦

　　　　吴楚七国叛逆，彗星数丈，天狗过梁野；及兵起，遂伏尸流血其下。⑧

　　这就是彗星的出现而带来的涤荡之象，秦王扫六合和汉初七国之乱时期的状况。起兵叛乱属"兵革事"之类，臣子（含诸侯王）起兵作乱即为谋反叛乱，他

---

① 《史记》卷一百零六，中华书局 1959 年版，第 1333 页。

② 同上，第 1334 页。

③ 同上，第 1335 页。

④ 同上，第 1336 页。

⑤ 同上，第 1348 页。

⑥ 同上，第 3082 页。

⑦ 同上，第 1295 页。

⑧ 同上，第 1348 页。

们因谋反而引起国家局部地区发生战争，致使社会发生动荡之乱象。《开元占经·彗星占上》引《荆州占》曰："彗星出，必有反者，兵大起，其国乱亡。"①即是此意。

2. 改朝换代、迁都

> 彗星三见，宋襄公时星陨如雨。天子微，诸侯力政，五伯代兴，更为主命。自是之后，众暴寡，大并小。秦、楚、吴、越，夷狄也，为强伯。田氏篡齐，三家分晋，并为战国。②

> 越之亡，荧惑守斗。③

> 项羽救巨鹿，枉矢四流，山东遂合从诸侯，西坑秦人，诛屠咸阳。④

彗星出现有除旧布新的含义，因此，在新的朝代建立时来顺应天命之说非常合适。《开元占经·彗星占中》引《黄帝占》曰："彗孛星干犯亢，国有昏乱，释旧布新，易帝王，近期百八十日，远一年。"⑤《汉书·五行志》记载："彗所以除旧布新也。"⑥"高帝三年七月，有星孛于大角，旬余乃入。刘向以为是时项羽为楚王，伯诸侯，而汉已定三秦，与羽相距荥阳，天下归心于汉，楚将灭，故彗除王位也。一曰：项羽阬秦卒，烧宫室，弑义帝，乱王位，故彗加之也。"⑦刘向认为这是改朝换代的象征。田氏篡齐、三家分晋亦是此意。

3. 自然灾害

> 汉者亦金之散气，其本曰水。汉，星多，多水，少则旱，其大经也。

> 格泽星者，如炎火之状。黄白，起地而上。下大，上兑。其见也，不种而获；不有土功，必有大害。⑧

> 彗星出，蝗虫数起，此万世一时，而愁劳圣人之所以起也。⑨

彗星的出现有自然灾害的警示。《开元占经·彗星占中》引《荆州占》曰："彗星出亢，天子失德，天下大饥，有水兵疫。"⑩此处写彗星的出现，可能预示着后面会发生的饥荒、水灾、兵祸和疫病，这就与当时自然灾害频发的现实情况联系起来了。

---

① 《开元占经》卷八十八，九州出版社 2012 年版，第 882 页。
② 《史记》卷一百零六，中华书局 1959 年版，第 1344 页。
③ 同上，第 1349 页。
④ 同上，第 1348 页。
⑤ 《开元占经》卷八十八，九州出版社 2012 年版，第 888 页。
⑥ 《汉书》卷一百零六，中华书局 1962 年版，第 1512 页。
⑦ 同上，第 1516 页。
⑧ 《史记》卷一百零六，中华书局 1959 年版，第 1335 页。
⑨ 同上，第 2826 页。
⑩ 《开元占经》卷八十九，九州出版社 2012 年版，第 889 页。

4. 大丧

　　七年，彗星先出东方，见北方，五月见西方。将军骜死。以攻龙、孤、庆都，还兵攻汲。彗星复见西方，十六日。夏太后死。①

　　彗星出现代表的意义大多数是与朝廷有关的，所以其占辞或为皇帝崩、或为帝后崩、或为大臣薨。《开元占经》引石氏曰："彗星出东北，其本类星，末类彗，长可四五尺，若一丈，名曰天搀，受之者，其国有戮死者，大臣贵人当之。"②

　　灾星星象占辞的象征意义，基本都围绕在谋反叛乱、战争、改朝换代、自然灾害、大丧等等，这些涉及到朝廷的军国大事上。西汉的兴起都受到了星象的改朝换代的预言的支持，《汉书·天文志》载："汉元年十月，五星聚于东井，以历推之，从岁星也。此高皇帝受命之符也。故客谓张耳曰：'东井秦地，汉王入秦，五星从岁星聚，当以义取天下。'"③ 这些关于灾星象征意义的附会和解说，经过后世一代又一代的反复论证、阐述和解说，再加上有众多的"事应"来证明其占辞的"准确性"，所以这些关于灾星象征意义的解说，在历史上一直被沿袭下来。

三、《史记》中灾星的出现与战争的关系

　　灾星的出现大多预示着战事即起，它的卜辞大多数被运用在战争中，是对战争发生与否的预示、此次战争的吉凶以及军事决策的重要参考，如《淮南子·兵略训》曰："明于星辰日月之运，刑德奇赍之数，背乡左右之便，此战之助也。"④《后汉书·天文志上》云："《易》曰：'天垂象，圣人则之。庖牺氏之王天下，仰则观象于天，俯则效法于地。'观象于天，谓日月星辰。观法于地，谓水土州分。形成于下，象见于上。"⑤ 这都体现了时人对天文星占的重视以及天象占测在军事作战之中的具体应用，其占辞不仅会对统治者的军事决策产生一定影响，在一定程度上对战争中的军事战略和战术布局也有参考，而且在实战中领导者在对灾星星象的占辞运用得当的情况下，也会对作战士兵产生一定的心理作用影响，从而潜移默化地影响战斗的士气甚至整个战局的胜负。

　　首先，灾星对政府军事决策的影响。在崇尚天人感应、谶纬之学的先秦两汉，人们普遍认为灾星的出现和军国大事息息相关，而且其占辞有一定的导向作用，从而对战争中的军事决策产生一定的影响。《史记·天官书》记载："用兵象

　　① 《史记》卷一百零六，中华书局 1959 年版，第 224 页。
　　② 《开元占经》卷八十八，九州出版社 2012 年版，第 885 页。
　　③ 《汉书》卷二十六，中华书局 1962 年版，第 1301 页。
　　④ 《淮南鸿烈集解》卷十五，中华书局 1989 年版，第 496 页。
　　⑤ ［晋］司马彪撰，（梁）刘昭注补：《后汉书》，中华书局 1965 年版，第 3213 页。

太白：太白行疾，疾行；迟，迟行。"① 这里就示意了军事行动的缓急节奏，应与太白星象的活动保持一致。此外，马王堆帛书《五星占·太白占》也有类似的记载："将军在野，必视明星之所在。明星前，与之前；后，与之后。"② 此处的"明星"即"太白"。《史记·天官书》曰："杀失者，罚出太白。"③《汉书·天文志》云："荧惑主内乱，太白主兵，月主刑。"④ 由此可知，在军事活动进行的过程中，灾星星占具有一定的参考作用，尤其是太白这一类为兵象，主杀伐的灾星。

汉景帝前元二年（前 155），"是岁彗星出西南"⑤，次年便发生吴楚七国之乱。吴王刘濞在起兵之前，"念诸侯无足与计谋者，闻胶西王勇，好气，喜兵，诸齐皆惮畏，于是乃使中大夫应高诳胶西王。"⑥ 于是应高在胶西王面前先分析时弊，而后再借彗星出现鼓动胶西王，《史记·吴王濞列传》载：

> 高曰："御史大夫晁错，荧惑天子，侵夺诸侯，蔽忠塞贤，朝廷疾怨，诸侯皆有倍畔之意，人事极矣。彗星出，蝗虫数起，此万世一时，而愁劳圣人之所以起也。故吴王欲内以晁错为讨，外随大王后车，彷徉天下，所乡者降，所指者下，天下莫敢不服。"王曰："善。"⑦

应高最终说动了胶西王下定决心与吴王刘濞结盟，共同反叛。

无独有偶，淮南王刘安"时欲畔逆，未有因也……阴结宾客，拊循百姓，为畔逆事"。⑧ 而建元六年的彗星出现及府中谋士借以劝说，使刘安更加坚定叛逆的决心。《史记·淮南王衡山列传》记载：

> 建元六年，彗星见，淮南王心怪之。或说王曰："先吴军起时，彗星出长数尺，然尚流血千里。今彗星长竟天，天下兵当大起。"王心以为上无太子，天下有变，诸侯并争，愈益治器械攻战具，积金钱赂遗郡国诸侯游士奇材。诸辨士为方略者，妄作妖言，谄谀王，王喜，多赐金钱，而谋反滋甚。⑨

彗星在一定程度上可以刺激有政治野心的诸侯王或大臣利令智昏，为乘机起兵发动政变找到合理的借口，从而引起战争。汉宣帝神爵元年（前 61），赵充国受命全权负责对西羌的军事行动，时隔不久，汉宣帝又为其增派援兵，催促他尽快出兵开战，于是在诏书中言道："今五星出东方，中国大利，蛮夷大败。太白出

---

① 《史记》卷二十七，中华书局 1959 年版，第 1324 页。
② 刘乐贤：《马王堆天文书考释》，中山大学出版社 2004 年版，第 65 页。
③ 《史记》卷二十七，中华书局 1959 年版，第 1322 页。
④ 《汉书》卷二十六，中华书局 1962 年版，第 1291 页。
⑤ 同上，第 1303 页。
⑥ 《史记》卷一百零六，中华书局 1959 年版，第 2825 页。
⑦ 同上，第 2826 页。
⑧ 同上，第 3082 页。
⑨ 同上。

高，用兵深入敢战者吉，弗敢战者凶。将军急装，因天时，诛不义，万下必全，勿复有疑。"① 赵充国收到宣帝诏书之后，上书直言其用兵思路，坚持认为在时机尚未成熟之时，不应该主动发起进攻。汉宣帝顺从其意，赵充国随后果真大败匈奴。此处可以看出灾星星象对上层决策者的影响。

《汉书·王莽传下》地皇四年（23）载：

> 卫将军王涉素养道士西门君惠。君惠好天文谶记，为涉言："星孛扫宫室，刘氏当复兴，国师公姓名是也。"涉信其言，以语大司马董忠，数俱至国师殿中庐道堂星宿，国师不应。……歆因为言天文事，东方必成……歆怨莽杀其三子，又畏大祸至，遂与涉、忠谋，欲发。歆曰："当待太白星出，乃可。"②

正因为刘歆要等"太白出"之后，才肯发动政变，故而拖延时日，延误战机，后"伋与邯俱告，莽遣使者分召忠等"③，最终落得"'大司马有狂病，发，已诛。'……收忠宗族，以醇醢毒药、尺白刃丛棘并一坎而埋之，刘歆、王涉皆自杀"④ 的悲惨结局。

灾星星象的确对军事决策有一定的影响，但其影响主要看应对的人，像赵充国这样务实和当机立断的军事家则不太受灾星星象的影响，一样能在战场上运筹帷幄。而像刘歆这样的星占大家，则过度信赖星象，最后却落得事败身死的下场。吴王刘濞和淮南王刘安则是借彗星的出现而起兵，在这里彗星的作用则是互相的。彗星象征起兵，而吴王和淮南王恰好需要一个心安理得的借口，是以纷纷在彗星出现后起兵。可见灾星的出现，的确会对皇帝或一些诸侯等人的军事判断产生一定影响。

其次，灾星在实战中对作战士兵心理作用的影响。《淮南子·兵略训》有云："是故大兵无创，与鬼神通，五兵不厉，天下莫之敢当……故庙战者帝，神化者王。所谓庙战者，法天道也；神化者，法四时也。"⑤ 古人心目中的"天道"，并不仅仅指预知天气变化的能力，更是指作为神的存在代言的通天能力。这种以神的姿态出现的表现在古代大事中，往往比其他更具有说服力。从心理学的角度来说，人类对未知事物往往充满恐惧，因此更倾向于相信一切对于未知事物的解读，尽管其中有些解读可能是不正确的，但却可以在一定程度上将未知事物转化为可知乃至可控的事物，以降低人们对此的恐惧，提升安全感。因此，如荧惑守心、太白犯毕、彗星出张等异常天象的出现，常常被人们加以解释，以至于对上

① 《汉书》卷六十九，中华书局 1962 年版，第 2981 页。
② 同上，第 4184 页。
③ 同上，第 4185 页。
④ 同上。
⑤ 《淮南子集释》卷十五，中华书局 1998 年版，第 1053 页。

至决策者、下至普通士兵产生心理层面上的影响，乃至最后成为决定战争胜负的重要因素。

《史记・天官书》曰："争于攻取，兵革更起，城邑数屠，因以饥馑疾疫焦苦，臣主共忧患，其察禨祥候星气尤急。"① 战国时的"城邑数屠""饥馑疾疫焦苦"等凶事使皇帝大臣以及百姓、士兵都忧虑甚深，以至于对灾星星占更为急切与依赖。如汉武帝时期对匈奴进行了漠北大决战，天文官夜观星象，见五星出于东方连珠成线，汉武帝得知后大喜，认为"五星出东方利中国"，漠北决战一定能大获全胜。所以，他为了鼓舞士气，引《史记・天官书》："五星分天之中，积于东方，中国利；积于西方，外国用兵者利。五星皆从辰星而聚于一舍，其所舍之国可以法致天下。"② 制作成"五星出东方利中国"的织锦，发给边疆的将士们，作为宣扬国威和鼓舞士气的重要宣传手段。后来漠北之战汉朝果然大获全胜。由此可知，星象好坏与否，在当权者适当运用的情况下，可以对士兵的心理作用产生一定的影响，从而提升士兵们在军事作战中的士气，最后大获全胜。

四、《史记》中灾星的出现预示战争存在的合理性

在《史记》中无论是其中的《天官书》还是其他的本纪、列传，都对灾星的出现以及其预示的事件有一定的记载。班固的《汉书・天文志》和《五行志》；司马彪的《后汉书志》等，亦是如此，并且部分灾星还会预示战争的来临。当然这绝大部分是当权者或天文学家对其中灾星星象卜辞的解读和利用，不可否认的是，这对于当时的政治、军事甚至社会影响，的确产生了一定的效果。他们利用星象卜辞的解说，把它运用到军事决策中的结局好坏暂且不论，但却可以从侧面看出，其关于灾星星象的卜辞有其存在的合理性——有当时的社会背景及人们的思想观念的影响，也有部分占辞因其占卜范围的广阔性和现实性，所以存在一定的科学性和准确性，所以才有《史记》与三家注中出现的大量关于星象卜辞和对卜辞的解读，还有在一些个人传记描写到的军事作战中，也能看到部分灾星星象的出现对军事决策的影响，这都和它背后的"存在即合理"息息相关。

其一，社会背景与时人的思想影响。天文学家作出有关灾星星象卜辞的解说的理论依据，依靠的不仅仅是纯粹的天文学、星占学和谶纬学的知识，还结合了当时的社会背景、政治环境、军事局势等因素，这是证明灾星星占预言的准确性的重要因素之一。早在殷商之时，人们便有对神明的崇拜，用蓍龟等占卜，上达天听，以断吉凶，清末王懿荣发现龟甲上的甲骨文，便是这个时期王室用于占卜记事的文字。商朝灭亡之后，周人也继承了殷人"天人合一"思想观念的传统，

---

① 《史记》卷二十七，中华书局 1959 年版，第 1344 页。
② 同上，第 1328 页。

据《周礼·春官·保章氏》记载："保章氏掌天星，以志星、辰、日、月之变动，以观天下之迁，辨其吉凶。以星土辨九州之地，所封封域皆有分星，以观妖祥。以有十二岁之相，观天下之妖祥。"①春秋战国以后，群雄并起，各国诸侯皆欲称雄，合纵连横，战火不断，是以各诸侯王求助于"天命"之事更是达到顶峰，与此同时也催生了不少星占学家。如《史记·天官书》载：

> 昔之传天数者：高辛之前，重、黎；于唐、虞，羲、和；有夏，昆吾；殷商，巫咸；周室，史佚、苌弘；于宋，子韦；郑则裨竈；在齐，甘公；楚，唐昧；赵，尹皋；魏，石申。②

> 宋襄公时星陨如雨。天子微，诸侯力政，五伯代兴，更为主命。自是之后，众暴寡，大并小。秦、楚、吴、越，夷狄也，为强伯。田氏篡齐，三家分晋，并为战国。争于攻取，兵革更起，城邑数屠，因以饥馑疾疫焦苦，臣主共忧患，其察禨祥候星气尤急。近世二十诸侯七国相王，言从衡者接踵，而皋、唐、甘、石因时务论其书传，故其占验凌杂米盐。③

> 夫自汉之为天数者，星则唐都，气则王朔，占岁则魏鲜。④

当时的社会背景对星占学的兴盛发展有巨大影响，一大批诸如甘公、石申、唐都、王朔、魏鲜等优秀的星占学家和星占类著作也应运而生。《汉书·艺文志》记载的关于天文类书籍篇目有："《泰壹杂子星》二十八卷、《五残杂变星》二十一卷、《黄帝杂子气》三十三篇……右天文二十一家，四百四十五卷。"⑤该书上虽然写的是21家，445卷，但细数上述书目观之，则为22家，将篇数也算上的话，共419卷。尽管如此，这也是一个相当庞大的数字了，虽然如今大部分著作已经亡佚，但在唐代瞿昙悉达编著的《开元占经》和李淳风编著的《乙巳占》中依然保留了大量的辑录和引用。此外，朝廷更是设立了相关的天文机构，由专门的天文官员负责，汉代掌管天文事务的官员即为太史令。《后汉书·百官志》载："太史令一人，六百石。本注曰：掌天时、星历。凡岁将终，奏新年历。凡国祭祀、丧、娶之事，掌奏良日及时节禁忌。凡国有瑞应、灾异，掌记之。"⑥灾星星象的星占在当时支配着人们的思维并被广泛运用于战争实践，这就对《史记》所述朝代的战争进程和结果产生深刻影响。正如《史记·天官书》太史公曰：

> 自初生民以来，世主何尝不历日月星辰？及至五家、三代，绍而明之，内冠带，外夷狄，分中国十有二州，仰则观于天，俯则法类于地。天则有日

---

① 杨天宇撰：《周礼译注》，上海古籍出版社 2004 年版，第 379—380 页。

② 《史记》卷二十七，中华书局 1959 年版，第 1343 页。

③ 同上，第 1344 页。

④ 同上，第 1349 页。

⑤ 《汉书》卷三十，中华书局 1962 年版，第 1763—1765 页。

⑥ 《后汉书志》第二十五，中华书局 1965 年版，第 3572 页。

月，地则有阴阳。天有五星，地有五行。天则有列宿，地则有州域。三光者，阴阳之精，气本在地，而圣人统理之。①

我国古代自生民以来就对天文星象十分重视，灾星星象的星占也只是其中之一，其效法天地的观念由来已久。而且当时的人们普遍认为"国之大事，在祀与戎"以及"天人感应"的思想，《史记·龟策列传》曰："王者发军行将，必钻龟庙堂之上，以决吉凶。"② 由此观之，卜筮抑或是灾星星占对军事活动而言都至关重要，这是灾星星占存在的合理原因之一。

其二，部分灾星占辞的准确性、科学性。天文学家对天象所作出的解析大多数是符合当时的社会背景和政治环境，以及占辞所预示的事情范围的广阔性，这就一定程度上保证了预言的准确性。天文学家结合当时的各种现实因素，诸如社会背景、思想文化背景、政治背景等因素，再来预测事件的未来走向，这种根据一定的实际情况对事件作出的预判，具有一定的准确性那就不足为奇了。如以"荧惑守（犯、入）斗"为例：《史记·天官书》曰："荧惑为勃乱、残贼、疾、丧、饥、兵。"③《开元占经·荧惑占一》引《洪范五行传》曰："荧惑为旱灾、为饥、为疾、为乱、为死丧、为贼、为妖言，大怪也。"④《汉书·天文志》曰："荧惑为乱为贼，为疾为丧，为饥为兵，所居之宿国受殃。"⑤ 由此可知荧惑能引起的灾异有祸乱、饥荒、疾病、死丧等，可看出其占辞范围的广阔性，只要当时有一事应验，便可说其占辞准确了。当再精确到宿的时候，则有《汉书·天文志》曰："火与水晨出东方，因守斗。占曰：'其国绝祀。'"⑥《后汉书·天文下》："熹平元年十月，荧惑入南斗中。占曰：'荧惑所守为兵乱。'"⑦《开元占经·荧惑占三》引《五行传》曰："荧惑与斗，晨出东方，因留守斗，其国绝嗣。荧惑守南斗，为乱、为贼、为丧、为兵，守之久，其国绝嗣。"⑧ 再观南斗之分野，则有《史记·天官书》载："吴、楚之疆，候在荧惑，占于鸟衡。"《正义》曰："南斗、牵牛，吴、越之分野。"⑨《汉书·天文志》云："斗，吴也，又为粤。"⑩《后汉书·天文下》："斗为吴。"⑪ 综上所述，荧惑守斗，会引起吴越之地的灾祸，或为乱、或为贼、或为兵，更甚者，则吴越之国绝嗣。最后再看事应：《汉书·天文志》记载："火与水晨出东方，因守斗……其三年，吴、楚、胶西、淄川、济南、赵七国

---

① 《史记志》卷二十七，中华书局 1959 年版，第 1342 页。
② 《史记》卷一百二十八，中华书局 1959 年版，第 3227 页。
③ 同上，第 1317 页。
④ 《开元占经》卷三十，九州出版社 2012 年版，第 293 页。
⑤ 《汉书》卷二十六，中华书局 1962 年版，第 1281 页。
⑥ 同上，第 1303 页。
⑦ 《后汉书志》第二十，中华书局 1965 年版，第 3258 页。
⑧ 《开元占经》卷三十二，九州出版社 2012 年版，第 324 页。
⑨ 《史记》卷二十七，中华书局 1959 年版，第 1346 页。
⑩ 《汉书》卷二十六，中华书局 1962 年版，第 1303 页。
⑪ 《后汉书志》第二十，中华书局 1965 年版，第 3258 页。

反……吴王亡走粤，粤攻而杀之。"① "元鼎中，荧惑守南斗。占曰：'荧惑所守，为乱贼丧兵；守之久，其国绝祀。南斗，越分也。'其后越相吕嘉杀其王及太后，汉兵诛之，灭其国。"②《史记·天官书》载："越之亡，荧惑守斗。"③《后汉书·天文下》曰："荧惑入南斗中……其十一月，会稽贼许昭聚众自称大将军，昭父生为越王，攻破郡县。"④ 由此可知，这应验了"荧惑守斗"占辞的诸多灾祸之中的"为乱"和"其国绝嗣"。吴国和越国一个是吴王谋反叛乱，一个是越相杀越王及太后，以下犯上，再一个是许昭自称大将军聚众生事，这对应了"乱"字；它们最后的结局：一个是吴国国绝，一个是越国国灭，这对应了"其国绝嗣"的占辞。正因为该星象对应的占辞颇多，所以与之相应的事件自然而然也会有多种情况，再结合星象所处位置以及分野，在一个较大范围中再稍微缩小一个范围，这就为占辞的准确性提供了保证，其他星象也是如此。

其三，星占学产生和发展的基础是古人对各类天文天象的长期观察和研究。而天文星象本来属于自然现象，所以不管当时的人们出于什么目的，又有什么样的用途，他们对天象的观察和研究从本质上来说都是一种科学实践活动。正因如此，所以灾星星占的一部分占辞的确有其科学性，这一点在天体变化与气象变化的关联上体现得尤为明显。现代科学研究表明，太阳黑子、耀斑、日巧等太阳活动影响着地球上的旱、热、风灾与气候的急剧变化。⑤ 而在关于灾星的星占学体系中也有不少占辞是描述这种关系的，如《开元占经·彗星占上》引甘氏曰："彗扫水之精，出则不过一年，天下水，及有饥。星所在宿，其邦尤甚。"⑥ 甘氏曰："岁星干荧惑，为地动。荧惑干木星，蛰虫冬出，动雷，旱行，禾不成。"⑦诸如此类占辞，均可以看出，其占辞内容本身的确有一定的科学性，只是在星占学的神秘面纱之下被掩盖而不被人们发现和重视。

天文星象本来是客观的一种自然现象，但也有星占学者为了适应统治者需要，而不择手段地虚构、伪造天象记录。对星占学要客观地认识，它的确对我国天文学的发展起到过积极作用，但它作为方术的一种，亦有极不科学的一面，故而应两面观之。

结语

《史记·天官书》《汉书·天文志》和《开元占经》等文献集中记录了灾星及

---

① 《汉书》卷二十六，中华书局 1962 年版，第 1303—1304 页。

② 同上，第 1306 页。

③ 《史记》卷二十七，中华书局 1959 年版，第 1349 页。

④ 《后汉书志》第二十，中华书局 1965 年版，第 3258 页。

⑤ 李玉增：《太阳活动及其对天气和气候的影响》，《陕师师大学报》（自然科学版）1995 年增刊，第 62—63 页。

⑥ 《开元占经》卷八十八，九州出版社 2012 年版，第 881 页。

⑦ 《开元占经》卷二十，九州出版社 2012 年版，第 205 页。

其占辞，这些都与古代军事活动有一定的关联性，同时也影响到上至君王下至将士对军事作战的决策、将士心理影响以及给国计民生带来的重大灾害。而究其存在的合理原因，主要是因为在先秦时期以至于司马迁所处的时代，从上至下、从君主到百姓都重视天文星象的昭示，故而推动了灾星星占学的繁荣发展。而作为灾星星象的出现，对秦汉政治军事也具有重要的参考作用，与当时"天人感应""国之大事，在祀与戎"的思想更是息息相关。总之，秦汉时期的社会和政治环境促进了有关灾星的天文星占的进步和发展，并对当时的政治和军事产生了重大的影响，反映了这一时期的政治和军事的博弈，成为秦汉时期天文、政治、军事、文化不可分割的一部分。其实战争只是灾星出现的众多预示中的一个而已。其一，《史记》《汉书》和《后汉书》中发现了星占所预示之象的"事应"大多发生时间较晚，有的隔了一年甚至几年，在这巨大的时差效应之下，用一年前甚至几年前的星象来占验当下所发生的事情显然有些牵强，这就牵涉到用灾星占辞来解释某一重大事件背后更深层次的原因了。其二，引起出现灾星星象的原因是什么，它是灾星所处的位置是在二十八宿的其中一宿的某一个星座中而引起的，还是五星相犯，抑或是五星之一散而出，是从东南西北哪个方向出的等等才会有战争的征兆，这些都需要作更深入的解析，从灾星和战争的关系看仍有很大的探讨空间。随着人们对于灾星资料的掌握、精密仪器的观测和研究的愈益深入，相信相关的研究成果也将越来越多地展现在学界面前。

补偿理论下的司马迁的军事情结

——以《史记》中的军事家为例

＊本文作者朱正平，渭南师范学院学报编辑部编审，教育部"司马迁与《史记》研究"栏目编辑，文学硕士。

古往今来，人类意识到生命的短暂与渺小，莫不追寻生命的终极意义，探索个体生命之不朽。美国现代哲学家詹姆士在《人之不朽》一文中说："不朽是人的伟大精神需要之一。"而早在我国春秋时期的《道德经》《左传》中就有争论不朽的话题。《道德经·三十三章》："死而不亡者寿。"① 意思是说，身死而精神长存的才算长寿、不朽。《左传·襄公二十四年》叔孙豹与范宣子就何为不朽展开辩论，举例鲁国大夫臧文仲，"既没，其言立"，才称得上不朽，然后指出："太上立德，其次立功，其次有立言，虽久不疲，此之谓不朽。"② 孔颖达疏曰："立德，谓创制垂法，博施济众，圣德立于上代，惠泽被于无穷，故服以伏羲、神农，杜以黄帝、尧、舜当之，言如此之类，乃是立德也。……立功，谓拯厄除难，功济于时，故服、杜皆以禹、稷当之，言如此之类，乃是立功也。……法施于民，乃谓上圣，当是立德之人。其余勤民定国，御灾捍患，皆是立功者也。立言，谓言得其要，理足可传，记传称史逸有言，《论语》称周任有言，及此臧文仲既没，其言存立于世，皆其身既没，其言尚存，故服、杜皆以史佚、周任、臧文仲当之，言如此之类，乃是立言也。老、庄、荀、孟、管、晏、杨、墨、孙、吴之徒，制作子书，屈原、宋玉、贾逵、杨雄、马迁、班固以后，撰集史传及制作文章，使后世学习，皆是立言者也。此三者虽经世代，当不朽腐，故穆子历言之。"③ 简要来说，"立德"指道德操守，"立功"指事业功绩，"立言"指著书立说。

司马迁思考人生不朽的问题，他在《报任安书》中说："立名者行之极也。"④ "古者富贵而名摩灭，不可胜记，唯倜傥非常之人称焉。"⑤ 他在《与挚伯陵书》中说："迁闻君子所贵乎道者三：太上立德，其次立功，其次立言，伏惟伯陵材能

① 沙少海、徐子宏译注：《老子全译》，贵州人民出版社 1989 年版，第 64 页。
② 李学勤：《春秋左传正义》（简体横排），北京大学出版社 1999 年版，第 1003 页。
③ 同上，第 1003—1004 页。
④ 司马迁：《报任安书》，参见班固撰，颜师古注《汉书》，中华书局 1964 年版，第 2727 页。
⑤ 同上，第 2735 页。

绝人，高尚其志，以善厥身，冰清玉洁，不以细行荷累其名，固已贵矣。然未尽太上之所繇也，愿先生少致意焉。"① 以此看来，司马迁认同叔孙豹的"三不朽"的观点，并以此作为自己的生命追求。

司马迁在其父司马谈临终受命，三年之后继任太史令，自己的人生目标由"立功"而发生"立言"转折，"绅史记石室金匮之书"，当仁不让，承担起接续《春秋》完成《史记》的伟大使命。李陵之祸后，更深刻地感知到"立言"的重要性，幽于缧绁，身毁不用，隐忍苟活，专注于撰著《史记》，也就是"成一家之言"，以"立言"完成生命的存在。奥地利心理学家阿德勒的"自卑与补偿理论"认为，当个体的意向和欲望在现实生活中得不到消解和归宿时，内心会出现失落感和悲观不平衡感，"会变成精神生活中长久潜伏的暗流"②，此时个体必然会采取某种措施来补偿心理上的缺憾，从而实现另一种意义上的心理平衡与心灵的自由。这种补偿心理有积极、消极两种类型，他认为补偿心理是不断完善自我的内驱力。而司马迁的发愤著书具有鲜明"司马迁式"的心理补偿特色，在立德、立功路径堵塞之后，在撰写《史记》时，会无意识地转换心理补偿视角，"司马迁通过发愤著书将个人情感隐于形象塑造中，还在此基础上将自我人格理想进行重建，并且由这一阶段又过渡到更高境界"③，倾注全部心血与激情，浇心中块垒，撰写出充满主体性、抒情性的《史记》。

《史记》是我国第一部纪传体通史，更是一部波澜壮阔、最为完备的战争史，据相关研究统计，《史记》记载战争的篇目有82篇，较为重要的有58篇④，大大小小的战争779次⑤，其中重大战争22场⑥，更是塑造了形形色色、主宰战争的军事首领294人，其中有事迹可查的共119人，司马迁为其单独立传的有38人，占其人物传记的39%⑦。从补偿理论来看，正是司马迁从人生的"立德""立功"路径转折之后，以"立言"的形式在《史记》中浓墨重彩地展现了那些叱咤风云、运筹帷幄的军事家风采，纵观整部《史记》，其中灌注着司马迁深厚的兵学基因、军事情结。

一、司马迁军事情结的形成

司马迁军事情结的形成是一个综合糅合的结果，既有来自当时整个尚武轻文

① ［清］严可均纂：《全上古三代秦汉三国六朝文之全汉文》卷二十六，中华书局1958年版，第273页。
② 阿德勒：《超越自卑》，刘泗编译，经济日报出版社1997年版，第76页。
③ 丁玲：《从〈李将军列传〉看司马迁构建心理补偿的路径》，《渭南师范学院学报》2020年第10期，第31页。
④ 张大可、安平秋、俞樟华：《史记研究集成》第10卷，王明信，俞樟华《司马迁思想研究》，华文出版社2005年版，第459页。
⑤ 邱海婷：《〈史记〉战争叙事研究》，江西师范大学硕士学位论文2020年，第33页。
⑥ 胡璇：《〈史记〉战争叙事研究》，陕西理工大学2019年硕士学位论文，第12—16页。
⑦ 白阳：《〈史记〉"将军"形象研究》，辽宁师范大学2018年硕士学位论文，第5—7页。

社会风气的社会环境的因素，也有来自其荣耀的司马家族的兵学基因及军事素养，更来自司马迁青年时期的军事、地理、风俗、人文调查和自己扈从武帝、奉使西南夷的军事实践，以及撰写《史记》过程中的对于战争反思、总结、提炼，撰写《兵书》（现于《律书》中），展现了他辩证的战争思想及军事理论。

（一）尚武重功的社会大环境

在春秋战国及秦楚之际，朝代更迭，国家兼并，征战频仍，因而在实战中产生了许多伟大的军事家，像《太公兵法》《司马兵法》《孙子兵法》《孙膑兵法》《吴起兵法》等兵法十分普及，广为流传。《管子》书中有《兵法》《幼官》《七法》《参患》《制分》《地图》《九变》等篇涉及军事问题。《荀子》书中有《议兵》篇，讨论治军用兵。《项羽本纪》记载："于是项梁乃教籍兵法，籍大喜，略知其意，又不肯竟学。"① 《留侯世家》记载："出一编书，曰：'读此则为王者师矣。后十年兴。十三年孺子见我济北，谷城山下黄石即我矣。'遂去，无他言，不复见。旦日视其书，乃《太公兵法》也。良因异之，常习诵读之。"② 司马迁时代已经普遍流传《孙子兵法》《孙膑兵法》《吴起兵法》，《汉书·艺文志》："凡兵书五十三家，七百九十篇，图四十三卷。"③ 其中把兵法分为兵权谋、兵形势、阴阳、技巧四类。尤其在司马迁时代，汉武帝开疆拓土，征战讨伐，开始了"外攘四夷，内兴功业"的时代，社会普遍尚武重功，"这是一个崇尚事功，尤其是崇尚军功的时代。……汉初军功出众者不仅荣获封侯之赏，而且在朝廷也掌控权力要津。……在文、景两朝，朝廷亦多武功大臣及其子弟。朝廷的这种权力结构，起了强大的导向作用，'尚武轻文'风行于整个社会。立功疆场，或奉使方外，以博封侯之赏，成为几代青年最高的人生追求"④。因而热血青年普遍都有建功立业的军事情结。

（二）浓厚的家族兵学传统

司马氏家族有着深厚的军事兵学传统，其先祖程伯休甫率领军队平定徐地有功，改主军事，由其官号赐姓司马，开启司马氏领兵打仗、建功立业的序幕，其后人传习兵法剑术，出了好几位名臣武将。司马氏有一支在赵国的，"以传剑论显"，应该说剑术本领高超，战国时的蒯聩就是其后人，蒯聩玄孙司马卬曾为武信君（武臣）领兵，作为赵国将领攻取秦国的河内重镇朝歌，多有战功，项羽分封时被封为殷王，定都朝歌。⑤ 司马迁八世祖司马错，曾与张仪廷辩于秦惠王之

① 司马迁：《史记·项羽本纪》，中华书局 2013 年版，第 380 页。
② 司马迁：《史记·留侯世家》，中华书局 2013 年版，第 2473 页。
③ 班固撰，颜师古注：《汉书·艺文志》，中华书局 1964 年版，第 1762 页。
④ 袁传璋：《司马谈临终遗命与司马迁人生转向》，《渭南师范学院学报》2016 年第 1 期，第 22 页。
⑤ 司马迁：《史记·太史公自序》，中华书局 2013 年版，第 3990—3991 页。

前，司马迁在《史记·张仪列传》中自豪而又完美了展现了司马错的军事智谋，司马错欲伐蜀，张仪认为不如伐韩。司马错整体权衡，分析利弊，成功劝说秦惠王，最终秦击灭蜀，贬蜀王更号为侯，蜀国成为秦国属国，之后秦国国力强盛富厚。司马错历经秦惠王、秦武王、秦昭王三朝，前后 36 年，史书记载有他 10 处军功。秦昭王十八年（前 289），司马错与白起共攻打魏国，取垣、轵等大小 61 城。据《秦本纪》《六国年表》《张仪列传》《白起列传》等篇记载，司马错 7 次出征，为秦西取巴蜀，南夺楚黔中地，东伐魏拓境过安邑，使秦国土地扩大了一倍，取得不世功勋。①司马错之孙司马靳为秦国名将白起副将，参加了秦赵长平之战，之后，秦军分三路进攻赵国，白起自率一军定上党，王翰率一军取皮牢，司马靳（或名司马蕲、司马梗）率军北定太原。之后在攻打邯郸时认为不能取胜，与秦昭王诏令相左，并与白起一起连坐被秦昭王赐死。虽然《太史公自序》中说"司马氏世典周史"，但从其家族历代的战功及军事经历来看，其家族有着深厚的兵学基因及军事情结。

（三）司马迁个体深厚的军事素养

汉武帝元朔三年（前 126），司马迁壮游各地："二十而南游江、淮，上会稽，探禹穴，窥九疑，浮于沅、湘；北涉汶、泗，讲业齐、鲁之都，观孔子之遗风，乡射邹、峄；厄困鄱、薛、彭城，过梁、楚以归。"②详细考察六国灭亡以及楚汉战争的战场与地理形势，有了第一手的资料。受时代风尚与家族使命，司马迁刚入仕担任的官职郎中就是武职，郎中是皇帝的侍从武官，日常轮番执戟守卫宫门，皇帝出行则担任车驾护卫，司马迁因尽心守职的忠勤和辩知阔达的才能在众多的郎官同僚中脱颖而出，进入汉武帝的视野。"武帝既招英俊，程其器能，用之如不及。时方外事胡越，内兴制度，国家多事，自公孙弘以下至司马迁，皆奉使方外，或为郡国守相至公卿。"③元鼎六年（前 111），"驰义侯遗兵""征西南夷"，平定那里的叛乱，同时委任使者司马迁监护驰义侯遗出征，他"奉使西征巴、蜀以南，南略邛、筰、昆明，还报命"④。"司马迁代表朝廷随军巡视并安抚巴蜀以南新近开辟的五郡少数民族聚居地区，不仅圆满地完成了武帝托付的军政任务，而且实地考察了西南夷地区的民族历史、地理物产、民俗风情，以及与周边外国如身毒（今印度）的商贸交通。"非常勇敢、智慧地完成了这一次军事使命，"追求建功立业以扬祖致孝的青年司马迁，仕途如日方升，不可限量"⑤。

---

① 张大可、安平秋、俞樟华：《史记研究集成》第 10 卷，王明信、俞樟华《司马迁思想研究》，华文出版社 2005 年版，第 477 页。

② 司马迁：《史记·太史公自序》，中华书局 2013 年版，第 3998—3999 页。

③ 曹操：《曹操集》，中华书局 1959 年版，第 2863 页。

④ 司马迁：《史记·太史公自序》，中华书局 2013 年版，第 3999 页。

⑤ 袁传璋：《司马谈临终遗命与司马迁人生转向》，《渭南师范学院学报》2016 年第 1 期，第 24 页。

《左传》只字未提军事家孙武与司马穰苴，但司马迁却非常重视兵学及军事，"在《史记》中不仅第一个大书孙武其人其事，第一个为创造性地自觉《孙子兵法》的兵家名将树碑立传，而且更重要的是司马迁总结了从黄帝到汉武帝三千年间的战争历史，特别是战国七雄、楚汉、北伐匈奴战争的经验，丰富和发展了孙武的兵学思想，形成了司马迁兵学的'一家之言'；同时还第一个记录了兵家'治生'者的开拓之功。从这个意义来说，司马迁是大书'兵圣'孙武及其兵法的第一功臣，是当之不愧的。"① 司马迁为司马穰苴列传，高度评价他的军事指挥艺术及申明的《司马兵法》的博大精深。

《史记》中的《律书》"兵者，圣人所以讨强暴"至"孔子所称有德君子者邪"就被认为当是《兵书》的佚文。在此篇中，司马迁为战争正名，强调战争具有"讨强暴，平乱世，夷险阻，救危殆"的巨大作用，认为"故教笞不可废于家，刑罚不可捐于国，诛伐不可偃于天下，用之有巧拙，行之有逆顺耳"，否则"大至君辱失守，小乃侵犯削弱"。② 在《太史公自序》中同样提出了"非兵不强，非德不昌"的军事思想，司马贞索隐曰："此律书之赞而云'非兵不强'者，则此'律书'既'兵书'也。"③ 也正因为他的辩证的战争思想，他才会对战争叙写驾轻就熟，对军事家的撰写立体而丰富。

二、《史记》中军事家体现着司马迁补偿心理的军事情结

在《史记中》有 31 篇为军事将领立传，其中涉及 38 人④，分别是：《项羽本纪》《荆燕世家》《曹相国世家》《绛侯周勃世家》《管晏列传》《司马穰苴列传》《孙子吴起列传》《伍子胥列传》《商君列传》《张仪列传》《樗里子甘茂列传》《穰侯列传》《白起王翦列传》《魏公子列传》《春申君列传》《乐毅列传》《廉颇蔺相如列传》《田单列传》《蒙恬列传》《张耳陈馀列传》《魏豹彭越列传》《黥布列传》《淮阴侯列传》《韩信卢绾列传》《樊郦滕灌列传》《傅靳蒯成列传》《季布栾布列传》《魏其武安侯列传》《韩长孺列传》《李将军列传》《卫将军骠骑列传》等。还有一些散见于其他篇目中。

《史记》中军事人物丰富多彩，个性鲜明，司马迁以自己的补偿心理无意识地赋予人物以"立德""立功""立言"的不同类型，"立德"即"创制垂法，博施济众"，相当于创世定制、开天辟地、泽被万民，恭敬仁爱的道德至上者；"立功"即"勤民定国，御灾捍患"，力挽狂澜、建功立业、智勇双全、善于用兵者；"立言"即"言得其要，理足可传"，相当于总结升华、理论撰述、传习思想、功成名就。根据司马迁的"三不朽"的补偿心理来看，本文把这些军事家分为"立德"

① 宋嗣廉：《司马迁与兵学纵横》，陕西人民教育出版社 1999 年版，第 2—3 页。

② 司马迁：《史记·律书》，中华书局 2013 年版，第 1480—1481 页。

③ 司马迁：《史记·太史公自序》，中华书局 2013 年版，第 4011 页。

④ 白阳：《〈史记〉"将军"形象研究》，辽宁师范大学 2018 年硕士学位论文，第 7 页。

型、"立功"型、"立言"型三类，但因为人的复杂性这种区分会有一些交合。

（一）"立德"型的军事家

司马迁提出的"非兵不强，非德不昌"的军事思想，包含着极强的战争正义性，就是要施行仁德。他既看重军事家的军事功绩，更褒扬其人的仁善德操，谓之"上圣"。

1. 创制垂法，博施济众

黄帝被尊为中华民族的人文始祖，在"诸侯相侵伐，暴虐百姓"的乱世，与炎帝三战于坂泉之野，"遂禽杀蚩尤"于涿鹿之野，统一华夏部落与征服东夷、九黎族而统一中华的伟绩载入史册。吕尚（又名吕望、姜尚、姜子牙）从征伐犬戎族、密须国、黎国、邘国、崇国，直到辅佐武王牧野之战灭商。《史记·齐太公世家》曰："周西伯昌之脱羑里归，与吕尚阴谋修德以倾商政，其事多兵权与奇计，故后世之言兵及周之阴权皆宗太公为本谋。……伐崇、密须、犬夷，大作丰邑。天下三分，其二归周者，太公之谋计居多。"① 吕尚其谋略重在治民为本，重农强兵，笼络人心，巩固边陲，对商王朝采取韬晦之计，最后一战胜利，他被后世尊为"兵家之祖"。吕尚辅佐文王、武王建立周朝，而且建立各种制度，"修政，因其俗，简其礼，通商工之业，便鱼盐之利，而人民多归齐"，发展社会经济，让老百姓获得好处。秦始皇虽然是一个暴君，杀戮征伐，焚书坑儒，但他统一六国，建立的专制中央集权制度以及一系列巩固统一的政治经济措施，极大地促进了中华民族的发展，孟祥才评价："秦始皇首先是一个伟大的政治家，其次才是一个军事家，更确切地说，他的定位应该是一个战略家。"②

项羽在巨鹿之战中，破釜沉舟，消灭秦军主力，之后入关分封诸侯，奠定了他的历史地位。他虽然是一个失败的英雄，但在揭竿而起推翻秦王朝暴政的疾风骤雨中厥功至伟，司马迁为其写传，按照"帝王"体例写入本纪，足见司马迁在道德上对项羽的肯定。《史记》曰："夫秦失其政，陈涉首难，豪杰蜂起，相与并争，不可胜数。然羽非有尺寸乘埶，起陇亩之中，三年，遂将五诸侯灭秦，分裂天下，而封王侯，政由羽出，号为'霸王'，位虽不终，近古以来未尝有也。"③

黄帝、吕尚、秦始皇、项羽都是在乱世之中，凭借着卓越的军事能力，拨乱反正，立统创制，惠施民众，是司马迁极力褒奖的军事统帅，是光耀千古的上圣。

2. 重名护誉，德操至上

司马迁多次引述："君子疾没世而名不称焉。"（《伯夷列传》）"子曰：'弗乎弗乎，君子病没世而名不称焉。吾道不行矣，吾何以自见于后世哉？'"（《孔子世

---

① 司马迁：《史记·齐太公世家》，中华书局 2013 年版，第 1791 页。

② 山东孙子研究会、广饶县人民政府编：《中国古代著名军事家评传》，齐鲁书社 2013 年版，第 174 页。

③ 司马迁：《史记·项羽本纪》，中华书局 2013 年版，第 428 页。

家》) 司马迁最为同情、悲悯的英雄人物可能就是飞将军李广, 他在抗击匈奴的战争中, 历经文帝、景帝、武帝三朝, 身经 70 余次战斗, 骑射高超, 武艺精湛, 英勇善战, 身先士卒, 忠心不二, 在多次恶战中展现了高超的指挥艺术与军事天赋, 匈奴为之胆寒, 却得不到封赏。直到晚年随卫青出征, 虽然担任前将军, 但卫青并不给机会, 只让他东路策应, 因迷路错过会师时间, "大将军使长史急责广之幕府对簿", "遂引刀自刭。广军士大夫一军皆哭。百姓闻之, 知与不知, 无老壮皆为垂涕"。司马迁在其传赞中对其道德情操、人格魅力给予高度评价: "太史公曰: 传曰'其身正, 不令而行; 其身不正, 虽令不从'。其李将军之谓也? 余睹李将军悛悛如鄙人, 口不能道辞。及死之日, 天下知与不知, 皆为尽哀。彼其忠实心诚信于士大夫也? 谚曰'桃李不言, 下自成蹊'。此言虽小, 可以谕大也。" "李广难封"成为一种时代悲剧, 李广为了维护其部下及清誉, 免受刀笔吏的审问, 自刎而死。

就像鸟儿爱惜自己的羽毛一样, 重名惜名, 成就人的清誉与令名, 但过度重名就会走向极端, 魏国的名将吴起, 惜名如命, "欲就名", 少时在卫国 "杀其谤己者三十余人"[1], 在鲁国时为担任军事统帅杀妻求将, 就受到道德的否定。秦将白起 "宁伏受重诛而死, 不忍为辱军之将"[2], 多次抗命不战, 连同自己副将司马错被赐死。

3. 忠心耿耿、保家为民

在西汉与匈奴的长期战争中, 涌现了卫青、霍去病两位杰出的军事统帅。《汉书·公孙弘卜式儿宽传》列举: "将率则卫青、霍去病……皆有功迹见述于世。"卫青奇袭匈奴祭天圣地龙城, 收复河朔、河套地区, 击破单于, 远征漠北, 七战七胜, 无一败绩, 为北部疆域的开拓做出重大贡献。"最大将军青, 凡七出击匈奴, 斩捕首虏五万余级。"[3] 汉武帝在位时官至大司马大将军, 位极人臣, 封长平侯, 后人留下"君不见匈奴多系颈, 至今犹说卫经军"的诗句。霍去病是卫青的外甥, 善于长途奔袭、快速突袭和大迂回、大穿插作战。在两次河西之战中, 霍去病大破匈奴, 俘获匈奴祭天金人, 直取祁连山。在漠北之战中, 霍去病封狼居胥, 大捷而归。"最骠骑将军去病, 凡六出击匈奴, 其四出以将军, 斩捕首虏十一万余级。"[4] 官至大司马骠骑将军, 封冠军侯, 追谥为景桓侯。"匈奴未灭, 何以家为", 成为当时爱国热血青年的豪言壮语。齐国田单在乐毅统率的五国联军攻下 70 余城只剩即墨和莒两座城池的危难之时, 挺身而出, 采取火牛阵, 大败联军, 成功复国。

"天下兴亡, 匹夫有责", 保家卫国, 救亡图存, 始终是时代的最强音, 卫青、霍去病、田单也因此成为历代壮士效法的楷模。

---

① 司马迁:《史记·孙子吴起列传》, 中华书局 2013 年版, 第 2636 页。

② 缪文远、缪伟、罗永莲译注:《战国策》, 中华书局 2012 年版, 第 1064 页。

③ 司马迁:《史记·卫将军骠骑列传》, 中华书局 2013 年版, 第 3558 页。

④ 同上, 第 3562 页。

4. 体恤士卒、率先垂范

春秋时代齐国的司马穰苴，在晋军南侵、燕军北扰、战争连连失利之际临危受命，担任将军，他严明军纪，斩杀景公宠臣庄贾，与士兵同甘共苦，体恤士卒，"士卒次舍井灶饮食问疾医药，身自拊循之。悉取将军之资粮享士卒，身与士卒平分粮食"①。李广爱兵如子，《史记》多有记载："广廉，得赏赐辄分其麾下，饮食与士共之。终广之身，为二千石四十余年，家无余财，终不言家产事。……"广之将兵，乏绝之处，见水，士卒不尽饮，广不近水，士卒不尽食，广不尝食。宽缓不苛，士以此爱乐为用。"②

魏国名将吴起军纪严明，赏罚分明，爱兵如子，同甘共苦，他能为害痈疽的士兵吸取脓血。《史记》记载："起之为将，与士卒最下者同衣食。卧不设席，行不骑乘，亲裹赢粮，与士卒分劳苦。卒有病疽者，起为吮之。"③

赵国名将赵奢与部属关系友善，他夫人言："始妾事其父，时为将，身所奉饭饮而进食者以十数，所友者以百数，大王及宗室所赏赐者尽以予军吏士大夫，受命之日，不问家事。"④赵国名将李牧收来"市租皆输入莫府，为士卒费"，"厚遇战士"，"边士日得赏赐而不用"⑤。

卫青爱兵如子，跟士兵同吃同住，身先士卒，对部属关爱体恤，犒赏求封，"大将军（卫青）为人仁善退让，以柔媚于上，然天下未有称也"⑥。项羽的祖父楚国大将项燕也爱护士卒："项燕为楚将，数有功，爱士卒，楚人怜之。"⑦"吴广素爱人，士卒多为用者。"⑧"田单知士卒之可用，乃身操版臿，与士卒分功，妻妾编于行伍之间，尽散饮食飨士。"⑨

5. 恭敬仁爱、礼贤下士

军事家攻城略地，两军搏杀，死亡伤残，业已习惯，但军事家中那些恭敬仁爱、尊老重士者特别受到后人钦佩。魏国公子魏无忌就是在善养士的战国四公子中也特别礼贤下士、急人之困，他延请礼遇大梁夷门的守门小吏隐士侯赢、勇士屠夫朱亥，为了救赵国都城邯郸被围之困，窃符救赵，夺取魏国兵权，巩固了魏国在当时的地位。信陵君以国家利益为重、个人生死荣辱为轻的优良品德自古以来，饱受称颂。

以奇计火牛阵名扬天下的齐国名将田单，有个冬天在过淄水时，见到一位老人坐在沙滩上，被冻得奄奄一息，"单解裘而衣之"⑩，这就是有名的解裘救人或

---

① 司马迁：《史记·司马穰苴列传》，中华书局 2013 年版，第 2626 页。
② 司马迁：《史记·李将军列传》，中华书局 2013 年版，第 3472 页。
③ 司马迁：《史记·孙子吴起列传》，中华书局 2013 年版，第 2636 页。
④ 司马迁：《史记·廉颇蔺相如列传》，中华书局 2013 年版，第 2965—2966 页。
⑤ 司马迁：《史记·廉颇蔺相如列传》，中华书局 2013 年版，第 2968—2969 页。
⑥ 司马迁：《史记·卫将军骠骑列传》，中华书局 2013 年版，第 3556 页。
⑦ 司马迁：《史记·陈涉世家》，中华书局 2013 年版，第 2366 页。
⑧ 司马迁：《史记·陈涉世家》，中华书局 2013 年版，第 2368 页。
⑨ 司马迁：《史记·田单列传》，中华书局 2013 年版，第 2975 页。
⑩ 缪文远、缪伟、罗永莲译注：《战国策》，中华书局 2012 年版，第 366 页。

者解衣衣人的故事。赵奢在阏与之战中两次接受许历的良策，打败秦军。

6. 淡泊名利，宠辱不惊

在吴越争霸中，越王勾践不听范蠡意见，执意出兵，被吴军团团包围在会稽山，迫不得已接受范蠡卑辞厚礼、屈节合议之策，勾践与范蠡入吴为奴仆三年，勾践委曲求全，取得吴王夫差的信任被赦释回国，范蠡又在吴国为质两年，之后辅佐越王励精图治，治国整军，"范蠡事越王句践，既苦身勠力，与句践深谋二十余年，竟灭吴，报会稽之耻，北渡兵于淮以临齐、晋，号令中国，以尊周室，句践以霸，而范蠡称上将军"①。在越王称霸之后功成身退，"自与其私徒属乘舟浮海以行，终不反"，"浮海出齐，变姓名"。

孙武虽然在阖庐称霸过程中战功赫赫，柏举之战，以弱胜强，助兄伐弟，巧夺都城，北威齐晋，之后脱然高隐，激流勇退，终老吴地。② 秦国大将王翦在灭赵、燕国之后，在李信攻楚失利之后始皇"自驰如频阳，见谢王翦"就嗅到功高震主的危险，向始皇几次三番索要"美田宅园池甚众"，"为子孙业耳"，以解始皇的猜忌。传说他急流勇退，得以善终。

在文种、韩信等功高震主、被构陷而身死的反面事例之中就能感知范蠡、孙武、王翦、张良功成身退、淡泊名利的可贵。司马迁对忍辱负重、复仇雪耻的伍子胥、孙膑给予了深切的同情，对伍子胥鞭尸楚平王、孙膑马陵道计杀庞涓的快意恩仇表现得酣畅淋漓。而对那些遭妒被间、含冤受屈的司马穰苴、吴起、乐毅、穰侯、白起、蒙恬、李牧、韩信、周亚夫等凄惨悲剧也是融入自己受凌辱的遭际，浇胸中块垒。

7. 知错能改，胸怀宽大

赵国名将廉颇有攻城野战的大功，却嫉妒依靠口舌外交而受封的蔺相如，当得知蔺相如"以先国家之急而后私雠也"的宽广胸怀时，他知错能改，负荆请罪，书写了历史难得的"将相和"的佳话。

（二）"立功"型的军事家

1. 乱世豪杰，一统天下

司马迁除了不吝赞语项羽"遂将五诸侯灭秦，分裂天下，而封王侯，政由羽出，号为'霸王'"③，褒扬项羽的灭秦之功，也客观褒奖刘邦的立国之勋绩："故汉兴，承敝易变，使人不倦，得天统矣。"④ "子羽暴虐，汉行功德；愤发蜀汉，还定三秦；诛籍业帝，天下惟宁，改制易俗。"⑤

---

① 司马迁：《史记·越王勾践世家》，中华书局 2013 年版，第 2113 页。

② 韩静：《孙武人生结局考辨》，《滨州学院学报》2009 年第 1 期，16—18 页。

③ 司马迁：《史记·项羽本纪》，中华书局 2013 年版，第 428 页。

④ 司马迁：《史记·高祖本纪》，中华书局 2013 年版，第 494 页。

⑤ 司马迁：《史记·太史公自序》，中华书局 2013 年版，第 4008 页。

2. 奇谋秘计，善于用兵

孙膑是因为被同窗魏国大军庞涓陷害受膑刑而得名，他装疯卖傻，最终成功骗过庞涓被接到齐国，而展现他的谋略小试牛刀的就是田忌赛马，之后担任齐国军师，在围魏救赵的桂陵之战中大败齐军，受到齐王器重。13 年后，魏国、赵国联合进攻韩国，韩国求救，孙膑计定后救，韩国五败后孙膑再一次采用"围魏救赵"之策，进攻魏都大梁，庞涓这次吸取教训，派国内与回撤两军夹击，孙膑采用"减灶之计"，伪装败退的假象，诱敌深入，在马陵道设下埋伏，万箭齐发，庞涓重伤自刎而死，齐军落荒而逃，一败涂地，齐军乘胜攻破魏都大梁，俘虏魏国太子，孙膑一跃成为继孙武之后卓越的军事家。

乐毅率领的燕赵五国联军大败了强敌齐国之后，攻下 70 余城，齐国只剩下两座城池，两国军事力量强弱发生变化，齐国已经到了崩溃的边缘。当时齐国不知名的小吏田单得到支持，在即墨防守战中，先是采用离间计解除乐毅兵权，利用当时迷信心理稳定人心，"令城中人食必祭其先祖于庭，飞鸟悉翔舞城中下食"，故意纵敌行暴，"吾唯惧燕军之劓所得齐卒，置之前行"，"吾惧燕人掘吾城外冢墓，僇先人，可为寒心"。敌人劓齐卒、掘祖坟，导致齐人同仇敌忾，"皆涕泣，俱欲出战，怒自十倍"。田单对内加紧修筑工事，对外做出出力抵抗的假象麻痹燕军，又假意让人出城投降，最终采用火牛阵奇袭，大败即将全面胜利的燕赵联军，"而齐七十余城皆复为齐"。田单高超的指挥艺术在即墨之战得到了完美的展现，智谋过人，连环计环环相扣，尤其是奇思妙招火牛阵的最后一击，堪称完美。司马迁高度称赞田单的军事指挥艺术："兵以正合，以奇胜。善之者，出奇无穷，奇正还相生，如环之无端。夫始如处女，适人开户；后如脱兔，适不及距：其田单之谓邪！"[①]

公元前 270 年，秦将胡伤率 20 万重兵讨伐韩国，还包围了赵国紧靠韩国的重地阏与，韩国告急，朝中君臣都知道唇亡齿寒的道理，但因为赵国几次与秦国交战都以失败告终，包括相国蔺相如、大将廉颇与乐乘以及平原君赵胜都认为难以救援，但赵惠文王最后把目光落到了田部吏赵奢身上，奢挺身而无对曰："其道远险狭，譬之犹两鼠斗于穴中，将勇者胜。"[②] 就这样，赵国君臣将国家命运交给了一个毫无军事经验的税务官员手中，起兵 5 万救韩。面对秦军武安的牵制之敌，赵奢离开邯郸 30 里即坚壁不进 28 天，严令劝谏者斩杀，制造出作壁上观而毫无救援之意。就在秦军放松警惕之时，赵奢率领 1 万前军日夜奔袭而至阏与，两次接受许历意见，击退偷营之敌，又据守北山，"赵奢纵兵击之，大破秦军"，遂解阏与之围。

在楚汉战争中韩信辅佐汉王刘邦，先是平定三秦，继而东进，明修栈道，暗度陈仓，在陈仓打败章邯，又利用废丘（今陕西兴平市东南）城旁的河水水淹城池，横扫关中。之后韩信进攻魏王豹，采取声东击西、避实就虚的计策，在夏阳

---

① 司马迁：《史记·田单列传》，中华书局 2013 年版，第 2976 页。

② 司马迁：《史记·廉颇蔺相如列传》，中华书局 2013 年版，第 2963 页。

以木罂缶渡军，神不知鬼不觉地奔袭到魏国都城平阳（今山西临汾），魏军惨败，魏王豹投降，韩信军占领魏地。之后，先大破代军，俘虏其相国，然后进攻赵国，他提前在赵军侧后方埋伏 2000 余名带着汉军军旗的士兵，再沿着绵蔓河边部署 1 万精兵，然后在攻击时假意失利诱敌深入，在绵蔓河边与部署军队进行殊死决战，大半天战斗之后埋伏的持有汉军旗帜的士兵已经夺得赵军大营，旗帜插遍大营四周，之后韩信乘胜夹击，击溃赵军，斩杀赵军主帅陈余，俘虏赵王歇。之后，采用前魏国谋士李左车的计策，派辩士游说燕国迫降，不战而屈人之兵。韩信又攻破齐国都城临淄，歼灭了前来救援的 10 万楚军，杀死项羽的大将龙且，顺利完成对项羽的包抄。之后，刘邦、韩信、刘贾、彭越、英布等各路汉军约计 40 万人与 10 万楚军于垓下展开决战，四面楚歌声中，在垓下彻底击败项羽，项羽自刎，楚汉战争结束。韩信在军事史上留下了大量的战术典故：明修栈道、暗度陈仓、临晋设疑、夏阳偷渡、木罂渡军、背水为营、拔帜易帜、传檄而定、沉沙决水、半渡而击、四面楚歌、十面埋伏等。其用兵之道，为历代兵家所推崇，他是中国军事思想谋战派代表人物，被后人奉为"兵仙""战神"。

《史记》中相当多的将领都是凭借杰出的军事才能而载入史册。吴王阖庐弟弟夫概造反据险而守吴国都城，孙武却连续夜晚在太湖缓慢行进，渔船燃起灯火设下疑兵，又传出要在地峡进攻的消息，引诱夫概出城在地峡设伏，却最终被孙武反包围，都城也被孙武的军队夺取。李广面对匈奴强敌镇定自若，让士兵解鞍下马，躺卧地下，将计就计，故作诱兵，竟然反杀匈奴将领，以虚为实，迫使匈奴退兵。赵国名将李牧苦于军中无良马，以几百匹母马引诱匈奴战马，"美马计"成功骗得几百匹战马。

3. 勇猛善战，功勋卓著

秦国的白起军事亮相就是歼灭韩魏联军，斩杀 24 万之众，攻下 5 座重镇，又连续攻下魏国 60 余城，攻下赵国光狼城，彻底扫平秦军东进之路。率军远征楚国，以数万之军迎战百万之师，接连攻下鄢、邓等 5 座边邑，大破楚军，攻入郢都，迫使楚国迁都。尤其秦赵长平之战，战后使诈活埋赵军 40 万人，赵人震恐。白起攻城略地，攻城 70 余，歼灭近百万敌军，没有败绩，名震天下，堪称"战神"，被封为武安君，但从人性及道德的角度看，白起的杀人如麻，恐怕要被冠以战争屠夫的称号。《史记》高度评价白起奇妙变幻的军事能力："料敌合变，出奇无穷，声震天下。"[①] 秦国的大将王翦，刚出道在函谷关面对几倍于己的韩、赵、魏、燕、楚五国联军，就定下了擒贼先擒王先攻楚国公子黄歇的计策，黄歇连夜独自逃跑，其他联军一战即溃，之后，王翦攻灭赵国、燕国、楚国，南征百越，战功赫赫，被封武成侯。

赵国的廉颇率兵讨伐齐国夺取了阳晋，长平之战前期，坚守不出，成功抵御秦军进攻。击退燕国入侵，斩杀燕军主帅栗腹，进军包围燕都三月，令对方割五

---

① 司马迁：《史记·白起王翦列传》，中华书局 2013 年版，第 2843 页。

城求和，册封信平君。李牧在北境抗击匈奴，使其"岁无所得"，"终以为怯"，"不敢近赵边城"。后攻燕国拔武遂、方城，多次击败秦军，被封武安君。

像这样善于用兵、功勋卓著的军事统帅还有司马穰苴，曾率齐军击退晋、燕入侵之军，因功被封为大司马。乐毅从赵国、魏国而后进入弱小的燕国，辅佐燕昭王，率领燕国等五国联军攻打强大的齐国，攻下 70 余城，创造了古代战争史上以弱胜强的著名战例，封昌国君，后入赵国被封望诸君。

4. 智勇双全，以弱胜强

《史记·刺客列传》所写的曹沫，执匕首劫持齐桓公，迫使齐桓公归还侵占鲁国的土地，而这个曹沫就是《左传·庄公十年》中的曹刿，可谓智勇双全，曹刿论战一鼓作气，在长勺之战中指挥鲁国 3 万军队击败齐国 30 万军队，创造了古代历史上以弱胜强的经典战例，毛泽东在《中国革命战争的战略问题》中对其给予高度评价。

秦王朝之所以能最终分崩离析，要数项羽指挥的巨鹿之战，项羽率领 5 万楚军（后来诸侯军队也有参与），在巨鹿与秦将章邯、王离所率的 40 万秦军进行大决战，项羽诛杀主帅宋义，夺取兵权，以置之死地而后生的大无畏精神，破釜沉舟，连续 9 次猛攻秦军，全歼王离 20 万，迫使章邯 20 万众投降，一战击溃秦军主力，扭转了整个战局，奠定了反秦斗争胜利的基础。

《史记》记述的以弱胜强的战例还有，姜尚、周武王以不足 10 万的精锐，在牧野之战击败了殷纣王的 17 万（一说 70 万大军），商军全军覆没。公元前 506 年（周敬王十四年），吴王阖庐与孙武、伍子胥率军 3 万联合唐、蔡军队西伐楚，在柏举击溃 20 万楚军，千里破楚，五战入郢，楚昭王出逃。公元前 294 年，秦将白起率 12 万在伊阙龙门全歼魏韩 24 万联军，彻底扫平秦军东进之路，可谓白起的成名之战。公元前 251 年，廉颇、乐乘率 25 万赵军在鄗（今河北高邑东）、代（今河北蔚县东北）击败栗腹率领的两路 60 万燕军，斩杀主帅栗腹，两路燕军败退。廉颇率军追击 500 里，直入燕境，包围燕都蓟 3 个月，燕王只好割让 5 座城邑求和。还有在《史记》中没有记载却在《吴子》中出现的阴晋之战，吴起以 5 万魏军击败 50 万秦军。

（三）"立言"型的军事家

1. 用兵思想，理论著述

出身于齐国的孙武，在奔吴之前已经写好兵法 13 篇，经过吴宫教战、佐吴破楚的军事实践，"西破强楚，入郢，北威齐晋，显名诸侯，孙子与有力焉"[①]，"身宠君尊，当世显扬"[②]，奠定了孙武的军事家地位。他的《孙子兵法》被誉为中国古代最伟大的兵家经典，在世界军事史都有重要地位。

以前一直颇有争议的《孙膑兵法》自从银雀山汉墓竹简出土后，孙膑以其优秀的军事理论与光辉的军事实践，被后世推崇。《孙膑兵法》又名《齐孙子》，《汉

---

① 司马迁：《史记·孙子吴起列传》，中华书局 2013 年版，第 2632 页。
② 司马迁：《史记·律书》，中华书局 2013 年版，第 1481 页。

书·艺文志》称其有"八十九篇，图四卷"①。根据银雀山汉墓竹简出版的《孙膑兵法》有 16 篇，系原上编及下编的《五教法》合成。

魏国的名将吴起，身经百战，《吴起兵法·图国》统计："与诸侯大战七十六，全胜六十四，余则钧解。辟土四面，拓地千里，皆起之功也。"② 《吴起兵法》又称《吴子》，与《孙子兵法》并列，被称"孙吴"。《汉书·艺文志》称有 48 篇③。后世多有把孙武、孙膑、吴起兵法并列，《荀子·议兵》："孙（武）、吴（起）用之，无敌于天下。"④ 《史记·孙子吴起列传》说："世俗所称师旅，皆道《孙子》十三篇，《吴起兵法》，世多有，故弗论，论其行事所施设者。"⑤ 《汉书·刑法志》："吴有孙武，齐有孙膑，魏有吴起，秦有商鞅，皆擒敌立胜，垂著篇籍。"⑥

《魏公子列传》载有《魏公子兵法》，言其门人进献而编写成书："当是时，公子威振天下，诸侯之客进兵法，公子皆名之，故世俗称《魏公子兵法》。"司马贞索隐言："公子所得进兵法而必称其名，以言其恕也。"张守节集解言："刘歆七略有魏公子兵法二十一篇，图七卷。"⑦ 《汉书·艺文志》提及《魏公子》兵法 21 篇，图 10 卷。⑧

西汉建立后，韩信与张良整理兵法。《汉书·艺文志》记载："汉兴，张良、韩信序次兵法，凡百八十二家，删取要用，定著三十五家。"⑨ 韩信著有《韩信》3 篇⑩，现在已经散佚。

《汉书·艺文志》还提到其他一些军事著作：黄帝著有《黄帝》16 篇、图 3 卷，范蠡著有《范蠡》2 篇，文种著有《大夫种》2 篇，李左车著有《广武君》1 篇，项羽著有《项王》1 篇⑪，都包含着一些军事谋略思想。

2. 托名撰著，传习思想

托名为太公的著作《六韬》，在《汉书·艺文志》的道家类著录《太公》237 篇⑫，在儒家类著录《周史六弢》6 篇⑬，颜师古注以为"即今之《六韬》"⑭。后世传太公之书，则有《六韬》《阴符经》《太公兵法》《太公金匮》四种。全书以"文王问"和"武王问"的形式组织起来，为传习太公兵术者集体的创作，但还是

① 班固撰，颜师古注：《汉书·艺文志》，中华书局 1964 年版，第 1757 页。
② 钧解：不分胜负。张铁慧译注：《吴起兵法》，新疆青少年出版社 2009 年版，第 8—9 页。
③ 班固撰，颜师古注：《汉书·艺文志》，中华书局 1964 年版，第 1757 页。
④ 王先谦：《荀子集解》，沈啸寰、王星贤点校，中华书局 1988 年版，第 266 页。
⑤ 司马迁：《史记·孙子吴起列传》，中华书局 2013 年版，第 2639 页。
⑥ 班固撰，颜师古注：《汉书·刑法志》，中华书局 1964 年版，第 1085 页。
⑦ 司马迁：《史记·魏公子列传》，中华书局 2013 年版，第 2896 页。
⑧ 班固撰，颜师古注：《汉书·艺文志》，中华书局 1964 年版，第 1785 页。
⑨ 同上，第 1762—1763 页
⑩ 同上，第 1757 页。
⑪ 同上，第 1757—1759 页。
⑫ 同上，第 1729 页。
⑬ 同上，第 1725 页
⑭ 同上，第 1728 页

能从中窥视太公兵术思想的影子，作为讨论太公军事思想的学术背景。

《司马穰苴列传》"赞"中说："太史公曰：余读《司马兵法》，闳廓深远，虽三代征伐，未能竟其义，如其文也，亦少褒矣。……何暇及《司马兵法》之揖让乎？世既多《司马兵法》，以故不论，著穰苴之列传焉。"[1] 司马穰苴在功成之后，开始整理军事著作《司马法》，对之阐释、引申、发挥，今所见《司马法》应该既有司马穰苴"申明"的古《司马法》，也有司马穰苴自己著述的兵法，也表现出了自己的军事思想。《汉书·艺文志》记载《司马法》有 155 篇[2]，今本存有 5 篇，《仁本》《天子之义》《定爵》《严位》《用众》，核心思想是"仁、义、礼、让"，也能展现出当时作战原则及方法。

《史记·秦始皇本纪》有"十年……大梁人尉缭来，说秦王"的记载，《汉书·艺文志》列在"杂家类"的《尉缭》有 29 篇[3]，列在"兵形势家类"的《尉缭》有 31 篇[4]，而流传至今的《尉缭子》仅有 24 篇，是尉缭子及其弟子根据他的言论在不同时期写成的。

《史记》叙写了那么多栩栩如生的军事人物，是司马迁强烈军事情结的体现，也是司马迁补偿心理的表现，他的发愤著书立说就是这种心理的表现，"此人皆意有所郁结，不得通其道也，故述往事，思来者"，"退而论书策，以舒其愤，思垂空文以自见"。因为父亲的遗命以及李陵之祸的人生转折，他无法真正完成决战沙场、建功立业的人生使命，就以补偿心理转而用"立言"撰写《史记》。他采取了历史浪漫主义的艺术手法，与统治阶级的价值观保持了一定的距离，表现出强烈的批判性与独创性，在这些人物身上寄寓了自己无法实现的军事梦想，尤其是与那些与自己一样遭受诬陷、凌辱甚至生命受到迫害之人更是感同身受，休戚与共，与读者达到共鸣。司马迁"所以隐忍苟活，幽于粪土之中而不辞者，恨私心有所不尽，鄙陋没世，而文采不表于后也"，以"亦欲以究天人之际，通古今之变，成一家之言"的大无畏精神，以撰史为志，撰写《史记》从而实现生命的"立言"，以《史记》的撰写超越生死，实现生命的真正不朽。

---

① 司马迁：《史记·司马穰苴列传》，中华书局 2013 年版，第 2628 页。
② 班固撰，颜师古注：《汉书·艺文志》，中华书局 1964 年版，第 1762 页。
③ 同上，第 1740 页。
④ 同上，第 1758 页。

《史记·田单列传》管窥

——"即墨之战"战略战术分析及启示

＊本文作者徐斌，国防大学军事文化学院研究生。

《史记·田单列传》记载了即墨之战的完整战争经过，歌颂了齐国将领田单"受命于败军之际、奉命于危难之间"①，并巧施计谋，出奇制胜，大破燕军，乘势恢复齐国的丰功伟绩。田单的出现、齐国的逆袭，看似偶然，实则有其必然。即墨之战之所以能够取得胜利，除了田单个人智慧的主观因素之外，还有着更深层的原因，而田单的神机妙算也不仅仅只是"离间计"和"火牛阵"……当前，我军军事斗争准备持续深入，对"即墨之战"这场出奇制胜的战争进行深入分析，不仅有助于加深我们对中国古代军事思想的理解，更重要的是可以"古为今用""以古为新"，从中汲取到许多独具特色的战略战术思想。

一、即墨之战取胜的两大前提基础

即墨一役，足智多谋的田单是绝对主角，在其层出不穷的锦囊妙计下，读者向来津津乐道于对田单个人的无限称赞，虽然这种观点值得肯定，但它过分强调了人在战争中的主观能动作用，从而忽视了战争的客观性。须知，任何一场战争，不论指挥艺术如何高明，都是主客观条件共同作用的结果，田单的雄韬伟略确实让人着迷，但他的"奇计"仍然是基于客观条件的发挥。对军事指挥员来说，研读《史记·田单列传》，不能仅仅陶醉于田单的"个人表演"，还要能够跳出文章之外进行理性思考，注重分析这场战争背后的深层原因。笔者认为，即墨之战的胜利，除了田单个人军事才能的发挥之外，还有两个十分重要的客观条件，共同构成这场战役取胜的前提基础。

（一）政治基础：人心向背的关键所在

公元前 284 年，乐毅率领燕军攻打齐国都城临淄，攻下临淄后，"乐毅修整燕军，禁止侵掠，求齐之逸民，显而礼之。齐人食邑于燕者二十余君，有爵位于蓟

① 语出诸葛亮《前出师表》。

者百有余人。"（《资治通鉴・周纪四》）① 可见在国破家亡、人人自顾不暇的残酷现实下，面对乐毅的怀柔政策，一些齐国士大夫选择了"食邑于燕"以求自保。乐毅又听说画邑人王蠋是个贤才，也想用高官厚禄来收买他，但王蠋却誓死不从，"遂经其颈于树枝，自奋绝脰而死。"（《史记・田单列传》）他的死深深震撼了齐国士大夫的心灵，《史记・田单列传》记载："齐亡大夫闻之，曰：'王蠋，布衣也，义不北面于燕，况在位食禄者乎！'乃相聚如莒，求诸子，立为襄王。"司马迁高度赞扬了王蠋"义不北面于燕"的高洁品质，认为他的死可谓死得其所、重于泰山。

实际上，在解决齐国人心归向的问题中，还有一个人也起着至关重要的作用，他就是王孙贾。公元前 284 年王蠋自绝，也正是这一年，原本将兵救齐的楚将淖齿与燕国阴谋串通，欲与燕共分齐国之地，淖齿因此杀死齐闵王，占领了莒城，齐国王子法章（即齐襄王）逃亡。此时，虽然齐国士大夫受到了王蠋的精神鼓舞，一心想要救国，但在淖齿为乱、法章匿亡的情况下，尚不具备现实条件。直到公元前 283 年，王孙贾在莒城举事，他说："'淖齿乱齐国，杀闵王，欲与我诛者，袒右！'市人从者四百人，与之诛淖齿，刺而杀之。"（《战国策・齐六》）② 淖齿死后，"于是亡臣相与求闵王子，欲立。法章惧其诛己，久之乃敢自言，遂立以为齐王，保莒城以拒燕，布告国中曰：'王已立在莒矣！'（《资治通鉴・周纪四》）③

王蠋之死从精神上感化了齐国的人心，而王孙贾的行动则直接促成了襄王即位，正是由于他们两人的忠义和勇敢，才使齐国政权得以重建，齐国军民重拾信心，特别是对即墨和莒城军民的顽强抵抗起到了极大的鼓舞作用，也为后来即墨之战的成功奠定了精神基础。

（二）经济基础：固若金汤的袖里玄机

公元前 282 年—前 279 年，面对名将乐毅的攻击，即墨城始终坚守不下，其原因除了城中军民团结一致的抗争精神之外，更重要的是有强大的经济基础作为支撑。即墨是春秋战国时齐国的五都之一，位于胶东丘陵与胶莱平原的交汇处，一直是齐国的军事重镇，设有常备军"持戟之士"，即墨大夫既是行政长官也是军事长官，到了战国、秦汉时期，即墨已经成为与齐都临淄相媲美的商业名城，《史记・高祖本纪》④ 载："夫齐，东有琅邪、即墨之饶，南有泰山之固，西有浊河之限，北有勃海之利。"《即墨县志》⑤ 也称"即墨之饶，车毂击，人肩摩"，其富饶程度由此可见一斑。其次，即墨久攻不下，乐毅采取了"怀柔"战术，"乐毅

① 司马光：《资治通鉴・周纪四》，岳麓书社 2018 年版。
② ［西汉］刘向编定：《战国策・齐六》：王孙贾年十五事湣王。
③ 司马光：《资治通鉴・周纪四》，岳麓书社 2018 年版。
④ ［汉］司马迁撰，陈曦、王珏、王晓东、周雯译：《史记》，中华书局 2019 年版。
⑤ 即墨市史志办公室编：《即墨县志》，中国和平出版社 2005 年版。

围二邑，期年不克，及令解围，各去城九里而为垒，令曰：'城中民出者勿获，困者赈之，使即旧业，以镇新民。'"（《资治通鉴·周纪四》）也就是说，虽然处于战时状态，但即墨居民可以正常进行经济活动，再加上即墨将领田单早年为"临淄市掾"，擅长管理"市场"，所以即墨的经济得以快速恢复。

《孙子兵法·军争篇》有言："是故军无辎重则亡，无粮食则亡，无委积则亡。"在冷兵器时代，一座孤城能够在大军围攻中坚守三年，如果没有强大的经济实力作为支撑，是难于想象的。一方面，即墨富饶的经济条件，是齐国军民长期坚守的物质基础，另一方面，强大的经济基础也为田单的"神机妙算"争取了宝贵时间，使他能够精心筹划战略反攻，正所谓"夫未战而庙算胜者，得算多也，未战而庙算不胜者，得算少也。"（《孙子兵法·计篇》）这是后续行动中田单的"奇计"得以顺利实施的先决条件。

因此，齐襄王的即位稳定了齐国的民心，为即墨之战奠定了精神基础，解决了齐国人心向背的根本问题，而即墨城殷实的经济基础则为后续的长期坚守提供了根本保证，这是即墨之战不可不察的两个重要前提。

二、即墨之战各阶段战略战术分析

仔细研读《史记·田单列传》，深入分析田单复齐的前因后果，对即墨之战进行"复盘式反思"，我们不难发现，这场战争总体上可以分为战略撤退、战略相持和战略反攻三个阶段，而田单在各个阶段采取了不同的战略战术方法，最终出奇制胜，以"火牛阵"一举击败燕军。

（一）战略撤退阶段：东保即墨

田单杰出的军事才能首先表现为他敏锐的战略眼光，《史记·田单列传》载："燕师长驱平齐，而田单走安平，令其宗人尽断其车轴末而傅铁笼。已而燕军攻安平，城坏，齐人走，争涂，以辖折车败，为燕所虏，唯田单宗人以铁笼故得脱，东保即墨。"田单以铁箍包住车轴逃生，可见他足智多谋，但此处最能彰显他大智慧的不是改装"铁笼"，而是选择逃往即墨。在生死存亡之际，田单能够保持头脑清醒，做出正确的战略判断，这体现出他杰出的军事洞察力，田单的到来对坚固的即墨来说也可谓"如虎添翼"。

（二）战略相持阶段：蓄势待发

公元前282年，田单被推举为即墨首领，带领即墨军民坚守城塞，这场战争随即转入了战略相持阶段。在战略相持中田单屡出奇计，不断积蓄齐军力量，持续削弱燕军力量，他的计策集中体现在对"舆论战"和"心理战"的战术运用上。

《孙子兵法·用间篇》云："反间者，因其敌间而用之。"公元前279年，"燕昭王卒，惠王立，与乐毅有隙。田单闻之，乃纵反间于燕，宣言曰："齐王已死，城之不拔者二耳。乐毅畏诛而不敢归，以伐齐为名，实欲连兵南面而王齐。齐人未附，故且缓攻即墨以待其事。齐人所惧，唯恐他将之来，即墨残矣。'燕王以为然，使骑劫代乐毅。"（《史记·田单列传》）田单敏锐抓住燕惠王与乐毅之间的矛盾，制造"乐毅欲王齐"的虚假舆论，向燕惠王传播"齐人畏惧他将之来"的"观念信息"，达成了"使骑劫代乐毅""燕人士卒忿"的战略企图。

在铲除乐毅这个强劲的对手后，田单继续扩大舆论战果：他令人饭前先以食物在庭中祭奠祖先，城中飞鸟下食，燕军感到困惑，"田单因宣言曰：'神来下教我。'乃令城中人曰：'当有神人为我师。'有一卒曰：'臣可以为师乎？'因反走，田单乃起，引还，东乡坐，师事之。卒曰：'臣欺君，诚无能也。'田单曰：'子勿言也！'因师之。每出约束，必称神师。"（《史记·田单列传》）此处田单又一次"制造舆论"，但与第一次的对敌舆论不同，这次他将"舆论"反其道而行，用于己方，假托"天神相助"，增加了齐军将士的信心。

随着即墨军民信心的不断增加，为激发战斗士气，田单再次向燕军发起"舆论战"攻势，"乃宣言曰：'吾唯惧燕军之劓所得齐卒，置之前行，与我战，即墨败矣。'燕人闻之，如其言。城中人见齐诸降者尽劓，皆怒，坚守，唯恐见得。单又纵反间曰：'吾惧燕人掘吾城外冢墓，僇先人，可为寒心。'燕军尽掘垄墓，烧死人。即墨人从城上望见，皆涕泣，俱欲出战，怒自十倍。"（《史记·田单列传》）这里连用两个"舆论战术"，不仅使敌方正中下怀、为我所用，而且反过来进一步激发了我方斗志，从即墨军民"皆怒"到"怒自十倍"可见其战斗士气之高昂。

正所谓"养兵千日，用兵一时"，激发出即墨军民的战斗士气后，"田单知士卒之可用，乃身操版锸，与士卒分功，妻妾编于行伍之间，尽散饮食飨士。"（《史记·田单列传》），《孙子兵法·谋攻篇》中说"知胜有五"，而其中之一便是"上下同欲者胜"，田单的率先垂范，进一步巩固了即墨军民上下一心、同仇敌忾的战斗士气，此时的即墨军民，已经是"箭在弦上，不得不发"。

通过田单的一系列"舆论"策略，使齐军的战斗力得到大幅提升，但此时燕军的实力还不容小觑，所谓"知彼知己者，百战不殆"（《孙子兵法·谋攻篇》），为了进一步掌握敌方情况，彻底麻痹燕军，田单使出了"心理战"奇计。

《孙子兵法·计篇》有言："兵者，诡道也。故能而示之不能，用而示之不用，近而示之远，远而示之近。"田单心理战的第一步是示弱，"令甲卒皆伏，使老弱女子乘城，遣使约降于燕，燕军皆呼万岁，田单又收民金，得千镒，令即墨富豪遗燕将，曰：'即墨即降，原无虏掠吾族家妻妾，令安堵。'（《史记·田单列传》）此处两计连施，先以老弱女子示敌、诈降于燕，制造"敌强我弱"的假象，再以千金遗燕将，扬言即将投降，前后两计真真假假、虚虚实实，配合得天衣无缝，其效果是："燕将大喜，许之，燕军由此益懈。"（《史记·田单列传》）

至此，燕齐双方的力量对比发生了质的变化：燕军在"心理战"的迷惑下，已经完全懈怠、基本丧失了战斗意志，而齐军则在几次"舆论宣言"的作用下同仇敌忾、视死如归。孙子曰："昔之善战者，先为不可胜，以待敌之可胜。"（《孙子兵法·军形篇》）田单通过一连串的奇谋妙计，在"示弱"中等来了发起战略反攻的可胜之机。

（三）战略反攻阶段：一战成名

《孙子兵法·九地篇》载："兵之情主速，乘人之不及，由不虞之道，攻其所不戒也。"田单深知，在燕军士气低落、齐军士气高昂的形势下，最好的战法就是攻其不备、出其不意的"奇袭"。于是，"田单乃收城中得千余牛，为绛缯衣，画以五彩龙文，束兵刃于其角，而灌脂束苇于尾，烧其端。凿城数十穴，夜纵牛，壮士五千人随其后。牛尾热，怒而奔燕军，燕军夜大惊。牛尾炬火光明炫耀，燕军视之皆龙文，所触尽死伤。五千人因衔枚击之，而城中鼓噪从之，老弱皆击铜器为声，声动天地。燕军大骇，败走。"（《史记·田单列传》）在最后决胜时刻，田单将"火牛阵"偷袭和"心理战"威慑巧妙结合运用：使用火牛冲击是"出其不意"，于夜间凿城发动袭击是"攻其不备"，而"绛缯衣、五彩龙文、牛尾炬火、鼓噪、击铜器"皆为"心理威慑"，这套"刚柔并济"的奇袭战术，使燕军扰乱奔走，田单带领齐军乘胜追击，迎襄王入临淄，终于实现了复国。

纵观即墨之战中田单的奇谋妙计，不禁让人目不暇接、啧啧称奇，正如司马迁所说："兵以正合，以奇胜，善之者，出奇无穷。"（《史记·田单列传》）但笔者认为，在这些"奇计"中，"东保即墨"和"火牛阵"两计最能彰显田单的大智慧。"东保即墨"是危急存亡之际的战略抉择，面对燕军的穷追猛打，田单在逃亡中还能对整个战局有非常清晰的判断，这与毛主席带领秋收起义队伍退守井冈山有着异曲同工之妙，这种战略判断能力非常人所有，它远胜于一般的军事指挥能力。而"火牛阵"之所以名垂千古，也不仅仅在于使用"牛"发起奇袭，更重要的是他把"火力打击"和"心理威慑"巧妙地结合起来，使用"牛"本来就足够称奇了，但在"牛"上加"五彩"，就是奇上加奇，正所谓千古之奇。除此之外的奇谋妙计，看似无穷，但其实都只是"东保即墨"的衍生以及"火牛阵"的前奏而已。

由此观之，田单既是战略家又是战役战术专家，总之是了不起的军事家，他在即墨之战中表现出来的战略战术思想，尤其是对"舆论战"和"心理战"的灵活运用，对推进新时期我军军事思想变革具有重要借鉴意义。

三、田单战略战术思想对我军
"舆论战"和"心理战"的启示

在信息化战争时代，国与国之间的利益联系更加紧密，任何战争都必然会受到国际舆论的广泛关注和舆论力量的制约，并且随着军事装备智能化水平的不断提高，战场空间从物理认知空间向心理空间进一步延伸，舆论对战场心理环境的影响作用益发凸显，"舆论战"和"心理战"已经成为未来联合作战中不可或缺的新型作战力量。田单在即墨之战中对"舆论战"和"心理战"的运用对我们有以下四点启示：

（一）寻求观念制胜的深度伪造

即墨之战中田单多次以"舆论制造"和"心理干预"作为武器，在"舆论战"中，第一次以宣言离间敌人、第二次借"神助"收拢人心、第三次和第四次又用宣言激发出齐军士气，不断制造"观念"以假乱真。在"心理战"中，又使老弱登城、约降示弱，以重金遗燕将示降，这些奇计皆环环相扣、循序渐进，终于使燕军对"即墨不堪一击"的假象深信不疑。实际上，这种层层递进式的战法是冷兵器时代一次非常成功的"深度伪造"①。

《孙子兵法·兵势篇》曰："凡战者，以正合，以奇胜。故善出奇者，无穷如天地，不竭如江海。战势不过奇正，奇正之变，不可胜穷也。奇正相生，如循环之无端，孰能穷之哉！"我军在推进"舆论战"的建设发展中，应当更加注重综合运用信息化时代的智能语音合成、图像识别、视频合成等高科技伪装技术，对有利于我方的"观念信息"进行"深度舆论包装"，例如：我们可以根据敌方舆论动态，伪造不利于敌方的政治言论，并将言论"深度伪装"成敌方领导人或指挥员的讲话视频，再借助互联网等社交媒体对敌宣传，借助大数据、云计算的平台优势出奇制胜，达到良好的攻心效果。

（二）掌握知己知彼的心战要诀

田单在"心理战"的战术运用上之所以能够做到环环相扣，很重要的一点就是他时刻密切关注着敌我双方的心理动态，所谓"知彼知己者，百战不殆。"（《孙子兵法·谋攻篇》）对心理战来说更是如此，当即墨处于劣势，齐军缺乏信心时，田单假托"神助"凝聚人心，当齐军"怒自十倍"时，他又"身操版锸"以坚其心志，而在燕军懈怠后，他竟用"龙文"火牛阵来慑破敌胆。

可见，在"心理战"指挥中，一个很重要的前提就是指挥员对敌我双方心理状况的把握，在战争的不同阶段，要求指挥员不仅要知晓己方的"心理诉求"，还要洞察敌人的"心理盲区"，只有掌握我方"心理诉求"，才能"对症下药"，开展针对性的思想政治教育和心理疏导，也只有抓住敌方"心理盲区"，才能"一针见血"，准确发起对敌舆论攻势和心理威慑。一个合格的心理战指挥员，不仅仅要能够组织对敌心理攻击，还要求能够进行反向的心理干预，田单正是心理战指挥员学习的榜样。

（三）备战见血封喉的斩首行动

田单在"舆论战"和"心理战"的进攻中，还有一个关键之处，那就是不论

---

① "深度伪造"（Deepfake）是英文"deep learning"（深度学习）和"fake"（伪造）的混合词。

采取什么言论、使用什么干扰方式，始终都把攻击矛头对准燕军高层将领。离间燕昭王和乐毅，迷惑骑劫使其劓降者、掘冢墓，以富金遗燕将都是如此。有道是："摧其坚，夺其魁，以解其体。龙战于野，其道穷也。"（《孙子兵法·三十六计·攻战计·擒贼擒王》），这种"抨击要害、重点突破"的舆论战法可以称为一种"舆论斩首"行动。

在战争中，军队高级将领的决心意志和形象，直接关系一支军队的军心士气，所以对敌方心理的把握，最重要的是要掌握敌方指挥员的心理。当前我军军事斗争准备中对敌方战略战术的研究较多，但对其中某一个关键点的研究还不够深入细致，尤其是在"心理战"的探索实践中，对"四面楚歌"式的共性心理分析较多，对敌方首脑和高级将领的"个性心理分析"较少。我们知道，未来战争是信息化、智能化战争，大兵团作战、多人近距离短兵相接的时代早已经一去不返，在战争中，"舆论交锋"和"心理威慑"首当其冲的对象是双方的决策指挥层，并且信息化战争讲究精准制胜，"舆论战"和"心理战"同样要求精准。我军在军事斗争准备中，应当紧前开展对敌高层的"个性心理分析"，对他们的思维方式、教育背景、成长路径、指挥手段等进行综合分析，以期在战争中能够制造出针对性舆论、实施精准心理干扰，以最快捷的手段，争取达成最高效的心理威慑效果。

（四）探索刚柔并济的融合战法

即墨之战中田单最为奇特的"火牛阵"，对我们开展"心理战"训练也具有重要指导意义。《资治通鉴·周纪四》记载："乐毅及并右军、前军以围莒，左军、后军围即墨。"当时燕军以压倒性的兵力优势围攻即墨，但在决胜时刻，齐军仅以千余牛、壮士五千人即使数倍于己的燕军'所触尽死伤'，关键还在于田单创造了将"火力打击"与"心理威慑"相结合的"融合式"战法。在出其不意的前提下，千余牛辅之于"绛缯衣、五彩文"，壮士五千人辅之于"鼓噪、击铜"，这种刚柔并济的"融合式"战法，不仅能够节约战争成本，而且极大增强了攻击效果。

首先，未来战争中，精确制导武器、"智能机器人"将是战争主角，但这些装备成本较高，单凭武器装备实施火力打击往往需要付出高昂的经济成本，并且与强敌相比，我军在这方面还存在着明显劣势。其次，信息化条件下的联合作战，不仅仅只是各种火力打击力量之间的联合，它更强调如何将各作战要素有机地融合在一起。《孙子兵法·谋攻篇》言："故上兵伐谋，其次伐交，其次伐兵，其下攻城。"我军历来是一支善于"伐谋"的军队，积极探索将谋略主导的"舆论战"和"心理战"手段与高精尖武器打击相融合的新战法，这不仅有利于我军谋略特长的发挥，而且还能够弥补武器装备上的不足，对战斗力的提升具有十分重要的意义。

即墨之战是中国古代以少胜多的经典战例，田单以临淄小吏的身份担负起救国存亡的历史大任，这种临危受命、舍我其谁的伟大爱国主义精神，正是中华民族的精神内核所在。而他在这场战争中所表现出来的杰出军事才能，又是中国古代军事文化中罕见的一支奇葩，特别是让人眼花缭乱的"离间""反间"之计，对新时代我军开展"舆论战""心理战"的探索和运用具有很强的指导意义，值得我们进行更加深入的研究和思考。

从《史记》韩原之战看
纪传体史书叙事的三重转变

＊本文作者刘彦青，陕西师范大学文学院副研究员。

作为第一部纪传体通史著作，《史记》以"究天人之际，通古今之变，成一家之言"的宗旨，对从黄帝到汉武帝三千多年的历史进行叙述。司马迁广泛涉及六经及其训解书、诸子百家及方技类书、历史地理档案等各类图书，据张大可先生统计"单以《史记》本事考校，司马迁所见古书即达 106 种"①。司马迁所从事的其实是一个对原有故事进行重新叙述的工作。对《史记》叙事的考察，历来是"史记学"研究的重点。然传统的叙事研究多着眼于文法方面的考虑，忽视了纪传体体例所导致的叙事变化。借助大量文献资料，深入文本内容，分析不同文本之间的叙事差别，对认识相关历史记忆的传承，文本的变迁特征，乃至体会叙述者所传达的真实意图都具有十分重要的意义。在此方面，阮芝生《太史公怎样收集和处理材料》②、周虎林《史记著述的过程》③、藤田胜久《〈史记〉战国史料研究》④、倪豪士《一个〈史记〉文本问题的讨论和一些关于〈世家〉编写的推测》⑤等都进行过有益尝试。本文即借此研究方法，对韩原之战相关叙事进行深入分析，以此考查纪传体体例下的叙事艺术。

公元前 651 年，晋献公去世，晋国大夫里克作乱，连杀二君。公子夷吾以割让黄河以西之地为条件请求秦国发兵，助其返回晋国继位，秦穆公于是发兵送夷吾回晋国即位，是为晋惠公。晋惠公继位后，却背约不肯割地。秦穆公对此极为恼火。公元前 647 年，晋国发生饥荒，求助于秦国。秦国不念旧恶，卖给晋国大批粮食。公元前 646 年，秦国发生饥荒，向晋国求粮，却遭晋国拒绝。以上事件使秦、晋之间的怨恨加深，最终爆发了韩原之战。有关韩原之战的历史记录，在

---

① 张大可、赵生群主编：《史记文献与编纂学研究》，《史记论著集成》第 11 卷，商务印书馆 2015 年版，第 403—423 页。

② 阮芝生：《太史公怎样收集和处理材料》，《书目集刊》1974 年第 7 卷第 4 期。

③ 周虎林：《史记著述的过程》，《司马迁与其史学》，台北文史哲出版社 1987 年版，第 85 页。

④ ［日］藤田胜久：《〈史记〉战国史料研究》，曹峰、广濑薰雄译，上海古籍出版社 2008 年版。

⑤ ［美］倪豪士：《一个〈史记〉文本问题的讨论和一些关于〈世家〉编写的推测》，陈致主编：《当代西方汉学研究集萃·上古史卷》，上海古籍出版社 2012 年版。

《左传·僖公十五年》《国语·晋语三》和《秦本纪》《晋世家》等文献中都有保存，它们之间历史叙述的差异，展现出不同的文本特征和叙述目的。

一、从秉持"历史真实"到兼及"艺术真实"的叙事思想转变

战争起因是战争叙事的核心内容之一。有关战争起因的不同叙述一定程度上影响了战争经过的叙事，从而可能导致截然不同的战争叙事模式。叙事者对战争起因的叙述往往还具有明显的价值判断属性，反映着其价值判断与情感指向。

秦晋韩原之战作为春秋时期秦晋争霸史上一场十分关键的战争，起因于晋惠公的背信弃义，而直接的导火索则是公元前 646 年发生于秦国的饥荒。有关这场战争的起因在不同文献叙述中各有侧重，反映出不同叙述者所处立场的不同。《左传》作为较早的叙事文本，对此的叙述也最为详细，僖公十五年条记载：

> 晋侯之入也，秦穆姬属贾君焉，且曰："尽纳群公子。"晋侯烝于贾君，又不纳群公子，是以穆姬怨之。晋侯许赂中大夫，既而皆背之。赂秦伯以河外列城五，东尽虢略，南及华山，内及解梁城，既而不与。晋饥，秦输之粟；秦饥，晋闭之籴，故秦伯伐晋。①

可以看出《左传》的叙述者细致罗列了这场战争背后的原因：一、晋侯（晋惠公）违背承诺，入国不纳群公子；二、晋侯（晋惠公）违背承诺，不厚待国中大夫；三、晋侯（晋惠公）违背承诺，不割地于秦；四、晋侯（晋惠公）背信弃义，不粜米以解秦饥。在四条原因中一二条属对内，三四条属对外，共同指向了一点——晋惠公背信弃义。在叙述战争原因之前，《左传》于僖公十三年和僖公十四年，分别记录了秦晋两国君臣面对对方乞籴的不同态度：

僖公十三年：

> 冬，晋荐饥，使乞籴于秦。秦伯谓子桑："与诸乎？"对曰："重施而报，君将何求？重施而不报，其民必携，携而讨焉，无众，必败。"谓百里："与诸乎？"对曰："天灾流行，国家代有。救灾、恤邻，道也。行道，有福。"丕郑之子豹在秦，请伐晋。秦伯曰："其君是恶，其民何罪？"秦于是乎输粟于晋，自雍及绛相继，命之曰泛舟之役。②

---

① 《春秋左传正义》卷十四，阮元校刻《十三经注疏》（清嘉庆刊本），中华书局 2009 年版，第 3917—3918 页。

② 同上，第 3912—3913 页。

僖公十四年：

> 冬，秦饥，使乞籴于晋，晋人弗与。庆郑曰："背施，无亲；幸灾，不仁；贪爱，不祥；怒邻，不义。四德皆失，何以守国？"虢射曰："皮之不存，毛将安傅？"庆郑曰："弃信、背邻，患孰恤之？无信，患作；失援，必毙。是则然矣。"虢射曰："无损于怨，而厚于寇，不如勿与。"庆郑曰："背施、幸灾，民所弃也。近犹雠之，况怨敌乎？"退曰："君其悔是哉！"①

面对对方乞籴，秦国国内分为以子桑、百里奚②以及秦穆公为代表的同意派和以丕豹为首的伐晋派。晋国国内分为以庆郑为代表的同意派和以虢射为首的伐秦派。区别于《左传》按年编排相关内容，《国语》则相对集中地记录了韩原之战的（饥荒）原因，《晋语三》载：

> 晋饥，乞籴于秦。丕豹曰："晋君无礼于君，众莫不知。往年有难，今又荐饥。已失人，又失天，其有殃也多矣。君其伐之，勿予籴！"公曰："寡人其君是恶，其民何罪？天殃流行，国家代有。补乏荐饥，道也，不可以废道于天下。"谓公孙枝曰："予之乎？"公孙枝曰："君有施于晋君，晋君无施于其众。今旱而听于君，其天道也。君若弗予，而天予之。苟众不说其君之不报也，则有辞矣。不若予之，以说其众。众说，必咎于其君。其君不听，然后诛焉。虽欲御我，谁与？"是故泛舟于河，归籴于晋。
>
> 秦饥，公令河上输之粟。虢射曰："弗予赂地而予之籴，无损于怨而厚于寇，不若勿予。"公曰："然。"庆郑曰："不可。已赖其地，而又爱其实，忘善而背德，虽我必击之。弗予，必击我。"公曰："非郑之所知也。"遂不予。
>
> 六年，秦岁定，帅师侵晋，至于韩。③

按《史记集解》引"服虔曰：公孙支，即秦大夫公孙子桑"④。《左传》所言"子桑"，即《国语》"公孙枝（支）"。《国语》中公孙枝、丕豹、虢射、庆郑所言内容与《左传》基本一致。《国语》中并不出现百里奚，而将《左传》记百里奚所言"天灾流行，国家代有。救灾、恤邻，道也。行道，有福"及秦穆公所言"其君是恶，其民何罪？"合为秦穆公所言一条："寡人其君是恶，其民何罪？天殃流行，国家代有。补乏荐饥，道也，不可以废道于天下。"这种叙述模式与话语的高度相似反映出《左传》和《国语》两个文本之间可能存在的密切联系，而有学者

---

① 《春秋左传正义》卷十三，阮元校刻《十三经注疏》（清嘉庆刊本），中华书局 2009 年版，第3913—3914 页。

② 杨伯峻注释："百里为氏，《吕氏春秋·不苟篇》称百里奚为百里氏可证。古书多简称百里奚为百里。《荀子·成相篇》'子胥见杀百里徙'，《楚辞·惜往日》'闻百里之为虏'，《鹖冠子·备知篇》'秦用百里'……皆可证。"杨伯峻：《春秋左传注》，中华书局 2009 年版，第 344 页。

③ 徐元诰：《国语集解》，中华书局 2002 年版，第 308—309 页。

④ ［汉］司马迁：《史记》，中华书局 1982 年版，第 188 页。

指出二者可能出自同一个更古老的叙事文本①。《左传》和《国语》以人物对话的形式将秦晋应对对方乞籴时国内不同的声音记录出来，从而形成一种对比，表现了秦之"义"与晋之"不义"。

到《史记》中，韩原之战因为涉及秦晋两方，故被《秦本纪》《晋世家》同时记录。《秦本纪》记载：

> 晋旱，来请粟。丕豹说缪公勿与，因其饥而伐之。缪公问公孙支，支曰："饥穰更事耳，不可不与。"问百里傒，傒曰："夷吾得罪于君，其百姓何罪？"于是用百里傒、公孙支言，卒与之粟。以船漕车转，自雍相望至绛。
>
> 十四年，秦饥，请粟于晋。晋君谋之群臣。虢射曰："因其饥伐之，可有大功。"晋君从之。十五年，兴兵将攻秦。②

《秦本纪》记载战争原因相对简略，于秦一方：一方面载录了支持向晋输粟的公孙支和百里傒所言内容，另一方面省略了反对向晋输粟的丕豹论说内容，只保留了其观点，从而显示了秦国君臣尚义的整体面貌。于晋一方只保留了主张因饥伐秦的虢射声音，而彻底省略了晋国国内同意向秦输粟的庆郑的声音。这样的叙述方式更加凸显了这场战争起因于晋之无道。

我们再看《晋世家》记载：

> 惠公之立，倍秦地及里克，诛七舆大夫，国人不附。二年，周使召公过礼晋惠公，惠公礼倨，召公讥之。
>
> 四年，晋饥，乞籴于秦。缪公问百里傒，百里傒曰："天灾流行，国家代有，救灾恤邻，国之道也。与之。"邳郑子豹曰："伐之。"缪公曰："其君是恶，其民何罪！"卒与粟，自雍属绛。
>
> 五年，秦饥，请籴于晋。晋君谋之，庆郑曰："以秦得立，已而倍其地约。晋饥而秦贷我，今秦饥请籴，与之何疑？而谋之！"虢射曰："往年天以晋赐秦，秦弗知取而贷我。今天以秦赐晋，晋其可以逆天乎？遂伐之。"惠公用虢射谋，不与秦粟，而发兵且伐秦。秦大怒，亦发兵伐晋。③

与《秦本纪》相比，《晋世家》于秦一方省略了公孙支角色，只保留了百里傒同意向晋输粟的内容，于晋一方则又增加了庆郑主张向秦输粟的内容，并且庆郑与虢射所论针锋相对，成为叙事中的一个重要角色。

《秦本纪》百里傒所言"夷吾得罪于君，其百姓何罪？"与《左传》秦穆公所言"其君是恶，其民何罪？"基本相同。《晋世家》载百里傒曰："天灾流行，国家

---

① 《史记》春秋战国相关史料取材自《左传》《国语》已为学界共识，然《太史公自序》但言"左丘失明，厥有《国语》"，《史记》中并不见有《左传》之名。清代康有为《新学伪经考》主张刘歆割裂《国语》叙事文本而成《左传》一书。钱玄同也主张二书"此详则彼略，彼详则此略，这不是将一书而瓜分为二的证据吗？"见《古史辨》，第五册，上海古籍出版社1982年版，第101—106页。

② ［汉］司马迁：《史记》，中华书局1982年版，第188页。

③ 同上，第1652—1653页。

代有，救灾恤邻，国之道也。与之。"也与《左传》记百里奚言"天灾流行，国家代有。救灾、恤邻，道也。行道，有福。"基本相同。此外《史记》有关丕豹、庆郑论说话语也基本同于《左传》《国语》。经文本对比，基本可以证明《史记》中《晋本纪》和《晋世家》所载韩原之战的记事文本取材自《左传》和《国语》（主要为《左传》）。《史记》继承了《左传》《国语》有关韩原之战的故事内容。

值得重视的是，有关战争的发起方，《史记》却与《左传》《国语》所记截然不同。这场由饥荒直接导致的战争，《左传》《国语》记载其发起方为秦国，而在《史记》中，不管《秦本纪》还是《晋世家》都记录为晋国主动伐秦。对此梁玉绳曰："考《内、外传》晋但不与粟而已，未尝有因饥伐秦之事。秦之伐晋，为其三施无报，岂因晋来攻而秦击之乎？且未尝使丕豹将也。又秦饥请粟在十四年冬，战于韩原在十五年九月，宁有兴兵阅四时而交战者。此及《世家》皆误。"[1] 认为是《史记》记载出现了错误。杨伯峻也认为"按之史事，秦请籴在去年冬，而韩之战在今年冬（俱用周正）《晋语》所谓'秦岁定'然后举兵，盖得其实。若晋国用虢射之谋，'因其饥伐之'，必不待第二年秦收割以后。《御览》八七七所引《史记》，实即晋之《史记》，今谓之《竹书纪年》，亦云'秦穆公涉河伐晋'，尤可证。"[2] 的确，若晋乘饥而伐秦，断不会等到第二年饥荒有所缓解之后。众所周知，《竹书纪年》的叙述者有晋国背景[3]，"秦穆公涉河伐晋"的记录，与《左传》《国语》所记相符，可以认为较早的记事文本皆作秦主动伐晋。另外，竹添光鸿从《左传》叙述文本出发认为"备举晋侯失德，而束以故秦伯伐晋，通篇脉络总会于此"[4]，也肯定了秦主动伐晋的合理性。出土材料清华简《系年》中也有"惠公既入，乃背秦公弗予。立六年，秦公率师与惠公战于韩，止惠公以归"[5] 的记录，可见，秦主动发起战争的说法更接近历史的真相。《秦本纪》与《晋世家》皆作晋主动挑起战争，这样的叙述，若非源自司马迁所见史料的不同，则很可能出自其有意改写。然从《史记》有关韩原之战的整体叙事来看，司马迁所见材料即《左传》《国语》故事，这说明司马迁有意识对《左传》和《国语》材料进行了改写。将价值判断寓于叙事之中，这样的改写使得本就无道的晋，更增添了主动挑起战争的责任，客观上就强化了韩原之战中秦国的正当性。《史记》固然是"尚实"的，但对比韩原之战战争原因的不同叙述，可以看出司马迁在讲求"实录"的同时，为了强化价值判断，并未苛求历史细节的真实，借助对韩原之战战争起因的改写，实现了历史真实与艺术真实的统一。

---

① ［清］梁玉绳：《史记志疑》，中华书局1981年版，第127页。
② 杨伯峻：《春秋左传注》，中华书局2009年版，第353页。
③ 《竹书纪年》西晋咸宁五年（279年），被汲郡不准盗发战国时期魏襄王（或曰魏安釐王）的墓葬发现，是春秋时期晋国史官和战国时期魏国史官所作的一部编年体通史。
④ ［日］竹添光鸿：《左氏会笺》，巴蜀书社2008年版，第469页。
⑤ 清华大学出土文献研究与保护中心编：《清华大学藏战国竹简（贰）》，中西书局2011年版，第150页。

二、从"统筹人物"到"聚焦传主"的叙事视角转变

检索《左传》《国语》与韩原之战有关的主要人物可知，秦国一方包括秦穆公、公孙支、百里奚、丕豹等，晋国一方包括晋惠公、虢射、庆郑、韩简等。《左传》与《国语》对韩原之战的经过进行了完整而详细的叙事，如张高评所言："《左传》之历史叙事，已隐含纪事本末之体。"① 相比而言，《史记》则有针对地对战争中的人事进行了详略处理。而《秦本纪》与《晋世家》在叙事上所表现出的详略差别，传达出基于传主视角下的不同历史叙述策略。

首先，在关于韩原之战的起因叙述中，司马迁对《左传》《国语》中的人物进行了适度的省略。这表现为《秦本纪》保留公孙支、百里奚、丕豹、虢射，省略庆郑。而《晋世家》则保留了庆郑、省略了公孙支。上文已经提到这样的策略是出于叙述过程中价值判断方面的考量。《秦本纪》相关历史叙述采用省略对话内容的方式有意弱化了主张趁晋饥而伐的丕豹角色，而记录了主张向晋输粟声音公孙支和百里奚言语，这就使得秦在对待向晋输粟这一问题上显示出一种强大的集体意志，造成的叙述效果便是秦国以秦穆公为核心的君臣在道义上获得了一种制高点。反观其对晋国一方的叙述，则仅仅截取了主张因秦饥而伐的负面人物虢射一种声音，而彻底省略了主张向秦输粟的庆郑角色，这样的叙述策略使得晋国一方完全以"不义"的形象呈现出来。这既是叙述者司马迁出于文本价值判断方面的考量，同时也是其统筹整个韩原之战经过而采用的叙事策略，更是出于《秦本纪》和《晋本纪》不同的传主立场而选取的叙述方式。

《秦本纪》在韩原之战前的叙述中之所以没有彻底省略丕豹的出现，而采用弱化的方式只保留其主张伐晋的观点。这是出于《秦本纪》文本整体结构的考虑。丕豹是晋国臣子丕郑之子。晋惠公即位时诛杀了曾向秦穆公建议立重耳为晋君的丕郑，丕豹因此逃奔秦国，在逃往秦国之初丕豹即主张伐晋复仇。《秦本纪》记载秦穆公虽当时未听其建议伐晋，但仍"阴用豹"②。《秦本纪》在韩原之战的叙述中保留丕豹，一方面呼应了此前丕豹的伐晋主张，另一方面也是因为后文韩原之战经过中丕豹角色的不可或缺，因为秦国在韩原之战中正是以丕豹为将。这样的叙述方式实现了丕豹在逃往秦国主张伐晋复仇，韩原之战前主张因晋饥而伐，战中为将伐晋的前后呼应，使得整个叙事前后紧密衔接又合情合理。同样，对晋而言，庆郑是韩原之战中的一个关键人物。面对秦饥，庆郑主张向秦输粟，反对伐秦之计；战前面对晋惠公的咨询仍然主张伐秦的不道义，甚至庆郑直接参与了韩原之战的战役中，紧密关乎了晋惠公在韩原之战的成败，庆郑

① 张高评：《〈左传〉叙事见本末与〈春秋〉书法》，《中山大学学报》2020 年第 1 期。
② ［汉］司马迁：《史记》，中华书局 2013 年版，第 188 页。

也成为晋惠公被秦穆公释放归国后第一个诛杀的大臣。故《晋世家》在有关战争缘起的叙述中对庆郑话语的大量采录，同样是出于统筹整个韩原之战叙述策略的考虑。

《秦本纪》作为秦历史的专门记录，其叙述视角以秦为出发点，故而在有关韩原之战的叙事中，聚焦于秦，多详细记录秦国国内有关这场战争的人事，并不侧重晋国一方。反之，《晋世家》亦然。我们发现，不管《左传》还是《国语》，在韩原之战开始之初的叙述中都有两段有关晋国君臣之间的对话，一段是晋惠公与庆郑的对话，晋惠公询问庆郑秦"秦师深矣，奈何？"庆郑以晋国不道义的角度出发回答认为晋国的失败是理所当然的。另一段是晋惠公派韩简视察军队，并询问双方军力对比，韩简同样从晋不义的角度回答认为晋不敌秦。作为一种预叙的叙述策略，这种统筹全局的叙述视角在《左传》《国语》中大量出现。这些内容之所以并未被《秦本纪》载录，并不是因为司马迁摈弃了预叙的策略，而是这些属于晋国君臣的对话内容，并不适宜被"繁复"记录在秦的传记中。的确，我们发现尽管采用了减省的笔法，这些叙述内容和部分话语还是被保留在了《晋世家》中。

其次，对战争过程的叙述中，《左传》《国语》展现出了对交战双方细节的追求。而《秦本纪》和《晋世家》却根据不同的出发点，对这些材料进行了详略处理，其中最有代表性的便是双方的主人秦穆公和晋惠公。晋惠公与秦穆公在韩原之战中都曾遭遇困境。秦穆公几乎被俘，而晋惠公最终被俘。这些内容在不同的传记中表现出截然不同的叙述特点。我们先看晋惠公：

《左传》	《国语》	《秦本纪》	《晋世家》
晋戎马还泞而止。公号庆郑。庆郑曰："愎谏、违卜，固败是求，又何逃焉？"遂去之。①	晋师溃，戎马泞而止。公号庆郑曰："载我！"庆郑曰："忘善而背德，又废吉卜，何我之载？郑之车不足以辱君避也！"②	晋君弃其军，与秦争利，还而马骘。③	惠公马骘不行，秦兵至，公窘，召庆郑为御。郑曰："不用卜，败不亦当乎！"遂去。④

可以看出，有关韩原之战中晋惠公"马骘不行"的细节，《晋世家》对《左传》《国语》的叙述内容基本进行了全部保留。相较而言，有关晋国君臣的这些内容，在《秦本纪》中并不是叙事的重点，只被简单地记录为"晋君弃其军，与秦争利，还而马骘。"再看有关秦穆公的相关叙述：

---

① 《春秋左传正义》卷十四，阮元校刻《十三经注疏》（清嘉庆刊本），中华书局 2009 年版，第 3920 页。

② 徐元诰：《国语集解》，中华书局 2002 年版，第 311 页。

③ ［汉］司马迁：《史记》，中华书局 1982 年版，第 188 页。

④ 同上，第 1653 页。

《左传》	《国语》	《秦本纪》	《晋世家》
梁由靡御韩简，虢射为右，辂秦伯，将止之。郑以救公误之，遂失秦伯。①	梁由靡御韩简，辂秦公，将止之，庆郑曰："释来救君！"亦不克救，遂止于秦。②	缪公与麾下驰追之，不能得晋君，反为晋军所围。晋击缪公，缪公伤。于是岐下食善马者三百人驰冒晋军，晋军解围，遂脱缪公而反生得晋君。初，缪公亡善马，岐下野人共得而食之者三百余人，吏逐得，欲法之。缪公曰："君子不以畜产害人。吾闻食善马肉不饮酒，伤人。"乃皆赐酒而赦之。三百人者闻秦击晋，皆求从，从而见缪公窘，亦皆推锋争死，以报食马之德。于是缪公虏晋君以归。③	更令梁繇靡御，虢射为右，辂秦缪公。缪公壮士冒败晋军，晋军败，遂失秦缪公，反获晋公以归。④

《左传》和《国语》有关秦穆公的战场遭遇记载得十分简略，杜预注"辂，迎也。止，获也。"⑤《左传》《国语》"辂秦公，将止之"的记录，表明秦穆公在此次战役中也险些被俘，但具体情况，并未被记录。然《秦本纪》却于此增补了"岐下食善马者三百人驰冒晋军"解围秦穆公，俘虏晋惠公的细节。可见司马迁有意识地在《秦本纪》中丰富与秦穆公有关的材料。而刻意搜集的这一属于秦的材料，在《晋世家》中却仅仅被记录为"缪公壮士冒败晋军"，从而显示了基于传主角度出发的叙述策略。

值得重视的是司马迁不仅在《秦本纪》中增补了三百人替秦穆公解围的故事，而且紧接着追序了秦穆公与三百人之间的渊源。相关文本又见于《吕氏春秋·爱士》《韩诗外传十》《淮南子·氾论寻》《说苑·复恩篇》和《金楼子·说蕃篇》等。《秦本纪》在记录韩原之战的经过中特意加入这一内容，一方面是为了补充《左传》记事内容的缺失，另一方面也是为了突出表现秦缪公的爱士。这种现象在《秦本纪》的历史叙述中并不是个案。在韩原之战前，有关百里奚的叙述内容，司马迁选择采录秦穆公主动向楚以五羖羊皮赎买百里奚这种曲折而传奇的故事材料，而摈弃百里奚自鬻于秦的故事。在多个百里奚故事版本中，唯有《秦本纪》所载的文本凸显了秦穆公的作用。在这一版本中，是秦穆公发现了百里奚的价值，并且愿意以重金赎买他，而之所以选择"五羖羊皮"则是出于赎买的策略。《秦本

---

① 《春秋左传正义》卷十四，阮元校刻《十三经注疏》（清嘉庆刊本），中华书局 2009 年版，第 3920 页。

② 徐元诰《国语集解》，中华书局 2002 年版，第 309 页。

③ ［汉］司马迁：《史记》，中华书局 1982 年版，第 188—189 页。

④ 同上，第 1653 页。

⑤ 《春秋左传正义》卷十四，阮元校刻《十三经注疏》（清嘉庆刊本），中华书局 2009 年版，第 3920 页。

纪》这则故事中整个突出的并不是百里奚之贤能，而是秦缪公的智慧、贤能以及爱才。① 同样，在有关韩原之战的叙述中，司马迁借助增补秦缪公善待岐下野人的故事，以及前文所论秦穆公出于太子、夫人之请释放晋惠公的叙事，韩原之战的战争经过似乎不再重要，而促成战争结果的因素成为核心。《史记》以叙事为功用，故文本所附加的情感与价值判断皆借助叙事而产生，借助叙事中的详略处理完成了一种以人为导向的新的历史叙述体例——纪传体。

三、从"论断于言"到"论断于事"的叙事话语转变

从《左传》《国语》到《史记》，有关韩原之战的历史叙事文本整体呈现了由繁到简的变化过程。《史记》在历史叙述中省略了许多道德礼法方面的直接讨论，而着眼于事件的清晰叙述。仅以《左传》为例，韩原之战前有晋国君臣针对秦请粟的讨论，庆郑的论说中便包含了大量道德礼法方面的阐述："背施，无亲；幸灾，不仁；贪爱，不祥；怒邻，不义。四德皆失，何以守国？""背施、幸灾，民所弃也。虽近雠之，况怨敌乎？"这些话语旨在阐述礼法道德，于韩原之战的历史叙述联系不大。同样，在战役经过的叙述中也有类似的现象。《左传》载：

> 晋侯谓庆郑曰："寇深矣，若之何？"对曰："君实深之，可若何！"公曰："不孙！"卜右，庆郑吉。弗使。步扬御戎，家仆徒为右。乘小驷，郑入也。庆郑曰："古者大事，必乘其产，生其水土，而知其人心；安其教训，而服习其道；唯所纳之，无不如志。今乘异产，以从戎事，及惧而变，将与人易。乱气狡愤，阴血周作，张脉偾兴，外强中干。进退不可，周旋不能，君必悔之。"弗听。②

《左传》对庆郑反对晋惠公乘郑国战马的理由记录得十分繁复，虽然旨在说明晋惠公行为的不当，但是在叙述内容上却指向了阐释礼法的客观效果，不得不承认这是《左传》叙述者的有意而为。这样的叙述方式产生了故事人物跳出故事发展而宣扬自己主张的效果。《左传》这样的叙述特点与其文本性质密切相关。众所周知，作为《春秋》三传之一，《左传》以阐释《春秋》为宗旨。董仲舒曰："仲尼之作《春秋》也，上探正天，端王公之位，万物民之所欲，下明得失，起贤才以待后圣。故引史记，理往事，正是非也。"③《春秋》在形态上呈现为编年性的历史事件记录，尽管其话语表达在某种程度上彰显着修史者特定的价值判断，但是这种价值判断是隐藏起来的，也即传统上所谓的"微言大义"。也就是说《春秋》的价值指向不在历史叙事上，而在叙事话语的使用上。孔子说"我欲载之空言，

---

① 参看拙文《十二本纪文本生成研究》，陕西师范大学 2018 年博士学位论文，第 66 页。

② 《春秋左传正义》卷十四，阮元校刻《十三经注疏》（清嘉庆刊本），中华书局 2009 年版，第 3919—3920 页。

③ ［汉］董仲舒撰，曾振宇、傅永聚注：《春秋繁露新注》，商务印书馆 2010 年版，第 112 页。

不如见之于行事之深切著明也。"① 但是《春秋》本身的"行事"记载是十分简略的，单纯通过"行事"来体会其中的"微言大义"显得十分困难。可以设想，要达到孔子所谓的"见之于行事之深切著明"显然还是离不开"空言"的辅助。而孔子所谓的"空言"并非如今天所见载于简帛纸张上的论述话语，而是一种口头形式的训示言辞。尽管《春秋》并不载录"空言"文本，但是其"行事"文本仍然需要借助"空言"才能显示出其独特的价值表达，只不过"空言"的依托主体不是具体的文本，而是具体的经师传授。章学诚在《文史通义·史注》中清晰地论述了这一过程：

> 昔夫子之作《春秋》也，笔削既具，复以微言大义口授其徒，三传之作，因得各据闻见，推阐经蕴，于是《春秋》以明。诸子百家既著其说，亦有其徒相与守之，然后其说显于天下。至于史事，则古人以业世其家，学者就其家以传业。盖以域中三大，非取备于一人之手，程功于翰墨之林者也。史迁著百三十篇，乃云："藏之名山，传之其人。"其后外孙杨恽，始布其书。班固《汉书》，自固卒后，一时学者，未能通晓。马融乃伏阁下，从其女弟受业，然后其学始显。夫马、班之书，今人见之悉矣，而当日传之必以其人，受读必有所自者，古人专门之学，必有法外传心，笔削之功所不及，则口授其徒而相与传习其业，以垂永久也。②

章氏认为孔子本人在口授其徒的过程中，补充了《春秋》文本所不彰显的内容，而这一内容正是孔子所说的"空言"。这一过程反映了先秦学术传承的一个机制，也即在文献文本之外，还需要依赖专门的师承，而师承的内容正是"笔削之功所不及"的内容。随着时间的发展，口授的形式和简单的"行事"文本难以达到学术传承的需要，这就导致随着文本书写的方便化，一些"空言"性质的内容以文本的形成呈现出来。上文所涉及韩原之战叙述中这些明显有道德礼法阐释性质的"空言"正是《左传》叙述者对《春秋》叙事内容的有意识增补，这种明显带有价值判断的话语使得《左传》兼有了经学和史学的双重价值。

反观《史记》，《晋世家》记载韩原之战前庆郑反对因秦饥而伐的话语为："以秦得立，已而倍其地约。晋饥而秦贷我，今秦饥请籴，与之何疑？而谋之！"面对秦军深入，"晋惠公谓庆郑曰：'秦师深矣，奈何？'郑曰：'秦内君，君倍其赂；晋饥秦输粟，秦饥而晋倍之，乃欲因其饥伐之：其深不亦宜乎！'"庆郑所言句句关涉韩原之战的前因后果。《史记》明显少了说教式的阐述，而选择了直接的历史叙事。这在有关战争结果的叙述中显得更加明显。《左传》记载秦穆公俘虏晋襄公之后，"晋大夫反首拔舍从之。秦伯使辞焉，曰：'二三子何其戚也？寡人之从君而西也，亦晋之妖梦是践，岂敢以至。'晋大夫三拜稽首曰："君履后土而戴皇天，

---

① ［汉］司马迁：《史记》，中华书局 1982 年版，第 3297 页。
② ［清］章学诚著，仓修良编注：《文史通义新编新著》，商务印书馆 2017 年版，第 274 页。

皇天后土实闻君之言，群臣敢在下风。"① 这些旨在阐明臣子忠义的内容，不论在《秦本纪》还是《晋世家》都被完全省略了，而只选择了《左传》有关穆姬请求释放晋君的内容，而相关内容的叙述方式在《秦本纪》与《晋世家》中又展现出不同的面貌：

《左传》	《秦本纪》	《晋世家》
穆姬闻晋侯将至，以大子罃、弘与女简璧登台而履薪焉。使以免服衰绖逆，且告曰："上天降灾，使我两君匪以玉帛相见，而以兴戎。若晋君朝以入，则婢子夕以死；夕以入，则朝以死。唯君裁之!"乃舍诸灵台。大夫请以入。公曰："获晋侯，以厚归也。既而丧归，焉用之? 大夫其何有焉? 且晋人戚忧以重我，天地以要我。不图晋忧，重其怒也；我食吾言，背天地也。重怒，难任；背天，不祥，必归晋君。"公子絷曰："不如杀之，无聚慝焉。"子桑曰："归之而质其大子，必得大成。晋未可灭，而杀其君，祇以成恶。且史佚有言曰：'无始祸，无怙乱，无重怒。'重怒，难任；陵人，不祥。"乃许晋平。②	于是缪公虏晋君以归，令于国，"齐宿，吾将以晋君祠上帝"。周天子闻之，曰"晋我同姓"，为请晋君。夷吾姊亦为缪公夫人，夫人闻之，乃衰绖跣，曰："妾兄弟不能相救，以辱君命。"缪公曰："我得晋君以为功，今天子为请，夫人是忧。"乃与晋君盟，许归之，更舍上舍，而馈之七牢。十一月，归晋君夷吾，夷吾献其河西地，使太子圉质于秦。③	秦将以祀上帝。晋君姊为缪公夫人，衰绖涕泣。公曰："得晋侯将以为乐，今乃如此。且吾闻箕子见唐叔之初封，曰'其后必当大矣'，晋庸可灭乎!"乃与晋侯盟王城而许之归。晋侯亦使吕省等报国人曰："孤虽得归，毋面目见社稷，卜日立子圉。"晋人闻之，皆哭。秦缪公问吕省："晋国和乎?"对曰："不和。小人惧失君亡亲，不惮立子圉，曰'必报雠，宁事戎、狄'。其君子则爱君而知罪，以待秦命，曰'必报德'。有此二故，不和。"于是秦缪公更舍晋惠公，馈之七牢。十一月，归晋侯。④

可以看出《左传》秦穆公所言带有道德礼法阐释内容在《秦本纪》与《晋世家》中都未出现。司马迁着眼于穆姬的请求，在《秦本纪》中秦穆公的话语为"我得晋君以为功，今天子为请，夫人是忧"，仅从天子和夫人请求两个方面考虑释放晋君。经过对比可以发现，《秦本纪》有关周天子替晋惠公求情以及秦穆公出于周天子之请释放晋君的记事内容并不见于《左传》《国语》中，《秦本纪》对此的叙述实则表现出了秦穆公对周天子的尊奉，大有"尊王"的意味。⑤"今天子为请，夫人是忧"的叙述侧重从秦穆公个人角度出发，这与整个《秦本纪》中侧重

---

① 《春秋左传正义》卷十四，阮元校刻《十三经注疏》（清嘉庆刊本），中华书局 2009 年版，第3920 页。

② 同上，第 3920—3921 页。

③ ［汉］司马迁：《史记》，中华书局 1982 年版，第 189 页。

④ 同上，第 1654 页。

⑤ 秦穆公是《秦本纪》重点记录的历史人物，其相关的历史叙述反映出司马迁对这一君王的褒扬，《秦本纪》对秦穆公"尊王"内容的增补，传达出司马迁对秦穆公"尊王"行为的赞誉，体现出司马迁对大一统政治模式的认可。

对秦穆公形象的刻画是统一的。尽管在历史真实中释放晋君行为背后还有以晋太子为质的条件，然与《左传》子桑充满谋略的话语阐述不同，《秦本纪》在此只简单的呈现出"使太子圉为质于秦"的事实叙述，淡化了释放晋惠公背后的权谋交易内容。而《晋世家》所记秦穆公释放晋惠公的理由"得晋侯将以为乐，今乃如此。且吾闻箕子见唐叔之初封，曰'其后必当大矣'，晋庸可灭乎！"虽然包含了穆姬之请的个人原因，但更大的理由是基于秦国利益的考虑，"其后必当大矣""晋庸可灭乎！"预言了《晋世家》后文有关晋文公霸业的历史叙事。《晋世家》中有关秦穆公与吕省的对话内容，出自《左传》僖公十六年，《左传》编年的体例使得这条本属于韩原之战的叙事内容与僖公十五年的韩原之战叙事割裂开来，司马迁有见于此事密切关涉晋国国内状况，事《晋世家》叙事内容不可或缺的一部分，将其置于《晋世家》韩原之战叙述中，显示了纪传体体例在叙事上的优越性。

可以看出《史记》对相关材料的选择与处理明显以叙事为功用。但是以叙事为功用的文本并不背离其所附加的价值判断。清代章学诚认为："文字以叙事为最难，文章至叙事而能事始尽。而叙事之文，莫备于《左》《史》。"① 此说高度肯定了《左传》和《史记》在中国文学叙事上的地位。《左传》以编年为体例，《史记》则是第一部纪传体通史。不同的体例与成书背景使得二者在历史叙述上展现出不同的面貌。围绕韩原之战的相关历史线索十分复杂，其中的事件也纷繁多样。《左传》的叙述者以阐释《春秋》微言大义的动机来叙述这一历史事件。他在搜罗掌握大量材料的基础上，以编年的方式将其编排为因果序列，这种因果序列是基于道德与礼法的考量，他一方面在事件编排中展现出一种有道伐无道、有德伐无德的逻辑合理性，另一方面在叙事的同时又借助所涉人物的对话直接宣扬一种道德礼法性的训诫。这样的叙述方式使得《左传》一书兼具了两种不同的性质：它叙述历史，是一部历史文献；它阐述礼法，又是一部经学文献。孔子曰"我欲载之空言，不如见之于行事之深切著明也。"《左传》一书是兼具"空言"与"行事"性质的著作。

众所周知，《左传》采用的这种叙述方式必然会影响到司马迁对韩原之战的接受，但是对司马迁而言，保存于前代文献中的韩原之战材料都已成为一种历史记忆，这些记忆以故事的形成而呈现出来。司马迁所作的是从自己的历史见解与价值判断出发，以全新的纪传体体例对这一故事重新叙述。尽管在《太史公自序》里司马迁否认了壶遂将《史记》"比之于《春秋》"的认识，但司马迁认为孔子作《春秋》具有"是非二百四十二年之中，以为天下仪表，贬天子，退诸侯，讨大夫，以达王事而已矣"② 的目的，《春秋》是他作史的楷模，他所要作的史书需要具有"有能绍明世，正《易传》，继《春秋》，本《诗》《书》《礼》《乐》之际"③

① ［清］章学诚著，仓修良编注：《文史通义新编新著》，商务印书馆 2017 年版，第 415 页。
② ［汉］司马迁：《史记》，中华书局 1982 年版，第 3297 页。
③ 同上，第 3296 页。

的作用，可以看出他否认壶遂将《史记》比之于《春秋》只是一种谦虚之词。在司马迁内心里他所要作的史书的确是要承担起与《春秋》类似的社会功用。与《春秋》文本不同的是，司马迁将"行事"与"空言"这两种不同类型的文本结合。而这种结合又区别于《左传》《公羊》《穀梁》，它以叙事为功用，使得"行事"清晰条理，与《春秋》三传最长于叙事的《左传》相比，纪传体独特的叙事方式，一定程度上避免了编年体史书编排因事件繁杂而导致的前后不连贯。"善序事理，辨而不华，质而不俚。"① 使得读者通过阅读历史事件而获得某种历史的经验与认识。司马迁继承了《春秋》的微言大义的话语表达方式，即在叙事中寓藏论断。韩原之战关涉秦晋两国，纪传体史书的体例特征，使得有关韩原之战的历史叙事在《秦本纪》与《晋世家》中呈现出不同的面貌，表现出不同的叙事立场。司马迁基于传主的立场，叙事视角聚焦于对相关材料进行取舍增补，尤其是秦一方秦穆公、丕豹和晋一方晋惠公、庆郑的相关叙述，使得韩原之战所牵涉的人物事件与本传前后紧密勾连，韩原之战成了《秦本纪》和《晋世家》两传中不可或缺的一环，从而借助新的叙事寄托了新的思想，创造了新的文本。

四、结语

中国史书由编年体、国别体等到纪传体的转变，并非只是体例的变革，而是以体例变迁统筹下的整个叙事方法与策略的变化。司马迁发凡起例创为纪传体，在叙事上表现为从秉持"历史真实"到兼及"艺术真实"的思想转变，从"统筹人物"到"聚焦传主"的视角转变，并呈现为从"论断于言"到"论断于事"的话语转变。伴随着这三重转变，《史记》在整个叙事技巧与方法上都进行了新的尝试与创造，达到了中国叙事学的新高度。《史记》之后，各时代史学家延续了纪传体体例不断书写了新的历史，并对其进行叙事上的探索与模仿，使得《史记》叙事上的艺术成就不断被发掘与接受，最终跨界进入文学领域，成为经典。② 《史记》所开创的纪传体体例与叙事上的"义法"成就在史学与文学上泽被千年。

① ［汉］班固：《汉书》，中华书局 1962 年版，第 2738 页。
② 张新科：《"两创"与中国古代文学经典的建构》，《文学遗产》2021 年第 1 期。

长平之战与邯郸之战^①

——兼析外交战的虚与实

＊本文作者徐同林，南京传媒学院教授；张媛丽，陆军工程大学通信士官学校教员。

战国中后期，合纵连横愈演愈烈，大规模战争越发频仍剧烈。秦赵长平之战（前 262—前 260 年），赵国 40 多万大军尽被坑杀，赵军精锐主力丧失殆尽，而随后的秦赵邯郸之战（前 259—前 257 年），结果却出人意外，赵国上演了一出"三寸之舌，强于百万之师"逆袭剧。这究竟是什么原因呢？长平之战时，秦军来势汹汹，赵军坚壁严守，因而僵持不下，在双方都难以承受之际，秦实施反间计，诱使赵撤下守成持重的老将廉颇，换上纸上谈兵的少帅赵括，再用上战神白起，如探囊取物，似瓮中捉鳖。你再看，邯郸之战赵国的文伐组合舌战袭来，苏代反间秦国将相而除灭其战神白起，毛遂自荐随平原君说服楚王出兵救赵，魏国信陵君窃符救赵，还有鲁仲连说服辛垣衍义不帝秦，内外夹击，从而一举解救赵都邯郸之围。这些便是兵家伐谋伐交，乃至不战而屈人之兵的最高境界，亦是文伐的决胜课题。

一、形势概略

在战国中后期，东方三强（魏、齐、楚）相继衰落，秦国之威独步天下之时，赵国实为中流砥柱，其抗秦之作用可谓举足轻重。

赵国在齐国吞并宋国后，与燕国联合秦、魏、韩等国，在乐毅统率下，大破东方强国齐国，国势日盛。赵武灵王（约前 340—前 295）时，赵国称王，变法图强，修长城，灭中山，败娄烦。胡服骑射的改革使赵国建立起当时第一支制式骑兵部队，赵国一跃成为关东六国之首。赵武灵王甚至亲自乔装使者入秦，考察秦

---

① 此为"强秦之言"系列论文之一。《强秦之言（一）：商鞅的舌战——齐魏马陵之战的幕后推手解密》，张大可、刘德奉、陈曦主编《史记论丛》第十三集，中国文史出版社 2016 年版；《强秦之言（二）：反复的力量——以秦三篇公文为例》，2015 年 11 月江苏省哲学社会科学界第九届学术大会优秀论文一等奖；《强秦之言（三）：秦穆公的"听"——读魏禧兵谋札记》，《渭南师范学院学报》2016 年第 1 期；《强秦之言（四）：攻秦之言——强秦语言战略之逆向解读》，《渭南师范学院学报》2017 年第 1 期。

国地形及其虚实，意图从九原出击，从而绕开函谷关攻灭秦国。然沙丘宫变之后，赵武灵王薨，赵惠文王继位。这期间赵国名将名相辈出，数败秦军，如秦赵两次阏与之战（前269、前268年），均以秦失败告终，为此赵惠文王封赵奢为马服君。赵国在渑池与秦盟会后，又趁秦攻楚之际出击关东，夺取齐的高唐，又遍击关东诸国，攻城略地。一时在关东声威无人可挡，则秦赵二强对决，一触即发，直至因上党郡归属问题导致规模空前的秦赵长平之战。

秦国方面，在战国之初尚为弱小，东有霸魏，南有强楚。但不久齐魏桂林之战、马陵之战，魏霸败落。及孝公用商鞅变法图强，惠王任张仪连横破纵，开疆拓土，北灭义渠南并巴蜀。时燕齐混战，赵国称雄。秦昭襄王（前325—前251）任用白起破楚拔郢，败魏摧韩。在秦向东扩张势如破竹之时，唯在北路，遭遇劲敌赵国。故两强相遇，必有恶战。

二、伐交对比

（一）长平之战的伐交

我们知道，长平之战的逆转是在廉颇坚壁守阵，秦军久攻不下时，施用的反间计。

> （赵孝成王）七年（前259），秦与赵兵相距长平，时赵奢已死，而蔺相如病笃，赵使廉颇将攻秦，秦数败赵军，赵军固壁不战。秦数挑战，廉颇不肯。赵王信秦之间。秦之间言曰："秦之所恶，独畏马服君赵奢之子赵括为将耳。"赵王因以括为将，代廉颇。蔺相如曰："王以名使括，若胶柱而鼓瑟耳。括徒能读其父书传，不知合变也。"赵王不听，遂将之。（《史记·廉颇蔺相如列传》）

与此同时，秦军暗中换上白起统率，诱敌断粮，"四十余日，军饿，赵括出锐卒自搏战，秦军射杀赵括。括军败，数十万之众遂降秦，秦悉坑之。赵前后所亡凡四十五万。"

其实，在此两年多的对垒相持中，还有暗中的伐谋伐交，同样针锋相对，惊心动魄。

> 秦、赵战于长平，赵不胜，亡一都尉。赵王召楼昌与虞卿曰："军战不胜，尉复死，寡人使束甲而趋之，何如？"楼昌曰："无益也，不如发重使为媾。"虞卿曰："昌言媾者，以为不媾军必破也。而制媾者在秦。且王之论秦也，欲破赵之军乎，不邪？"王曰："秦不遗余力矣，必且欲破赵军。"虞卿曰："王听臣，发使出重宝以附楚、魏，楚、魏欲得王之重宝，必内吾使。赵使入楚、魏，秦必疑天下之合从，且必恐。如此，则媾乃可为也。"赵王不听，与平阳君为媾，发郑朱入秦。秦内之。赵王召虞卿曰："寡人使平阳君为媾于秦，秦已内郑朱矣，卿以为奚如？"虞卿对曰："王不得媾，军必破矣。

天下贺战胜者皆在秦矣。郑朱，贵人也，入秦，秦王与应侯必显重以示天下。楚、魏以赵为媾，必不救王。秦知天下不救王，则媾不可得成也。"应侯果显郑朱以示天下贺战胜者，终不肯媾。长平大败，遂围邯郸，为天下笑。（《史记•平原君虞卿列传》）

秦赵在长平交战，赵国初战不利，损失一员都尉。赵孝成王召来楼昌和虞卿计议说："我军初战不利，都尉战死了，我要卷甲赴敌与秦军决战，如何？"楼昌说："没有好处，不如派重要使臣诚信去求和。"虞卿说："楼昌主张求和的原因，是认为不求和我军必败。可是控制和谈主动权在秦方而不在我。而且大王您估计一下秦国的作战意图，是不是要击溃我们赵国军队呢？"赵王回答说："当然！秦国已经竭尽全力毫不保留了。"虞卿接着说："大王听从我的话吧，派出使臣拿上重礼去联合楚、魏两国，楚、魏想得到大王的贵重珍宝，一定接纳我们的使臣。我使臣进入楚、魏两国，秦国必定怀疑天下诸侯联合抗秦，而且必定恐慌。这样，和谈才能进行。"可是，赵王没有听从虞卿的意见，而是与平阳君赵豹议妥求和，便派出郑朱先到秦国联系和谈。秦国隆重接待了郑朱。赵王得意洋洋地召见虞卿说："我派平阳君到秦国求和，秦国已经接纳郑朱了，您认为怎么样？"虞卿回答说："大王的和谈肯定不能成功，赵军必定被击败。因为，天下诸侯祝贺秦国获胜的使臣都在秦国了。郑朱是个显贵之人，他进入秦国，秦王和应侯一定把郑朱来到秦国这件事大加宣扬而给天下诸侯看。楚、魏两国认为既然赵国已到秦国求和，必定不会救援大王。秦国知道天下诸侯不救援大王，那么和谈是不可能得到成功的。"应侯果然把郑朱来到秦国这件事大加宣扬而给天下诸侯祝贺秦国获胜的使臣们看，终究不肯和谈。赵军在长平大败，于是邯郸被围困，被天下人耻笑。

赵国上下都知道，这次秦国来者不善，善者不来，非要整惨你赵国。所以只得求和，派重臣，真诚向秦求和。虞卿认为，这样做事与愿违。因为，你派重臣求和，秦国正好借此大肆宣扬，搞得路人皆知，这就断了楚魏关注与驰援的念头。不如径直向楚魏求救，秦国就会有所畏惧，担心腹背受敌，或有后顾之忧，畏首畏尾之中，就不会一味死磕。可是年轻即位不久的赵孝成王不听虞卿妙计，而是听信了秦国的反间计，撤下廉颇，换上赵括，致长平惨败。至此，赵国经历赵武灵王变法称雄，"尝抑强齐四十余年，而秦不能得所欲"（《战国策•赵策三》），优势威望荡然无存，元气大伤，几近破溃。

（二）邯郸之战的伐交

"长平之事，秦军大尅，赵军大破；秦人欢喜，赵人畏惧。"[1] 本可乘胜追击，一举灭赵。可是，天有不测风云，人有旦夕祸福。随后的秦围赵都的邯郸之战，却大大出人意外。司马迁忠实地记录了这段惊心动魄的历史，突出了赵国运用文

---

① 刘向集录，范祥雍笺证：《战国策》，上海古籍出版社 2006 年版，第 1878—1888 页。

伐，打出了一套外交制胜的舌战组合拳，让被胜利冲昏头脑的秦国君臣措手不及。

正如秦武安君白起所分析的那样，长平之战后的邯郸之战形势并非如人所料："今秦虽破长平军，而秦卒死者过半，国内空。远绝河山而争人国都，赵应其内，诸侯攻其外，破秦军必矣。""赵自长平已来，君臣忧惧，早朝晏退，卑辞重币，四面出嫁，结亲燕魏，连好齐楚，积虑并心，备秦为务。其国内实，其交外成。"（《史记·白起王翦列传》）赵四下联络诸侯以为外援，这是经过长平之战获得的惨痛教训，更是邯郸之战的决胜之策。所以运用谋略，施展外交战，便成为双方尤其是赵国的着力点。因此，赵王"使虞卿东见齐王，与之谋秦。"（《史记·平原君虞卿列传》）平原君擢用毛遂成功说服楚王加盟合纵抗秦，以灵丘之地封楚相春申君黄歇，结好楚国。平原君央求信陵君救赵。并派苏代间秦将相。多管齐下，一副病急乱投医的神色姿态。

（1）一言斩首。先看苏代对敌将是如何一言斩首的。

长平决战，赵国精锐尽丧，秦将白起本想一鼓作气，乘胜追击，进围赵都邯郸，一举攻灭赵国。随后，即秦昭襄王四十八年（前259）十月，秦再次平定了上党，遂兵分三路：一路由王龁率领，进攻皮牢（河北武安）；一路由司马梗率领，攻占太原；一路主力军略定上党地区后，准备进攻赵都邯郸。[①]

这是继长平之战的惨败之后，旋即都城邯郸被围，赵国眼看即将不复存在了！不仅赵国朝野大震，诸侯各国亦是目瞪口呆，束手无策，惊慌失措。怎么办？40余万尽被坑杀，惨绝人寰，闻所未闻，振聋发聩！战前种种忠告和计谋的被拒绝否定，现在看来那是多么的宝贵难得与后悔莫及。失败乃成功之母。痛定思痛的赵"孝成王悔不听赵豹之计，故有长平之祸焉。"（《史记·赵世家》）在长平之战前的君臣商讨时，赵豹确曾劝阻虎口夺食，不要贪图便宜而引火烧身。可惜赵王不听。战初，赵王又不听虞卿的结盟楚魏抗秦的计策，一错再错，铸成大错。

经过反思，赵国君臣决定痛改前非，甚或以其人之道还治其人之身。于是，赵王乃依虞卿之议，一面遣使求救于楚魏，一面派人反间于秦国。

　　韩赵恐，使苏代厚币说秦相应侯曰："武安君禽马服子乎？"曰："然。"又曰："即围邯郸乎？"曰："然。""赵亡则秦王王矣，武安君为三公。武安君所为秦战胜攻取者七十余城，南定鄢、郢、汉中，北禽赵括之军，虽周、召、吕望之功不益于此矣。今赵亡，秦王王，则武安君必为三公，君能为之下乎？虽无欲为之下，固不得已矣。秦尝攻韩，围邢丘，困上党，上党之民皆反为赵，天下不乐为秦民之日久矣。今亡赵，北地入燕，东地入齐，南地入韩、魏，则君之所得民亡几何人。故不如因而割之，无以为武安君功也。"于是应侯言于秦王曰："秦兵劳，请许韩、赵之割地以和，且休士卒。"王听之，割韩垣雍、赵六城以和。正月，皆罢兵。武安君闻之，由是与应侯有隙。

秦昭王四十八年（前 259）十月，秦军再次平定上党郡。以后，秦军兵分两路：王龁攻下皮牢，司马梗平定太原。韩、赵恐惧，就派苏代到秦国，献上厚礼劝说丞相应侯："如果赵国灭亡，秦王君临天下，那么武安君位居三公是确定无疑的，您能屈居他的下位吗？所以不如趁着韩国、赵国惊恐之机让它们割让土地，不要再让武安君建立功劳了。"听了苏代这番话应侯便向秦王进言，讲和停战。秦王听从。正月，双方停战。武安君获悉，耿耿于怀，从此与应侯互有嫌隙隔阂了。

苏代一言便挑起了秦国将相的矛盾。最终借秦王秦相之手，除掉了一代战神武安君白起。而"白起之任用与黜废，为当时秦与六国胜败之关键。"也致使唾手可得的赵都邯郸难以攻克，挽救了赵国，秦军落败。[①] 从而推迟了秦国兼并统一的步伐。

白起的任黜是长平之战和邯郸之战胜负的标识与关键。有诗为证：

> 投降赵卒本求生，坑后谁人不死争。
> 三召三辞宁自刎，邯郸料不再长平。

——（宋）徐钧《白起》

时势移变，战局迥然。

而武安君唾手可得的邯郸乃至赵国，就这样功亏一篑，赵国也就得以枯木逢春死灰复燃了。

这只是一计，因为，秦国不会止步于白起一人的废黜或生死。

面对罢黜武安君之后的秦军来势汹汹的猛攻，赵王同时派人前往魏楚求救。

一言九鼎　再看毛遂对友君是如何一言九鼎的。

赵孝成王使平原君求救，合纵于楚。平原君赵胜是赵武灵王之子，赵惠文王之弟，赵孝成王之叔。曾三任赵相。当初就是他利令智昏，贪图冯亭献城的便宜，鼓动赵孝成王对付强秦而招致长平之战赵军覆没的大祸。所以现在由他出面去向楚国求援，虽然没有十足的把握，但也只好硬着头皮，挺身而出。

赵胜深知，向楚求援，合纵抗秦，成败在此一举。但是，谈何容易，因为楚国前不久被秦将白起打得落花流水，丢盔弃甲，郢都陷落，陵墓被毁，楚国上下惊魂未定。他吩咐，就从门下的数千食客中挑选最优秀的士人前往楚国游说求助。结果让自荐的毛遂充数，好不容易凑足二十人之数。毛遂按剑而前曰：

> 王之所以叱遂者，以楚国之众也。今十步之内，王不得恃楚国之众也，王之命县于遂手。吾君在前，叱者何也？且遂闻汤以七十里之地王天下，文王以百里之壤而臣诸侯，岂其士卒众多哉，诚能据其势而奋其威。今楚地方五千里，持戟百万，此霸王之资也。以楚之强，天下弗能当。白起，小竖子

① 熊剑平：《中国古代情报史》，金城出版社 2016 年版，第 98—99 页。

耳，率数万之众，兴师以与楚战，一战而举鄢郢，再战而烧夷陵，三战而辱
王之先人。此百世之怨而赵之所羞，而王弗知恶焉。合从者为楚，非为赵
也。吾君在前，叱者何也？

　　毛遂真是软硬兼施，恩威并重，反客为主，从我求人转瞬之间变为人求我，
变被动为主动了。他说，请看秦国、秦军对贵（楚）国的侵凌，乃"百世之怨"，
连我们第三者的赵国也深感奇耻大辱，不共戴天！大王您却不觉得丝毫的羞耻、
厌恶和仇恨。合纵是为了你们楚国，而不是为了赵国！听了毛遂这番数说，楚王
如雷贯耳，羞愧难当，如梦初醒，立即改变了态度说："是，是！的确像先生所说
的那样，我一定竭尽全国的力量履行合纵盟约。"毛遂进一步逼问道："合纵盟约
算是确定了吗？"楚王回答说："确定了。"于是毛遂用带有命令式的口吻对楚王
的左右近臣说："把鸡、狗、马的血取来。"毛遂双手捧着铜盘跪下，进献到楚王
面前说："大王应先歃血以表示确定合纵盟约的诚意，下一个是我的主人，再下
一个是我。"就这样，在楚国的殿堂上确定了合纵盟约。这时毛遂左手托起一只
血盘，右手招呼那些同伴说："各位在堂下也一块儿歃盘中的血，各位也可算来
一起完成了这项使命的了。"

　　毛遂凭借超群的智勇，尤其是非凡的口才，为屡屡惨败的赵国赢得了难得的
尊严与巨大的援助。随后被尊为上客，并且获得了"三寸之舌，强于百万之师"
的美誉，而流芳百世。

　　正是：

　　　　赵苦秦围力已殚，合纵于郢援邯郸。

　　　　当时不试囊锥颖，谁捧同盟歃血盘。

　　　　　　　　　　　　　　——［金］王寂《新市民家壁间画·平原》

　　随即，楚王亦使春申君将兵十万火速北上救赵。

　　同时，魏安釐王亦使将军晋鄙将兵十万救赵。但只停驻于魏赵边境上，因为
这时收到了秦王特使的威吓与警告。

　　（2）窃符救赵。再看信陵君为盟国是如何窃符救赵的。

　　在此关键时机，秦王使使者告魏王曰："吾攻赵，旦暮且下，而诸侯敢救者，
已拔赵，必移兵先击之。"魏王恐，使人止晋鄙，留军壁邺（河南临漳），名为救
赵，实持两端以观望。

　　赵国邯郸军民，犹如热锅上的蚂蚁，急切盼望外围援军解救。可是，魏国十
万大军，近在咫尺，却止步不前。

　　赵胜不得已使出苦肉计和激将法来，苦苦哀求信陵君。正在为难当头，侯赢
献计，如姬实施，窃符救赵。

　　与此同时，"炊骨易子而食"的邯郸都城内，也做好了血战到底的守城保卫
战准备。"亦会楚、魏救至，秦兵遂罢，邯郸复存。"（《史记·平原君虞卿列传》）
在赵魏楚三国军队内外夹击之下，秦军大败，损失惨重。秦王龁率残部逃回汾

城，秦将郑安平所部二万余人被联军团团包围，只好降赵，邯郸之围遂解。但魏楚联军乘胜追至河东，秦军复败，退回河西。此时韩国也加入合纵攻秦，四国先后收复魏之河东郡以及安阳，赵之太原郡以及皮牢、武安，韩之上党郡以及汝南等失地。在此期间，秦昭襄王罢杀范雎、王稽。秦国损失惨重，推延了统一的进程。

秦军败退，邯郸解围，赵国终于得以幸存下来。赵王和平原君亲自迎接魏公子信陵君，感恩戴德。赵国既已解救了邯郸之围，还乘机收复了失地。①

三、简要分析

长平之战与邯郸之战，胜负迥异，但异中有同。这就是伐谋伐交，乃制胜之道。长平之战中，秦国因势利导，借用赵使求和，给予隆重接待，大张旗鼓，借以离间可能的赵国同盟，让楚魏等第三者作壁上观。秦国是在运用虚拟外交，从而受到使敌孤立无援之效。再用离间计，调虎离山，从而一举歼敌。而邯郸之战，更是外交战的经典之作。离间计，使敌将相失和，并借刀杀人，信陵君窃符救赵，毛遂一言九鼎，获得了楚魏二十万大军驰援，从而内外夹击，打败秦军。

这就是《六韬·武韬·文伐》所说的文伐十二招。"十二节备，乃成武事。所谓上察天，下察地，征已见，乃伐之。"亦即如苏秦说齐闵王所言：攻战之道非师者，虽有百万之军，比之堂上；虽有阖闾、吴起之将，禽之户内；千丈之城，拔之尊俎之间；百尺之冲，折之衽席之上。故钟鼓竽瑟之音不绝，地可广而欲可成；和乐倡优侏儒之笑不之，诸侯可同日而致也。长平之战，尤其邯郸之战即为文伐或曰折冲樽俎的典型例证，也是一言制胜的生动展示。赵国接受长平之战惨败的沉痛教训，采用反间计除灭秦将白起，外交战取得楚国和魏国的全力支援，各出十万大军抗秦解围。加之邯郸城内，上下同欲，妇孺参战，敢死为先，视死如归。终于大获全胜。不仅保全了赵国都城，而且凝聚了六国抗秦的士气与信心。

长平之战和邯郸之战给我们许多宝贵启示：以敌为师，文攻武备；以败为母，合纵连横；以弱胜强，伐谋伐交；以柔克刚，哀兵必胜。概而言之，两军对垒时，弱者得外交，可雪中送炭，绝处逢生，以弱胜强；强者谋伐交，可锦上添花，稳操胜券，举重若轻。伐谋伐交，不战而胜，善之善者也。

---

① 杨宽：《战国史》，上海人民出版社 2016 年版，第 448—452 页。

项羽渡江地理位置的考察

* 本文作者卞娴，南京霸王山文化研究会成员；本文指导陶魄，南京霸王山文化研究会执行会长。

引 言

公元前 209 年七月，陈胜、吴广揭竿而起，吹响了反抗暴秦的号角，天下云集响应。同年九月，项梁、项羽叔侄也在吴中起义，斩会稽太守殷通，项梁任郡守，项羽为副将。同年底，陈胜王兵败，广陵人召平受陈胜王命攻打广陵，作战不利，急中生智，渡江来到吴中，假传陈胜王令，催促项梁军率兵北上，西击秦军。项梁也正有此意，命项羽率一千先锋军，于江乘渡江，过青沙（今八卦洲）在古棠邑西南一片山峦中登岸并在此安营扎寨、厉兵秣马，为项梁军过江打前站，攻打棠邑、战取瓜步（埠）、迎七千项梁大军过江入驻霸王山并在此成立"项家军"，以舍我其谁的霸气举起抗秦联盟主力军的大旗，改变了秦末起义军与秦军的力量对比，因陈胜王败后，反秦形式低迷，由于项梁、项羽顺利渡江，反秦战争自此进入了一个崭新的阶段。项羽在霸王山驻扎活动数月，留下了"霸王山"、"卸甲甸"、"霸王塘"、"九龙洼""金塘营"等许多历史遗迹，也为后人留下了许多民间故事和传说。那么，项梁、项羽在在吴中斩首会稽太守殷通后，吴中作为水乡，子弟兵熟悉水性，为什么没有选择从京口，即当今镇江一带渡江直趋广陵，即扬州市，攻打那里的秦国驻军，而是选择了从上述的江乘经青沙（今八卦洲）渡江呢？本文从民间流传故事、历史遗迹、河道变迁多方考察，作出回答。

一、项羽在古棠邑留下的历史遗迹

1. 霸王山的地理位置

霸王山在南京江北新区区域，位于襟江带淮古棠邑的长江北岸边，民国 25 年，张官倬《棠志拾遗》记载（见书影 1）："九龙山下有九连洼，亦名九龙洼。东曰霸王山、卸甲甸。""卸甲甸，在县城南四十里，旧传楚项羽卸甲于此，今甸西南山脉绵亘，中有一山，士人犹呼霸王山，山下有霸王塘。"霸王塘历经时代变迁，后称"刘家湖"，20 世纪 70 年代政府投资，建成"丁解水库"，如今又投巨资，改造成"桃湖公园"，成为南京市市民打卡点之一。

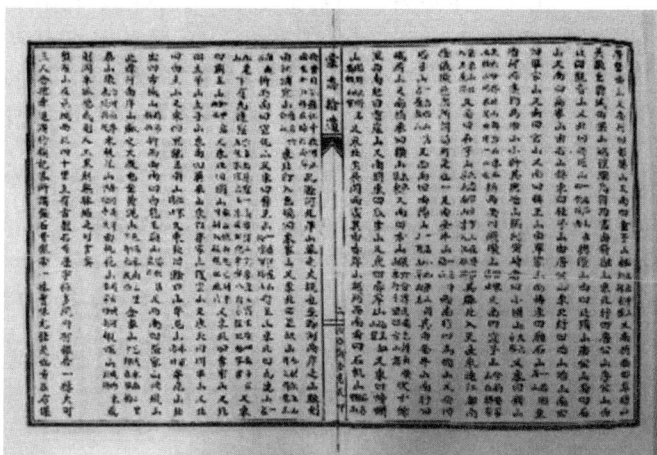

书影 1 张官倬《棠志拾遗》一书及文中关于霸王山相关记载

2. 卸甲甸地理位置及由来

卸甲甸位于南京江北新区大厂街道，东临长江，其西、南北与霸王山接壤（见地图 1）。这个地名要从"甸"说起，"甸"本意为"王田"，古代也指郊外的地方，"卸甲甸"因项梁、项羽领导的起义军在这里卸甲休整、厉兵秣马、招兵买马、演练阵法而来。由于江岸平坦，这里近代是大厂地区的客运和货运码头。新

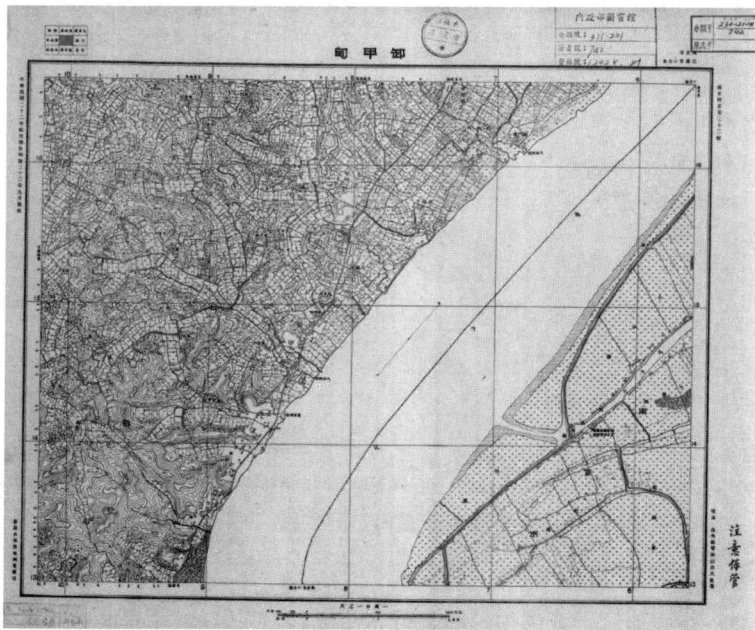

地图 1 "卸甲甸"地图

中国成立后，根据中国钢铁工业发展布局的需要，又在南京化学工业公司基础上，增加了南京钢铁厂及与之配套的南京热电厂。20 世纪 80 年代初，顺应中国石化工业的发展需要，又添加了扬子石化公司（改革开放初期，中国最大的石化企业之一），大厂地区，因此成为南京市区工业的顶梁柱，一度占南京市工业总量的四分之三。

二、项羽起义行军路线

1. 霸王山传说的路线

南京江乘地区留下许多民间传说和地面遗址。我们综合传说和遗址，我们绘制了如地图 2 所示的项羽和他叔父项梁逃难从北方到吴中经过的路线，说明这是一个隐避的径道，成为日后项梁叔侄挥师北上的首选路径。如图 2 虚线所示，在公元前 217 年，项梁为躲避官司带项羽防秦军追击择乡间小道从下相经古棠邑过江时也来到过古棠邑西南的这片山峦（被后人称为霸王山），当地乡民划轻舟把二人成功送到江东。公元前 209 年，项羽作为先锋军首领过江，这次渡江的时候自然想到曾经经过青沙（今霸王山）渡江的这段经历，于是最终选择在此渡江。

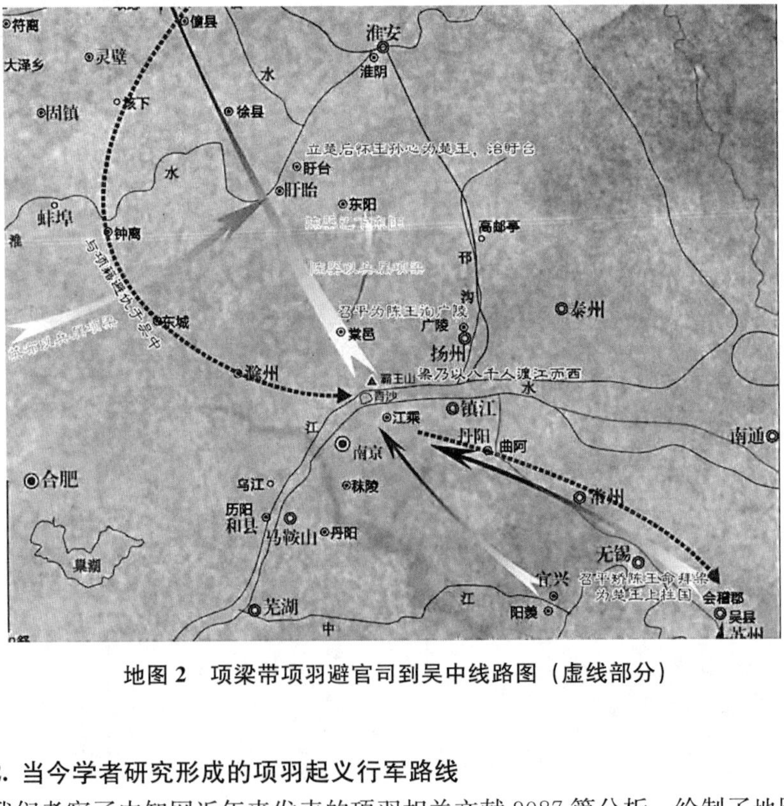

地图 2　项梁带项羽避官司到吴中线路图（虚线部分）

2. 当今学者研究形成的项羽起义行军路线

我们考察了中知网近年来发表的项羽相关文献 9087 篇分析，绘制了地图 3 项羽起义行军路线图。中知网是以河北师范大学、河南师范大学、南开大学、陕西师范大学、社会科学院等为主的学术研究机构和团体并形成跨区域和跨机构的合作网络，具有很高的权威，成为引领项羽研究快速发展的重要力量。我们还参考了当今学者张大可、王子今、施丁、叶永新、徐业龙、王耀臣等主流学者的研究成果。我们综合考察形成的结论是：项羽吴中起义后，从江乘经青沙（今霸王山）到古棠邑，再北上最为合理。图示如下：

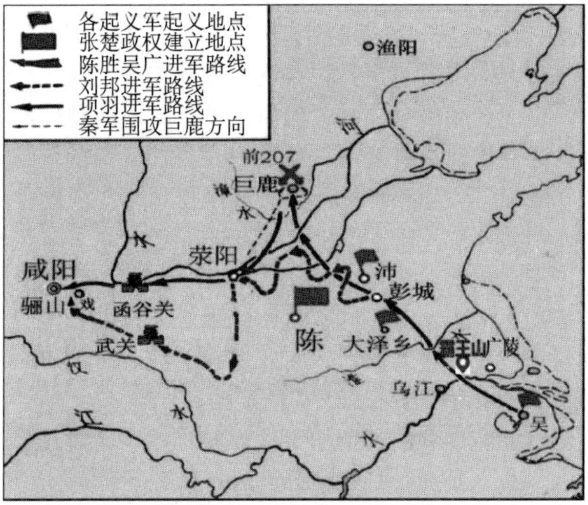

地图 3　项羽起义行军路线

三、从长江中下游河道的演变探索项羽行军路线

1. 河道变化

　　六七千年前，长江入海口就在今镇江、扬州一带①，所以相对而言，镇江、扬州以西的河道定型较早，变化不大，南京以东至镇江一段江岸，南岸自下关至龙潭，由于紧靠丘陵山地，因此历史上变化很小。北岸则因为有绵延数十里的蜀冈为屏障，所以自有史记载至明代后期，岸线就一直稳定在浦子口—瓜步山—青山一线。②

2. 扬州—镇江河道宽度及潮涌现象

　　两千年前的历史记载表明：长江口是一个漏斗状海湾，河宽逐渐缩小，主槽逐渐形成，沙洲并岸，支汉减少，河道形态由复杂的多洲多汊趋向简单的分叉

---

　　① 同济大学海洋地质系三角洲研究组：《全新世长江三角洲的形成发育》："远在六千年前，长江由镇江、扬州一带入海。"《科学通报》1978 年第 5 期。

　　② 陈桥驿等：《中国自然地理 历史自然地理》，第 143 页。

型。主流摆幅逐渐减小。历史时期的记载中，称扬州和镇江之间的江面为"海门"镇江焦山北面江中的一个小山松寥山被称为"海门山"。当时长江河口的平面外形，犹如钱塘江河口北大门未开之前，把兔、储二山之间的窄段称为海门一样。然而，两千年前被称为海门的扬州—镇江之间的水面宽度也很宽阔，号称有40华里，《读史方舆纪要》卷二三《南直五》谓："初自广陵扬子镇济江，江面阔相距四十余里。实际宽达 20 公里左右，[①] 并且有潮涌可供观赏。历史时期长江河口有涌潮的记载。公元前二世纪枚乘《七发》有云："将以八月之望，往观涛乎广陵之曲江"。公元一世纪王充《论衡·书虚篇》也说丹徒（今镇江）的"大江无涛"，而广陵的"曲江有涛"。这种"广陵涛"到唐朝以后由于曲江淤塞，瓜洲并岸而消失了。于是引起元朝以后一些人的争论。其实，涌潮现象并不为钱塘江河口所专有。世界许多潮汐河口有涌潮，就是现在长江河口的北支，如前所述，也有涌潮。20 世纪 30—40 年代，于海门县江心沙之北的涨潮槽中也有涌潮，当时的水道图上 曾明确地标出。广陵涛当时有其有利的形成条件。三角港式的古长江河口，向上束狭，潮波传播，愈上愈强。扬州岸外有沙岛，南为大江，北为曲江。曲江水浅，潮波破裂，形成涌潮。广陵潮始记载于公元前二世纪，存在到公元八世纪。所以六朝每多广陵观涛的诗话，南齐书也记载观涛的历史，九世纪元和志于丹徒县下，虽仍有"春秋朔望有奔涛"的记载。[②]

　　扬州—镇江的江面宽度和潮涌增加了渡江的难度，所以这里不适合渡江。而瓜步上游的青沙洲（今八卦洲）将江水分为两条总宽度 5—6 公里的大河，青沙洲内湿地河道纵横，经南岸汊口到青沙，走湿地河道穿过青沙后自渡此汊口，较其他河流宽度相比较容易渡江。

3. 青沙（今八卦洲）的历史演变

　　历史上，八卦洲曾经是多个较小的沙洲，河道呈复杂多汊型。经过长期的演变，小沙洲现在才逐渐合并成一个大的沙洲，河道转化为简单的双分汊型。20 世纪 40 年代以前，八卦洲的左汊为主汊，江面宽阔，水深较大，是一个平顺的大弯道，称为宝塔水道。右汊为支汊，江面狭窄，水深较浅，河道弯曲，称为草鞋夹。草鞋夹在抗战时，南京保卫战部分守军和民众被日本军追杀时，纷纷涌到江边想游过汊河从青沙（今八卦洲）逃离，由于江水较急加上日本机枪扫射，真正游过南汊口的不多，大多牺牲在江滩上，草鞋夹也是南京大屠杀纪念地之一（请见图 4 中 1935 年图）。后来由于汊道上游河床变化，主流变迁，八卦洲洲头不断崩退，左汊道逐渐衰退，河道向弯曲方向发展，河长增加，河槽淤浅、束窄，分流比减小，至本世纪 40 年代初，由主汊转化为支汊。与此同时，右汊相应发展，

---

　　① 上海示范大学河口海岸研究所组：《两千年来长江河口发育的模式》；《海洋学报》1979 年 5 月第 1 期第 1 卷。

　　② 上海示范大学河口海岸研究所组：《两千年来长江河口发育的模式》；《海洋学报》1979 年 5 月第 1 期第 1 卷。

河道趋直，河长减小，河槽冲刷扩大，分流比增大，由支汊转化为主汊（请见地图4中1977年图）。

对于两千多年前项羽渡江时期，河道较其他地方宽度相比较窄，多群沙洲两大条件减小了项羽渡江的难度，特别是在船只较少的情况下，沙洲内河道便于竹筏穿行，也更加便于士兵马匹顺利渡江。

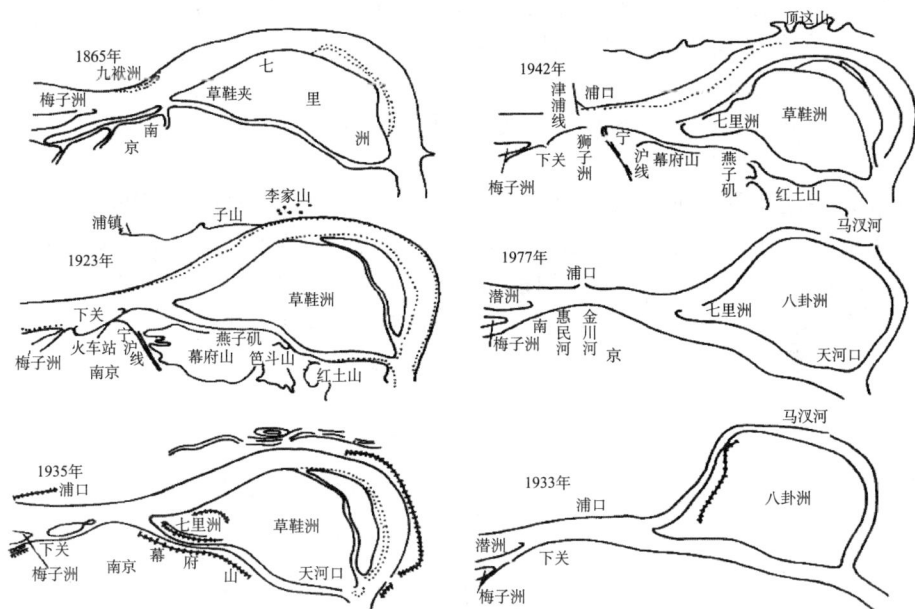

地图5　八卦洲近200年变化情况

四、项羽在青沙（今八卦洲）渡江的原因

1. 江面宽度的地理条件

就南京—扬州这段江面宽度对比，镇扬江面十分宽阔，宽达20公里以上，并且有潮涌可供观赏，六合瓜步（今瓜埠）江面宽度也达到了15公里左右，浦口江面约10公里左右，在瓜步上有青沙（今八卦洲）将江水分为两条宽度分别为2—3公里的"大河"，江面相对狭窄，利于渡江。

2. 河道秦军管控，霸王山较为隐蔽

项梁、项羽是起义的义军，尽管当时已经控制了会稽，但是秦军在会稽驻守的军队还不会主动归顺，特别是江北一些官渡都有秦军把守，还有巡逻江防。项梁直接带八千江南子弟兵一起过江是不现实的，只有先安排先锋军过江安营扎寨，夺取官渡渡江必需的大船，才有可能把项梁为首的七千大军接到江北。基于这个思路，项羽率先锋军从江乘乘小船躲避秦军江防，偷渡突袭至北岸远离驿道

的霸王山是可行的，也是合理的，并且当地向导熟悉地形，有当地向导引路，大大缩短了渡江的时间，提高了渡江的效率。

3. 气候条件（两千多年前）

尽管项羽渡江的时候是冬季，但是就当时的气候条件研究，气候较为温暖，比现在的冬季温度要高，再加之项羽的军队都是来自吴中地区，士兵水性较好，大大减少了渡江的难度，利用小船带竹筏也便于先锋军渡江。

结　论

综上所述，本文通过对 2000 多年前的长江河道宽度的分析结合当地民间传说以及历史研究得出结论：项羽选择从江乘经青沙（今八卦洲）渡江到古棠邑的义军行军路线，从河道分析、地理因素、历史研究、气候条件均认为可行，项羽的行军路线反映了他机智灵活、因地制宜的指挥能力和作战气魄。

《史记》文本与注释研究

《史记·五帝本纪》等译研究

＊本文作者朱枝富，江苏省产业海外发展和规划协会副秘书长，中国史记研究会常务理事。

【编者按】本文作者朱枝富，近年来倾力研究《史记》文本的普及化试探，总题为："《史记》文本梳理及简体与等译研究"，以中华书局点校本为底本进行梳理等译，已持续了五年时间，取得了数百万字的成果，将次第整理为专题论著出版，其中一项为《史记等译读本》。即《史记》原著为五十二万六千五百字，等译读本仍为五十二万六千五百字，即改繁为简，改异体为正体，改通假为正体，用同义词代文言，改生冷字为俗语，可最大限度保持原本的风格内涵，变难读的文言为通俗的今语文本，方便大众阅读。等译读本已不是司马迁原著，如同今语译文本，是作者的创作，即译文创作，可谓是一种新型译文范式。本文摘取作者"史记等译读本"的"五帝本纪"一篇，发表供学术研讨，欢迎学界朋友踊跃参与，可望在下一期《史记论丛》展开讨论。

一、《〈史记〉等译读本》卷一：五帝本纪文本

黄帝者，少典之子，姓公孙，名为轩辕。生而神灵，幼而能言，少而迅捷，长而敏慧，成而聪明。

轩辕之时，神农氏世衰。诸侯相攻击，暴虐百姓，而神农后炎帝不能止。于是，轩辕乃习用干戈，以征不贡，诸侯皆来宾从。而蚩尤最为暴，莫能制。炎帝数侵扰诸侯，诸侯皆归轩辕。轩辕乃修

德振兵，治五气，种五谷，抚万民，度四方，教熊、罴、貔、貅、豹、虎，以与炎帝战于坂泉之野。三战，然后得其志。蚩尤作乱，不用帝命。于是，轩辕乃征师诸侯，与蚩尤战于涿鹿之野，遂擒杀蚩尤。而诸侯皆尊轩辕为天子，代炎帝，是为黄帝。天下有不顺者，黄帝从而征之，平者去之，劈山通道，未曾宁居。

东至于海，登丸山，到泰山。西至于空桐，登鸡头。南至于江，登熊、湘。北逐匈奴，会盟釜山，而都于涿鹿之野。迁移往来无常处，以师兵为营卫。官名皆以云名，为云官。置左右大监，监于万国。万国和，而鬼神、山川、封禅，以为多矣。获宝鼎，迎日推策。举风后、力牧、常先、大鸿以治民。顺天地之纪、阴阳之故、死生之说、存亡之难。时播百谷、草木，淳化鸟兽、虫蛾，广察日月、星辰，水润土石、金玉，劳勤心力、耳目，节用水火、材物。有土德之瑞，故号黄帝。

黄帝二十五子，其得姓者十四人。

黄帝居轩辕之丘，而娶于西陵氏之女，是为雷祖。雷祖，为黄帝正妃，生二子，其后皆有天下：其一为玄嚣，是为青阳，出居江水；其二为昌意，出居若水。昌意娶蜀山氏女，为昌仆，生高阳，高阳有圣德矣。黄帝死，葬桥山。其孙昌意之子高阳立，是为帝颛顼也。

帝颛顼高阳者，黄帝之孙而昌意之子也。沉稳以有谋，通达而知事；养财以用地，观时以法天，依鬼神以制义，治气以教化，洁诚以祭祀。北至于幽州，南至于交趾，西至于流沙，东至于扶桑。动静之物，大小之神，日月所照，莫不归属。

帝颛顼生子为穷蝉。颛顼死，而玄嚣之孙高辛立，是为帝喾。

帝喾高辛者，黄帝之曾孙也。高辛父为桥极，桥极父为玄嚣，玄嚣父为黄帝。自玄嚣与桥极，皆不得在位，至高辛即帝位。高辛于颛顼为族子。

高辛，生而神灵，自言其名。普施利物，不为其身。聪以知远，明以察微。顺天之义，知民之急。仁而威，惠而信，修身而天下服。取地之财而节用之，抚教万民而利诲之，历日月而迎送之，明鬼神而敬事之。其色穆穆，其德高高。其动也时，其服也士。帝喾既执中而遍天下，日月所照，风雨所至，莫不服从。

帝喾娶陈锋氏女，生放勋；娶有娵氏女，生挚。帝喾死，而挚代立。帝挚立，不善，死，而弟放勋立，是为帝尧。

帝尧者，放勋。其仁如天，其智如神。就之如日，望之如云。富而不骄，贵而不傲。黄帽黑衣，红车白马。能明顺德，以亲九族。九族已和，考评百官。百官优秀，合和万国。

乃命羲、和，敬顺苍天，推算日月、星辰，敬授民时。分命羲仲，居东方，为阳谷。敬导日出，安排春作。日中，星鸟，以正仲春。其民散，鸟兽幼微。又命羲叔，居南方。安排夏事，敬致。日永，星火，以正仲夏。其民因，鸟兽稀羽。又命和仲，居西土，为昧谷。敬导日入，安排秋收。夜中，星虚，以正仲秋。其民易，鸟兽毛鲜。又命和叔，居北方，为幽州，安排藏物。日短，星昴，以正仲冬。其民烘，鸟兽茸毛。岁三百六十六日，以闰月正四时。申令百官，众功皆兴。

尧说："谁可承此事？"放齐说："嫡子丹朱开明。"尧说："呀！顽凶，不用。"尧又说："谁可者？"欢兜说："共工广揽，兴功，可用。"尧说："共工善言，其行邪，似恭，欺天，不可。"尧又说："唉，四岳，荡荡洪水滔天，浩浩包山漫陵，平民其忧，有能使治者？"皆说："鲧，可。"尧说："鲧，违命毁族，不可。"岳说："异哉，试不可用而已。"尧于是听岳，用鲧。九岁，功用不成。

尧说："唉！四岳：我在位七十年，你能听命，即我位？"岳应道："我德愧帝位。"尧说："尽举贵戚及疏远、隐藏者。"众皆言于尧，说："有鳏在民间，叫虞舜。"尧说："然，我闻之。其何如？"岳说："盲者子。父顽，母愚，弟傲，能和以孝，美美治，不至奸。"尧说："我其试哉。"于是，尧嫁之二女，观其德于二女。舜令下二女于妫曲，如妇礼。尧善之，乃使舜慎和五常，五常能从；总领百官，百官时序；宾于四门，四门穆穆，诸侯、远方宾客皆敬。尧使舜入山林、川泽，暴风、雷雨，舜行不迷。尧以为"圣"，召舜，说："你谋事至，而言可行，三年矣。你即帝位。"舜让于德，不悦。正月初一，舜受命于文祖。文祖者，尧太祖也。

于是，帝尧老，命舜代行天子之政，以观天命。舜乃察璇玑玉衡，以齐七政。遂祭于上帝，祀于六宗，望于山川，遍于群神。集五玉，择吉月日，见四岳诸牧，颁玉。岁二月，东巡守，至于泰山，柴，望秩于山川。遂见东方君长，合时月正日，同律、度、量、衡，修五礼、五玉，三帛、二生、一死为执，验五玉，终，乃还。五月，南巡守；八月，西巡守；十一月，北巡守：皆如初。归，至于祖先庙，用一牛礼。五岁一巡守，群后四朝。遍告以言，明试以功，车、服以赐。始十又二州，疏河。象以典刑，流宽五刑，鞭作官刑，扑作教刑，金作赎刑。省灾祸，赦；恶无悔，刑。敬哉，敬哉，唯刑之慎哉！

欢兜进言共工，尧说："不可。"而试之工师，共工果邪恶。四岳举鲧治洪水，尧以为"不可"。岳强请试之，试之而无功，故百姓不利。三苗在江淮、荆州，数为乱。于是，舜归而言于帝，请流共工于幽州，以变北狄；放欢兜于崇山，以变南蛮；迁三苗于三危，以变西戎；逐鲧于羽山，以变东夷：四罪而天下皆服。

尧立七十年得舜，二十年而老，令舜代行天子之政，荐之于天。尧让位，凡八年而死。百姓悲哀，如丧父母。三年，四方莫举乐，以思尧。尧知子丹朱之不贤，不足授天下，于是，乃权授舜。授舜，则天下得其利而丹朱害；授丹朱，则天下害而丹朱得其利。尧说："终不以天下之害而利一人。"而终授舜以天下。尧死，三年之丧毕，舜避让丹朱于南河之南。诸侯朝见者，不至丹朱而至舜；告状者，不至丹朱而至舜；歌唱者，不歌唱丹朱而歌唱舜。舜说："天意啊！"而后至国都，即天子位矣，是为帝舜。

帝舜者，名为重华。重华父为瞽叟，瞽叟父为桥牛，桥牛父为句望，句望父为敬康，敬康父为穷蝉，穷蝉父为帝颛顼，颛顼父为昌意，以至舜，七世矣。自从穷蝉以至帝舜，皆微，为平民。

舜父瞽叟盲，而舜母死，瞽叟更娶妻而生象，象傲。瞽叟爱后妻子，常欲杀舜，舜避逃；及有小过，则受罪。舜事父及后母与弟，日以谨慎，无有懈。

舜，冀州之人也。舜耕历山，渔雷泽，陶河滨，作器物于寿丘，经商于负夏。舜父瞽叟顽，母愚，弟象傲，皆欲杀舜。舜顺适不失子道，友于其弟。欲杀，不可得；若求，常在侧。

舜年二十以孝闻；三十而帝尧问"可用者"，四岳皆荐虞舜，说："可。"于是，尧乃以二女妻舜以观其内，使九男与处以观其外。舜居妫汭，内行更谨。尧二女不敢以贵骄事舜父母，很有妇道。尧九男皆益淳。舜耕历山，历山之人皆让界；渔雷泽，雷泽之人皆让居；陶河滨，河滨器皆不粗劣。一年而所居成村，二年成镇，三年成城。尧乃赐舜葛衣与琴，为筑仓库，予牛羊。

　　瞽叟仍复欲杀之，使舜上涂仓，瞽叟从下纵火焚仓。舜乃以两伞自护而下，去，得不死。后瞽叟又使舜挖井，舜挖井为暗孔旁出。舜已入深，瞽叟与象共下土填井，舜从暗孔出，去。瞽叟、象喜，以舜为已死。象说："本谋者象。"象与其父母分，于是，说："舜妻尧二女，与琴，象取之；牛羊、仓储，予父母。"象乃至舜房，居，弹其琴。舜往见之。象愕，不悦，说："我思舜，正忧伤！"舜说："然，你其行矣！"舜复事瞽叟，爱弟，更谨。于是，尧乃试舜五常、百官，皆治。

　　昔，高阳氏有才子八人，世得其利，谓之"八和"；高辛氏有才子八人，世谓之"八元"。此十六族者，世成其美，不损其名。至于尧，尧未能举。舜举八和，使主后土，以管百事，莫不时序。举八元，使布五教于四方，父义，母慈，兄友，弟恭，子孝，内平外成。

　　昔，帝鸿氏有不才子，毁义隐贼，好行凶恶，天下谓之"混沌"；少昊氏有不才子，毁信弃忠，崇饰恶言，天下谓之"穷奇"；颛顼氏有不才子，不可教训，不知话言，天下谓之"梼杌"。此三族，世忧之。至于尧，尧未能去。缙云氏有不才子，贪于饮食，冒于财货，天下谓之"饕餮"。天下恶之，比之"三凶"。舜宾于四门，乃流四凶族，迁于四极，以御怪物。于是，四门开，言"无凶人"也。

　　舜入于大山，烈风、雷雨不迷，尧乃知舜之足授天下。尧老，使舜代行天子政，巡守。舜得举，用事二十年，而尧使代政。代政八年而尧死。三年丧毕，让丹朱，天下归舜。而禹、皋陶、契、后稷、伯夷、夔、龙、垂、益、彭祖，自尧时而皆举用，未有分职。于是，舜乃至于文祖，谋于四岳，开四门，畅通四方耳目，命十二牧论帝道，行厚德，远奸人，则蛮夷皆服。

　　舜谓四岳说："有能奋发美尧之事者，使任官相事？"皆说："伯禹为司空，可美帝功。"舜说："啊，然！禹，你平水土，唯此勉哉。"禹拜，磕头，让于稷、契与皋陶。舜说："然，去矣。"舜说："弃，民众始饥，你后稷播种百谷。"舜说："契，百姓不亲，五品不顺，你为司徒，而敬布五教，在宽。"舜说："皋陶，蛮夷侵夏，寇贼奸宄，你作士，五刑有服，五服三就；五流有度，五度三居：唯明，能信。"舜说："谁能训我工？"皆说："垂，可。"于是，以垂为共工。舜说："谁能训我上下草木鸟兽?"皆说："益,可。"于是,以益为虞。益拜,磕头,让于朱虎、熊罴。舜说："去矣,你偕。"遂以朱虎、熊罴为佐。舜说："唉!四岳,有能管我三礼?"皆说："伯夷,可。"舜说："啊!伯夷,以你为秩宗,日夜唯敬,直哉,唯虔诚。"伯夷让夔、龙。舜说："然。"以夔为乐官,教幼子。说："直而温,宽而警,刚而无疏,简而无傲;诗言志,歌长言,声依永,律和声,八音能谐,无相失序,神人以和。"夔说:"唉!我击石抚石,百兽皆舞。"舜说:"龙,我畏忌谗言虚伪,震惊我众,命你为纳言,日夜传送我命,唯信。"舜说:"唉!你二十又二人,敬哉,唯时,相天事。"三岁一考功,三考升降,远近众功皆兴。分化三苗。

此二十二人,皆成其功:皋陶为士,平,民皆服,得其实;伯夷主礼,上下皆让;垂主工师,百工致功;益主虞,山泽辟;弃主稷,百谷时茂;契主司徒,百姓亲和;龙主宾客,远人至;十二牧行,而九州莫敢邪恶;唯禹之功为大,劈九山,通九泽,疏九河,定九州,各以其职来贡,不失其宜。方五千里,至于荒服。南抚交趾、北户;西抚西戎、析枝、渠廋、氐、羌;北抚山戎、北发、息慎;东抚长夷、鸟夷。四海之内,皆颂帝舜之功。于是,禹乃兴《九招》之乐,致异物,凤凰来翔。天下明德,皆自虞帝始。

舜年二十以孝闻,年三十尧举之,年五十代行天子事,年五十八尧死,年六十一代尧即帝位。即帝位三十九年,南巡守,死于苍梧之野,葬于江南九疑,是为零陵。

舜之即帝位,插天子旗,去朝父瞽叟,诺诺唯谨,如子道。封弟象为诸侯。舜子商均亦不贤,舜乃预荐禹于天。十七年而死。三年丧毕,禹亦让舜子,如舜让尧子。诸侯归之,然后禹即天子位。尧子丹朱,舜子商均,皆有疆土,以奉先祀。服其服,礼乐如之。以客见天子,天子不臣,示不敢专也。

自黄帝至舜、禹,皆同姓而异其国号,以彰明德。故黄帝为有熊,帝颛顼为高阳,帝喾为高辛,帝尧为陶唐,帝舜为有虞。帝禹为夏后,而别氏,姓姒氏。契为商,姓子氏。弃为周,姓姬氏。

太史公说:学者多称"五帝",久矣。然《尚书》独载尧以来,而百家言"黄帝",其文不雅训,缙绅先生难言之。孔子所传《宰予问五帝德》《帝系姓》,儒者或不传。我曾西至空同,北过涿鹿,东达于海，南浮江淮矣，至，长老皆各往往称黄帝、尧、舜之处，风教固殊矣。总之，不离古文者，近是。我观《春秋》《国语》，其发明《五帝德》《帝系姓》，显矣，只是不深考，其所表现皆不虚。《书》缺有时矣，其佚乃时时见于他说。非好学深思，心知其意，固难为浅见寡闻者道也。我并论述，择其言尤雅者，故著于《本纪》，书首。

二、《五帝本纪》等译梳理统计

（一）异体字

策（筴）；洁（絜）；遍（徧）[2]；勋（勳）[3]；欢（讙）；欢（驩）；罪（辠）。

合计：7组，10组次。

（二）通假字

擒（禽）；财（材）；彰（章）[3]；导（道）[2]；鳏（矜）；遍（辩）；又（有）；懈（解）；常（尝）；愕（鄂）；震（振）；预（豫）；现（见）；佚（轶）。

合计：14组，17组次。

（三）同义字

为（曰）[19]；幼（弱）；少（幼）；不（弗）[3]；止（征）；皆（咸）[9]；制（伐）；种（蓺）；坂（阪）；劈（披）[2]；曾（尝）[2]；到（及）；都（邑）；野（阿）；以（与）；矣（焉）[4]；名（命）；死（崩）[9]；为（于）；既（溉）；智（知）；傲（舒）；已（既）；和（睦）；正（殷）；散（析）；藏（伏）；烘（燠）；说（曰）[46]；承（顺）；呀（吁）；唉（嗟）[4]；我（朕）[8]；年（载）；你（汝）[8]；即（践）[7]；道（曰）；我（鄙）；愧（忝）；尽（悉）；叫（曰）；愚（嚚）；我（吾）；令（饬）；你（女）[2]；行（绩）；即（登）；察（在）；祭（类）；祀（禋）；集（揖）；柴（祡）；执（赘）；验（如）；终（卒）[2]；还（复）；赐（庸）；始（肇）；宽（宥）；省（眚）；恃（怙）；敬（钦）；唯（惟）[3]；慎（静）；逐（殛）；害（病）[3]；终（卒）；至（之）[5]；无（匪）；若（即）；更（弥）；很（甚）；淳（笃）；村（聚）；镇（邑）；城（都）；仍（尚）；仓（廪）[2]；伞（笠）；护（扞）；至（止）；房（宫）；弹（鼓）；你（尔）；行（庶）；更（弥）；成（济）；损（陨）；管（揆）；开（辟）[2]；垂（倕）；无（毋）[4]；皆（率）[2]；啊（嗟）[3]；去（往）[3]；顺（驯）；布（敷）；唯（维）[3]；训（驯）[2]；我（予）[4]；管（典）；警（栗）；疏（虐）；志（意）；唉（於）；抚（拊）；其（厥）[2]；疏（决）；颂（戴）；插（载）；久（尚）；我（余）[2]；达（渐）；显（章）；嫁（妻）。

合计：115组，252组次。

（四）同义词

迅捷（徇齐）；敏慧（敦敏）；攻击（侵伐）；不贡（不享）；侵扰（侵陵）；五谷（五种）；泰山（岱宗）；匈奴（荤粥）；会盟（合符）；迁移（迁徙）；云官（云师）；阴阳（幽明）；广察（旁罗）；雷祖（嫘祖）；出居（降居）[2]；沉静（静渊）；通达（疏通）；用地（任地）；观时（载时）；法天（象天）；幽州（幽陵）[2]；交趾（交阯）[2]；扶桑（蟠木）；归属（砥属）；桥极（蟜极）[3]；穆穆（郁郁）；高高（嶷嶷）；服从（从服）；黄帽（黄收）；黑衣（纯衣）；红车（彤车）；顺德（驯德）；考评（便章）；百官（百姓）；优秀（昭明）；苍天（昊天）；推算（数法）；东方（郁夷）；阳谷（旸谷）；安排（便程）[3]；仲春（中春）；春作（东作）；幼微（字微）；又命（申命）[3]；南方（南交）；夏事（南为）；仲夏（中夏）；稀羽（希革）；秋收（西成）；仲秋（中秋）；毛鲜（毛毨）；安排（便在）；仲冬（中冬）；茸毛（氄毛）；申令（信饬）；广揽（旁聚）；兴功（布功）；行邪（用僻）；欺天（漫天）；荡荡（汤汤）；包山（怀山）；漫陵（襄陵）；平民（下民）；违命（负命）；听命（庸命）；隐藏（隐匿）；美美（烝烝）；统领（徧入）；不悦（不怿）；初一（上日）；受命（受终）；代行（摄行）[2]；五玉（五瑞）；颁玉（班瑞）；巡守（巡狩）[7]；五玉（五器）；祖先（祖弥）；一牛（特牛）；疏河（决川）；邪恶（淫僻）；洪水（鸿水）；不利（不便）；让位（辟位）；不贤（不肖）[2]；避让（让辟）；朝见（朝觐）；告状（狱讼）；歌唱（讴歌）；国都（中国）；平民（庶人）；谨慎（笃谨）；器物（什器）；经商（就时）；父母（亲戚）；让界（让畔）；粗劣（苦窳）；葛衣（絺衣）；仓库（仓廪）；挖井（穿井）；暗孔（匿空）[2]；填井（实井）；忧伤（郁陶）；八和（八恺）；毁义（掩义）；凶恶（凶慝）；混沌（浑沌）；少昊（少暤）；弃忠（恶忠）；财货（货贿）；四极（四裔）；怪物（魑魅）；大山（大麓）；代政（摄政）；畅通（明通）；帝道（帝德）；奸人（佞人）；奋发（奋庸）；任官（居官）；唯此（维是）；磕头（稽首）[2]；平民（黎民）；播种（播时）；侵夏（滑夏）；奸刁（奸轨）；日夜（夙夜）[2]；虔诚（静絜）；乐官（典乐）；幼子（稚子）；失序（夺伦）；谗言（谗说）；虚伪（殄伪）；传达（出入）；升降（绌陟）；分化（分北）；各伏（皆服）；邪恶（辟违）；凤凰（凤皇）；诺诺（夔夔）；雅训（雅驯）；缙绅（荐绅）；顾弟（只是）；论述（论次）；水润（水波）；有陬（娵訾）；五常（五典）[3]；妨曲（妨汭）[2]；太祖（大祖）；灾祸（灾过）；恶无悔（怙终贼）；天意啊（天也夫）；仓储（仓廪）；有时（有间）；著于（著为）。

合计：153组，176组次。

以上累计：289组，455组次。

（五）校正词

1. 神农（氏）〔后炎帝〕弗能征；2. 炎帝（欲）〔数〕侵陵诸侯；3. 于是，（黄帝）〔轩辕〕乃征师诸侯；4. 代（神农氏）〔炎帝〕，是为"黄帝"；5. 幽明之（占）〔故〕；6. 而娶于西陵〔氏〕之女；7. 是为"青阳"，（青阳）降居江水；8.

彤车（乘）白马；9. 其民（夷）易；10.（乃）遍入百官；11. 尧辟位，凡（二十）八年而崩；12.（虞）〔帝〕舜者，名曰"重华"；13. 舜顺适不失子道，（兄弟孝慈）〔友于其弟〕；14. 渔雷泽，雷泽（上）〔之〕人皆让居；15. 于是，以益为（朕）虞；16. 益拜，稽首，让于（诸臣）朱虎、熊罴；17.〔曰〕："直而温，宽而栗，……18. 皋陶为（大理）〔士〕，平；19. 南抚交阯、北（发）〔户〕；20. 西〔抚〕〔西〕戎、析枝、渠廋、氐、羌；21. 北〔抚〕山戎、〔北〕发、息慎；22. 东〔抚〕长〔夷〕、鸟夷；23. 三年丧毕，禹亦（乃）让舜子；24. 孔子所传《宰予问五帝德》（及）《帝系姓》。25. 固难为浅见寡闻〔者〕道也。

合计：删去 29 字；增加 26 字。净少 3 字。

（六）分段
合计：原为 28 段，增加 3 段，现为 31 段。

（七）标点符号
合计：增加：150 个；减少：23 个。净增加 127 个。

三、《五帝本纪》等译梳理说明

黄帝者，少典之子，姓公孙，名（曰）〔为〕[1] 轩辕。生而神灵，（弱）〔幼〕[2] 而能言，（幼）〔少〕而（徇齐）〔迅捷〕[3]，长而（敦敏）〔敏慧〕[4]，成而聪明。

【说明】

1. 曰：是比较典型的文言文用词，主要是两种用法，一是表示"说"，现代用"说"；二是表示"为""叫"，如这句"名曰轩辕"，就是"名为轩辕"或"名叫轩辕"的意思。"曰"字在《史记》中用得比较普遍，可以说满眼皆是。那么，是改，还是不改呢？比较纠结。考虑再三，还是改。既然是"等译读本"，为现代文本，索性要改就要改到位。这样，《史记》就更能适合现代人阅读和品味。后面类此情况，一般如此处理，不再作说明。

2. 弱：《索隐》曰："弱，谓幼弱时也。……未七旬曰'弱'。"《笺证》曰："弱：幼小，指几个月的时候。"现今一般不称"弱"，称"幼"。而后句的"幼"，《礼记·曲礼》曰："人生十年曰'幼'。"《仪礼·丧服》注曰："谓年十五以下。"现今一般不称"幼"，称"少"，即少年。均改之。

3. 徇齐：这个词比较难于理解，如果不借于注释，恐怕一般人很难直观地表达出比较准确的意思，历来有些注释也是很难让人看得懂，越说越复杂。还是用同义词予以替代为好，使人一看就明白。《集解》曰："徇，疾；齐，速也，言圣德幼而疾速也。"《新注》曰："古音与'迅疾'通，指黄帝成熟很快，思想敏锐。"《笺证》曰："谓思维敏捷，反应快速。"迅疾，指行动迅速、快疾；而"迅捷"，则是指行动迅速，思维敏捷。因此，用"迅捷"替代"徇齐"，更为准确，故改之。

4. 敦敏：即敦厚，敏捷。现今"敏"字比较常用，敏慧，敏捷；而"敦"字不常用，一般用"厚"字来替代，淳厚，厚实。但用"厚"和"敏"来组词，也不顺，故用"敏慧"来替代，含义相近。

轩辕之时，神农氏世衰。诸侯相（侵伐）〔攻击〕[1]，暴虐百姓，而神农（氏）〔后炎帝〕[2]（弗）〔不〕[3]能（征）〔止〕[4]。于是〔，〕[5]轩辕乃习用干戈，以征不（享）〔贡〕[6]，诸侯（咸）〔皆〕[7]来宾从。而蚩尤最为暴，莫能（伐）〔制〕[8]。炎帝（欲）〔数〕[9]侵｛（陵）〔凌〕｝〔扰〕[10]诸侯，诸侯（咸）〔皆〕归轩辕。轩辕乃修德振兵，治五气，｛（蓺）〔艺〕｝〔种〕[11]五（种）〔谷〕[12]，抚万民，度四方，教熊〔、〕罴〔、〕貔〔、〕貅〔、〕貙〔豹〕[13]〔、〕虎，以与炎帝战于（阪）〔坂〕[14]泉之野。三战，然后得其志。蚩尤作乱，不用帝命。于是〔，〕（黄帝）〔轩辕〕[15]乃征师诸侯，与蚩尤战于涿鹿之野，遂（禽）〔擒〕[16]杀蚩尤。而诸侯（咸）〔皆〕尊轩辕为天子，代（神农氏）〔炎帝〕，是为黄帝。天下有不顺者，黄帝从而征之，平者去之，（披）〔劈〕[17]山通道，未（尝）〔曾〕[18]宁居。

【说明】

1. 侵伐：指兴兵越境讨罪，进攻他国，实际上是出兵攻打的意思。此词现今一般不用，可用词义相近的"攻击"二字来替代。

2. 神农氏：上句说"神农氏世衰"，此句说"神农氏弗能征"，很显然，这里的"神农氏"和上句的"神农氏"含义不一样，是指"世衰"时的神农氏，即神农氏的后代，按照后文，此则指"炎帝"。故此句改为"神农后炎帝"，含义显明，且又与后面所说的"炎帝"吻合起来。而后文的"代神农氏"，则是"代炎帝"，亦改之。

3. 弗：与"不"同义。《公羊传·桓公十年》曰："其言'弗遇'何?"注曰"弗，'不'之深也。""弗"字现今几乎不用，而一般用"不"字。故改之。

4. 征：本义为出征、征伐，含有"征服"的意思。弗能征：《笺证》曰："有本作'弗能正'，大体意思相同。"指没有能力征讨，不能使之服属。弗能征，犹言"不能止""不能禁"，含义更加明白。故将"征"字改为"止"字。

5. 于是：现今一般为承接连词，表示后一事承接前一事，后面一般都加逗号，在阅读上略加停顿。而古代文言中的"于是"，则表示在此、当时、如此、语气等多种意思，随文而定。在梳理中，一般都在"于是"后加逗号。后文皆如此处理，不再另加说明。

6. 不享：《新注》曰："不享：不进贡物，即抗命不服。享，进见，来朝。"《全注》曰："享：祭献，进献。这里指被征服者向征服者敬献之礼。""享"字属于古代文言字，现今一般不用。不享，实际上即是"不贡"，比较明晰，故改之。

7. 咸：是古代汉语中比较普遍的一个副词，皆、都的意思。"咸"与"皆"，为同义字。现今，一般不用"咸"字作副词，而是用"皆"字替代，故改之。

8. 伐：征伐，攻打。莫能伐：与上文"不能征"含义相近，指没有谁能够征服他们，犹言"不能制"，没有能力制服他们。"伐"字现今一般不用，故用"制"字替代"伐"。

9. 数：李人鉴《校读记》曰："'欲'字似本作'数'，传抄讹为'欲'。"欲：本为想要、打算的意思，即有此考虑，但还没有实施。而观下文"诸侯咸归轩辕"，说明炎帝已经有了具体的行动，则不是"欲"的问题了。作"数"，比作"欲"更加妥帖。故改之。

10. 陵：古同"凌"，侵犯，欺侮。"陵"与"凌"，为通假字。侵凌，现今一般作"侵扰"，故改之。

11. 蓺（yì）：是一个比较生冷的文言字，古同"艺"，栽植、种植之意。《说文》曰："艺，种也。""艺"的繁体字为"藝"，而非"蓺"，"蓺"与"艺"，为古今字。而"艺"，也是文言用词，故改为"种"字。

12. 五种：指黍、稷、菽、麦、稻五谷，泛指各种农作物。现今一般称"五谷"，故改之。

13. 貙（chū）：古书中对云豹的称呼。《全译》曰："貙：猛兽，云豹，似狸而大。""貙"字比较生冷，故用"豹"予以替代。

14. 阪（bǎn）：《字典》曰："旧同'坂'。""阪"与"坂"，在古代是同义词，而现代一般不用"阪"字，而用"坂"。故改之。

15. 黄帝：李人鉴《校读记》曰："本《纪》下文始云'而诸侯咸尊轩辕为天子，代神农氏，是为黄帝'，疑此处尚不得有'黄帝'之称，'黄帝'二字当作'轩辕'。"按照前后文义，用"轩辕"二字更为妥当，故改之。

16. 禽：古通"擒"，作动词用。禽、擒，为通假字。在现代，"禽""擒"分途，"禽"为名词，指鸟类；"擒"为动词，擒拿之意。故改之。

17. 披：《新注》曰："披：劈开。"披山通道，即劈山开通道路。披，通"劈"，现今用"劈"字，故改之。

18. 尝：为副词，曾经的意思。"尝"与"曾"，是同义字，现今一般用"曾"，故改之，使文义更有现代气息。

东至于海，登丸山，（及）〔到〕（岱宗）〔泰山〕[1]。西至于空桐，登鸡头。南至于江，登熊、湘。北逐（荤粥）〔匈奴〕[2]，（合符）〔会盟〕[3]釜山，而（邑）〔都〕[4]于涿鹿之（阿）〔野〕[5]。迁（徙）〔移〕[6]往来无常处，以师兵为营卫。官名皆以云（命）〔名〕[7]，为云（师）〔官〕[8]。置左右大监，监于万国。万国和，而鬼神〔、〕山川〔、〕封禅〔，〕（与）〔以〕[9]为多（焉）〔矣〕[10]。获宝鼎，迎日推（筴）〔策〕[11]。举风后、力牧、常先、大鸿以治民。顺天地之纪、（幽明）〔阴阳〕[12]之（占）〔故〕[13]、死生之说、存亡之难。时播百谷〔、〕草木，淳化鸟兽〔，〕虫蛾，（旁罗）〔广察〕[14]日月〔，〕星辰[15]〔，〕水〔（波）〔播〕〕〔润〕[16]土石〔，〕金玉，劳勤心力〔，〕耳目，节用水火〔，〕材物。有土德之瑞，故号黄帝。

黄帝二十五子，其得姓者十四人。

【说明】

1. 及：至、到的意思，现今一般不用"及"的这种含义，而用"到"，故改之。岱宗：是泰山的雅称，与"泰山"为古今地名词，现代一般用"泰山"二字，故改之。

2. 荤（xūn）粥（yù）：即匈奴，中国古代北方的一个部族。《索隐》曰："匈奴别名也。唐虞已上曰'山戎'，亦曰'熏粥'，汉曰'匈奴'。"现今则称"匈奴"，故改之。

3. 合符：《全注》曰："合符：朝会诸侯时，合验表明身份的符契。"《新注》曰："合符釜山：大会诸侯于釜山。"现今一般称"会盟"，故改之。

4. 邑：城邑，都邑，用作动词，建都的意思。"邑"字现今一般不用，而用"都"字。故改之。

5. 阿：《新注》曰："阿，依山平地。"涿鹿之阿，即逐鹿山下的旷野之地。现今一般不用"阿"，而用"野"，故改之。

6. 迁徙（xǐ）：迁移，搬家。徙，现今一般不用，而用"迁"或"移"来替代，故改之。

7. 命：取名、命名的意思。赵生群曰："古书'命''名'，常互用。"以云命，即用"云"来命名官职。而"以云名"，则比较符合现代语言，故改之。

8. 云师：有的解为"组建军队也以'云'相称。"将"师"解为"军队"。李笠《订补》引王肃曰："师，长也。云'纪其官长，而为官名'也。"根据前后文义，上句"以师兵为营卫"写军队，此句"官名皆以'云'命，为云师"，文义很明显，是"官名为云师"，即为官之名是云官，为写其官职。云师，当指黄帝时的官名，犹言"云官"，而非指军队而言。故改之。

9. 与：《正义佚文》："与，犹'比'也。""与"后宜增代词"之"字读，与之相比。与为多，即"以为多"的意思，以之为多。用"以"字，比用"与"之通俗易懂，故改之。

10. 焉，用于句末，为语气助词，一般为文言用词，相当于现今的"矣"。现今一般很少用"焉"，故改为"矣"。

11. 筴（cè）：古同"策"，是"策"的异体字，应改为正字。

12. 幽明：《正义》曰："幽，阴；明，阳也。"《笺证》曰："幽明：指阴阳。"现今一般通用"阴阳"二字，故改之。

13. 占：《笺证》："'占'字似应依《大戴记》《孔子家语》之《五帝德》作'故'。"李笠《订补》曰："占，疑是'故'字之烂文。"顺天地之纪、幽明之占、死生之说、存亡之难，此四句从文法的角度来看，"纪""占""说""难"，应当是大致表达相同的含义，均指规律、法则、道理、缘由之类的意思，均用作名词。而此句的"占"，不表达这样的意思，与前后文之解的含义不相关联，故知此字为误字，而作"故"，则指缘故、缘由，引申为道理，句意为探究阴阳变化的道理，则是非常允恰的。故"占"为讹字，改为"故"字。

14. 旁罗：用作动词，广泛搜罗、观测。《新注》曰："广泛的罗列、观察。"施之勉《订补》曰："《文选》有'俯察旁罗'，'旁罗'与'俯察'相对，则其义当为广泛察考。"王叔岷《斠证》引《尔雅·释诂》曰："旁，广也。"《注译》曰："罗：观察，研究。"现今一般不用"旁罗"二字，故用"广察"替代。

15. 日月星辰：是比较典型的以两个字为一组的并列词组，中间宜用顿号隔开，以便于阅读和理解，下同。

16. 水波：按照前后几句的句式来分析，二字为动词无疑，但所要表达什么样的意思，则不太弄得清楚。疑"波"为"播"的讹字，此为同音相讹，而播，为润的意思，水播土石、金玉，即用水滋润土地、山陵。故将"波"改为"润"字。

黄帝居轩辕之丘，而娶于西陵〔氏〕[1]之女，是为（嫘）〔雷〕祖[2]。（嫘）〔雷〕祖〔，〕为黄帝正妃，生二子，其后皆有天下：其一（曰）〔为〕玄嚣，是为青阳，（青阳）[3]（降）〔出〕[4]居江水；其二（曰）〔为〕昌意，（降）〔出〕居若水。昌意娶蜀山氏女，（曰）〔为〕昌仆，生高阳，高阳有圣德（焉）〔矣〕。黄帝（崩）〔死〕[5]，葬桥山。其孙昌意之子高阳立，是为帝颛顼也。

【说明】

1. 西陵：即西陵氏，"氏"字宜为脱字。《笺证》曰："泷川本作'西陵氏'，乃据古钞本、枫山本、三条本及《御览》引《史记》补，应从之。"观其下文"昌意娶蜀山氏女""帝喾娶陈锋氏女""娶娵訾氏女"，均有"氏"字，故可知，"西陵"下"氏"字乃是脱字，故加之。

2. 嫘（léi）祖：有多种写法。《索隐》曰："一曰'雷祖'。""雷"与"嫘"，同音，但比"嫘"字通俗，况且"嫘祖"也叫"雷祖"，故改之。

3. 青阳：与前句"青阳"重叠，疑为衍字，或是赘字。下句"曰'昌意'，降居若水"，"昌意"二字则不重，故去掉"青阳"二字，前后句式一致，且文义更加通顺。

4. 降居：犹言"出居"。《新注》曰："居于下位。降，下也。"《注译》曰："下封为诸侯。""降居"一词现今一般不用，故改之。

5. 崩：在古代，是帝王去世的专用词，意谓帝王的去世并不是无声无息，而是动静大，有如山崩地裂一般，逐渐演变成一种身份的象征，只有皇帝之死才能称为"崩"。古代对各种不同的人的去世，都有不同的说法，即皇帝的死，称为"崩"；侯王的死，称为"薨"；大夫的死，称为"卒"；未成年人的死，称为"殇"；只有平民的死，才称为"死"，等等，真是烦琐得很。而现今一般都称为"去世"或"死"。其实，死了就是死了，称作"死"，有什么不好呢？考虑再三，所有的不同人等的去世，都改为"死"，这样便于一般读者阅读和理解。凡类此情况，以后只作改动，不再作说明。

　　帝颛顼高阳者，黄帝之孙而昌意之子也。（静渊）〔沉稳〕[1]以有谋，（疏通）〔通达〕[2]而知事；养（材）〔财〕以（任）〔用〕地[3]，（载）〔观〕时以（象）〔法〕天[4]，依鬼神以制义，治气以教化，（絜）〔洁〕[5]诚以祭祀。北至于幽（陵）〔州〕[6]，南至于交（阯）〔趾〕[7]，西至于流沙，东至于（蟠木）〔扶桑〕[8]。动静之物，大小之神，日月所照，莫不（砥）〔归〕属[9]。

【说明】

　　1. 静渊：《新注》曰："安详而深沉，指颛顼沉稳而有涵养。"渊，深渊，引申为深，深厚，深沉。此词现今一般不常用，"沉稳"一词含义与之非常相近，故改之。

　　2. 疏通：《新注》曰："开通，明达，指颛顼通达而有远见。"《笺证》曰："即俗所谓心眼多，智商高。"现今一般用"通达"一词，故改之。

　　3. 材：通"财"，财物。王叔岷《斠证》曰："材、财，古通。"养材，《大戴礼》作"养财"，指养育财物。"材"与"财"，为通假字，现改为正字。任：任用，利用。任地，即利用、开发土地，现今一般作"用地"，故改之。

　　4. 载时：犹言"观时"，指观察四时季节。象天：犹言"法天"，意即取法于天。《笺证》曰："载时以象天：即根据天象的运行以规定春、夏、秋、冬四时。"将"载时"改为"观时"、"象天"改为"法天"，更符合现今的语言习惯。

　　5. 絜：为多音字，读作"jié"时，为"洁"的异体字，古同"洁"，干净、洁净之意。现改为正字。读作"xié"时，则仍用原字。

　　6. 幽陵：《正义》曰："幽州也。"《新注》曰："古幽州之地。"故改之。下文有"曰幽都""流共工于幽陵"，均指幽州，并改之，不再作说明。

　　7. 阯：为"址"的异体字，而作为地名"交阯"，现今一般作"交趾"。王叔岷《斠证》曰："黄善夫本'阯'作'趾'。阯、趾，古通。""阯"与"趾"，在此为通假字，故改之。

　　8. 蟠木：即"扶桑"，神话中的树名。《全注》曰："蟠木：又作'扶木'，即'扶桑'，传说为神木，太阳出于其下，故又指日出之地。""蟠木"与"扶桑"，为同义词，现今一般用"扶桑"二字。故改之。

　　9. 砥属：《笺证》："归属。"即平服，归附。此词非常生冷，现代一般不用，故改之。

　　帝颛顼生子（曰）〔为〕穷蝉。颛顼（崩）〔死〕，而玄嚣之孙高辛立，是为帝喾。

　　帝喾高辛者，黄帝之曾孙也。高辛父（曰）〔为〕（蟜）〔桥〕极[1]，（蟜）〔桥〕极父（曰）〔为〕玄嚣，玄嚣父（曰）〔为〕黄帝。自玄嚣与（蟜）〔桥〕

极皆不得在位，至高辛即帝位。高辛于颛顼为族子。

【说明】

1. 蟜（jiǎo）极：为黄帝之孙，帝尧之祖。《正义》曰："蟜，本作'桥'。"《注译》曰："蟜：一作'桥'。"蟜，本为一种毒虫，现在一般不用，故改之。蟜极，还确实与"桥"有关，据说他发明了桥。

　　高辛〔，〕生而神灵，自言其名。普施利物，不（于）〔为〕[1]其身。聪以知远，明以察微。顺天之义，知民之急。仁而威，惠而信，修身而天下服。取地之财而节用之，抚教万民而利诲之，历日月而迎送之，明鬼神而敬事之。其色（郁郁）〔穆穆〕[2]，其德（嶷嶷）〔高高〕[3]。其动也时，其服也士。帝喾（溉）〔既〕[4]执中而（徧）〔遍〕[5]天下，日月所照，风雨所至，莫不（从服）〔服从〕[6]。

【说明】

1. 于：王叔岷《斠证》曰："犹'为'也。于、为，同义。"不于其身，意即不为自己的利益考虑。用"为"，含义比较明显，故改之。

2. 郁（yù）郁：仪态端庄盛美的样子。《索隐》："郁郁，犹'穆穆'也。"《注译》："郁郁：通'穆穆'，端庄和悦的样子。现代一般用'穆穆'一词，故改之。

3. 嶷（yí）嶷：《新注》曰："高耸的样子。"形容道德高尚、崇高的样子。犹言"高高"。嶷，高尚，杰出。用"高高"来替代"嶷嶷"，含义相同，更为通俗，故改之。

4. 溉：《集解》引徐广曰："古'既'字，作水旁。"《全注》曰："溉：通'既'。"《考证》引沈涛曰："'既'之作'溉'，是史迁书古字之仅存者。""溉"字作古字"既"解，作连词，使此句"溉执中而遍天下"形成"既……又……"的句式，句意为既公正无私而又恩遍天下。"而"后省略连词"又"字。"溉"字还有其他解释，这里不取，改为"既"字。

5. 徧（biàn）：周遍的意思，为"遍"的异体字，应改为正字。

6. 从服：归附，顺服，现今一般用"服从"二字，故改之。

　　帝喾娶陈锋氏女，生放（勳）〔勋〕[1]（。）〔；〕[2]娶（娵訾）〔有邰〕氏[3]女，生挚。帝喾（崩）〔死〕，而挚代立。帝挚立，不善，崩，而弟放（勳）〔勋〕立，是为帝尧。

【说明】

1. 勳：特殊功劳的意思，与"勋"的含义相同，为"勋"的异体字，现改之。

2. 帝喾娶陈锋氏女，生放勳：一般于句末用句号。而下句"娶娵訾氏女，生挚"，很明显，是承前句主语"帝喾"，两句是为一句，句中应用分号。

3. 娵（zōu）訾（zī）氏：或称有陬氏。娵，又作"陬"。有陬氏，与"娵訾氏"含义相同，且略微通俗，故改之。

　　帝尧者，放（勳）〔勋〕。其仁如天，其（知）〔智〕[1]如神。就之如日，望之如云。富而不骄，贵而不（舒）〔傲〕[2]。黄（收）〔帽〕｛（纯）〔缁〕｝〔黑〕衣[3]，（彤）〔红〕车（乘）白马[4]。能明（驯）〔顺〕[5]德，以亲九族。九族（既）〔已〕（睦）〔和〕[6]，｛（便）〔辨〕（章）〔彰〕｝〔考评〕[7]（百姓）〔百官〕[8]。（百姓）〔百官〕（昭明）〔优秀〕[9]，合和万国。

【说明】

1. 知：《全译》曰："'智'之古字。"《全注》曰："同'智'，智慧。"知，宜用"智"字，故改之。

2. 舒：《笺证》曰："放纵，恣意而行。"贵而不舒，是说尧非常高贵，而不傲慢。""舒"字现今一般用其舒展之义，而不用此古义，故改为相近的"傲"字，含义比较明白。

3. 黄收纯衣：《新注》曰："黄色的帽子，黑色的衣服。收，冠名。纯，读曰'缁'，黑色。""黄收"与"纯衣"，为两组名词，省略动词，名词用作动词，指戴着黄色的帽子，穿着黑色的衣服。作"黄帽黑衣"，含义更加直白。

4. 彤：《全注》曰："朱红色。"故将"彤"改为"红"。彤车乘白马，王叔岷《斠证》曰："《大戴礼》《金楼子》并无'乘'字。'彤车白马'与'黄收纯衣'，相对为文。"此句与上句结构一样，为两组名词，省略动词，即驾着红色的车子，乘着白色的骏马。因上句和此句前半句的动词都省略，这里有"乘"字，句式非常不协调，有点怪怪的，而删去"乘"字，则文句干净利落。故将"乘"字删去。

5. 驯：《集解》引徐广曰："古'训'字。"《笺证》曰："同'顺'。""驯"与"顺"，为古今字，现今一般作为通假字，用"顺"字，故改之。

6. 既：已经的意思。"既"与"已"为同义字，此义现代一般用"已"，故改之。这种用法在《史记》中很多，后面只作修改，不作说明。睦：和好、亲近。现今一般用"和"字，故改之。

7. 便章：犹言"考评"，予以考核，优者彰扬。便，通"辨"，考辨，考评。章，通"彰"，彰明，表彰。《新注》曰："便章百姓：评判彰明百官族姓的治绩。""便"与"辨"、"章"与"彰"，均为通假字，即使改成正字，为"辨彰"，含义还是不太明晰，而改为"考评"，则含义比较清晰、明了。故改之。

8. 百姓：古代"百姓"，是百官贵族的统称。《笺证》曰："这里指百官。"由于词性变化，古代称"百姓"，现代则称"百官"，而"百姓"则是相对于"官"而言的一般民众了。便章百姓，本来比较深奥，而改为"考评百官"，则明白如话，何乐而不为呢？

9. 昭明：显明，显著，引申为优秀的意思。《笺证》曰："指各自的权利、职责、义务分明。"现今一般不用"昭明"，故改为"优秀"，词义显白，与"百姓二字相搭。

　　乃命羲、和，敬顺（昊）〔苍〕天[1]，（数法）〔推算〕[2]日月〔、〕星辰，敬授民时。分命羲仲，居（郁夷）〔东方〕[3]，（曰）〔为〕（旸）〔阳〕谷[4]。敬（道）〔导〕[5]日出，｛（便）〔辨〕程｝〔安排〕[6]（东作）〔春作〕[7]。日中，星鸟，以（殷）〔正〕[8]（中）〔仲〕春[9]。其民（析）〔散〕[10]，鸟兽（字）〔幼〕微[11]。（申）〔又〕[12]命羲叔，居南（交）〔方〕[13]。｛（便）〔辨〕程｝〔安排〕（南为）〔夏事〕[14]，敬致。日永，星火，以正（中）〔仲〕夏。其民因，鸟兽（希革）〔稀羽〕[15]。（申）〔又〕命和仲，居西土，（曰）〔为〕昧谷。敬（道）〔导〕日入，｛（便）〔辨〕程｝〔安排〕（西成）〔秋收〕[16]。夜中，星虚，以正（中）〔仲〕秋。其民（夷）[17]易，鸟兽毛（毨）〔鲜〕[18]。（申）〔又〕命和叔，居北方，（曰）〔为〕幽（都）〔州〕（。）〔，〕（便在）〔安排〕[19]（伏）〔藏〕物[20]。日短，星昴，以正（中）〔仲〕冬。其民（燠）〔烘〕[21]，鸟兽（氄）〔茸〕[22]毛。岁三百六十六日，以闰月正四时。（信饬）〔申令〕[23]百官，众功皆兴。

【说明】

　　1. 昊天：即苍天。《新注》曰："广漠的蓝天。"《全注》曰："指深邃莫测的宇宙。昊，广大无边。"现今一般不称"昊天"，而称"苍天"，故改之。

　　2. 数法：用作动词。《笺证》曰："遵循，推算。"《新注》曰："推求历法，观测天象。"改为"推算"，含义更加明白。

　　3. 郁夷：《新注》曰："最东之地。"《全注》曰："指东方海隅迎日出之地。"用"东方"替代"郁夷"二字，含义非常直白。

　　4. 旸（yáng）谷：古称日出之处。《新注》曰："日出之谷。"《全注》曰："又作'汤谷'，传说为日出的地方。"旸，比较生冷。旸谷，现今一般作"阳谷"，故改之。

　　5. 道（dǎo）：《正义》曰："导，训也。"即引导、疏导之意。"道"与"导"，为通假字。此义现代一般用"导"，故改之。后文"敬道"之"道"，含义亦相同，亦改之。

　　6. 便程：《全译》曰："辨别日程、时令。"《笺证》曰："分派，布置。程：规定日期、限额。"《全注》曰："便：通'辨'。程：日程。"便程，犹言"安排"，故改之。

　　7. 东作：即"春作"，春天的劳作。《笺证》曰："即春天的农事活动。按照五行家的说法，'东'即相当于'春'。"说"东作"，恐怕没有多少人能够直观的理解，而说"春作"，一般人都能领会、理解，故改之。

　　8. 殷：正、定的意思。《集解》引孔安国曰："殷，正也，以正仲春之气节。"《新注》："殷：正，判断。"《全注》曰："殷：定。"此义现今一般用"正"字。后面几句"以正中夏""以正中秋""以正中冬"，正是用"正"字，故改之。

　　9. 中：通"仲"，位居第二的。中春，指春季的第二个月，即"仲春"，也即

"春分"。《春分日》诗说："风雷送暖入中春，桃柳着装日日新。赤道金阳直射面，白天黑夜两均分。"后面的"中夏""中秋""中东"，其"中"字均为"仲"，均改之。

10. 析：析开，犹言"散"，散开。《笺证》："析：分散，分散到田野上进行农业劳动。"此义现代一般用"散"字，故改之。

11. 字微：一般解为动物交配繁殖。而李笠《订补》曰："言中春之时，胎卵群生，尚细微也。"其说有理。故"字微"二字，宜当作"幼微"，指春天繁殖的小鸟小畜尚是幼小、微弱。故将"字"改为"幼"字。

12. 申：用作副词，又，再次。申命，前说"分命"，分别任命；此说"申命"，即是"又任命"的意思。故将"申"字改为"又"字。后文的"申"字同改。

13. 南交：即南方。《全译》曰："南交：或谓南方极远之地。"交，是汉代对交趾的略称，而古代是指代南蛮人所居的中原以南的区域，泛指南方极远之地。故"南交"，宜作南方交会之处、极远之地理解，而无须指"交趾"而言。故改之。

14. 南为：犹言"夏事"。《新注》曰："南为：夏季农事耕作。"《笺证》曰："便程南为：分派、督促夏天的农事活动。五行家以'南'与'夏'相搭配。"为，即所为之事，指夏季的农事。故用"夏事"替代"南为"。

15. 希革：即稀羽。郑玄注《书·尧典》曰："夏时鸟兽毛疏皮见。"《全译》曰："希革：鸟兽换毛褪皮。"《笺证》曰："希：通'稀'。"革，革羽，羽毛。"稀羽"二字更为通俗，故改之。

16. 西成：秋收的意思。《全译》曰："秋收之事务。"《注译》曰："便程西成：安排好秋天收成的农事。"《笺证》曰："五行家以'西'与'秋'相搭配。"用"秋收"，含义比较明白。

17. 夷：疑为衍字。沈川《考证》曰："《尚书》无'夷'字，史公以'易'代'夷'。今本'夷'字，后人旁注误入正文，'夷''易'义复。"与此句"其民夷易"相关的其他几句，分别是"其民析""其民因""其民燠"。此句疑为"其民易"，也是三字。故宜将"夷"字删去。

18. 毨（xiǎn）：《新注》曰："指鸟兽长出了光鲜的新羽毛。毨，通'鲜'，光泽。""毨"字非常生冷，与"鲜"音同意同，现代一般用"鲜"字，故改之。

19. 便在，犹言"便程"，安排的意思。《注译》曰："便在伏物：注意安排好冬天继续储藏的事情。"故将"便在"二字改为"安排"。

20. "伏"，收藏、储藏的意思。《新注》曰："伏物：收藏过冬的物资。伏，藏。"伏物：为动宾词组，指收藏物品，简称为"藏物"。故将"伏"字改为"藏"。

21. 燠（yù）：暖，热，这里用如动词。《新注》曰："取暖。指冬天人们入室取暖。"即位"烤火""烘火"的意思，"燠"字非常生冷，现代一般不用，故用"烘"字替代。

22. 氄（rǒng）：指鸟兽细软而茂密的毛。《新注》曰："氄毛：鸟兽长出御寒的细茸毛。"其字非常生冷，其实就是"茸"字之意，细柔的毛。现代一般用"茸"字，故改之。

23. 信饬（chì）：申令、下令的意思。《新注》曰："申令整饬。饬，令，安排。"《笺证》曰："信饬百官：严格要求负责各项事务的官吏。信，通'申'，申明条例，申明纪律。""信饬"二字现今不用，用"申令"代之。

尧（曰）〔说〕："谁可（顺）〔承〕[1]此事？"放齐（曰）〔说〕："（嗣）〔嫡〕子[2]丹朱开明。"尧（曰）〔说〕："（吁）〔呀〕[3]！顽凶，不用。"尧又（曰）〔说〕："谁可者？"（讙）〔欢〕[4]兜（曰）〔说〕："共工（旁聚）〔广揽〕（布）〔兴〕功[5]，可用。"尧（曰）〔说〕："共工善言，其（用僻）〔行邪〕[6]，似恭〔，〕（漫）〔谩〕〔欺〕天[7]，不可。"尧又（曰）〔说〕："（嗟）〔唉〕[8]，四岳，（汤汤）〔荡荡〕[9]洪水滔天，浩浩（怀）〔包〕山（襄）〔漫〕陵[10]，（下）〔平〕民[11]其忧，有能使治者？"皆（曰）〔说〕〔：〕〔"〕鲧〔，〕可。〔"〕尧（曰）〔说〕："鲧〔，〕（负）〔违〕命[12]毁族，不可。"岳（曰）〔说〕："异哉，试不可用而已。"尧于是听岳〔，〕用鲧。九岁，功用不成。

【说明】

1. 顺：本义为沿着同一方向，引申为顺承，继承。《笺证》："循，继承。"现今一般用"承"字，文义更加明晰，故改之。

2. 嗣（sì）子：《全注》曰："嫡子。"《笺证》曰："正妻所生的长子，通常被视为理所当然的继承人。"现今一般用"嫡子"，故改之。

3. 吁（xū）：感叹词，相当于现代的"哼""呀"，含有轻蔑的意思。《新注》曰："呀，惊叹词。"《笺证》曰："厌弃声。"《全注》曰："发语词，有嫌恶之义。"现代一般不用"吁"，故改为"哼"字。

4. 讙（huān）：本指古代神话中的一种野兽，为"欢"的异体字。讙兜，古代人名，尧时佞臣，而后文又作"驩兜"。驩，是一种马的名字，也是"欢"的异体字，均改为正字。

5. 旁聚："犹言"广揽"，广泛地招揽事务。布功：犹言"兴功"。《新注》曰："广揽事务，颇有成效。旁，广泛，普遍。布，开展，引申为留下。"故用"广揽"替代"旁聚"，用"兴功"替代"布功"。

6. 用僻，犹言"行邪"，行为邪僻。用，用心，行为。僻，孤僻，邪僻。《新注》曰："僻，邪僻不正。"行邪，比"用僻"略微通俗一些，故改之。

7. 漫天，犹言"欺天"，连老天爷都敢欺骗。漫，通"谩"，欺瞒，欺慢。《笺证》："似恭漫天：貌似虔敬，实则对天地鬼神态度傲慢。"故用"欺天"替代"漫天"。

8. 嗟（jiē）：打招呼时用的叹词，相当于现代的"唉"。《新注》曰："感叹词，唉。"现今一般不用"嗟"，而用"唉"，故改之。

9. "汤（shāng）汤"：即"荡荡"，指水势浩大、水流很急的样子。孔颖达注《尚书》曰："荡荡，言水奔突有所涤除。"《新注》曰："洪水急流的样子。"现用"荡荡"替代"汤汤"。

10. 怀山襄（xiāng）陵：《笺证》曰："包围山峰，淹没丘陵。"怀山：犹言"包山"。《新注》曰："怀，包裹，漫上。襄，淹没。"现将"怀山"改为"包山""襄陵"改为"漫陵"，更为通俗一些。

11. 下民：犹言"平民"。《新注》曰："居于山下的平地之民。"下民，亦指一般民众，而容易理解为低下之民，不符文义。故用"平民"二字予以替代。

12. 负命：违命的意思。《新注》曰："负命毁族：违背教命，毁败同族人。负，违背。"现今一般用"违命"，故改之。

尧（曰）〔说〕："（嗟）〔唉〕！四岳：（朕）〔我〕[1]在位七十（载）〔年〕[2]，（汝）〔你〕[3]能〈（庸）〔用〕〉〔听〕命[4]，（践）〔即〕[5]（朕）〔我〕位？"岳应（曰）〔道〕[6]："（鄙）〔我〕德（忝）〔愧〕[7]帝位。"尧（曰）〔说〕："（悉）〔尽〕[8]举贵戚及疏远〔、〕隐（匿）〔藏〕[9]者。"众皆言于尧〔，〕（曰）〔说〕："有（矜）〔鳏〕[10]〔，〕在民间，（曰）〔叫〕虞舜。"尧（曰）〔说〕："然，（朕）〔我〕闻之。其何如？"岳（曰）〔说〕："盲者子。父顽，母（嚚）〔愚〕[11]，弟傲，能和以孝，（烝烝）〔美美〕[12]治，不至奸。"尧（曰）〔说〕："（吾）〔我〕其试哉。"于是〔，〕尧（妻）〔嫁〕[13]之二女，观其德于二女。舜（饬）〔令〕下二女于妫（汭）〔曲〕[14]，如妇礼。尧善之，乃使舜慎和五（典）〔常〕[15]，五典（典）〔常〕能从（。）〔;〕（乃）[16]〈（徧）〔遍〕入〕〔统管〕[17]百官，百官时序（。）〔;〕宾于四门，四门穆穆，诸侯〔、〕远方宾客皆敬。尧使舜入山林川泽，暴风雷雨，舜行不迷。尧以为〔"〕圣〔"〕，召舜〔，〕（曰）〔说〕："（女）〔你〕[18]谋事至〔，〕而言可（绩）〔行〕[19]，三年矣。（女）〔你〕（登）〔即〕帝位。"舜让于德，不（怿）〔悦〕[20]。正月（上日）〔初一〕[21]，舜受（终）〔命〕[22]于文祖。文祖者，尧（大）〔太〕祖[23]也。

【说明】

1. 朕：是自秦始皇以来皇帝的独称。其由来，《李斯列传》记载赵高乃说二世："天子所以贵者，但以闻声，群臣莫得见其面，故号曰'朕'。"而在尧时，并非皇帝的专称，即是"我"的意思，后来还有"寡人""孤"等，也都是帝王的独称。而在现今，任何人作为第一人称，都称为"我"，没有什么区别。因此，这些称呼均改为"我"。后面不再加以说明。

2. 载：即古代唐虞时代的"年"。《尔雅·释天》曰："夏曰'岁'，商曰'祀'，周曰'年'，唐虞曰'载'。"现今一般均用"年"字，故改之。

3. 汝：是古代第二人称代词，这类的代词还有很多，如"女""若""而""乃""尔"等，在不同的时期，有不同的用法。现今，一般都称为"你"。因此，凡是第二人称代词，都改为"你"，以后除特殊情况的，一般不再加以说明。

4. 庸命：犹言"听命"，顺承天命。《注译》曰："用命，执行命令，忠于职守。"庸，《说文》曰："用也。"《新注》："通'用'，顺承。"现将"庸命"改为"听命"，含义更加明晰。

5. 践：本义为踩、踏，引申为登上，承袭。《全注》曰："帝王即位称'践位'。"现代一般用"即"，故改之。

6. 曰："说"的意思，这里作"道"讲。成语有"说千道万"。应曰，即"应道"。现今一般用"道"字，故改之。

7. 鄙：此为第一人称的谦辞，"我"的谦称。忝（tiǎn）：《全注》曰："辱，有愧于，常用作谦词。"《新注》："辱没，不配。""鄙"与"忝"，现今一般用"我""愧"，故改之。

8. 悉：尽，全部。这是古代的用法，现代一般不用"悉"字作副词，故改为"尽"字。

9. 隐匿：隐藏，指才能不显于世，不同于后世之所谓沽名钓誉的隐士。用"隐藏"，更为通俗，故改之。

10. 矜（guān）：《新注》："通'鳏'，单身汉。"鳏，指无妻之人。现今一般用"鳏"字，故改之。

11. 嚚（yín）：愚蠢而顽固之意。此字非常生冷，现代人几乎没有见过，不要说阅读和理解了，而其含义与"愚"字基本相同，即愚昧、愚蠢之意。故改之。

12. 烝（zhēng）烝：即美美也。《诗·鲁颂·泮水》曰："烝烝皇皇，不吴不扬。"马瑞辰《通释》曰："'皇皇'为美，推之'烝烝'，亦当为美。"烝烝治：即治理得很好，非常和谐，非常美好。"烝烝"与"美美"，其意略同，可用为替代词，改之。

13. 妻（qì）：此用作动词，即把女子嫁人。现今一般用"嫁"字，古改之。

14. 妫（guī）汭（ruì）：指妫水弯曲之处。汭，河流会合或弯曲的地方。将"汭"改为"曲"，更为通俗。

15. 五典：即五常，古代的五种伦理道德。《孔传》曰："五常之教。父义、母慈、兄友、弟恭、子孝。"《蔡沉集传》曰："五常也。父子有亲，君臣有义，夫妇有别，长幼有序，朋友有信，是也。"此用"五常"替代"五典"。

16. 乃：疑为衍字。李人鉴《校读记》曰："上文'乃使舜'三字直贯下文，'遍入百官'上不当复有'乃'字。此处'乃'字乃衍文，当删。"其说是，"乃使舜"三字贯穿而下，此句"乃"字为衍字，删去。

17. 徧（biàn）入：即"遍入"，犹言"总领"。《新注》曰："总领，事事参与。"《笺证》曰："遍入百官：即全面深入地考察、管理百官。"徧，为"遍"的异体字。"遍入"一词现今不常用，故改为"总领"。

18. 女（rǔ）：古同"汝"，为第二人称代词。现代则称为"你"，不用"女""汝"，故改之。

19. 可绩：犹言"可行"。《笺证》曰："言可绩：即所说的话，都能取得成效。"

换言之，其建议和主张，都是可行的。"可行"比"可绩"更为通俗，故改之。

20. 怿（yì）：喜悦，愉悦。《新注》："不怿：不能使人悦服。怿，悦。""怿"与"悦"，为同义字。现代一般用"悦"字，故改之。

21. 上日：即初一。《新注》曰："正月上日：正月初一。"用"初一"更为直白，故改之。

22. 受终：犹言"受命"，指接受尧的禅让，接受帝位。《笺证》曰："本意是指接受禅让，但这里实际是指接受摄政之权。"终，终帝之事，即帝位。用"受命"替代"受终"，含义更加明白。

23. 大祖：祖辈排列最前面的称"大祖"，祖辈之长，即太祖。此用"太祖"代之。

于是〔，〕帝尧老，命舜（摄）〔代〕[1]行天子之政，以观天命。舜乃（在）〔察〕[2]璇玑玉衡，以齐七政。遂（类）〔祭〕于上帝，（禋）〔祀〕[3]于六宗，望于山川，（辩）〔遍〕[4]于群神。{（揖）〔辑〕}〔集〕五（瑞）〔玉〕[5]，择吉月日，见四岳诸牧，（班瑞）〔颁玉〕[6]。岁二月，东巡（狩）〔守〕[7]，至于（岱宗）〔泰山〕，（柴）〔柴〕[8]，望秩于山川。遂见东方君长，合时月正日，同律〔、〕度〔、〕量〔、〕衡，修五礼〔，〕五玉〔，〕[9]三帛〔，〕二生〔，〕一死为（挚）〔执〕[10]，（如）〔验〕[11]五（器）〔玉〕，（卒）〔终〕〔，〕乃（复）〔还〕[12]。五月，南巡（狩）〔守〕；八月，西巡（狩）〔守〕；十一月，北巡（狩）〔守〕：皆如初。归，至于祖（祢）〔先〕[13]庙，用（特）〔一〕牛[14]礼。五岁一巡（狩）〔守〕，群后四朝，（徧）〔遍〕告以言，明试以功，车〔、〕服以{（庸）〔用〕}〔赐〕[15]。（肇）〔始〕[16]十（有）〔又〕[17]二州，（决川）〔疏河〕[18]。象以典刑，流（宥）〔宽〕[19]五刑，鞭作官刑，扑作教刑，金作赎刑。（眚）〔省〕（灾）〔灾〕（过）〔祸〕[20]，赦；（怙终贼）〔恶无悔〕[21]，刑。（钦）〔敬〕[22]哉，（钦）〔敬〕哉，（惟）〔唯〕[23]刑之（静）〔慎〕[24]哉！

【说明】

1. 摄行：犹言"代行"，指代理行使职权。摄，代理的意思。现今一般用"代行"，故改之。

2. 在：《新注》曰："审视，观察。"在，通"察"，故解为观察、观测。"在"的这一用法很少见，现改为"察"字。

3. 类、禋（yīn），是两种祭祀的名称。类，《正义》引《五经异义》曰："非时祭天，谓之'类'，言以事类告也。"禋，《新注》曰："置牲于柴上焚烧，使香味随烟上达。"这两个字实际上就是祭祀的意思，现今也没有必要分得那么细了。就用"祭"替代"类"，"祀"替代"禋"。

4. 辩：通"遍"，《尧典》作"遍"，普遍的意思。《新注》："辩于群神：普遍祭祀丘陵、坟衍之神。"辩，现今用"遍"字，故改之。

5. 揖：集的意思。《新注》曰："通'辑'，集聚。"现代一般用"集"字，故改之，则含义更加简明。五瑞：《全注》曰："五种玉制礼器，诸侯执以为信符。"下文"班瑞""瑞"即是"玉"；如五器，"五器"即是"五玉"，均改之。

6. 班瑞：犹言"颁玉"。《新注》："分赐瑞玉。古会盟诸侯之礼，先收回各自执掌的符信瑞玉，择吉日会盟后再颁发他们。"班，是会意字，中间是刀，左右是玉，像是用刀在割玉。其本义是分割玉。《说文》曰："分瑞玉。"《笺证》曰："同'颁'。"此义，现今一般用"颁""分"，而用"颁"字显得更加庄重、隆重，故改之。

7. 巡狩，《笺证》曰："同'巡守'，帝王出行以视察各地诸侯为天子守土的情况。"狩，本义为冬季打猎，同"守"。故将"狩"字改为"守"。

8. 柴（chái）：《新注》曰："柴，也作'柴'，动词。"《笺证》曰："祭祀名，将供品架在柴上燔烧，以祭天神。"即烧柴祭天。王叔岷《斠证》曰："黄善夫本、殿本，并作'柴'。柴、柴，正假字。"现在一般通用"柴"字，故改之。

9. 五礼五玉三帛二生一死为挚：原文为一句，"修"字一贯到底，作为谓语，"五礼五玉三帛二生一死为挚"作为宾语，句意指制定如此许多的礼仪，似乎显得冗长、复杂，如果加以细分，将"修"字管及"五礼、五玉"，为句；后面"三帛、二生、一死为挚"为句，句前增"以"字读，再将并列词之间加顿号，为"修五礼、五玉，三帛、二生、一死为挚"，则含义非常清晰，改之。

10. 挚（zhì）：《新注》曰："同'贽'，献礼。"《正义》曰："贽，执也。"可见，挚，即"执"，拿着，此指拿着祭品祭祀。"挚"与"执"为通假字，现改之。

11. 如：用作动词。验、验证的意思。故用"验"字替代"如"。

12. 卒（zú）：完毕，终了。这里指礼毕，礼终。复：归还的意思。《全注》曰："卒，指礼毕。复，归还。此谓礼毕，五种玉器仍归还原主。"卒、复，现代一般用"终""还"，故改之。又，卒，表示完毕，终了，为动词，宜单独成句。如果"卒"与"乃复"连句，又可作副词解，即"终于"的意思，不符文义。

13. 祖祢：祖先。《全注》曰："祖：先祖。祢：先父。"《新注》曰："祖祢（mí）庙：祖庙和父庙，父死入庙称'祢'。"用"祖先"二字替代"祖祢"。

14. 特牛：指一牛，一头公牛。《新注》曰："用特牛礼：用一头公牛作祭品。"特，本意是公牛，引申为表示单独之意，单，单一。故用"一牛"二字替代"特牛"。

15. 庸：通"用"，指"效用"，引申为赐予。《笺证》曰："车服以庸：以不同等级的车马服饰来奖励他们守土治民的功勋。"《正义》引孔安国曰："功成则锡车服，以表显其能用也。"故用"赐"字替代"庸"字。

16. 肇（zhào）：《新注》曰："开始，初始。""肇"是文言用词，现今一般用"始"，故改之。

17. 有（yòu）：古同"又"，表示整数之外再加零数。十有二州，这是古代的一种用法，即"十又二州"，现代则说"十二州"。"有"与"又"，为通假字，故改之。

18. 决川：犹言"疏河"。《新注》曰："开通河道，以除水患。"决，疏通水道，使水流出去。《说文通训定声》曰："人导之而行，曰'决'。""决川"一词现今不常用，故用"疏河"一词代之。

19. 宥（yòu）：宽待，宽恕。《笺证》引孔安国曰："宥，宽也。以流放之法宽五刑。""宥"字现今不常用，改为"宽"字。

20. 眚（shěng）栽过：即省灾祸，指犯了罪过而尽量挽回损失、减少损失。眚，古同"省"，减省。灾过，即灾祸，祸灾。故将"眚"作通"省"来理解；"栽"为"灾"的异体字，改为正字；过，用"祸"字替代。

21. 怙（hù）：依靠、仗恃。《说文》曰："怙，恃也。"《全注》曰："怙：仗恃，此言恃恶。"终贼：指屡教不改、始终作恶。怙终贼，现依据文义改为"恶无悔"，即作恶而不悔改，其含义基本相似，但通俗多了。

22. 钦：敬的意思。《笺证》曰："钦：敬，敬业，兢兢业业。"故用"敬"字替代"钦"。

23. 惟：同"唯"，唯有、只有。现代一般用"唯"字，故改之。

24. 静：《全注》曰："慎重。"王叔岷《斠证》曰："惟刑之静哉：犹言'惟刑之慎哉'。静，有'慎'义。"将"静"改为"慎"，含义更加显明。

（讙）〔欢〕兜进言共工，尧（曰）〔说〕〔：〕〔"〕不可〔。〕〔"〕而试之工师[1]，共工果〔淫（辟）〔僻〕〕〔邪恶〕[2]。四岳举鲧治（鸿）〔洪〕水[3]，尧以为〔"〕不可〔"〕（，）〔。〕岳（彊）〔强〕[4]请试之，试之而无功，故百姓不（便）〔利〕[5]。三苗在江淮、荆州数为乱。于是〔，〕舜归而言于帝，请流共工于幽（陵）〔州〕，以变北狄；放（驩）〔欢〕兜于崇山，以变南蛮；迁三苗于三危，以变西戎；（殛）〔逐〕[6]鲧于羽山，以变东夷：四（皋）〔罪〕[7]而天下（咸）〔皆〕服。

【说明】

1. 尧曰不可，而试之工师：一般作为一句话，似乎有些不妥，既然尧说不行，已经作了否定，为什么还要试而用之？其实，这其中省略了一些内容，可能是尧这么认为，大臣们却不这么认为，尧也就听从了大臣们的意见，说："那就试试看吧。"因此，宜将一句改为两句，在句中留下一些空间，前句承前，后句启后。即"尧曰：'不可。'而试之工师。"前句应是承接上半句"欢兜进言'共工'"而言，表示对欢兜进言的否定；后句属下句，与"共工果淫辟"为一句，表示结果还是不行，说明尧的看法是正确的。

2. 淫辟：《笺证》曰："骄纵，邪恶。"辟《全注》曰："通'僻'，邪僻。"前文"共工善言，其用僻"，用"僻"字，与此"辟"字含义相同。现将"淫辟"改为"邪恶"，通俗易懂。

3. 鸿水：即洪水。鸿，通"洪"。上文"汤汤洪水滔天"，则用"洪"字。"鸿"与"洪"，为通假字，现改之。

4. 彊（qiǎng）：为"强"的异体字，用作副词，竭力、尽力的意思，现改为正字。

5. 不便：犹言"不利"，没有得到好处，有害处。《新注》曰："便，适宜。"将"不便"改为"不利"。

6. 殛（jí）：一般解为诛杀、杀死之意，而此指放逐的意思。观其文义，殛鲧于羽山，并不指将鲧杀死于羽山，而是将鲧流放到羽山，"殛"字与上句的"流""放""迁"同义，现改为"逐"字。

7. 辠（zuì）：秦以"辠"似"皇"字，改为"罪"，犯法的意思。现"辠"为"罪"的异体字，故改之。

尧立七十年得舜，二十年而老，令舜（摄）〔代〕行天子之政，荐之于天。尧〔（辟）〔避〕〕〔让〕位[1]〔，〕凡（二十）八[2]年而（崩）〔死〕。百姓悲哀，如丧父母。三年，四方莫举乐，以思尧。尧知子丹朱之不（肖）〔贤〕[3]，不足授天下，于是〔，〕乃权授舜。授舜，则天下得其利而丹朱（病）〔害〕[4]；授丹朱，则天下（病）〔害〕而丹朱得其利。尧（曰）〔说〕〔：〕"终不以天下之（病）〔害〕而利一人〔。〕"（，）而（卒）〔终〕授舜以天下。尧（崩）〔死〕，三年之丧毕，舜〔让（辟）〔避〕〕〔避让〕丹朱于南河之南。诸侯朝（觐）〔见〕[5]者〔，〕不（之）〔至〕[6]丹朱而（之）〔至〕舜（，）〔；〕（狱讼）〔告状〕[7]者〔，〕不（之）〔至〕丹朱而（之）〔至〕舜（，）〔；〕（讴歌）〔歌唱〕者〔，〕不（讴歌）〔歌唱〕丹朱而（讴歌）〔歌唱〕[8]舜。舜（曰）〔说〕〔：〕"天（也夫）〔意啊〕！"而后（之）〔至〕（中国）〔国都〕[9]〔，〕（践）〔即〕天子位（焉）〔矣〕，是为帝舜。

【说明】

1. 辟位：即避位，让出权位。《新注》曰："即避位，指尧举舜摄政，让出政权。"辟，古同"避"，躲，设法躲开，让开。"辟"与"避"，为通假字。后文的"让辟"，即避让，其"辟"字含义相同。现用"让位"二字替代"辟位"。

2. 二十八年：疑为"八年"。李人鉴《校读记》曰："尧辟位凡八年而崩，'二十'二字乃后人所妄加，当删。后文有'舜得举用事二十年，而尧使摄政。摄政八年而尧崩。''八年'二字上不当有'二十'二字。殆无可疑者。"删去"二十"二字，前后文非常连贯，文通义顺。

3. 不肖：犹言"不贤"。《新注》曰："不像父亲，不贤。"《全注》曰："不似，意指子不似父之贤能。"现用"不贤"一词代之。

4. 病：与"利"相对，即不利，有害，非指生病之义。《新注》曰："受害，痛苦。"故将"病"字改为"害"。

5. 朝觐（jìn）：犹言"朝见"，为古代文言用词。《新注》曰："指诸侯进京朝见天子。春见曰'朝'，秋见曰'觐'。"现改为"朝见"。

6. 之：动词，往，朝某方向走，到某地去，即"至"的意思。"之"与

"至"，为同义字。现代一般用"至"，故改之。

7. 狱讼（sòng）：犹言"告状"，是古代文言用词。《新注》曰："打官司，告状。"狱，指罪案，官司。讼，《正字通》："争曲直于官有司也。"现用"告状"予以替代。

8. 讴（ōu）歌：歌唱的意思。《新注》曰："称颂，吟唱。""讴歌"一词现今一般不常用，用"歌唱"代之。

9. 中国：犹言"国都"。《集解》引刘熙曰："帝王所都为中，故曰'中国'。"《新注》曰："即国中，国都。"《笺证》曰："一国之中心，即首都。""国都"一词，含义比较明晰，故代之。

（虞）〔帝〕舜[1]者，名（曰）〔为〕重华。重华父（曰）〔为〕瞽叟，瞽叟父（曰）〔为〕桥牛，桥牛父（曰）〔为〕句望，句望父（曰）〔为〕敬康，敬康父（曰）〔为〕穷蝉，穷蝉父（曰）〔为〕帝颛顼，颛顼父（曰）〔为〕昌意（：）〔，〕以至舜〔，〕七世矣。自从穷蝉以至帝舜，皆微〔，〕[2]为（庶人）（平民）[3]。

舜父瞽叟盲，而舜母死，瞽叟更娶妻而生象，象傲。瞽叟爱后妻子，常欲杀舜，舜避逃；及有小过，则受罪。舜事父及后母与弟，日以（笃谨）〔谨慎〕[4]，〔（匪）〔非〕〕〔无〕有（解）〔懈〕[5]。

【说明】

1. 虞舜：宜为"帝舜"。李人鉴《校读记》曰："此处'虞舜'，当作'帝舜'。此《纪》上文'是为帝颛顼'，下承以'帝颛顼高阳者'等语；是为帝喾，下承以'帝喾高辛者'等语；是为帝尧，下承以'帝尧放勋'等语，无例外皆曰'帝某'。然则此承'是为帝舜'一语，下者固当为'帝舜者，名曰重华'。'帝舜'二字不得改作'虞舜'也。"故改之。

2. 皆微为庶人：为两句话，即"皆微，为庶人"。皆微，说明舜的七世祖，都很微贱，地位低下。为庶人，进一步说明其"微"，是都没有做过官，只是平民百姓。如果合为一句，则可理解为在微贱时"为庶人"，则还有不是微贱的时候，则不是庶人，与文义不合，故分为两句，"微"后加逗号。

3. 庶人：《新注》曰："庶人：平民。"《全注》曰："无官爵之人。"现今一般称"平民"，故改之。

4. 笃（（dǔ））谨：《新注》曰："忠厚，谦谨。"《全注》曰："笃：忠厚诚实。谨：谨慎小心。""笃谨"一词现今一般不用，用"谨慎"代之。

5. 匪：假借为"非"，表示否定，即无、没有的意思。解：古通"懈"，松弛，懈怠。《新注》曰："匪有解：丝毫不懈怠。匪，同'非'。解，通'懈'。"解，一作'懈'。王叔岷《斠证》曰："景祐本、黄善夫本、殿本并作'懈'，懈、解，正假字。"故用"无"字替代"匪"字，将"解"改为正字"懈"字。

舜，冀州之人也。舜耕历山，渔雷泽，陶河滨，作（什器）〔器物〕[1]于寿丘，（就时）〔经商〕[2]于负夏。舜父瞽叟顽，母（嚚）〔愚〕，弟象傲，皆欲杀舜。舜顺适不失子道，（兄弟孝慈）〔友于其弟〕[3]。欲杀，不可得；（即）〔若〕[4]求，（尝）〔常〕[5]在侧。

【说明】

1. 什器：犹言"器物"。《新注》曰："指各种生活、劳动用品。"《索隐》曰："什，数也。盖人家常用之器非一，故以十为数，犹今云'什物'也。"现今一般不用"什器"一词，用"器物"代之。

2. 就时：乘时，把握时机，此指做买卖，经商。《新注》曰："就时于负夏：在负夏经商。"现今一般用"经商"一词，故改之。

3. 兄弟孝慈：指兄弟都很孝顺和慈爱，不符文义。梁玉绳《志疑》曰："兄弟孝慈，此句与上下文义不相接实，疑是衍文。"泷川《考证》曰："兄，疑当作'友'。"此句文字有讹，当为"友于其弟"，谓舜友爱其弟，比较准确。故改之。

4. 即：假如，倘若。"即"与"若"，为同义字。现今一般用"若"字，故改之。

5. 尝：通"常"。司马迁在前文"常欲杀舜"中则用"常"，表达同样的意思，正字和通假字互用。泷川《考证》曰："古钞、枫、三、南本，'尝'作'常'。"施之勉《订补》曰："景祐本，'尝'作'常'。"故改为"常"字。

舜年二十以孝闻（。）〔；〕三十而帝尧问〔"〕可用者〔"〕[1]，四岳（咸）〔皆〕荐虞舜，（曰）〔说〕〔：〕〔"〕可。〔"〕于是〔，〕尧乃以二女妻舜以观其内，使九男与处以观其外。舜居妫（汭）〔曲〕，内行（弥）〔更〕[2]谨。尧二女不敢以贵骄事舜（亲戚）〔父母〕[3]，（甚）〔很〕有妇道。尧九男皆益（笃）〔淳〕[4]。舜耕历山，历山之人皆让（畔）〔界〕[5]；渔雷泽，雷泽（上）〔之〕[6]人皆让居；陶河滨，河滨器皆不｛（苦）〔盬〕（窳）〕〔粗劣〕[7]。一年而所居成（聚）〔村〕，二年成（邑）〔镇〕，三年成（都）〔城〕[8]。尧乃赐舜（絺）〔葛〕衣[9]与琴，为筑仓（廪）〔库〕[10]，予牛羊。

【说明】

1. 可用者：是帝尧所问群臣的内容，宜用引号。下句的"可"，也是"曰"的内容，宜用引号。故加之。

2. 弥：更、更加的意思。现今一般用"更"字，故改之。下句的"甚"，也是用作副词，很、极的意思。现今一般用"很"字，故改之。

3. 亲戚：犹言"父母"。王叔岷《斠证》曰："既言'甚有妇道'，则'亲戚'盖指舜之父母。古人往往称父母为亲戚。"故据而改之。

4. 笃（dǔ）：忠实，不虚伪。《新注》曰："淳朴，厚道。""笃"字现今一般不常用，故用"淳"字予以替代。

5. 畔（pàn）：指田地的界限。《新注》："让畔：不争田界。畔，田界。""畔"

与"畍",为同义字。现今一般用"界"字,故改之。

6. 上:疑为"之"字。李笠《订补》曰:"雷泽上人,'上'当作'之',以'历山之人'句例之,可知也。"上句为"历山之人",此句宜与上句句式相同,故改之。

7. 苦窳(yǔ):《笺证》曰:"粗劣,易坏。"《全注》曰:"窳:器物粗劣。"苦,通"盬(gǔ)",不坚固。"苦窳"一词,现今一般不用,以"粗劣"代之。

8. 聚:村落。邑:市镇。都:都城。《笺证》曰:"舜所住的地方,仅一年就成了村落,两年成了市镇,三年成了都城,极言归附者之多。"《新注》曰:"聚:村落。邑:大于村落。都,又大于邑。"聚、邑,现今一般不常用;都,即"城"的意思。故将"聚"改为"村"、"邑"改为"镇"、"都"改为"城"。

9. 絺(chī)衣:细葛布做的衣服。絺,《说文》曰:"细葛也。""絺"字现今一般不用,用"葛"字替代。

10. 仓廪:贮藏米谷的仓库。谷藏为仓,米藏为廪。现今一般通称为"仓库",改之。

瞽叟(尚)〔仍〕[1]复欲杀之,使舜上涂(廪)〔仓〕[2],瞽叟从下纵火焚(廪)〔仓〕。舜乃以两(笠)〔伞〕自〔(扞)〔捍〕〕〔护〕[3]而下,去,得不死。后瞽叟又使舜(穿)〔挖〕井[4],舜(穿)〔挖〕井为(匿空)〔暗孔〕[5]旁出。舜(既)〔已〕入深,瞽叟与象共下土(实)〔填〕[6]井,舜从(匿空)〔暗孔〕出,去。瞽叟、象喜,以舜为已死。象(曰)〔说〕:"本谋者象。"象与其父母分,于是〔,〕(曰)〔说〕:"舜妻尧二女〔,〕与琴,象取之(。)〔;〕牛羊〔,〕仓(廪)〔储〕[7],予父母。"象乃(止)〔至〕舜(宫)〔房〕[8]〔,〕居,(鼓)〔弹〕[9]其琴。舜往见之。象(鄂)〔愕〕[10]〔,〕不(怿)〔悦〕,(曰)〔说〕:"我思舜〔,〕正(郁陶)〔忧伤〕[11]!"舜(曰)〔说〕:"然,(尔)〔你〕其(庶)〔行〕[12]矣!"舜复事瞽叟〔,〕爱弟(弥)〔更〕谨。于是〔,〕尧乃试舜五(典)〔常〕〔,〕百官,皆治。

【说明】

1. 尚:仍然,还。现今一般用"仍"字,故改之。又,此句及以下,至"皆治",原与上段连为一起,为一段,因这段与上段所表达的是两层意思,故宜分为两段。这里另为一段。

2. 廪(lǐn):即米仓。涂廪,《笺证》曰:"用泥抹粮仓上的顶盖。""廪"字现今一般不常用,用"仓"字替换。

3. 笠(lì):斗笠,竹编的伞状雨具,犹言"伞",故用"伞"字替代。扞(hàn):古字作"扞",后作"捍",为异体字,现改为正字,护卫、护持的意思,故用"护"字替代。

4. 穿井,即打井、挖井。穿井,是古代的说法,现今一般用"挖井",故改之。

5. 匼空：暗穴，隧道。空，通"孔"。《新注》曰："匼空，旁出：在井壁上打一个藏身的支洞，并横向与邻井相通。空，孔洞。""匼空"二字现今不常用，故用"暗孔"替代。

6. 实井：即填井。以土投入井中填实。《索隐》曰："亦作'填井'。"实，《笺证》曰："填。"用作动词，填实，填满。故用"填"字替代"实"字。

7. 仓廪（lǐn）：本指仓库，这里则指仓库里储藏的粮食，故用仓储来替代。

8. 止：至，到。《新注》曰："止舜宫居：到舜的宫室去住。"宫：《笺证》曰："就是屋室。后世才专指帝王的屋舍为宫。"故用"至"替代"止"，用"房"替代"宫"。又，止舜宫居，原来四字为一句话，"宫居"容易被理解为"宫室"，其实，宫是名词，居为动词，"宫居"中间宜加逗号。

9. 鼓：用作动词，泛指敲击、弹奏。鼓其琴，现今一般称"弹其琴"，故用"弹"字代替"鼓"，以符合现今的语言使用习惯。

10. 鄂（è）：《新注》曰："通'愕'。惊讶。一作'愕'。"王叔岷《斠证》曰："《殿本》'鄂'作'愕'。鄂、愕，古今字。"故用正字"愕"字。

11. 郁陶：《新注》曰："忧伤愁闷的样子。"《笺证》曰："伤心痛苦的样子。"现今一般用"忧伤"二字，故改之。

12. 尔：第二人称代词，"你"的意思。庶：庶几，差不多，这里是"行"的意思，含有讥讽之意。尔其庶矣，意即你还真行啊！故用"你"替代"尔"，用"行"替代"庶"。

　　昔〔，〕高阳氏有才子八人，世得其利，谓之"八（恺）〔和〕[1]"（。）〔；〕高辛氏有才子八人，世谓之"八元"。此十六族者，世（济）〔成〕[2]其美，不（陨）〔损〕[3]其名。至于尧，尧未能举。舜举八（恺）〔和〕，使主后土，以（揆）〔管〕[4]百事，莫不时序。举八元，使布五教于四方，父义，母慈，兄友，弟恭，子孝，内平外成。

【说明】

1. 八恺（kǎi）：也作"八凯"，即"八和"的意思。《笺证》曰："八个和善的人。"恺，杜预注曰："和也。"故用"八和"替代"八恺"。

2. 济：《新注》曰："成，保全。"《笺证》曰："达到，成就。"故用"成"字替代"济"。

3. 陨（yǔn）：本指坠落，引申为毁坏，损害。《新注》曰："丧失，毁坏。""陨"字现今不常用，故用"损"字替代。

4. 揆（kuí）：管理，掌管。《笺证》曰："治理。"《注译》曰："管理，计划安排。"现今一般不用"揆"，用"管"字代之。

　　昔〔，〕帝鸿氏有不才子，（掩）〔毁〕义隐贼，好行凶（慝）〔恶〕[2]，天下谓之〔"〕（浑沌）〔混沌〕[3]〔"〕（。）〔；〕少（暤）〔昊〕[4]氏有不才子，毁信

（恶）〔弃〕忠[5]，崇饰恶言，天下谓之〔"〕穷奇〔"〕（。）〔;〕颛顼氏有不才子，不可教训，不知话言，天下谓之〔"〕梼杌〔"〕。此三族〔，〕世忧之。至于尧，尧未能去。缙云氏有不才子，贪于饮食，冒于（货贿）〔财货〕[6]，天下谓之〔"〕饕餮〔"〕。天下恶之，比之〔"〕三凶〔"〕。舜宾于四门，乃流四凶族，迁于四（裔）〔极〕[7]，以御（螭魅）〔怪物〕[8]（，）〔。〕于是〔，〕四门（辟）〔开〕[9]，言〔"〕（毋）〔无〕[10]凶人〔"〕也。

【说明】

1. 掩义：《新注》曰："毁弃道义。"掩，遮蔽，掩盖，引申为毁弃。毁义，含义比较明晰，故用以代之。

2. 凶慝（tè）：犹言"凶恶"。《新注》曰："邪恶。"《笺证》曰："凶邪。"慝，把心隐藏起来，存有邪念。"凶慝"一词比较生冷，用"凶恶"代之。

3. 浑沌（dùn）：古代的凶神，一般写作"混沌"。《新注》曰："恶兽名，喻其冥顽不化。"故用"混沌"替代"浑沌"。

4. 少暤（hào），即"少昊"，传说中古代东夷集团首领，名挚，号金天氏，现今一般写作"少昊"。暤，古通"昊"，广大之意。故用"少昊"替代"少暤"。

5. 恶忠：《左传》作"废忠"。孔颖达疏曰："废忠者，谓忠无益，废弃之也。"恶（wù）忠，厌恶、废弃忠诚。现用"弃忠"替代"恶忠"，含义更加明晰。

6. 冒：货贿：财货，财物。郑玄注《周礼·天官·大宰》"商贾阜通货贿"曰："金玉曰'货'，布帛曰'贿'。"现今一般通称"财货"，故改之。

7. 四裔：犹言"四极"，四方边远之地。裔：边，边远的地方。《笺证》曰："迁于四裔：发配到四方的边远之地。""四裔"一词现今一般不常用，用"四极"代之。

8. 螭（chī）魅（mèi）：犹言恶怪、妖怪、怪物。《集解》引服虔曰："人面兽身，四足，好惑人，山林异气所生，以为人害。"《全注》曰："传说山林里害人的妖怪。"《新注》曰："此处比喻恶人。"故用"怪物"代之。

9. 四门辟：犹言"四门开"。《笺证》曰："四门辟：四门大开，言其太平无事之状。"四门，指国都之四门。辟，开辟，打开。"四门开"，含义比较明晰，故改之。

10. 毋：同"无"，没有之意。《正义》在解释上句"御魑魅"时说："恐更有邪诣之人，故流放四凶以御之也。故下云'无凶人'也。"可知，《正义》所见文本即是"无凶人"。"毋"与"无"，为同义字。现今几乎不用"毋"字，故改之。

舜入于大（麓）〔山〕[1]，烈风〔，〕雷雨不迷，尧乃知舜之足授天下。尧老，使舜（摄）〔代〕行天子政，巡（狩）〔守〕。舜得举，用事二十年，而尧使（摄）〔代〕政。（摄）〔代〕政八年而尧（崩）〔死〕。三年丧毕，让丹朱，天下归舜。而禹、皋陶、契、后稷、伯夷、夔、龙、（倕）〔垂〕[2]、益、彭祖

〔，〕自尧时而皆举用，未有分职。于是〔，〕舜乃至于文祖，谋于四岳，（辟）〔开〕³四门，（明）〔畅〕通⁴四方耳目，命十二牧论帝（德）〔道〕⁵，行厚德，远（佞）〔奸〕人⁶，则蛮夷（率）〔皆〕⁷服。

【说明】

1. 大麓，犹言"大山"。《笺证》曰："这里指深山。"故用"大山"替代"大麓"。又，舜入于大麓，从这句开始，到"分北三苗"，原为一个自然段，很长，很容易形成阅读疲劳。仔细推敲，可分为二个自然段，上段从开始到"则蛮夷率服"，是总说；下段从"舜谓四岳曰"到段末，是具体阐述。

2. 倕（chuí）：人名。相传为中国上古尧舜时代的一名巧匠，善作弓、耒、耟等。后面两处说到"倕"，而用的是"垂"字，说明在当时"倕""垂"通用，这里的"倕"，也有版本作"垂"，王叔岷《斠证》曰："景祐本、黄善夫本、殿本、'倕'并作'垂'。《尧典》同。"现一致起来，将"倕"改为"垂"。

3. 辟：开辟，打开，开放。《笺证》曰："辟四门：广迎四方的贤人。辟，敞开。"现用"开"字替代"辟"字。

4. 明通：通畅，畅通无阻。《笺证》曰："明通四方耳目：广泛听取各方面的意见。"现用"畅通"一词替代"明通"，含义更加明晰。

5. 论帝德：依上下文，应是"论帝道"，讨论为帝之道、为政之道，以及成败得失，以贯行天下。如用"帝德"，则含义与下句"行厚德"文义相重，故宜改为"帝道"。

6. 佞人：犹言"奸人"。《新注》曰："巧言谄媚之人。"《笺证》曰："以甜言蜜语取悦于人者。远佞人：不使奸谗小人靠近。""佞人"一词现今一般不常用，故改为"奸人"。

7. 率（shuài）：皆，都。率服：皆服。故用"皆"字替代"率"字。

舜谓四岳（曰）〔说〕："有能奋〔（庸）〔用〕〕〔发〕¹美尧之事者，使（居）〔任〕官²相事?"皆（曰）〔说〕："伯禹为司空，可美帝功。"舜（曰）〔说〕："（嗟）〔啊〕³，然！禹，（汝）〔你〕平水土，（维是）〔唯此〕⁴勉哉。"禹拜〔，〕（稽首）〔磕头〕⁵，让于稷、契与皋陶。舜（曰）〔说〕："然，（往）〔去〕⁶矣。"舜（曰）〔说〕："弃，（（黎）〔黧〕民）〔平民〕⁷始饥，（汝）〔你〕后稷播〔（时）〔莳〕〕〔种〕⁸百谷。"舜（曰）〔说〕："契，百姓不亲，五品不（驯）〔顺〕⁹，（汝）〔你〕为司徒，而敬（敷）〔布〕¹⁰五教，在宽。"舜（曰）〔说〕："皋陶，蛮夷（猾）〔侵〕夏¹¹，寇贼奸〔（轨）〔宄〕〕〔刁〕¹²，（汝）〔你〕作士，五刑有服，五服三就；五流有度，五度三居：（维）〔唯〕明〔，〕能信。"舜（曰）〔说〕："谁能（驯）〔训〕（予）〔我〕工?"皆（曰）〔说〕〔:〕〔"〕垂〔，〕可。〔"〕¹³于是〔，〕以垂为共工。舜（曰）〔说〕："谁能（驯）〔训〕（予）〔我〕上下草木鸟兽?"皆（曰）〔说〕〔:〕〔"〕益〔，〕可。〔"〕于是〔，〕以益为（朕）¹⁴虞。益拜〔，〕（稽首）〔磕头〕，让于（诸臣）¹⁵

朱虎、熊罴。舜（曰）〔说〕："（往）〔去〕矣，（汝）〔你〕（谐）〔偕〕[16]。"遂以朱虎、熊罴为佐。舜（曰）〔说〕："（嗟）〔唉〕！四岳，有能（典）〔管〕[17]（朕）〔我〕三礼?"皆（曰）〔说〕〔:〕〔"〕伯夷〔,〕可。〔"〕舜（曰）〔说〕："（嗟）〔啊〕！伯夷，以（汝）〔你〕为秩宗，（夙）〔日〕[18]夜（维）〔唯〕敬，直哉〔,〕（维）〔唯〕（静）（絜）〔洁〕（虔诚）[19]。"伯夷让夔、龙。舜（曰）〔说〕："然。〔"〕[20]以夔为（典乐）〔乐官〕[21]，教（稚）〔幼〕子[22]（,）〔。〕（〔曰〕[23]）〔说〕〔:〕〔"〕直而温，宽而（栗）〔警〕[24]，刚而（毋）〔无〕（虐）〔疏〕[25]，简而（毋）〔无〕傲；诗言（意）〔志〕[26]，歌长言，声依永，律和声，八音能谐，（毋）〔无〕相（夺伦）〔失序〕[27]，神人以和。"夔（曰）〔说〕："（於）〔唉〕[28]！（予）〔我〕击石（拊）〔抚〕[29]石，百兽（率）〔皆〕舞。"舜（曰）〔说〕："龙，（朕）〔我〕畏忌谗（说）〔言〕[30]（殄）〔虚〕伪[31]，（振）〔震〕[32]惊（朕）〔我〕众，命（汝）〔你〕为纳言，（夙）〔日〕夜（出入）〔传送〕[33]（朕）〔我〕命，（惟）〔唯〕信。"舜（曰）〔说〕："（嗟）〔唉〕！（（女）〔汝〕）〔你〕二十（有）〔又〕二人，敬哉，（惟）〔唯〕时〔,〕[34]相天事。"三岁一考功，三考〔（绌）〔黜〕陟〕〔升降〕[35]，远近众功（咸）〔皆〕兴。分〔（北）〔背〕〔化〕[36]三苗。

【说明】

1. 奋庸：犹言"奋发"，指奋力致功，努力建立功业。《笺证》曰："犹今所谓'努力工作'。"《新注》曰："庸：通'用'，此指建功。""奋庸"一词，现今一般不用，故用"奋发"代之。

2. 居官，犹言"任官""为官"，担任官职。现今一般不用"居官"一词，用"任官"替代。

3. 嗟（jiē）：感叹词，相当于"啊"。《新注》曰："嗟，然：啊，好极了！""嗟"字现今一般不用，而用"啊"，故改之。

4. 维是：唯有这件事。维，现今一般用"唯"，只有的意思。是，代词，这、此的意思。《笺证》曰："维是勉哉：对此可要尽心竭力呀。是，此。"现用"唯此"替代"维是"。

5. 稽首：即磕头。《注译》曰："叩头致敬。"《全注》曰："九拜礼中最恭敬者，即行跪拜礼时，叩头至地。"现今一般称为"磕头"，故改之。

6. 往：本义为去，到某地去。往矣，意即你去吧，去上任吧。故用"去"字替代"往"字。

7. 黎民：犹言"平民"，是古代对民众的称呼，《全注》曰："众民。黎，通'黧'，黑色，《韩非子·外储》：'手足胼胝，面目黧黑，劳有功者也。'农耕劳作之人，久经日晒，面目黧黑，故呼劳作之民众为'黧（黎）民'。"故改为"平民"。

8. 播时：即播种。《集解》引郑玄曰："时，读曰'蒔'。"时，通"蒔"，栽种的意思。《正义》曰："播时，谓顺四时而种百谷。"故用"播种"一词替代"播时"。

9. 驯：这里是"顺"的意思。《笺证》曰："通'顺'。"《新注》曰："不驯：

不和顺。""驯"与"顺",为通假字,故用"顺"字替代"驯"。而下文的"驯予工","驯"字通"训",训练,管理,亦改之。

10. 敷(fū):布的意思。《笺证》曰:"敷:布,实施。""敷"与"布",为同义字。"敷"字现今一般不用,故用"布"字替代。

11. 猾夏:犹言"侵夏",侵略华夏。《集解》引郑玄曰:"侵乱中国也。"《新注》曰:"扰乱华夏。"猾,狡猾,奸猾,引申为侵扰,扰乱。《笺证》曰:"猾,侵扰。"故将"猾夏"改为"侵夏"。

12. 奸轨:《尧典》"轨"作"宄"。《说文》曰:"宄,奸也。外为盗,内为奸。"故"奸宄"为名词。而"寇贼奸轨",可将四字全部理解为名词,也可作主谓结构词组解,即"寇贼",泛指坏人;奸宄,用作动词,指奸刁,奸诈不法。故用"奸刁"一词替代"奸宄"。

13. 皆曰垂可:是群臣作答。原来作为叙述句,句式与舜帝问话的句式不一致,不相匹配,宜统一起来,改为对话体,即:皆曰:"垂,可。"以下两句同样改之。

14. 朕虞:作为官名,应是"虞",而非"朕虞"。《笺证》曰:"《尚书》原文作:'舜曰:俞,咨益,汝作朕虞。'今司马迁改为史家叙述,曰'以益为朕虞',用语不当,疑用《尚书》文而剪裁未尽者,'朕'字应削。"以益为朕虞,是司马迁对当时情景的通俗化记录,意即就让伯益担任我的虞官吧。用"朕"字,与上下文不协调,故删之。

15. 诸臣:疑为衍字。泷川曰:"《尚书》无'诸臣'二字,盖注文窜入。"此句"诸臣朱虎、熊罴",直接称"朱虎、熊罴"即可,与上下文比较协调,而用"诸臣"二字,从文法来说,似是多余,故删之。

16. 谐:通"偕",一起、一同的意思。汝谐,意即你带着他们一起去吧,故有下句"遂以朱虎、熊罴为佐",即让朱虎、熊罴为助手,协助一同理事。故将"谐"改为"偕"。

17. 典:犹言"管",主持,主管。有能典朕三礼,意即有谁能主管天、地、人三事的礼仪?现今一般不用"典",而用"管",故改之。

18. 夙(sù):"日"的意思。夙夜,朝夕,日夜,天天,时时。"夙"与"日",为同义字。现今一般用"日"字,故改之。

19. 静絜(jié),犹言"虔诚"。《全注》曰:"静洁:谓心地纯净虔诚。"洁,原文为"絜",为异体字。而原文"絜"一作"洁"。王叔岷《斠证》曰:"黄善夫本,正文、注文'絜'并作'洁'。'絜'乃'洁'之省,絜、洁,古今字。""洁"的繁体字为"潔",与"絜"形近。静絜,现今不常用,故改为"虔诚"。

20. 舜曰"然。……"一般文本都是将引号一直引到"神人以和"。仔细揣摩文义,"然"后的"以夔为典乐,教稚子",是司马迁的叙述性语言,而非舜所言,故"舜曰"的内容只是一个"然"字,将"然"字加引号,而"以夔为典乐,教稚子"不用引号。

21. 典乐:犹言"乐官"。《新注》曰:"掌音乐之官。""典乐"为文言用词,现用"乐官"代之。

22. 稚子：犹言"幼子"。《全注》曰："幼子，此指贵族子弟。"《笺证》曰："《尚书》作'胄子'，'稚''胄'声相近，指帝王、公侯的长子，这里意同'国子'。"现用"幼子"替代"稚子"。

23. 曰：疑为脱字。《笺证》曰："'直而温'句上应增'曰'字。此以下数句皆舜教导夔之语。《尚书》原作'帝曰：夔，命汝典乐，教胄子，直而温，宽而栗'云云，一气贯下，今史文改作'以夔为典乐，教稚子'，为史家叙述，则'直而温'云云，上必须另加'曰'字读。"其说是，据改之。

24. 栗（lì）：恐惧的意思。《全注》曰："战栗，此义为警惧。""栗"字现今一般不常用，故用"警"字替代。

25. 虐：犹言"暴"，粗暴，暴虐。《新注》曰："刚而毋虐：教育培养子弟要具有刚正而不粗暴的品德。"故用"暴"字替代"虐"。

26. 诗言意：《笺证》曰："《尚书》作'诗言志'，邵晋涵曰：'以"意"易"志"，疑后汉人避桓帝讳改也。'"一般都讲"诗言志"，故改之。

27. 夺伦：犹言"失序"，指失其伦次，失其次序。《全注》曰："伦：条理顺序。""夺伦"一词现代一般不用，用"失序"代之。

28. 於（wū）：表示感叹、赞美的语气词。"於"字现今一般不用，而用"唉"来表示，故改之。

29. 拊（fǔ）：古同"抚"。"拊"字一般都解为敲击。其实，拊，是用手去抚抹。拊石，是一种不同于击石的动作词，正像现代人敲锣的动作一样，防止上下音节串音，而用手抚之。石音长，不抚之而音久不绝，影响音准，而乐声杂乱也。故将"拊"改为"抚"字。

30. 谗说：犹言"谗言"，谗谀、奉承的言辞。《笺证》曰："谗佞的辞令，容易迷惑人的花言巧语。"故用"谗言"一词代之。

31. 殄（tiǎn）伪：《新注》曰："残暴，虚伪。"殄，本义为断绝，竭尽，引申为昏暴、凶暴。"殄伪"一词不容易理解，现今弃用，故用"虚伪"一词代之。

32. 振：古同"震"。《笺证》："通'震'，耸动。"振惊：即震惊，惊动。"振"与"震"，为通假字，故改之。

33. 出入：犹言"传达"。《新注》曰："出入朕命：入则报告群臣的进言，出则传达舜的命令。"用"传达"一词比较适宜，与"朕命"相搭，故改之。

34. 惟时相天事："时"后宜加逗号。惟时，与上文"惟信"句式相同，应单独成句。时，为顺时之义，用作动词，故后面加逗号。

35. 绌（chù）陟（zhì）：指人事的升降。绌，《新注》曰："通'黜'，降职、免官。"陟，登高，引申为晋升，进用。"绌陟"一词现今弃用，故改为"升降"，通俗易懂。

36. 分北：《新注》曰："分离、分化，指分化治理三苗。北，通'背'，离。""分北"之义，现今一般用"分化"，故改之。

　　此二十二人〔，〕（咸）〔皆〕成（厥）〔其〕[1]功：皋陶为（大理）〔士〕[2]，平，民（各伏）〔皆服〕[3]〔，〕得其实；伯夷主礼，上下（咸）〔皆〕让；垂主工师，百工致功；益主虞，山泽辟；弃主稷，百谷时茂；契主司徒，百姓亲和；龙主宾客，远人至；十二牧行〔，〕而九州莫敢｛（辟）〔僻〕违〕〔邪恶〕[4]；唯禹之功为大，（披）〔劈〕[5]九山，通九泽，（决）〔疏〕[6]九河，定九州，各以其职来贡，不失（厥）〔其〕宜。方五千里，至于荒服。南抚交（阯）〔趾〕、北（发）〔户〕[7]〔，〕〔；〕西〔抚〕〔西〕[8]戎、析枝、渠廋、氐、羌（，）〔；〕北〔抚〕山戎、〔北〕发[9]、息慎（，）〔；〕东〔抚〕长〔夷〕[10]、鸟夷（，）〔。〕四海之内〔，〕（咸）〔皆〕（戴）〔颂〕[11]帝舜之功。于是〔，〕禹乃兴《九招》之乐，致异物，凤（皇）〔凰〕[12]来翔。天下明德〔，〕皆自虞帝始。

【说明】

　　1. 厥（jué）：文言助词，"其"的意思。"厥"与"其"，为同义字。"厥"字比较生冷，现今一般不用，故用"其"字替代。

　　2. 大理，宜为"士"字。王叔岷《斠证》曰："即'士'。上文'汝作士'，郑玄注曰：'有虞氏曰士，夏曰大理。'史公此文以'大理'说'士'，《正义》引'皋陶作士'以证之，正得其旨。"大理，作为司法官，是以后的事情，当时则称为"士"。而"大理"是后来之词，在当时并未出现，故将"大理"改为"士"字。

　　3. 各伏：各人皆服。伏：通"服"，屈服，顺从。《笺证》："谓被定罪者皆内心服气，因结论和事实相符。"现将"各伏"改为"皆服"。

　　4. 辟违：犹言"邪恶"，行邪僻背理之事。《新注》曰："邪僻，违法。"王叔岷《斠证》曰："《说苑》'辟'作'僻'，古字通用。"辟，通"僻"。"辟违"一词现今一般不用，故改为"邪恶"。

　　5. 披：劈的意思。《新注》曰："披九山：劈开九州的山岭，开通道路。"《笺证》曰："谓开凿九山以泄洪水。""披"与"辟"，为通假字，故改之。

　　6. 决：排除阻塞物，疏通水道。《笺证》曰："疏通。"此义现代一般用"疏"字，故改之。

　　7. 北发：应为"北户"。《索隐》曰："北发，当云'北户'，南方有地名北户。"《笺证》："应作'北户'，即'北向户'，指今广东、广西的北回归线以南，窗户向北开的地方。"据改之。

　　8. 西戎、析枝、渠廋、氐、羌："西"后宜增"抚"字，"戎"前宜增"西"字。《索隐》曰："'西戎'上少一'西'字。"《新注》曰："西戎：即'西抚戎'之省。"《笺证》："'西'下省'抚'字，其意乃谓向西管理到'戎、析枝、渠廋、氐、羌'。"西戎，本有"西戎"之名，指西方的少数民族，而这里则是"西抚西戎"，省"抚"字，容易引起混淆和误解，故增之。而"戎"前脱"西"字，一并补上。

　　9. 北山戎、发、息慎："北"后宜增"抚"字，"发"前宜增"北"字。北山戎，可以理解为北部的山戎，实际上是"北抚山戎"，增"抚"字。《索隐》曰：

"'山戎'下少一'北'字。"即"发"为"北发"。《笺证》曰："发，也称'北发'，具体方位不详。"此句"发"前是"山戎"，后是"息慎"，故宜称"北发"，补之。

10. 东长、鸟夷："东"后宜增"抚"字，"长"后宜增"夷"字。《笺证》曰："即东抚长夷、鸟夷。长夷、鸟夷，指当时东部大海中的岛国名。"《索隐》曰："'长'字下少一'夷'字。"故于"东"后增"抚"字，"长"后增"夷"字。

11. 戴：尊奉，推崇，即"颂"的意思。戴帝舜之功，即拥戴、歌颂帝舜之功。"戴"与"颂"，为同义字。此义现今一般用"颂"字，故改之。

12. 凤皇：古代传说中的百鸟之王，雄的叫"凤"，雌的叫"凰"，总称为"凤凰"。"皇"与"凰"，为古今字，现今一般写作"凰"，故改之。

舜年二十以孝闻，年三十尧举之，年五十（摄）〔代〕行天子事，年五十八尧（崩）〔死〕，年六十一代尧（践）〔即〕帝位。（践）〔即〕帝位三十九年，南巡（狩）〔守〕，（崩）〔死〕于苍梧之野（。）〔，〕葬于江南九疑，是为零陵。

舜之（践）〔即〕帝位[1]，（载）〔插〕[2]天子旗，（往）〔去〕朝父瞽叟，（夔夔）〔诺诺〕[3]唯谨，如子道。封弟象为诸侯。舜子商均亦不（肖）〔贤〕，舜乃（豫）〔预〕[4]荐禹于天。十七年而（崩）〔死〕。三年丧毕，禹亦（乃）[5]让舜子，如舜让尧子。诸侯归之，然后禹（践）〔即〕天子位。尧子丹朱，舜子商均，皆有疆土，以奉先祀。服其服，礼乐如之。以客见天子，天子（弗）〔不〕臣，示不敢专也。

【说明】

1. 此句及以下，至"示不敢专也"，原与上段合为一段，是为不妥。上段已说舜死而葬，文已结矣，此以下则是补叙，无疑，应当另起为段。

2. 载：犹言"插"。载天子旗：《笺证》曰："车上插着天子的旌旗。"故用"插"字替换"载"字。

3. 夔（kuí）夔：《新注》曰："孝敬恭顺的样子。"与"诺诺"含义相似，为替代词。现今一般不用"夔夔"，而用"诺诺"，故改之。

4. 豫：通"预"，预先之意。《笺证》曰："豫荐禹：事先推荐了大禹。""豫"与"预"，为通假字，故改之。

5. 乃：疑为衍字。泷川《考证》曰："禹亦乃让舜子，枫、三、南本无'乃'字。"李人鉴《校读记》曰："'乃'字衍，当删。"王叔岷曰："'乃'字盖涉上文'舜乃'字而衍。"亦乃，即同样是的意思，可作合成副词。去掉"乃"字，为"禹亦让舜子"，则文义比较直接，似乎更好一些，故"乃"字删去。

自黄帝至舜、禹，皆同姓而异其国号，以（章）〔彰〕明德。故黄帝为有熊，帝颛顼为高阳，帝喾为高辛，帝尧为陶唐，帝舜为有虞。帝禹为夏后〔，〕[1]而别氏，姓姒氏。契为商，姓子氏。弃为周，姓姬氏。

【说明】

1. 帝禹为夏后而别氏："夏后"后宜加逗号。"帝禹为夏后"，是完整的一句话，即帝禹为夏国的皇帝，与前面几句的含义一样。"而别氏"，又是另外一层意思，即"则改了姓"。

太史公（曰）〔说〕：学者多称〔"〕五帝〔"〕，（尚）〔久〕[1]矣。然《尚书》独载尧以来（；）〔，〕而百家言"黄帝"，其文不雅（驯）〔训〕[2]，（荐绅）〔缙绅〕[3]先生难言之。孔子所传《宰予问五帝德》（及）[4]《帝系姓》，儒者或不传。（余）〔我〕[5]（尝）〔曾〕西至空桐，北过涿鹿，东（渐）〔达〕[6]于海，南浮江淮矣，至〔，〕[7]长老皆各往往称黄帝、尧、舜之处，风教固殊（焉）〔矣〕（，）〔。〕总之〔，〕不离古文者〔，〕近是。（予）〔我〕观《春秋》《国语》，其发明《五帝德》《帝系姓》〔，〕｛（章）〔彰〕〔显〕[8]矣，｛顾（弟）〔第〕｝〔只是〕[9]（弗）〔不〕深考，其所表（见）〔现〕[10]皆不虚。《书》缺有（间）[时][11]矣，其（轶）〔佚〕[12]乃时时见于他说。非好学深思，心知其意，固难为浅见寡闻〔者〕[13]道也。（余）〔我〕并论（次）〔述〕[14]，择其言尤雅者，故著（为）[于]〔《〕本纪〔》〕〔，〕书首[15]。

【说明】

1. 尚：假借为"上"。《新注》："通'上'，上古，久远。"而"上"，本义为高处、上面，引申为"上世"，远古时代，即久远的意思。现代一般用"久"字，故改之。

2. 雅驯：《新注》曰："正确可信。雅，正确。驯，通'训'，引申为合理，说得通。""驯"与"训"，为通假字，故改之。

3. 荐绅：即"缙绅"，也作"搢绅"。《笺证》曰："同'缙绅'，指官僚士大夫。"古代高级官吏的装束，亦指有官职或做过官的人。荐，通〔缙〕。这里改为"缙绅"，以衣冠代人。

4. 及：疑为衍字。郭嵩焘《札记》曰："下文'予观《春秋》《国语》，其发明《五帝德》《帝系》章矣'，诸本皆无'及'字。此'及'字，疑衍。"及，连词，以及的意思，相当于顿号，但略有不同，"及"字后的内容，与"及"字前的内容，并不完全表示并列关系，只是表示顺及还有的意思。故此，"及"字宜删之。

5. 余：为第一人称代词，"我"的意思。"余"与"我"，为同义字。现代一般不用"余"作第一人称代词，故改之。

6. 渐：至、到、达的意思。《新注》曰："到达。"《笺证》曰："至、过、渐：皆到达之义，变文述其所到的有关之处。""渐"字此义现今一般不常用，故改为"达"字。

7. 至长老皆各往往称黄帝、尧、舜之处："至"后不加逗号，不予断开，似乎不太好理解。什么叫"至长老"？"至"后以加逗号为宜。"至，长老……"，即

"到哪里，哪里的长老……"，含义更加清楚，故加之。

8. 章：通"彰"，彰显，显明。《笺证》曰："其发明《五帝德》《帝系姓》章矣：《左传》与《国语》中有些地方对《五帝德》《帝系姓》的观点阐发得很明确。章：明显，明确。"故用"显"字替代"彰"字。

9. 顾弟：文言转折连词，"只是"的意思。《新注》曰："顾弟：只是，不过。"弟，古同"第"。"顾弟"与"只是"，为同义词。用"只是"替代，意思更加明了。

10. 见：古同"现"，出现，显露。《笺证》："其所表见皆不虚：这两部书所表现的观点都是切实可行的。"此义现今一般用"现"字，故改之。

11. 有间：有好长一段时间。间，时间，时。古用"时"替代"间"。

12. 轶（yì）：通"佚"。《新注》曰："散失。""轶"与"佚"，为通假字，故改之。

13. 浅见寡闻："闻"后疑脱"者"字，为"者"字结构，指浅见寡闻的人。否则，这句话则不顺畅，故加"者"字。

14. 论次：论定编次，与现今的"论述"含义相近，为同义词。现今一般不用"论次"，而是用"论述"，故改之。

15. 著为本纪书首：意即著为《五帝本纪》，置于《史记》之首。著为：犹言"著于"。本纪：并非泛指，而是专指《五帝本纪》，是简称，故应用书名号。书首：有两解，一是《书》之首，《书》即《太史公书》，作名词；二是书于首，"书"作动词，省略书名。现采用第二种解法，全句为"著为《本纪》，书首"。"书"前加逗号。

附注：

1. 《五帝本纪》文本梳理主要参考文献：中华书局《史记》（修订本）；张大可先生《史记新注》，简称"《新注》"；韩兆琦《史记笺证》，简称"《笺证》"；王利器《史记注译》，简称"《注译》"；梁玉绳《史记志疑》，简称"《志疑》"，泷川资言《史记会注考证》，简称"《考证》"；王叔岷《史记斠证》，简称"《斠证》"，等等。

2. 《五帝本纪》文本梳理采用的符号说明。原文中予以替换的文字和标点符号用括号"（ ）"表示，如"（曰）"；予以替用的文字和标点符号用六角符号"〔 〕"表示，如"〔为〕"；有些通假字需要再用同义字或替代字处理的，用"｛（ ）〔 〕｝〔 〕"表示，如"｛（女）〔汝〕｝〔你〕"，表示"女"与"汝"，为通假字，"汝"与"你"，为同义字，现代一般用"你"。

3. 《五帝本纪》文本梳理"说明"内容的说明："说明"的内容一般包括该字（词）的理解、生冷字的注音、引用有关文献作梳理佐证、确定梳理文字的性质，是"通假"还是"同义"等；对《史记》原文的段落梳理、文本整理的讹误衍脱问题、重要的标点符号改正，说明梳理替换以及改正的理由，等等。

修订本《史记》标点献疑（续）

* 本文作者孙利政，南京大学文学院博士研究生。

中华书局点校修订本《史记》自 2013 年问世以来，广受赞誉。就标点而言，点校修订本改动标点 6000 多处，重要的改动修订组赵生群师、吴新江师已撰成长文《〈史记〉标点刍议》分为四期刊载于《文史》上，大大提升了《史记》标点的质量。但古书标点似易实难，毋庸讳言，点校修订本《史记》有些标点仍值得商榷。笔者读硕时在赵老师、苏芃师开设的《史记》导读课及读书会上就 2016 年版《史记》标点问题向二位老师请益，部分业已刊发①，今在两位老师的指导下续撰 40 条。每条及按考征引《史记》文字均标明相应册数和页码，以便按核，并就教于方家。

1. 今宋州虞城县

《五帝本纪》"舜子商均亦不肖"《正义》：谯周云："以虞封舜子，今宋州虞城县。"（1/53）

标点可改作：谯周云："以虞封舜子。"今宋州虞城县。

按：考隋开皇十六年始置宋州②，唐或沿用此名。谯周为三国蜀人，其时无此州名。"今宋州虞城县"实为唐人张守节注语，当在引号外。下文"尧子丹朱，舜子商均，皆有疆土"《集解》："谯周曰：'以唐封尧之子，以虞封舜之子。'"（1/53）《正义》所引谯周注当本《集解》，是谯注止于"以虞封舜子"五字亦明。

2. 太史公言己以春秋国语古书博加考验

《五帝本纪》"予观《春秋》《国语》，其发明《五帝德》《帝系姓》章矣"《索隐》：太史公言己以《春秋国语》古书博加考验，益以发明《五帝德》等说甚章著也。（1/55）

标点可改作：太史公言己以《春秋》《国语》古书博加考验，益以发明《五帝德》等说甚章著也。

《索隐》"春秋国语"四字，点校本标点作"《春秋》《国语》"③，点校修订本

---

① 参见拙文《修订本〈史记〉标点献疑》，《史记论丛》第 16 集，中国文史出版社 2019 年版，第 73—85 页。又拙文《〈史记〉徐广注校点札记 25 则》（载《史记论丛》第 14 集，中国文史出版社 2017 年版，第 191—198 页）有 11 条讨论《史记》徐广注标点问题。

② 魏徵、令狐德棻：《隋书》，卷 30，中华书局 1973 年版，第 836 页。

③ 司马迁：《史记》，卷 1，中华书局 1959 年版，第 47 页。

改作"《春秋国语》"。《〈史记〉标点刍议（一）》云："《索隐》所言'春秋国语'，当指《国语》。《太史公自序》'整齐百家杂语'《正义》：'异传，谓如丘明《春秋外传国语》、子夏《易传》、毛公《诗传》、《韩诗外传》、伏生《尚书大传》之流也。'《国语》号'春秋外传'，故称'春秋国语'，又称'春秋外传国语'。"①

今按：此说非是。《索隐》实注史文"《春秋》、《国语》"而言，《十二诸侯年表》"表见《春秋》、《国语》学者所讥盛衰大指著于篇，为成学治古文者要删焉"《索隐》"言表见《春秋》《国语》，本为成学之人欲览其要，故删为此篇焉"（2/650），亦训释史文，均指《春秋》《国语》两书。《太史公自序》称"孔子厄陈蔡，作《春秋》；屈原放逐，著《离骚》；左丘失明，厥有《国语》"（10/4006），此史文以二书并称之明证。《周本纪》"翟人来诛，杀谭伯"《索隐》："《国语》亦云'杀谭伯'，而《左传》太叔之难，获周公忌父、原伯、毛伯，唐固据《传》文读'谭'为'原'，然《春秋》有谭，何妨此时亦仕王朝，预获被杀？《国语》既云'杀谭伯'，故太史公依之，不从《左传》说也。"（1/194）《史记集解序》"司马迁据《左氏》、《国语》"《索隐》："仲尼作《春秋经》，鲁史左丘明作《传》，合三十篇，故曰《左氏传》。《国语》亦丘明所撰。上起周穆王，下讫敬王。其诸侯之事，起鲁庄公迄春秋末，凡二十一篇。"（10/4036）此《索隐》以二书并称。且《索隐》称引《国语》称"《国语》"或"《春秋外传国语》"，无有称名"春秋国语"者。

3. 明居民之法也

《殷本纪》"咎单作《明居》"《集解》：马融曰："咎单，汤司空也。明居民之法也。"（1/127）

标点可改作：咎单，汤司空也。《明居》，民之法也。

按："明居"为被释词，是一篇法律条文，即民法。《尚书·汤诰》"咎单作《明居》"伪孔《传》："咎单，臣名，主土地之官，作《明居》民法一篇，亡。"②

4. 帝太戊立伊陟为相

《殷本纪》："帝雍己崩，弟太戊立，是为帝太戊。帝太戊立伊陟为相。"（1/129）

标点可改作：帝太戊立，伊陟为相。

按："帝太戊立""伊陟为相"间当施逗号。"立"指"帝太戊"而言，非谓"立伊陟为相"。此"帝雍己崩，弟太戊立，是为帝太戊"与下文"河亶甲崩，子帝祖乙立。帝祖乙立，殷复兴。巫贤任职"（1/131）、"帝盘庚崩，弟小辛立，是为帝小辛。帝小辛立，殷复衰"（1/132）文例并同，可证。

5. 许慎曰巨鹿水之大桥也有漕粟也

《殷本纪》"而盈巨桥之粟"《集解》：服虔曰："巨桥，仓名。许慎曰巨鹿水之大桥也，有漕粟也。"（1/136）

① 吴新江、赵生群：《〈史记〉标点刍议（一）》，《文史》2015年第3期，第275页。
② 孔颖达疏：《尚书正义》，卷8，阮元校刻《十三经注疏》本，中华书局2009年版，第343页。

标点可改作：服虔曰："巨桥，仓名。"许慎曰："巨鹿水之大桥也，有漕粟也。"

按：《汉书·张陈王周传》"发巨桥之粟"颜师古注："服虔曰：'巨桥，仓名也。'师古曰：'许慎云巨鹿之大桥，有漕粟也。'"① 据颜注服虔《汉书音训》当止于"仓名"二字，"许慎曰"云云为《集解》引文，当在引号外。《淮南子·主术篇》"发巨桥之粟"高诱注："巨桥，纣仓名也。一说：巨鹿漕运之桥。"② 《集解》所引"许慎曰"与此"一说"合，或即本许慎《淮南子注》。

6. 卫惠公都即今卫州也

《秦本纪》"宣公元年，卫、燕伐周"《正义》：卫惠公都即今卫州也。燕，南燕也。周，天王也。（1/236）

标点可改作：卫，惠公都，即今卫州也。

按："卫""惠公都"间当施逗号。《正义》分释史文"卫""燕""周"三字。秦宣公元年当卫惠公二十五年，《卫康叔世家》："（卫惠公）二十五年，惠公怨周之容舍黔牟，与燕伐周。"（5/1928）《正义》所称"惠公"即卫惠公，"卫"承前被释字而省。

7. 江南今黔府亦其地也

《秦本纪》"取巫郡及江南为黔中郡"《正义》：《括地志》云："黔中故城在辰州沅陵县西二十里。江南，今黔府亦其地也。"（1/271）

标点可改作：《括地志》云："黔中故城在辰州沅陵县西二十里。"江南，今黔府亦其地也。

按："江南，今黔府亦其地也"句非《括地志》文，乃张守节补注史文"江南"二字，承本段上文"因蜀攻楚黔中"《正义》"（黔中）今黔府也"而言，故称"亦"字。

8. 故卷城在郑州原武县西北七里即衡雍也

《秦本纪》"攻魏卷"《正义》：《括地志》云："故卷城在郑州原武县西北七里，即衡雍也。"（1/271）

标点可改作：《括地志》云："故卷城在郑州原武县西北七里。"即衡雍也。

按："即衡雍也"四字非《括地志》文。《魏世家》"得垣雍"《正义》："《括地志》云：'故城在郑州原武县西北七里。'《释例·地名》：'卷县理或垣城也。'"（6/2246）《绛侯周勃世家》"其先卷人"《正义》："《括地志》云：'故卷城在郑州原武县西北七里。'《释例·地名》云：'卷县所理垣雍城也。'"（6/2509）《白起王翦列传》"割韩垣雍"《释地名》云：'卷县所理垣雍城。'按：今在郑州原武县西北七里也。"（7/2837）"衡雍"即"垣雍"。细绎《正义》，其引《括地志》之文当止于"郑州原武县西北七里"，所谓"即衡雍也"为张守节补注，所据或即杜预

---

① 班固：《汉书》，卷40，中华书局1962年版，第2030页。
② 刘安编，何宁集释：《淮南子集释》，卷9，中华书局1998年版，第694页。

《释例·地名》。

9. 临泾水作之以望北夷

《秦始皇本纪》"二世乃斋于望夷宫"《集解》：张晏曰："望夷宫在长陵西北长平观道东故亭处是也。临泾水作之，以望北夷。"《正义》：《括地志》云："秦望夷宫在雍州咸阳县东南八里。张晏云临泾水作之，望北夷。"（1/347）

标点可改作：临泾水，作之望北夷。

按：《集解》、《正义》引张晏语"临泾水"下当施逗号，"作之望北夷"作一句读。此"临"字主语为望夷宫，不可续接动词"作之"二字。《汉书·楚元王传》"终有阎乐望夷之祸"颜注："《博物志》云宫在长陵西北，长平观道东，临泾水，作之以望北夷。"① 《后汉书·袁绍传》"终有望夷之祸"李贤注："张华云：'望夷之宫在长陵西北长平观东，临泾水，作之以望北夷。'"② 与张晏说同，可相参证。

10. 或曰萧令也时令皆称公

《项羽本纪》"令萧公角等击彭越"《集解》：苏林曰："官号也。或曰萧令也。时令皆称公。"（1/408）

标点可改作：苏林曰："官号也。"或曰萧令也。时令皆称公。

按："或曰萧令也"云云非苏林语，当在引号外。《汉书·高帝纪上》"令萧公角击彭越"颜师古注："苏林曰：'萧公，官号也。'孟康曰：'萧令也，时令皆称公。'师古曰：'孟说是也。'"③ 所引"孟康曰"与《集解》"或曰"合。

11. 项羽墓在谷城西北三里半许毁坏

《项羽本纪》"葬项王谷城"《正义》：《括地志》云："项羽墓在济州东阿县东二十七里，谷城西三里。《述征记》项羽墓在谷城西北三里半许，毁坏，有碣石'项王之墓'。"（1/427）

标点可改作：《述征记》项羽墓在谷城西北三里，半许毁坏，有碣石"项王之墓"。

按："半许"二字当属下，谓"大约一半"。《括地志》前称项羽墓在"谷城西三里"，继引《述征记》"项羽墓在谷城西北三里"云云为证。《水经·济水注》云："城西北三里，有项王羽之冢，半许毁坏，石碣尚存，题云项王之墓。"④ 是其证。

12. 司马食其

《项羽本纪》"审食其"《索隐》：食音异。按：郦、审、赵三人同名，其音合并同，以六国时卫⑤有司马食其，并慕其名。（1/411）

标点可改作：以六国时卫有司马食其，并慕其名。

① 班固：《汉书》，卷62，第1960页。
② 范晔撰，李贤等注：《后汉书》，卷74上，中华书局1965年版，第2393页。
③ 班固：《汉书》，卷1上，第32页。
④ 郦道元注，杨守敬、熊会贞疏：《水经注疏》，卷8，江苏古籍出版社1999年版，第732页。
⑤ 司马食其为魏人，《索隐》"卫"当为"魏"字音误。

按："司马食其"四字当连标专名号。《战国策·魏策四》"客谓司马食其"①云云，即《索隐》所本。《索隐》称"食其"为其名，则"司马"固是其姓，非官名。

13. 盖引河东南入淮泗也

《高祖本纪》"鸿沟而东者为楚"《索隐》：应劭云："在荥阳东南三十里，盖引河东南入淮泗也。"（2/476）

标点可改作：应劭云："在荥阳东南三十里。"盖引河东南入淮泗也。

按："盖引河东南入淮泗也"乃司马贞按语，非引应劭语，当在引号外。《汉书·高帝纪上》"割鸿沟以西为汉"颜师古引应劭曰："在荥阳东南二十里。"②《项羽本纪》"割鸿沟以西者为汉"《正义》引应劭注同（1/419）。据此"盖引河东南入淮泗也"为司马贞补注，且"三十里"当为"二十里"字误。

14. 胡公曰在邑曰仓在野曰庾

《孝文本纪》"发仓庾以振贫民"《集解》：应劭曰："水漕仓曰庾。"胡公曰："在邑曰仓，在野曰庾。"（2/547）

标点可改作：应劭曰："水漕仓曰庾。胡公曰'在邑曰仓，在野曰庾'。"

按：《汉书·文帝纪》"发仓庾以振民"颜师古引应劭曰："水漕仓曰庾。胡公曰'在邑曰仓，在野曰庾'。"③ 点校本以"胡公曰"云云为应劭引文，甚是。《史记·平准书》"贾人缗钱"《集解》："如淳曰：'胡公名钱为缗者，《诗》云"氓之蚩蚩，抱布贸丝"，故谓之缗也。'"（4/1726）此如淳引"胡公"注。除此三条，检《汉书》颜注，如淳、苏林另引胡公《汉官》四条④。洪颐煊《读书丛录》"胡公"条云："胡公即胡广也。当时名位尊，故不著其名。"⑤洪说是。胡广为东汉人，作《汉官解诂》，《汉书》颜注、《史记索隐》引胡氏注径称"胡广"，应劭、如淳、苏林等为汉末、三国时人，稍晚于胡广，故讳其名，而尊称为"胡公"，是此"胡公曰"云云为应劭引文亦明。

15. 或曰更偿也

《平准书》"悉巴蜀租赋不足以更之"《集解》：韦昭曰："更，续也。或曰更，偿也。"（4/1716）

标点可改作：韦昭曰："更，续也。"或曰更，偿也。

① 何建章注释：《战国策注释》卷二五，中华书局1990年版，第930页。

② 班固：《汉书》，卷1上，第47页。

③ 班固：《汉书》，卷4，第131页。

④ 《汉书·元帝纪》"齐三服官"颜注："如淳曰：'《地理志》曰齐冠带天下。胡公曰服官主作文绣，以给衮龙之服。《地理志》襄邑亦有服官。'"《百官公卿表上》"武帝太初元年更名光禄勋"颜注："如淳曰：'胡公勋之言阍也。阍者，古主门官也。光禄主宫门。'"《贾谊传》"造请室而请罪耳"颜注："苏林曰：'音罄清。胡公《汉官》车驾出有请室令在前先驱，此官有别狱也。'"《王尊传》"司隶遣假佐放奉诏书自尊发吏捕人"颜注："苏林曰：'胡公《汉官》假佐，取内郡善史书佐给诸府也。'"

⑤ 洪颐煊：《读书丛录》，卷19，《续修四库全书》第1157册，上海古籍出版社2002年版，第724页。

按："或曰更，偿也"疑非韦昭注，当在引号外。《汉书·食货志下》"悉巴蜀租赋不足以更之"颜注："李奇曰：'不足用，终更其事也。'韦昭曰：'更，续也。'师古曰：'二说并非也。悉，尽也。更，偿也。虽尽租赋不足偿其功费也。'"① 据此韦昭以"续"释"更"，颜氏非之，以"偿"释"更"。若"更，偿也"为韦昭注，颜氏无由不引。《国语·晋语四》"姓利相更"韦昭注："更，续也。"② 此盖《集解》所本。《货殖列传》"取之不足以更费"《集解》引应劭注："更，偿也。"（10/3966）此与《集解》"或曰"合。

16. 如淳曰省视诸侯金有轻有重也或曰至尝酎饮宗庙时少府视其金多少也

《平准书》"至酎，少府省金"《集解》：如淳曰："省视诸侯金有轻有重也。或曰，至尝酎饮宗庙时，少府视其金多少也。"（4/1736）

标点可改作：如淳曰："省，视。诸侯金有轻有重也。"或曰，至尝酎饮宗庙时，少府视其金多少也。

按："省视"当点断，"视"释"省"字，"诸侯金有轻有重也"则解释少府省金的原因。《汉书·食货志下》"至饮酎，少府省金"颜注："李奇曰：'省，视也。至尝酎饮宗庙时，少府视其金多少。'"③《集解》"或曰"与李奇说合，故疑非如淳注，当在引号外。

17. 我尔身也以其子为卿

《吴太伯世家》"母老子弱"《索隐》：服虔、杜预见《左传》下文云"我，尔身也，以其子为卿"，遂强解"是无若我何"犹言"我无若是何"。（5/1768）

标点可改作：服虔、杜预见《左传》下文云"我，尔身也"，"以其子为卿"，遂强解"是无若我何"犹言"我无若是何"。

按："我，尔身也"与"以其子为卿"非连文，《刺客列传》"是无如我何"《索隐》标点作"服虔、杜预见《左氏》下文云'我尔身也'，'以其子为卿'，遂强解'是无如我何'犹言'我无若是，谓专诸欲以老弱托光'"（8/3056），不误。

18. 以桓子无宇生武子开与厘子乞皆相继事齐

《陈杞世家》"八世之后，莫之与京"《正义》：按：陈敬仲八代孙，田常之子襄子盘也。而杜以常为八代者，以桓子无宇生武子开，与厘子乞皆相继事齐，故以常为八代。（5/1909）

标点可改作：而杜以常为八代者，以桓子无宇生武子开与厘子乞，皆相继事齐，故以常为八代。

按："武子开"下逗号当削，武子开、厘子乞二人皆桓子无宇子。《田敬仲完世家》："田桓子无宇有力，事齐庄公，甚有宠。无宇卒，生武子开与厘子乞。田厘子乞事齐景公为大夫……田乞卒，子常代立，是为田成子。……田常卒，子襄

---

① 班固：《汉书》，卷24下，第1159页。
② 韦昭注：《国语》，卷10，上海古籍出版社1978年版，第358页。
③ 班固：《汉书》，卷24下，第1174页。

子盘代立，相齐。常谥为成子。"(6/2281—2285)《左传·庄公二十二年》"成子得政"杜预注："成子，陈常也，敬仲八世孙。"孔疏引沈重云："《世家》：'桓子生武子启及僖子乞。乞卒，子常代之，是为田成子。'是于敬仲为七世，言八世者，据其相代在位为八世也。"①《正义》盖本沈说，"武子开"即"武子启"，"厘子乞"即"僖子乞"。

19. 使从礼告终称嗣

《楚世家》"伍举更曰：'共王之子围为长。'"《集解》：杜预曰："伍举更赴辞，使从礼告终称嗣，不以篡弑赴诸侯。"(5/2055)

标点可改作：杜预曰："伍举更赴辞，使从礼。告终称嗣，不以篡弑赴诸侯。"

按："使从礼"下当施句号。《左传·昭公元年》"伍举更之曰：'共王之子围为长。'"杜预注："伍举更赴辞，使从礼。此告终称嗣，不以篡弑赴诸侯。"②原文多一"此"字，文义尤明。

20. 止此山之阳也今山南五里犹有朱公冢

《越王句践世家》"止于陶"《正义》：《括地志》云："陶山在济州平阴县东三十五里。"止此山之阳也，今山南五里犹有朱公冢。(5/2114)

标点可改作：《括地志》云："陶山在济州平阴县东三十五里。止此山之阳也，今山南五里犹有朱公冢。"

按："止此山之阳也，今山南五里犹有朱公冢"亦《括地志》文，当在引号内。下文"卒老死于陶，故世传曰陶朱公"《正义》引《括地志》云："济州平阴县东三十里陶山南五里有陶公冢。并止于陶山之阳。"(5/2117)《货殖列传》"之陶为朱公"《正义》引《括地志》云："即陶山，在齐州平阳县东三十五里陶山之阳也。今南五里犹有朱公冢。"(10/3954)即其证。

21. 帝颛顼也

《郑世家》"帝用嘉之，国之汾川"《集解》：服虔曰："帝颛顼也。"(5/2139)

标点可改作：服虔曰："帝，颛顼也。"

按："帝"下当施逗号，服虔以"颛顼也"释史文"帝"字。《五帝本纪》："（黄帝）其孙昌意之子高阳立，是为帝颛顼。"(1/12)《史记》及三家注或称"帝颛顼"，或称"颛顼"。《郑世家》上文"后帝弗臧"《集解》引贾逵曰"后帝，尧也"，"昔金天氏有裔子曰昧"《集解》引服虔曰"金天，少暭也"，"梦帝谓己"《集解》引贾逵曰"帝，天也"，均出被释字，且称"尧"而非"帝尧"，可证此文"帝"当为被释字无疑，不当连"颛顼"为读。

① 孔颖达疏：《春秋左传正义》，卷9，阮元校刻《十三经注疏》本，中华书局2009年版，第3854页。

② 孔颖达疏：《春秋左传正义》，卷41，第4398页。

22. 禜为营攒用币也

《郑世家》"山川之神，则水旱之菑禜之"《集解》：服虔曰："禜为营，攒用币也。"（5/2139）

标点可改作：服虔曰："禜，为营攒，用币也。"

按："禜"为被释词，下当施逗号，"营攒"均为"为"之宾语。"禜"是古代一种禳灾的祭祀，需设营坛、立攒表。《说文·示部》："禜，设绵蕝为营，以禳风雨、雪霜、水旱、疠疫之灾于日月星辰山川也。"[1]《左传·昭公元年》"山川之神，则水旱疠疫之灾，于是乎禜之"杜预注："（禜）为营攒，用币，以祈福祥。"孔颖达疏："日月山川之神，其祭非有常处，故临时营其地，立攒表，用币告之以祈福祥也。"[2]又《周礼·春官·鬯人》"禜门用瓢赍"郑玄注："禜，谓营鄼所祭。"[3]据孔疏"攒"即"攒表"，与"营"俱"为"之宾语。

23. 又得渤海郡东平舒等七县

《赵世家》"今中山在我腹心，北有燕"《正义》：《地理志》云赵分晋……又得渤海郡东平舒等七县。（6/2176）

《校勘记》："《汉书》卷二八下《地理志》下云'又得渤海郡之东平舒、中邑、文安、束州、成平、章武'，凡六县。"（6/2211）

标点可改作：又得渤海郡东平、舒等七县。

按：《正义》误以"东平舒"为"东平"和"舒"两县。《田敬仲完世家》"田氏之徒追执简公于徐州"《正义》"在勃海郡东平县也"（6/2284）可证。《汉书·地理志上》勃海郡凡二十六县，"东平舒"为一县，颜注："代郡有平舒，故此加东。"[4]《史记正义·列国分野》"又得渤海郡之东平舒、中邑、文安、束州、成平、章武"（10/4079）即本《汉志》。《汉志》原文"东平舒"为一县，《正义》误读为"东平、舒"两县。

24. 岚胜以南石州离石蔺等七国时赵边邑也

《赵世家》"西有林胡、楼烦、秦、韩之边"《正义》：林胡、楼烦即岚、胜之北也。岚、胜以南石州、离石、蔺等，七国时赵边邑也。（6/2176）

标点可改作：岚、胜以南石州离石、蔺等，七国时赵边邑也。

按："石州"下顿号当削，离石、蔺二地均为赵石州属县，非并列关系。《周本纪》"北取赵蔺、离石者"《集解》："《地理志》曰西河郡有蔺、离石二县。"《正义》："《括地志》云：'离石县，今石州所理县也。'蔺近离石，皆赵二邑。"（1/207）《魏世家》"败赵北蔺"《正义》："在石州，赵之西北。属赵，故云赵北蔺也。"（6/2227）《樗里子甘茂列传》"拔蔺"《正义》："蔺县在石州。"（7/2804）《韩信卢绾列传》

① 许慎：《说文解字》，中华书局 2015 年版，第 2 页。
② 孔颖达疏：《春秋左传正义》，卷 41，第 4394 页。
③ 贾公彦疏：《周礼注疏》，卷 19，阮元校刻《十三经注疏》本，中华书局 2009 年版，第 1663 页。
④ 班固：《汉书》，卷 28 上，第 1579 页。

"追至于离石"《正义》："（离石）石州县。"（8/3194）则石州与离石、蔺为领属关系亦明。

25. 绌亦缝袾之别名也

《赵世家》"却冠秫绌"《集解》：徐广曰："《战国策》作'秫缝'，绌亦缝袾之别名也。"（6/2180）

标点可改作：徐广曰："《战国策》作'秫缝'。绌亦缝，袾之别名也。"

按："绌亦缝"下当施逗号，徐广先释《赵世家》"绌"与《战国策》"缝"异文而义通，继而释"绌"为"袾"别名。《玉篇》"绌"字引徐广曰："绌，绛也。袾之别名也。"①《玉篇》"绛"疑"缝"之形讹，下有一"也"字，语义极明。

26. 嚄唶失声惊愕貌也

《外戚世家》"嚄"《正义》：嚄，唶，失声惊愕貌也。（6/2403）

标点可改作：嚄唶，失声惊愕貌也。

按：萧旭《〈史记〉世家部分补正》云："《正义》'唶'上脱一'嚄'字，张氏以'嚄唶'释'嚄'字，以复语释单词也。《广韵》：'嚄，嚄唶，大唤。'"② 窃疑张氏确以"嚄唶"释"嚄"字，然非有脱文，当前省被释字"嚄"也。

27. 谓高祖起沛令何为丞

《萧相国世家》"及高祖起为沛公，何常为丞督事"《索隐》：谓高祖起沛，令何为丞，常监督庶事也。（6/2447）

标点可改作：谓高祖起沛令，何为丞，常监督庶事也。

按："谓高祖起沛令何为丞"句，单《索隐》本作"谓高祖为沛令何为丞"③。"沛令"二字当连读，释史文"沛公"二字。楚称令为公，秦末起义打着楚国旗号，故用楚制称"公"。如《项羽本纪》"令萧公角等击彭越"《集解》："萧令也。时令皆称公。"（1/408）《魏豹彭越列传》"楚命萧公角"《正义》："萧县令。楚县令称公；角，名。"（8/3144）《樊郦滕灌列传》"击破柘公王武"《索隐》："案：武④，柘县令也。柘县属陈。"（8/3235）又"留公旋于高密"《索隐》："留，县。令称公，旋其名也。"《正义》："留县在沛郡。公，其令。"（8/3235）依旧读"令"为"命令"义，语义迥别。是《索隐》以"沛令"释"沛公"无疑⑤。

28. 地理志云定襄有武城清河有武城故此云南武城也

《仲尼弟子列传》"曾参，南武城人"《正义》：《括地志》云："南武城在兖州，子

---

① 顾野王：《玉篇》，卷27，《续修四库全书》第228册，第604页。
② 萧旭：《〈史记〉世家部分补正》，《国学学刊》2019年第3期，第110页。
③ 据单《索隐》本，修订本《索隐》"起"下疑脱"为"字。
④ 单《索隐》本无"武"字，疑是。"柘县令也"释"柘公"二字。楚县令称公。《汉书·灌婴传》"击破柘公王武军燕西"颜注："柘，县名。公者，柘之令也。王武，其人姓名也。"细绎《索隐》体例，若释"武"则末当云"武，（其）名也"。此谓"（王）武，柘县令"，似是而非，细味之，尤不合《索隐》体例。"武"字疑衍。
⑤ 据单《索隐》本，"起"下疑脱"为"字。

游为宰者。《地理志》云定襄有武城，清河有武城，故此云南武城也。"（7/2679）

标点可改作：《括地志》云："南武城在兖州，子游为宰者。"《地理志》云定襄有武城，清河有武城，故此云南武城也。

按：《正义》引《括地志》之文当止于"子游为宰者"五字。本传上文"子游既已受业，为武城宰"《正义》："《括地志》云：'在兖州，即南城也。《舆地志》云南武城县，鲁武城邑，子游为宰者也，在泰山郡。'"（7/2675）《正义》先释"南武城"，又引《汉书·地理志》继释"南武城""武城"之别。"故此云南武城也"即为《正义》随文而释之明证。

29. 一说稽考也言其滑乱不可考较

《樗里子甘茂列传》"樗里子滑稽多智"《正义》：颜师古云："滑稽，转利之称也。滑，乱也。稽，碍也。其变无留也。"一说稽，考也，言其滑乱不可考较。（7/2803）

标点可改作：颜师古云："滑稽，转利之称也。滑，乱也。稽，碍也。其变无留也。一说稽，考也，言其滑乱不可考较。"

按："一说稽，考也"云云亦为《正义》引颜师古语，当在引号内。《汉书·公孙弘卜式兒宽传赞》"滑稽则东方朔、枚皋"颜注"滑稽，转利之称也。滑，乱也。稽，碍也。言其变乱无留碍也。一说，稽，考也。言可滑乱不可考校也。滑音骨。稽音工奚反"①，是为确证。

30. 又有故谷城此二城即二鄣也

《白起王翦列传》"陷赵军，取二鄣四尉"《正义》：《括地志》云："赵鄣故城一名都尉城，今名赵东城，在泽州高平县西二十五里。又有故谷城。此二城即二鄣也。"（7/2835）

标点当作：《括地志》云："赵鄣故城一名都尉城，今名赵东城，在泽州高平县西二十五里。"又有故谷城。此二城即二鄣也。

按：《正义》释史文"二鄣"，引《括地志》但释赵之"鄣"城，"谷城"未释。考《周本纪》"秦庄襄王灭东周"《正义》："《括地志》云：'故谷城在洛州河南县西北十八里苑中。'"（1/212）是张氏未引《括地志》注"谷城"地，"又有故谷城"为其转述语，末"此二城即二鄣也"句即《正义》随文而释之明证，非引《括地志》文。

31. 自荀林父将中行后因以官为氏

《刺客列传》"故尝事范氏及中行氏，而无所知名"《索隐》：案：《左传》范氏谓昭子吉射也。自士会食邑于范，后因以邑为氏。中行氏，中行文子荀寅也。自荀林父将中行后，因以官为氏。（8/3058）

标点可改作：中行氏，中行文子荀寅也。自荀林父将中行，后因以官为氏。

按："将中行后"之"后"字当属下，"后因以官为氏"与前文"后因以邑为

---

① 班固：《汉书》，卷58，第2635页。

氏"相应。《赵世家》"范、中行氏伐赵鞅"《索隐》："《系本》云：'晋大夫逝遨生
桓伯林父，林父生宣伯庚宿，庚宿生献伯偃，偃生穆伯吴，吴生寅。本姓荀，自
荀偃将中军，晋改中军曰中行，因氏焉。'"《正义》："按：会食邑于范，因为范
氏。又中行寅本姓荀，自荀偃将中军为中行，因号中行氏。"（6/2159）《齐太公世
家》"晋使中行献子伐齐"《索隐》："荀偃。祖林父代为中行，后改姓为中行氏。
献子名偃。"（5/1814）"中行"命氏之由，一称荀林父，一称荀偃，所据不同，然
此"后"字属下则甚明。

32. 今高邑是

《淮阴侯列传》"军败鄗下"《集解》：李奇曰："鄗音臛。"今高邑是。（8/3176）

标点可改作：李奇曰："鄗音臛。今高邑是。"

按："今高邑是"四字点校本作为《集解》引李奇语，置于引号内①。《汉书・
韩彭英卢吴传》"军败鄗下"颜注："李奇曰：'鄗音羹臛之臛，常山县也。光武即
位于此，故改曰高邑。'"② 颜氏所引李奇注或系全文，《集解》转引李奇语略有删
改，"今高邑是"即改自"光武即位于此，故改曰高邑"，仍当视为《集解》引文。

33. 周阳由其父赵兼以淮南王舅侯周阳

《魏其武安侯列传》"上察宗室诸窦"《索隐》：《酷吏传》"周阳由，其父赵兼，
以淮南王舅侯周阳，故因改氏。由以宗室任为郎"（9/3436）

标点可改作：周阳由，其父赵兼以淮南王舅侯周阳，故因改氏。

按："以淮南王舅侯周阳"者乃赵兼，非周阳由。《孝文本纪》："（孝文元年）
封淮南王舅父赵兼为周阳侯。"（2/534）《惠景间侯者年表》"周阳"下载："以淮
南厉王舅父侯。（孝文）元年四月辛未，侯赵兼元年。前六年，兼有罪，国除。"
（3/1188）《酷吏列传》旧读不误（10/3807）。

34. 广利与商丘成出击胡军败乃降

《匈奴列传》"贰师闻其家以巫蛊族灭，因并众降匈奴"《集解》：徐广曰："三
年，广利与商丘成出击胡军，败，乃降。"（9/3525）

标点可改作：三年，广利与商丘成出击胡，军败，乃降。

按："胡军"不辞，"军"字当属下。"击胡"谓"攻击胡人"，"军败"指汉军
战败。《史记》载"击胡""攻胡"之事甚夥，未尝称胡人为"军"。盖汉军可称
"军"，四方蛮夷的军队一般不以"军"称之。若表示"胡人的军队"，《史记》则
称"胡""胡骑""胡兵"，不称"胡军"也。《汉书・李广苏建列传》："（李）当户
有遗腹子陵，将兵击胡，兵败，降匈奴。"③ 与此句式同。

35. 柴音差虒音恻氏反

《司马相如列传》"柴池茈虒"《索隐》：张揖曰："柴池，参差也。茈虒，不齐

---

① 司马迁：《史记》，卷92，第2619页。
② 班固：《汉书》，卷34，第1871页。
③ 班固：《汉书》，卷54，第2450页。

也。柴音差。虒音侧氏反。"（9/3674）

标点可改作：张揖曰："柴池，参差也。虸虒，不齐也。"柴音差。虒音侧氏反。

按："柴音差。虒音侧氏反"疑为司马贞补注，非张揖注。《汉书·司马相如传上》"柴池虸虒"颜注："如淳曰：'虸音此。虒音矛。'张揖曰：'柴池，参差也。虸虒，不齐也。'郭璞曰：'柴音差。还，还绕也，音宦。'"① 张揖若为"柴""虒"二字注音，颜氏无由不引，而转引如淳、郭璞音注。《文选》载郭璞注《上林赋》"傺池虸虒"引张揖曰："傺池，参差也。虸虒，不齐也。"② 亦无注音，亦证此当为司马贞注。

36. 中废为中大夫

《儒林列传》："今上即位，（董仲舒）为江都相。以《春秋》灾异之变推阴阳所以错行，故求雨闭诸阳，纵诸阴，其止雨反是。行之一国，未尝不得所欲。中废为中大夫，居舍，著《灾异之记》。"（10/3798）

标点可改作：中废。为中大夫，居舍，著《灾异之记》。

按："中废"指"中途被废黜"，下当施句号。如《汲郑列传》："郑庄、汲黯始列为九卿，廉，内行修絜。此两人中废，家贫，宾客益落。"（10/3782）《酷吏·赵禹传》："赵禹中废，已而为廷尉。"（10/3817）又《减宣传》："居官数年，一切郡中为小治辨，然独宣以小致大，能因力行之，难以为经。中废。为右扶风。"（10/3825）又《杜周传》："（杜）周中废，后为执金吾，逐盗，捕治桑弘羊、卫皇后昆弟子刻深，天子以为尽力无私，迁为御史大夫。"（10/3827）是其证。

37. 今儋州在海中

《货殖列传》"苍梧以南至儋耳者"《正义》：今儋州在海中。（10/3967）

标点可改作：今儋州。在海中。

按："今儋州""在海中"间当施句号，"今儋州"释正文"儋耳"，"在海中"补充说明其地理位置。《汉书·武帝纪》"珠厓、儋耳郡"颜注："应劭曰：'二郡在大海中崖岸之边。'张晏曰：'《异物志》二郡在海中，东西千里，南北五百里。'"③《后汉书·张奋传》"儋耳降附"李贤注："儋耳，郡，武帝置，故城即今儋州义伦县也。"④ 皆可证。

38. 雍乐成

《货殖列传》："行贾，丈夫贱行也，而雍 乐成以饶。"（10/3981）

标点可改作：而雍乐成以饶。

按："雍乐成"三字，张守节《史记正义》佚文："雍县人，姓乐名成也。"⑤

① 班固：《汉书》，卷57上，第2562页。
② 萧统编，李善注：《文选》，卷8，中华书局1977年版，第126页。
③ 班固：《汉书》，卷6，第188页。
④ 范晔撰，李贤等注：《后汉书》，卷35，第2393页。
⑤ 张衍田辑校：《史记正义佚文辑校》，北京大学出版社1985年版，第471页。

《史记》标点以"雍""乐成"分标或缘此说。《汉书·货殖传》"曲叔、稽发、雍乐成之徒"颜注："姓曲名叔，姓稽名发，姓雍名乐成也。"① 颜氏以"雍"为姓，"乐成"为名，与张说异。考史文前后所举"秦扬""田叔""恒发""雍伯""张氏""郅氏""浊氏""张里"诸人均仅称姓名（氏），不称籍贯，《汉传》亦同，依文例当以颜说为是。则此"雍乐成"当连标专名线。

39. 今之河南洛阳谷城平阴偃师巩缑氏

《史记正义·列国分野》：周地柳、七星、张之分野。今之河南洛阳、谷城、平阴、偃师、巩、缑氏。（10/4078）

标点可改作：今之河南、洛阳、谷城、平阴、偃师、巩、缑氏。

按："河南""洛阳"间当施顿号，为并列关系。河南指河南县，汉时属河南郡，唐时属洛州。旧读盖以河南为河南郡，《汉书·地理志上》河南郡凡二十二县②，以《正义》所列洛阳、谷城等六县隶属河南郡。周亡时当七县，非六县，《周本纪》"秦庄襄王灭东周"《集解》引徐广曰"周比亡之时，凡七县，河南、洛阳、谷城、平阴、偃师、巩、缑氏"（1/212），据此"河南"指县非郡亦明。《汉书·地理志下》"周地，柳、七星、张之分野也。今之河南雒阳、谷成、平阴、偃师、巩、缑氏，是其分也"③，标点亦误。

40. 郑今河南之新郑及成皋荥阳颍川之崇高阳城

《史记正义·列国分野》："韩地角、亢、氐之分野。……东接汝南，西接弘农，得新安、宜阳、郑，今河南之新郑及成皋、荥阳，颍川之崇高、阳城。"（10/4079）

标点可改作：东接汝南，西接弘农，得新安、宜阳。郑，今河南之新郑及成皋、荥阳，颍川之崇高、阳城。

按："宜阳"下当施句号，非顿号。"郑"指郑国，下释郑国分野。《正义》此文本《汉书·地理志下》"韩地，角、亢、氐之分野也。……东接汝南，西接弘农得新安、宜阳，皆韩分也。及《诗风》陈、郑之国，与韩同星分焉。郑国，今河南之新郑，本高辛氏火正祝融之虚也。及成皋、荥阳，颍川之崇高、阳城，皆郑分也"④，是为确证。

点校修订本《史记》还存在一些明显的排印疏误。如《建元已来王子侯者年表》"句陵"《集解》：徐广曰：一作"'容陵'。"（3/1277）前双引号误排于"一作"后。《河渠书》"五湖"《索隐》：五湖者，郭璞《江赋》云具区、洮滆，彭蠡、青草、洞庭是也。（4/1697）"洮滆"后逗号当作顿号。《晋世家》"取新城"《集解》：服虔曰："秦邑，新所作城也。（5/2015）脱后引号。附识于此，供再版时参考。

---

① 班固：《汉书》，卷91，第3694页。
② 班固：《汉书》，卷28上，第1555—1556页。
③ 班固：《汉书》，卷28下，第1650页。
④ 班固：《汉书》，卷28下，第1651页。

四库提要文献研究

——以《史记》提要的异同为中心

＊本文作者高俊，陕西师范大学文学院中国古典文献学博士研究生。

四库提要是编修《四库全书》时为图书撰写的内容概要，以便于读者稽览典籍为目的；以阐说文本大意、简述作者事迹、评价作品得失为特点；以考辨学术疑难、解决历代争议为宗旨，具有学术总结性质。而在《四库全书》编纂过程中不同时期、不同阶段形成了各式提要。以阐说正史之冠冕的《史记》为例，四库提要的类型可分为分纂稿、《四库全书荟要提要》、《文渊阁四库全书》等阁书提要、《四库全书总目》。这些提要的内容表现出极大的差异，体现了提要撰写过程中理解视角、学术观念、政治导向等因素的影响。分析诸类提要对于《史记》的记载，对研究四库提要修撰过程的变化、考察各提要间的承袭关系、评判政治因素的影响程度、探究当时主流学术特点具有重要意义。

一、提要类别的划分：时间与内容

《史记》作为我国第一部纪传体通史，其体大思精、囊括古今的特点具有开创意义，被尊奉为正史之冠冕。鉴于《史记》的学术地位，四库提要的阐述力图凸显这部史籍的伟大，而四库提要类文献不同时期记载的不同与明显修订的痕迹则足以说明四库馆臣对《史记》的重视。因此，对诸提要撰作时间与内容的梳理与分类，是深入研究提要异同、考察提要思想的首要任务。

从撰作《史记》提要的完成时间来看，四库提要类文献的撰作顺序大致为：最先由纂修官邵晋涵（1743—1796）草写的分纂稿；乾隆三十九年（1774）二月撰成的《文渊阁四库全书》书前提要；乾隆四十一年（1776）二月撰成的《四库全书荟要提要》；乾隆四十七年（1782）四月撰成的《文溯阁四库全书》书前提要；乾隆四十九年（1784）四月撰成的《文津阁四库全书》书前提要；乾隆六十年（1795）纂成付梓的《四库全书总目》。

对比诸提要的内容，《文渊阁四库全书》《文溯阁四库全书》《文津阁四库全书》三部阁书提要与《四库全书荟要提要》在提要内容方面除个别字词相异外，框架设置、阐说角度、内容起讫完全相同，可视作同一类提要。而分纂稿、《四库全书总目》与此类提要内容差异明显，所以分纂稿与《四库全书总目》可视作两类提要。据此，我们将记载《史记》的四库提要分为三类：第一类，分纂稿；第二类，《四库全书》三部阁书提要与《四库全书荟要提要》；第三类，《四库全书总目》。

二、初稿与定本的异同：删改与重构

《四库全书》因卷帙浩繁，修纂时间漫长，致使图书提要由草创初稿到最终的定本，因纂修官与总纂官理解视角的不同与学术观点的差异使得提要内容不断被完善、修订，甚至被全盘否定、重新改写。而《史记》因文本内容与作者等历来存在争议，四库提要三类文献对这部经典史学著作记载的异同极具代表性。

在作者题识方面。因《史记》中有褚少孙续补内容，所以在作者题识方面三类提要存在差异。第一类、第二类提要仅著录作者为司马迁，而第三类提要则对作者有所增补，题为："汉司马迁撰，褚少孙补。"① 表达了对褚少孙续补《史记》的认可。

对于书名演变的记载。据司马迁自述《史记》本作《太史公书》，《史记》之名乃后世改称。第一类提要对此作了明确阐说，其称："迁自序凡百三十篇、五十二万六千五百字，为《太史公书》。《汉书·艺文志》作'《太史公》百三十篇'，附于春秋家。《东平思王传》亦作《太史公书》，自汉以后乃称《史记》焉。"② 但对书名变化的记载至第二类、第三类提要则均被删除，不予著录。

关于《史记》文本撰作特点与体例的阐说。《史记》作为史学巨著，司马迁的撰作思想与著述方式可追溯至《春秋》。第一类提要对此阐说精当，其称："迁自言继《春秋》而论次其文，后之学者疑辨相属。以今考之，其叙事多本《左氏春秋》，所谓'古文'也，秦汉以来故事次第增叙焉。其义则取诸《公羊春秋》，辨文家、质家之同异，论定人物多寓'文与而实不与'之意，皆公羊氏之法也。"③ 后世学者对司马迁自述《史记》为《春秋》的续作这一观点表示怀疑，第一类提要因此分析《史记》的文本撰作特点，认为其叙事方法本自《春秋左氏传》，论定人物多寓褒贬的微言大义则取法自《春秋公羊传》，证明司马迁的确深受《春秋》的影响。而《史记》的体例依第一类提要研究认为："其文章体例则参诸《吕氏春秋》而稍为通变。《吕氏春秋》为十二纪、八览、六论，此书为十二本纪、十表、八书、三十世家、七十列传，篇帙之离合、先后不必尽同，要其立纲分目，节次相成，首尾通贯，指归则一而已。"④ 但是第二类提要对《史记》文本撰作特点与体例均未阐述，至第三类提要有所取舍，虽未阐说《史记》的撰作特点，却简略

---

① ［清］永瑢等撰：《四库全书总目》卷四十五，中华书局 1965 年版，第 397 页。

② ［清］翁方纲等著，吴格、乐怡标校：《四库提要分纂稿》，上海书店出版社 2006 年版，第 446 页。

③ 同上，第 446 页。

④ 同上，第 446 页。

论说了《史记》的体例。第一类提要将《吕氏春秋》与《史记》的体例进行比较，以凸显后者对前者的参考与创新。第三类提要对此做了改写，仅保留《史记》的体例特征，其记载道："案迁《自序》，凡十二本纪、十表、八书、三十世家、七十列传，共为百三十篇。"① 去除了第一类提要中《史记》参考于《吕氏春秋》的记载，代之以"《汉书》本传称其十篇缺，有录无书"的内容介绍。② 并且对《史记》内容存在残缺的情况予以说明，补充了此前两类提要记载的缺失。

关于司马迁师承关系的介绍，第一类提要记载道："迁尝问《春秋》于董仲舒，仲舒故善公羊之学者，迁能伸明其义例，虽未必尽得圣经之传，要可见汉人经学各有师承矣。"③ 据其所论，司马迁因曾问学于董仲舒，求教公羊学义法，与其论述《史记》人物褒贬取自《春秋公羊传》的撰作特点相契合，体现了第一类提要作者邵晋涵逻辑的严密性、连贯性与整体性。然而，第二类、第三类提要对此却予以删除。

对于《史记》文本价值的评价。第一类提要采用辩驳他者评价的方式间接表达自己的观点，其认为："世尝讥史迁义法背经训，而称其文章为创古独制，岂得为通论哉。"④ 不赞同部分学者对《史记》义法背离经训大意的说法，通过第一类提要对《史记》撰作特点的分析也可印证作者邵晋涵对该种观点的否定。第二类提要对第一类提要进行了补充与改造，评价方法既有客观引用他人评价，又包含四库馆臣的自主评价。《文渊阁四库全书》书前提要载："虽班固讥其尚黄老，传游侠、货殖为悖于道；郑樵以为上下数千年�于七八书中，博雅犹有所不足，而纪、传、表、书之体，百世莫能易焉。第其词旨古奥，又年月地理间多疏舛。"⑤ 指明了第一类提要所称"世尝讥史迁义法背经训"之人为班固，增补了郑樵关于《史记》博雅不足、而体例有开创之功的客观评价，并且在班固、郑樵评价的基础上补充指出《史记》存在时间、地理记载失实的不足，总体上从正反两方面对《史记》进行了辩证的评价。但至第三类提要则完全舍去对《史记》文本价值的评价，提要内容不予涉及。

关于《史记》注本情况的介绍。第一类提要记载最为详细，其称："《史记》注传于后者三家，裴骃《集解》、司马贞《索隐》、张守节《正义》。"⑥ 并且对三家著作给予了学术评价，对三位作者予以赞赏。"裴骃引徐广《音义》，多识古文奇字，复取经传训释以为《集解》。"⑦ 对《史记》的文句进行疏通训诂，第一类

---

① ［清］永瑢等撰：《四库全书总目》卷四十五，第 397 页。
② 同上，第 397 页。
③ ［清］翁方纲等著，吴格、乐怡标校：《四库提要分纂稿》，第 446 页。
④ 同上，第 446 页。
⑤ ［汉］司马迁：《史记》，台湾商务印书馆 1986 年影印《文渊阁四库全书》本，第 243 册，第 35 页。
⑥ ［清］翁方纲等著，吴格、乐怡标校：《四库提要分纂稿》，第 446 页。
⑦ 同上，第 446 页。

提要据此称赞裴骃道："扶微学而阐隐义，赖以不坠。是迁能述经典之遗文，而骃能存先儒之轶说，考诸经古义者必归焉，不仅史法为后人所遵守也。"① 裴骃的功劳不仅在对《史记》的疏解，更在于他所引用的说解有些已经亡佚，而通过《史记集解》可窥见这些说解，因此裴骃有保留文献之功。同样，"贞、守节复推广《集解》所未备而申以辨论，如谓《夏本纪》失载有穷、后羿之事，《卫世家》宜考武公受命之年，陈佗五父一人而分为二，阚止、宰我二事而合为一，互引众说以折衷其是非，视颜师古之注《汉书》专宗班氏者为一变焉。"② 司马贞与张守节对裴骃的疏解查缺补漏，并对错谬之处予以考辨，参考众说阐释《史记》。因而，第一类提要对司马贞与张守节不盲信裴骃注解，善于思考的学术精神予以赞赏。但第二类提要将第一类提要对三家注作者的学术评价予以删除，仅概述《史记》注本有："晋徐广有《音义》三十卷，宋裴骃作《集解》，合八十卷。唐司马贞有《索隐》三十卷，张守节有《正义》三十卷。"③ 然而，较第一类提要有所进步的是，其补充记载了《史记集解》《史记索隐》《史记正义》各自的卷数。相比于第二类提要，第三类提要的记载最为简略，仅称："注其书者，今惟裴骃、司马贞、张守节三家尚存。"④ 对三家注的书名、卷数均予以省略。

关于《史记》版本情况的记载。第一类提要称："三家注间有脱落，明震泽王氏刻本较为完善，监本取以校定字句，并存三家之注，惟《索隐》有单行本云。"⑤ 据其所论，明嘉靖四年（1525）震泽王延喆刻本较为称善，明监本即据震泽王氏刻本校勘，并且保留了王氏将三家注与《史记》原文合刻的形式，而以单本形式流传的唯有《史记索隐》。但第二类提要则载："向来虽多合刻，绝少校勘。我皇上以明南北监板渐就漫漶，厘正付梓。卷附考证，一如十三经之例。"⑥ 删除了第一类提要对震泽王氏刻本较为称善的记载，忽略明监本以震泽王氏刻本校勘的事实，对明监本持否定态度，强调在乾隆朝以前《史记》绝少有校勘谨严的刻本，重点说明乾隆朝所刻《史记》附有《史记序考证》，对明监本三家注有所考校，以此凸显乾隆朝所刻《史记》的完善与精审。而第三类提要则又做了改变，其载："注其书者，今惟裴骃、司马贞、张守节三家尚存。其初各为部帙，北宋始合为一编。明代国子监刊板，颇有刊除点窜。南监本至以司马贞所补《三皇本纪》冠《五帝本纪》之上，殊失旧观。然汇合群说，检寻校易。故今录合并之本，以便观览。仍别录三家之书，以存其完本焉。"⑦ 与前两类提要相比，第三类提要着重阐说了《史记》历代刊刻的情况，认为自晋至唐的写本时代，"传本无大同异"。⑧

① ［清］翁方纲等著，吴格、乐怡标校：《四库提要分纂稿》，第446—447页。
② 同上，第447页。
③ ［汉］司马迁：《史记》，第35页。
④ ［清］永瑢等撰：《四库全书总目》卷四十五，第398页。
⑤ ［清］翁方纲等著，吴格、乐怡标校：《四库提要分纂稿》，第447页。
⑥ ［汉］司马迁：《史记》，第35页。
⑦ ［清］永瑢等撰：《四库全书总目》卷四十五，第398页。
⑧ 同上，第398页。

在刻本时代，论说了南宋刻本对褚少孙续补的存废态度。补充说明了将三家注与
《史记》合刻的具体时间在北宋；增加了对明国子监本版本价值的评议，认为国
子监本的刊刻错谬较多，并且重点批评南监本将司马贞所补《三皇本纪》冠于
《五帝本纪》之上的臆改行为，认为此举对原典体例造成破坏，有失谨严的学术
态度；补充评说了将三家注与《史记》原本合刊方便检寻、便于阅读的优点。但
对第二类提要中过分推崇乾隆朝《史记》刻本的赞颂言论则不予采纳。需要指出
的是，第一类提要对《史记索隐》存在单行本的介绍，无论是第二类提要，还是
第三类提要，均未作采录。

三、思想与内容的特点：广博与精简

　　三类提要的比较可以清晰地见出各自的内容特点与思想倾向，提要间的差异
明显，所凸显出的撰写目的与表达意图各异。总体而言，第一类提要阐述全面，
重在广博；第二类提要论述简洁，但政治意图明确；第三类提要选取要点，贵在
专精。

　　第一类提要体现了邵晋涵的史学思想与批评理论。邵氏所撰分纂稿有近 578
字，揭示《史记》书名演变历程；探究司马迁"继《春秋》而论次其文"的撰述
宗旨；揭示《史记》本自《春秋公羊传》的写作笔法；追溯其源于《春秋左氏传》
的叙事方式；阐明司马迁师从董仲舒的渊源关系；明确《史记》承袭《吕氏春秋》
的体例特征；评价《史记》的学术价值；论述版本情况。需要强调的是，邵氏分
纂稿中有近 269 字详细阐说了《史记》三家注的学术特点，对裴骃、司马贞、张
守节的学术贡献给予较高评价，篇幅几近提要的一半。由此可见，邵氏分纂稿注
重循流溯源，既谈司马迁思想渊源，又论《史记》文本内容与义例笔法。论证全
面，旁及注本介绍，评价文本价值。正如仓修良先生的评价："像这样来评价一
部史书，能从学术渊源之师承关系探明作者著书之义例和宗旨，可谓真正抓住了
实质。"[1]

　　第二类提要虽对第一类提要明显做了简省，全文仅近 194 字，但也有所补充，
且对《史记》的阐说依然较为全面。其删除了第一类提要中关于《史记》书名的
演变；文本体例、撰作义法、叙事方式的论述；司马迁的撰述宗旨、学术师承以
及三家注作者的学术评价。然而，第二类提要并未因内容的简省而失去论说的全
面性，由此前各类提要对比已知，其增补、完善了第一类提要中个别论述之处模
糊与省略的不足。对《史记》的评价与第一类提要完全赞赏的态度不同，采取优
缺点并行的辩证评价方式，更显示第二类提要评价的客观性。但第二类提要最突
出的特点在于受政治因素影响深刻，以至于提要中政治左右学术的痕迹明显。在
概述《史记》的版本情况时，其称："唐司马贞有《索隐》三十卷，张守节有《正

---

① 　仓修良：《邵晋涵史学概述》，《史学史研究》1982 年第 3 期，第 31 页。

义》三十卷。向来虽多合刻，绝少校勘。我皇上以明南北监板渐就漫漶，厘正付梓。卷附考证，一如十三经之例。而《史记》为诸史冠冕，校雠精审，皆非以前官私诸刻所得比也。"① 第一类提要未对明监本予以优劣品评，而第二类提要则态度迥殊，对明刻本持否定观点，目的在于夸耀乾隆朝重刻《史记》版本的精良，称赞重刻本校勘的精审，颂扬所附考证的完善，借此认为乾隆朝刻本最为称善，高于历代官、私诸刻。对本朝的过度夸赞体现了官修目录的身份特征，凸显了政治因素对学术评价的导向作用。

第三类提要有近819字，但倾注于对《史记》内容的考辨，对历代版本的考订，表现出专精的特点。具体表现为：其一，着笔于司马迁、褚少孙的生平爵里，为前两类提要所未备。历史上对褚少孙的仕宦经历存在两种争议说法，一种认为其为汉宣帝年间博士，另一种则认为其为汉元帝至汉成帝间博士。第三类提要采取折衷办法，调和两种说法称："然宣帝末距成帝初不过十七八年，其相去亦未远也。"② 其二，着重对《史记》内容的考辨，因《汉书・艺文志》中班固自述有十篇有录无文，据此掀起历代对此问题的讨论。第三类提要引述张晏与刘知己两人观点对比论述，前者认为这十篇在司马迁去世后随即亡佚，而后者则认为这十篇为司马迁未完成的部分。第三类提要考证认为："今考《日者》《龟策》二传，并有'太史公曰'，又有'褚先生曰'，是为补缀残稿之明证，当以知几为是也。"③ 赞同刘知己的说法，认为十篇有录无文乃是司马迁未完稿。其三，着力阐述《史记》的续补问题。根据《史记》中载有司马迁身后事的矛盾之处，第三类提要断言《史记》内容有后人续补的成分，但综合全文而论，其认为："至其全书，则仍迁原本。"④ 其四，注重版本考订，从抄本到刻本，对《史记》版本历史有简要概括。其五，对《史记》相关类文献有所辨伪，研究范围不仅限于《史记》本身。伪托宋人孙奭（962—1033）之名的《孟子疏》，对《史记》有所引用，但引文不见于今本《史记》，第三类文献据此认为："盖宋人诈托古书，非今本之脱漏。"⑤ 又《学海类编》中存有题名为宋人洪遵（1120—1174）的《史记真本凡例》，第三类文献根据其"于原书臆为刊削，称即迁藏在名山之旧稿"的特征认为："其事与梁鄱阳王《汉书真本》相类，益荒诞不足为据矣。"⑥ 由此判定非洪遵所作。其六，注重考订版本，与前两类提要的不同已前揭，需要指出的是，同为定本的官修提要，第三类提要不仅去取了第二类提要中对本朝重刻本的过分夸赞，甚至不予论说。综合第三类提要总体来看，主要表现为倾注考证、辨伪的学术特点。然而，在其注重考辨的同时却亦存在错谬，给读者造成白璧微瑕之感。

① ［汉］司马迁：《史记》，第35页。
② ［清］永瑢等撰：《四库全书总目》卷四十五，第397页。
③ 同上，第397页。
④ 同上，第398页。
⑤ 同上。
⑥ 同上。

试举三例如下：

　　第一例，《四库全书总目》称："然《汉志》'春秋家'载《史记》百三十篇，不云有缺。"① 按：《汉书·艺文志》载："《太史公》百三十篇。"② 班固明确注明曰："十篇有录无书。"③ 据此知《四库全书总目》论述存在两处错误。其一，《汉书·艺文志》所载书名为《太史公》，而非《四库全书总目》所谓《史记》。分纂稿中邵晋涵已简介《史记》书名的演变问题，至《四库全书总目》却完全不予采录。《史记》原名正如《汉书·艺文志》作《太史公》，"史记"之称通指诸国史，而其由泛称至专指的演变时间，据张大可先生考证认为："《史记》专名，起于何时，不可确考。依据文献，东汉末已成通称。"④ 可见，《四库全书总目》不仅引文有误，而且不了解《史记》书名的演变历程，并将分纂稿本来有所记载的内容全部删除。其二，班固已明言《史记》中"十篇有录无书"，《四库全书总目》却称"不云有缺"，足见其对《汉书·艺文志》的阅读存在疏漏，因此造成论述错误。

　　第二例，《四库全书总目》称："焦竑《笔乘》据《张汤传赞》如淳注，以为续之者有冯商、孟柳。又据《后汉书·杨经传》，以为尝删迁书为十余万言。"⑤ 杨武泉先生通过考察《后汉书》与焦竑《笔乘续集》的记载、核对《粤雅堂丛书初编》本与《丛书集成初编》本《史记》原文后认为："以'终'为'经'，乃《总目》之讹也。"⑥ "杨经"当为"杨终"之误。同样，《四库全书总目》又载："南宋广汉张材又尝刊去褚少孙所续。"⑦ 考《中国古籍善本书目（史部）》于南宋时期所刻《史记》仅载有："宋淳熙三年张杅桐川郡斋刻，八年耿秉重修本。"⑧ 另据翁连溪先生所编校《中国古籍善本总目（史部）》亦载："宋淳熙三年张杅桐川郡斋刻本。"⑨ 张玉春先生于《〈史记〉版本研究》统计现存南宋本《史记》时记载称："宋孝宗淳熙三年（1176 年）张杅桐川郡斋刊《史记集解索隐》本。"⑩ 张金耀先生据国家图书馆藏宋桐川郡斋刻本残本作"杅"，在阐说《四库全书总目》时将"材"改作"杅"。⑪ 瞿冕良先生所编著：《中国古籍版刻辞典》明确称

---

① ［清］永瑢等撰：《四库全书总目》卷四十五，第 397 页。

② ［汉］班固：《汉书》卷三十，中华书局 1962 年版，第 1714 页。

③ 同上，第 1714 页。

④ 张大可：《史记研究》，商务印书馆 2011 年版，第 144 页。

⑤ ［清］永瑢等撰：《四库全书总目》卷四十五，第 398 页。

⑥ 杨武泉：《四库全书总目辨误》，上海古籍出版社 2001 年版，第 50 页。

⑦ ［清］永瑢等撰：《四库全书总目》卷四十五，第 398 页。

⑧ 中国古籍善本书目编辑委员会编：《中国古籍善本书目（史部）》，上海古籍出版社 1993 年版，第 12 页。

⑨ 翁连溪编校：《中国古籍善本总目（史部）》，线装书局 2005 年版，第 208 页。

⑩ 张玉春：《〈史记〉版本研究》，商务印书馆 2001 年版，第 166 页。

⑪ 陈尚君、张金耀主撰：《四库提要精读》，复旦大学出版社 2008 年版，第 87 页。

张杅为："南宋淳熙间广汉人，字介仲。淳熙三年（1179）① 刻印过《史记集解索隐》130 卷（桐川郡斋本，半页 12 行，行 25 字）。"② 可见，《四库全书总目》所称"张材"当为"张杅"之误。

第三例，《四库全书总目》称："今惟裴骃、司马贞、张守节三家尚存。其初各为部帙，北宋始合为一编。"按：清人瞿镛（1794—1846）明确称："北宋刻《史记》，《集解》《正义》本各单行，南渡后始合刻之。"③ 日本版本学家尾崎康先生认为："至乾道七年（1171），建安蔡梦弼始刊行《集解》、《索隐》合刻本，淳熙三年（1176）桐川郡斋亦有合刻本，后又二十年，建安黄善夫始刊行《集解》《索隐》《正义》三家注本。"④ 尾崎康先生不仅论定《史记》三家注合刻始于黄善夫，而且确认具体合刻时间为宋宁宗庆元元年（1195）。张玉春先生经过考证也认为："黄善夫首创三家注合刻，其后《史记》三家注合刻本皆为黄善夫本所从出。"⑤ 对于黄善夫所刊《史记》与三家注合刻本的时间，张先生亦认为："在庆元元年以前。"⑥ 则《四库全书总目》所谓三家注与《史记》合刻始于北宋明显有误，当始于南宋宁宗庆元元年以前。

四、背景与原因的探析：学术与政治

通过以上比较，我们可以清楚地看到三类提要内容的异同、特点的差异，但造成提要前后相异，不断修改甚至重新撰写的原因却是我们值得探究的问题。因此，我们需要回溯提要撰写时期的学术背景，考究提要撰写时的影响因素。

第一类提要因其形成于提要撰写的初期，代表的是纂修官邵晋涵个人的学术观点。邵氏为浙江余姚人，属浙东学派的代表人物之一。乾嘉时期考据学大兴，而浙东学派学者的思想倾向却与此不同，表现出独有的学术特点。据丁国顺先生研究认为："与这股考据之风大异，浙东学派的学者们在史学研究中仍高举着'经世致用'的大旗。"⑦ 强调浙东学派史学家与乾嘉时期考据学家学风的不同。通过邵氏所撰《史记》提要可见，他的学术特点既表现为善于议论、长于思辨的宋学特征，又凸显了清初讲求广博全面，力求实用的"经世致用"学风的影响，力图系统介绍《史记》，为读者阅读指示门径，彰显提要的特点与价值。因此，罗炳良先生评价其学术特点称："正是由于邵晋涵继承了宋学的学风，在学术风格上表现出与乾嘉汉学不同的路数。他对史学中的许多重大问题并未停留在叙述与

---

① 按："淳熙三年（1179）"当为"淳熙三年（1176）"之误。
② 瞿冕良编著：《中国古籍版刻辞典》，齐鲁书社 1999 年版，第 298 页。
③ 瞿镛编纂：《铁琴铜剑楼藏书目录》卷八，上海古籍出版社 2000 年版，第 195 页。
④ 尾崎康著，乔秀岩、王铿编译：《正史宋元版之研究》，中华书局 2018 年版，第 260 页。
⑤ 张玉春：《〈史记〉版本研究》，第 257 页。
⑥ 同上，第 239 页。
⑦ 王凤贤、丁国顺：《浙东学派研究》，浙江人民出版社 1993 年版，第 345 页。

考辨阶段，而且发表了见解独到的评论，形成了较为系统的史学批评思想。"① 邵氏所撰《史记》提要充分展现了他的史学批评思想，清晰地展示了他的学术特征。但也正因为纂修官邵氏史学思想与总纂官尊尚考据学的思想有所不同，所以第二类提要与第三类提要对其内容文句做了删削与重写。

第二类提要中最先修纂完成的《文渊阁四库全书》书前提要，因身居宫廷文渊阁，阅览对象为乾隆帝，所以总纂官在修改润饰提要时会尽力对皇帝进行歌颂，以此减轻乾隆帝对提要的责难，减少提要的返工次数。正如江庆柏先生的分析："馆臣的意图很明显，希望借此来减轻对自己可能会有的过错的处罚，避免种种不测。"②《文溯阁四库全书》与《文津阁四库全书》两阁书前提要完全抄录《文渊阁四库全书》书前提要内容，仅在进呈时间上做了改换。文溯阁位于盛京故宫，文源阁位于皇家园林圆明园，文津阁地处承德避暑山庄。可见内廷四阁《四库全书》全部位于皇家禁地，阅览对象均为乾隆帝。乾隆也深知此局限性，于是于四十九年（1784）二月二十一日下谕称："前因江浙为人文渊薮，特降谕旨，发给内帑，缮写《四库全书》三分，于扬州文汇阁、镇江文宗阁、杭州文澜阁各藏庋一分。原以嘉惠士林，俾得就近抄录传观，用光文治。……将来全书缮竣，分贮三阁后，如有愿读中秘书，许其陆续领出，广为传写。"③ 据此知江南三阁与内廷四阁《四库全书》的阅览对象不同，其受众面向江南广大儒生士子，而非如内廷四阁仅供乾隆一人独览。黄爱平先生即称："江浙三阁《四库全书》，是乾隆专为'嘉惠艺林，启牖后学'而下令续行缮写的，因而在办理、藏庋乃至利用方面，都与内廷四阁全书不尽相同。"④《四库全书荟要提要》属于《四库全书荟要》的一部分，乾隆于三十八年（1773）五月初一日下谕称："第全书卷帙浩如烟海，将来庋弄宫廷，不啻连楹充栋，检玩为难。惟摛藻堂，向为宫中陈设书籍之所，牙签插架，原按四库编排。朕每憩此观书，取携最便。着于全书中撷其菁华，缮为《荟要》。其篇式一如全书之例，盖彼极其博，此取其精。"⑤ 陈垣先生分析乾隆的编纂初衷认为："因当时高宗年已六十三岁，恐不获躬睹《全书》之成，乃命择其尤精者，先为《荟要》，期速藏事。"⑥ 因供乾隆御览，与内廷四阁《四库全书》的阅览对象相同，所以《史记》提要突出对乾隆朝刻本的称颂，甚至不无虚夸地宣称是史上最精善本，注重对当今皇帝的赞颂，导致此论的深层原因与官修定本目录的身份，专供乾隆阅览的性质有着直接关系。总体而言，第二类提要与第一类提要内容存在的差异，政治因素的介入起了决定性作用，凸显了纂修官私人化学术观点向官方整齐划一学术评价的转变。

① 罗炳良：《邵晋涵史学批评述论》，《北方工业大学学报》1997 年第 2 期，第 60 页。
② 江庆柏：《〈四库全书荟要〉研究》，凤凰出版社 2018 年版，第 613 页。
③ 中国第一历史档案馆编：《纂修四库全书档案》，上海古籍出版社 1997 年版，第 1768 页。
④ 黄爱平：《〈四库全书〉纂修研究》，中国人民大学出版社 1989 年版，第 168—169 页。
⑤ 中国第一历史档案馆编：《纂修四库全书档案》，第 108 页。
⑥ 陈垣著、陈智超编：《陈垣四库学论著》，商务印书馆 2012 年版，第 398 页。

　　第三类提要由前面分析可知，其重在对《史记》作者的辨说、内容的考辨、版本的考订以及与《史记》相关类著作的辨伪，对第一类提要中司马迁、裴骃、司马贞、张守节的学术评价与《史记》文本特征与价值论断均予以删除，表现出倾力考据的特点。诚如杜维运先生比较后所言："大凡邵氏博辨处皆保留，而议论发挥处，则多遭删削。……于此亦可窥乾嘉学风之消息焉。"① 杜先生将《四库全书总目》对邵晋涵所撰提要的删削归因于学术观点与思想倾向的不同，我们赞同此论。四库馆中云集了众多倾心于训诂考据的汉学家，如戴震（1724—1777）、朱筠（1729—1781）等。梁启超（1873—1929）甚至认为："四库馆就是汉学家大本营，《四库提要》就是汉学思想的结晶体。"② 《四库全书总目·凡例》也的确申明道："儒者说经论史，其理亦然。故说经主于明义理，然不得其文字之训诂，则义理何自而推；论史主于示褒贬，然不得其事迹之本末，则褒贬何据而定。"③ 鲜明地表达了第三类提要倾注考据的学术特点，主张实事求是的研究宗旨，崇尚无征不信的治学理念。《四库全书总目》如此表述，不惜对《史记》分纂稿几乎全部改写也正迎合了当时主流学术思潮。众所周知，以考据为特征的汉学在乾嘉时期风靡一时，一方面出于规避"文字狱"的政治打击，另一方面也出于学者对清初重经训实学、贬黜理学空谈学风的继承与发展，使得考据学至乾嘉时期达到鼎盛阶段。虽然考据学家在目录、版本、校勘、辨伪等方面取得了卓越的成就，对史料修补鉴别，辨析史籍编著源流、考订史书内容。但其不足也是十分明显的，正如王俊义先生所指出的："他们研究问题的范围和内容比较狭窄，脱离实际；研究考证问题的方法也是只见树木，不见森林，具有片面性；对于具体的微观问题可取得很高的成就，但对宏观问题的研究则缺乏建树。"④ 对于史书研究，乾嘉考据学家体现出"史论方面则不突出"的缺陷。⑤ 第三类提要对第一类提要关于《史记》宏观评价的删改，着重凸显对《史记》内容、版本等细节的考辨即说明当时考据学风的深刻影响。

　　《史记》提要由分纂稿到定本提要的删削与重构，极具典型性与代表性，凸显了各类提要间的承继与改换，体现了四库馆臣们各异的学术观点与思想尊尚，彰显了主流学术思潮与政治因素的深刻影响，展现了四库提要的学术价值与研究意义。

　　①　方祖猷、滕复主编：《论浙东学术》，中国社会科学出版社 1995 年版，第 446 页。

　　②　梁启超著，夏晓虹、陆胤校：《中国近三百年学术史（新校本）》，商务印书馆 2011 年版，第 26 页。

　　③　［清］永瑢等撰：《四库全书总目》卷首，第 18 页。

　　④　王俊义：《清代学术探研录》，中国社会科学出版社 2002 年版，第 40 页。

　　⑤　同上，第 230 页。

书目解题对《史记评林》的传播①

* 本文作者李月辰，西安外国语大学中文学院讲师。

　　《史记评林》亦称《百五十家评史记》，是明万历时期凌稚隆编纂的一部《史记》辑评之书，被誉为《史记》评点的集大成之作，是研究《史记》必不可少的资料。由于《史记评林》的内容与版本都具有很大的价值，问世之后就受到了广大读者和《史记》研究者的普遍关注，传播至国内及域外的诸多地区，并被广泛接受，引起了巨大的反响。在《史记评林》流传海内外的过程中，书目文献起到了不可忽视的作用。

　　书目是前代学者对图书典籍所做的接力式著录，具有反映某一古籍产生、传播、演化情况的功能，通过查阅古今中外书目对《史记评林》的著录，可以比较全面地掌握《史记评林》的传播范围与传播过程。同时，一些书目的编纂者通过撰写解题的方式对《史记评林》的作者、内容、价值、版本有所介绍，这也在客观上促进了《史记评林》一书的传播。书目著录不仅能够体现《史记评林》传播的范围、传播过程，而且对《史记评林》的传播具有促进作用。尤其是一些带有解题的书目，对《史记评林》的编者、卷首诸序、版本、文本价值等方面作了评述，承担着向读者介绍《史记评林》的作用，使有需要的读者可以按图索骥，找到此书来学习阅读。有一些书目为编者撰写了小传，如清代彭元瑞《天禄琳琅书目后编》"《史记评林》"条下就有对凌稚隆的简要介绍："明凌稚隆撰。稚隆，字以栋，乌程人。"② 清代周中孚《郑堂读书记》"《史记评林》一百三十卷"条也以小字注释了凌稚隆的生平："稚隆，字以栋，号磊泉，乌程人。"③ 当代学者贺次君的《史记书录》中也著录道："凌稚隆，字以栋，号磊泉，乌程人。"④ 域外书目《美国哈佛大学哈佛燕京图书馆中文善本书志》著录云："凌稚隆，字以栋，号磊泉，乌程人。父约言，以史学著。博览群书，蹇修自好，雌黄铅椠，未尝一日去手。《乌程县志》卷十四有传。"⑤ 还有一些对增补者的生平有所介绍，如王重

　　① 本文为国家社科基金重大招标项目"中外《史记》文学研究资料整理与研究"（13&D111）阶段性成果。

　　② 彭元瑞等：《天禄琳琅书目后编》，上海古籍出版社 2007 年版，第 694 页。
　　③ 周中孚：《郑堂读书记》，上海书店出版社 2009 年版，第 263 页。
　　④ 贺次君：《史记书录》，商务印书馆 1958 年版，第 160 页。
　　⑤ 沈津：《美国哈佛大学哈佛燕京图书馆中文善本书志》，上海辞书出版社 1999 年版，第 99 页。

民《中国善本书提要》著录熊氏种德堂刻李光缙增补本《史记评林》，就引用《泉州府志》李光缙小传："光缙，字宗谦，号袠一，晋江人。万历乙酉乡荐第一。日研经史，及朝章民隐，以备经济。或劝之仕，则曰：昔人以二千石不逮缝掖，拥书万卷，何假南面百城为也？益潜心大业。卒年七十五岁。"① 这些小传起到了传播编纂者、增补者其人其事的作用，使读者对他们有一定的了解。

有一些书目对《史记评林》的体例和版式有所介绍，对体例的著录如《天禄琳琅书目后编》："稚隆所纂曰'史评'，取自晋迄明说《史记》者百五十五家，选辑其语，各列于本文上方。又总评四十九条，冠于书前，曰'史按'。取《史记》所引古书今存而可相发明者，并录全文于上，曰'图系'。增三皇、五帝、夏、商、周、秦、汉及春秋、列国《世系图》二十有四，五帝、夏、商、周、秦、汉《都邑地理图》五，曰'批读'。依宋本监本分句，旁注文法，自作《凡例》十八条并识，以表作书大旨。刻于万历戊子，暨丙子冬始成。前有王世贞、茅坤、徐中行三序。"② 以及《嘉业堂藏书志》："三注尚未删节，书眉、书后悉是评语。前载有八十二家之多。"③ 书目对《史记评林》版式的著录多集中于万历二年至四年凌氏初刻本，《天禄琳琅之见书目》不仅介绍了初刻本的版式，而且对版心的刻工姓名也有详细的介绍："匡高 24.6 厘米，广 14.9 厘米。每半叶十行，行十九字，小字双行同，有眉栏，小字镌评。左右双栏，版心白口，单鱼尾，书口上刊"史记卷几"，中记篇名及叶次，下记刻工或写工姓名及字数。刻工有同邑沈玄易刊（沈玄易）、张璇刻、彭天恩刻、戴文刻（戴文、戴）、邓钦刊（钦）、傅机（机、付机）、温志、钱世英刻（钱）、杨顺之、章右之刻（章右之）、章国华、秦、陶仲（陶、仲）、（徐光祖）徐、芦、元、吴文泮（文泮）、王伯才刻、刘礼、谢安刊、邵、刘子春、刘守、余六、洪平、徐轩、徐二、林文、孙承爱（孙承）、余世芳、安、章樊之刻、严春、赵英其（英赵其）、顾成、林汝昂、沈龙、顾本仁刻、郑玄、何仲仁、倪世荣、毛、陶仲、徐朝、邓秦、杨三、孙叶、王以德、付汝光刻、严春、陆本、章华、赵其、陆本、杨顺之等。写工有：长洲（吴门）顾穊写、古吴钱世杰写、姑苏（吴门、长洲）徐普写、勾吴（吴门）高洪写（高洪书）、金应奎写。"④《第三批国家珍贵古籍名录图录》也是记录了万历二年至四年凌氏初刻本的版式："匡高 24.8 厘米，广 14.9 厘米。半叶十行，行十九字，小字双行同，白口，左右双边。"⑤《藏园群书经眼录》则是著录了钱泰吉校订本："钱警石先生泰吉校本，有道光辛丑、壬寅、戊申历次手记，用朱、紫、黄、墨各色校笔。甲辰、咸丰丙辰、己未、庚申。据校各本如下：中统本、游明本、震泽王氏本、

①　王重民：《中国善本书提要》，上海古籍出版社 1986 年版，第 73 页。

②　彭元瑞等：《天禄琳琅书目后编》，上海古籍出版社 2007 年版，第 694 页。

③　缪荃孙、吴昌绶、董康：《嘉业堂藏书志》，复旦大学出版社 1997 年版，第 188 页。

④　刘蔷：《天禄琳琅知见书录》卷一四，北京大学出版社 2017 年版，第 430 页。

⑤　中国国家图书馆、中国国家古籍保护中心：《第三批国家珍贵古籍名录图录》，国家图书馆出版社 2012 年版，第 8 页。

汪谅本、秦藩本、汲古本、文澜阁本、武英殿本、明南雍本、明正德本、慎独斋。叶石君树廉校王本。校勘极细，眉上行间蝇头小字殆满。详视之仍是过录也。"① 在描述版本面貌的同时还罗列了钱泰吉所用校本。域外书目也对万历二年至四年凌氏初刻本的版式有所关注，《普林斯顿大学图书馆藏中文善本书目》著录云："框 24.6×14.7 公分，10 行 19 字，小字双行同，白口，左右双边，单黑鱼尾。版心上镌'史记'及卷次，中镌小题，下镌刻工，如卷一首叶'长洲顾欢写同邑沈玄易刊'。眉栏小字注。"② 对体例和版式最全面详细的当属贺次君《史记书录》对万历二年至四年凌氏刊本的著录：

> 首有王世贞《序》，次茅坤《序》，次司马贞《索隐序》《索隐后序》《补史记序》、次张守节《正义序》《正义论例谥法解》《列国分野》，次三皇、五帝、夏、商、周、秦、汉世系谱，次五帝、夏、商、周、秦、六国、汉国都地图，次评林姓氏，次《史记评林》引用书目，次《凡例》，次《读史总评》，次司马贞补《三皇本纪》，次《史记目录》、次《史记》本文。《史》文首行题"《史记评林》卷之一"，下题"吴兴凌稚隆辑校"，又行低一字题"《五帝本纪》第一"，又行为三家注。版分上下两栏。上栏为诸家评论及凌氏引证古书暨其考释按语，半页二十行，行七字。下栏为《史记》本文及三家旧注，半页十行，行十九字；注双行，行十九字。白口。左右双边。版心上题"《史记》卷一"四字，鱼尾下题"《五帝本纪》"四字，下鱼尾上记本卷页数，下记刻工姓名，但有不记姓名者。《史》文钩识句读，视文法而定，有连数十字不断句而不句者，则圈于中为读；有止一二字当断不句而句者，则圈于侧为句。每句每段史文之虚实、主客、分合、根枝，以及提掇、照应、总结与单辞胜语，不属于《史》义《史》考之范围，不入于上栏评论中者，则以小字注于《史》文之旁。凌氏曾以数本校勘，其于《史记》文字每相牴牾，涉于两是或不能决者，亦以小字注于《史》文之旁，如《殷本纪》"乃持其祭乐器奔周"，"乐"字旁注"一本无'乐'字"；《周本纪》"其予尔身"，"予"字旁注"宋本'予'作'于'"皆是，殆使不与旧注相混之意耳。又关于总评《史记》一篇之大旨者，则录之于卷之尾，与余有丁南监本式同。③

除了描述卷首诸序和正文版式之外，贺次君还注意到了文中的句读和旁批，对句读和旁批的价值作了介绍。

有一些书目罗列出《史记评林》的不同版本，如孙文泱所增订的《增订书目答问补正》："凌稚隆辑校《史记评林》有天津古籍出版社影印明万历间李光缙增补本，6 册，1998；《四库未收书辑刊》一辑第 11—12 册影明万历四年（1576）

① 傅增湘：《藏园群书经眼录》，中华书局 2009 年版，第 178 页。
② 美国普林斯顿大学东亚图书馆编：《普林斯顿大学图书馆藏中文善本书目》，国家图书馆出版社 2017 年版，第 155 页。
③ 贺次君：《史记书录》，商务印书馆 1958 年版，第 160 页。

刻本。日本有井范平补标，台北地球出版社 1981。《增补史记评林》，东京汲古书院，1972，据明治二年（1869）鹤牧藩影印。"① 《书目答问汇补》收韦力之语："明万历五年刻本，同治十三年长沙魏氏养翿书屋刻本，光绪十年刻本，民国上海文瑞楼石印本，日本宽文十二年刻本，日本天明六年刻本，日本明治二年鹤牧修来馆刻本，日本明治十三年大阪八尾刻本，日本明治十四年浪华同盟书楼刻本，日本明治十五年东京凤文馆刻本，日本明治二十四年三松堂松荣堂刻本。"② 另外，《中国馆藏和刻本汉籍书目》著录有日本宽永十三年（1636）重刻熊氏种德堂李光缙增补本；日本宽文十一年（1671）刻李光缙增补本；日本天明六年（1786）八尾甚四郎友春重刻李光缙增补本；日本明治二年（1869）鹤牧藩修来馆刻李光缙增补本；日本明治年间（1868—1912）东京印刷会社铅印李光缙增补本；日本明治十五年（1882）东京凤文馆刻李光缙增补、归有光评点、方苞增评、石川英辅辑补本。

一些书目对《史记评林》的价值作了评价，周中孚在《郑堂读书记》中说：

> 其所采辑，以多为贵，不免瑕多于瑜。其书之可取者，转在正文及注。其凡例有云：'《史记》刻本，惟金台汪本，莆田柯氏所校，颇少差谬。兹刻以宋本与汪本字字详对，间有不合者，又以他善本参之，反复雠校，庶免亥豕鲁鱼之弊云。' 余因取柯校本互相核对，却无刊落之处，而柯本之脱文误字，此本俱添入改正。然则就正文及注而论，较之柯本，殊为胜之，而其辑评之得当与否，尽可存而不论。③

周中孚为清乾嘉时人，籍贯浙江吴兴，是凌稚隆的同乡，但他赞扬《史记评林》优点的同时，却并未因同乡身份对此书的不足有所回护。乾嘉学风以古为贵，重视考据，周中孚受此影响，认为《史记评林》网罗古今典籍，以多为贵的做法弊大于利。他对《史记评林》的版本价值大加赞赏，亲自将《史记评林》与柯本《史记》对校，发现凌稚隆校正了柯本中的讹误，故而优于柯本。凌氏为吴兴刻书世家，为追求刻书质量，往往不惜成本。他们刊刻的《史记评林》不仅校勘精良，而且版面阔大，纸张洁白，得到了广大读者的认可，清代的《盛世图书馆善本书目》中记载到："刊板精雅清白。士校《史记》以此为蓝本，其善可知。"④ 可见《史记评林》实为当时最流行的《史记》版本之一。晚清的张之洞看重的则是《史记评林》对《史记索隐》和《史记正义》的完整保留，他在《书目答问》中说："明凌稚隆刻本，较胜他坊本，有《索隐》《正义》。"⑤ 民国时范希曾对

①　张之洞编撰，范希曾补正，孙文泱增订：《增订书目答问补正》，中华书局 2011 年版，第 141 页。

②　来新夏、韦力、李国庆汇补：《书目答问汇补》，中华书局 2011 年版，第 258 页。

③　周中孚：《郑堂读书记》，上海书店出版社 2009 年版，第 263 页。

④　佚名：《盛氏图书馆善本书目》，《清代私家藏书目录题跋丛刊》本，第 13 册，国家图书馆出版社 2010 年版，第 47 页。

⑤　张之洞编撰，范希曾补正，孙文泱增订：《增订书目答问补正》，中华书局 2011 年版，第 141 页。

《书目答问》做了补正，他对《史记评林》的评价与周中孚相似："此本之可取在正文及注校刻不苟。"① 都是将《史记评林》作为一个校勘精审的《史记》版本来看待。当代学者孙文泱又增订《书目答问》，与前贤不同，他对《史记评林》的辑评价值评价颇高："《评林》一书集历代评论之大成。"② 认为《史记评林》有集大成之功。日本学者池田四郎次郎、池田英雄也对《史记评林》的辑评价值赞许有加，他们在《史记研究书目解题》中说：

> 《评林》本，最初是在明万历四年（一五七六）由凌稚隆刊行的一种本子。标题尽管是《评林》，但实际上它还收入了《评林》之外的其他即《集解》《索隐》《正义》三家注的全部内容。像这样把三家注的全部注文和大量的评论合刻为一书，可以说是史上空前的。在那之后，同样是明代的李光缙将数人的评语，重新增补而出版了《增补史记评林》。由此，在世间的发行也渐渐多了起来。在明代，于是可以看到总共两种《评林》本的刊行。明代评论十分盛行，因此多数的评论本被刊行，那些大部分为抄本，注文被删节的情况也很多。③

池田父子认为，凌稚隆的功劳在于将《史记》正文、三家注和大量评语刻于一帙，这具有空前的价值。之后李光缙又补入了几位评家的评语，池田父子对李光缙的增补之功也持肯定态度。但是他们断定明代总共有两种《评林》本的刊行，似乎有欠妥当。

序跋中蕴含了许多对作品价值的评价，出自书籍编者之手的凡例、题识中包含对作品编纂目的、体例的介绍，一些书目认识到了这些文献的价值，就以摘录序言、凡例、题识的方式为《史记评林》撰写解题，如《美国哈佛大学哈佛燕京图书馆中文善本书志》引《史记评林凡例》：

> 太史公史记批评，古今已刻者惟倪文节《史汉异同》、杨升庵《史记题评》、唐荆川《史记批选》、柯希斋《史记考要》。其抄录流传者，何燕泉、王槐野、董浔阳、茅鹿门数家。若杨铁崖、王守溪、陈石亭、茅见沧、田豫阳、归震川数十家，则又搜罗而出之，悉选录入。兹刻更阅百氏之书，如《史通》《史要》《史钺》《史义》《唐宋确论》《史纲辨疑》……凡有发明《史记》者，各视本文，标揭其上，间有总论一篇，大旨者录于篇之首尾，事提其要，文钩其玄。"据凡例，此本曾以宋本及明嘉靖四年汪谅刻本字字详对，间有不合者，又以别之善本参之，反复雠校而成。④

此段摘录的是凌稚隆对《史记评林》资料来源、辑评方式、校勘原则的说明，读

① 张之洞编撰、范希曾补正、孙文泱增订：《增订书目答问补正》，中华书局 2011 年版，第 141 页。
② 同上。
③ ［日］池田四郎次郎、池田英雄：《史记研究书目解题》，长年堂 1981 年版，第 108 页。
④ 沈津：《美国哈佛大学哈佛燕京图书馆中文善本书志》，上海辞书出版社 1999 年版，第 96 页。

者由此便可轻而易举知晓此书编纂旨意及内容梗概。此条解题中还引用了凌稚隆的题识，题识中包含的《史记评林》成书过程、付梓经过等信息也得以凭借《美国哈佛大学哈佛燕京图书馆中文善本书志》一书广为传播。此书目对《史记评林》价值的介绍则是通过引用茅坤《刻史记评林序》：

> 予乡凌君际叔氏，少随其父尚书郎藻泉公读诸家之评，辄自喜，稍稍日镌而夕次之，不特旧所刻《索隐》、《正义》，与韦昭、裴骃、服虔、杜预、王肃、贾逵、徐广辈所注而已也，国朝宋文宪而下名儒、硕卿、骚人、处士，苟其一言一字之似迂疏荒缪若予者，无不搜罗而摽引之。甚且以太史公所本者《左氏》、《国语》、《战国策》及吴越、楚汉、吕不韦春秋也，而载之未详者，君并详之。后太史公而《越绝》《说苑》《新序》《论衡》与夫《韩诗外传》、《风俗》、《白虎》二通之书所可参互者，君又撮而系之。下之唐宋诸贤之文，与《地理指掌图》等书，苟其可以相折衷处，君皆为之发栉而缩贯焉，可谓勤矣。犹之采南山之药，而牛溲马渤、败龟破鼓，君无不以贮之箧而入之肆，以需异日仓公、扁鹊者之按而求也。虽然，耳之所得而尝，世之学士所得手指而口画之者，君且能不遗，已而耳之所不得而尝，非独世之学士所不得而指且画，虽太史公之自为至，而自不能言其所至以授之人人者，君得无闻秦青之曲而犹有余憾者乎！刻既成，题之曰评林。①

此处引用的是茅坤对《史记评林》辑评价值的评论，茅坤认为凌稚隆将不同时代、不同评家的评论以及相关史料编为一书，就像采药者将各种看似无用之草药兼收并蓄，等待良医甄别使用。《美国哈佛大学哈佛燕京图书馆中文善本书志》引用这部分内容，说明此书目的作者对《史记评林》辑评之功也持肯定态度，茅坤之序对《史记评林》的宣传作用也随这部书目的流传而逐渐增强。

一些当代书目对古籍馆藏地有所著录，这种书目一方面可以让我们了解《史记评林》的现存情况，另一方面可为需要查阅《史记评林》古籍原书的学者提供便利。比较典型的是《中国古籍总目》，它对《史记评林》多个版本的馆藏地均有说明，如对凌氏自刻本馆藏地著录：

> 明万历间乌程凌氏刻本：国图、上海、复旦、天津、南京、浙江。②

对几种批校本馆藏地的著录：

> 《史汉评林》本：国图（清管廷芬跋并录清钱泰吉校跋）、上海（清钱泰吉校并跋；清莫友芝跋并录清钱泰吉校跋）、辞书（清萧梦松批并跋）、天津（清徐时栋批校，清顾曾寿跋）、浙江启东（清沈大成跋并录明归有光评点）。③

---

① 沈津：《美国哈佛大学哈佛燕京图书馆中文善本书志》，上海辞书出版社 1999 年版，第 96 页。

② 中国古籍总目编纂委员会：《中国古籍总目》，北京中华书局、上海古籍出版社 2009 年版，史部第 1 册，第 17 页。

③ 中国古籍总目编纂委员会：《中国古籍总目》，北京中华书局、上海古籍出版社 2009 年版，史部第 1 册，第 22 页。

对明代书林刻本馆藏地的著录：

> 明熊氏种德堂刻本：北大、上海（清张文虎、唐仁寿校）。
> 明立本堂刻本：宝鸡。
> 明末翰墨林刻本：邵阳师范。
> 明崇祯间程正揆刻清怀德堂重修本：天津。①

对清刻本馆藏地的著录：

> 清光绪十年湘乡刘鸿年耕云读月之室刻本：香港、中山。
> 清光绪十年湘乡刘鸿年耕云读月之室刻十七年星沙养翮书斋印本：
> 上海。②

通过《中国古籍总目》的著录，我们可以了解凌氏自刻本现存数量较多，流传范围较广，此本在国家图书馆、上海图书馆、复旦图书馆、天津图书馆、南京图书馆、浙江图书馆均有收藏。由此，我们还可得知清代管廷芬、钱泰吉、莫友芝、萧梦松、徐时栋、顾曾寿、沈大成等著名学者曾对《史记评林》撰写跋文或进行批校。此处还对三种明代坊刻本和两种清刻本做了著录，虽然略有讹误③，但依旧具有重要价值，可反映《史记评林》现存版本的多样性，也使研究者可以按图索骥，在国内各大图书馆找到需要查阅的版本。

通过对书目著录《史记评林》条目的梳理，可以看出《史记评林》的传播轨迹。一些带有解题的书目为作者和增补者编写了小传，还有一些评论或介绍了该书的体例、版式、内容、价值、馆藏地等信息。解题撰写者也对编纂者凌稚隆、增补者李光缙的学识才力有较高评价，认为《史记评林》是一部体例完备、内容丰富的辑评之书，能够为人们阅读、研究《史记》提供帮助。除此之外，书目解题还对《史记评林》各种版本的优劣和特点有较多介绍，对版式的记录也十分详细，为此书的版本研究提供了很多有价值的信息。这些内容一方面体现了明、清、民国及域外各国学者对《史记评林》的态度，即《史记评林》的传播效果；另一方面也起到了宣传作用，使该书的相关信息随着书目的传播而为广大读者所熟知。

---

① 中国古籍总目编纂委员会：《中国古籍总目》，北京中华书局、上海古籍出版社 2009 年版，史部第 1 册，第 22 页。

② 同上。

③ 按：立本堂刻本当为清刻本，并非明刻本。

从篇外互见到篇内对比

——论《秦本纪》与《商君列传》的文本关系

* 本文作者曹阳，陕西师范大学文学院，中国古代文学专业博士研究生。

秦穆公与秦孝公是秦国历史上彪炳史册的君主，也是司马迁在《秦本纪》中重点记叙的对象。秦穆公在位期间任用百里奚、蹇叔、由余等人，使得秦国"东服强晋，西霸戎夷"，"与齐桓、晋文中国侯伯侔矣"。秦孝公在位期间任用商鞅变法修刑，使秦国从僻处一隅的戎狄跃为"天子致伯"的中原雄主。值得重视的是，在撰述相关文本时，司马迁运用了从篇外互见到篇内对比的叙事策略。一方面，借助《秦本纪》与《商君列传》的文本互见实现了对《秦本纪》中秦孝公、秦穆公相关叙事的补充。另一方面，通过《商君列传》中的相关对比强化了《秦本纪》篇内对秦孝公、秦穆公君臣在治政思想、功业建树、后世影响等方面的比较，从而传达出了特殊的思想寄托。

一、《秦本纪》与《商君列传》的文本互见及其特殊性

《史记》全书分为本纪、表、书、世家、列传五体，五体之间既各成体系，又相互配合，存在着内在的逻辑关系。《太史公自序》曰："罔罗天下放失旧闻，王迹所兴，原始察终，见盛观衰……著十二本纪，既科条之矣。"本纪为纲，叙述君王以及兴衰之迹。"扶义俶傥，不令己失时，立功名于天下，作七十列传。"列传是辅，对总纲进行补充，主要叙列人臣事迹。司马迁在叙述秦孝公时期史事时即以《秦本纪》中秦孝公相关文本为纲，《商君列传》所载为辅。《秦本纪》秦孝公相关文本与《商君列传》间的关联正是《史记》结构设置中本纪与列传间内在逻辑关系的呈现。《秦本纪》略叙秦孝公时期商鞅变法事件后称"其事在《商君》语中"，于《商君列传》中详叙了孝公任商鞅治政的过程，使得商鞅变法一事在《秦本纪》与《商君列传》间产生了明确的"互见"关系。"互见"，即"把一个人物的生平事迹或一件历史事件的始末经过，分散在数篇之中，参错互见，彼此相补。"[①] 这在《史记》中较为常见，张舜徽曾对此进行过细致分析，"司马迁已将

---

① 肖黎、张大可：《论〈史记〉的互见法》，《社会科学辑刊》1983年第3期，第91页。

某段材料摆在甲篇，遇着乙篇有关联时，便清楚地作出交代说：'事见某篇'，'语在某篇'。例如《周本纪》说：'其事在周公之篇'；《秦本纪》说：'其事在商君语中'；又说：'其语在《始皇本纪》中'；《秦始皇本纪》说：'其赐死语，具在《李斯传》中'……"①虽然，大多数学者认为"语在某纪""语在某传"是司马迁撰写《史记》时运用"互见法"的体现，但是亦有学者提出此类句子可能是"被误录的早期读者的阅读随记"。②但是无论"其事在商君语中"是否为司马迁所撰，《秦本纪》中相关文本与《商君列传》间的"互见"关系是不可否认的，全面理解《商君列传》与《秦本纪》的文本关系正是解读相关文本的关键。

《秦本纪》《商君列传》间的"互见"关系主要体现在以下三处。

其一，孝公与商鞅论政。《秦本纪》中叙述商鞅说秦孝公称："卫鞅闻是令下，西入秦，因景监求见孝公。""卫鞅说孝公变法修刑，内务耕稼，外劝战死之赏罚，孝公善之"，简明扼要。《商君列传》载孝公与商鞅论政始末称："公孙鞅闻秦孝公下令国中求贤者，将修缪公之业，东复侵地，乃遂西入秦，因孝公宠臣景监以求见孝公。孝公既见卫鞅，语事良久，孝公时时睡，弗听。……后五日，复求见鞅。鞅复见孝公，益愈，然而未中旨。……鞅复见孝公，孝公善之而未用也。……卫鞅复见孝公。公与语，不自知跜之前于席也。语数日不厌。……"《商君列传》运用前后对比的方式详叙了孝公与商鞅论政的整个过程，商鞅提出不同的治政策略，秦孝公反映截然不同。商鞅以"帝道""王道"都不能说动秦孝公，最终以"霸道"说服孝公，得到重用。

其二，秦孝公任用商鞅变法。《秦本纪》中载孝公用商鞅变法曰："卫鞅说孝公变法修刑，内务耕稼，外劝战死之赏罚，孝公善之。甘龙、杜挚等弗然，相与争之。卒用鞅法，百姓苦之；居三年，百姓便之。乃拜鞅为左庶长。其事在《商君》语中。"至此，对商鞅变法一事的叙述戛然而止。《商君列传》载："孝公既用卫鞅，鞅欲变法……以卫鞅为左庶长，卒定变法之令。令行于民期年，秦民之国都言初令之不便者以千数。……其后民莫敢议令。于是以鞅为大良造。……居五年，秦人富强，天子致胙于孝公，诸侯毕贺。"在《商君列传》中，司马迁则用近千字的篇幅细致地叙述了商鞅与甘龙、杜挚论辩，商鞅所制定的政令、政令实施过程中发生的一系列事件以及政令实施后秦国国力与政治地位上的变化。

其三，百里奚得遇、治政。(1)百里奚得遇。《秦本纪》载："晋献公灭虞、虢，虏虞君与其大夫百里傒……既虏百里傒，以为秦缪公夫人媵于秦。百里傒亡秦走宛，楚鄙人执之。缪公闻百里傒贤……乃使人谓楚曰：'吾媵臣百里傒在焉，请以五羖羊皮赎之。'楚人遂许与之。……缪公释其囚，与语国事。……语三日，缪公大说，授之国政，号曰五羖大夫。"《商君列传》载："夫五羖大夫，荆之鄙人

①　张舜徽：《中国古代史籍校读法》，上海古籍出版社1962年版，第228页。
②　刘彦青：《论史书撰写艺术中的自注法——以〈史记〉为中心》，《陕西师范大学学报》2018年第2期，第75页。

也。闻秦缪公之贤而原望见，行而无资，自粥于秦客，被褐食牛。期年，缪公知之，举之牛口之下，而加之百姓之上，秦国莫敢望焉。"《秦本纪》与《商君列传》中所载百里奚最初的身份以及得遇过程截然不同。《史记评林》载王应麟云："《秦本纪》载穆公以五羖羊皮赎百里奚，《商鞅传》又载穆公举之牛口之下，《史记》所传自相矛盾如此。"① 梁玉绳《史记志疑》曰："史公好聚旧记，时插杂言，不惟与《经》相戾，且与《商鞅传》矛盾。"② 司马迁之前，《孟子》《庄子》《左传》《战国策》《吕氏春秋》《韩诗外传》《淮南子》等文献中均有关于百里奚的记载，对于百里奚的身份、得遇方式众说纷纭。司马迁在《秦本纪》与《商君列传》中的不同叙述，可能是司马迁依据了不同的材料所致。这一现象在《史记》文本中多次出现，可视为"不同传记间的两存"，即将不同说法分列在不同传记中进行记录，这种两存现象亦是《史记》"互见法"的体现。（2）百里奚治政。《秦本纪》中百里奚治政事迹主要借"羊皮换贤""秦晋乞籴"和"秦晋殽之战"中百里奚的言行以凸显。如"臣不及臣友蹇叔，蹇叔贤而世莫知……一不用，及虞君难；是以知其贤。""傒曰：'夷吾得罪于君，其百姓何罪?'""径数国千里而袭人，希有得利者。且人卖郑，庸知我国人不有以我情告郑者乎? 不可"等，具体而微。《商君列传》中百里奚治政事迹则是通过赵良的总体评价来呈现的。《商君列传》载赵良曰："相秦六七年，而东伐郑，三置晋国之君，一救荆国之祸。发教封内，而巴人致贡；施德诸侯，而八戎来服。由余闻之，款关请见。五羖大夫之相秦也，劳不坐乘，暑不张盖，行于国中，不从车乘，不操干戈，功名藏于府库，德行施于后世。五羖大夫死，秦国男女流涕，童子不歌谣，舂者不相杵。此五羖大夫之德也。"从总体上概括了百里奚的治政成就。

从上述三处"互见"关系，可以看出，《秦本纪》与《商君列传》间的"互见"关系在《史记》的文本"互见"中具有明显的特殊性。《秦本纪》中秦孝公时期商鞅变法、秦穆公时期百里奚相关文本均与《商君列传》中的文本存在着"互见"关系，而《秦本纪》与《商君列传》这两处文本所涉历史人物间时间跨度达两百多年。一般来说，商鞅是秦孝公的重臣，《商君列传》本应属于秦孝公文本的一个组成部分，服务于秦孝公相关历史的叙述，不会与秦穆公时期的百里奚发生特定关联，但是《商君列传》中却存有商鞅、百里奚二者的对比。《商君列传》中记载商鞅让赵良评价自己与五羖大夫百里奚在"治秦"上谁更贤能? 赵良回答说："夫五羖大夫，……此五羖大夫之德也。今君之见秦王也，因嬖人景监以为主，非所以为名也。相秦不以百姓为事，而大筑冀阙，非所以为功也。刑黥太子之师傅，残伤民以骏刑，是积怨畜祸也。……君又南面而称寡人，日绳秦之贵公子。……此数事者，非所以得人也。君之出也，后车十数，从车载甲……秦王一旦捐宾客而不立朝，秦国之所以收君者，岂其微哉? 亡可翘足而待。"《史记评林》

① ［明］凌稚隆辑校，［明］李光缙增补：《史记评林》，天津古籍出版社 1998 年版，第 283 页。
② ［清］梁玉绳：《史记志疑》，中华书局 1981 年版，第 125—126 页。

载茅坤曰："此下一切应商君本传，又一一反五羖大夫。"载唐顺之曰："峻刑数事明与五羖大夫施德相反。""出盛车从明与五羖大夫行于国中相反。"①赵良从得遇方式、相秦功绩、为人处世、出行阵仗、品德及影响几方面对百里奚、商鞅进行了细致对比。且商鞅让赵良评价其与百里奚孰贤也并非随口而出，而是有着相应的历史根源，这一根源在《商君列传》开篇便显出了端倪。《商君列传》载商鞅从魏入秦的缘由时称"公孙鞅闻秦孝公下令国中求贤者，将修缪公之业，东复侵地，乃遂西入秦。"秦孝公欲修秦穆公之业，才下令求贤，而百里奚正是秦穆公的重臣，贤名远播。商鞅因孝公求贤令而入秦，相秦十年，秦国国力大增，欲与百里奚一较高下，正在情理之中。《商君列传》中百里奚、商鞅的篇内对比是《秦本纪》《商君列传》中百里奚相关文本间产生"互见"关系、《秦本纪》《商君列传》互见关系呈现出特殊性的原因。然而，《商君列传》中的这处篇内对比之所以得以产生则是源于《秦本纪》中秦孝公时期"求贤"的相关文本内容。

二、秦孝公与秦穆公君臣比较的内容展示

据《秦本纪》所载，秦穆公到秦献公之间，秦国没有再出现一位像穆公一样为秦开疆拓土，能让周天子"贺以金鼓"的君主。日本学者藤田胜久就《秦本纪》载君子评"秦不能复东征"叙事提出："《秦本纪》的缪公评价基本依据《左传》的'君子'评。即，《左传》中一方面根据任用贤者等事对缪公予以高度评价，另一方面根据用良臣殉葬说明秦伯不能成为东方霸者的理由。《秦本纪》中也有同样的观点，以示缪公的全盛期在后世没有继承。"②认为《左传》的评价说明了秦穆公功业后继无人的史实。献公之前，"秦以往者数易君，君臣乖乱，故晋复强，夺秦河西地"。献公在位期间，欲继穆公之业，却赍志以殁。献公之子秦孝公继位后，面临着严峻的政治形势，"河山以东强国六"，而淮河、泗水之间又有十余小国。楚国、魏国与秦接界，"魏筑长城，自郑滨洛以北，有上郡。楚自汉中，南有巴、黔中。"此期，周王室衰微，"诸侯力政，争相并"，秦僻处雍州，中国诸侯视秦为夷翟，不与之会盟。孝公急切地想要改变秦国的政治处境，在继位后"布惠，振孤寡，招战士，明功赏"，发布求贤政令称：

> 昔我缪公自岐雍之间，修德行武，东平晋乱，以河为界，西霸戎翟，广地千里，天子致伯，诸侯毕贺，为后世开业，甚光美。会往者厉、躁、简公、出子之不宁，国家内忧，未遑外事，三晋攻夺我先君河西地，诸侯卑秦、丑莫大焉。献公即位，镇抚边境，徙治栎阳，且欲东伐，复缪公之故地，修缪

---

① ［明］凌稚隆辑校，［明］李光缙增补：《史记评林》，天津古籍出版社1998年版，第109—110页。

② ［日］藤田胜久著，张新科译：《〈史记·秦本纪〉的史料特性》，《秦文化论丛》第4辑，1996年第6期，第132页。

公之政令。寡人思念先君之意，常痛于心。宾客群臣有能出奇计强秦者，吾且尊官，与之分土。

秦孝公在政令中对秦穆公的功业进行了追溯，称穆公"为后世开业"，并言明将继其父献公"且欲东伐，复缪公之故地，修缪公之政令"之业，改变"诸侯卑秦"的政治局面。叶适《习学记言》云："秦孝公出令，上距穆公二百五十年矣。穆公旧事，常镜观之，宜其兴也。"①《秦本纪》载孝公在政令中对秦穆公功业进行总结、追溯以及表达出的渴慕之情，使得孝公与穆公间产生了一种有别于其他君王间的承继关系。这样的跨越客观上已经使得秦孝公、秦穆公所建立的功业形成了一种特殊的对比之势，而这种对比关系正着重体现在与其具有互见关系的《商君列传》中，《商君列传》即以"公孙鞅闻秦孝公下令国中求贤者，将修缪公之业，东复侵地，乃遂西入秦"开头，展开了对商鞅变法的叙述。

在《秦本纪》与《商君列传》中，司马迁用三处重点凸显了对秦孝公、秦穆公两位霸主的对比。

（一）治政思想侧重不同

秦孝公虽然称将对秦穆公功业进行承继，但是其重点并不在秦穆公所树立的德行与治国时具备的道德政治观上，而是着眼于"修缪公之业，东复侵地"的功业建树上，因而，秦孝公在治政思想上与穆公迥然不同。

《秦本纪》载秦穆公与由余论政云：

> 秦缪公示以宫室、积聚。由余曰："使鬼为之，则劳神矣。使人为之，亦苦民矣。"缪公怪之，问曰："中国以诗书礼乐法度为政，然尚时乱，今戎夷无此，何以为治，不亦难乎？"由余笑曰："此乃中国所以乱也。……上含淳德以遇其下，下怀忠信以事其上，一国之政犹一身之治，不知所以治，此真圣人之治也。"于是缪公退而问内史廖曰："孤闻邻国有圣人，敌国之忧也。今由余贤，寡人之害，将奈之何？"

《韩非子》《韩诗外传》中均记载了秦穆公与由余论政，由余以恭俭、骄奢论明主得国之道一事。但相对于《韩非子》《韩诗外传》所载，司马迁在《秦本纪》载穆公问政由余处增添了秦穆公问由余戎夷何以治政一段，充满了黄老色彩。其所增补内容与汉代现实政治密切相关，相对于之前材料中的俭奢之说上更深一层，也更具现实意义。虽然司马迁对此处的材料处理可能是出自刻画秦穆公贤君明主形象与发表个人的政治论点的需要，但是就这段材料而言，司马迁为我们展示的秦穆公是一位认同由余"圣人之治"论点，讲求德政、德治的贤君。

《商君列传》记载秦孝公与商鞅论政，"孝公既见卫鞅，语事良久……故吾以强国之术说君，君大说之耳。然亦难以比德于殷周矣。"商鞅三次游说秦孝公，

---

① ［宋］叶适：《习学记言》，上海古籍出版社1992年版，第161页。

提出不同的治政方略，秦孝公的反映也截然不同。商鞅与秦孝公论政时所提"帝道""王道""霸道"在战国时常被连提，是诸子关于君主如何统一与治政的思想。"帝道"即传说中五帝兴起的治国策略，"王道"即夏禹、商汤、周文王、周武王统一天下的方法，"霸道"则是春秋五霸相继称霸的治国之术。《孟子》《荀子》《战国策》《鹖冠子》等均论及"帝""王""霸"三道。前人多认为三道中有等次之分，《吕氏春秋·先己》篇云："五帝先道而后德，故德莫盛焉；三王先教而后杀，故事莫功焉；五伯先事而后兵，故兵莫强焉"，提出"帝道"为上，"王道"次之，"霸道"下之。孟子曰："以力假仁者霸，霸必有大国；以德行仁者王，王不待大——汤以七十里，文王以百里。以力服人者，非心服也，力不赡也；以德服人者，中心悦而诚服也，如七十子之服孔子也。"① 认为"霸道"只能使人在力不如他的情况下而屈服，"非心服也"，而"王道""以德行仁"则能使人心悦诚服，"王道"高于"霸道"。《史记会注考证》云："王之与霸，截然有别，不可不知。"② 商鞅以"帝道""王道"不能说动秦孝公，最终以"霸道"说服孝公，得到重用，秦孝公认为帝王之道"久远，吾不能待。且贤君者，各及其身显名天下，安能邑邑待数十百年以成帝王乎？"孝公的态度凸显了其急欲强国称霸的心理，也正表明了秦孝公的政治观。对此，商鞅断言行"霸道"将导致"难以比德于殷周"的结果。学者多认为秦孝公施行了商鞅口中的"霸道"，是因为商鞅的话术所致。司马迁在《商君列传》论赞中称："迹其欲干孝公以帝王术，挟持浮说，非其质矣。"《史记会注考证》注"后五日，复求见鞅"曰："鞅说已不可用矣，而使孝公求复见，此其说有机也。"注"请复见鞅"曰："鞅言至此。"③《史记评林》载董份云："卫鞅非说以帝王之道，盖先以迂阔久远之事使秦王之心厌，以益坚其用伯之志，见伯之效速耳。"④ 劭宝曰："商君岂真知帝王道者哉？知帝道者不屑于王，知王道者不屑于伯，而况于富强乎？古之遗人物者，必有所听先。商君之言帝王也，其亦若将以为先者耳。不然，则将固孝公之心，而以是尝焉。再尝之而知其心之必在于富强也，故一语而辄合，盖商君于富强之术深矣。"⑤《商君列传》开篇即称"鞅少好刑名之学"，可见商鞅游说秦孝公的目的并不在使其用"帝道"与"王道"。但是即便商鞅深谙孝公心理，以话术诱之，使得秦孝公欲用"霸道"，商鞅所迎合的也正是秦孝公的政治观念与急于求成的心理，掌握决定权的仍是秦孝公。

---

① 杨伯峻译注：《孟子译注》，中华书局 2010 年版，第 67 页。

② ［汉］司马迁撰，（日）泷川资言考证，水泽利忠校补：《史记会注考证附校补》，上海古籍出版社 1986 年版，第 1353 页。

③ 同上，第 1353 页。

④ ［明］凌稚隆辑校，［明］李光缙增补：《史记评林》，天津古籍出版社 1998 年版，第 97 页。

⑤ 同上，第 97—98 页。

（二）所求之贤类型不同

《秦本纪》中秦穆公相关文本记载穆公"羊皮换贤"、"厚币迎蹇叔"、用计使"由余降秦"、殽之战败后"复益厚孟明等"，这些事迹均表明了穆公求贤若渴，重贤任能。秦孝公相关文本中，司马迁载录了孝公之令，令称"宾客群臣有能出奇计强秦者，吾且尊官，与之分土"，亦展现了孝公求贤、尚贤之心，但是孝公、穆公所求之贤在类型上有着明显不同。

司马迁在秦穆公相关文本中着重叙述了穆公所求之贤百里奚、蹇叔、由余等，于故事中以言语、行为等形式凸显了这些贤臣的品质。"羊皮换贤"中，百里奚被任为大夫之后，谦让说："臣不及臣友蹇叔，蹇叔贤而世莫知……一不用，及虞君难；是以知其贤。"于是，秦穆公"使人厚币迎蹇叔，以为上大夫。"程馀庆曰："百里论蹇叔之事，皆从识上看出，可谓观其大者。"[①] 百里奚让蹇叔不仅凸显了百里奚谦让、顾全大局，还从侧面展现出蹇叔的高瞻远瞩。"秦输粟于晋"中，晋国饥荒向秦求粮，秦穆公向臣子征求建议。"问公孙支，支曰：'饥穰更事耳，不可不与。'问百里傒，傒曰：'夷吾得罪于君，其百姓何罪？'"秦穆公"用百里傒、公孙支言，卒与之粟。"百里奚、公孙支的态度显出其厚德尚义、宽厚爱人。"穆公悔过"中，秦穆公谋划攻晋，问蹇叔、百里奚，"对曰：'径数国千里而袭人，希有得利者……不可。'"穆公未听取二人建议，最后为晋所败，可见百里奚、蹇叔的远见卓识。"由余降秦"中，秦穆公"示以宫室、积聚"，由余称劳神苦民。秦穆公问戎夷何以治政，由余以"上含淳德以遇其下，下怀忠信以事其上……此真圣人之治也"作答，可知由余尚俭爱民，推崇圣人之治。

秦孝公所重之臣即商鞅，《秦本纪》载商鞅"说孝公变法修刑，内务耕稼，外劝战死之赏罚，孝公善之。"据《商君列传》载，对待民众，商鞅认为"民不可与虑始而可与乐成"，"智者作法，愚者制焉"。推行严刑峻法，"百姓苦之"。法令"行之十年，秦民大说，道不拾遗，山无盗贼，家给人足。民勇于公战，怯于私斗，乡邑大治。秦民初言令不便者有来言令便者，卫鞅曰'此皆乱化之民也'，尽迁之于边城。其后民莫敢议令"；对待贵族公卿，"太子犯禁"，商鞅"黥其傅师"。"公子虔复犯约，劓之"；对待邻国，商鞅向孝公进言说："秦之与魏，譬若人之有腹心疾，非魏并秦，秦即并魏"，于是秦孝公使其将而伐魏。商鞅用计谋欺骗魏公子卬，袭虏其军，"尽破之以归秦"，"秦封之于、商十五邑，号为商君。"商鞅变法改革虽然使秦国走向富强，但是商鞅"相秦十年，宗室贵戚多怨望者"。赵良评价商鞅称"相秦不以百姓为事，而大筑冀阙，非所以为功也。刑黥太子之师傅，残伤民以骏刑，是积怨畜祸也。"魏人亦"怨其欺公子卬而破魏师"，称之为"秦之贼"。秦孝公去世后，秦惠王"车裂商君以徇，曰：'莫如商鞅反者！'遂灭商君之家。"司马迁《商君列传》论赞称："商君，其天资刻薄人也。……刑公子虔，欺魏将卬，不师赵良之言，亦足发明商君之少恩矣。"认为商鞅用法严酷苛刻。

① ［清］程馀庆：《历代名家评注史记集说》，三秦出版社 2011 年版，第 75 页。

秦穆公所重之贤厚德爱民，行事有君子之风。秦孝公所重之贤则刻薄少恩，"不以百姓为事"，为达目的，不择手段。从穆公、孝公所重之贤的类型上，可以看出，二人选贤任能的标准截然不同。

（三）所任能臣建树不同

秦孝公欲"修缪公之业"，其臣子商鞅在与赵良论谈时，让赵良评价自己与穆公臣子五羖大夫百里奚在"治秦"上谁更贤能？赵良从四方面对二人进行了细致比对。《商君列传》载："商君曰：'……子观我治秦也，孰与五羖大夫贤？'……赵良曰：'夫五羖大夫，……五羖大夫死，秦国男女流涕，童子不歌谣，舂者不相杵。此五羖大夫之德也。今君之见秦王也，……亡可翘足而待。'商君弗从。"

在得遇方式上，五羖大夫"闻秦缪公之贤而原望见，行而无资，自粥于秦客，被褐食牛。"后来被秦穆公所知，"举之牛口之下，而加之百姓之上。"而商鞅"因嬖人景监以为主，非所以为名也。"其次，相秦的政绩上，五羖大夫"相秦六七年，而东伐郑，三置晋国之君，一救荆国之祸。发教封内，而巴人致贡；施德诸侯，而八戎来服。由余闻之，款关请见。"而商鞅"相秦不以百姓为事，而大筑冀阙，非所以为功也。刑黥太子之师傅，残伤民以骏刑，是积怨畜祸也。……今君又左建外易，非所以为教也。君又南面而称寡人，日绳秦之贵公子。……公子虔杜门不出已八年矣，君又杀祝懽而黥公孙贾。……此数事者，非所以得人也。"《史记评林》载唐顺之曰："峻刑类事明与五羖大夫施德相反。"[1] 其三，在出行阵仗上，五羖大夫"劳不坐乘，暑不张盖，行于国中，不从车乘，不操干戈。"而商鞅"后车十数，从车载甲，多力而骈胁者为骖乘，持矛而操阖戟者旁车而趋。此一物不具，君固不出。"[2] 唐顺之曰："出盛车从明与五羖大夫行于国中相反。"[3] 最后，赵良对二人的德行及其造成的后果进行了对比，称五羖大夫"功名藏于府库，德行施于后世。"五羖大夫死后，"秦国男女流涕，童子不歌谣，舂者不相杵。"而评价商鞅曰："君之危若朝露，尚将欲延年益寿乎？"并对商鞅倘不改正的后果进行了预测，称"君尚将贪商于之富，宠秦国之教，畜百姓之怨，秦王一旦捐宾客而不立朝，秦国之所以收君者，岂其微哉？亡可翘足而待。"[4] 赵良论述中四方面的对照，处处显出商鞅远不如百里奚。

从《秦本纪》《商君列传》的互见关系与对比的具体内容可以看出，司马迁特意将秦孝公、秦穆公及其臣子两两相对进行撰述，使其产生了篇外互见、篇内对比的文本关系。这在以下三处文本中亦有迹可循。其一，司马迁在《秦本纪》中叙述秦孝公相关事迹时，粗略概述了孝公功业，重点载录了孝公发布的政令。政令内容占据秦孝公相关文本近三分之一，这一政令发布的目的在于求贤，以期

---

① ［明］凌稚隆辑校，［明］李光缙增补：《史记评林》，天津古籍出版社1998年版，第109页。
② ［汉］司马迁：《史记》，中华书局2013年版，第2715页。
③ ［明］凌稚隆辑校，［明］李光缙增补：《史记评林》，天津古籍出版社1998年版，第110页。
④ ［汉］司马迁：《史记》，中华书局2013年版，第2715页。

复穆公之业。《秦本纪》载秦穆公至秦孝公间，有康公、共公、桓公、景公、哀公、惠公、悼公等十三位君主，在记载这些君主时，司马迁仅在秦孝公处提及秦穆公昔日功业，表达出追慕之情。清人牛运震《史记评注》云："'昔我缪公'云云。按：此令质古雄峭，为秦汉诏、令开端。想先秦文字，自有之耶？抑太史公采其意而润色之耶？"① 对《秦本纪》载秦孝公求贤令的真实性进行了质疑。秦孝公所出政令是否与司马迁所载一致，已不可考。但是不可否认的是这一政令将秦孝公与间隔二百多年的秦穆公联结了起来，使二者间形成一种承继关系和对比之势。其二，在与秦孝公相关文本互见的《商君列传》中，司马迁详细地叙述了商鞅如何得到孝公任用的过程。商鞅得遇秦孝公之事见于《战国策》《韩非子》《吕氏春秋》《淮南子》等文献，但是这些文献中不见有商鞅如何说服秦孝公的相关记载，司马迁关于商鞅以"帝道""王道""霸道"三说秦孝公的详细叙述究竟是另有所本，还是特意拟写，难以厘清。其三，商鞅相秦十年时，出现了一位关键性的人物赵良。在商鞅"子观我治秦也，孰与五羖大夫贤？"的询问下，赵良对商鞅与百里奚所建功业及所致结果进行了分析与评价，并劝告商鞅及时隐退，以免招致灾祸，但是"商君弗从"。后来，商鞅果然如赵良所言，未能善终。《商君列传》所载商鞅与赵良的这段对话与"赵良"其人均不见于《史记》之前的传世文献，疑为太史公特意增添之笔。有学者从人物秉持思想类型的解析出发，提出赵良"是司马迁有意安排的一个儒家代言人"，"赵良与商鞅的对话，可谓是儒与法在《商君列传》中的正面交锋②。从以上三处可以看出，司马迁有意将秦孝公、秦穆公及其臣子进行对比，从其言语间两方高下立判。虽然，这三处材料不见于传世文献，很难确定司马迁是本着原始材料而"述"，还是基于自身历史考量而"作"，但是无论是采录还是自撰，能够在文本中如此频繁地体现，这种对比关系必然是史公所认同的，其中自然也蕴含其所秉持的历史观念。

三、从秦穆公到秦孝公文本中的"通变"思想

尽管在司马迁之前，并未有系统的秦史流传，司马迁自称其看到的《秦纪》也"文略不具"，但是有限的秦史资料中已经存在凸显秦穆公与秦孝公的现象。

《李斯列传》中载李斯说秦王"灭诸侯，成帝业"时云："昔者秦穆公之霸，终不东并六国者，何也？诸侯尚众，周德未衰，故五伯迭兴，更尊周室。自秦孝公以来，周室卑微，诸侯相兼，关东为六国，秦之乘胜役诸侯，盖六世矣。"于秦穆公霸业之后，便接叙秦孝公功业。其《谏逐客书》中列举了秦国四位先王重用客卿而富国强兵的史实来劝谏秦王嬴政，于秦穆公之后，亦列举了秦孝公，"臣

---

① ［清］牛运震撰，崔凡芝校释：《空山堂史记评注校释》，中华书局 2012 年版，第 35 页。

② 杨玲、葛光香：《〈史记〉类传与专传或合传穿插组合对比义例——以〈伍子胥列传〉〈仲尼弟子列传〉〈商君列传〉为例》，《宁夏大学学报》2019 年第 3 期，第 108 页。

闻吏议逐客，窃以为过矣。昔缪公求士，西取由余于戎，东得百里奚于宛，迎蹇叔于宋，来邳豹、公孙支于晋。此五子者，不产于秦，而缪公用之，并国二十，遂霸西戎。孝公用商鞅之法，移风易俗，民以殷盛，国以富强，百姓乐用，诸侯亲服，获楚、魏之师，举地千里，至今治强。"李斯对四位先王重用客卿建立功业的通论是对秦国强盛原因的总结，他认为秦穆公、秦孝公是秦国发展史上的两个重要阶段；邹阳《狱中上梁孝王书》也列举了"百里奚乞食于路，缪公委之以政""秦用商鞅之法，东弱韩、魏，兵强天下，而卒车裂之"的例子；贾谊《过秦论》虽未提及秦穆公，但是其开篇即以秦孝公的功业发论，"秦孝公据崤函之固，拥雍州之地，君臣固守以窥周室，有席卷天下，包举宇内，囊括四海之意，并吞八荒之心。当是时也，商君佐之，内立法度，务耕织，修守战之备，外连衡而斗诸侯。于是秦人拱手而取西河之外。"并称秦始皇"续六世之余烈，振长策而御宇内，吞二周而亡诸侯"，提出六世庇荫是秦始皇一统天下的关键，《史记集解》引张晏语称"六世"曰："孝公、惠文王、武王、昭王、孝文王、庄襄王。"孝公正是始皇六世祖。贾谊对孝公、惠文王、武王、昭王、孝文王、庄襄王功业的通论是对秦始皇一统天下原因的总结。在司马迁之前，李斯、邹阳、贾谊均从"通"的角度对秦王们在功业上的承继、发展进行了总结。

在一定程度上，可以说这些文献构建了秦崛起的历史经过。这些材料被全文载录入《史记》中，势必对司马迁产生了深刻的影响。

《秦本纪》是司马迁建构的一部系统秦史，与前人不同的是，司马迁独具慧眼，他不仅以"通"的眼光展示了秦的发展历史与重点阶段，而且敏锐地察觉到了从秦穆公到秦孝公所发生的历史转变。

秦穆公、秦孝公都是秦国历史上彪炳史册的君主。秦穆公在位期间，"益国十二，开地千里"，"东服强晋，西霸戎夷"，"与齐桓、晋文中国侯伯侔矣"。所开创霸业在秦国发展史上起着关键作用，为秦国统一天下奠定了坚实基础。郭嵩焘《史记札记》曰："穆公立，秦遂以霸。秦氏之强自穆公始。"[1] 马非百《秦集史》曰："秦人异日一统之基，实自穆公建之，此不可不知者也。"[2] 但是穆公之后的君主并未能在其功业的基础上有所增进，反而"数易君，君臣乖乱，故晋复强，夺秦河西地。"献公虽立下了"复缪公之故地，修缪公之政令"的志向，进行了一系列的改革，但是大志未竟时便撒手人寰。至孝公时期，秦孝公任用商鞅"变法修刑，内务耕稼，外劝战死之赏罚"，秦国实力迅速壮大。马非百《秦集史》称："孝公即位，亦曾出兵东围陕城，然仍无特别之胜利。同年且有赵、韩联军攻秦之举。自卫鞅变法后，国势顿臻强盛。变法后第四年，即败韩于西山。又四年，与魏战元里，斩首七千，取少梁。又二年，围安邑，破之。又一年，围固阳，降之。又一年而东地渡洛。又七年而城武城。又十年而至河。魏由安邑徙都大梁。

---

① ［清］郭嵩焘：《史记札记》，商务印书馆 1957 年版，第 35 页。

② 马非百：《秦集史》，中华书局 1982 年版，第 21 页。

又二年，则更深入魏之内地，败之于今河南许昌东北二十八里之岸门。发展之速，殊为可惊。"① 在商鞅变法的作用下，秦国富强起来，使得"天子致伯""诸侯毕贺"，秦孝公也一跃成为继穆公之后的雄主。日本学者藤田胜久即认为"献公、孝公时代，是继承发展春秋时代缪公业绩的转换期。"② 虽然秦穆公与秦孝公均使得秦国崛起、壮大，但是二者之间存在着很大的差别。为了凸显这种差别，司马迁叙述这两位君主时，广采前代有关二者的文献资料。在刻画秦穆公这一人物时，司马迁有意采纳了包括《尚书》《左传》《公羊传》《谷梁传》《国语》《孟子》《韩非子》《吕氏春秋》《韩诗外传》等文献材料中关于穆公的事迹。对所收集的原始材料，司马迁并非简单地随意载录，而是有目的地择选，对相关情节、人物进行了精心安排与加工，重新叙述了秦穆公的故事，重心旨在凸显秦穆公重贤、爱人、宽厚等形象特征。司马迁对秦穆公形象的刻画与其撰写秦穆公相关文本时所采的原始材料及其价值导向紧密相关。可以说，在这些材料，尤其是司马迁极为推崇的孔子关于秦穆公评价③的影响下，司马迁是将秦穆公视为秦国历史上最为贤明有德之君主的。司马迁对秦孝公时期史事的书写主要在《商君列传》中。对这一时期史事的叙述，司马迁主要采纳了《商君书》《战国策》《韩非子》《吕氏春秋》《淮南子》中的相关材料，通过对这些材料的择选与加工，司马迁为我们展现了秦孝公欲"修缪公之业"，任用商鞅，实施严刑苛法，使秦国走向了霸强之路的历史。孝公之后，"后世遵其法"。可以说，秦孝公时期既是秦国命运转折的关键点，更是秦穆公之后变化的关键点。司马迁敏锐地意识到了这一变化，独具匠心地将秦孝公、秦穆公及其臣子进行勾连、对比，使之得以呈现。

秦孝公时期在治政思想、政令上的巨大变化，对战国时期的局势，秦朝一统天下乃至短祚而亡的结果均产生了深远影响。司马迁显然对此也有着深刻认识，《史记》中自秦孝公时期，关于斩杀数量的记载猛增。宋人方回评此云："细考之，秦献公犹未有一首一级之赏。孝公用商鞅立法，战斩一首赐爵一级，首级之名，自孝公始。秦孝公七年，虏公子卬，与魏战，斩首八万；孝公后七年，条鱼之战，破五国及匈奴，斩首八万二千；十三年丹阳之战，虏楚将屈匄，斩首八万；……二十六年，秦初并天下。大约计之，秦斩杀山东六国之民一百六十余万人，其得天下不仁甚矣。"④ 刘鸿翱亦通过《史记》载录秦相关斩杀数量对秦孝公用商鞅所酿之祸进行了评析，"秦自襄公，章于文、缪；孝、献之后，稍以蚕食；崇诈力，尚首功。白起长平，坑赵降卒四十万，计其生平斩杀，不下百万；计秦他将之所

---

① 马非百：《秦集史》，中华书局1982年版，第50页。

② ［日］藤田胜久著，张新科译：《〈史记·秦本纪〉的史料特性》，《秦文化论丛》第4辑，1996年第6期，第137页。

③ 《史记·孔子世家》载孔子评秦穆公语云："其志大""行中正""虽王可也，其霸小矣"，《论语·宪问》："晋文公谲而不正，齐桓公正而不谲。"《史记·陈杞世家》载孔子赞美楚庄王云："贤哉楚庄王！"孔子对秦穆公的评价远高于其对晋文公、齐桓公、楚庄王的评价。

④ 张新科、赵光勇编：《史记研究集成·十二本纪·秦本纪》，西北大学出版社2019年版，第200页。

斩杀，亦数十万不等。计秦孝、献至始皇，斩杀不下数百万，自生民之祸，未有如秦者也。天下之与秦，不共戴天久矣。……呜呼！秦之所以取天下者，即秦之所以失天下也。"① 虽然这些对斩杀数量的记载与商鞅变法后尚军功有关，但是其中也必然蕴含了司马迁的评判与认知，正如《史记评林》载凌稚隆评云："按太史公纪秦斩首之数凡十一处，以秦之尚首功也。不言其暴，而其暴自见。"② 司马迁对孝公及其后秦斩杀数量的大量载录，这种叙事方式的变化无疑是"寓论断于叙事"的体现。

当然，这种历史观念对后代史学家也产生了深远影响。刘向在《战国策序》中便总结了秦孝公治政时期的显著变化及其"捐礼让而贵战争，弃仁义而用诈谲"的政治手段所产生的影响，"至秦孝公，捐礼让而贵战争，弃仁义而用诈谲，苟以取强因而矣。夫篡盗之人，列为侯王；诈谲之国，兴立为强。是以转相放效，后生师之，遂相吞灭，并大兼小，暴师经岁，流血满野，父子不相亲，兄弟不相安，夫妇离散，莫保其命，缙然道德绝矣。晚世益甚。万乘之国七，千乘之国五，敌侔争权，尽为战国。贪饕无耻，竞进无厌。国异政教，各自制断。上无天子，下无方伯。力功争强，胜者为右，兵革不休，诈伪并起。当此之时，虽有道德，不得施设。……是故始皇因四塞之国，据崤、函之阻，跨陇、蜀之饶，听众人之策，乘六世之烈，以蚕食六国，兼诸侯，并有天下。仗于谋诈之弊，终无信笃之诚，无道德之教，仁义之化，以缀天下之心。任刑罚以为治，信小术以为道。遂燔烧诗书，坑杀儒士，上小尧、舜，下邈三王。二世愈甚，惠不下施，情不上达；君臣相疑，骨肉相疏；化道浅薄，纲纪坏败；民不见义，而悬于不宁。抚天下十四岁，天下大溃，诈伪之弊也。其比王德，岂不远哉！孔子曰："道之以政，齐之以刑，民免而无耻；道之以德，齐之以礼，有耻且格。"夫使天下有所耻，故化可致也。苟以诈伪偷活取容，自上为之，何以率下？秦之败也，不亦宜乎！"③ 刘向认为秦孝公用"诈谲"之术，让秦国走向富强，导致后来的君主争相仿效，造成了"兵革不休，诈伪并起"的结果，也为秦国短祚而亡埋下了祸端。宋人陈普《商鞅》诗云："尽道李斯焚典籍，不知吹火是商君"④，将李斯谏"焚书"之举的源头追至商鞅。王世贞曰："秦之取天下而不以道者，其罪不在始皇，而在庄襄以前之主；所以失天下者，其罪不在始皇之取，而在守也。夫秦自孝公用商鞅，为功级之赏以诱战士，而使之强，七国之民自始祖而至于耳孙，其首世世入秦庭，而封于泾渭之间，男不得耕，女不得织，士不得拱手而奉先王之业。……藉令秦称皇帝，置侯，置守令，而轻徭薄税，以与天下相安于无事，夫谁曰不可？

① 张新科、赵光勇编：《史记研究集成·十二本纪·秦本纪》，西北大学出版社 2019 年版，第375 页。

② ［明］凌稚隆辑校，［明］李光缙增补：《史记评林》，天津古籍出版社 1998 年版，第 308 页。

③ ［清］姚鼐纂集，胡士明、李祚唐标校：《国学典藏古文辞类纂》，上海古籍出版社 2016 年版，第 83 页。

④ 张大可、丁德科通解：《史记通解》，商务印书馆 2015 年版，第 2548 页。

善乎贾生之言曰'仁义不施,而攻守之势异也'"①,认为秦孝公用商鞅之法是秦朝覆灭的祸源。《史记评林》引罗洪先曰:"商鞅以刻薄徂诈之资欲售其富强吞并之术,恐民惊骇而不之信,非议而不之从。于是行不测之赏诱之于先,用不测之刑驱之于后,移其耳目,夺其心志。然后驱之战斗则死敌,驱之弑父与君则不敢违。厥后扶苏闻诏,赐死不敢自白,赵高指鹿为马,廷无间言,皆徙木之所致也"②,将扶苏被赐死却不敢自白,赵高指鹿为马,廷臣不敢明辨归结于商鞅立下的严法苛令上。叶适《习学记言》云:"人未有自求强而不获者,彼不幸而得商鞅,百余年秦亦亡。遗患万世,悲夫!"③ 尚镕《史记辨证》曰:"使鞅变法之后,导以德礼,则身名俱泰,秦亦不至如虎狼,为天下所共疾。乃诈力是矜,身受为法之敝,而贻秦祸于无穷。"④ 均认为秦孝公任用商鞅,遗祸无穷。

司马迁通过《秦本纪》与《商君列传》相关文本间的互见关系,实现了秦穆公、秦孝公君臣在治政思想与政治后果上的对比,这种文本关系使得对秦穆公君臣建树的肯定,也成了对秦孝公与商鞅以苛法强国的揭露与否定。司马迁叙述秦穆公、秦孝公君臣事迹时巧妙穿插的手法也显示出了史家叙事的"添丝补锦、移针匀绣之妙",正所谓"此篇所阙者补之于彼篇,上卷所多者匀之于下卷。不但使前文不沓拖,而亦使后文不寂寞;不但使前事无遗漏,而又使后事增绚染;此史家妙品也"⑤。《秦本纪》与《商君列传》间的文本关系不仅显示出了史公杰出的叙事才能,而且体现出其深刻的思想寄托。基于秦朝短祚而亡的历史事实,司马迁从秦孝公处找到了秦亡的祸根,这既是汉初总结秦亡思潮之下司马迁的"一家之言",也是借助"通古今之变"的方式对汉政提出的"秦鉴"。

① 张新科、赵光勇编:《史记研究集成·十二本纪·秦本纪》,西北大学出版社 2019 年版,第 370 页。

② [明] 凌稚隆辑校,[明] 李光缙增补:《史记评林》,天津古籍出版社 1998 年版,第 102 页。

③ [宋] 叶适:《习学记言》,上海古籍出版社 1992 年版,第 208 页。

④ 张大可、丁德科通解:《史记通解》,商务印书馆 2015 年版,第 482 页。

⑤ [明] 罗贯中著,[清] 毛宗岗评:《三国演义(注评本)》,上海古籍出版社 2014 年版,第 1165 页。

从《史记·荆燕世家》
看司马迁的"实录"和"爱奇"

＊本文作者杨波，中国劳动关系学院副教授。

《荆燕世家》在《史记》中是较为不起眼的，人们往往忽略它。实际上，这篇文字很少的内容，细细品来，既体现了司马迁的"实录"精神，又突出了司马迁的"爱奇"特点，是一篇难得的好文。

《荆燕世家》写了汉高祖刘邦的两个同族的兄弟，一个叫刘贾，一个叫刘泽，两人在一种特殊的情况下被封为诸侯王的事。该文分为两部分，前一部分是讲刘贾因为辅佐刘邦开国有功而被封王，与其后来被黥布所灭的过程；后一部分写刘泽侥幸被吕后封侯，及其子孙在燕为王的情况。

该文前一部分讲刘贾的部分，司马迁纯用"实录"的笔法，开篇便点明身份：荆王刘贾，出于刘氏宗族。这一点很重要，这是刘贾得以封王的重要凭借。然后写道：刘贾为将军，带兵打仗，与其他将军配合，共击项羽。说明刘贾是有战功的，但他的军功与周勃、樊哙、灌婴、曹参这些能征惯战的将领比较起来，还是要逊色许多，封个列侯比较适宜。但是刘邦考虑儿子年幼，兄弟又不贤能，想封几个同姓的将领为王以镇抚天下，于是"立刘贾为荆王，王淮东五十二城"。这说明刘贾得以封王，是沾了姓"刘"的光。最后写道：黥布造反，攻打荆王刘贾，刘贾战败被杀，这说明刘贾才能一般，轻易地便被黥布所灭。司马迁这一路写下来，简单而平实，粗线条的勾勒了刘贾战斗的一生，没有故事情节，没有人物对话，没有细节描写，堪称"实录"的典范。

《史记》最突出的特点就是"实录"，扬雄在《法言·重黎篇》曾说："《周官》，曰立事；《左氏》，曰品藻；《太史迁》，曰实录。"扬雄虽然提出了司马迁著《史记》的典型特征是"实录"，但并没有对"实录"进行具体的解释。而最先对"实录"做出具体准确阐释的是班固，他在《汉书》中写道："然自刘向、扬雄博极群书，皆称迁有良史之材，服其善序事理，辨而不华，质而不俚，其文直，其事核，不虚美，不隐恶，故谓之实录。"① 从班固的阐释中，我们可以看到"实录"有三点含义：一是"善叙事理，辨而不华，质而不俚"。即善于叙事，文辞平

① ［汉］班固：《汉书》，中华书局1962年版，第2738页。

实而不华丽，语言质朴而不俚俗。这一点在刘贾的记述中得到了基本的体现，刘贾从追随刘邦到封王，应该有许多故事的，但是司马迁只是简明扼要地勾勒出刘贾一生的梗概，没有过多的渲染。二是文直事核，表现为史料的真实性、可靠性和创作的准确性。文直事核是实录的最基本精神，也是历史著述最基本的方法。史料真实是史书可信的基本前提，凡是严肃的史家都会广泛地搜集史料，并加以审慎地考订和选择，写出真实的历史，揭示历史的真相。文直事核是司马迁写《史记》的基本特征，贯穿《史记》始终。在刘贾的传记中也充分体现这一特点。在刘贾众多的史料中，司马迁择要记述，保证史料的真实可靠。三是不虚美，不隐恶，即要求对史事的叙述与评价要公正、客观，记叙态度严谨，反映事实准确，不仅善恶必书，而且恰如其分：对"善"不虚张，对"恶"不隐讳。在刘贾的记述中，我们没有看到司马迁的歌功颂德，也没有看到司马迁的鄙夷指责，司马迁只是想告诉我们刘贾有战功，封王是沾了姓"刘"的光，从刘贾与黥布一战而亡，可知其本事有限。这些都生动体现了司马迁创作的"不虚美，不隐恶"的"实录"精神。总之，《荆燕世家》的前半部分写荆王刘贾充分体现了司马迁的"实录"精神，反复读之，让人有耳目一新的感觉。

《荆燕世家》后半部分讲刘泽封王的故事，不仅具有"实录"的精神，而且更有"爱奇"的特点。

关于刘泽是如何封王的，司马迁讲了这样一个故事。话说吕太后执政的时候，齐国的田先生因外出游宦经费断绝，前来求见营陵侯刘泽，愿意为其筹谋划策以获取更大的利益，刘泽听得很高兴，资助了田先生金二百斤作为酬劳。田先生得到这笔钱后，立即返回齐国。第二年，刘泽派人对田先生说："你不想再与我来往了吗？"于是田先生又来到长安，却不去见刘泽，而自己租了一座大宅院，叫他的儿子设法去接近吕太后所宠幸的宦官张子卿。过了几个月，田先生的儿子恳请张子卿光临他的宅院，说是他的父亲要亲自准备酒席招待他。张子卿答应了他们的邀请，田先生便在这所大宅子里，挂起豪华的帷帐，陈设高档的用具，阔气得简直就像一方诸侯。张子卿很是吃惊。在酒兴正浓时，田先生让左右退下，对张子卿说："我观察了诸侯王的宅第一百多家，都是高祖时期的功臣。而吕氏家族的一些人本来也是帮着高祖打天下的，功劳很大，而他们又都是今日掌管朝政的吕太后的骨肉之亲，太后的岁数大了，而吕家的势力薄，太后很想立吕产为王，封他在代国，但太后自己又难以启齿，怕大臣们反对。现在您最受太后宠幸，又受大臣们崇敬，您为什么不给大臣们一些暗示，让他们向太后提出建议呢？太后一定会高兴的。等到诸吕都封了王，您也就可以当个万户侯了。太后心里想这样做，而您是他的心腹，如果还不赶紧望风而动，恐怕大祸就会降到您的头上。"张子卿觉得田先生说的有道理，于是就给大臣们一些暗示，让他们向吕太后进言。吕太后上朝时，向群臣询问这件事，大臣们立即请求立吕产为王。太后十分高兴，赏给张子卿金一千斤。张子卿把一半分给田先生，田先生不受，并趁机又对他游说道："这次吕产封王，大臣们未必完全心服。如今营陵侯刘泽，是刘氏宗族，身为大将军，他就对此不满意。您现在去劝劝太后，让太后划出十几个县封刘泽为王。刘泽如能获得王位，欢喜而去，诸吕的王位就更加巩固了。"张子卿进宫把这番话向太后一说，太后认为很好，于是封营陵侯刘泽为琅琊王。

司马迁所写的这个故事交代了刘泽封王的来龙去脉，有人物，有对话，有起伏，有情节，仿佛是奇人田先生一手导演的情节曲折离奇的话剧，充分体现了司马迁的"爱奇"特点。这个故事增加了可读性，容纳了诸如田先生、张子卿等不同社会阶层的人物，添加了私下密谈等诸多细节，读后有身临其境之感。司马迁的"爱奇"，爱的是奇人奇事，并把这些奇人奇事记录下来写成一篇奇文，真实地再现历史，从不同方面展现人物和事件的不同特点，从而丰富人物形象，反映社会现实。

"爱奇"在司马迁所写的《史记》中随处可见。唐代的司马贞在《史记索隐后序》中写道："夫太史公记事，上始轩辕，下讫天汉，虽博采古文及传记诸子，其间残阙盖多，或旁搜异闻以成其说，然其人好奇而词省，故事核而文微，是以后之学者多所未究。"司马贞认为司马迁"爱奇"的表现就是"旁搜异闻"，《史记》纪事所涵盖的历史跨度长，其间有不少史料缺失，所以司马迁不得不采取旁搜异闻的方式来弥补材料的不足。唐朝刘知几完全认可司马迁的"爱奇"，认为这是作史的重要条件。《史通·采篇》中说："自古探穴藏山之士，怀铅握椠之客，何尝不征求异说，采摭群言，然后能成一家，传诸不朽。"刘知几认为自古以来搜集资料、编撰图书的人，都是通过征集搜求不同的说法，采摘各家的言论，然后才能成一家之言，传之后世。

司马迁的"爱奇"扩大了"实录"的范围。首先是扩大了"实录"的人物群体。《史记》的"爱奇"不以身份为标准，这便无形间增加了"实录"人物的覆盖面，使得《史记》人物具有广泛性的特点。"《史记》以前的史著，主要记载帝王侯伯等上层人物的活动，如《尚书》主要汇集虞、夏、商、周四代帝王的美词典言，《春秋》多记列国诸侯之争，而对社会下层平民多不录，《史记》则把人物从帝王扩大到整个社会。"① 历史通常是由大人物主宰的，但其背后却少不了小人物的推波助澜，有时小人物甚至在关键时刻起到决定性作用。这一点在刘泽封王的过程中表现得淋漓尽致。正是因为小人物田先生的精心安排，通过小人物张子卿的积极配合，才最终影响到大人物吕太后拍板而一锤定音。如果没有田先生和张子卿这两个小人物，刘泽封王也就无从谈起。而田先生一介平民，张子卿一位宦官，按理说是难以载入史册的，但是正是因为司马迁"爱奇"不以身份为标准，使他们这样的小人物得以传之后世。其次是扩大了反映社会的广度和深度。《史记》记载了各式各样的历史人物，反映了社会的方方面面，所以翦伯赞指出："我以为《史记》是中国第一部大规模的社会史。"② 社会包罗万象，无奇不有。

① 杨树增：《〈史记〉艺术美研究》，学苑出版社 2004 年版，第 132 页。
② 翦伯赞：《中国史纲第二卷》，商务印书馆 2010 年版，第 601 页。

以刘泽封王为例，田先生之所以能够运作成功，是因为他抓住了统治阶级的代表吕太后的软肋。吕太后存有私心，一心想让诸吕封王掌握实权。反映了统治阶级任人唯亲、自私自利，缺少唯才是举、天下为公的精神，这是极权之下的封建社会的共病，司马迁毫不留情把它揭露出来。小人物宦官张子卿见风使舵，阿谀奉承，体现了封建社会奴才的嘴脸，这种奴才成事不足、败事有余，但是正是有了这些活跃在历朝历代的小人，往往翻手为云、覆手为雨，使社会充满了阴暗面、黑暗面。司马迁把这些不同人物描画出来，是多么的生动和深刻，极大地扩展了社会不同阶层不同社会群体的不同面貌，揭示了各个阶级的不同生活状态，反映了头绪繁多的社会问题，发人深省，启人深思。

读了《史记·荆燕世家》，认人直观地领略到司马迁"实录"和"爱奇"的有机结合。"实录"是《史记》的底色，"实录"成全了《史记》，使《史记》成为"史家之绝唱"；"爱奇"是《史记》的特色，"爱奇"丰富了《史记》，使《史记》成为"无韵之离骚"。

《史记·项羽本纪》熟词僻义辨正

＊本文作者那朝霞，陕西师范大学文学院博士。

　　《项羽本纪》是《史记》中千古传诵的名篇。文中有些熟词僻义并未引起研究者的注意，从古到今的《史记》注释本均不对这些词语进行注释。坊间的各种《史记》白话译本，也都是按照常用义进行翻译，有些翻译似是而非，有些翻译更是显得扞格难通。有鉴于此，本文选取三家有代表性的《史记》白话译本，指出他们在熟词僻义翻译上的错误，并对这些熟词僻义一一进行辨正，以期为人们正确理解《史记》提供参考。试举以下八字为例。

　　其一，怒

　　　　项籍少时，学书不成，去学剑，又不成。项梁怒之。籍曰：……（中华书局点校本《史记》1982年版，第295页。以下引文只注页码。）

　　项梁生他的气。（王利器主编《史记注译》，三秦出版社1988年版，第184页。以下简称王译。）

　　项梁对他发怒。（杨燕起、陈焕良等译《白话史记》，岳麓书社2002年版，第104页。以下简称杨译。）

　　项梁为此对他很生气。（韩兆琦《文白对照史记》，中华书局2008年版，第205页。以下简称韩译。）

　　以上三家均把"怒"译成"生气"，于文意不合。"怒"有责备义，《广雅·释诂一》："怒，责也。"①《诗经·小雅·小明》二章："畏此谴怒"，一章："畏此罪罟"，三章"畏此反复"。谴怒、罪罟、反复皆同义连文，怒即谴也。《韩非子·五蠹》："今有不才之子，父母怒之弗为改，乡人谯之弗为动，师长教之弗为变。"陈奇猷《集释》："怒、谯，皆责也。"②《礼记·内则》："若不可教，而后怒之。"郑玄注："怒，谴责也。"③《史记》中"怒"字此种用法也很常见：《高祖本纪》："吕媪怒吕公曰：'公始常欲奇此女与贵人，沛令善公，求之不与，何自妄许与刘季。'"《齐太公世家》："鲁桓公知之，怒夫人，夫人以告齐襄公。"《郑世家》："厉公无奈祭仲何，怒纠曰：'谋及妇人，死固宜哉！'"《商君列传》："孝公既见卫鞅，

---

　　① 王念孙：《广雅疏证》，中华书局2019年版，第74页。
　　② 陈奇猷：《韩非子集释》，上海人民出版社1974年版，第1055页。
　　③ 孔颖达：《礼记正义》，北京大学出版社2000年版，第976页。

语事良久，孝公时时睡，弗听。罢而孝公怒景监曰：'子之客妄人耳，安足用邪。'"《田叔列传》："鲁相初到，民自言相，讼王取其财物百余人。田叔取其渠率二十人，各笞五十，余各搏二十，怒之曰：'王非若主邪？何自敢言若主'"等等，"怒"字皆为责备义。总之，"怒"作责备义为及物动词，后可接宾语；作生气义为不及物动词，后面原则上不可接宾语，若接宾语，也是使动或为动等特殊用法，并不难分辨。"项梁怒之"，即项梁责之，故下接"籍曰"云云，一个责备，一个辩解，文意密合无间。三家把"怒"译作生气或发怒，正是受"怒"字常用义的影响所致。

其二，敢

（项伯）因言曰："沛公不先破关中，公岂敢入乎？"（312 页）

王译：您难道敢进来吗？（188 页）

杨译：您又怎么敢进入关中呢？（111 页）

韩译：您今天能够这么容易地进来吗？（223 页）

前两家把"敢"字理解为有勇气、有胆量做某事的"敢"，于文意不合。刘邦不先破关中，项羽难道就不敢进吗？这里显然不是敢不敢的问题。韩本翻译成能够，是正确的。观《汉书·高帝纪》作"沛公不先破关中兵，公巨能入乎？""敢"正写作"能"。又《孔子世家》："一命而偻，再命而伛，三命而俯，循墙而走，亦莫敢余侮。"《仲尼弟子列传》："赐也何敢望回！回也闻一以知十，赐也闻一以知二。"《乐毅列传》："寡人岂敢一日而忘将军之功哉！"以上"敢"字皆作能字解。"敢"有能义，裴学海《古书虚字集释》论之甚详，兹不烦引。引文这句话出自《鸿门宴》一节，长期入选高中语文课本，应该是《史记》中被阅读得最为广泛的一段文字。像这种专家理解起来都难免出错的地方，最好加上注释，才不至于让更多的人，尤其是广大的中学生产生误解。

其三，常

良曰："甚急。今者项庄拔剑舞，其意常在沛公也。"（313 页）

王译：他的用意常在沛公身上。（188 页）

杨译：他的用意一直放在沛公身上。（112 页）

韩译：他的意思完全是对着我们沛公的。（225 页）

按：以上诸家翻译皆误。遍检各种字典辞书，"常"并没有"一直""完全"等意义，这些意义都是译者在"常常"义上所作的变通。换言之，以上三家对"常"字的理解并无不同，皆理解为"常常"。

我们不妨追问，为什么各家要对"常"字作变通翻译呢？原因是把"常"翻译为"常常"，在此处讲不通。"常"若解释为"常常"，便与"今者项庄拔剑舞"之"今者"在语义上矛盾。"今者"这里是此刻的意思，"此刻""常常"连用，违背语言表达逻辑。我们对前四史进行了排查，发现"今者"与"常"连用，仅《史记》中出现两例。除了本例外，另一例《管晏列传》："晏子长不满六尺，身相齐国，名显诸侯。今者妾观其出，志念深矣，常有以自下者。"此两例中的"常"字皆为通假字。《管晏列传》一例中"常"为"尚"字之假借，"常"和"尚"上古均属禅母阳部，读音相同，故古书中两字多互相假借。"常有以自下者"，即"尚有以自下者"，意谓犹表现出谦卑的样子。此例中"常"是"当"字的假借字。"其意常在沛公也"即"其意当在沛公也"，意谓"他的用意应当是在沛公身上"，这乃是张良的揣测之语。范增密嘱项庄借舞剑之名行刺刘邦，乃属于高度军事机密。项庄在舞剑过程中也只能见机行事，必然不愿暴露自己的刺杀意图。故此时的张良只是隐约预感到项庄的舞剑对沛公好像不怀好意，这一方面表现出张良作为刘邦身边一名"政治高参"的敏感，另一方面也间接写出了张良和范增两人首次重要的智谋较量。故"其意常在沛公也"，把"常"解释为"当"，是符合当时的情景的。

　　"常"上古属禅母阳部，"当"属端母阳部，两字读音相近，古籍中借"常"为"当"实不乏其证。《韩非子·十过》："愿闻古之明主得国失国何常以。"①《说苑·反质》"常"作"当"。《战国策·赵策一》："臣闻古之贤君……祭祀时享非当于鬼神也。"本书《赵世家》"当"写作"常"。又本书《儒林列传》："二千石谨察可者，当与计偕，诣太常，得受业如弟子。"《汉书·儒林传》文同，"当"写作"常"。《匈奴列传》："单于曰：'非故约。故约，汉常遣翁主，给缯絮食物有品，以和亲，而匈奴亦不扰边。'"以上诸例中皆"当"为本字，"常"为假借字，是"常"借为"当"之证。

　　其四，故

　　　故遣将守关者，备他盗出入与非常也。（313页）
　　　　······

　　王译：其所以派将把守关口……（188页）

　　杨译：沛公遣派将领把守函谷关的原因……（113页）

　　韩译：我们之所以派人守住函谷关……（225页）

　　王本、韩本把"故"翻译成所以，是不明语法造成的。"故"可以当所以讲，但当所以讲的"故"在古汉语中断不会出现在一个句子的句首。杨本翻译成原因，但译文中的"原因"是由"遣将守关者"这个"者"字结构体现出来的，等于对原文中的"故"字没加理会。"故"有特意的意思，"故遣将守关者，备他盗出入与非常也"，意思是特意遣将守关的原因，是为了防备盗贼出入和其他的变故。同书《高祖本纪》："徙衡山王吴芮为长沙王，都临湘。番君之将梅鋗有功，从入武关，故德番君。""故德番君"，即特意感激番君。番君即吴芮，因他手下将领梅鋗在楚汉之争中立有大功，因此刘邦封吴芮为长沙王，特意表示感激。《鲁仲连邹阳列传》："今欲使天下寥廓之士，慑于威重之权，主于位势之贵，故回面污行以事谄谀之人而求亲近于左右，则士伏死堀穴岩薮之中耳。""故"字亦作特

────────────

　　①　据陈奇猷《韩非子集释》，"何常以"当为"常何以"之误。

意解。"故"字的这种用法，在其他文献中亦不乏其例，如：《吕氏春秋·制乐》："今故兴事动众，以增国城，是重吾罪也，不可。"许维遹《吕氏春秋集释》："松皋圆曰：'故者，特为之也。'"①《汉书·景帝纪》："他物若买故贱，卖故贵，皆坐臧为盗。""买故贱，卖故贵"，即买进时特意压低价格，卖出时特意把价格提高。《汉书·董贤传》："初，丞相孔光为御史大夫，时贤父恭为御史，事光。及贤为大司马，与光并为三公。上故令贤过光。""上故令贤过光"，即哀帝特意命令董贤去拜访孔光。《世说新语·政事》"王、刘与林公共看何骠骑，骠骑看文书，不顾之。王谓何曰："我今故与林公来相看，望卿摆拨常务，应对玄言，那得方低头看此邪？""故与林公来相看"，即特意与林公来看你。

其五，让

大行不顾细谨，大礼不辞小让。（314 页）

王译：行大礼不避小的责备。（189 页）
杨译：讲求大礼就不必在乎小的责难。（113 页）
韩译：要行大礼就不要怕那些琐碎的指责。（225 页）

三家译文均把"让"理解为责让之让，实则此"让"为揖让之让，是古人生活中常行的一个礼节。《仪礼·聘礼》："宾入门，皇；升堂，让；将授，志趋。"郑玄注："让，谓举手平衡也。"贾公彦疏："云'让，谓举手平衡也'者，谓若《曲礼》云'凡奉者当心。'"②从郑注和孔疏可知，"让"就是举手与心平的一种礼仪，与我们今天的拱手礼相类，简单易行，故引文中称之为"小让"。另外，"大礼不辞小让"的"辞"人们多理解为推辞、拒绝，也是造成这句话难以真正索解的原因。"辞"有责备义，《说文》："辞，讼也。"讼即有两造互相责备的意思。又《左传·昭公九年》："王使詹桓伯辞于晋。"杜预注："辞，责让之。"③据此，"大礼不辞小让"，意思是行大礼不在小小的"让"礼上面求全责备，文从字顺，且与上句"大行不顾细谨"在语义上也是相关的。

其六，首

项王欲自王，先王诸将相。谓曰："天下初发难时，假立诸侯后以伐秦。然身被坚执锐首事，暴露于野三年，灭秦定天下者，皆将相诸君与籍之力也。"（315—316 页）

王译：然而亲身披甲持枪，首先起事。（189 页）
杨译：但是亲身披挂着铠甲、手持锐利的兵器，首先起义反秦。（114 页）
韩译：但真正冲锋陷阵，风餐露宿，野战三年，推翻了秦朝的……（229 页）

"首事"，在《史记》一书中专指首先反秦起事，全书凡五见，除去此处外，

① 许维遹：《吕氏春秋集释》，中华书局 2009 年版，第 145 页。
② 贾公彦：《仪礼注疏》，北京大学出版社 2000 年版，第 533 页。
③ 孔颖达：《春秋左传正义》，北京大学出版社 2000 年版，第 1459 页。

另外四处皆针对陈涉而言。如本篇其他两处："项梁谓军吏曰：'陈王先首事，战不利，未闻所在。'""今陈胜首事，不立楚后而自立，其势不长。"又《陈涉世家》两处："公孙庆曰：'齐不请楚而立王，楚何故请齐而立王！且楚首事，当令于天下。'"陈涉为楚人，这里的"楚"，也间接指称陈涉。"陈胜虽已死，其所置遣侯王将相竟亡秦，由涉首事也。""首事"既专指陈涉对秦发难首先起事，则此处项羽不得称自己与诸将相"身被坚执锐首事"。且项羽这段话开头明言"天下初发难时，假立诸侯后以伐秦。""天下初发难时"，即陈涉首事时，此处更不得再说自己与诸将相"身被坚执锐首事"，此理甚明。此"首事"之"首"字，实为"道"字之假借。"首"上古属审纽幽部，"道"属定纽幽部，读音相近，故可通假。《易·明夷·九三》："明夷于南狩，得其大首。"高亨注："狩，猎也。首，借为道。"① 此借"首"为道路之"道"。《左传·襄公二十三年》："季孙召外史掌恶臣而问盟首焉。"王引之《经义述闻·春秋左传述闻》："'首'亦当读为'道'。'盟道'，盟恶臣之道也。"② 此借"首"为途径、方法之"道"。本书《秦始皇本纪》："群臣诵功，本原事迹，追首高明。"小司马《索引》："今检《会稽刻石》文，'首'字作'道'，雅符人情也。"此借"首"为称道之"道"。这里的"首事"之"首"乃借为"实行"之"道"，"道"有实行义。

《荀子·王霸》篇："不可不善为择道然后道之，涂薉则塞。"王念孙《读书杂志·读荀子杂志》："道之，行之也。"③《韩非子·五蠹》："舍必不亡之术而道必灭之事，治国者之过也。""道必灭之事"，即行必灭之事。《礼记·礼器》："忠信之人，可以学礼；苟无忠信之人，则礼不虚道。"朱彬注："彬谓道，犹行也。"④ 故这里的"首事"即"道事"，也就是行事、干事。"身被坚执锐首事"，意思就是亲自身披铠甲，手拿武器去干事。上引前两种翻译都把"首"译作首先是错误的，韩译虽说不上错，但也看不出"首"字的具体着落。

其七，驱

> 楚骑追汉王，汉王急，推堕孝惠、鲁元车下，滕公常下收载之。如是则三。曰："虽急不可以驱，奈何弃之？"于是遂得脱。（322 页）

王译：他说："尽管紧急，马又不可以赶得快些，但为什么要抛弃他们呢？"（191 页）

杨译：他说："虽然情况紧急，车马也不能驱赶得更快些，但是怎么可以舍弃他们呢？"（117 页）

韩译：滕公不忍地说："就算是情况紧急，车子跑不快，但又怎么能忍心把孩子扔了呢？"（235 页）

① 高亨：《周易大传今注》，清华大学出版社 2010 年版，第 243 页。
② 王引之：《经义述闻》，上海古籍出版社 2016 年版，第 1045 页。
③ 王念孙：《读书杂志》，上海古籍出版社 2014 年版，第 1765 页。
④ 朱彬：《礼记训纂》，中华书局出版社 1996 年版，第 379 页。

　　此例造成人们误解的关键在"急"与"驱"两字。引文中"急"字出现两次：一云"汉王急"；一云"虽急"。"虽急"即承"汉王急"而来，主语依旧是汉王，意谓虽然（你心里）着急。三家译文均在"虽急"之前凭空加上"情况"这一主语，不知所为何来。

　　再看"驱"字①。这个"驱"字应当解释为殴打的"殴"，"驱"与"殴"古本一字。为说明这个问题，我们先看一看"殴"和"驱"两字的字形演变情况②：

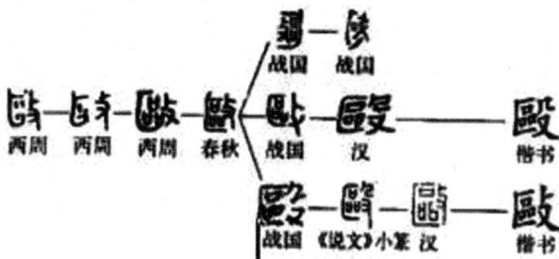

图一　"殴"字形体演变

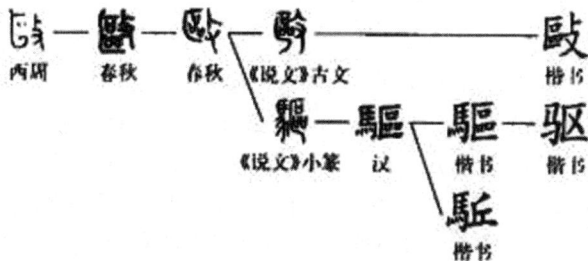

图二　"驱"字形体演变

　　由两字的形体演变可以看出，春秋及春秋以前，"殴"和"驱"实为一字，或写作"殴"，或写作"殴"。战国开始，形体出现变化，一方面"殴"出现了异体"殴"，"殴"又被《说文》定为小篆正体，后楷化为"殴"，成为我们今天使用的"殴打"的"殴"之正字；另一方面又从"殴"这一形体分化出"殴"字，同样为《说文》所收录，后楷化为"驱"，即我们今天使用的驱赶之"驱"字。《说文》："驱，驰马也③。从马，区声。殴，古文驱从支。"由此看出，东汉时的许慎仍然很清楚"殴"为"驱"的古字。实质上在"驱"这个字形产生之前，无论是以策

　　①　为方便说明"驱""殴""殴""殴"四字的关系，此处用繁体字形。
　　②　李学勤主编：《字源》，天津古籍出版社、辽宁人民出版社2012年版，第862页。
　　③　大徐、小徐本《说文》均作"马驰也"，清代学者桂馥、王筠都认为当作"驰马也"，如王筠《说文句读》云："当作'驰马也'。盖自'骉'以上皆言马行之速；'驱''驰'以下五字，则言人御之使速也。"段玉裁也认为《说文》原本有误，在《说文解字注》中径改为"驱马也"。我们认为桂、王的意见比段氏审慎，故采用桂、王之说。

鞭马还是以杖击人，古人统称为"毆"，并不区分动作所施加的对象。"驱"用为"驰马也"之专字，"毆"用为"捶击物也"之专字（《段注》释"物"为"人物"），盖在《说文》盛行之后，缀文之士受《说文》之影响的结果。至于先秦古籍中常见的"驱"字，应是出于后人之臆改。

正因为"毆"、"驱"、"毆"、"敺"（毆的俗体，见《广韵》）四字古本一字，故古书中四字多混用。如《周礼·夏官·射鸟氏》："祭祀，以弓矢敺乌鸢。"北京大学出版社整理本《周礼注疏》校勘记："'敺'，唐石经作'毆'。《释文》作'毆'。嘉靖本、闽、监、毛本作'敺'。"① 《夏官·方相氏》："执戈扬盾，帅百隶而时难，以索室敺疫。"校勘记："'敺'，嘉靖本、闽、监、毛本同。《释文》、唐石经作'毆'。"② 又《秋官·庶氏》："凡毆虫，则令之比之。"校勘记："'毆'，闽、监、毛本同。唐石经作'毆'，惠校本作'敺'，嘉靖本作'歐'，讹。"③ 《周易·比·九五》："王用三驱，失前禽。"《经典释文·周易音义》："'驱'，徐云郑作'毆'。"④

明白了"驱"与"毆"古本一字，我们再来看引文"虽急不可以驱，奈何弃之"这句话。其实这是个省略句，驱后的宾语"之"探下文"弃之"的"之"而省去，若补充完整应该是"虽急不可以驱之，奈何弃之？"并且此句在标点上也存在问题，应该在"虽急"后断开，即这句话本应作"虽急，不可以驱之，奈何弃之？"大意是"（你）虽然着急，也不可以毆打自己的孩子，更不用说抛弃他们了。"和我们今天常说的不要把气撒在孩子身上意思一样。夏侯婴官居太仆，是刘邦的"御用司机"，两人关系自然会比其他人亲密；再参看《樊郦滕灌列传》，夏侯婴和刘邦的私人交情，除了卢绾之外更远非一般人所能比。因此，这样的人情话出自滕公之口，既符合当时的场景，也和二人的身份特点相称。

其八，谓

自矜功伐，奋其私智而不师古，谓霸王之业，欲以力征经营天下，五年卒亡其国，身死东城，尚不觉寤而不自责，过矣。（339页）

王译：认为霸王功业要用武力征战、经营天下来完成。（194页）
杨译：认为霸王的功业，要靠武力征服来治理天下。（123页）
韩译：只想着成为一代霸主，只想着用武力征伐经营天下。（251页）

"谓"字费解，通常人们都把它理解为认为，三家译文均如此，但这样理解实则不通。若"谓"作认为讲，"谓霸王之业"，即认为霸王之业，认为霸王之业怎么样，后文并没作交代，如此"谓霸王之业"这句话就落空了。且其后紧承"欲以力征经营天下"，即想要凭借武力征伐统治天下，上下两句之间也看不出语

① 贾公彦：《周礼注疏》，北京大学出版社 2000 年版，第 954 页。
② 同上，第 971 页。
③ 同上，第 1150 页。
④ 陆德明：《经典释文》，中华书局 1983 年版，第 20 页。

义上的联系。徐仁甫先生发现了这个问题，他的《史记注解辨正》认为这句话断句有误，应当作"谓霸王之业欲以力征。"按语云："'欲'犹'可'也，谓霸王之业，可以力征也。《国语·晋语四》：'齐秦不欲。'《左传》僖公二十八年：'齐秦未可。'是'欲'犹'可'也。"① 我们不赞成徐先生的这种处理方式，一是仅凭孤证难以取信于人；二是遍查各类字典辞书"欲"字都没有"可"这一义项，且"欲以"一语在《史记》中共出现 112 次，据我们的考察，没有一处可以解释为可以的。我们认为这里断句不存在问题，只是"谓"不当解释为认为，而是"为"字之假借。"谓"上古属匣纽物部，"为"属匣纽歌部，声纽相同，物部与歌部为旁对转，故古书中两字多互相假借。《穀梁传·宣公二年》："赵盾曰：'天乎天乎！予无罪，孰为盾而忍弑其君乎？'""孰为"即孰谓。《孟子·公孙丑》篇："管仲，曾西之所不为也，而子为我愿之乎？""为我"即"谓我"。《庄子·天地》篇："四海之内共利之之为悦，共给之之谓安。""之为""之谓"对文，"为"即"谓"也。《左传·庄公二十二年》："是谓观国之光"，本书《陈杞世家》"谓"作"为"。以上皆借"为"为"谓"之证。亦有假"谓"作"为"者，如：《大戴礼·少间》："何谓其不同也？"《韩诗外传》："何谓而泣也？""何谓"均当读为"何为"。本书《黥布传》："何谓废上、中计而出下计？"《汉书·英布传》作："胡为废上计而出下计。"本书《万石张叔列传》："子孙为小吏。"《汉书·石奋传》作"子孙谓小吏。"以上皆借"谓"为"为"之证。引文"谓霸王之业"之"谓"亦"为"字之假借，假借为作为之"为"。"为霸王之业"，即创立了霸王的基业。"谓霸王之业，欲以力征经营天下"意为："创立了霸王的基业，（却）想要凭借武力征服统治天下"，此与《郦生陆贾传》陆贾批评刘邦"居马上得之，宁可以马上治之乎"同一用意，皆谓攻守之势不同，人主当与时迁移，应物变化，不可执一而终也。三家译者误解"谓"字之义，遂不得不多方牵合勉强翻译，终不能得其真筌焉。

---

① 徐仁甫：《史记注解辨正》，中华书局 2014 年版，第 29 页。

广雅书局刻单行本《史记索隐》述略

＊本文作者王璐，西安电子科技大学人文学院中文系教师；赵望秦，陕西师范大学文学院教授。

广雅书局是清末广州较有影响力的官办书局，其创办者乃是时任两广总督的张之洞。据张之洞、吴大澂光绪十三年（1887）《开设广雅书局奏折碑》载："上年，即经臣等公同筹度，即将新城内旧机器局量加修葺，以为书局，名曰'广雅书局'。"① 可知广雅书局当于光绪十二年（1886）创办。是年三月，张之洞就广雅书局的刻书计划，致书缪荃孙曰："广州开书局刊书，拟分三类，一续学海堂经解，一补史、考史、史注之属，一洋务，此须合外国记述及华人书关涉洋务、边海各防者，择要纂成一书。事体太大，须思一收束，仓促不能定，望代思之。子、集两部有佳者，亦可带刊。"② 而广雅书局所刻书籍，也基本上符合张之洞最初的计划，史学类较多，其次经学，兼涉子集。惟洋务书之刊刻，似未及展开。而《史记索隐》三十卷，便是广雅书局所刊史学书籍中的代表之一。

清光绪十九年（1893），广雅书局据汲古阁本翻刻《史记索隐》三十卷。此本每半页十二行，大字满行二十五，小字满行亦同，四周单边，版心白口，单黑鱼尾，下标"史记索隐卷几"，再下记页数，下端偏右有"广雅书局栞"字样。扉页先题"史记索隐卅卷"六个篆体大字，后题"光绪十九年九月广雅书局校刻"十三个魏碑体字。卷首为"史记索隐序"，后接"史记索隐卷第一"，后以此类推。每卷末都有两行"长沙郑业敬初校、香山何翰章覆校"字样。

广雅书局的校刻质量，在当世即被认可，称其"所刊无俗本，无劣工。其选择之精，校雠之善，当世久有定论"。③ 而据徐信符《广东版片纪略》，广雅书局所刻之书，"必经三校"，可见其精审。④ 那么，广雅书局本《史记索隐》是否可谓精良呢？

① 冼剑民、陈鸿钧编：《广州碑刻集》，广东高等教育出版社 2006 年版，第 946 页。

② 许同莘编：《张文襄公年谱》，商务印书馆 1947 年版，第 52 页。

③ 肖东发、赵年稳编著：《中国书院藏书》，贵州人民出版社 2009 年版，第 122 页。

④ 徐信符：《广东版片纪略》载："有提调专司雕刻印刷诸事，有总校提挈文字校勘事宜，其下社分校多人，每雕刻一书，卷末必署名，某人初校，某人覆校，某人总校，以专责成。故广雅版本，必经三校，迥异俗本。"见广东文物展览会编辑《广东文物》下册，中国文化协进会，1941 年版，第859 页。

一、较为忠实地还原出了底本原貌

广雅书局本《史记索隐》的刊刻，乃是以毛晋汲古阁单行本《史记索隐》为底本的，就对底本的忠实度而言，广雅书局本《史记索隐》确实做得很好。毛晋汲古阁本《史记索隐》共有 211273 个字，① 而广雅书局本《史记索隐》与其所不同的字仅有 287 个，只约占总字数的 0.14%，且这些不同的用字中还包括了大量的异体字或两通的字，如"栢""柏"、"于""于"、"睢""雎"、"按""案"等，除过这类字，两本之间的异文仅有 129 字，约占总字数的 0.06%，更是微乎其微。由于广雅书局本《史记索隐》与毛晋汲古阁本《史记索隐》在文字上保持了高度的一致性，因此，毛晋汲古阁本《史记索隐》中的种种缺陷，也被广雅书局本《史记索隐》"完好"地继承了下来。

前文已述，汲古阁《史记索隐》卷端与卷末的题署不尽一致。汲古阁《史记索隐》第一卷与第二卷首行上端所题为"史记索隐卷第一""史记索隐卷第二"，而从第三卷开始，每卷首行上端题署便俱无"第"字。而广雅书局本亦同。汲古阁《史记索隐》每卷末题"史记索隐卷几终"，唯第二十六卷与第二十七卷卷末题署中没有"终"字，而广雅书局本第二十六卷卷末题署中亦没有"终"字，但第二十七卷卷末题署则有"终"字。汲古阁《史记索隐》第二十四卷中"卫将军骠骑列传第五十一""平津侯主父列传第五十一"，两篇皆题"第五十一"，而根据先后次序，"卫将军骠骑列传第五十一"中的"一"字当为衍文，而广雅书局本对此衍文"一"字亦没有删去，两篇题目依旧作"卫将军骠骑列传第五十一""平津侯主父列传第五十一"，与汲古阁本无异。汲古阁本《史记索隐》中因为唐太宗李世民避讳，故而遇"世"字则改为"系"字，然而在此本当中，仍有个别"世"字或因后人回改或因一时疏忽而没有被改动，其中最为明显的一处便是第十六卷"五宗世家第二十九"标题中的"世"字，没有同其他各篇标题一样被改为"系"字，而广雅书局本此处亦同汲古阁本，题作"五宗世家第二十九"。上述诸例，皆是汲古阁本在形式上的各种不统一之处，而广雅书局本《史记索隐》对上述种种大都予以"保留"与"还原"。

除此之外，广雅书局本《史记索隐》对汲古阁本《史记索隐》中的一些避讳字型亦做了保留。甚至那几个因避宋钦宗名讳而缺最末一横的"桓"字，仍然缺笔而未填补。

这种比较忠实于底本的做法，本是符合翻刻旧本的基本原则，但由此又给研究者及读者带来了严重的问题，即底本的诸多文字讹误也仍然存于书中，使阅读和利用都欠缺文献的准确性。例证已见上文，此处不再赘举。

---

① 这个数字是将本人所整理的毛晋汲古阁本《史记索隐》去掉所有标点后由计算机统计出的结果。

二、在一定程度上修订了底本讹误

　　广雅书局本《史记索隐》尽管在形式与内容上都尽量与汲古阁本《史记索隐》保持了一致，但通过对这两个版本的全面比对，发现广雅书局本《史记索隐》在一定程度上也对汲古阁本《史记索隐》中的讹误进行了修订。

　　就体例而言，前面有提到，汲古阁本卷端与卷末题署有不尽统一之处。如每卷末尾皆署"史记索隐卷几终"，而尽第二十六卷与第二十七卷末尾没有"终"字，而广雅书局本《史记索隐》在第二十七卷末尾加上了"终"字。又，汲古阁本《史记索隐》前二十八卷中每篇分别题某某本纪第几，某某表第几，某某书第几，某某系家第几，某某列传第几，唯第二十七卷中的"游侠列传六十四"，题目中未书"第"字，而广雅书局本《史记索隐》则在此处标题中补上了"第"字作"游侠列传第六十四"，使得所有篇名体例保持了统一。

　　就内容而言，广雅书局本《史记索隐》对汲古阁本《史记索隐》中在文字上的12处明显讹误进行了订正。

　　第二卷《秦本纪第五》中的大字"昭襄玉"，① 案"玉"字乃为"王"字之讹，广雅书局本即订正为"昭襄王"。

　　第三卷《高祖本纪第八》中大字"掾主吏"后小字曰："案《汉书》萧、曹傅，参为狱掾，何为主吏也。"② 案"傅"字乃为"传"字之讹，广雅书局本即订正为"案《汉书》萧、曹传"。

　　第四卷《孝文本纪第十》中大字"注'交午柱'"后小字曰："郑玄注《礼》云：'一纵一横为午。'以木贯表柱四出，即令之华表。"③ 案"令"字乃"今"字之讹，广雅书局本即订正为"即今之华表"。

　　第六卷《高祖功臣侯者年表第六》中大字"涅阳壮侯吕胜"后小字曰："县名，属南阳。按，五侯斩项藉，皆谥'壮'。"④ 案"藉"字乃"籍"字之讹，广雅书局本即订正为"五侯斩项籍"。

　　第九卷《平准书第八》中大字"列侯以百数"后小字曰："刘氏言其多以百而数，故坐酬金失侯者一百六人。"⑤ 案"酬"字乃"酎"字之讹，⑥ 广雅书局本即订正为"故坐酎金失侯者一百六人"。

　　第十四卷《孔子系家第十七》中大字"言六艺者折中于夫子"后小字曰：

　　① 司马贞撰，王璐、赵望秦整理：《史记索隐》，陕西师范大学出版社2018年版，第32页。
　　② 同上，第51页。
　　③ 同上，第61页。
　　④ 同上，第89页。
　　⑤ 同上，第152页。
　　⑥ 案，"酎"乃"酬"的异体字，与"酎"义不同。"酎"指汉代诸侯在宗庙祭祀时所献给皇上的助祭金，此处义即指此。

"《离骚》云：'明五帝以折中。'王帅叔云：'折中也，正也。'"① 案 "帅" 字乃 "师" 字之讹，② 广雅书局本即订正为 "王师叔云"。

第十八卷《苏秦列传第九》中大字 "廝徒十万" 后小字曰："厕，音斯。谓廝养之卒。廝，养马之贱者，今起为之卒。"③ 案 "厕" 字乃 "廝" 字之讹，广雅书局本即订正为 "廝音斯"。

第十九卷《平原虞卿列传第十六》中大字 "发重使而为媾" 后小字曰："占候反。按，求和曰媾。媾，亦讲；讲，亦和也。"④ 案 "占" 字乃 "古" 字之讹，⑤ 广雅书局本即订正为 "古候反"。

第二十一卷《吕不韦列传第二十五》中大字 "阳翟" 后小字曰："音伙，俗又音宅。" 案 "伙" 字乃为 "狄" 字之讹，广雅书局本即订正为 "音狄"。

第二十八卷《龟策列传第六十八》中大字 "譺然" 后小字曰："音嶷。言求龟者齐戒以待，常譺然也。"⑥ 案 "齐" 字乃 "斋" 字之讹，广雅书局本即订正为 "斋"。

除过上述 10 处外，广雅书局对于汲古阁本中注文与正文用字不符的 2 处也进行了修订。

第二十六卷《司马相如列传第五十七》中大字 "盘石裖厓" 后小字曰："如淳曰：'裖，音振，盛多也。'"⑦ 其中小字之 "裖" 与大字之 "裖" 不符，广雅书局本则改小字中的 "裖" 为 "裖"。

第二十八卷《太史公自序传》中大字 "拾遗补艺" 后小字曰："按《汉书》作'补阙'，此云'藝'，谓补六义之阙也。"⑧ 其中小字之 "藝" 与大字之 "艺" 字形不同，广雅书局本则改小字中的 "藝" 为 "艺"。

三、较底本又增加了大量新的讹误

尽管订正了汲古阁本《史记索隐》的少量明显讹误，但广雅书局本《史记索隐》因为较之其底本汲古阁本《史记索隐》又增加了 48 处新的明显讹误而使得此本显得依旧有欠精良。

---

① 司马贞撰，王璐、赵望秦整理：《史记索隐》，陕西师范大学出版社 2018 年版，第 221 页。

② 王师叔即王逸。汲古阁本《史记索隐》第二十卷《屈原贾生列传第二十四》中有四处引用王师叔之观点，皆作 "王师叔"。

③ 司马贞撰，王璐、赵望秦整理：《史记索隐》，陕西师范大学出版社 2018 年版，第 282 页。

④ 同上，第 300 页。

⑤ 案，此 "占候反" 乃是 "媾" 字的注音，检承袭《唐韵》音系的《广韵》一书，"媾" 为见母，而 "占" 为章母，故而 "媾" 字的反切上字肯定是同为见母的 "古"，而非为章母的 "占"。

⑥ 司马贞撰，王璐、赵望秦整理：《史记索隐》，陕西师范大学出版社 2018 年版，第 439 页。

⑦ 同上，第 406 页。

⑧ 同上，第 453 页。

汲古阁本第一卷《五帝本纪第一》中大字"？畺征不享",① 广雅书局本作"吕征不享",则误"？畺"为"吕"。又大字"伏物"后小字曰:"……今案《大传》云:'便在伏物。'太史公据之而书。"② 案"便在伏物",广雅书局本作"便作伏物",则误"在"为"作"。《夏本纪第二》中大字"九江"后小字曰:"……又张浈《九江图》所载有三里、五畎、乌土、白蚌。"③ 案"乌土",广雅书局本作"乌上",则误"土"为"上"。又大字"流沙"后小字曰:"《地理志》云:'张掖居延县西北有居延泽,《古文》以为流沙。'"④ 案广雅书局本作"《地理志》张张掖居延县",则误"云"为"张"。

第二卷《秦始皇本纪》中大字"琅邪台"后小字曰:"《山海经》:'琅邪台在渤海间。'"⑤ 案"琅邪台在渤海间",广雅书局本作"琅邪台在渤海问",则误"间"为"问"。又大字"以罪过连逮少近官三郎"后小字曰:"逮训及也。谓连及俱被捕,故云连逮。"⑥ 案"谓连及俱被捕",广雅书局本作"谓连及但被捕",则误"俱"为"但"。

第三卷《项羽本纪第七》中大字"抵栎阳"后小字曰:"……刘伯庄云:'抵,相凭托也。'"⑦ 案"抵相凭托也",广雅书局本作"抵相凭托也",则误"抵"为"抵"。又大字"氾水"后小字曰:"……按古济水,当此截河而南,又东流,溢为荥泽。"⑧ 案"溢为荥泽",广雅书局本作"溢为荣泽",则误"荥"为"荣"。同卷《高祖本纪第八》中大字"秦得百二"后小字曰:"……'齐得百二',亦如之。……"⑨ 案"齐得百二",广雅书局本作"斋得百二",则误"齐"为"斋"。

第四卷《孝武本纪第十二》中大字"命曰昆仑"后小字曰:"玉带明堂图中为复道,有楼从西南入,名其道曰昆仑。"⑩ 案"玉带明堂图中为复道",广雅书局本作"王带明堂图中为复道",则误"玉"为"王"。

第六卷《高祖功臣侯者年表第六》中大字"侯情"后小字曰:"青练反,又七净反也。"⑪ 案"青练反",广雅书局本作"音练反",则误"青"为"音"。同卷《惠景间侯者年表第七》中大字"肺腑"后小字曰:"柿府二音。柿,木札也;附,木皮也。"⑫ 案"柿府二音柿木札也"字,广雅书局本作"柿府二音柿木札也",

① 司马贞撰,王璐、赵望秦整理:《史记索隐》,陕西师范大学出版社 2018 年版,第 6 页。
② 同上,第 11 页。
③ 同上,第 16 页。
④ 同上,第 18 页。
⑤ 同上,第 35 页。
⑥ 同上,第 36 页。
⑦ 同上,第 43 页。
⑧ 同上,第 47 页。
⑨ 同上,第 55 页。
⑩ 同上,第 69 页。
⑪ 同上,第 88 页。
⑫ 同上,第 93 页。

则误"杮"为"柿"。

第七卷《建元已来王子侯者年表第九》中大字"泉陵节侯贤"后小字曰："已上长沙定王子。《志》属零陵。"① 案"已上长沙定王子"，广雅书局本作"已上长沙定五子"，则误"王"为"五"。

第八卷《律书第三》中大字"武王伐纣吹律听声"，② 案广雅书局本作"武王代纣吹律听声"，则误"伐"为"代"。

第九卷《平准书第八》中大字"富羡"后小字曰："弋战反。羡，饶也，与'衍'同义。"③ 案"弋战反"，广雅书局本作"戈战反"，则误"弋"为"戈"。④

第十卷《齐太公系家第二》中大字"离枝孤竹"后小字曰："……故《地理志》辽西令支县有孤竹城。"⑤ 案"地理志"，广雅书局本作"地理去"，则误"志"为"去"。

第十一卷《燕召公系家第四》中大字"此文武之时不可失也"后小字曰："谓如武王成文王之业伐纣之时，然此语与《孟子》不同也。"⑥ 案"谓如武王成文王之业伐纣之时"，广雅书局本作"谓如武士成文王之业伐纣之时"，则误"王"为"士"。

第十二卷《晋系家第九》中大字"智伯乃立昭公曾孙骄是为哀公"后小字曰："按《赵系家》云：骄是为懿公。又《年表》云：'出公十八年，次哀公忌二年，次懿公骄十七年。'《纪年》又云：'出公二十三年奔楚，乃立昭公之孙，是为敬公。'《系本》亦云：'昭公生桓子雍，雍生忌，忌生懿公。'然《晋》《赵系家》及《年表》各各不同，何况《纪年》之说也！"⑦ 案"系本亦云昭公生桓子雍"，广雅书局本作"系家亦云昭公生桓子雍"，则误"本"为"家"。同卷《楚系家第十》中大字"熊【黑且】"后小字曰："一作'黮'，音土感反。"⑧ 案"音土感反"，广雅书局本作"音上感反"，则误"土"为"上"。⑨

第十四卷《外戚系家第十九》中大字"阴阳之变万物之统也"后小字曰："以言若乐声调，能令四时和，而阴阳变，则能生万物，是阴阳即夫妇也。"⑩ 案"能

---

① 司马贞撰，王璐、赵望秦整理：《史记索隐》，陕西师范大学出版社 2018 年版，第 106 页。

② 同上，第 117 页。

③ 同上，第 150 页。

④ 案，此"弋战反"乃是"羡"字的注音，检承袭《唐韵》音系的《广韵》一书，"羡"为邪母或以母，而"戈"为见母，故而"羡"字的反切上字肯定为同为以母的"弋"，而非为见母的"戈"。

⑤ 司马贞撰，王璐、赵望秦整理：《史记索隐》，陕西师范大学出版社 2018 年版，第 165 页。

⑥ 同上，第 173 页。

⑦ 同上，第 189 页。

⑧ 同上，第 191 页。

⑨ 案，此"土感反"乃是"【黑且】"字的注音，检承袭《唐韵》音系的《广韵》一书，"【黑且】"为定母或透母，而"上"为常母，故而"【黑且】"字的反切上字肯定为同为透母的"土"，而非为常母的"上"。

⑩ 同上，第 227 页。

令四时和”，广雅书局本作“能今四时和”，则误“令”为“今”。

第十六卷《五宗世家第二十九》中大字“程姬有所辟”后小字曰：“《说文》云：‘婞，女污也。’”① 案“婞女污也”，广雅书局本作“婞女汗也”，则误“污”为“汗”。同卷《三王系家第三十》中大字“尊卑相踰”后小字曰：“谓诸侯王子已为列侯，而今又家皇子为列侯，是尊卑相踰越矣。”② 案“谓诸侯王子已为列侯”，广雅书局本作“谓诸侯王于已为列侯”，则误“子”为“于”。

第十七卷《老子韩非列传第三》中大字“洸洋”后小字曰：“音汪羊二音，又音晃养。”③ 案“音汪羊二音”，广雅书局本作“音汪洋二音”，则误“羊”为“洋”。

第十八卷《仲尼弟子列传第七》中大字“蘧伯玉”后小字曰：“按《大戴礼》又云：‘外宽而内直，自娱于隐括之中，直己而不直人，汲汲于仁，以善存亡，盖蘧伯玉之行也。’”④ 案“直己而不直人”，广雅书局本作“直己而不直入”，则误“人”为“入”。又大字“冉孺字子鲁”后小字曰：“《家语》：字子鲁，鲁人。作‘冉儒’。”⑤ 案“作冉儒”，广雅书局本作“作冉孺”，则误“儒”为“孺”。同卷《苏秦列传第九》中大字“苏秦东周雒阳人也”后小字曰：“苏秦，字季子，盖苏忿生之后，己姓也。谯周云：‘秦兄弟五人，秦最少。兄代、代弟厉及辟、鹄，并为游说之士。’”⑥ 案“谯周云”，广雅书局本作“谁周云”，则误“谯”为“谁”。又大字“请别白黑所以异阴阳”后小字曰：“按《战国策》云：‘请屏左右，白言所以异阴阳。’其说异此。然言‘别白黑’者，苏秦言已今论赵国之利，必使分明，有如白黑分别，阴阳殊异也。”⑦ 案“阴阳殊异也”，广雅书局本作“阴阳殊与也”，则误“异”为“与”。又大字“宛冯”后小字曰：“徐广云：‘荥阳有冯池。’谓宛人于冯池铸剑，故号‘宛冯’。”⑧ 案“荥阳有冯池”，广雅书局本作“荣阳有冯池”，则误“荥”为“荣”。同卷《张仪列传第十》中大字“什谷之口”后小字曰：“一本作‘寻谷’。”⑨ 案“一本作寻谷”，广雅书局本作“一木作寻谷”，则误“本”为“木”。

第十九卷《孟子荀卿列传第十四》中大字“注‘为云梯之械’”，⑩ 案“注为云梯之械”，广雅书局本作“汪为云梯之械”，则误“注”为“汪”。

第二十卷《乐毅列传第二十》中大字“其相栗腹”后小字曰：“栗，姓；腹，

---

① 司马贞撰，王璐、赵望秦整理：《史记索隐》，陕西师范大学出版社 2018 年版，第 248 页。
② 同上，第 250 页。
③ 同上，第 259 页。
④ 同上，第 268 页。
⑤ 同上，第 272 页。
⑥ 同上，第 277 页。
⑦ 同上，第 279 页。
⑧ 同上，第 280 页。
⑨ 同上，第 286 页。
⑩ 同上，第 296 页。

名也。"① 案 "栗姓"，广雅书局本作 "粟姓"，则误 "栗" 为 "粟"。同卷《屈原贾生列传第二十四》中大字 "楚人命鸮曰服" 后小字曰："按邓展云：'似鹊而大。'晋灼云：'《巴蜀异物志》云：有鸟小鸡，体有文色，土俗因形，名之曰服。'"② 案 "名之曰服"，广雅书局本作 "名之白服"，则误 "曰" 为 "白"。又大字 "梁怀王太傅" 后小字曰："梁怀王，名楫，文帝子。"③ 案 "文帝子"，广雅本作 "文帝名"，则误 "子" 为 "名"。

第二十一卷《刺客列传第二十六》中大字 "专诸" 后小字曰："'专'字亦作'剸'，音同。《左传》作'鱄设诸'。"④ 案 "专字亦作剸"，广雅书局本作 "专字文作剸"，则误 "亦" 作 "文"。同卷《李斯列传第二十七》中大字 "铄金百溢" 后小字曰："《尔雅》：'铄，美也。'言百溢之美金在于地，虽有盗跖之行亦不取者，为其财多而罪重也，故下云'搏必随手刑，盗跖不搏'也。"⑤ 案 "虽有盗跖之行亦不取者"，广雅书局本作 "虽有姿跖之行亦不取者"，则误 "盗" 为 "姿"。

第二十二卷《樊郦滕灌列传第三十五》中大字 "连尹" 后小字曰："苏林曰：'楚官也。'按《左传》，连敖、连尹、襄老是。"⑥ 案 "楚官也"，广雅书局本作 "楚宫也"，则误 "官" 为 "宫"。又大字 "留公族高密" 后小字曰："留，县。令称公，族其名也。"⑦ 案 "令称公"，广雅书局本作 "今称公"，则误 "令" 为 "今"。

第二十三卷《万石张叔列传第四十三》中大字 "注'赵同坐酎金'"，⑧ 案 "赵同坐酎金"，广雅书局本作 "赵同坐酬金"，则误 "酎" 为 "酬"。

第二十四卷《扁鹊仓公列传第四十五》中大字 "俞跗" 后小字曰："音臾附。下又音跌。"⑨ 案 "下又音跌"，广雅书局本作 "下又音跌"，则误 "跌" 为 "跌"。同卷《魏其武安侯列传第四十七》中大字 "呫嗫耳语" 后小字曰："呫，邹音蚩辄反；嗫，音汝辄反。"⑩ 案 "呫邹音蚩辄反"，广雅书局本作 "呫邹音蚩辄反"，则误 "呫" 为 "呫"。

第二十五卷《南越列传第五十三》中大字 "藏其先武帝玺" 后小字曰："李奇云：'去其僭号。'"⑪ 案 "去其僭号"，广雅书局本作 "云其僭号"，则误 "去" 为 "云"。

第二十六卷《司马相如列传第五十七》中大字 "樗枣" 后小字曰："上音弋井反。樗枣似柿也。"⑫ 案 "上音弋井反"，广雅书局本作 "上音戈井反"，则误

① 司马贞撰，王璐、赵望秦整理：《史记索隐》，陕西师范大学出版社 2018 年版，第 308 页。
② 同上，第 320 页。
③ 同上，第 323 页。
④ 同上，第 327 页。
⑤ 同上，第 335 页。
⑥ 同上，第 348 页。
⑦ 同上，第 349 页。
⑧ 同上，第 363 页。
⑨ 同上，第 366 页。
⑩ 同上，第 371 页。
⑪ 同上，第 391 页。
⑫ 同上，第 406 页。

"弋"为"戈"。① 又大字"玄猨素雌，蜼玃飞蠝"后小字曰："张揖曰：'蜼似猕猴，卬鼻而长尾。玃似猕猴而大。飞蠝，飞鼠也。其状如兔而鼠首，以其□飞。'郭璞曰：'蠝，飞鼠也。毛紫赤色。飞且生，一名飞生。蜼，音遗。蠝，音谦。玄猨，猨之雄者色也。素雌，猨之雌者色也。'"② 案"飞且生"，广雅书局本作"飞日生"，则误"且"为"日"。又大字"姣冶闲都"后小字曰："郭璞云：'姣，好也。都，雅也。'"③ 案"郭璞云"，广雅书局本作"郭□云"，则误"璞"为"□"。又大字"椓指桥以偃蹇"后小字曰："椓，音徒吊反。指，音居桀反。桥，音矫。张揖曰：'指矫，随风指麾。偃蹇，高皃。'应劭云：'旌旗屈挠之皃。'"④ 案"应劭云"，广雅书局本作"应功云"，则误"劭"为"功"。

　　第二十七卷《循吏列传第五十九》中大字"自刿"，⑤ 案广雅书局本作"勿刿"，则误"自"为"勿"。

　　第二十八卷《太史公自序传》中大字"司马氏代典周史"后小字曰："按：司马，夏官卿，不掌国，自是先代兼为史。"⑥ 案"夏官卿"，广雅书局本作"夏官乡"，则误"卿"为"乡"。

　　第三十卷《补史记序》："贞业谢颢门，人非博古，而家传是学。"⑦ 案"贞业谢颢门"，广雅书局本作"负业谢颢门"，则误"贞"为"负"。

　　上述 48 例，便是广雅书局本《史记索隐》较之其底本汲古阁本《史记索隐》所新出现的明显讹误，而这些讹误大都是由于字形相近而导致的。当然，至广雅书局刻印《史记索隐》的光绪十九年（1893），汲古阁本《史记索隐》的初印本已经历了二百多年时间的洗礼，而其诸后印本本身的印刷质量就远不胜初印本那般清晰分明，或许广雅书局本中这诸多因字形相近而导致的新的讹误，也可能是因为其时用以校勘的汲古阁本《史记索隐》中的某些字句残损难辨也未可知。然而无可否认，上述诸例皆是十分容易分辨出的讹误，只要对其内容稍加留意，即可确定何为正字，作为以校对精审而闻名的广雅书局，在《史记索隐》的校勘上实在不能算是完美。但是考虑到广雅书局在光绪十五年（1889）张之洞离任粤督后由于各种人事的变动而大大影响了它的校勘与刻书事业，再加之天下动荡，局势混乱，且各种新学与洋务渐次兴起，在这样的社会背景下，作为开启中国社会近代化进程先河的广州广雅书局在翻刻《史记索隐》时，能够仅与其底本产生0.14％的差异，也可谓是汲古阁本《史记索隐》较好的一个翻刻本了。

---

　　① 案，此"弋井反"乃是"栘"字的注音，检承袭《唐韵》音系的《广韵》一书，"栘"为以母，而"戈"为见母，故而"栘"字的反切上字肯定为同为以母的"弋"，而非为见母的"戈"。

　　② 司马贞撰，王璐、赵望秦整理：《史记索隐》，陕西师范大学出版社 2018 年版，第 408 页。

　　③ 同上，第 410 页。

　　④ 同上，第 416 页。

　　⑤ 同上，第 422 页。

　　⑥ 同上，第 447 页。

　　⑦ 同上，第 492 页。

"司马贞女"史事辨误

* 本文作者邰昱，江苏省泰州中学教师。

唐司马贞《史记索隐》是《史记》最重要的注本之一，与南朝宋裴骃《史记集解》、唐张守节《史记正义》并称"《史记》三家注"，后世一般认为《史记索隐》的价值更在裴、张两家之上。而撰者司马贞因两《唐书》无传，故其生平世系一直是《史记》研究的一个重要课题。

近有学者从雍正《浙江通志》中钩稽出司马贞女儿的一条史料，将其作为考证司马贞籍里的重要佐证。[①]《浙江通志·列女》原文如下：

> 司马贞女，《会稽县志》：许配董思述，未归而思述讣闻，氏遂绝饮食，卒，两姓构棚厂，以纸俑行婚礼，合葬珠湖山。[②]

其后乾隆《绍兴府志·人物志》会稽县载明贞女"司马贞女"条亦载：

> 许配董思述，未归而思述讣闻，氏遂绝饮食，卒，两姓构棚厂，以纸俑行婚礼，合葬珠湖山。[③]

二志记叙了司马贞女绝食殉未婚夫董思述、合葬珠湖山的贞烈故事。我们先看《浙江通志》。《浙江通志·列女》的编排体例是据各府及属县胪举历代列女姓名，每县以朝代先后编排。此条列于绍兴府会稽县明代列女下。若《浙江通志》著录无误，则此司马贞显为明人，与唐司马贞恰巧同名而已；若《浙江通志》此条系唐司马贞误植，那么确是研究司马贞家世极珍贵的一条史料。

检核古书尤其是唐宋史籍，均无记载司马贞之女和"准女婿"董思述的史事，因此需要考查《浙江通志》的史料来源。据嵇曾筠《浙江通志序》，雍正《浙江通志》是在嘉靖《浙江通志》和康熙《浙江通志》的基础上，"兼综众长，考证得失，参互同异，旁搜博采"[④] 而成。与嘉靖、康熙二志不注出处相比，雍正

① 牛巧红：《司马贞籍里考辨》，《大家》2012 年第 20 期，第 7 页；又载牛氏《司马贞〈史记索隐〉研究》，郑州大学 2013 年博士学位论文，第 11 页。

② 嵇曾筠等监修，沈翼机等编纂：雍正《浙江通志》，卷 209，《影印文渊阁四库全书》第 524 册，台北商务印书馆 1986 年版，第 649 页。

③ 李亨特总裁，平恕等修：《绍兴府志》，卷 67，《中国方志丛书·华中地方》第 221 号，台北成文出版社有限公司 1975 年版，第 1641 页。

④ 嵇曾筠等监修，沈翼机等编纂：雍正《浙江通志》，卷首，第 4—5 页。

《浙江通志》具有"征引原文，标列书目"① 的显著优点，如"司马贞女"条首"会稽县志"四字，即是雍正志标明的史源文献。复检嘉靖、康熙二志均未载此事，可证雍正志确非沿袭二志旧文，而是据《会稽县志》增补的。

　　检雍正《浙江通志》征引会稽方志有"嘉泰《会稽志》""宝庆《会稽县志》""万历《会稽县志》"和"《会稽县志》"四种。考《浙江通志》引书体例，所称"会稽县志"指康熙《会稽县志》，因是本朝志书，故称引该志时径称书名，而称引宋元方志时则冠以"嘉泰""宝庆""万历"等年号，以示区别。复检四志，唯康熙《会稽县志》载有一条明代列女司马世荣女的史料：

　　　司马氏，温公二十七代孙庠生世荣女，许配董思述，未及于归而思述讣闻，氏遂绝饮食，卒，两姓构棚厂，以纸俑行婚礼，合葬珠湖山。郡伯南瑞泉嘉其节，谥曰贞一。②

将此与《浙江通志》"司马贞女"条比勘，知此即《浙江通志》所据史源文献。《会稽县志》原文所述"许配董思述""合葬珠湖山"者乃北宋名相司马光二十七代孙司马世荣的女儿。司马世荣生平未详，考志文所称"郡伯南瑞泉"为南大吉，字元善，号瑞泉，明武宗正德六年（1511）进士，嘉靖二年（1523）任绍兴府知府，五年罢，《国朝献征录》有传。③ 据此司马世荣女当卒于明嘉靖二年至五年间，故郡伯（明清时知府或称"郡伯"）南大吉嘉奖其贞节，谥曰"贞一"。乾隆《绍兴府志》所载明人"司马贞女"的贞烈故事亦不见于此前的绍兴方志，而文字与雍正《浙江通志》完全一致，因此我们有理由相信《绍兴府志》是根据《浙江通志》采撷的。

　　要之，雍正《浙江通志》"司马贞女"条节录自康熙《会稽县志》所载明人司马世荣女史事，因其女谥"贞一"，与唐司马贞姓名近似，《浙江通志》一时疏略，因而胪列出"司马贞女"这一错误条目，乾隆《绍兴府志》又沿《浙江通志》此条错误文字而未察。

　　① 嵇曾筠等监修，沈翼机等编纂：雍正《浙江通志》，卷首，第 5 页。
　　② 吕化龙修，董钦德纂：康熙《会稽县志》，卷 27，《中国方志丛书·华中地方》第 553 号，第572 页。
　　③ 焦竑编：《焦太史编辑国朝献征录》，卷 85，《续修四库全书》第 529 册，上海古籍出版社1996 年版，第 543 页。

《史记》思想文化研究

《论六家要指》的思想
特点及其学术分类意识

* 本文作者姚军，宝鸡文理学院文学与新闻传播学院副教授。

司马谈是著名史学家、文学家、《史记》作者司马迁的父亲。他师从唐都①学习天文学，师从杨何②学习《周易》，师从黄子③学习道家学说。他也曾作史，写定过今本《史记》中的部分篇章，《史记》五体结构都有涉及，还写成部分太史公论赞。④ 在建元（前140—前135）至元封（前110—前105）年间做官，去世于元封元年（前110）。

一、《论六家要指》的内容译解

司马谈忧虑当时的学者不能通晓各家学说的要义，而所学又混乱、矛盾，于是专门论述阴阳、儒、墨、名、法和道德六家的要旨说：

> 《易·大传》："天下一致而百虑，同归而殊涂。"夫阴阳、儒、墨、名、

---

① 唐都，汉代方士，精通天文学，武帝太初元年，他和司马迁等人共同制定了"太初历"。
② 杨何，字叔元，《易》学专家。武帝元光中，官至太中大夫，事见《儒林列传》。
③ 黄子，史失其名。《儒林列传》称黄生，即黄先生。黄生是汉初研习道家理论的权威，景帝时为博士，主张无为。曾和治《诗》大儒博士辕固生在景帝面前争论汤、武非受命而王，轰动朝野。
④ 赵生群：《司马谈作史考述》，见氏著《〈史记〉文献学丛稿》，江苏古籍出版社2000年版，第69—88页。

法、道德，此务为治者也，直所从言之异路，有省不省耳。尝窃观阴阳之术，大祥而众忌讳，使人拘而多所畏；然其序四时之大顺，不可失也。儒者博而寡要，劳而少功，是以其事难尽从；然其序君臣父子之礼，列夫妇长幼之别，不可易也。墨者俭而难遵，是以其事不可遍循；然其强本节用，不可废也。法家严而少恩；然其正君臣上下之分，不可改矣。名家使人俭而善失真；然其正名实，不可不察也。道家使人精神专一，动合无形，赡足万物。其为术也，因阴阳之大顺，采儒墨之善，撮名、法之要，与时迁移，应物变化，立俗施事，无所不宜，指约而易操，事少而功多。儒者则不然。以为人主天下之仪表也，主倡而臣和，主先而臣随。如此则主劳而臣逸。至于大道之要，去健羡，绌聪明，释此而任术。夫神大用则竭，形大劳则散。形神骚动，欲与天地长久，非所闻也。①

《周易·系辞传》说："天下人追求的目标是相同的，而具体的谋虑却多种多样；要达到的目标相同，而采取的途径却不一样。"阴阳家、儒家、墨家、名家、法家和道家等所做的，都是在探讨治国的理论，怎样才能使天下太平，只是他们所遵循依从的理论有分歧，有的考虑的周到，有的考虑的不周到罢了。我曾经在私下研究过阴阳家的法术，发现它注重吉凶祸福的预兆，禁忌避讳的事物很多，使人受到束缚并多有所畏惧；但阴阳家主张顺着一年四季的运行顺序去行事的道理，却是不可丢弃的。儒家的学说广博但缺乏治理天下的纲要，花费了气力却功效很少，因此该学派主张的事很难完全遵从；然而它所制定的君、臣、父、子彼此相处的礼仪，区别夫妇、长幼之间的礼节，则是不可改变的。墨家过于俭省而难以依遵，因此该派的主张不能全部遵循；但是它关于加强实业，厉行节约的主张，则是不可废弃的。法家主张施政要严刑峻法少给臣民恩惠，但是它辨正君臣上下名分等级的主张，则是不可更改的。名家使人拘束于名而容易失去对事物真相的认识；但它辩正名称与实际的关系，则是不能不认真考虑的。道家使人精神专一，行动符合无形之"道"，使万物丰富充足。道家的学术是依据阴阳家关于四时运行顺序之说，吸收儒墨两家的长处，撮取名、法两家的精要，随着时势的发展而发展，顺应事物的变化，树立良好的风俗，应用于人事无不适宜，意旨简约扼要而容易掌握，用力少而功效多。儒家则不是这样。他们认为君主应当是天下人的表率，君主倡导，臣下应附和，君主先行，臣下就跟随。这样一来，君主劳累而臣下却很安逸。至于大道的要旨，是舍弃刚强与贪欲，去掉聪明和智慧，将这些放置一边而用智术治理天下。精神过度使用就会衰竭，身体过度劳累就会疲惫。如果身体和精神受到扰乱，不得安宁，却想要与天地共长久，则是从未听说过的事。

　　夫阴阳，四时、八位、十二度、二十四节各有教令，顺之者昌，逆之者不死则亡。未必然也，故曰"使人拘而多畏"。夫春生夏长，秋收冬藏，此天

---

①　司马迁：《史记·太史公自序》，中华书局 2013 年版，第 3993—3994 页。

道之大经也，弗顺则无以为天下纲纪，故曰"四时之大顺，不可失也"。①

阴阳家认为四时、八位、十二度和二十四节气各有一套宜、忌的规定，人们顺应它就会昌盛，违背它不死则亡。这未必是对的，所以说阴阳家"使人受束缚而多所畏惧"。春天万物萌生、夏天成长、秋天收获、冬天储藏，这是自然界的普遍规律，不顺应它就无法拟定天下的纲纪，所以说"顺着一年四季的运行顺序去行事的道理，是不可丢弃的。"

夫儒者以六艺为法。六艺经传以千万数，累世不能通其学，当年不能究其礼，故曰"博而寡要，劳而少功"。若夫列君臣父子之礼，序夫妇长幼之别，虽百家弗能易也。②

儒家以《诗》《书》《易》《礼》《乐》《春秋》这"六艺"作为理论依据。《六艺》的经文和解释经文的传文以千万计，几代相继不能弄通其学问，有生之年不能穷究其礼仪，所以说儒家的"学说广博但缺乏治理天下的纲要，花费了气力却功效很少"。至于它所制定的君、臣、父、子彼此相处的礼仪，区别夫妇、长幼之间的礼节，即使是百家学说，也是不能改变的。

墨者亦尚尧舜道，言其德行曰："堂高三尺，土阶三等，茅茨不翦，采椽不刮。食土簋，啜土刑，粝粱之食，藜藿之羹。夏日葛衣，冬日鹿裘。"其送死，桐棺三寸，举音不尽其哀。教丧礼，必以此为万民之率。使天下法若此，则尊卑无别也。夫世异时移，事业不必同，故曰"俭而难遵"。要曰强本节用，则人给家足之道也。此墨子之所长，虽百家弗能废也。③

墨家也崇尚唐尧、虞舜的道术，谈论他们的道德品行，说："殿堂只有三尺高，堂下的土阶只有三级，用茅草搭盖屋顶而不加修剪，用原木做椽子而不经刮削。用陶簋吃饭，用陶钵喝汤，吃的是糙米粗饭，喝的是藜藿做的野菜羹。夏天穿葛布衣，冬天穿鹿皮裘。"墨家主张为死者送葬只做一副桐木棺材，厚仅三寸，送葬者哭丧不能过于哀痛。他们教民丧礼，必须以此作为万民的统一标准。假使天下都照此法去做，那贵贱尊卑就难以区别了。时代不同，时势改变，人们所做的事业就不一定相同，所以说墨家"过于俭省而难以依遵。"墨家学说的要领是强本节用，真是人人丰足，家家富裕的途径。这是墨子学说的长处，即使是百家学说，也是不能废弃它的。

法家不别亲疏，不殊贵贱，一断于法，则亲亲尊尊之恩绝矣。可以行一时之计，而不可长用也，故曰"严而少恩"。若尊主卑臣，明分职不得相逾越，虽百家弗能改也。④

---

① 司马迁：《史记·太史公自序》，中华书局 2013 年版，第 3995 页。
② 同上。
③ 同上，第 3995—3996 页。
④ 同上，第 3996 页。

法家不区别亲疏远近，不区分贵贱尊卑，一律依据法令来决断，那么亲近亲属、尊重长上的恩爱关系就断绝了。这些可作为一时之计来施行，却不可长久运用，所以说法家"施政要严刑峻法少给臣民恩惠"。至于法家主张使君主尊贵，使臣子卑下，使上下名分、职守明确，不得相互逾越，即使百家之说，也是不能更改的。

> 名家苛察缴绕，使人不得反其意，专决于名而失人情，故曰"使人俭而善失真"。若夫控名责实，参伍不失，此不可不察也。①

名家苛刻细察纠缠不清，使人反省寻思不能得其旨意，一切取决于名称却失弃了一般常理，所以说它"使人拘束于名而容易失去对事物真相的认识"。至于循名责实，要求对名称与实际进行交错比较验证，以免失误，这是不可不认真考察的。

> 道家无为，又曰无不为。其实易行，其辞难知。其术以虚无为本，以因循为用。无成势，无常形，故能究万物之情。不为物先，不为物后，故能为万物主。有法无法，因时为业；有度无度，因物与合。故曰："圣人不朽，时变是守。虚者道之常也，因者君之纲也"。群臣并至，使各自明也。其实中其声者谓之端，实不中其声者谓之窾。窾言不听，奸乃不生，贤不肖自分，白黑乃形。在所欲用耳，何事不成。乃合大道，混混冥冥。光耀天下，复反无名。凡人所生者神也，所托者形也。神大用则竭，形大劳则敝，形神离则死。死者不可复生，离者不可复反，故圣人重之。由是观之，神者生之本也，形者生之具也。不先定其神形，而曰"我有以治天下"，何由哉？②

道家讲"无为"，又说"无不为"，他们的实际主张容易施行，但其文辞则幽深微妙，难以明白通晓。其学说以虚无为理论基础，以顺应自然为实践原则。道家认为事物没有既成不变之势，没有常存不变之形，因此能够探求万物的情理。不做超越物情的事，也不做落后于物情的事，因此能够成为万物的主宰。立法或不立法，要顺应时势以成其业；制度的用或不用，要与事务相符合。所以说"圣人的思想和业绩之所以不可磨灭，就在于能够与时势一同变化。虚无是道的永恒规律，顺天应人是国君治国理民的纲要"。群臣一齐来到朝廷，君主应让他们各自明确自己的职守。其实际情况符合其言论名声者，叫"端"；实际情况不符合其言论名声者，叫做"窾"。不听信空话，奸邪就不会产生，贤与不肖自然分清，黑白也就对照分明。问题在于想不想运用，只要肯运用，什么事办不成呢。这样才会符合大道，混混沌沌，光辉照耀天下，重又返归于无名。大凡人活着是因为有精神，而精神又寄托于形体。精神过度使用就会衰竭，形体过度劳累就会疲惫，形、神分离就会死亡。死去的人不能复生，神、形分离便不能重新结合在一起，所以圣人重视这个问题。由此看来，精神是人生命的根本，形体是生命的依托。

---

① 司马迁：《史记·太史公自序》，中华书局 2013 年版，第 3997 页。
② 同上。

不先安定自己的精神和身体，却侈谈"我有办法治理天下"，凭借的又是什么呢？

二、《论六家要指》的思想特点

这篇论文被司马迁收录在《史记》卷一百三十《太史公自序》中，是中国哲学史、中国思想史、中国文化史、中国学术史上的一篇著名论文。其思想特点体现在两个方面：

其一，总结各家学派，指出短长。司马谈仅用 300 多字就概括了六家的主要观点，"一分为二"地总结各家，评论长短。司马谈认为当时的学者不能通晓各家学说的要义，而所学又混乱、矛盾，惑于所见，都有片面性，他要纠正这种片面性，不拘泥于古人的成说，认为各家学说互有长短。各家学说如阴阳、儒、墨、名、法都有其"不可失""弗能易""弗能废""弗能改""不可不察"的长处，又有其错误或难以实行的短处。

其二，吸收各家所长，综合发展。司马谈从各家学说与政治的联系出发，指出"'天下人追求的目标是相同的，而具体的谋虑却多种多样；要达到的目标相同，而采取的途径却不一样。'阴阳家、儒家、墨家、名家、法家和道家等所做的都是在探讨治国理论，致天下于太平之道的，只是他们所遵循依从的学说有分歧，有的考虑得周到，有的考虑得不周到。"明确概括说各家学说都是"为治"，只是提法不同，归根到底，都是殊途同归的。对各家学说只要取舍得当，都能为治国服务。西汉帝国实现了空前一统，政治上的一统，也要求思想文化上的一统，司马谈吸收各家所长的思想正是这种时代要求的反映。他十分推崇道家，说它"因阴阳之大顺，采儒墨之善，撮名法之要，与时迁移，应物变化，立俗施事，无所不宜。"司马谈所说的道家已经是综合了阴阳家、儒家、墨家、名家、法家等五家学说的黄老道家，这反映了作者主张综合发展的基本观点。他还说黄老道家是随着时势的发展而发展，顺应事物的变化，树立良好风俗，应用于人事，无不适宜，意旨简约扼要而容易掌握，用力少而功效多。

三、《论六家要指》的学术分类意识

《论六家要指》继承了先秦诸子批判精神的传统，也影响了汉代及后世的学术分类。

1. 先秦诸子的学术分类

庄周后学在《庄子・天下》中将学术按其立言宗旨分类，以代表人物为例，总共分作五类。对墨翟、禽滑厘，宋钘、尹文，彭蒙、田骈、慎到，惠施、桓团、公孙龙等"治方术者"的各派学说历史起源与自身价值进行了评估。对关尹、老聃和庄周这一派，基本态度是褒而无贬，认为他们都见到了宇宙间的全部真理，因而也就应高踞其它各派之上。庄周后学还说，后世学者不见天地之纯与古人之大体，因此悲伤地预言学术走势是那种包含了宇宙间一切真理的道术将变为"天下多得一察焉以自好"的方术。①

荀子在其《荀子·非十二子》中也是将学术按其立言宗旨分类，分成了六组代表人物，他们分别是它嚣、魏牟，陈仲、史（鱼酋），墨翟、宋钘，慎到、田骈，惠施、邓析，子思、孟轲。先总括每组人物的主要思想，后承认他们的学说也是"持之有故，言之成理。"此外，他特别推崇圣人，如不得势的仲尼、子弓和得势的舜、禹，认为当时的急务应该是上则法舜、禹之制，下则法仲尼、子弓之义，以务息十二子之说。

《吕氏春秋·不二》中说："老耽贵柔，孔子贵仁，墨翟贵廉，关尹贵清，列子贵虚，陈骈贵齐，阳生贵己，孙膑贵势，王廖贵先，倪良贵后。"也对学术进行了分类，也是以代表人物为例，对这十个人所持的学术观点做了简明扼要的概括。但与荀子"务息十二子之说"的那种对待其他学说的粗暴态度有所不同，《吕氏春秋》只讲"一则治，异则乱；一则安，异则危。"和"一则治，两则乱。"主要强调思想一统的重要性。

《韩非子·显学》干脆将传世之显学分作两派，一派为儒家，一派为墨家，孔、墨之后，儒分为八，墨离为三。派内有派，都说自己这一派传述的是真正的孔子、墨子的精髓。

由此看来，以上所引诸子分别论述了孔子、老子、墨子、邓析、杨朱、列子、庄子、惠施、公孙龙、宋钘、慎到、田骈、申不害、子思、孟子、荀子等人的思想，又将学术渊源、思想倾向相同或相近之人合而论之。因此，《庄子》的《天下》篇虽无分派之名，却有分派之实；而《韩非子·显学》则已有分派之实。我们可以这么说，战国中晚期的诸子已经认识到存在着不同学派的学术，只是在意识上没有儒家的集大成者荀子那么强烈而已。

2.《论六家要指》的学术分类意识及其影响

西汉中期，《淮南子·要略》侧重讨论了先秦孔子之学、墨子之学、管子之学、晏子之术、纵横家说、刑名之学和商鞅学术。它重点讲各家学说的兴起都有自身的原因和条件，时势不同，故而有不同的学说，而且它们都有自己的局限，即"循一迹之路，守一隅之指，拘系牵连之物，而不与世推移也"。它和《庄子》的《天下》篇、《荀子》的《非十二子》以及《吕氏春秋》的《不二》篇一样，核心并不在于对先秦各种学术作系统的分类，而是在于借各家学术突出自身的学术地位，该篇在文末也说"刘氏之书，观天地之象，通古今之事，权事而立制，度

---

① "'方术'者，乃庄子指曲士一察之道而言，如墨翟、宋钘、惠施、公孙龙等所治之道，是也。'道术'者，乃庄子指古圣'六通四辟，小大精粗，其运无乎不在'之道而言，如关尹、老聃，及其自己所治之道，是也。"见蒋锡昌《庄子哲学》，成都古籍书店1988年版。

形而施宜，原道之心，合三王之风，以储与扈冶，玄眇之中，精摇靡览，弃其畛挈，斟其淑静，以统天下，理万物，应变化，通殊类。……""置之寻常而不塞，布之天下而不窕。"

司马谈在继承先秦诸子和汉初《淮南子·要略》学术分类的基础上，依学术宗旨的不同，将先秦诸子学术分为六家，即阴阳、儒、墨、名、法和道德家。在司马谈这儿，学术分类意识明显增强，他把学术渊源、立言宗旨、为学方法和所论问题相同或相近者，划分为一类，第一次以"家"这个概念来指称。此处的"家"，钱穆曾解释说："家与官字对立。官指王官，即政府中各衙门。家指社会中之私人家庭。因其成为一学派，门徒传习，历久弗替，犹如贵族家庭之爵位世袭般，故家字亦兼有家世之义。"①

西汉后期，刘向刘歆父子在司马谈的基础上，将先秦诸子分为十家九流：儒、道、阴阳、法、名、墨②，加上纵横、杂、农、小说是十家③。先秦以来的学术分类至此才算完成。再将诸子以外的典籍分为六艺、诗赋、兵书、术数、方技等五类，共为六类，38种，603家。

值得注意的是，在"诸子略"中，刘向刘歆父子提出了著名的"诸子出于王官论"，他们称"儒家者流，盖出于司徒之官，助人君顺阴阳明教化者也。游文于六经之中，留意于仁义之际，祖述尧、舜，宪章文、武，宗师仲尼，以重其言，于道最为高。""道家者流，盖出于史官，历记成败存亡祸福古今之道，然后知秉要执本，清虚以自守，卑弱以自持，此君人南面之术也。""阴阳家者流，盖出于羲和之官，敬顺昊天，历象日月星辰，敬授民时""法家者流，盖出于理官。信赏必罚，以辅礼制。""名家者流，盖出于礼官。古者名位不同，礼亦异数。""墨家者流，盖出于清庙之守。茅屋采椽，是以贵俭；养三老五更，是以兼爱；选士大射，是以上贤；宗祀严父，是以右鬼；顺四时而行，是以非命；以孝视天下，是以上同""从横家者流，盖出于行人之官。""当权事制宜，受命而不受辞""杂家者流，盖出于议官。兼儒、墨，合名、法，知国体之有此，见王治之无不贯""农家者流，盖出于农稷之官。播百谷，劝耕桑，以足衣食，故八政一曰食，二曰货。""小说家者流，盖出于稗官。街谈巷语，道听涂说者之所造也。孔子曰：'虽小道，必有可观者焉，致远恐泥，是以君子弗为也。'然亦弗灭也。闾里小知者之所及，亦使缀而不忘。如或一言可采，此亦刍荛狂夫之议也。"刘氏父子这种看法的意义在于：各家学说都是与国家治理、民众生活直接相关而发展起来的，尽管他们视儒家为独尊，称孔子为圣人，但儒学毕竟是从社会生活中发展起来，是各家学派中的一派，孔子是人不是神，他是一个热衷于研究古代文化的学者，不是谶纬家所编造出来的"受天命的王"。刘氏父子处于两汉之际神学迷雾大炽的

---

① 钱穆：《中国学术通义》，学生书局1976年版。
② 前面这六家与司马谈分类相同，只是顺序略有调整。
③ 不算"小说家"，则为"九流"。

时代，却能从历史和人事的角度论述学术源流，其反神学的进步意义是不容忽视的。

而且，他们还指出各家学术兴起的历史背景及其为治共性："皆起于王道既微，诸侯力政，时君世主，好恶殊方，是以九家之术蜂出并作。各引一端，崇其所善，以此驰说，取合诸侯。其言虽殊，辟犹水火，相灭亦相生也。仁之与义，敬之与和，相反而皆相成也。《易》曰：'天下同归而殊涂，一致而百虑。'"又指出各家皆有其长处："今异家者各推所长，穷知究虑，以明其指，虽有蔽短，合其要归，亦六经之支与流裔。使其人遭明王圣主，得其所折中，皆股肱之材已。""方今去圣久远，道术缺废，无所更索，彼九家者，不犹瘉于野乎？若能修六艺之术，而观此九家之言，舍短取长，则可以通万方之略矣。"这跟董仲舒"罢黜百家"的那种文化专制思想相比，也显然要进步得多。

刘向在整理 13000 多卷的典籍时，写有叙录，各篇叙录均与书一起上奏给皇帝，他把这些单篇叙录合起来编集别行，这就是《别录》。刘向校书前后历时 20 多年。刘歆继续完成父业，他把父亲的叙录，按照书籍的分类，分别概括为六艺略、诸子略、诗赋略、兵书略、术数略、方技略，另加辑略，编为《七略》一书。

班固《汉书·艺文志》的六略和各家就是按照刘向刘歆父子的学术分类来辑录的，他以《七略》为基础而加以删改，把西汉时期的典籍分为 13269 卷，596家，六大类，38 种。对于每一"类"和每一"种"，他都写有总论，概述其学术源流，评价其优缺点。这一系统的分类做法，被后来的《隋书·经籍志》所继承，并一直影响到清代学者的目录学著作。

传统的经史子集四部分类法，就是在《汉书·艺文志》基础上有所合并和调整而来，并被长期沿用，影响后世 1000 多年。

不同文献中的"骊姬之乱"

——对读《左传》《国语》《史记》

＊本文作者黄梦，陕西师范大学文学院硕士研究生。

据《史记·晋世家》记载，晋献公五年攻打骊戎，得到骊姬。晋献公十分宠爱骊姬并生下奚齐。为了把奚齐立为太子，骊姬用尽各种手段，献公二十一年时，骊姬谗害太子申生，并恐吓公子重耳和夷吾，最终逼迫申生在新城自杀，重耳逃回蒲邑，夷吾逃回屈邑，史称"骊姬之乱"。具体到"骊姬之乱"的发生过程，如废嫡立庶，太子公子出奔，申生祭母献肉等事件时，《左传》《国语》《史记》这三个文本的记载有一定差异。《史记评林》引用唐顺之云："史迁大略多本《左氏传》《国语》，故文多可观览云。"① 可见《史记》对《左传》《国语》有一定的借鉴，并进行进行了改写重述。

一、废嫡立庶事件的重述

"骊姬之乱"的导火索可以说是争夺太子之位。晋献公与齐姜生了太子申生，与戎族二女生了重耳和夷吾。晋献公五年攻打骊戎，得到骊姬及其妹妹。献公十二年时，骊姬生下奚齐，祸端即此而起。

《左传》载：

> 骊姬嬖，欲立其子，赂外嬖梁五与东关嬖五。②

《国语》载：

> 骊姬生奚齐，其娣生卓子。公将黜太子申生而立奚齐。③

《史记》载：

---

① ［明］凌稚隆辑校，［明］李光缙增补：《史记评林》，天津古籍出版社 1998 年版，第四册第 41 页。

② 杨伯峻：《春秋左传注》，中华书局 2011 年版，第 239 页。

③ ［天国吴］韦昭注，徐元诰集解，王树民、沈长云点校：《国语集解》，中华书局 2019 年版，第 271 页。

十二年，骊姬生奚齐。献公有意废太子。①

献公私谓骊姬曰："吾欲废太子，以奚齐代之。"骊姬泣曰："太子之立，诸侯皆已知之，而数将兵，百姓附之，奈何以贱妾之故废嫡立庶？君必行之，妾自杀也。"骊姬详誉太子，而阴令人谮恶太子，而欲立其子。②

始君欲废之，妾犹恨之；至于今，妾殊自失于此。③

从上述三段引文可知，《左传》中，晋献公没有说要废掉太子，而是骊姬因为有晋献公的宠爱，想要立自己的儿子为太子，于是贿赂男宠梁五和东关嬖五。《国语》中，当骊姬生下奚齐后，晋献公就打算废黜太子申生而改立奚齐为太子。而在《史记》中，有三处提到献公想要废太子申生而立奚齐。第一处是献公十二年骊姬生下奚齐后晋献公因此准备废掉太子。第二处是晋献公私底下对骊姬说，他准备废掉太子申生，让骊姬的儿子奚齐代太子之位。司马迁在这里用了一个"私"字，别有深意。晋献公"私"对骊姬说，也可以理解这两个人在私底下秘密谋划废掉太子申生，立奚齐为太子。当骊姬知道了献公对太子之位的安排后，她流泪推辞，表面上骊姬赞扬太子申生，却在暗中派人诋毁谗言太子，骊姬一心想立自己的儿子为太子。第三处是骊姬亲口说的，虽然是骊姬说的献公要废太子，但是不排除是骊姬和晋献公的密谋。《史记论文》云："一路写废太子已有端倪，乃公意逼之，而骊姬反复飏开，非飏开也。"④ 从上面三个文本可以看出，《左传》没有直接说晋献公想立奚齐为太子，但是在《国语》和《史记》中都明确记载了要废黜太子申生而立奚齐为太子的人是晋献公。

除了内容上有所差异外，在叙述语言、描写人物方面三个本子也有所不同。《左传》《国语》的记叙相对简略得多，而《史记》叙述语言就要详尽得多，而且开始在描写人物形象上下功夫，如对骊姬的刻画，增加了骊姬听到献公安排后的语言描写，用语言描写来揭示人物的心理活动。司马迁在参照《左传》《国语》相关史实的基础上，叙述得更加翔实，描写手法也更加高超。

二、太子公子出奔事件的重述

在废黜太子之后，晋献公和骊姬就想方设法把申生、重耳和夷吾调出都城。在把这三人驱逐出都城的具体过程中，三个文本的叙述又有差异。

《左传》载：

骊姬嬖，欲立其子，赂外嬖梁五与东关嬖五，使言于公曰："曲沃，君之宗也。蒲与二屈，君之疆也。不可以无主。宗邑无主，则民不威；疆场无主，

---

①　[汉] 司马迁：《史记》，中华书局 2014 年版，第 1984 页。

②　同上，第 1988 页。

③　同上，第 1984 页。

④　吴见思：《史记论文》，中华书局 1916 年版，第三册第 47 页。

则启戎心。戎之生心，民慢其政，国之患也。若使大子主曲沃，而重耳、夷吾主蒲与屈，则可以威民而惧戎，且旌君伐。"使俱曰："狄之广莫，于晋为都。晋之启土，不亦宜乎！"晋侯说之。夏，使大子居曲沃，重耳居蒲城，夷吾居屈。群公子皆鄙。唯二姬之子在绛。①

《国语》载：

骊姬请使申生主曲沃以速县，重耳处蒲城，夷吾处屈，奚齐处绛，以儆无辱之故。公许之。②

《史记》载：

十二年，骊姬生奚齐。献公有意废太子，乃曰："曲沃吾先祖宗庙所在，而蒲边秦，屈边翟，不使诸子居之，我惧焉。"于是使太子申生居曲沃，公子重耳居蒲，公子夷吾居屈。献公与骊姬子奚齐居绛。晋国以此知太子不立也。③

根据上述文本，《左传》中，骊姬贿赂男宠梁五和东关嬖五，让他们对晋献公进言，晋献公听了很高兴，就让太子居住在曲沃，重耳居住在蒲地，夷吾居住在屈地，别的公子也统统都住在边境上，只有骊姬和她妹妹的儿子住在绛城。在《国语》中，记叙相对就简单得多。骊姬请求献公派太子申生去曲沃，派公子重耳去蒲城，公子夷吾去屈城，最后把奚齐留在都城绛。骊姬说这样安排可以解救国家于危难之中，防备敌国的入侵，让晋国不会受到屈辱，献公同意了她的请求。骊姬请求，献公同意，我们也可以理解为两人共同参与这件事。《史记》中，当骊姬生了奚齐后，晋献公就准备罢黜太子申生，于是便故意找了个借口把诸公子驱逐出都城。

《左传》中记叙的是骊姬贿赂梁五和东关嬖五，让他们对晋献公进言，先让献公知道如果边疆没有得力的主管，会带来一系列的不良后果。后来又继续进言，让献公听到晋国可以开疆辟土的好消息，因此就让太子申生和两个公子主管边疆了。在《国语》中，是骊姬直接请求晋献公，让晋献公把太子和公子驱逐出都城，晋献公同意了骊姬的请求。而在《史记》中，则又有所不同。晋献公自己亲口说为了不出现意外，为了疆域安全，安排申生到曲沃，重耳到蒲邑，夷吾到屈邑。三个文本经历了从骊姬派人说服晋献公到骊姬自己请求晋献公，再到晋献公自己说出驱逐诸公子。司马迁这样改写显然有其原因，这样叙述，把驱逐诸公子，让诸公子离开都城的主谋者从骊姬改成了晋献公。据《晋世家》："公曰：'寡人有子，未知其太子谁立'"。④《史记评林》云："是时申生已为太子，而献公乃

---

① 杨伯峻：《春秋左传注》，中华书局 2011 年版，第 239—241 页。
② ［天国吴］韦昭注，徐元诰集解，王树民、沈长云点校：《国语集解》，中华书局 2019 年版，第 269—270 页。
③ ［汉］司马迁：《史记》，中华书局 2014 年版，第 1984 页。
④ 同上，第 1986 页。

曰：'未知谁立。'其欲立奚齐之意，可概见已。"① 晋献公这样做，让晋国人也就知道了太子申生即将被废，不能继位了，献公想另立奚齐为太子。当诸公子远离都城时，也就触碰到一个国家的根基了。后来晋献公逐渐年老，知道年幼的奚齐不足以统治晋国，请求荀息辅佐奚齐，直到夷吾立为晋惠公，晋国仍然一片混乱，最后公子重耳回到晋国，晋国的局势才相对稳定下来。因此，"骊姬之乱"中公子出城事件造成的后果是非常严重的，献公这样做虽然可以为奚齐在都城的统治扫清障碍，但同时也削弱了公卿大族对政治的影响，这些都为晋国后来走向灭亡埋下了伏笔。

三、申生祭母献公事件的重述

为了让骊姬的儿子奚齐顺利地立为太子，还有一个比较重要的事件，那就是申生祭祀母亲并向献公进献祭肉。具体到《左传》《国语》《史记》文本中，对该事件的叙述有所差异。

《左传》载：

> 及将立奚齐，既与中大夫成谋，姬谓大子曰："君梦齐姜，必速祭之！"大子祭于曲沃，归胙于公。公田，姬置诸宫六日。公至，毒而献之。公祭之地，地坟。与犬，犬毙。与小臣，小臣亦毙。姬泣曰："贼由大子。"大子奔新城。②

《国语》载：

> 骊姬以君命命申生曰："今夕君梦齐姜，必速祠而归福。"申生许诺，乃祭于曲沃，归福于绛。公田，骊姬受福，乃寘鸩于酒，寘堇于肉。公至，召申生献。公祭之地，地坟。申生恐而出。骊姬与犬肉，犬毙；饮小臣酒，亦毙。公命杀杜原款。申生奔新城。③

《史记》载：

> 二十一年，骊姬谓太子曰："君梦见齐姜，太子速祭曲沃，归厘于君。"太子于是祭其母齐姜于曲沃，上其荐胙于献公。献公时出猎，置胙于宫中。骊姬使人置毒药胙中。居二日，献公从猎来还，宰人上胙献公，献公欲飨之。骊姬从旁止之，曰："胙所从来远，宜试之。"祭地，地坟；与犬，犬死；与小臣，小臣死。骊姬泣曰："太子何忍也！其父而欲弑代之，况他人乎？且

① ［明］凌稚隆辑校，［明］李光缙增补：《史记评林》，天津古籍出版社 1998 年版，第四册第 53 页。

② 杨伯峻：《春秋左传注》，中华书局 2011 年版，第 296—297 页。

③ ［天国吴］韦昭注，徐元诰集解，王树民、沈长云点校：《国语集解》，中华书局 2019 年版，第 295—296 页。

君老矣，旦暮之人，曾不能待而欲弑之！"谓献公曰："太子所以然者，不过以妾及奚齐之故。妾愿子母辟之他国，若早自杀，毋徒使母子为太子所鱼肉也。始君欲废之，妾犹恨之；至于今，妾殊自失于此。"太子闻之，奔新城。献公怒，乃诛其傅杜原款。①

根据上述记载，《左传》中，当到了即将把奚齐立为太子的时候，骊姬早就已经和中大夫有了预谋。骊姬对太子申生说："国君梦见了你的母亲齐姜，你一定要抓紧去祭祀她。"太子申生就到曲沃去祭祀母亲并把祭品带回来进献给晋献公。晋献公正在外面打猎，乘此机会，骊姬把祭祀的酒和肉放在宫中，一放就是六天。等到晋献公打猎回来，骊姬在酒和肉中下了毒药，再献给晋献公。晋献公把酒倒在地上，地像坟堆一样隆起。拿肉给狗吃，狗死了；再拿肉给宫中小宦官吃，小宦官也死了。骊姬哭着说："是太子想谋害您。"《国语》中，骊姬以国君的名义命令申生去祭祀齐姜，申生按照骊姬的话去做。祭祀结束后，把祭品送到都城绛。献公此时正在外面打猎，骊姬收下了祭品后，便把鸩毒放入酒中，又把一种叫乌头的毒药放入肉里。献公回来后，命令申生献上酒和肉，献公把酒洒在地上祭地，地像坟堆一样隆起。申生惊恐地跑出去。骊姬拿肉给狗吃，狗死了；让宫中小臣喝酒，小臣也死了。献公下令杀死申生的师傅杜原款，申生逃到曲沃。

《史记》中，司马迁继承了事件的起因，骊姬对太子申生说了祭祀的缘由，申生祭祀结束后把祭品献给献公。骊姬就派人把毒药放进了祭肉和酒中。两天以后，献公打猎回来了。当献公准备享用时，骊姬在一旁阻止，并说："肉从大老远的地方而来，应该先试一试，看有没有问题。"于是，晋献公以酒祭地，地上突起了像坟堆一样的土。把肉给狗吃，狗死了。又把肉给宫中小宦官吃，小宦官也死了。骊姬便开始大哭，一边哭一边说太子残忍迫不及待地杀害自己的父亲，接着又转而对献公说太子申生这样做是因为她和奚齐的缘故。《史记评林》云："骊姬垂泣数语，其痛入髓，诚足以推献公之心者。"② 又《史记论文》云："添四句之妙，前是自泣自叹之辞，至此乃为献公也。"③《史记》增写的这段骊姬哭泣时说的文字，使晋献公更加相信陷害自己的就是太子，不仅充实了文章内容，而且在塑造人物方面也有一定的作用，不愧是史公妙笔。另外下毒事件之后，《左传》中记载：或谓大子：'子辞，君必辩焉。'大子曰：'君非姬氏，居不安，食不饱。我辞，姬必有罪。君老矣，吾又不乐。'④ 又《晋世家》："或谓太子曰：'为此药者乃骊姬也，太子何不自辞明之？'太子曰：'吾君老矣，非骊姬，寝不安，食不甘。即辞之，君且怒之。不可。'"⑤《左传》中如果申生去向献公解释申辩，那么

---

① ［汉］司马迁：《史记》，中华书局 2014 年版，第 1988 页。
② ［明］凌稚隆辑校，［明］李光缙增补：《史记评林》，天津古籍出版社 1998 年版，第 4 册第 55 页。
③ 吴见思：《史记论文》，中华书局 1916 年版，第三册第 47 页。
④ 杨伯峻：《春秋左传注》，中华书局 2011 年版，第 298 页。
⑤ ［汉］司马迁：《史记》，中华书局 2014 年版，第 1988 页。

骊姬必死。但《史记》改写为就算申生去解释清楚了，献公仍然会不高兴的，没有《左传》中的说法那么绝对。《史记论文》云："〈左〉曰'姬必有罪'便说煞矣，易'且怒之'妙，不必然之辞也。史公妙笔。"① 为什么晋献公饮酒之前都要以酒祭地呢？《周礼·天官·膳夫》里就有相应的记载："膳夫授祭。"郑玄注："礼，饮食必祭，示有所先"。② 意为天子和贵族饮酒前必须先取少量的酒浇在地上，以敬天地、神灵祖先，表示对他们的尊敬。既然如此，不管是骊姬下的毒药，还是申生下的，这两个人都不应该不知道献公在饮酒前要先以酒祭地，那为什么仍然要坚持下毒呢？这也是一大疑点。再者，在《史记》中多了一个环节，那就是当献公准备享用食物时，骊姬从中阻止，劝晋献公先试一试有没有问题。如果不是骊姬知道祭品有毒，为什么会这样做？这也是一个疑点。

在重述废黜太子事件时，《史记》更加强调和突出晋献公想要废掉太子的心思，文中一连出现了多次献公欲废太子。在把申生安排到曲沃、重耳居守蒲城和夷吾居守屈邑这个事件中，司马迁把这件事的行动者从骊姬让男宠梁五和东关嬖五进言献公、骊姬自己亲自请求献公改写为献公亲口说出，事件的矛头也指向了献公。在最后申生祭祀母亲，把祭品献给献公这个事件中，从《左传》和《史记》来分析，毒药是骊姬亲自下的或者是骊姬派人下的。而在《国语》中，下毒的可能是骊姬，也可能是申生。不管是谁下的毒药，这个事件都破绽百出，上文已经分析。为什么在骊姬说是太子申生给献公下的毒药，太子想要杀掉自己的父亲并取而代之的时候，献公不假思索地听信了骊姬，而不相信自己的亲生儿子？原因或许可能是晋献公料想到是骊姬下的毒药，并且献公本来就想废黜太子申生，于是献公就纵容了骊姬。还有就是有可能这个毒药事件本来就是晋献公和骊姬事先预谋好的。不管是晋献公纵容骊姬下毒药，还是晋献公和骊姬的预谋，问题的关键都指向晋献公。

四、"骊姬之乱"重述的意义

通过对《左传》《国语》《史记》中"骊姬之乱"的相关文本进行比较细读，对"骊姬之乱"的发生发展过程进行深层次的发掘，透过这些文本和史料探究《史记》改写"骊姬之乱"的深层内涵。

（一）揭示"骊姬之乱"的背后主谋者

司马迁重述了废太子事件、驱逐太子公子事件和申生祭母献肉事件，在改写这些事件时，都把"骊姬之乱"的矛头指向了晋献公。从《左传》和《国语》的相关记载中，可知这两部著作的作者更多的是把"骊姬之乱"的矛头指向骊姬。

---

① 吴见思：《史记论文》，中华书局1916年版，第3册第47页。
② 〔汉〕郑玄注，（唐）贾公彦疏：《十三经注疏·周礼注疏》，中华书局1980年版，第660页。

这与《左传》《国语》的思想内涵、成书背景等都有密切的联系。《左传》是儒家经典之一，以礼之规范为评判标准，具有浓厚的维护周礼、尊礼尚德的思想。《国语》也主要反映了儒家崇礼的观念。据《左传》记载："初，晋献公欲以骊姬为夫人，卜之，不吉；筮之，吉。公曰：'从筮'"。① 可知，晋献公立骊姬为夫人，就已经违背了占卜的结果，这里就已经预示了献公违背天意带来不好的结果，后来骊姬贿赂二五进言献公，下毒药等事件都验证占卜的结果。《国语》中的记载也可以说明骊姬很想立自己的儿子为太子。但是，早在夏商时期，中国就已经有了十分严格的宗法制度，该制度的核心是嫡长子继承制，以父系血缘关系的亲疏为准绳。但是骊姬想打破这个传统，立自己的儿子为太子。因此在《左传》和《国语》中，作者更多的认为骊姬是这场祸乱的主谋。《左传》和《国语》的作者在文本中秉承了强烈的儒家思想，基于儒家伦理道德和忠君的思想，将想要废黜太子改立庶子为太子的晋献公进行了维护。在《史记》中，司马迁着意突出了晋献公在废太子事件、驱逐诸公子事件和申生进献祭品事件中的作用，把问题的矛头指向了晋献公，那么晋献公为什么要废掉太子申生呢？这或许和太子申生母亲的家族有一定的关系。在李竟涵的《从〈史记〉载录看"骊姬之乱"的真相》中提到："在春秋争霸时期，诸侯舅氏的政治势力对他的意义很大，甚至很容易影响到其所属诸侯国的命运。"② 太子申生的母亲是齐姜，是齐桓公的女儿，齐桓公是霸主之一，晋献公为了让晋国不成为齐国的附庸，就有意选择母系政治势力不会威胁到晋国的骊姬之子奚齐。

（二）叙事手法上的意义

《史记》对《左传》《国语》的叙事、写人手法等都有一定的借鉴，但更多的是对其的超越。《史记》叙事时更多是以人物为重点，张新科先生说："《史记》的细节不仅多，而且直接为刻画人物形象服务。"③ 如骊姬、晋献公这两个人物形象，就比《左传》和《国语》中的生动得多，丰富立体得多。《史记》叙述骊姬陷害申生下毒的片段，描写人物多方面的性格特征，使得人物形象更加鲜活有力，有血有肉，丰满立体。韩兆琦先生也说："《晋世家》中也有司马迁的许多发挥创造，如骊姬谗害申生一段，《史记》就比《左传》细致生动得多。"④

司马迁在改写重组文本的过程中，叙事视野也相当的开阔。比如在废嫡立庶事件中以及废嫡立庶给国家发展走势带来的影响，驱逐诸公子出都城之后触碰到国家的根基，造成国家公室卿族内部的篡夺权利互相残杀，除了"骊姬之乱"中有这个情节外，《周本纪》中的幽王宠爱褒姒欲立宜臼为太子、《郑世家》中的郑

① 杨伯峻：《春秋左传注》，中华书局 2011 年版，第 295 页。
② 李竟涵：《从〈史记〉载录看"骊姬之乱"的真相》，《大众文艺》2009 年第 15 期，第 138 页。
③ 张新科：《史传文学中人物形象的建立——从〈左传〉到〈史记〉》，《陕西师范大学学报》（哲学社会科学版）1988 年第 1 期，第 34 页。
④ 张大可、丁德科：《史记通解》，商务印书馆 2015 年版，第 1729 页。

伯克断于焉、《卫康公世家》中的州吁之乱等等，司马迁在叙述这些史实时并非像历史教材一样平铺直叙，把历史记叙下来就行，相反，司马迁在记叙时有意地编排结构，有意地选择人物，有意地在尊重史实的基础上对前代著作进行一定的改写重述，在重述时，融入自己对这一历史事件的看法，以求总结出时代发展的经验教训。总的来说，《史记》在重述这些故事时，不仅在情感内容、思想等方面有所改写，在写人记事、遣词造句等方面也有司马迁的一套写作传统，其叙事手法、写作技巧、文章风格、语言特点等多方面都为后世文学提供了可以借鉴学习的楷模。

司马迁虽然参照了《左传》和《国语》中的相关史实，但是他并不是原文照搬，司马迁在具体叙述时都作了或多或少的改动，同时也是最重要的是，司马迁还在其中表明自己的见解。司马迁撰写《史记》的宗旨是究天人之际，通古今之变，成一家之言，那么司马迁在写《晋世家》时也必然会遵循这个宗旨，对晋国的兴亡发展史进行叙述，对其深层原因进行发掘，并期望能总结出某些可以借鉴的经验教训，给前代的历史作相应的总结，以达到他成一家之言的修史目的。

工于谋国，拙于谋身

——论伍子胥之失

＊本文作者康清莲，四川外国语大学中国语言文化学院教授，古代文学硕士导师。

拙文选取的这个标题是海瑞对张居正的评价——"工于谋国，拙于谋身"，意思是满腹经略，善于谋划家国大事，而不善于保全自己。我觉得把这句话借用到这里来评价伍子胥也是很恰当的。当然，这里的"工"和"拙"是相对而言的，并不一定是真的工，真的拙，而是一种命运的抉择。伍子胥为了替父兄报仇，选择远走他乡，颠沛流离，忍辱偷生，背负骂名；为了国，选择忠肝义胆，慷慨就戮，死无葬身之地。伍子胥在吴国怎么扶阖闾上台，助夫差上位，在辅佐吴国两代卓有建树的君王开疆拓土称霸中原的进程中立下了怎样的赫赫功勋，这些大家耳熟能详，不是本文讨论的重点，本文想探讨的是聪明一世的伍子胥在哪些命运的节点因为自己的疏漏和过失为自己的悲剧命运埋下了伏笔，让历史的河流转了一个弯，几千年过去，它们能给后人提供什么样的反思和借鉴呢？

一、伍子胥在太子建与晋勾结
颠覆郑国的政治事件中不作为

公元前 522 年，楚平王因为一己之私残忍地杀害伍子胥的父兄，伍子胥背负不孝之子的骂名，在奉命来捉拿他的楚国使臣的刀箭中侥幸脱逃，带着太子建开始了流亡之路。他们的第一站是宋国，但"宋有华氏之乱"，不得已，伍子胥与太子建又一起逃奔到郑国。"郑人甚善之。太子建又适晋"①，既然郑国对太子建和伍子胥非常友善，对于两个政治避难的人岂不是一个很好的安营扎寨的地方吗？他们为什么要离开郑国到晋国呢？估计因为郑国是小国，没有春秋五霸的晋国实力雄厚，太子需要找到强大的靠山，才有可能帮助他将来复国。到了晋国，晋顷公对太子建说："太子既善郑，郑信太子。太子能为我内应，而我攻其外，灭郑必矣。灭郑而封太子。"② 太子乃还郑。从太子建与晋顷公商议灭郑这件事情来看，晋国有狼子野心，虽然谈不上光明磊落，但还在情理之中，毕竟，春秋时期哪个

---

① 《史记》，中华书局 2010 年版，第 2173 页。
② 同上。

国家都想扩大地盘争霸天下，更何况晋国作为一个大诸侯国，到嘴的肥肉更不想轻易丢弃。而作为太子建这一方，就显得特别不仁不义，理由非常可笑，既然太子跟郑国友善，郑国信任太子，那么太子做内应，与晋国内外勾结，里应外合，灭郑国岂不是手到擒拿？利用别人的友善，置别人于死地，这种行径是典型的农夫与蛇的故事。也活该太子倒霉，事情还没办，他又因为一件私事杀其从者，从者知其谋，于是报告了郑国。郑国的国君是郑定公，郑国的执政者是春秋时期杰出的政治家思想家子产，子产并不是软弱的东郭先生，对于反嘴咬人的狼一定会痛加打击的，于是郑定公和子产诛杀了太子建。

太子建被杀是咎由自取，没什么可同情的，这是一个无德无才无政治眼光的人，乃见利忘义之辈。所辅非人，却是伍子胥家族的悲哀。当然，这种悲剧是时代的悲剧，臣子没有选择君王的自由，所以比干只能剖心，屈原绝望沉江。但春秋战国时期，朝秦暮楚、良禽择木而栖是常态，伍子胥家族为太子据理力争，没有选择离开，为这样一个人家破人亡实在太不值得。但在太子建与晋顷公谋划这件事的整个过程中，没有听到伍子胥说过任何话，没有看到他采取任何行为，我想，这不会是史学家司马迁的疏忽。太子建在逃亡的过程中，身边并没有多的谋士，这么大的事，他难道不跟伍子胥商量？是伍子胥也支持太子建这么做呢还是他无力阻止呢？即便无力阻止，但该拿的意见还得拿出来吧，即便太子刚愎自用置若罔闻，正如他后来进谏夫差放弃攻打齐国，先对付越国，为此付出了生命的代价。但太子建在做这件不光彩没有行为底线的事情时，伍子胥作为谋臣是缺位的。只能推测，伍子胥是支持或者默认太子的做法的。他们的见利忘义实则把自己推到舆论的旋涡，在国际大背景下处于极为不利的尴尬地位，试想，以后有谁还敢收留他们呢？这必然让自己后面的路荆棘丛生。郑国待不下去了，伍子胥只有带着太子建的儿子胜又开始了流亡之旅。太子建这个儿子白公胜也是鼠目寸光之辈，自己父亲失去道义在先，他却抓住狭隘的复仇不放，不理解楚国执政者子西的长远考虑，甚至威胁要杀子西，正如子西所讥讽的"胜如卵耳，何能为也"①。真是有其父必有其子，白公胜最后的命运也是被杀。

二、伍子胥明明看清了公子光的勃勃野心却依然进献刺客专诸杀了吴王僚

伍子胥千辛万苦逃到吴国，其过程之艰辛、之危险、之屈辱，历史已做了生动的记载，此不赘述。到了吴国以后，伍子胥凭着敏锐的政治眼光看出公子光的勃勃野心，伍子胥适时递刀，买通刺客专诸刺杀吴王僚，把公子光扶上了王位。作为辅佐有大功的人，伍子胥为自己积累了雄厚的政治资本，走进权力的核心。我们不妨先看看这段史实：

---

① 《史记》，中华书局 2010 年版，第 2182 页。

楚平王以其边邑钟离与吴边邑卑梁氏俱蚕，两女子争桑相攻，乃大怒，至于两国举兵相伐。吴使公子光伐楚，拔其钟离、居巢而归。伍子胥说吴王僚曰："楚可破也。愿复遣公子光。"公子光谓吴王曰："彼伍胥父兄为戮于楚，而劝王伐楚者，欲以自报其仇耳。伐楚未可破也。"伍胥知公子光有内志，欲杀王而自立，未可说以外事，乃进专诸于公子光，退而与太子建之子胜耕于野。①

吴王僚因楚丧，使二公子将兵往袭楚。楚发兵绝吴兵之后，不得归。吴国内空，而公子光乃令专诸袭刺吴王僚而自立，是为吴王阖庐。阖庐既立，得志，乃召伍员以为行人，而与谋国事。②

从这两段记录中，看不出吴王僚作为国君有任何失范的地方，吴楚交战，吴国派遣公子光打楚国，攻下了钟离、居巢后，公子光就撤兵了，伍子胥给吴王建议，应乘胜追击，公子光对王僚说，这是伍子胥想借刀杀人，为自己报仇。由此，伍子胥看出，公子光有野心，不想外战。为了协助公子光，伍子胥进献了刺客专诸，而与太子建之子隐居山野，静候时机。

吴王僚十二年（前515），吴国发生了一场宫廷政变。公子光在伍子胥的帮助下，经过精心策划，趁吴王僚的两个兄弟盖馀、烛庸率军在外，叔父季札出使晋国的机会，设下圈套，诱骗吴王僚到自己家中，派专诸刺死了吴王僚。专诸也被当场杀死。公子光登临王位，是为吴王阖闾（也有称阖庐）。事详见《史记》卷三十一《吴太伯世家》、卷八十六《刺客列传》，《左传·昭公二十七年》。

吴王僚没有取死之道，伍子胥为什么要帮助公子光杀掉他呢？只能说，伍子胥通过权衡比较，只有把公子光扶上王位，他才有权重有筹码，让这个人帮他实现报仇的愿望。王僚无罪，怀璧其罪啊。纵观整个过程，伍子胥的所作所为是极端的利己主义者，有学者提出伍子胥为报仇而进专诸杀吴王僚的行为体现了伍子胥报仇的残暴和不择手段，比如晁补之曾说"王僚何辜"，杨维桢说伍子胥"杀人之父以报己之父"。不仅吴王僚无辜被杀，公元前513年，阖闾为了斩草除根，派刺客要离以非常阴鸷卑劣的手段杀了吴王僚的儿子庆忌，足见伍子胥支持的阖闾是心狠手辣之辈。

好在阖闾即位后所作所为没有让人失望，他与伍子胥君臣联手，珠联璧合，实行了一系列的改革措施。阖闾任用伍子胥为"行人"（主掌朝觐聘问事务的大臣），让他参与朝政。阖闾接受伍子胥提出的"立城郭，设守备，实仓廪，治兵库"的建议，兴筑阖闾大城（即今苏州城）。同时，大兴水利建设，发展农桑经济，加紧军备建设。阖闾自己更是身体力行，礼贤下士，体恤百姓，不贪美味，不听淫乐，因而大得民心，吴国呈现出一派欣欣向荣的景象。

---

① 《史记》，中华书局2010年版，第2174页。
② 《史记》，中华书局2010年版，第2174页。

三、伍子胥在柏举之战后听不进
孙武的意见，放任吴军烧杀掠夺

伍子胥生于公元前 559 年，卒于公元前 484 年，孙武大约生于公元前 545 年，卒于公元前 470 年，他们二人生年相差十四年，卒年也相差十四年，他们都在吴国参与了吴国的许多军事活动。孙武字长卿，齐国人，春秋时期著名的军事家、政治家，被尊称为兵圣。据说孙武由齐至吴，经过伍子胥的举荐，向吴王阖闾进呈所著兵法十三篇，受到重用为将。但比较遗憾的是，在《左传》《国语》里没有孙武这个人，《史记》中虽有孙武为吴王训练女兵、孙武参与一系列军事活动的记录，却没有伍子胥推荐孙武出山的文字记载。那么，孙武得吴王阖闾重用是不是经过伍子胥的举荐呢？现在能查到的文字材料，一是来源于《吴越春秋》，二是《东周列国志》，这两部是小说，肯定有虚构和演绎的成分，只不过，从他们二人的生卒年以及活动轨迹，他们之间肯定是有交集的。

据《吴越春秋》卷四《阖闾内传》载，在诸侯争霸中，南方新兴的吴国国君阖闾，为图霸业，欲攻打楚国，但是，一时难以选出合适的将领。伍子胥常与吴王论兵，他曾向吴王推荐说：孙子"精通韬略，有鬼神不测之机，天地包藏之妙，自著兵法十三篇，世人莫知其能。诚得此人为将，虽天下莫敌，何论楚哉！"① 经过伍子胥七次向吴王推荐，吴王便让伍子胥拜请孙子出山。

据《东周列国志》第七十五回"孙武子演阵斩美姬　蔡昭侯纳质乞吴师"：阖闾闻说（孙武）是吴人，便有喜色。（伍）员复奏曰："此人精通韬略，有鬼神不测之机，天地包藏之妙，自著《兵法》十三篇，世人莫知其能。"② 伍子胥趁与吴王阖闾谈论用兵之道的机会，向阖闾推荐了自己新结交的好友孙武。起初，吴王阖闾并不在意，但伍子胥坚持不懈，一共向阖闾推荐了七次，终于感动了吴王阖闾，答应与孙武会面，孙武赢得了吴王阖闾的重用。自从孙武与阖闾君臣遇和合后，势如破竹，取得了一系列的军事胜利：

公元前 512 年（吴王阖闾三年），乃兴师与伍胥、伯嚭伐楚，拔舒，遂擒故吴反二将军。因欲至郢，将军孙武曰："民劳，未可，且待之。"乃归。

公元前 508 年（吴王阖闾七年），吴国采用孙子"伐交"的战略，策动桐国叛楚，乘楚人不备击败楚师于豫章，接着又攻克巢，活捉楚守巢大夫公子繁。

公元前 506 年（吴王阖闾九年），吴军采取孙子"因粮于敌"的策略，轻装简行，从楚国取用粮草。吴楚之战决战开始后，吴军在柏举（今湖北麻城东北）击败楚军主力后，尾随追击，五战五捷，仅 10 天即攻入楚都郢城。一时间阖闾声威无二，诸侯闻风丧胆。

---

① ［东汉］赵烨著，张觉注：《吴越春秋》，贵州人民出版社 2008 年 9 月版。
② ［明］冯梦龙著，［清］蔡元放编：《东周列国志》，中华书局 2009 年 1 月版。

公元前 506 年这一仗史称柏举之战，是楚军大获全胜的一战，也是伍子胥掘墓鞭尸，报仇最酣畅淋漓的一战，同时也是伍子胥被后世毁誉参半的一战。吴军攻占郢都后，纪律松弛，君臣各分居于楚君臣之宫，各妻楚君臣之妻。夫概与公子山为争夺囊瓦之宫几乎动武。吴君臣贪恋楚国财富与女色，数月不归。伍子胥为报仇掘楚平王墓鞭尸三百，怂恿吴人在楚都烧杀掠夺，为所欲为。吴王阖闾听信伍子胥之言，焚毁楚国宗庙，搬走了楚国的宝器典章。孙武苦劝不听。

伍子胥和孙武都是军事家，都能征善战，但对待战争的理念却有极大的区别。虽然这一点史书没有明确记载，但从柏举之战阖闾、伍子胥、孙武都共同参加，吴军的所作所为如洪水猛兽可以看出，孙武的意见没得到采纳。作为军事家当然要带兵打仗，打仗要取得胜利，必须军纪严明，素质过硬。但能打仗不等于喜欢打仗，《孙子兵法》特别讲武德，其武德包括这样几个方面：一是国德，即慎战，"兵者，国之大事，死生之地，存亡之道，不可不察也。"（《计篇》）二是军德，即不战，"是故百战百胜，非善之善者也；不战而屈人之兵，善之善者也。"（《谋攻篇》）三是将德，即将德有五，"将者，智、信、仁、勇、严也。"（《计篇》）四是战德，即善战，由《孙子兵法》中善战论构成，是武德中的政德。武德是控制战争，提升将帅素质，打赢战争的保证①。《史记》写了不少战争，司马迁的军事思想与《孙子兵法》是吻合的，《五帝本纪》一开篇歌颂黄帝"修德振兵"，《太史公自序》司马迁说自己写《律书》的出发点是"非兵不强，非德不昌"。孙武在是否出兵时考虑的是"民劳，未可"。柏举之战，吴军取胜，伍子胥由于父兄无辜被杀，怒火中烧，他掘楚平王墓，鞭楚平王尸，用他自己的话说，"吾日暮途远，吾故倒行而逆施之。"这些都在情理之中，可以理解，毕竟按中国传统观念，复九世之仇均可。但伍子胥踏上自己的故国，却把愤怒的战火烧向无辜的民众，让妇孺承受没有约束的兵士的奸淫掠夺，其惨无人道可想而知。伍子胥的做法跟孙武的武德是背道而驰的，正因为没听从孙武的劝谏，才会出现这种失控的局面。

四、伍子胥托子于齐国鲍牧氏，为小人伯嚭
提供口实，为夫差的屠杀提供了借口

吴越是近邻，也是冤家，公元前 494 年，吴越会稽山之战，越国大败，越王勾践被围困在会稽，通过贿赂吴太宰伯嚭向夫差求和。伍子胥请求夫差杀掉勾践，一鼓作气攻下越国。但是，夫差并没有听伍子胥的话，放勾践回国，勾践成功逆袭，卧薪尝胆的故事家喻户晓。

应该说，伍子胥劝谏夫差释齐击越的政治主张是极富战略眼光的，他给夫差说了这样几条理由：其一，勾践回国后，"食不重味，吊死问疾"，励精图治，一

---

① 中国人民解放军军事科学院战争理论研究部《孙子》注释小组编：《孙子兵法新注》，中华书局 1996 年 10 月版。

定是想复亡国之仇的，此人不死，必定是吴国的大患；其二，从地理方位来说，越国与吴国近邻，对吴国来说，越国就相当于一个人的腹心之疾，不除就会危及生命。而齐国相隔遥远，齐国对吴国来说，就像一个人得了皮肤病，虽然有不舒服的感觉，但毕竟不要命啊，因此，当务之急，先对付越国；其三，灭了越国，其土地人口，可以增强吴国的实力，而齐国呢，即便灭了它，也不过就像贫瘠的"石田"，有什么实际价值呢？但此时的夫差已经被胜利冲昏了头脑，恰好艾陵之战，夫差带领吴军打败了齐军，对于飘飘然的夫差来说，伍子胥的话简直不值一听。伍子胥的耿耿忠心得不到夫差的理解，而伍子胥"刚戾"的性格，让他做了一件极不理性的事——托子于齐国的鲍牧氏。

> （夫差）使子胥于齐。子胥临行，谓其子曰："吾数谏王，王不用，吾今见吴之亡矣。汝与吴俱亡，无益也。"乃属其子于齐鲍牧，而还报吴。①

把自己的儿子托付给敌对国的大臣，伍子胥的做法特别不明智，一是表明对自己的君王有二心，对国家的前途没有信心，不断说吴国要灭亡，这不是典型的唱衰吗？二是提前给自己的儿子找后路，"内不得意，外倚诸侯"，这不就是后世所说的身在曹营心在汉吗？还能说自己忠于祖国忠于君王吗？当然，伍子胥是在极度气愤失望的情况下做的决策，但后果相当于给自己的政敌造谣中伤提供证据，伯嚭在夫差面前说伍子胥的每一条似乎都铁证如山，伍子胥百口莫辩啊！更何况夫差也早已对伍子胥怀疑、不耐烦，想除之而后快呢？茅坤曾评价说："子胥忿恚如是，则其在当时，处君臣上下之间必多不当于道矣，此谗之所由兴也。"② 可谓一语中的。

细究起来，夫差之所以没听伍子胥的话，有这样几个原因：一是夫差刚愎自用的个性。夫差继位以后，西破强楚、南降越国、北威齐晋、称霸中原，一系列的胜利让他狂妄膨胀，当然听不进逆耳的忠言了。二是大臣伯嚭的挑拨。伍子胥确实命运多舛，年轻时家族被费无忌谗害，被迫亡命天涯。在吴国本来功成名就，又被小人伯嚭盯上，被夫差赐死，沉尸江中。三是夫差对伍子胥的怀疑。兔死狗烹、鸟尽弓藏这条颠扑不破的规律照样印证在伍子胥身上。伍子胥对阖闾夫差父子功莫大焉，阖闾是伍子胥扶上台的，夫差也是伍子胥保上位的，但伴君如伴虎，性格强毅的夫差肯定不愿生活在伍子胥时时的教导中，如坐针毡，如芒在背。更何况不善自保的伍子胥肯定不自觉流露出功臣的做派，这从他临死之前的那一段悲愤之言看出："我令若父霸，自若未立时，诸公子争立，我以死争之于先王，几不得立。若既得立，欲分吴国予我，我顾不敢望也。然今若听谀臣言以杀长者。"③ 这肯定让夫差对伍子胥忌惮。历史上，卸磨杀驴滥杀功臣的人何其多也！

伍子胥作为复仇之神，虽然，对他极端的行事，有人不认同，但其金刚怒目

① 《史记》，中华书局 2010 年版，第 2179 页。
② 转引自韩兆琦：《史记笺证》，江西人民出版社 2004 年 12 月版，第 3847 页。
③ 《史记》，中华书局 2010 年版，第 2180 页。

在历史上留下了浓墨重彩的一笔，司马迁就给予他充分的肯定和歌颂。作为杰出的政治家和军事家，伍子胥的能力有目共睹，但他工于谋国，拙于谋身，其悲剧命运让人扼腕。伍子胥托子于鲍牧之时，他正出使齐国，既然他觉得吴国灭亡已是迟早的事，他为何不趁早远走高飞呢？也许是因为他大仇已报，支撑他活下去的信念已经坍塌。加之伍子胥此时已是七十多岁高龄的老人，他第一次出逃楚国的时候三十七岁，正是壮盛之年，现在已年过古稀。就算逃走，除了苟活于世，还有什么价值呢？在对夫差极度失望以后，他宁愿用死跟夫差对决，他要让夫差追悔莫及，这就是伍子胥，是被司马迁赞赏的"烈丈夫"。

新颖独到的史评方法

——钟惺评《史记》方法谫论

＊本文作者高益荣，陕西师范大学文学院教授；合作者刘敏。

明代读评《史记》成风，大家名作林立，其中竟陵派代表人物钟惺（1574—1624）就是其中一位。钟惺评《史记》运用了诸多新颖独到的史评方法，带有浓厚的文学批评意味。主要方法有：善用比较、提炼关目、探讨因果、多用揣测等。这些方法促进了钟惺史评过程的缜密严谨，同时又使其具有自身的独特魅力，有利于吸引读者阅读，加深对《史记》的理解。

一、善用比较，论证严密

并列说明是钟惺评点过程中经常使用的方法，他将《史记》中出现的人物前后联系起来，以起到并列说明、补充完善的作用。如在讨论本纪前几篇的谋篇布局时，钟惺评："项羽入本纪在《高祖本纪》前，惜羽之夺于汉也；吕后入本纪在《高祖本纪》后，惠帝遂无纪，危诸吕之夺汉也。"① 将项羽和吕后并列说明，增强了论证的缜密性。钟惺评《周本纪》中薰育戎狄进攻中原，抢夺财物之后又欲抢夺土地和人民："此狄亦狠，是汉冒顿之流。"将周代的薰育戎狄首领与西汉时令统治者都惧怕三分的冒顿并列说明，凸显了二人的英猛形象。

钟惺评《秦本纪》中三父、出子、武公三人之间的关系：

> 鲁竖牛为叔孙氏废二子而立昭子，然讨竖牛者即昭子也。三父为秦杀出子而立武公，然讨三父者即武公也。假手藏机，天人之间，妙有微意。使二人枉作贼臣，巧哉！若讨贼出于他人，则寻常矣。凡报施之寻常者，皆不足以警顽悍之人也。②

钟惺列举了两组情况相近、性质相似的人物：竖牛与昭子、三父与武公。前者都迫于外部压力立后者为君王，后者被立为君王后又都对前者实施讨伐。钟惺评价司马迁的这种记事手法"假手藏机，天人之间，妙有微意。"而最后两句"凡报施

---

① ［明］钟惺：《史怀》一，《丛书集成初编》，中华书局1985年版，第70页。
② 同上，第62页。

之寻常者，皆不足以警顽悍之人也"则说明钟惺赞赏司马迁的猎奇心态，其中也隐含着钟惺的因果报应思想。

钟惺在谈及到做人原则时，列举信陵君和项羽的例子进行论证：

> 信陵窃符，救赵破秦，已窃符矣，虽欲不破秦而不可得也；项羽杀宋义，救赵破秦，已杀宋义矣，虽欲不破秦而不可得也。何也？无退步也。善为必胜者不留退步。①

钟惺认为信陵君和项羽在行事方面类似：信陵君已窃符，只得进一步攻破秦国；项羽已杀宋义，想要救赵国只能攻打秦国。这两人的胜利都在于他们做事不留退步，即"善为必胜者不留退步"，钟惺认为不留退路的人往往会迸发出超人的能力。

骊姬与戚夫人是《史记》中很有相似性的两位女性，二人都是国君的宠妃，国君都因宠爱她们而欲改立太子，将二人进行对比分析，能够得到一些启示：

> 晋献公私谓骊姬曰："吾欲废太子，以奚齐代之。"骊姬泣曰："太子之立，诸侯皆已知之。"其妖黠动人，全在一段废立正论，似不从姬妾口中出，而机锋险毒，在"数将兵，百姓附之"二语，陵逼之形，隐然言外，为后来弑代暗伏一案。及置药胙中之计得行，骊姬又泣曰："太子何忍也！"史迁两"泣"字写出情形，千载如生。若只如戚夫人日夜啼泣，欲立其子，则庸且浅矣。又赂二五，使出太子申生于曲沃，出重耳、夷吾于蒲与屈，则曰："宗邑无主，则民不威；疆场无主，则启戎心。戎之生心，民慢其政，国之患也。"女子小人，偏有此标本远谟，足以耸动雄主。而"民慢其政"四字，此管商经国语，二五从何处拾来？美女破舌，利口覆邦，岂漫无所操而尝试之乎？②

钟惺认为司马迁刻画骊姬时所用的两个"泣"，将骊姬的狡黠、虚伪淋漓尽致地表现出来。骊姬第一次哭泣是为表明太子所立的合理性，嫉妒太子深受百姓爱戴，担心奚齐不能与之抗衡。第二次哭泣则是以祭肉诬陷太子谋害献公时，假装无辜，哭泣着指责太子。两次哭泣将骊姬的奸诈、恶毒栩栩如生刻画出来，用"千载如生"来形容非常恰当。与骊姬相对照的是戚夫人，戚夫人也想让自己的儿子做太子，可是她只知日夜啼哭，不懂得从国家方面劝说君王，其结局可想而知，钟惺评价她的行为"庸且浅"。骊姬比戚夫人高明之处在于她能从执政、宗邑和国家稳定的大方向上劝说君主，往往正中君王下怀。钟惺对此表示惊异，进而归纳得出做任何事情都应该明确自己的出发点和立足点，不能盲目的处事原则。

钟惺评项羽学习兵法：

> 梁教籍兵法，籍大喜。略知其意，又不肯竟学。非有两段大喜略知其

---

① ［明］钟惺：《史怀》一，《丛书集成初编》，中华书局1985年版，第65页。
② 同上，第82页。

意，自然不肯竟学矣。妙解难与人言，陶元亮读书，正用此法。①

对于项羽学习兵法略知其意后又不肯竟学的行为，钟惺联系到读书"不求甚解"的陶渊明。陶渊明《五柳先生传》有言："好读书，不求甚解；每有会意，便欣然忘食。"二者所用方法相似，钟惺将项羽与陶渊明联系到一起，认为二人学习方法相似，都好"不求甚解"，将此二人并列说明促使文学批评跨越了时代的局限，体现了统一性和继承性。

钟惺选取并列说明材料时往往依据事物的内在联系，如伋与寿争死一事，钟惺就将其与伯夷叔齐放到一起说明：

> 伯夷叔齐，利所在则让之；伋与寿，死所在则争之。让，仁也；争，勇也。天伦之间，吾愿为仁而不忍言勇。虽然，争死不难于让国乎？孔子曰："可以为难矣，仁则吾不知也。"②

钟惺提炼出两组人物关系的核心：一"让"，一"争"。从钟惺自己的角度来看，他认为自己更愿意去做仁义的事，而不能下定决心直面死亡。反问句"争死不难与让国乎"将争死的层次拔高，而孔子"难"与"仁"辩证句的引用，更增加了论证的可信度。

再如春秋时期在齐国和秦国锐意改革的两位人物——管仲和商鞅，钟惺也将二人置于一起，并列说明两人的异同：

> 家给人足，勇于公战，怯于私斗，此商君变法绝顶功效也。即管子治齐收功结局主意，亦不出此数句。今按商君之法，什伍禁奸，强本急公，与管子作用不甚悬。独其以意外赏罚必行于目前，功罪操之稍急耳。然管子与民同好恶，下令如流水之原，一切变更能顺民情为之，商君必拂民情而后能为之。商君之使民说也，在法效之后，与凡民乐其成。管子之使民无惊也，在法立之初，能与凡民虑其始。此商君之才不及管仲，非其法之罪也。然齐仅以霸，强者数世。秦得天下，不旋踵而亡，辟之取非其有，得少者其祸小，得多者其祸大也。③

钟惺首先肯定了商鞅变法所取得的成效，并且认为管子治齐也是对商鞅变法的一种传承，商鞅变法的一些举措与管子变法的作用也很相近，区别在于商鞅变法过程中操之过急，过于注重赏罚论功的分明。管子的高明处在于他能顺民情，与百姓同进步。两人的收效也不同，秦国百姓愉悦是在变法收到成效之后，而管子在变法之初就不惊扰百姓，能与百姓虑其始。钟惺认为商鞅不及管子不是变法措施的问题，而是其自身才能的不足，这在日后秦国变法显成效日益强大，最后得天下中可以看出。钟惺的辩证思想告诉我们，齐国虽然只称霸一方，但得到数世的

---

① ［明］钟惺：《史怀》一，《丛书集成初编》，中华书局 1985 年版，第 65 页。

② 同上，第 81—82 页。

③ 同上，第 102—103 页。

安稳，秦国虽得天下，但是转瞬即亡，正可谓："得少者其祸小，得多者其祸大也。"

先秦时期各国经常发生废国君而改立他人的事件，对此钟惺多持怀疑态度，尤其是那些反复更换国君的人，《郑世家》中的甫瑕就是反面例证：

> 甫瑕杀郑子而内厉公，厉公入，遂杀甫瑕。去一君以立一君，虽有德于人，人即以此疑之矣。此鲁竖牛、晋里克之所以死也。其本谋在树德于人，以自为利，而先处一死也。然则欲勿处死地者，在勿为德我者所疑而已。以周昌之戇，而废立之际得免于死者，不为人所疑也。①

钟惺采用并列说明的方法，将甫瑕与竖牛、里克放在一起，以此论证"去一君以立一君"的做法不可取。这些人的初衷虽然是好的，但是并不能排除他们为自己谋取私利的动机。而反观正面人物周昌，他能够为废立之事据理力争，是值得肯定的。

萧何和曹参是汉初的两位丞相，二人是传承的关系，同时又存在着差异，钟惺在评论时将二人并列说明：

> 萧相国，朴忠人也，明于国家大计而智不暇及，身守关中，上使使劳苦丞相，赖鲍生言遣子弟之军而悟。使使益封置卫，卫之赖召平言出家财佐军而悟。上击黥布，使使问相国何为，益逼矣。赖客教以买田地自污而悟。至上且喜，令其自谢民，乃为民请苑。自媚于民，益犯上所忌，又若与其买田自污之计相反者，所以上一旦系之不疑。王卫尉之说，犹未能使上释然，虽使使出相国，帝犹不怿。相国徒跣谢，上曰："我不许，我不过为桀纣主，而相国为贤相。"明其德归己而过归君，其忌尚在也。而相国犹若不知，稍知自为者若是乎？其得免者幸矣。故曰："萧相国，朴忠人也。"若曹参则藏身甚妙，然术弥工而心弥苦矣。②

> 曹参，大学问人，深于黄老言者也。相齐，问所以安集百姓，如齐故俗。其主意何尝不定，礼盖公以定群疑。即田单拜卒为神，师故智耳。盖如齐故俗，参一生作用始终只此四字。故去齐以狱市为寄曰："狱市者所以并容也，今君扰之，奸人安所以容？"大哉言乎，千古不易。王导云："若不容置此辈，何以为京师？"其论本此。为汉相一遵萧何约束，只是"如齐故俗"之意。吏之言"文刻深，务声名者辄去之。"知千古吏治，无如"务名声"三字，正恶其扰耳，何其识之远也！饮醇一段，似顽钝复似滑稽，其藏身之妙，即寓于治国之中。善用黄老者，留侯外参一人而已。萧何与参不相能，及病举参自代，识量如此，虽欲不以大臣许之不可也。参闻何卒，告舍人趣治行："吾将入相。"何盖棺后，一腔公忠，被参托出以告千古。古人真相知处，即在不相

---

① ［明］钟惺：《史怀》二，《丛书集成初编》，中华书局 1985 年版，第 85—86 页。
② 同上，第 91 页。

能之中如此。①

在对比中突出了萧何的朴忠和曹参的工于心计，两人的形象也更加立体。萧何将全部精力和智力投入到国家大事上，对自己的处境往往表现得很木讷。钟惺在评论中列举的几个事例，萧何都是依托鲍生、召平、门客等人的帮助才得以相安无事。萧何爱名，贵为丞相却身居穷处，可见他为人低调。曹参是一个近乎古板的人，他做事处处小心谨慎，钟惺"如齐故俗"四个字便是对他不知创新、改革的含蓄讽刺。和萧何比较起来，曹参深谙藏身之妙，在治国方略上，他一成不变沿袭萧何。萧何与曹参关系并不好，但是萧何在病重时仍然推荐曹参代己，表现出了萧何的气量和风度。反观曹参听闻何卒，即自言"吾将入相"，表现得极为急功近利，在反衬中曹参的形象愈加暗淡，可见钟惺对曹参的否定态度。

苏秦和张仪是春秋时期的两位著名策士，对于此二人的辩论口才、为人及成就等方面，钟惺也进行了一番并列对比说明：

> 苏秦自以为不及张仪，人未之许。愚观两人皆富贵熟中之人，然仪有功于人国而身享其利；秦苟能享其利，不必有功人国。秦意自六国相印而止，故仪为秦连衡之前，取蜀，伐魏，伐韩，欺楚，得黔中地；秦为六国约纵之后，实事实效，尺寸无闻焉。秦见疑于燕，乞身之齐，以车裂终；仪见恶于秦，乞身之梁，竟得良死。仪秦才局、优劣见矣！②

评语首句引用《史记》原话，而以"人未之许"简明交代研究现状，紧接着提出自己的观点：二人都是热衷富贵名禄的，但是又有高下之分，主要体现在三个层次上。首先张仪有功于他游说的国家并且因此得到封赏；而苏秦则只追求金钱权贵，并不在意自己的所言是否真正对一个国家有益。其次张仪在连横之前已帮助秦国取得了蜀魏韩楚等国，占得先机；苏秦在为六国合纵之后并没有帮助各国取得一寸分地，无实际收益。最后关于两人的结局，苏秦在燕国不受信任，乞讨至齐国也没有逃脱被车裂的命运；张仪在秦国受到秦武王和群臣的厌恶，逃到梁国，运用自己的计谋成功保全性命。最后钟惺以"仪秦才局、优劣见矣"八字间接表达出对"苏秦不及张仪"观点的支持。

战国四君子因皆好养士，经常被并列提起、并列研究，钟惺看待此四人也采用并列说明的方法：

> 战国四君好客之说，春申牵入者也，其他则信陵尚矣，平原好客而眼不及孟尝，然其意犹在为国，孟尝则一意工于自为者也。中立为诸侯，是其主意归宿处。然孟尝绝后，而平原犹得与赵俱亡，有天道焉。③

钟惺认为春申君是好客养士的开创者，信陵君则是最重视门客的，平原君的好客

---

① ［明］钟惺：《史怀》二，《丛书集成初编》，中华书局1985年版，第92页。
② 同上，第104页。
③ 同上，第106页。

程度无法与孟尝君相比，但是其养士的目的是为国，孟尝君却完全是为了个人的利益。孟尝君离齐任魏相后被灭国也没有留下子嗣，平原君最终与赵国一起存亡，这也是命运的安排。此外，钟惺以"有士而使之自赞，何名好士？此毛薛二公所以生于赵，而竟为信陵有也"① 表达对平原君好客之名的怀疑，平原君未提前凑齐二十位合格门客以及贤能的毛遂在其门下三年未被赏识这两件事足以证明。毛遂所言："臣乃今日请处囊中耳。"钟惺评其："此明笑平原君语也。"从中也可看出钟惺对平原君的讽刺。对于春申君的好客，钟惺也是怀疑的："春申客止一朱英而不能用，所好何客？"以反问句表达了反讽之意。

钟惺认为廉颇与蔺相如皆有"古大臣风"：

> 观渑池之会，相如从而颇守。颇送王至境上与王诀："三十日不还，则请立太子以绝秦望。"数语已壮相如之胆矣。可见二人在赵，缺一不可，各伏后来引车负荆之根。为国爱人与自爱，盖两得之。秦之畏赵，不独在二人，而在二人之能相下也。二人皆有古大臣风，颇以勇掩，相如以智掩耳。②

渑池之会，相如从而廉颇守国，廉颇与王临别所言也侧面起到了给相如壮胆、鼓劲的作用。所以钟惺认为此二人在赵国缺一不可，此段也为后文的负荆请罪埋下了伏笔。钟惺指出秦国对赵国不敢轻举妄动，不单单在于赵国有蔺廉二人，而在于此二人能够甘愿请下，尊崇对方。更为细致的区分是廉颇以勇著称，蔺相如是智慧的化身。

春秋战国时期群雄争霸，诸功臣战将往往会被并列提及，钟惺就将李牧和田单并列说明：

> 战，勇气也。李牧与田单，俱在养其气，不满不发。而牧之士气实，法在持之，故谨烽火，多闻谍，厚遇战士，用其喜；单之士气虚，法在激之，故令敌人劓降者，掘城外冢墓，用其怒，其满而后发一也。③

钟惺首先指出两人的共同点，即都善于培养自己的英勇之气。不同点是李牧的气是实在的，他对法令政策能够贯彻落实，对待下属也极为敬重，让士兵们心情愉悦。田单所培养的作战的勇气是虚的，他好激发、刺激战士们的怒气，以怒气激发其勇气，这正是二者的不同。

钟惺评价徐乐、主父偃、严安三人的论断，采用的也是并列说明，互为补充的方法：

> 徐乐之论，以安民为主，而"易动"二字，是千古治乱安危之候。主父偃重一"悔"字，严安重一"变"字，变者谨察其候，使治不至于乱，安不至于危。及乱而可以治，危而可以安也，斯免于悔矣！三子之言互相发，故

① ［明］钟惺：《史怀》二，《丛书集成初编》，中华书局 1985 年版，第 106 页。
② 同上，第 111 页。
③ 同上，第 113 页。

并载之。①

钟惺认为此三人的言论是相互联系交融的，徐乐的言论以安民为主，主父偃重一"悔"字，严安重一"变"字。观察是基础，可以保证社稷的安危，避免让人后悔。太史公并列记载，可以作为补充，互相启发。

钟惺评张敖被谥封为鲁元王一事："赵李同死事，封其父为李侯，是父承子荫也；张敖尚鲁元公主，赐谥为曾元王，是夫从妻荫也。千古奇事。"② 钟惺并举赵李父承子荫被封为李侯和张敖因鲁元公主被谥为曾元王两件事，以"千古奇事"四字概括父承子荫和夫从妻荫事件的稀缺性，侧面反映了钟惺思想的传统性。

钟惺将张良与伍子胥并列说明："子房只为恩怨分明，与伍子胥俱从忠孝至性中出，惟其布局宽，当机紧，藏意圆而微，故胜之耳。"③ 他认为两人都是忠孝之人，不过张良比伍子胥境界更高，张良能够从大局出发把握住时机，善于隐藏自己的计谋，所以更胜一筹。

钟惺将蔺相如完璧归赵一事与黄歇送楚太子归国一事并列说明："歇固先算定一应侯为之用矣，胆智如此，岂不能消楚之一春申君乎？愚尝观歇此举，觉相如完璧归赵一事，大智而小用之。"④ 春申君一生的闪光点便是舍身护送太子归国，其大义凛然之气令人动容。除钟惺的褒奖外，韩兆琦也曾评价："其行为与完璧归赵的蔺相如和鸿门宴上的张良相同。"⑤

古贤能大臣得到君王的重用往往需借助直言进谏大臣的举荐，钟惺评公叔座向魏惠王举荐商鞅一段："此鲍叔荐管仲，萧何荐韩信法也，然在庸王则唐突。"⑥ 钟惺运用并列说明的方法，很好地说明了古人善举荐贤人的习惯，钟惺以"唐突"二字表达了对魏惠王的嘲讽和对商鞅的同情。

钟惺评价郅都和宁成："作恶须有羽翼，都与成臭味同恶，宁受其所陵，终不失欢，一段结识精神，亦不可没。"⑦ 分析了郅都和宁成结识的过程，并分析了两人的共性。

二、提炼关目，总结性强

对历史事件进行评判，归纳经验，提炼其启发意义也是钟惺评《史记》中常

---

① ［明］钟惺：《史怀》二，《丛书集成初编》，中华书局 1985 年版，第 138 页。

② ［明］钟惺评：《史记》130 卷，《史记》研究文献辑刊第一册，国家图书馆出版社 2014 年版，第 451 页。

③ ［明］钟惺：《史怀》二，《丛书集成初编》，中华书局 1985 年版，第 95 页。

④ 同上，第 109 页。

⑤ ［汉］司马迁撰，韩兆琦评注：《史记》，岳麓书社 2012 年版，第 1119 页。

⑥ ［明］钟惺评：《史记》130 卷，《〈史记〉研究文献辑刊》第二册，国家图书馆出版社 2014 年版，第 116 页。

⑦ 同上，第 445 页。

用的方法。楚汉之争是历史上的重要事件，钟惺在归纳楚汉成败时，采用总评的方式，内容翔实，思路缜密：

> 取天下者在得其大势，不在战守之胜败得失也。如弈者然，妙处不过数着，全局在我，而小小利钝不计焉。项羽杀义帝，汉击之，虽使楚破汉于睢水，可也。项王怨黥布，汉得使随河说降之，虽使楚击破布，可也，此楚让汉妙着也。汉王不得王关中，封于蜀，烧所过栈道，以齐王田荣反书遗项王，项王以此无西忧汉心。虽使楚夺汉关中，可也。彭越反梁地，往来苦楚兵，绝其粮食，虽使楚击破越，可也，此汉自得妙着也。楚方自贺战胜，而不知汉有天下之局，已定于此数着矣。妙着有数端焉。我与敌之所共，敌失之而我得之者，曰"先着"；我发之于此，而敌不得备之于彼者，曰"警着"；敌备之于此，而我引之于彼，使不得至此者，曰"松着"；我与敌俱不得与，旁出而中起之敌所不利，即为我所利者，曰"应着"；我不求胜而不可败，而卒以此取胜者，曰"稳着"。取天下之势，不越此数端而已。①

评语开头即直奔主题：取天下需得大势。争天下就跟下棋一样，需胸中装着大局，不计细微得失。项羽杀义帝，项羽怨黥布，汉王封巴蜀之地，彭越反梁地等都是冥冥之中设定好的。钟惺独创归纳了刘邦取胜的五点——先、警、松、应、稳，并将其对应称为数端，认为协调好数端的关系才能获取成功。

对于汉初吕氏专权谋反一事，钟惺也做出了较为充分的评价：

> 齐王举兵诛吕氏，吕产等遣颖阴侯灌婴将兵击之。婴屯留荥阳，使使谕齐王及诸侯，与连和，以待吕氏变，共诛之。此最是诛吕安刘先着，其得力在平勃朱虚之前，吕产欲发关中，内惮绛侯朱虚等，外畏齐楚兵，又恐灌婴畔之。吕氏之败，败于灌婴牵制耳。文帝即位行赏，先论灌婴合谋功，而后及平勃朱虚等，得之矣！②

钟惺指出吕氏失败的主要阻力来自灌婴的牵制，平反吕氏叛乱后文帝优先行赏灌婴非常合理，这也从侧面阐明了灌婴的功劳，可见钟惺对汉初平定吕氏之乱有着清醒的认知。

钟惺在《平准书》中提炼文章关目：

> 《平准书》言财赋，而一代世变人情，纪纲风俗，反复之故，有顺而相因者，有逆而相反者，物盛而衰，固其变也。又曰："一质一文，始终之变也。"二"变"字是一篇眼目，血脉节节相生。不出"变"字，盖胸中别有本末，而借一事发之。③

> 宗室有土公卿大夫以下，争于奢侈，室庐舆服僭于上，无限度。物盛而

---

① ［明］钟惺：《史怀》一，《丛书集成初编》，中华书局1985年版，第68页。

② 同上，第71页。

③ 同上，第75页。

衰，固其变也。一篇主意在此一"变"字。自是之后，严助、朱买臣等招来
东瓯，事两越，江淮之间萧然烦费矣。以下承一"变"字极言之。①

钟惺善于把握文章的关键，不管是在《史怀》还是评点本中，钟惺始终紧紧抓住
《平准书》篇中"变"字展开议论。钟惺以"眼目"二字评"变"字，确定其为文
章的核心，对理解文章的主旨很有帮助。

在《张释之冯唐列传》中，钟惺评价张释之判案紧扣"品恕"二字：

> 释之持法以平恕为主，然鞫犯跸、盗高庙玉环二事，皆判得精核。吏不
> 精核，决不能行其平恕。尝观张叔称为长者，乃自治刑名得之，盖平恕者以
> 法出人，能不浮于法之外；非以意出人，能减于法之内也。吏不治刑名，虽
> 欲求一出人之路，称为长者，其可得乎？然释之平恕，而能劾太子、梁王不
> 下公门，又何其风力也？与酷吏顺旨阿意者，劲软相去远矣，此持法平恕之
> 本也。②

钟惺从精核的角度分析张释之执法"平恕"的特点，从他处理鞫犯跸、盗高庙玉
环等案件可以看出。钟惺借张释之打通法律内与外的边界一事，表达了执法者需
判案精准才能赢得世人的敬重和信赖的观点。

楚国在发展之初严重受制于吴国，但后来却发展成为战国七雄之一，钟惺认
为这与吴越之争有着密切的关联：

> 春秋时，伍氏之寡，子胥入吴，楚始终为吴所困。至昭王二十一年，吴
> 王阖闾伐越，越王勾践射杀吴王，吴乃怨越而不西伐楚，此吴越之所以敝，
> 而楚阖闾伐越，越王勾践射杀吴王，吴乃怨越而不西伐楚，此吴越之所以
> 敝，而楚之得由春秋而战国称七雄者，其机缘关节，全在于此。③

楚平王因宠幸奸臣小人费无忌而疏远太子建，囚禁了忠臣伍奢，最终杀害了伍奢
和其长子伍尚。伍奢次子伍员出奔逃到吴国归于吴公子光门下，公子光多次攻打
楚国，迫使楚国迁都至郢。这也就是钟惺首句所言"伍氏之寡，子胥入吴，楚始
终为吴所困"的缘由。后来越王勾践射杀吴王阖闾，其子夫差怨恨越国，所以集
中精力打击越国，这侧面为楚国发展提供了时机。钟惺以"机缘关节"四字一针
见血地指出了战国时楚国得以称雄的关键。

钟惺在评点《越世家》时用大段笔墨评价朱公用财、选人一事，并提出了自
己的理解：

> 能用财者，少子也；能用用财之人者，朱公也。朱公之妙，不在用庄生
> 而在用少子。用少子，则中子生而千金固在；用长子，则虚费私赍之千金，

---

① ［明］钟惺评：《史记》130 卷，《〈史记〉研究文献辑刊》第一册，国家图书馆出版社 2014 年
版，第 526 页。

② ［明］钟惺：《史怀》二，《丛书集成初编》，中华书局 1985 年版，第 130 页。

③ 同上，第 84 页。

而无益中子之死。故古今事无大小，其成败只在明取舍，明取舍只在知人。越灭吴，霸诸侯，得力在一范蠡，而史迁以活中子一事，为越世家终局，举此以见蠡之用财、用人，所以事越之道，不出于此。不然，是陶之一富人而已。重于弃财，此今世俗富人所谓保家主也，而其害至于杀其弟，苏子瞻尝谓："子弟不才，亦有用处。"从此看出。①

钟惺感慨于朱公选用少子一事，提出中心论点："古今事事无大小，其成败只在明取舍，明取舍只在知人。"并辅以勾践与范蠡的历史典故，增强可信性。钟惺还注意到司马迁行文布局的巧妙，《越世家》中以范蠡贯穿始终，以明确才智之人对国家发展、社会安定、家庭和睦的重要作用。另外，钟惺对古代富商重钱财、轻视亲情的行为给予批判，引用苏轼的话起到了很好的反讽效果。

　　钟惺在评点某一历史人物的基础上，擅长做拓展引申，例如他在评价鲁仲连的基础上进一步分析讨论了十种人物代表，集中说明：

> 仲连好奇伟俶傥之画策，而不肯仕官任职，盖一守官，则其策自不能必用。身在事外而后能用人，乃仲连之妙于用其策，而深于寄其好者也。故有为利其身以行其策者，范睢、蔡泽、张仪辈是也。为利其身以行其策，而其身反不保者，苏秦、李斯辈是也。不必利其身，策行而身荣者，廉蔺、乐毅、田单辈是也。策行而身死者，商君是也。身死而策不行者，韩非是也。置其身以用其策，策行身去者，鲁连是也。其策在行不行，身在用不用之间者，淳于髡辈是也。策行而身死不悔者，侯嬴、王蠋辈是也。不屑行其策利其身，而志在天下者，孟子是也。志不在天下，又不必用其身行其策，而别以空言自见者，庄周、荀卿而下，三驱、惠施、慎接之徒是也。②

钟惺根据执行政策和利身的关系将人物进行了分类归纳，并辅以例证。例如有为了利益而去传播、执行自己策略的，如范睢、蔡泽、张仪。有为了个人利益去执行策略，却反而害了自身性命的，像李斯、苏秦等人。有不计个人利益为国家付出，获得后人敬重的，像廉蔺、乐毅、田单。有政策是在自己死后才被执行的，如商鞅。还有身死而其法令也没有执行的，如韩非。有的将自己与法令执行相结合，而且全身而退，像鲁仲连。此外还有"不屑行其策，利其身，而志在天下"的孟子。钟惺上述分类十分详细，对后人了解先秦诸子的利身、行策、践志等关系都有很好的帮助作用，不足之处是其只是单纯的罗列，缺乏较深入的分析。

　　钟惺分析吴太伯建国、享国一事："太伯不肯翦商，因而去国，是失国非失天下也。卒为吴开国之祖，全其不有天下之节，而又不失国。若虞仲在周又不当有国，而得国于吴人，亦何惮而不为忠孝也？太伯心同夷齐而才似过之，故让国而不失国。"③ 其评语透彻、分析全面，能从事件表面提取核心，指出"失国"与

---

①　[明] 钟惺：《史怀》二，《丛书集成初编》，中华书局 1985 年版，第 84—85 页

②　同上，第 115 页。

③　[明] 钟惺评：《史记》130 卷，《〈史记〉研究文献辑刊》第一册，国家图书馆出版社 2014 年版，第 536 页。

"失天下"不可等同视之。吴太伯虽没有天下之节，但并不会失国，这是宿命的安排。虞仲在周并不会受封，但他跟随吴太伯去吴国后也得以享国，钟惺认为这是其为人忠孝的结果。钟惺还将吴太伯与伯夷叔齐做一比较，同样是推让王位，钟惺更推崇太伯的行为，也敬佩他立国的才气与魄力。

钟惺在分析汲黯人物形象时抛开传统的思路，采用总结概括的方式："然汉虽不能究黯之用，而庄助言其招之不来，麾之不去，黯一知己也；武帝许黯社稷臣，黯一知己也；大将军数请问国家朝廷所疑，黯一知己也；淮南王反，惮黯曰：'好直谏守节死义，难惑以非。'又黯一知己也。"① 钟惺将庄助、武帝、大将军卫青和淮南王等四人视为汲黯的知己，从侧面描写的角度突出了汲黯敢于直谏、内行修洁的品质。此外，钟惺总评汲黯："黯虽伉直，好面折人过，然皆有一段至诚达于面目，故虽不甚合于主，不甚说于时，亦未有以害之。无其诚而效其戆，未有不殆者也。"② 总评与互评相结合，人物分析更精准。

《酷吏列传》篇前后共记叙了十位酷吏，其中张汤最为著名。钟惺在总结此篇时，将张汤置于关键地位，以张汤的处事原则去推及其他酷吏。以张汤死后家产所值不过五百金为切入点，评曰："郅都曰'公廉'，赵禹曰'廉倨'，张汤家产不过五百金，此酷吏之所以护身而养其胆者也。廉则自信坚深，况才足以济其恶，功足以掩其罪，名足以分其怨乎？"③ 钟惺认为廉洁勤政是酷吏的护身法则，廉洁而后才能"自信坚深"，其才能够和其恶相抵消，功绩可以掩盖罪恶，其所取得的名分可以冲淡人们对他的怨恨。酷吏篇中钟惺多次用到"天道"二字，如："汤死始于减宣，成于禹。禹，其所兄事者也，天道巧甚！"④ 张汤死在了他像兄弟一样对待的赵禹手中，令人唏嘘。再如："酷吏中禹稍平，遂以寿终，天道哉！"⑤ 赵禹是酷吏中执行政策相对宽松的一个，他以寿终不由让人感慨。钟惺对酷吏的态度较为辩证，既肯定了他们为官的廉洁，也批评他们执法的严苛。

三、探讨因果，前后照应

钟惺善于捕捉事件的前因后果，从细节处着眼，其观点往往令人耳目一新，如《晋世家》中对晋灵公与赵盾关系的分析：

> 襄公卒，赵盾执政，太子夷皋少，国人以乱故，欲立长君，盾乃迎公子雍于秦欲立之。秦卫而送焉，将入矣，太子母日夜抱太子泣于朝，盾与诸大夫患之，且畏诛，乃背所迎而立太子夷皋，发兵距秦送公子雍者。废成谋而

① ［明］钟惺：《史怀》二，《丛书集成初编》，中华书局1985年版，第142页。
② 同上，第142页。
③ ［明］钟惺评：《史记》130卷，《〈史记〉研究文献辑刊》第二册，国家图书馆出版社2014年版，第449页。
④ 同上，第448页。
⑤ 同上，第449页。

挑强邻之怒，无故而欺公子雍，此国家何等事，而盾举动始终轻戾，一至于此！夷皋立是为灵公。推而论之，则灵公盖盾所本欲废不立，立公子雍，雍立不成而复立之者也。虽立之，德不胜怨矣。钼麑伏甲之谋，盖自迎立公子雍时已定。此亦人情所必至也，岂患其数谏乎？若是乎盾之暗而钝也。①

钟惺指出晋灵公对赵盾的不满由来已久，并认为赵盾拒绝秦国遣送的公子雍入境并不明智，这样既放弃了先前谋划好的策略，又惹怒了强邻，还欺骗了公子雍，概括而言，赵盾的行为极其"轻戾"。晋灵公与赵盾的关系因此变得微妙，虽然后来灵公被立，但却"德不胜怨"，这也为后来灵公派钼麑去谋杀赵盾等事件做了铺垫。其实赵盾数谏并不是赵氏被灭门的根本原因，而只是一个导火索，从这点看，钟惺的理解颇为深刻。

钟惺指出《史记》散见他传的手法，这与首次由苏洵提出的互现法相照应②，以《武帝本纪》篇为例：

褚先生以《封禅书》补《武帝本纪》，此用考工记补冬官法，不知司马迁仕武帝朝，武帝纪自当待后人为之，不必有纪也。其一切可喜、可愕之事，散见于诸传纪之中，而使人自得之。微独武帝，即诸帝有纪者，亦不过编年梗概耳，其详自散于其他处。作史之法，原是如此。③

钟惺并不认可褚先生以《封禅书》的内容来补充《武帝本纪》的做法，司马迁是武帝朝臣因此应该避嫌，关于武帝时期的事件应该等待后人去补充，而且《史记》他传中也会零散记载，可以互相对照。

重耳逃亡到郑国时，郑文公没有以礼相待，郑国大夫叔瞻对郑文公进行劝谏，郑文公不加理睬，叔瞻转而劝说："君不礼，不如杀之，且后为国患。"钟惺评："楚亚夫辈祖此一种主意。"贤能的大臣以自己的君主和国家为核心，即便面对贤能之人，也都会从为国家扫除后患的角度考虑去采取先下手为强以除后患的手段。

后宫争宠历来是古代皇室重要的矛盾冲突，汉武帝时期的巫蛊之祸在中国古代历史上影响深远，产生的后果恶劣，广为世人知晓。在汉景帝时也有类似的案例，钟惺在评价长公主、栗姬之间矛盾时说："巫蛊之祸，景帝时用之矣。"④ 可见钟惺能联系前后历史，发掘历史的相似性。

钟惺将对优孟的评价和对孙叔敖的识人结合起来："优孟非优也，盖古之义侠笃于友者也。其于孙叔敖，不在振其子之贫，而在表其相楚之功，与其廉于身

---

① ［明］钟惺：《史怀》二，《丛书集成初编》，中华书局 1985 年版，第 83 页。

② 参见张新科、俞樟华著：《史记研究史略》，三秦出版社 1990 年版，第 73—74 页"苏洵对《史记》互见法的发现"。

③ ［明］钟惺：《史怀》一，《丛书集成初编》，中华书局 1985 年版，第 73 页。

④ ［明］钟惺评：《史记》130 卷，《〈史记〉研究文献辑刊》第二册，国家图书馆出版社 2014 年版，第 42 页。

死之后。其歌与羊舌之泣，异事同情，异情同义，然叔敖本知其贤，属其子见之，居然曰："吾死友也。"岂以优待之哉？知人哉叔敖也！"① 肯定了优孟对友人的至诚至信，也侧面说明了孙叔敖的知人的本领。

四、多用揣测，想象丰富

在评点过程中，钟惺还会结合实际，加上自己的联想和想象，进行大胆揣测，往往产生不同于常人的观念。重耳逃亡在齐国一段，研究者多认为重耳此时贪图享乐，忘记了自己身上背负的壮志，钟惺却不以为是：

> 重耳以亡入留齐五岁，此时处约，非处乐也。其爱齐女无去心，当羁旅疑畏之际，藏身观势，其道似不得不出于此。从者谋行，桑上人知之，以告其主，其主杀之，劝重耳行。重耳犹辞之曰："人生安乐，孰知其他！必死于此不能去。"数语盖从戒心出，正以坚齐女之意，而防其泄，破其忌耳。及齐女谋醉而载之以行，始得坦然脱于樊笼。英雄一片深机苦志，其可以告人乎？②

钟惺认为重耳入齐的五年是特殊时期，他宠溺齐女不肯离开只是一种托词，并不是真正享乐，这是他在逃亡生活中小心谨慎行事的体现。重耳将戒心谨记，在极危难的时候也不轻易松口，旁敲侧击，使齐女能够对他坚定不移。等到齐女将其灌醉强行送别的时候，重耳才终于逃脱樊笼。钟惺认为重耳此番是英雄隐忍的行为，不可多与外人道也。

楚庄王即位后骄奢淫逸，沉迷于酒色，和重耳的例子有某些相似，对此钟惺评：

> 楚庄王负大志善藏，其用人也，即位三年，淫乐不听政，用以自晦而大有为耳。被伍举看破，微言挑逗，只得说出，非因举之言而后悟也。雄谋隐衷，一时君臣，相视莫逆，千古读书人容易瞒过。③

钟惺将楚庄王不理朝政的三年理解为韬光养晦的三年，伍举看破了庄王举止背后的原因，以"一鸣惊人"的故事来启发他，让他对自己说出苦心。钟惺认为楚庄王的"雄谋隐衷"本来就存在，伍举的点拨正体现了他对君主的了解，这充分突出了君臣之间莫逆之交的难得和可贵。

钟惺评价重黎："重黎，有功人也。诛共工氏，特不尽耳，帝辔诛之不疑。古军法之严如此，然曰'不尽者'，可以诛而不诛之词也，则其意不可知矣。"④ 钟

---

① ［明］钟惺：《史怀》二，《丛书集成初编》，中华书局1985年版，第147页。
② 同上，第83页。
③ 同上，第84页。
④ ［明］钟惺评：《史记》130卷，《〈史记〉研究文献辑刊》第一册，国家图书馆出版社2014年版，第611页。

惺认为重黎是有功的，其没有杀尽共工氏给自己带去了杀身之祸，钟惺在感慨古代军令之严的同时，也认为重黎可杀亦可不杀，不排除帝喾与他有私人恩怨，个人揣摩性强。

钟惺还善于捕捉人物心理变化，并加以揣摩，《燕召公世家》中此一段：

> 始而曰"召公疑之"，曰"《君奭》不说"，直道也。既而曰"召公乃说"，虚心也。疑而后信，乃为真信；不说而后说，乃为真说。古君臣朋友之间，相知相得，正在于此，所谓和而不同也。岂必一一不疑，一一皆说，而后为周召乎哉？①

周成王年幼时周公代为摄政，召公怀疑周公的用心，创作了《君奭》，《君奭》篇让周公心生不悦，后来周公向召公做了解释，召公才心悦诚服，可见召公的虚心好学。钟惺提出自己的见解："疑而后信，乃为真信；不说而后说，乃为真说。"古君臣朋友之间的维系正得益于此，这正是和而不同的哲理。

钟惺评王翦始终坚持以六十万大军抗敌："王翦始终请用六十万人伐楚，非怯也，用众正自不易，老将自卖本领耳。"② 钟惺心理揣摩人物心理很到位，他没有遵照常人的观念，而认为这是司马迁侧面突出王翦军事本领的写作手法。

钟惺评高祖还乡时为诗、起舞一段："项王败垓下，高祖还沛皆用'泣数行下'，四字妙有深情。"③ 刘邦是个不轻易流露感情的人，钟惺把握住了刘邦的两次"泣数行下"的细节，揣摩人物心理，直指其"妙有深情"。不过并没有深入分析何以情深，评点过于浅显。

总体来看，钟惺在史评过程中使用的诸多方法起到了很好的论证说明作用，这些方法贯穿于《史怀》和评点本 130 卷之中，它们的综合运用促使《史记》的内容更加系统性地呈现在读者面前。善用比较的方法使很多《史记》章节内容能够并列呈现，互为补充。探讨因果及多用揣摩的方法增加了钟惺史评的趣味性，更容易吸引读者阅读，虽然其中难免带有钟惺的主观猜测，但总体瑕不掩瑜。

---

① ［明］钟惺：《史怀》二，《丛书集成初编》，中华书局 1985 年版，第 81 页。
② 同上，第 105 页。
③ ［明］钟惺评：《史记》130 卷，《〈史记〉研究文献辑刊》第一册，国家图书馆出版社 2014 年版，第 445 页。

与韩兆琦同志讨论项羽
"不肯过江东"问题

＊本文作者可永雪，内蒙古师范大学文学院教授。

　　韩兆琦同志在《史记论丛》第九集发表《由史记所载项羽刘邦事迹所引出的若干思考》的长文，共七节，其六题为《项羽在司马迁的"乌江礼赞"中获得永生》。我把此题解读为项羽是从司马迁的"乌江礼赞"中获得生命的，或者更直接了当地说，项羽的生命是司马迁的"乌江礼赞"给的，不知这是否符合原意？（不用说，这个"生命"，自然是指思想人格的生命。）

　　后来，兆琦同志又在他的《史记研读随笔》的《项羽本纪》一篇第五节中谈到："司马迁在项羽这一人物形象上寄托了他的理想主义的价值观和道德观，他倾尽热情，把项羽描述为一位殉道的英雄……又不吝笔墨，竭力渲染项羽之死的悲壮场面，写他在四面楚歌中与爱妾诀别，为保守气节而不渡江逃生；又在以一敌百地显示了他的万夫不当之勇后，亲手割下自己的头颅，从而铸就了中国历史上独一无二的一位失败英雄的光辉形象"。

　　这一段话，依我理解，说司马迁在项羽这一人物形象上寄托了他的理想主义的价值观和道德观，就是说项羽的价值观、道德观（比如知耻、知愧，不苟活、讲气节，以死来殉自己的事业和部下等），并不是项羽本身所固有或哪个历史资料所提供，而是司马迁根据自己的理解和理想所"寄托"的，这实际上也等于说是司马迁所赋予的。

　　说他倾尽热情，把项羽"描述"为一位殉道者，也就是说司马迁着意把项羽描摹、刻画为一位殉道者，也就等于说，项羽作为一个殉道者，是司马迁塑造出来的；而四面楚歌与爱妾诀别以及一路败逃的悲壮场面，都是司马迁渲染的，特别是为保守气节而不渡江逃生，亲手割下自己的头颅等这些壮烈而光辉的失败英雄的形象，都是由作者"铸就"的——也就是说，这些都属于作者的创作。

　　不知这样的理解，榫卯是否对得上？

　　还有，更为关键的，是对于"不肯过江东"——即韩兄说的"乌江礼赞"如何理解，怎么看法？

　　这里，首先要交代两点：一是我完全赞同韩兄所说项羽是司马迁"心目中的伟大英雄，他是为歌颂这位伟大的英雄才写了《项羽本纪》这首抒情长诗。而这首长诗的顶峰不在巨鹿之兵，不在垓下之战，而是在"乌江礼赞"的看法和论断；二是讨论"乌江礼赞"，讨论"不肯过江东"，必须或说应该追踪和理清项羽的思路历程。

按照韩兆琦同志的意思，"乌江礼赞"包括"垓下作歌""东城之战"与"乌江自刎"。我也把它分为三步：

第一步，垓下之败，"夜闻四面皆楚歌，项王乃大惊曰（着重号是我加的）：'汉皆已得楚乎？是何楚人之多也！'"——即四面的楚歌使他惊悚，预感到失败的来临和命运的无可挽回，才有"夜起，饮帐中"，面对美人、骏马，慷慨悲歌，溃围逃亡。

第二步，"至东城，乃有二十八骑。汉骑追者数千人，项王自度不得脱"——此刻不止失败无可挽回，连自身逃脱都成了问题。这时，他首先想到的是如何维护一世英名，于是才有大奋神威的快战表演，向部下，更向世人证明："此天亡我，非战之罪也"——自己是天下无敌的。

第三步，边战边退逃到长江边，"于是项王乃欲东渡乌江"——一路奔逃到了长江边，这"乃欲东渡乌江"，是延续逃亡路上的思绪，并非经过什么郑重思考做出的明确决定，所以，听了亭长的建议，他反而决定不渡了。

论说，根据亭长的介绍和分析，过江不止吻合他的初愿，而且有着有利条件。然而听了亭长的主意之后，他为什么反倒决定不渡了呢？

这里，亭长的话，首先对他有警醒的作用：提醒他考虑和思考回江东去做什么的问题。而这一思考，问题就多了、大了——引发他对毕生命运的回顾和总结。

这回顾和总结，不像一般人那样，需要长年累月，而是项羽独特的，闪电式的，瞬间完成。经过回顾总结，他爽利笑对人生——面对天地，他敞开胸怀，无保留地坦露自己的心肝肺肠，向一切人告白。传中这段记载是：

"项王笑曰：'天之亡我，我何渡为！且籍与江东子弟八千人渡江而西，今无一人还，纵江东父兄怜而王我，我何面目见之？纵彼不言，籍独不愧于心乎？'"

这是非常重要的一段话，值得仔细玩味。我在这里试着结合韩兄的见解，权且疏解为：

一、"天之亡我，我何渡为？"——"老天爷要我灭亡，我还东渡干什么呢？"这一句是主旨，表明态度。过江东去干什么？忍辱奋斗，东山再起吗？这根本不符合他项王的禀性！

二、回顾初衷，想起当年率八千子弟"渡江而西"，反秦灭秦，争霸称霸，何等英雄；而今，一败涂地，他还有什么脸面回去？当初起义，领出的是八千子弟，如今，这八千子弟竟无一人还，我对得起谁？我怎么向家乡父老交代？纵然家乡父老宽厚，可怜我，还让我为王，可我，我……

三、这个时候，他知道，唯有一死才能报答这一切于万一！于是他随后便以骏马赠亭长，以头颅赠至交，安排后事。

读到这里，有哪一位读者还看不清，还感受不到这个虽然失败了的项羽是一位知耻、知愧，有作为敢担当，品节高尚的人物呢？读到这里，还有谁看不清、感受不到，这个项羽不但是一位天下无敌的莽英豪，更是一位有情有义，有人性温度的真英雄和他的英雄气概呢！

讲到知耻知愧，还不能不讲一下并强调在中国人的意识里，知耻乃是"大德"：

钱钟书《管锥编》引清代著名学者阎若璩《潜丘劄记》卷二，谓"廉易耻难"，如公孙弘布被脱粟，不可谓不廉，而曲学阿世，何无耻也！冯道刻苦俭约，不可谓不廉，而更事四姓十君，何无耻甚也！"盖廉乃立身之一节，而耻实心之大德，故廉尚可矫，而耻不容伪。"析理入微。（见《管锥篇》第一册之《史记会注考证》四八，第 356 页）

在认识、接近和把握某一个人物时，方家、大家似乎与一般读者有所不同：一般读者多半是从具体的人情、人性上来感受和体悟，而方家、大家，则首先是从大局、大处、从理性上着眼和衡量。

就如我和韩兄，同样是要搞清项羽此时为什么偏偏又不肯过江东的问题，所根据的又都是"项王笑曰"的那一段话，在我是很直接、很感性的从那段文字读出了他的知耻知愧，有作为、敢担当，从而认定这是一位品节高尚的人物；而韩兄则高屋建瓴，把从"垓下之败"之后的整篇文字，命之为"乌江礼赞"，因为在他看来，《项羽本纪》本是歌颂项羽这位伟大英雄的抒情长诗，而"乌江礼赞"是其中的"顶峰"，因为作者正是在这里揭示出了项羽心魂中那最高尚、最宝贵、最闪亮的东西。因此韩兄特别点睛式的指出："这段话里，明确地表现了项羽的人生态度"；指出："有了这段话，就表现了项羽要用他的死来殉他的事业，来殉自己的部下，来殉曾经支持过自己、拥护过自己的千千万万人民大众"；又说："有了这段话，就使项羽的最后战死成为了一种自觉的有意义的行为"。他的所见显然比我深刻、广阔得多。

不过，在追究项羽到底为什么不肯过江东这个根本问题上，在探究项羽的思想、人格、境界究竟达到一个什么高度问题上，我们两个还是达到了基本相同和相通的认识。

而且，我们两个还共同认为，在为项羽总体定位上（其中过不过江东的考验是关键），《项羽本纪》的作者司马迁是决定性的主人翁！

功百侯公，纳策鸿沟

——以《项羽本纪》"侯公"事管窥刘邦与项羽

※ 本文作者曲景毅，新加坡南洋理工大学中文系长聘副教授、博士生导师。

《史记》中有所谓"累积型"人物与"闪现型"人物。秦汉之际的侯公，无疑属于后者。关于侯公，历史上的叙述与评论甚少。秦汉之际有两位侯公，一为秦朝方士[①]，一为楚汉之际著名的辩士。二者皆如流星一般，一闪而过，就连其具体何名，亦难详考[②]。

司马迁以项羽为本纪入汉的第一篇文字，列于汉诸帝之前，无所顾忌，以显示其不以成败论英雄的理念，这也是太史公一生立言主意。前人关于楚汉相争的论述颇多，对刘邦、项羽二人的比较也众说纷纭，本文拟以《项羽本纪》所载"侯公"事管窥楚汉之际的历史风云。

一、司马迁笔下的"侯公"：《项羽本纪》"侯公"事句解

侯公的鸿沟议和之功，划定楚河汉界，堪比先秦苏秦、张仪，秦汉郦生（食其）、陆贾，不遑多让。然而，关于他的生平事迹的记述，唯有《史记·项羽本纪》一段：

[①] 据《史记·秦始皇本纪》载，三十二年，秦始皇"使韩终、侯公、石生求仙人不死之药。"此侯公，亦称侯生，韩国人，在秦为客卿。侯生曾与卢生相与谋曰："始皇为人，天性刚戾自用，起诸侯，并天下，意得欲从，以为自古莫及。专任狱吏，狱吏得亲幸。博士虽七十人，特备员弗用。丞相诸大臣皆受成事，倚辨于上。上乐以刑杀为威，天下畏罪持禄，莫敢尽忠。上不闻过而日骄，下慑伏谩欺以取容。秦法，不得兼方不验，辄死。然候星气者至三百人，皆良士，畏忌讳谀，不敢端言其过。天下之事无小大皆决于上，上至以衡石量书，日夜有呈，不中呈不得休息。贪于权势至如此，未可为求仙药。"（《史记》修订本，中华书局 2013 年版，第 319、324—325 页）两人于是逃亡。秦始皇以为厚待诸生的后果是诸生反过来诽谤自己，所以命令告发诽谤皇帝的博士诸生，被告发的士人全部被坑杀，此即"坑儒"。据《说苑》附会，侯生后来被捕，秦始皇与他当面对质。要将他车裂，问他有何面目来见自己背叛的皇帝。侯生指出秦始皇奢靡无度，将要败亡。秦始皇默然良久，问他为什么不早说。侯生说皇帝自负，自己不敢言而逃亡，现在必死，才敢进谏。始皇最终没有杀他。

[②] 清顾炎武《日知录》卷二十一云："有失其名而公之者。《史记·秦始皇纪》，侯公。《项羽纪》，枞公、侯公。"按：《项羽本纪》中的侯公名成，字伯盛，山阳防东（今山东省成武县城东防城村）人。

是时，汉兵盛食多，项王兵罢食绝。汉遣陆贾说项王，请太公，项王弗听。汉王复使侯公往说项王，项王乃与汉约，中分天下，割鸿沟以西者为汉，鸿沟而东者为楚。项王许之，即归汉王父母妻子。军皆呼万岁。汉王乃封侯公为平国君。匿弗肯复见。曰："此天下辩士，所居倾国，故号为平国君。"①

按理说，侯公凭借三寸不烂不舌，成功说服项羽与刘邦达成和解条约，并且将刘邦的父母妻子解救回来，这是莫大的功勋。西晋陆机在《汉高祖功臣颂》中将侯公列为刘邦的开国功臣之一，评曰："侯公伏轼，皇媪来归。是谓平国，宠命有辉。"② 后世史家曾将侯公与汉初三杰之一的"张良"并称："使子房为谋臣，侯公为辩士，犹未足以决胜负而定安危也。"③ 两则评论均指侯公说服项羽，使归刘邦家眷之功。刘邦一向以知人善用著称，亦因此而能最后夺取天下，④ 但在侯公的处理上，却颇令人不解。本文尝试对这段文字逐一句解，同时，借鉴西方接受美学的"文本的召唤结构"理论提出这段文本中存在的空白、空缺和否定性疑问，⑤ 并在此基础上解读刘邦与项羽在楚汉之争中的性格特征。

1. 是时汉兵盛食多，项王兵罢食绝

"是时"，乃汉之四年（即西楚霸王四年，公元前 203 年）8 月，楚汉之争已在不知不觉中客主易位，此消彼长，形势发生了转化，由楚强汉弱变为楚弱汉强（客观地说，彭越在后方作乱、韩信破齐自立，均使得楚国腹背受敌）。这里的"兵盛食多"与"兵罢食绝"⑥ 形成鲜明对比。项羽何以落入"兵罢食绝"的境

---

① 《史记》修订本卷六，第 415 页。以下所引《项羽本纪》皆据此，不再一一出注。按：《汉书·高帝纪》记载更为简略："项羽自知少助食尽，韩信又进兵击楚，羽患之。汉遣陆贾说羽，请太公，羽弗听。汉复使侯公说羽，羽乃与汉约，中分天下，割鸿沟以西为汉，以东为楚。九月，归太公、吕后，军皆称万岁。乃封侯公为平国君。羽解而东归。"（中华书局 1962 年版，第 46—47 页）

② 金声涛点校：《陆机集》卷第九，中华书局 1982 年版，第 109 页。

③ 《三朝北盟会编》卷一二四载《周紫芝上书》，《钦定四库全书》本。按：周紫芝（1082—1155），宋代文学家、政治家。

④ 刘邦手下著名的文臣武将不论，观其对辕生、董公、陈恢、随何、武涉等一众"次要"谋士的纳谏亦可见一斑，参见李佳：《试论〈史记〉中无传的楚汉谋士》，《项羽文化》2011 年第 3 期，第 2—8 页。

⑤ "文本的召唤结构"（response—inviting structure of text）是德国文学批评家、接受美学创始人沃尔夫冈·伊瑟尔（Wolfgang Iser，1926—2007）在 1969 年康斯坦茨大学（University of Konstanz）发表的演讲中提出的接受美学概念，其中包括三个要素：空白、空缺和否定性。这个理论后来在氏著《阅读活动：审美反应理论》（*The Act of Reading：A Theory of Aesthetic Response*，Baltimore：Johns Hopkins University Press，1978，originally in German in 1976）中得到详细阐释，他认为文本（text）在产生后会形成"一个召唤结构网"（a network of response—inviting structures），驱使读者参与文本的解读。情节线索的突然中断形成的"空白"，或者片段间的不连贯形成的"空缺"，或者文本自身的"否定性"，都是文本对读者发出的具体化的召唤。

⑥ 按：《汉书》此处为"少助食尽"。"食尽"与"食绝"近。"少助"则是说当此时，项羽"自矜功伐"，属下非死即叛（死者如范增、薛公、龙且、曹咎、司马欣等，叛者如常山王张耳、齐王田广、九江王黥布、彭越、周殷等），尤其是彭越"数反梁地"，绝楚粮道。反观刘邦则能与韩信、彭越、刘贾之军约而"并力击楚"，得到更多助力。虽然，刘邦平天下、封诸王后，也遇到和项羽一样的窘况，不断地遭到背叛，亲往平叛至少四次，叛乱问题一直持续到刘邦去世。

地？试分解之。

"兵罢"，指项羽自起兵之日（公元前 209 年 7 月）至今已六年，长年征战，士兵疲惫，颇"苦军旅"。这实际上是双方共同面临的问题，只不过看谁能坚持到最后。

"食绝"，读之很是讽刺，曾经的项羽锐不可当，深谙"甬道"（运输粮食的通道）的重要性，在巨鹿破釜沉舟，绝秦军甬道，大破秦军主力，一战成名，勇冠诸侯；汉初三年，项羽取得彭城大捷之后，数次侵夺刘邦的甬道于荥阳，迫使刘邦请和。但在楚汉相争的最后一年，却一而再，再而三地因粮食问题为汉军所困。此前一年刘邦即"使刘贾将兵佐彭越，烧楚积聚"①，这次在广武又再次陷入同样的粮食困境，被彭越"绝楚粮食"。在《高祖本纪》中司马迁用同样的句子两次形容项羽的这种窘境，耐人寻味："当此时，彭越将兵居梁地，往来楚兵，绝其粮食。"② 最后项羽在垓下因兵少"食尽"而败亡。

2. 汉遣陆贾说项王，请太公，项王弗听

在这个危急时刻，刘邦派去劝说项羽的第一人是陆贾，不是侯公。

陆贾（前 240—前 170），汉初著名的思想家、政治家、外交家。他有口才，善辩论，司马迁将之与郦食其合于一处列传。他早年即追随刘邦，因能言善辩常出使诸侯，刘邦安定天下后，陆贾曾向刘邦谏言"马上得之，宁可以马上治乎"③，著书 12 篇，总结国家成败的经验教训，刘邦无不称善，名其书为《新语》。

陆贾本是楚人，或许其与项羽的同乡之谊也是刘邦派遣他的原因之一，但能言善辩的陆贾并没有说服项羽，放回太公，这是为什么？他当时向项羽开出的议和条件是什么？这些是司马迁没有交代的文本空缺。

3. 汉王复使侯公往说项王，项王乃与汉约，中分天下，割鸿沟以西者为汉，鸿沟以东者为楚

鸿沟，在荥阳（属今郑州）成皋一带，为历代兵家必争之地。至今，荥阳广武山有座遥遥相对的古城遗址，两城中间有一条宽约 800 米，深达 200 米的大沟，即鸿沟④。鸿沟划界，奇功一桩。自古以长江限南北，鸿沟判东西，侯公说项羽

① 按：实际上，破坏项羽后方的功劳不只属于刘贾，太尉卢绾亦"绝籍粮饷"（《太史公自序》）有功，并且这支军队是以卢绾为主，刘贾为辅，事见《高祖本纪》《荆燕世家》。另，此事纪在汉四年，清人梁玉绳《史记志疑》卷六在"汉之四年"（即西楚霸王四年，公元前 204 年 10 月至前 203 年 9 月）之下有案语："此以下所叙之事，前后倒置，不但与《汉书》异，并与《高纪》不同，恐系错简，细校如左。"（中华书局 1981 年版，第 207 页）

② 《史记》修订本卷八，第 469、472 页。

③ ［宋］司马光编著，元·胡三省音注：《资治通鉴》卷一二，中华书局 1956 年版，第 396 页。

④ 参考网络资讯，2021 年 6 月 28 日检自：https：//m.sohu.com/a/159669654_697699/? pvid＝000115_3w_a。

与刘邦中分天下，对中国地理的界限是有卓越贡献的。

但读至此处，读者不禁存有几个疑问：刘邦再次派侯公去项羽军前，有过怎样的谈话？性暴气刚的项羽是如何在陆贾劝说不成功的情况下，第二次被侯公说服？双方为达成合约有没有暗中的条件？难道此前陆贾第一次去，仅仅愚蠢地要求项羽归还太公，而没有什么相应的对项羽的允诺？可惜，司马迁对这些文本空白只字未提。

后世的文学家和历史学家依据自己的政治立场与文心绣笔曾尝试补白。如宋代文豪苏轼（1037—1101）以小说笔法记叙的《代侯公说项羽辞》①；明代万历间的甄伟据以敷演为小说《指鸿沟割地讲和》②；明末清初的史学家谈迁（1594—1658）有《设侯公说项羽书》一文③。这些对侯公故事的敷演构成了一个虚拟的"侯公"，可以与本文的解读相映成章。限于篇幅，将另文讨论。

4. 项王许之，即归汉王父母妻子。军皆呼万岁

此处文本跳过说服的过程与内幕，直接说明了结果：侯公成功说服项羽，即刻归还了被他扣在军中为人质已长达二十八个月"汉王父母妻子"，军士都高呼万岁。

这里的人质——"父母妻子"何解，是有争议的。《项羽本纪》前文已有交待，两年前（即前205），项羽与刘邦战于睢水（又名濉河，在今河南），汉军大败，刘邦的家属为楚军所俘："（刘邦）求太公、吕后不相遇。审食其从太公，吕后间行，求汉王，反遇楚军。楚军遂与归，报项王，项王常置军中。"因此，刘邦的父亲太公和妻子吕后是人质无疑。梁玉绳据《秦楚之际月表》和《王陵传》皆称"太公、吕后"，所以此处亦应如是。但是，《项羽本纪》和《高祖本纪》皆称"父母妻子"④，陆机《汉高祖功臣颂》称"侯公伏轼，皇媪来归"，明言人质中有刘邦之母。⑤

事实上，刘邦应该有子在项羽军中为质，此虽无直接的文献证据，但《史记会注考证》中的一段考证颇可卒读："高祖母虽已前死，而楚元王为高祖异母子，则高祖尚有庶母也，孝惠尚有庶兄肥，后封齐为悼惠王。高祖道遇孝惠，与孝惠偕行者，但有鲁元公主，则悼惠未偕行可知也。悼惠既未偕行，又别无投归高祖之事，则必与太公吕后为羽所得，故高祖有子在项军也。则《史记》所谓'父母妻子'，乃无一字虚说，而《汉书》改云太公吕后转疏漏也。"⑥

---

① 按：关于此文，据笔者所见，仅有一篇论文简析：付春明：《解析苏轼〈代侯公说项羽辞〉及其在古代朝鲜的受容》，《长春大学学报》，2014年第1期，第65—68页。

② ［明］甄伟：《西汉演义》第七十五回《指鸿沟割地讲和》，有明万历年间金陵周氏大业堂刊本。

③ ［明］谈迁：《北游录·纪文》卷二十八，有北京大学图书馆藏本。

④ 《高祖本纪》有两处提及："（二年三月）乃取汉王父母妻子于沛，置之军中以为质。""（四年八月）项王归汉王父母妻子，军中皆呼万岁，乃归而别去。"（《史记》修订本卷八，第465、472页）

⑤ 参见清人赵翼《廿二史札记》卷一。又，氏著《陔余丛考》卷五亦云："羽取汉王父母妻子于沛，置之军中为质。及鸿沟之约，羽又归汉王父母妻子。虽父母妻子者不过家属泛词，然果无母，则何必曰父母乎？"按：刘邦生母起兵时死在陈留小黄，此处或为庶母。详参下文。

⑥ 《史记会注考证》卷八《高祖本纪》，第48页。

5. 汉王乃封侯公为平国君。匿弗肯复见

刘邦"乃封侯公为平国君"之后的话①，颇令人费解。上下文不连贯，或有文本空缺。② "匿弗肯复见"，是说侯公"匿"，还是刘邦"匿"，还是侯公"被匿"？可以有多重解读。

第一，《史记正义》此处引《楚汉春秋》作注："上欲封之，乃肯见。曰：'此天下之辨士，所居倾国，故号平国君。'"③ 如是，则是刘邦想要封侯公，侯公才肯出来复见刘邦。所引《楚汉春秋》的文字在别处更为明晰："上欲封侯公，匿不肯复见。曰：'此天下之辨士，所居倾国，故号平国君。'"这是说侯公立功之后"匿"，不复见刘邦，刘邦才有"平国君"之语。并且，"平国君"的封号并未出现在"匿弗肯复见"之前。

第二，前人认为此句是司马迁引用陆贾《楚汉春秋》的佐证。④ 但是，从不同版本的《楚汉春秋》引文的异文来看，文意截然不同（一是侯公因刘邦要赏封，才见了刘邦，一是侯公藏起来，不肯再见刘邦），到底侯公有没有复见刘邦，仍然存疑。

第三，此句的"匿"与"弗肯复见"之间，或许应该有停顿或标点。王叔岷《史记校证》即云："上文'汉王乃封侯公为平国君'，犹言'汉王将封侯公为平国君。'因侯公'匿，弗肯复见。'无从封之，故仅'号曰平国君'也。"想封侯公为"平国君"而无法复见，所以只是给了他一个"平国君"的封号。

第四，有无可能是刘邦将侯公"匿"，或者刘邦让侯公"匿"，刘邦不愿再看到侯公呢？这又是为什么？对此，下文有解释。

6. 此天下辩士，所居倾国，故号为平国君

关于"平国君"这个封号本身及这个封号的意义，颇令人寻味。《史记会注考证》云："按：说归太公、吕后，能和平郡国。"⑤《汉书·高帝纪》载颜师古对"平国"的解释为："以其善说，能平和邦国。"⑥ "和平郡国""平和邦国"都应该是表面上的奖励之意，真正的意思乃由刘邦自己道出，这样的辩士，使用起来具有高度的危险性，"倾国"乃倾覆国家之意，这种辩士所居的国家都有倾覆的危险，所以刘邦不愿再见此人（"弗肯复见"）。日本学者中井积德认为："故号为平国君，取其反称也。"⑦ "反称"如果是说从反面称呼，那么，"平国"恰恰是不能

① 查《汉书·高帝纪》在"归太公、吕后，军皆称万岁"之后，仅云"乃封侯公为平国君"，无有他言。

② 《史记会注考证》卷七《项羽本纪》引张文虎曰："匿弗肯复见，与上下文不接。《汉书·高纪》无，疑即以下二十一字，后人依《楚汉春秋》窜入，而注中'乃肯见'三字，又即匿肯复见之误。"（第65页）

③ 《史记》修订本，第415页。

④ 见《新语校注》附录二《楚汉春秋佚文》。附录四《〈史记〉〈汉书〉陆贾传合注》在引《史记·项羽本纪》的文字后有"案"语："《正义》引《楚汉春秋》云：'上欲封之，乃肯见。曰："此天下之辨士，所居倾国，故号曰平国君。"'此为《史记》用《楚汉春秋》之一例也。"

⑤ 《史记会注考证》卷七《项羽本纪》，第65页。

⑥ 《汉书》卷一，中华书局1962年版，第47页。

⑦ 《史记会注考证》卷七《项羽本纪》，第65页。

使国家和平、平和。事实上，这句话在其他文献中也有不同的记载，意义也有别："汉王乃封公为平国君，曰：'此天下辩士。'所居号为平国。"① 刘邦称侯公为"天下辩士"，或者是寓贬于褒。

另外，欧阳修有《金乡守长侯君碑》文，云："汉之兴也，侯公纳策，济太上皇于鸿沟之厄，谥曰安国。"这里说侯公的谥号为"安国"。宋人赵明诚就此提出了疑问："高祖纪侯公封平国君，此碑言安国既不同，而平国君乃生时称号，如娄敬为奉春君之类，碑以为谥，恐非。余疑'谥'当作'号'。"② 梁玉绳认为，谥者号也，不作谥法解。③ 然则，"安国"与"平国"又有何分别？在后世人眼中，侯公解了刘邦"鸿沟之厄"，汉之所以兴，刘邦之所以平天下，侯公厥功甚伟，所以有"安国"之美誉，比起"平国"的意思更为显豁。

二、以"侯公"事管窥刘邦与项羽：从侯公结局的臆测谈起

关于侯公的故事仅限于以上所分析的寥寥百余字。像这样闪现式的风云人物，读者不禁会有这样的追问：侯公的结局是怎样？历史未有明载，留下文本空白。而刘邦和项羽对于侯公的鸿沟和议如何想？这当中体现了二人怎样的性格特征？本文尝试作如下解读。

首先，让我们回到两位辩士的比较上来。为何陆贾第一次没有说服项羽，侯公再去却能说服，在谈判过程中是否有何不可告人的秘密？这样的结局是否会引起刘邦的猜疑？同为说客、辩士，一向能言善辩的陆贾失败，而侯公却能成功。"事光陆贾，功百侯公。"④ 陆贾的无功与侯公的大功形成强烈的对比，甚至后人在述及鸿沟之议时，根本不谈陆贾，只谈侯公。⑤ 然而，一则失败，一则成功，成功者侯公从此在历史的视野中消失，而失败者陆贾却一直为刘邦所任用，这难道不让世人起疑吗？什么才是刘邦的帝王心？侯公似乎仅仅作为刘邦的政治工具，目的一旦达成，便弃之不用，这显示出其为人的狠心。有人或许会说刘邦的所有过往丑事都被侯公知晓，所以不愿再重用他。笔者认为没有也并非如此。史书虽然没有告诉我们侯公的最终结局，但可以约略推见，他被刘邦"匿"或者自己隐"匿"之后，即没有什么作为了。

进一步而言，笔者想着重分析的是，侯公成功说服项羽，或许并非是刘邦的

---

① 《太平御览》卷四六三《人事部》，《四部丛刊三编》本。

② 《史记志疑》引《金石录》，第 210 页。按：娄敬，因建议刘邦迁都关中有功，赐姓刘，号"奉春君"。

③ 《史记志疑》卷三十《孟尝君列传》举数个例证，第 1277—1278 页。

④ 《贺秦太师启》，《永乐大典》卷九百十七"师"字韵，页七上引"葛胜仲丹阳集"。又见于《全宋文》卷三〇七〇，巴蜀书社，第 335 页。

⑤ 如《汉书·项籍传》只云"汉王使侯公说羽"，《资治通鉴》卷十只云"汉遣侯公说羽请太公"，均不及陆贾。

心意。这首先可由《项羽本纪》在楚汉达成约定后的文字中窥见：

> 项王已约，乃引兵解而东归。汉欲西归，张良、陈平说曰："汉有天下太半，而诸侯皆附之。楚兵罢食尽，此天亡楚之时也，不如因其机而遂取之。今释弗击，此所谓养虎自遗患也。"汉王听之。①

项羽如约解兵，刘邦则负约，继续向项羽进兵。次年，即公元前 202 年，垓下之围，项羽兵败，自刎于乌江。回到鸿沟议和的当下，张良、陈平所说的"太半"具体指什么？据韦昭的解释是："凡数三分有二为太半，一为少半。"②手握天下三分之二的刘邦，此时心里或许并不在意是否能够将"父母妻子"赎回，他从来不是一个对家人有孝心、爱心的人，这在《项羽本纪》及其他传记中都有记载。在他心目中，统一天下的雄心和成为天下的帝王的决心绝胜于家庭的安宁与和睦。"中分天下"绝不是他的目标，他要的是天下，是彻底地打败项羽。在汉强楚弱的情况下，刘邦是并不想达成和约的。南宋人杨造《乞罢和议劄子》曾这样引述"侯公"事，值得分析：

> 昔汉太上皇、吕后为项王所得，置俎上欲烹之。夫高帝岂恝然亡之哉？而未尝为之屈，盖势不可尔。然项王卒不敢加害。盖以高祖之□，害之无益，而存之则可以为重资，故割鸿沟之后，卒从侯公之言而归之。今国家若能励兵秣马，稍振中国之威，且勿与之通，则彼莫能测其虚实，必不敢动。吾已复中原，然后遣辨士若侯公者，往说焉，彼亦且奉二圣以来归矣。故二圣虽在彼，于中国用兵之势无有害也。③

杨造的文章对刘邦的行为多所回护，不言自明。然而，从以上文字中仍然透露出政治角力过程中的残酷与虚伪。此段"高祖之"后有缺字，也许即是"狠"字。项羽与刘邦争霸天下多年，人们常说，最了解自己的对手，项羽很了解刘邦的性格和狠辣，他绝不会因为父母妻儿已为人质，受要挟而束手，或如杨造笔下"势不可尔"。项羽在公元前 205 年已经试过一次：

> 当此时，彭越数反梁地，绝楚粮食，项王患之。为高俎，置太公其上，告汉王曰："今不急下，吾烹太公。"汉王曰："吾与项羽俱北面受命怀王，曰'约为兄弟'，吾翁即若翁，必欲烹而翁，则幸分我一杯羹。"

作为一代政治枭雄，刘邦从不因私情而受胁迫；作为人子人夫人父，刘邦殊少人情。观其彭城败后，楚骑追急，连续三次"推堕孝惠、鲁元车下"之惊人举动，此处"幸分我一杯羹"之雷人之语，置人伦父子亲情不顾，为后世所不耻（果真

---

① 按："项王已约，乃引兵解而东归"这句，在修订本《史记》及 1959 年版的《史记》中，是放在上文"侯公"事的结尾。笔者以为，这句应移至在下一段，与刘邦在鸿沟之议的后续动作形成对照。

② 修订本《史记》卷七，第 416 页。

③ 《三朝北盟会编》卷一六八。

如杨造文中的"愬然")。惟务得天下,此刘邦之所以为刘邦,《项羽本纪》乃刘邦品性的绝佳记录。

相反,项羽在与刘邦对峙的过程中,却数次犯下"封建"贵族软弱病。这并不是说他是一个仁义之人,他曾屠杀降卒,曾焚宫屠城,曾烹杀说者,弑杀成性,残暴不仁。所可恃者,能战也:"身七十余战,所当者破,所击者服,未尝败北","自矜功伐"而卒由战败(临终时反复嗟叹"天亡我,非战之罪也",读之让人唏嘘)。司马迁详细记述了项羽对刘邦及其家人一次次的妇人之仁,极尽画态:鸿门宴如此,烹太公如此,鸿沟议和亦复如此。杨造文中称项羽"卒不敢加害"于太公、吕后,故然有留之作为人质牌的考量,诚如杨造所言,于"用兵之势无有害",但其实这再次暴露了项羽的贵族软弱病,或者说他还有作为人的基本底线,所以会姑息与优柔。后人对于项羽当初在鸿门宴上不听范增之言而杀刘邦有所回护:"项梁不肯听田荣以杀田假,项羽不肯听范增以杀沛公,皆有大度,勿以成败论英雄也。"[1] 对项羽与刘邦的关系也有这样的解读:"项羽之待汉王,犹夫差之待勾践,夫差之仇怨也恕,勾践之仇怨也酷,项羽之负约也小,汉王之负约也大。"[2] "大度"也好,"负约"也罢,但终究项羽败,刘邦胜,诚如后人所评论的:"项王非特暴虐,人心不归,亦从来无统一天下之志迹,其既灭咸阳而都彭城,既复彭城而割荥阳,既割鸿沟而思东归,殊欲按甲休兵,宛然图伯筹画耳。岂知高祖规模宏远,天下不归于一不止哉!"[3] 项羽一次次贪图荣归故里,时念"东归",不知深谋远虑,"无统一天下之志",错失良机,比起刘邦来说,确实气局志向有差。"不止"二字,道出刘邦不达一统天下的目的,绝不罢休。

最终,谈判劣势方项羽释放"人质"(即杨造所言之"重资")与刘邦达成和议,这本是基于对等原则的谈判结果,如果双方都是有身份的贵族,或许会遵守协议,但刘邦不是贵族,成王败寇是其基本价值观,只要成功,只要胜利,手段可以无所不用其极。北宋王禹偁有《旅次新安》诗云:"侯公缓颊太公归,项籍何曾会战机。只见源沟分两处,不知垓下有重围。"诗中讥讽项羽何曾了解战机,鸿沟之议看似楚河汉界,中分天下,从此"按甲休兵",但失去了最后的"重资"的项羽随即遭到刘邦的继续围剿,遂有垓下之败。刘邦用侯公将父母妻子迎回("缓颊"的功效),进而完成了对项羽的决胜,正所谓成者为王败者寇,楚汉之争就此落幕。

---

① [清] 林伯桐:《史记蠡测》,《〈史记〉文学研究典籍丛刊》,陕西师范大学出版社 2015 年版,第 24 页。

② [明] 李光缙增补、[明] 凌稚隆辑校,于亦时整理:《史记评林》卷七载李光缙语,第二册,天津古籍出版社 1998 年版,第 60—61 页。

③ 《史记评林》卷七载评语,第 61 页。

"汉承秦制"格局下
高帝、高后对秦法路线的调整

﹡本文作者林聪舜，台湾清华大学中国文学系教授。

汉帝国建立后仍承袭秦制，特别是实施以秦律为基础的汉律，但"前车之辙，后车之鉴"，且代秦而起的汉帝国的统治正当性经常建立在与"暴秦"的对比之上，《汉书·异姓诸侯王表·序》谓："古世相革，皆承圣王之烈，今汉独收孤秦之弊。"是以汉初一面维持"汉承秦制"的政治格局，另一面则在惩秦之弊以及反秦以形塑政权正当性的政治号召下，对秦法家路线做了符合现实需求的务实调整。

高帝、高后时期对法家路线的调整，得到很大的成效，使帝国稳定下来，避免成为第二个短命帝国。路线调整的大方向是在"逆取顺守"的原则下进行，所以在"汉承秦制"的政治格局中，法家依然无法继续担任台面上的统治思想。汉帝国虽承袭体现法家精神与制度的秦制，但主要是工具性使用法家，很难直接宣扬法家理想。以下说明高帝、高后时期对法家路线调整几个重要方向。

一、关东地区建置王国，暂缓"一用汉法"

关东地区是异于秦地的文化风俗区域，秦帝国强调公平齐一的理念，"一用秦法"，将秦法推动于全帝国，企图清除各地在原有价值体系上存在的风俗习惯，完成军事政治征服后的思想文化征服与统一。但文化低度发展的秦，对文化高度发展的关东地区进行思想与社会规范的整齐化统治，激起广大的不适应与仇怨，此一强势的价值洗濯，无法妥善处理王国扩张为帝国的转型工程，结果秦法秦政与关东地区文化风俗严重冲突，使秦帝国无法得到关东地区人民支持，凝聚成亡秦怒火。①

刘邦在楚汉战争期间，开始在关东地区建置王国，其原因固然出于结盟灭项

---

① 陈苏镇认为，根据各地反秦之激烈程度的差异和《语书》透露的信息，说秦之"法律令"与关东文化存在距离，特别是与楚"俗"之间存在距离，当无大错。陈苏镇《春秋与汉道——两汉政治与政治文化研究》，中华书局2011年版，第37页。

的需求，必须裂土拉拢各地军头，诸如韩信、英布、彭越、张耳、韩王信等，形成反楚势力。另一个很重要的原因，则牵涉稳定关东治理的问题。因为放弃"一用汉法"，让关东地区处于半自主状态，才能稳定东方统治，所以当异姓王屠戮殆尽后，关东地区依然维持王国分封，改为大封同姓。由此可以看出在关东地区建置王国，不强求一用汉法，以尊重关东地区文化习俗，稳定关东治理，仍是当时形势下不得不然的选择。

刘邦对分封同姓，造成尾大不掉之势，不是没有疑虑。消灭黥布后，立刘濞为吴王，两人有一段发人深省的对话，《史记·吴王濞列传》载：

> 已拜受印，高帝召濞相之，谓曰："若状有反相。"心独悔，业已拜，因拊其背，告曰："汉后五十年东南有乱者，岂若邪？然天下同姓为一家也，慎无反！"濞顿首曰："不敢。"

这段对话若由理性的角度解释，反映刘邦对分封同姓为"莫大诸侯"仍感到不安。吴楚之地民风剽悍，风俗文化自成一格，自秦始皇时即盛传"东南有天子气"之说，"于是因东游以厌之"（《史记·高祖本纪》）；秦始皇第五次也是最后一次出巡，目的地即是东南方向的楚地。是则刘邦对分封旧楚吴地给刘濞，从分封时即感到不安，此一不安不只是针对刘濞，更是对帝国东南隅离心力的忧虑。在此一心理下，刘邦仍在关东地区大封同姓，必然有其不得不然的考虑。其关键很可能是面对关东地区的离心力，认为在关东地区建置王国，可以尊重当地文化习俗，稳定关东治理，预防激起民变。

刘邦建立帝业，承秦之制，袭秦之法，帝国直辖郡县也大多在旧秦之地，这时关东关西地区仍未融合，如何稳定关东治理，避免蹈上亡秦激起关东民变的覆辙，会是很重要的考虑。关东地区建置王国，实施郡国并行的一国两制，在帝国直辖郡县实施承秦法而来的汉法，由于这些直辖郡县大多在旧秦之地，人民只需依循旧章，适应不成容易；至于关东王国地区则保留某些法制上的差异与弹性，降低人民对新帝国的不适应，用以稳定关东地区的统治。

高帝、高后时期，诸侯王地位非常崇高，在王国内拥有相当高的自治权，形同半独立状态，特别是在汉朝法律外，各王国还有自己的法律，不必"一用汉法"。贾谊《新书·亲疏危乱》云：

> 诸侯王虽名为人臣，实皆有布衣昆弟之心，虑无不帝制而天子自为者。擅爵人，赦死罪，甚者或戴黄屋。汉法非立，汉令非行也。

"汉法非立，汉令非行也"，反映的是文帝时期已要求王国"一用汉法"，但遭到王国抵制，才引起贾谊批评。高帝、高后时期，"汉法非立，汉令非行"是王国拥有的权利，是正常现象。

推动郡国并行制，放弃"一用汉法"，是"汉承秦制"政治格局下对法家整齐划一路线的调整。从稳定关东地区统治的角度看，高帝、高后时期，"一用汉法"的条件尚未成熟，在关东地区不同风俗文化圈大行封建，建置王国，可以因俗制宜，在汉法基础上调整出适合各地风土民情的法律，尊重各地在原有价值体系上存在的风俗习惯。秦帝国时期关东地区对中央极权统治带来的紧张性因而大为缓和，汉帝国也因此一调整，稳定了东方治理。

二、对法禁做局部修正，缓解承袭秦律而来的严酷

汉律承袭秦律，目前几乎已是学界共识，出土的材料也印证此一论断，江陵张家山 247 号墓出土《奏谳书》中出现的，代表高祖六年至十二年的法律案例，与秦律有诸多相同或相似之处，包括刑名大体相同、审判程序基本一致、量刑标准与秦律极相似、刑徒也与秦刑徒一样是无期的，① 亦即早期汉律对秦律更多的是直接继承。萧何所定汉律，已推翻了三章之法的宽容精神，《汉书·刑法志》载："其后四夷未附，兵革未息，三章之法不足以御奸，于是相国萧何攈摭秦法，取其宜于时者，作律九章。"张家山出土汉简印证了此段传世文献的正确性。

帝国实施继承秦律的汉律，但在特殊风俗文化圈的关东地区建置王国，可以因俗制宜，弹性订立适合各地风土民情的法律，缓和了关东治理的紧张性。另外，朝廷在体认"逆取顺守"的政治路线下，对法禁做了局部修正，缓解汉律的严酷。

高帝、高后时期对法禁做局部修正，以缓解承袭秦律的汉律的严酷，史传颇多记载，《汉书·食货志》载："上于是约法省禁，轻田租，什五而税一，量吏禄，度官用，以赋于民。"《汉书·高帝纪》载十一年二月，诏曰："欲省赋甚。今献未有程，吏或多赋以为献，而诸侯王尤多，民疾之。令诸侯王、通侯常以十月朝献，及郡各以其口数率，人岁六十三钱，以给献费。"这两条记载都是在"约法省禁"的原则指导下，放宽律令限制，从轻制定各项税收标准，减轻百姓负担。《汉书·惠帝纪》载："（四年）三月甲子，皇帝冠，赦天下。省法令妨吏民者；除挟书律。"这是减省妨吏民的法令，除挟书律则是放宽思想文化管制，争取读书人支持。《汉书·高后纪》载元年春正月，诏曰："前日孝惠皇帝言欲除三族罪、妖言令，议未决而崩，今除之。"此诏书执行了惠帝议而未决的除三族罪、妖言令。虽然除三族罪屡次废而复行，根据《汉书·刑法志》，文帝时，"无罪之父母妻子同产坐之及收"的刑法仍在，但汉初确实对法禁做了局部修正，缓解承袭秦律的汉律的严酷。

三、在"以顺守之"的政治路线指导下，推动黄老无为政治

刘邦即皇帝位后不久，就接受叔孙通"夫儒者难与进取，可与守成"（《史记·刘敬叔孙通列传》）之说，由鲁诸儒生与叔孙通弟子共起朝仪，守成的儒生开始大量进入朝廷。接着又接受陆贾建言："居马上得之，宁可以马上治之乎？且汤武逆取而以顺守之，文武并用，长久之术也。"（《史记·郦生陆贾列传》）刘邦领

---

① 卜宪群：《秦制、楚制与汉制》，《中国史研究》1995 年第 1 期，第 49—50 页。

悟逆取顺守的道理，知道取天下与守天下不同术，从此"以顺守之"成为刚建立的帝国的政治指导原则。

儒学的仁义、礼乐、先圣、《诗》《书》可以达成"以顺守之"的目标，汉初推动的黄老无为政治也可以达成"以顺守之"的目标，而以汉初残破的情况衡量，此时推动黄老政治更符合时代需求。推动黄老政治的重要人物是曹参，《史记·曹相国世家》载其治齐，"其治要用黄老术，故相齐九年，齐国安集。"采黄老之术治齐，除休养生息的普遍需要外，曹参看到齐国是特殊的政经文化风俗区域，须有尊重差异性的治理方式，所以他为齐相，第一要务即是："尽召长老诸生，问所以安集百姓如齐故。"黄老术清静不扰表现的兼容作风，可以降低帝国统治此一关东重要王国的紧张性。这是实行尊重齐地风俗民情的放任政策，又能表现对本土思想的尊重，以此方式安集百姓，是"以齐治齐"的策略与智慧的高度发挥。

曹参后来继萧何为汉相，除了在军功集团的资历声望外，他以黄老之术治齐，舒缓关东关西对抗的经验与治绩，对帝国东方政策有很大的参考价值，也可能是重要原因。《曹相国世家》载惠帝怪相国不治事，曹参答曰："且高帝与萧何定天下，法令既明，今陛下垂拱，参等守职，遵而勿失，不亦可乎？"为汉相三年，百姓歌之曰："萧何为法，顜若画一；曹参代之，守而勿失。载其清净，民以宁一。"这是在萧何依循秦律的法治基础上，以宽缓的方式做了修正；亦即在"汉承秦制"架构下对严酷的法家路线的调整。

汉初流行的黄老思想强调道与法的结合，在理论上可以调和汉承秦制的政治格局下，汉律承袭秦律，帝国却又急需休养生息的黄老无为的政治现实。汉初普遍流传的《黄帝四经》的《经法·道法》强调"道生法"，由是，"引得失以绳，而明曲直"的"法"取得由"道"而来的正当性。《经法·道法》继云："故执道者，生法而弗敢犯也，法立而弗敢废也"，在"法"的运作过程中，执道者弗敢犯、弗敢废的无为态度，可以与"法"的运作协调。另有刑德相辅相成的主张，如《十大经·观》强调先德后刑；《十大经·姓争》强调刑德相养，这些主张，与汉初黄老政治调整承袭秦律的汉律成为较温和的法治主义，刚好相呼应。

四、结语

汉初沿袭秦制，沿袭秦法，但在惩秦之弊以及借反秦以形塑政权正当性的政治号召下，做了统治方向的调整。汉高帝、高后时期，帝国维持"汉承秦制"的政治格局，作为统治的基本架构，另方面透过在关东地区建置王国、在法禁上做缓解严酷的局部修正、推动黄老无为政治等方式，对秦法家严酷统治路线做了调整，走上"以顺守之"的政治方向。这些调整兼顾思想引导与现实需要，从结果看，是很成功的调整。

"汉初三杰"论

＊本文作者朱承玲，江苏省产业海外发展和规划协会办公室副主任。

在楚汉相争中，刘邦打败了号称"霸王"的项羽，建立了汉朝，曾置酒洛阳南宫，与群臣探讨为什么能够取得天下。他说："夫运筹策帷帐之中，决胜于千里之外，吾不如子房；镇国家，抚百姓，给馈饷，不绝粮道，吾不如萧何；连百万之军，战必胜，攻必取，吾不如韩信。此三者，皆人杰也，吾能用之，此吾所以取天下也。"张良、萧何、韩信，被称为"汉初三杰"，在刘邦争夺天下中，确实起到了无可替代的作用，现分别论之。由"三杰"联想到蜀汉时期的诸葛亮，在诸葛亮身上，或多或少地有着"三杰"的影子，诸葛亮似张良，是谋臣，为先主刘备、后主刘禅出谋划策；似萧何，镇守荆州、成都后方，建国后担任丞相；又似韩信，驻镇汉中，五伐曹魏，但似乎又比"三杰"差了点什么，本文一并论说，作为"附论"。

一、张良论

张良，是个传奇式的人物，事迹流传久远，可谓家喻户晓。对于张良的评论，也是众说纷纭，可谓汗牛充栋。那么，张良究竟是一个什么样的人物？如何评说才为恰当，才是正论？对此，笔者在对《史记·留侯世家》系统疏证的基础上，逐步形成了比较明晰的观点。

首先，张良是一个为韩刺秦复仇的侠人。张良的先人五世相韩，秦始皇灭亡韩国，他背负着亡国毁家的深仇大恨，唯一要做的，就是复仇。他当时只是一个少年，还能有什么好办法？于是，他散尽家僮，弟死不顾，寻求力士，寄希望于侥幸，以了其心愿。至于行刺始皇以后作何打算，可能他就根本没有考虑过。只是天不遂人愿，误中副车，行刺失败，便逃匿下邳，躲过了秦军的追索。

项羽与张良一样，同样对秦始皇有着亡国毁家的深仇。当年，秦始皇车驾巡行到浙江，他和叔父项梁同去观看，脱口而出，曰："彼可取而代也！"项梁连忙掩住其口，曰："毋妄言，族矣！"相较之下，可以看出张良的无畏与孤勇。再向前追溯，战国时，燕国岌岌可危，太子丹派荆轲谋刺秦王，"风萧萧兮易水寒，壮士一去兮不复还！"荆轲一击未中，不仅当场身亡，也加速了燕国灭亡的命运。陶渊明《咏荆轲》曰："惜哉剑术疏，奇功遂不成。其人虽已没，千载有余情！"张良出身于贵族世家，想必荆轲的故事耳熟能详，但他却偏偏选择了同样的道路，即使是搭上性命，也在所不惜。所幸的是，他居然能够逃脱秦军的举国搜捕，奇迹般地存活了下来。

张良这样做，有意义吗？回答应当是肯定的。在秦始皇如日中天的时候，张良敢于这样做，需要有过人的胆略和勇气。他出生于韩国贵族世家，何尝经历过亡国毁家的锥心裂肺之痛？这种悲痛和愤恨，化成了全部的力量，刺客一椎下去，使秦始皇惊魂，被誉为"亡秦一椎"，诚如后来诗人陈孚所说："一击车中胆气豪，祖龙社稷已惊摇！"也如沈绍姬所说："为报韩仇奋一椎，副车虽误亦雄哉！"还如李白所说："报韩虽不成，天地皆振动！"

其次，张良是一个为汉运筹帷幄的谋人。张良成功逃脱后，隐居下邳。他在思考，今后的路应当怎么走，怎样才能复仇雪恨？他遇到了一个重要契机，就是"黄石老人"为他指点迷津。

说起黄石老人，在他身上弥漫着层层迷雾，圯上堕履，故意为之，如果张良不接这一招，也就没有后面的戏了。而张良看着他年老，不忍心驳他的面子，就勉强下去拾鞋；老人又得寸进尺，要张良帮他把鞋子穿上，张良又忍住了。后来，老人又几次提出无理要求，与张良约会，不是以约定的时间为准，而是以老人所到的时间为准，张良几次"迟到"，被没头盖脸地批评，后来张良索性"夜未半"就过去，这下把老人甩在后面了，而老人则高兴了，因为张良通过了他的面试，便把《太公兵法》传授给他，并留下预言，十年后将成为"王者师"。

黄石老人果有其人吗？信其有者，如苏轼，认为是当时的隐世高人，看到张良的复仇行为，被他的意志感动，便出手相助，培养他的坚忍性格，以致"卒然临之而不惊，无故加之而不怒"。但也有人怀疑，认为是张良自己虚构的故事，张良的一生行事，都在向着虚构的黄石老人靠拢，使得自己与黄石老人合二而一，用黄石老人的虚构故事来掩饰自己，使自己深藏不露。

果真如此吗？张良有必要虚构这样的故事吗？所谓"虚构"，就是黄石老人为子虚乌有，张良没有经过老人的曲折指点，而是自己领悟，而托之于老人。要知道，一个人性格的转变，是非常艰难的，张良固然有行刺失败的痛定思痛，但如果没有外因的强烈摧折，也是很难矫枉过正的，很有可能是一条道走到黑。黄石老人的指点，应当是真实存在的，是张良生命转折中不可或缺的部分。只是这种指点，有些特别而已，是非一般人所能接受的，而张良能够接受，自是非一般之人！

黄石老人授给张良《太公兵法》，张良后来的一切成就，似乎都得益于此。此书竟有如此的神奇？如果是一般人，仅仅读此兵书，还是不得要领，更不要谈有所成就了。而张良既是怀揣着复仇的强烈愿望，又是具有亡命藏匿的切身感受，还有黄石老人的再三折辱，更加增强了坚忍和灵动，而读此兵书，感受自然是不一样。虽然张良以后的行动，并不完全是按照兵书的说法去行动，但兵书对他的影响，则是不言而喻的。审时度势，谋定而动，可能就是兵书带给他的最大的智慧。他辅助刘邦的一系列谋划，可能都能从中找到踪影，这当然不是照搬照套，而是灵活应用。

至于张良为刘邦谋划，《留侯世家》中记载很多，是"常为画策臣，时时从汉王"。我们来看四件事：

一是攻取宛城。因为楚怀王有"先入关中为王"的约定，刘邦非常迫切，不顾宛城还有负隅顽抗的秦军，冒险西进，而张良出来说话了："今不下宛，宛从后击，强秦在前，此危道也。"想想也是，这是多么危险的做法啊！于是刘邦重新返回，平定了宛城而后再西进，扫除了后顾之忧。

二是峣关利诱。刘邦开始打算用两万人攻打峣关的秦军，张良认为秦军还很强大，没有任何胜算，而峣关的守将是屠户的儿子，就建议以利相诱。而秦将背叛秦朝，刘邦认为万事大吉了，而张良又觉得"此独其将欲叛，恐士卒不从，不从必危，不如因其懈击之。"便趁秦军不备，将其打得大败。试想，如果不是张良如此谋划，刘邦西进能够成功吗？

三是毁约灭项。刘邦与项羽签订鸿沟之约，中分天下，刘邦准备老老实实地回到他的地盘了，张良又站起来说话了："楚兵罢，食尽，此天亡楚之时也，不如因其机而遂取之。"于是，刘邦再次听从了张良的意见，东击项羽。

四是虚封彭、韩。刘邦东击项羽，本指望韩信、彭越等一起过来围剿之，可他们不听使唤，结果刘邦被打得大败，壁守固陵。又是张良出主意，预先把土地分给他们，学着东迁的周平王，先开张"空头支票"。这"空头支票"还果然有用，他们果然来劲了。刘邦组织了六十万大军，十面埋伏，四面楚歌，最终把项羽围困于垓下，唱了一曲"霸王别姬"，自刎乌江。

从上看出，如果不是张良的精心谋划，刘邦在灭秦、破楚中能够取得决定性的胜利，还要打上一个大大的问号。在楚汉相争中，还有还军霸上、鸿门解危、烧绝栈道、反书告项、下邑筹谋、借箸阻封、谏授齐王等，也都起到了重要的作用。汉朝建立后，张良继续为刘邦划策，急封雍齿、迁都关中、议请四皓、太子监兵等，为汉朝江山的巩固，谋划甚多，完全可以称之为"首席谋主"。总起来说，张良为刘邦的谋划，大约有以上十五件事情，件件都是事关汉朝兴亡。

说到张良为刘邦谋划，还有一个问题需要辨析的，就是张良到底是为韩，还是为汉？一般论者认为，张良无论是做什么，都是一心为韩，即使是帮助刘邦出谋，也是在为韩。刘邦西进破秦，是使张良了却了灭秦的愿望，是刘邦被他利用；他帮助刘邦，也是为了报韩而助之。后来，秦国灭亡，楚汉相争，是因为项羽杀了韩王成，张良帮助刘邦，也是为了消灭韩国的仇人项羽。张良与刘邦，只是利用和被利用的关系。

这样的说法，是无视历史的事实。固然，张良为韩国报仇的愿望是非常强烈的，椎击始皇，劝说项梁立韩成为韩王，就是其中突出的表现。但后来的事实证明，韩国复立缺乏强大的基础，往来游击，左冲右突，没有能够站稳脚跟，自身的生存都成了问题。韩成乃是一个"扶不起的阿斗"，后来被项羽杀了了事。张良复立韩国的希望落空，他不得不反思，谁才是当今英雄？谁才能担当起重整河山的重任？他认定了刘邦，从此，便死心塌地为刘邦筹谋，心中虽然有韩，但更多的是有汉！比如，刘邦听从郦食其建议，分封六国之后以弱楚，后来刘邦征求张良意见，张良借箸说事，一口气说了"八不可"，及时取消了分封的做法，令"趣销印"。如果张良继续为韩打算，难道就没有想到，这分封六国后，其中不就有韩国之后吗？而后来，刘邦困守固陵，韩信、彭越坐观成败，还是张良，提出分封以让韩信、彭越出军，以合围项羽，这还不是为了刘邦？张良先是为韩，后是为汉，其人生经历了重大的转折。

再次，张良是一个为己追求极乐的高人。汉朝建立，迁都长安，意味着刘邦拥有天下，大功告成。张良觉得自己也可以松口气，该做做自己想做的事情了。于是，他导引、辟谷、轻身，欲从赤松子游。虽然《史记》中没有记载，而民间流传着张良云游而退隐黄袍山的故事。唐朝诗人黄庭坚曾赋诗说："多少长安名利客，机关用尽不如君。"

那么，张良为什么要退隐修身？一般论者都认为，张良是为了避祸，是一种明智保身之举。宋朝史学家司马光就是如此认为，曰："以子房之明辩达理，足以知神仙之为虚诡矣；然其欲从赤松子游者，其智可知。夫功名之际，人臣之所难处。加高帝所称者，三杰而已。淮阳诛夷，萧何系狱，非以履盛满而不止耶！故子房托于神仙，遗弃人间，等功名于外物，置荣利而不顾，所谓明哲保身者，子房有焉。"果真如此吗？回答应当是否定的。

张良辟谷、导引，具有多方面的因素。首先，是张良治愈病躯的需要。《留侯世家》载，张良"多病""性多病""病甚"，他的身体很早就亮起了"红灯"。在战争繁忙的时候，忙得顾不上料理，而革命成功了，他要调理身心，除病健体。其次，是张良新的的人生追求。张良是个有抱负的人，他知道在什么时候追求什么样的理想。在当年，灭秦破项，就是他的最高理想；现在，天下太平，他要追求"极乐世界"，所谓"从赤松子游"，就是要云游天下，当一个闲云野鹤，呼吸新鲜空气。辟谷、导引，是张良的第三次人生转折！

张良能够如此，需要多大的勇气和毅力！汉朝建立后，那些功臣名将都在不遗余力地争功争名，甚至明枪暗箭，出语伤人，还有的在沙地上议论纷纷，唯恐不侯。而张良，则淡而泊之。当时，刘邦要张良自择三万户，这是多大的诱惑啊！可张良只要与刘邦初次相遇的留地作为纪念，只需要封万户，就足够了。更进一步，他视功名利禄如浮云，而要导引轻身，追求属于自己的自由和享受。在他看来，这是最高境界的人生追求！可是世俗之人并不理解，吕后就劝张良不要这样苦了自己。

其实，张良自己并不认为是"苦"，而是一种至高无上的人生之"乐"！无奈之下，张良强为饮食，算是由"乐"而"苦"了。张良的这种追求，为后人所羡慕。唐代大诗人李白不是说，"人生在世不称意，明朝散发弄扁舟"？李商隐不是说，"永忆江湖归白发，欲回天地入扁舟"？不都是在说要追求自在吗？

而论者说张良如此，是为了避祸，并举韩信被杀、萧何被系为例来说明，认为张良如果不是如此，也是同样的命运。这种一概而论的说法，乃非正论也！试问，自从张良道遇刘邦后，刘邦曾经怀疑过张良吗？张良率性而行，曾有不利于刘邦的言行和举动吗？再说，张良这种病歪歪的身体，甚至早上不知晚上事，还愿意操劳背叛的这种既麻烦、又有高风险的事情吗？既然如此，刘邦为什么要防备张良呢？张良又为什么要小心翼翼，失去自我呢？与其说张良是"明智保身"，倒不如说是"明哲养身"！

综上所述，张良，是为韩刺秦复仇的侠人，是为汉运筹帷幄的谋人，是为己追求极乐的高人。三"为"，是张良人生的重大转折，是张良人生的三重境界！人生在于追求，时移事易，追求也要不断刷新，要不断追求新的人生，追求新的境界！

二、萧何论

萧何，是西汉的开国大功臣。刘邦论功行封，萧何功劳最盛，位次第一，还赐"剑履上殿、入朝不趋"，在汉朝上下，无人能出其右，是真正的"一人之下，万人之上"。盛名之下，稍有行差踏错，将是万劫不复。萧何战战兢兢，如履薄冰，终于走到了最后，可谓"功德圆满"。

享有非常之殊荣，必有非常之功勋！萧何之功勋，大要有五：

其一，先入秦府，收藏律令与图书。刘邦率军攻入咸阳，萧何比任何人的头脑都要清醒。刘邦看到一片美景、美人，便觉得美不胜收，要好好享受一下，做着"美人梦"；武将们看到金银珠宝，眼睛珠子都绿了，做着"发财梦"；而萧何，则是首先奔入丞相、御史大夫府，收取秦朝的律令图书，掌握其山川形势、户口民生、律令制度，做着"兴国梦"。司马迁称赞说："汉王所以具知天下厄塞、户口多少、强弱之处、民所疾苦者，以何具得秦图书也。"这是萧何兴汉第一功。

其二，劝谏刘邦，隐忍待时王汉中。对这一点，司马迁没有记载，班固记载在《汉书·萧何传》中。按照楚怀王的约定，刘邦先入关中，应为关中王，而项羽主持分封，别有用心，将其封为汉中王，王于巴、蜀、汉中偏远之地。刘邦怒火三丈，打算与项羽拼了。周勃、灌婴、樊哙等人劝说刘邦，刘邦一点也听不进去。萧何登场了，他说，你这样做，是要找死啊！汉中条件虽差，但总比死了要好！一句话，把刘邦说得愣住了。萧何分析说，你目前与项羽相比，有哪一项比他强？只要是硬拼，便是"百战百败"，必死无疑，何不"王汉中，养其民以致贤人，收用巴、蜀，还定三秦，天下可图也"！刘邦如梦初醒。这样的规劝，这样的说法，也只有萧何才能做得出来！此为萧何兴汉第二功。

其三，慧眼识才，推荐韩信为大将。韩信，虽有一身本领，但投奔项羽，官不过郎中，位不过执戟，言不听，画不用，而后背楚归汉。开始时，不入刘邦法眼，还差点违犯军令被斩了。韩信觉得再蹲下去也没有什么意思，就不辞而别。而萧何数与韩信交流，奇之。这可把萧何急坏了，于是发生了"萧何月夜追韩信"的动人故事，在刘邦将信将疑的情况下，推荐韩信为大将，劝刘邦登坛拜将，以致"一军皆惊"。韩信为大将，擒魏，取代，破赵，胁燕，击齐，灭楚，功高无二，略不世出。这是韩信的功劳，其实也是萧何的功劳。如果没有萧何的举荐，哪有韩信立功的机会？此为萧何兴汉第三功。

其四，镇守营建，关中乃为大后方。从刘邦率军还定三秦开始，萧何先是镇守汉中，然后镇守关中，直到汉朝建立。刘邦率军在前方作战，将整个后方交给了萧何。也就是说，刘邦将整个身家性命以及成败得失都托付给了萧何。萧何不负所望，为刘邦提供了强有力的后方支援。他"守关中，侍太子，治栎阳；为法令约束，立宗庙、社稷、宫室、县邑；汉王数失军遁去，何常兴关中卒，辄补缺"。刘邦称赞是"镇国家，抚百姓，给馈饷，不绝粮道"；汉臣鄂千秋认为"萧何常从关中遣军补其处，非上所诏令召，而数万众会上之乏绝者数矣。夫汉与楚相守荥阳数年，军无见粮，萧何转漕关中，给食不乏。陛下虽数亡山东，萧何常全关中以待陛下，此万世之功也。"《史记·太史公自序》曰："楚人围我荥阳，相守三年；萧何填抚山西，推计踵兵，给粮食不绝，使百姓爱汉，不乐为楚。"可见，司马迁作《史记·萧相国世家》，其初衷，就是表彰萧何的镇守之功啊！此为萧何兴汉第四功。

其五，荐举曹参，萧规曹随无为治。刘邦"马上"得天下，但不能"马上"治之，陆贾著《新语》，主张"行仁义""无为治"，而萧何身为相国，是这一主张的积极实施者。他采撷秦法，重新制定律令制度；推行无为而治，实行与民休息，奠定了汉朝初期的治国方略。萧何与曹参素来不合，虽然两人同时跟随刘邦起义，都建立了奇功殊勋，但后来两人"不相能"，谁也看不起谁，各行其是，形同路人。而萧何临终时，却推荐曹参继之，说："帝得之矣，臣死不恨矣！"《史记·曹相国世家》载："参始微时，与萧何善；及为将相，有隙。至何且死，所推贤唯参。"曹参继之后，继续实行无为而治，使得汉初的治国方略一以贯之，保证了汉朝的稳定和发展。百姓作歌予以赞颂，说："萧何为法，颟若画一；曹参代之，守而勿失。载其清净，民以宁一。"此为萧何兴汉第五功。

以上五功，都是不可或缺、不可替代之功，无论哪一点，都足以影响汉朝的成败兴亡，皆可称之为"不世之功"。那么，萧何建立了如此功勋，其人生际遇又如何？可以说，他始终活在刘邦的猜忌之下，不得不委屈自己，忍辱负重，变着法子讨刘邦欢心，活得好累啊！

萧何与刘邦，在年龄上，基本同年，而萧何大一岁；在早期，萧何是沛县主吏掾，刘邦是泗水亭长，是上下级关系；在籍贯上，都是沛丰人，从小就相识相知，是同乡。特别奇怪的是，无论从哪个方面比较，刘邦都不占优势，而萧何则是非常倾慕刘邦，与刘邦具有非同一般的情谊，以至刘邦犯事，他多次运用手中的权力来回护；刘邦为亭长，他从多方面来帮助；刘邦护送徭役，他要比旁人多送两百钱。而后，沛县县令响应陈涉起义，萧何首先推荐了刘邦；刘邦占领沛县城，萧何力推刘邦担任"沛公"。可见，两人是"铁哥儿"，甚至比亲兄弟还要亲。萧何跟随刘邦，亦步亦趋，立下了汗马功劳。也正是由于此，刘邦毫不犹豫地让萧何担任丞相、相国，把镇守关中、管理国家的大权交给萧何。打个比方，刘邦是汉朝的董事长，萧何就是总经理。

如此说来，萧何与刘邦相交于少年，情深似海，还有什么不能推心置腹的？可是，随着时间的推移、角色的转换，权力的重构，刘邦对萧何渐渐有了防范之心。早在萧何镇守关中之时，刘邦身在前线，就多次派人去慰问，慰问多了，就难免不让人产生疑心；汉朝建立后，陈豨反叛，刘邦亲征，而韩信又被诛，刘邦为萧何增封，加派卫兵守卫，实际上是不放心萧何，把萧何看得严严实实；后来，黥布反叛，刘邦又亲征，还是放心不下萧何，一再派人询问萧何在干什么？生怕萧何弄出什么事情出来。

对于刘邦的这种一再猜疑的行为，萧何是如何处理呢？他自己倒没有觉得什么，总认为自己与刘邦不是一般的情谊，无须设防，并不觉得刘邦是在算计他。而当事者迷，旁观者清，几次都是谋士看出其中的端倪、"猫腻"，为他出谋划策，帮助他化险为夷。先后有鲍生、召平，还有没有留下名姓的"客"，可称为"萧何三友"，主意出得一个比一个狠。先是鲍生，建议萧何将全族的性命押到刘邦身上，把能"胜兵"者都送上前线，与刘邦同命运；接着是召平，建议萧何"悉以家私财佐君"；而后是"客"，居然要萧何自污名节，强买田地，毁掉自己形象，把自己糟蹋得不成样子，让民众痛恨。

对于三谋士的这些谋划，萧何愿意接受吗？能够做到吗？回答是肯定的。经过谋士的指点，萧何心中透亮，他都一一照做，三皆"从其计"。他要用实际行动证明给刘邦看，他对刘邦、对汉朝，是忠心无二的，是问心无愧的，为了汉朝的江山永国，他什么都不在乎，即使是毁了自己，也是无所谓。这其中特别为难的是自污名节，这比要他的命还难受啊！一个人的形象没有了，活着还有什么意义呢？不就是行尸走肉吗？但他还是这样做了。他是脸上笑容可掬，心中滴血如涌啊！

萧何如此行为，那么，刘邦如何看待呢？萧何每次作践自己，刘邦都感到很高兴，司马迁记载刘邦是"大悦""乃大喜""乃大悦"。再进一步说，萧何如此行为，并不是刘邦要求他这么做，相反，刘邦倒是更加关心他，甚至到了无微不至的地步。而萧何听了谋士的建议而如此做，怎么就正中刘邦下怀？刘邦觉得一点也不奇怪？这说明，刘邦对萧何的猜忌，不是形于色，而是藏于心。可见想见，刘邦是希望萧何这样做，以降低他位高权重所带来的政治风险。故此，萧何越是糟蹋自己，刘邦越是开心。可以说，萧何三听谋士言，三脱危和难。

但是，江山易改，本性难移，萧何在本质上是勤政爱民，尽管他强占民田，激怒民众，但在拜见刘邦时，一不小心就说漏了嘴，他为民请命，开放上林苑。这本来是一件往刘邦脸上贴金的大好事，可刘邦想歪了，认为萧何又在树立自己的"光辉形象"了，这辛辛苦苦打下的江山，不是马上就要变成他的了？这还了得！于是，不由得怒从心中起，管你是什么意图，先关起来再说。要知道，这是刘邦的拿手好戏啊！当年，刘邦伪游云梦，绑缚韩信，也是如此啊！而萧何要比韩信幸运多了，因为有敢于直言的王卫尉为他说话，才打消了刘邦的顾虑，将萧何放了出来。对此，宋代诗人张镃的《读〈萧何传〉有感》的诗说："焉知英主心，方谨操纵术。勋高疑益深，固异亭长日。"

作为汉朝的"头号"功臣，竟是如此的命运，四次厄难，四次摆脱，多亏了三"说客"和王卫尉啊！萧何一生，虽然磕磕巴巴，但也是"安全着陆"，善始善终，但无疑也是一曲悲剧，是身的安宁而心的悲痛！

再回过头来，我们看萧何，如此的功高，如此的委屈，他有过不臣之心吗？回答是肯定的，没有，一丝一毫都没有，自始至终，他都是忠于刘邦，忠于汉朝。完全可以说，萧何是一个忠臣，是忠心耿耿之臣；是一个纯臣，是心地纯厚之臣！你就是把汉朝江山拱手交给他，他也不愿意接受啊！这就如同当年推举刘邦为沛公时一样，萧何是"文吏"，懂得"自爱"，并不是一个有野心的人，他只要跟定刘邦，就心满意足了！如此说来，刘邦对萧何的猜疑，实在是多此一举！可谓帝王之心，高深莫测！

也有人说，萧何也有不做好事的时候，他诱骗韩信入宫，使得曾经叱咤风云的韩信被吕后斩杀于长乐钟室，称为"成也萧何，败也萧何"。固然，韩信被杀，是一曲悲剧，但从巩固汉室江山来说，则未必不是一件好事，在刘邦、吕后看来，这种功高盖世的英雄，一呼而八方响应，活着，就是最大的威胁，只有死人才是不要防备的。萧何如此做，其实也是以国事为重，是舍弃私情而为国立功。这从另一个侧面说明，萧何对刘邦、对汉朝，是绝对的忠诚，只是对不起了，曾经战功赫赫的大将军韩信！

综上所述，萧何的一生，是令人敬仰的一生，他建树"五功"，摆脱"四难"，有大智慧、大功勋，是汉朝的大功臣，其精神、功业永流传！

三、韩信论

韩信，曾被刘邦认为是汉朝建立的大功臣，说："连百万之众，战必胜，攻必取，吾不如韩信"；也是刘邦分封的异姓王之一，打败项羽后，将其由齐王改封为楚王，而后贬为淮阴侯，最后被吕后用萧何计策诳骗到长安，被斩于长乐宫室。

关于韩信的死，千百年来，论说纷纭，大都为韩信鸣冤叫屈，认为韩信没有谋反，是刘邦妒害功臣。唐代诗人刘禹锡的诗说："将略兵机命世雄，苍黄钟室叹良弓。遂令后代登坛者，每一寻思怕立功。"其实，韩信之死，是死在他自己，是死在天下大势，其中有着深层次的原因，并非是简单的冤与不冤的问题。

首先，韩信与刘邦是貌合神离，韩信被刘邦的"大度""重用"所感动，而刘邦并没有被韩信的奇才、奇功所感动；韩信对刘邦是死心塌地，忠心无二；而刘邦对韩信则是心有芥蒂，仅用其才而已。两人对对方的认知，存在着巨大的反差。韩信的军事才能，在当时可以说是盖世无双；而所立下的战功，也是赫赫辉煌，没有人能够与之相比。他率军出陈仓，定三秦，擒魏，破代，灭赵，降燕，伐齐，直至垓下全歼楚军，无一败绩。从表象上看，刘邦是在重用他，起初听从萧何的建议，封他为大将军，又派兵给他开辟河北战场，取得了一连串的胜利。故此，韩信被感动了，从后来拒绝蒯彻劝其背叛刘邦的一段说辞中就完全可以看得出来，他是铁了心要跟随刘邦了。

可是，刘邦如何看待韩信的呢？这是很少有人注意的问题。可以说，自始至终，刘邦都是在利用和猜忌韩信，而不是如韩信自己所说的推食解衣、推心置腹地信任韩信，也并不是像刘邦始终信任张良那样信任韩信。刘邦拜韩信为大将军，是碍于萧何的面子，情非得已，或许叫作"姑妄言之，姑妄听之"，觉得"是驴子是马，拉出来遛遛"，而韩信确有才能，一番对话，才使刘邦不得不佩服；而后开辟北部战场，立下奇功，刘邦对韩信非常存有戒心。韩信灭赵后，刘邦潜入其卧室，"偷"其印信，调动军队；后来，项羽消灭后，刘邦又故伎重演，驰入韩信军中，收夺他的兵权，而后将封给韩信的齐王改封为楚王，这哪里是把韩信当作一个功勋之臣来看待？简直就是一种流氓行为，把韩信当作三岁的小孩子来要弄！

这说明，刘邦对韩信的利用和猜忌，是从一开始就存在的，只有韩信自己一直被蒙在鼓中，所谓"当事者迷，旁观者清"罢了。可想而知，一直被刘邦利用和猜忌的韩信，一旦没有了对手，失去了战场，还有好果子吃吗？等待他的，将是什么样的后果，不是呼之欲出了吗？

其次，韩信智商很高，才华横溢，在军事上屡出奇谋，指挥若定；而在情商上，则是低能，不善于藏其锋芒，保护自己。上面所说，刘邦一直在利用和猜忌韩信，而韩信却全不觉察，依然是我行我素，屡出"怪"招。

一是韩信攻下齐国时，刘邦被项羽弄得焦头烂额，差点要了性命，在日夜盼望着韩信前来救援。而韩信倒好，沉醉在功劳簿上，洋洋自得，一封书信过去，请求刘邦封他为代理齐王。这在刘邦看来，这哪里是请求，分明是要挟，按照当时的实力，韩信又成了当年的项羽，刘邦无可奈何，只有答应的份儿，哪有不予准奏的能力？虽然刘邦任命韩信为齐王，但他是一百个不情愿啊！

二是最后与项羽决战时，刘邦约韩信与彭越前来共同围攻项羽，韩信仍然是考虑自己的利害得失，背约而不前，而刘邦提出给予优惠的分封条件，他才踊跃前来，这不分明是把自己唯利是图的市侩嘴脸暴露无遗吗？又怎么能不让刘邦恨之于心而堆笑于脸呢？

三是天下太平了，韩信私藏项羽部将钟离眛，也是举措失当。钟离眛投奔韩信，是看在昔日的交情上；韩信收留钟离眛，也是情有可原，但问题是，你要么就铁了心，与钟离眛同进同退，荣辱与共，就像战国时虞卿接纳魏齐一样，为了朋友，万户侯何足道哉！封官挂印，了却人间万事；要么就与钟离眛一刀两断；或者将钟离眛转移他方；或者向朝廷陈情，如同后来朱家为季布转圜一样，但韩信是直肠子，做不到。而钟离眛为了成全韩信，自刎而死，结果把韩信弄得里外不是人，失去了朋友，也失去了汉朝的信任。在刘邦看来，韩信收留钟离眛，虽然不是谋反，但也和谋反差不多，更增加了怀恨之意。

四是韩信被汉朝用计擒捉，成了"阶下囚"，曾与刘邦谈论用兵打仗，全然忘记了老虎和猫猫在玩生死游戏，还自以为是，认为自己才能比刘邦强，率兵打仗是"多多益善"。这岂不是在向刘邦"示威"、显摆，让刘邦浑身不自在吗？其实，刘邦就是嫉妒韩信的才能啊！虽说这是韩信的真性情，把刘邦当成朋友，无话不说，而刘邦可不把他当成朋友啊！这与保全自己又有何益呢？

五是后来韩信已经是虎落平阳，只剩下空架子了，还说什么羞与周勃、樊哙等人为伍，好像自己还是很了不起似的。这时候，韩信自己有几斤几两，怎么就不掂掂清楚呢？是的，韩信曾经雄视天下，眼高于顶，在他眼中没有几个人，可能只有刘邦而已，但那也是过去的事情了。而时过境迁，此时的韩信，甚至还不如周勃、樊哙呢？有道是，失时的凤凰不如鸡，到什么山上唱什么歌，识时务者为俊杰。虽然你韩信心目中可能真的是如此想法，但也不能在言语行为上表露出来啊！这不明显的是要将自己孤立起来，而自断后路？

凡此种种，并不是说韩信在处理这些问题上有多大的过错，而是说韩信做人粗疏，不善于自处，不善于保全自己，徒留孤傲和幼稚而已！

第三，在刘邦等人的头脑中，根深蒂固地存在着异姓王必反的思维定式，总认为不杀不足以维护国家安定，而韩信，就是其中的牺牲品。思维定式足以杀人，对于这一点，要有清醒的头脑和足够的认识。可能一般研究者还没有注意到这一点。

在刘邦等人看来，异姓王就是一个个"深水炸弹"，即使是现在不反，将来终究是要反的，迟解决不如早解决，只要他们不存在了，也就放心了。刘邦在建国后，总觉得自己在世的时日不是很多了，于是，他总是想把该做的事情都做完，不把麻烦和祸患留给下一代，这样才走得心安。

刘邦所要解决的是两大问题，一是接班人问题，他总觉得太子刘盈过于文弱，不能担起治国的重任（而事实上也是如此），要更换赵王如意为接班人，这固然有他宠爱戚夫人的缘故，但可能也确实是赵王如意比太子刘盈更优秀，但是朝中大臣也是思维定式在作祟，坚决反对，故而作罢。这样做的后果，就是直接导致了以后诸吕的猖獗。

第二个就是解决异姓王问题，这从他分封异姓王开始，就开始考虑了。这并不是说异姓王有没有谋反的问题，而是让不让异姓王存在的问题。在汉朝建国初期，分封异姓王，也是对这些功臣的妥善安排，要不是如此，他们心里怎么能平衡呢？恐怕真的是要闹翻天了。而分封以后，他们的心也安了，想过一段安稳日子，怎么会想着要再动干戈呢？纵观刘邦开始所封的七个异姓王，没有一个是真心要造反的。韩信当然也是如此，至于后来有些蛛丝马迹，也是被逼迫出来的，所谓"逼良为娼"。韩信就是在这样的大背景下，被吕后杀害。

至于韩信是否谋反，对于刘邦、吕后等人来说，这并不重要，你不谋反，可以诱使你谋反，逼迫你谋反，让你自动走上不归之路，就是要让你不要存在于这个世上。而对于韩信来说，这个问题却很重要，牵涉到他的人格问题。如果是真正谋反，那么，汉朝的诛灭，是名正言顺的，就不存在"冤"的问题；如果没有谋反，那就是被冤杀，是千古奇冤。

那么，韩信究竟有没有谋反，这一问题又非常复杂，不是一两句话就能说得明白的。《史记》研究专家张大可先生曾有"韩信诚蒙冤，谋反亦不诬"的著名论断，是比较中肯的，这里不作详细讨论。完全可以说，韩信的被诛杀，具有历史的必然性。

我们再来推论，刘邦等人的思维定式有没有道理？他这样对待异姓王，在其有生之年，基本上都将异姓王解决了，只有卢绾逃到匈奴，后来也被消灭了。这样做，虽然残酷了一些，但对于汉朝的巩固来说，确实是一件大好事。可以设想，刘邦去世后，吕后是那么的不得人心，汉惠帝刘盈又是那样的文弱，那些异姓王哪个是省油的灯？又有谁能担保他们不会造反？而一旦他们想要出掉心中那口恶气，造起反来，有谁能够制止得住？

对于韩信，刘邦在世时，他还有几分心悦诚服，而刘邦对他却忌惮三分，后来只有用智取的办法才能降服他；而刘邦不在了，韩信连周勃、樊哙等人都不屑一顾，还能看得起谁？他一旦举起反旗，那汉朝还是汉朝吗？恐怕要打上个大大的问号！因此，刘邦不遗余力地剪除异姓王，对于国家来说，则是幸甚！而对于韩信来说，则是悲哉！

附论：诸葛亮论

说起诸葛亮，躬耕陇亩，隆中对策，受遗辅政，执掌蜀汉，南中平乱，北伐曹魏，星落五丈原，故事多多，几乎是家喻户晓，妇孺皆知；而从研究的角度来说，千百年来，甲说乙云，纵横开阖，甚至奇谈怪论，将其送上"神坛"，又打入"地狱"，可谓"汗牛充栋"，五花八门，说什么的都有。那么，从总体上来说，究竟应当怎样来评价诸葛亮，才是真正体现了诸葛亮的大志向与大事业、真精神？这仍然是值得继续思考研究的问题。故此，笔者借着撰写《诸葛亮评传》，注释《三国志·诸葛亮传》的机会，历览古今研究资料，提出一些总体看法。

对于诸葛亮的总体评价，可能一百个人有一百个答案，即使是观点相同，但说法也是不同。笔者觉得，可以概括为五点，即一是具有"兴复汉室"的宏大抱负；二是具有报答"殊遇"的君子情怀；三是具有"淡泊""宁静"的高尚人格；四是具有"治戎""理民"的雄才伟略；五是具有"鞠躬尽瘁"的牺牲精神。

以上五个方面，每个方面都是一篇大文章，显然是这样的一个"点评"所不能容纳的。故此，这里只选择一些具体的情事来体现诸葛亮的韬略与情怀，以小见大，窥一斑而见全貌。

在当时那种"大争"时代，诸葛亮"躬耕陇亩"，在隆中一蹲就是十年。这对于一般人来说，即使是当初豪情万丈，而心志也被漫长的岁月磨平，沦为庸人，而要彻底的"蹲"下去了，而诸葛亮不是这样，他刻苦磨炼，砥砺成才，所谓"十年磨一剑"，光阴没有白费。他游学其中，拜师交友，心中自有大志在；他冷眼看世界，寻找可以托付终身、施展抱负之主。而刘备戎马半生，思贤若渴，三顾茅庐，念念不忘"兴复汉室"，这正是与诸葛亮心智相投，正是诸葛亮愿为终生效力之主！诸葛亮一旦走出"深山"，便是虎啸龙吟，翻云覆雨，欲问满腹经纶从何来，唯有隆中"清泉活水"来！

诸葛亮出山之际，向刘备献上"隆中对策"。在刘备奋斗几十年，仍无立足之地之时，诸葛亮提出了先三分、后统一的战略思路，即是夺取荆州，攻取益州，二路北伐，统一天下。张大可先生认为，隆中一对定三分，诸葛亮所提出的，不仅是一个三分天下的谋划，更是一个统一天下的规划，可称之为"隆中路线"。这种见解是非常深刻的。诸葛亮规划三分，但不仅仅局限于此，而是要"兴复汉室"，统一天下，这是多么宏伟的战略，是多么崇高的目标！"兴复"，是一面旗帜，"兴复汉室"，也不是就要回到原来的汉末乱世，而是要恢弘大业，实现天下一统，安定众生。尽管后来诸葛亮实践的目标与一统天下差距甚大，但并不能认为诸葛亮的终极目标就是要三分天下。

可以说，"兴复汉室"，统一天下，是诸葛亮一生的宏大抱负与孜孜以求，是诸葛亮一生为之奋斗的最高政治理想。他在《隆中对》中说："诚如是，则霸业可成，汉室可兴矣！"其落脚点，是在"汉室可兴"上。在《出师表》中说："兴复汉室，还于旧都，此臣所以报先帝而忠陛下之职分也。"比《隆中对》更进一步，是要收复中原，"还于旧都"；在代为后主刘禅起草的《伐魏诏》中说："董督元戎，恭行天罚，除患宁乱，克复旧都。"在《答李严书》中则提出，要"灭魏斩睿，帝还故居。"都是一再申明，要消灭曹魏，占领中原。

立得高，方能看得远。诸葛亮一生的行事与功德，都与"兴复汉室"这四个字密不可分。为了实现这一宏大抱负，他用了毕生的精力，甚至献出了自己的生命。他出山，选择了刘备，就是把刘备看成是"兴复汉室"的领头人；他为刘备出谋划策，把"兴复汉室"作为最高政治目标；刘备夺取益州、汉中后，他劝其称帝，认为"今曹氏篡汉，天下无主；大王刘氏苗裔，绍世而起，今即帝位，乃其宜也"，是为了竖起"兴复汉室"的大旗；刘备托孤，他辅佐后主刘禅治理蜀国，把"兴复汉室"作为最高政治纲领，作为国家的意志和行动。

蜀汉重臣关羽被孙吴谋杀、荆州失守后，刘备一意孤行东攻孙吴，大败亏输，在白帝城一蹶不起，遗命诸葛亮辅佐幼主刘禅。刘备自知刘禅才不出众，柔弱的肩膀很难担得起蜀汉江山，于是对诸葛亮说："君才十倍曹丕，必能安国，终定大事。若嗣子可辅，辅之；如其不才，君可自取。"诸葛亮感念刘备的恩德，涕泪横流，说："臣敢竭股肱之力，效忠贞之节，继之以死！"这样的表达，一片丹心可对天！更为难能可贵的是，诸葛亮不管遇到多么的艰难险阻，都是做到表里如一，扛起"兴复"的大旗，一生忠贞到白头！

诸葛亮出山辅佐刘备，为蜀汉所做的一切，都是为了北伐曹魏，兴复汉室。他提出的"隆中对策"是如此，他上书的《出师表》也是如此，其中说："今南方已定，兵甲已足，当奖率三军，北定中原。"为了北定中原，他坐镇汉中，一年又一年，一次又一次，生命不息，北伐不止。为了取得北伐的胜利，他不断总结经验教训，认为当时北伐最大的瓶颈问题，不是兵力，不是武器，而是山高路长，粮草不济。于是，他创造了木牛、流马，解决运粮的困难，又在汉中和前方阵地屯垦，解决粮食供应问题。他要作长期打算，打持久战。可惜的是，天不借人，他魂断五丈原。否则，北伐的胜利，说不定指日可待！

实现"兴复"的目标，最为关键的一着棋，就是联吴。当年的赤壁大战，就是诸葛亮东出柴桑，说服孙权，与刘备集团联合，打败了气焰嚣张、不可一世的曹操军团，才使得刘备有了立足之地。后来，孙权称帝，蜀国上下一片呼声，要与孙吴断交、绝盟，身为丞相、总揽朝政的诸葛亮，压力千钧，他所考虑的不是一时的泄愤，而是蜀汉的生死存亡以及"隆中路线"的继续实施，实现终极目标。于是，他毅然决然地"亮剑"，作《绝盟好议》，提出了与所有人不同的观点，就是要继续联吴，认为如果绝盟，"仇我必深，便当移兵东伐，与之角力，须并其土，乃议中原。"如果是这样，弱小的蜀汉要面临曹魏、东吴两大劲敌，"兴复中原"何从说起？必然是半途夭折，甚至是国将不国了，而应当"应权通变，弘思远益，非匹夫之为忿者也"，"权僭之罪，未宜明也。"这样做，需要多大的勇气和魄力！众人皆醉，唯我独醒！可以说是力挽狂澜，明智之极！于是，蜀汉继续联盟，才有了后来的数次北伐曹魏！

历来的不少论者，用北伐建功甚微来评价诸葛亮的"兴复"事业，甚至予以否定。这种说法是不妥的，甚至是错误的。诸葛亮五次北伐，是胜负略相当，这是不争的事实。我们说，对于功过的评价，不能仅仅局限于"有形"，即打了多少胜仗，俘虏了多少敌人，敌我双方的对比情况如何？还要着眼于"无形"，也就是要看北伐对曹魏的影响如何，对统一蜀国人心和意志的情况如何？从总体上说，诸葛亮的北伐应当是功大于过，胜大于败。诸葛亮提出的"兴复汉室"，是他的宏大抱负，而北伐曹魏，是他的宏大抱负的生动体现和重大战略举措。这种抱负和举措，是非常的了不起，可以说是惊天地，泣鬼神！

诸葛亮用自己的一生，实践了他的政治诺言，最后魂归五丈原，为蜀汉的"兴复"事业洒尽热血，而即使是死了，还是要将清廉进行到底。他曾经向后主刘禅上书，自报家产，身无余物，接受君臣上下的监督，去世前，留下遗言："因山为坟，冢足容棺，敛以时服，不须器物。"真可谓是两袖清风，赤条条来去无牵挂，生为世人楷模，死作后代榜样。这是什么样的一种精神与情怀？千百年来，真正如诸葛亮这样的忠、正、勤、廉，又能有几人？

诸葛亮提出"兴复汉室"，用一生的行动来为之奋斗，也有人认为，"兴复汉室"根本不可能，甚至只是一个"大梦"，只是一张"画饼"，而诸葛亮为之而毕生奋斗，明智吗？我们说，诸葛亮如此行为，并不是明知不可为而为之，而是创造条件，让其可为而为之，虽然未能大获成功，"出师未捷身先死"，但是，他如"万里云霄一羽毛"，具有汉兴时张良的筹谋、萧何的忠诚、韩信的才智，壮志凌云，精神长存，激励着千千万万人为之而奋斗，生命不息，战斗不止，鞠躬尽瘁，死而后已！

"汉兴三才"论

＊本文作者王小燕，江苏省产业海外发展和规划协会业务部副主任。

秦朝末年，风起云涌，陈胜、吴广揭竿而起，一时声势浩大，项梁、项羽以及刘邦等也都纷纷起兵响应，秦朝土崩瓦解，而后又发生了楚汉战争，而笑到最后的是刘邦，统一了天下，建立了汉朝，究其原因，是刘邦集团有一批能文善武的高端人才，共同托起了刘邦，刘邦也是深深地意识到这一点，他将张良、萧何、韩信称为"人杰"，认为他们发挥了重大的重用。司马迁撰写《史记》，为汉初的萧何、曹参、张良、陈平、周勃等五人列为"世家"，称为"汉兴五世家"，褒奖他们的历史功勋；而韩信后来被汉朝斩杀，诬为谋反，司马迁将其列为列传。这六人，是汉朝开国的中坚力量。张良、萧何、韩信，史称"汉初三杰"，另有论说，这里将曹参、陈平、周勃称为"汉兴三才"。张大可先生做《史记疏证》，由我来做"汉兴五世家"疏证，借助这一机会，逐一为他们点评，其中由周勃关联到周亚夫，一并论说。

一、曹参论

曹参，是刘邦的铁杆心腹，是汉朝的开国功臣，也是汉兴的重要辅臣。他以"无为"而使汉朝有为，以"无事"而使自己无虞。史学家班固《汉书·曹参传》的赞语中认为，曹参"擅功名，位冠群臣，声施后世，为一代之宗臣。"南宋著名文学家洪迈评曰，曹参"唯贤知贤，宜后人之莫及也"。

曹参留给人们最深的印象，是两点，都是与萧何连在一起的：一是两人所立之功不相上下，而萧何是"功人"，即猎人之功；曹参是"功狗"，是猎狗之功；二是萧规曹随，光大萧何治国方略，而自己活在萧何的影子下。司马迁说是"续何相国，不变不革，黎庶攸宁"。故此，曹参的一生，尤其是后半生，不是追求轰轰烈烈，而是刻意掩世埋名，但他笑到了最后，功名留在了人们心中。

说萧何是"功人"，曹参是"功狗"，是刘邦的比喻。首先是评定功劳，刘邦认为萧何功劳最大，而群臣认为萧何"未尝有汗马之劳"，都不理解，刘邦便用"功人""功狗"来打比方，认为萧何能够"发踪指示兽处者"，是"功人"，而曹参等攻城野战，"徒能得走兽"，是"功狗"。这样的比喻，实际上是有抬高萧何而踩低曹参等人的意思。萧何与曹参，是在两条战线上建功立业，我们并不否认萧何的功绩，他"常全关中"，举宗数十人皆随刘邦，功不可没。但说他是"功人"，并不妥当，他并不对整个战事发号施令，或者出谋划策，他所作的贡献是后方保障，称不上是"功人"。而说曹参等人是"功狗"，他们在第一线，与敌人直面战斗，就如同猎狗纵横追踪猎杀野兽一样，确实是一种"功狗"事业。后来韩信被杀前，不是也感叹"狡兔死，良狗烹"吗？"功狗"二字，听起来不太雅致，但倒也无可非议。

轮到排位次了，曹参已被委屈了一回，群臣认为："曹参身被七十创，攻城略地，功最多，宜第一。"曹参的功绩是有目共睹的，而刘邦还是一心向着萧何，但是不好意思说出口。这时候，冒出了个鄂千秋，说萧何所立的是"万世之功"，曹参所立的是"一时之功"，并且说："虽无曹参等百数，何缺于汉？"这种说法也是站不住脚的。换句话说，如果没有曹参等人的攻城野战，前方的阵地早就丢掉了，后方还能保得住？汉朝的事业还能存在吗？但是，刘邦居然采纳了鄂千秋的意见，"令萧何第一"，还给予了特殊的恩赏。

如此说来，曹参也实在是太委屈了，他身经百战，冲锋陷阵，面对此情此景，能够忍受得了吗？曹参的回答是"能"！书中没有记载曹参有任何的怨言，只是做他该做的事情。读史至此，不禁肃然起敬。我们说，曹参在战场上立了很多很多的战功，这是非常了不起的，而这时候能够忍常人所不能忍，甘居第二，更是了不起！在《史记·曹相国世家》中虽然记载"参始微时，与萧何善；及为将相，有隙"，这"隙"，是否就是评功排位时所造成的？人们有理由作出这样的合理想象，但没有任何事实说明，这就是刘邦偏袒萧何、打压曹参所导致的结果。

曹参与萧何，可以说是一对欢喜冤家，年轻时，他们是同事，同为沛县官员，居县为豪吏，很有人脉和势力。在陈涉起义的风起云涌之际，他们的观点是出奇的一致，主张召唤刘邦到沛县主持大事，以应陈涉。后来在推选沛令人选上，又是出奇的一致，他们"自爱"，不愿做这份随时都要掉脑袋的工作，便推荐刘邦担任。他们两人曾经是刘邦的主管和上司，但从此，他们跟定刘邦，战斗在不同的战线上，从没有反悔和二心，成为刘邦的左膀右臂，立下了不世之功。

经过数年苦战，打败项羽，建立汉朝，萧何担任相国，成为首席大臣，而曹参，则到齐国去辅佐刘邦的儿子刘肥。这时的他，还是没有任何怨言，只是踏踏实实地把齐国治理好，为相九年，师事盖公，如齐故俗，因民所欲，使得齐国大治，被称为"贤相"。

萧何与曹参，一在汉朝，一在齐国，两人之间稍许有一些误会和隔阂，可以说是参商不相见，甚至是"老死不相往来"，但少年时的情谊怎么能说丢就丢了呢？他们的心是相通的，在治国上，主张也是一致的。以至萧何临死前，别无他顾，推荐曹参继任；而曹参得知萧何去世，赶紧收拾行装，到中央朝廷赴任。两人可谓"心有灵犀一点通"，什么误会，什么隔阂，都抛到九霄云外去了。

曹参继任，如何履行职责？朝臣们有各种猜测，有的认为曹参与萧何不合，上任后，一定会把汉朝翻个底朝天，彻底否定萧何的一套做法，另打锣鼓重开张；也有的惴惴不安，因为是曾经得到萧何的重用，怕吃不住兜着走；还有的跃跃欲试，指望着在曹参为相国时大显身手，混出个人模人样来。可是，这些人都没有把准曹参的脉，曹参则是不管不顾，忠实地推行萧何生前制定的一套法令制度和治国方略。

曹参如此做，究竟是为什么呢？这其中可能有多种因素，但其中最主要的，就是因时制宜，从民所欲，治愈战争创伤，以大安天下。

有人认为，曹参如此做，是两人的深厚情谊，促使他这么做。其实，这只能说明，萧何在相国之位时，所实行的一套治国方略，是符合时宜的，也与曹参的想法是不谋而合的。如果两人的治国思维不一样，即使是情义再深，曹参也不会放弃自己的治国理念的。只有两人的治国理念高度契合，才能如此。

有人认为，曹参是才疏学浅，在治理大国上，毕竟与在齐国不同，故只能是"依样画葫芦"，无法出新招，无法采取新的举措。这其实是浅看了曹参，他不是没有画样翻新的能力，而是切切实实地认为，当时的政治环境，不容许他翻出新花样。刘邦去世后，吕后实际执掌国政，不断打击刘氏宗族，培植吕氏势力，刘吕矛盾形同水火，一旦处理不当，极有可能引发全国性的动乱，这是辅政者要特别当心的啊！从经济的角度来看，也不容许曹参有所动作，秦末混战八年，连年用兵，导致国库空虚，百姓贫弱，政府拿不出钱来有所作为，而民众颠沛流离，穷困到了极点，首要解决的，是民众的安居和吃饭问题啊！再说，萧何在相国之位九年，已经制定了一套行之有效的治国方略，为什么要废弃呢，为我所用，不是更好吗？

有人认为，曹参如此做，是为了自保，不求有功，但求无过，庸庸碌碌走完一生，才是人生之大幸！这实际上也是歪曲了曹参。固然，在汉朝建立后，一个个异姓王都倒下了，有的被猜忌犯险，有的被逼迫无奈，有的则孤注一掷，还有的被算计"躺枪"，甚至连忠心耿耿的萧何，也被"械系"，差点丢了性命，当时活着的有功之臣，个个心惊肉跳，惴惴不安，生怕摊上大事儿。聪明如张良，却学什么从赤松子游，不食人间烟火，与世无争。面对此情此景，曹参如何应对？无所事事，装愚守拙，韬光养晦，可能是他的应对妙计。但是，这不是问题的全部，固然曹参有着这方面的潜意识，但从骨子里，他是从国家和民众的角度来思考问题。汉朝经过秦末大乱后，需要休养生息，安定民心，不容许再去折腾，去追求所谓的个人政绩。这时候，国家的大政方针已定，不作为，就是最好的作为，就是大有作为！于是，曹参"咬定青山不放松"，亦步亦趋随萧公！

萧规曹随，曹参也是大动了脑筋，并不是什么事情都不干那么简单。首先是自己应当怎么做？既然是"一遵萧何约束"，那就不要出新招，不要有新动作，但也总不能闲着没事干啊！于是，曹参"日夜饮醇酒"，整天用喝酒来打发时光。他这样做，实际上是用自己的行动来告诉群臣，你们可以自得其乐，但就是不要去烦民、扰民。

其次，如何对待朝臣的劝说？朝臣见曹参整天"不事事"，都看不惯，认为在其位就要谋其政，故纷纷前来劝说。曹参已抱定主张，但总不能一个一个地去向他们宣传解说啊！再说，即使是说得口干舌燥，他们能接受吗？于是，曹参想出了一个绝主意，就是用醇酒来打发，把一个个前来劝说的人喝得满面红光，昏昏沉沉，就是想劝说，也是"茶壶里下饺子"，倒也倒不出来了。这样做，省去了多少口舌！

再次，从吏看不下去了，应当如何处理？曹参如此行事，他的属下整日在后花园里无所事事，大呼小叫，饮酒作乐。从吏也是无奈，就想让曹参去说说他们，便带曹参去游园，哪知道，曹参也和属下一样，行酒划拳，玩得不亦乐乎，从吏彻底傻眼了。曹参这样做，就是告诉属下，你们关起门来怎么玩都可以，就是不要去惹事生非，干出扰民、害民的勾当来。

再其次，惠帝刘盈有想法了，如何应对？曹参继任相国，是在刘盈登基后不久，他"富于春秋"，还是想干出一些事情来的，但看到曹参的这种行为，整日"不请事"，大失所望，就叫曹参的儿子回去劝说，还特别小心翼翼，生怕得罪了曹参，因为曹参毕竟是汉兴的大功臣。可曹参还是油盐不进，把儿子痛打了一顿。这下，刘盈生气了，你打狗也得看主人面，你把我放到哪里去了？刘盈生气，而曹参不生气，只是用了两个比较，即刘盈与先帝刘邦比较，自己与萧何比较，就把刘盈彻底说服了。

就是这样，曹参以道家的无为思想治理国家，最大限度地保证社会稳定，用时间修复饱受重创的国家。民众为了歌颂这位无为而治的好宰相，编了一首歌谣四处称颂。这样，成天喝酒的曹相国，与萧何齐名。而曹参之后的丞相人选，几乎没有能够与曹参比肩的。王陵继任丞相，秉性刚烈，为人正直，但无法在官场上立足，一走了事；陈平继任丞相，权谋有余，惜身自保，整天在政治"旋涡"中周旋；周勃继任丞相，不通治国之道，只好自打退堂鼓；再后面的，就无须再说了。

在"萧规曹随"影响下，西汉延续着清静无为的治国方略，为后来的"文景之治"奠定了基础和指明了方向，竟然奇迹般地延续到了汉武帝时期，直到窦太后去世，长达五十多年，使汉朝成为一个强盛的国家，为雄才大略的汉武帝奠定了雄厚的经济基础。

由此可见，曹参被称赞为"名将""名相"，是当之无愧的，他在担任汉朝相国时选择不作为，乃是上上之策。因为无为才大有作为，无事才终身无虞！

二、陈平论

陈平，是西汉创立的开国谋臣，也是平定诸吕、安定刘氏江山的治乱功臣，还是巧妙周旋、一生无虞的脱祸良臣。

在陈平的一生中，有着鲜有人能够企及的"六奇"，即：少年不凡，志在天下，有奇气；投奔汉王，深器重用，有奇才；算无遗策，妙计灭项，有奇谋；虚与周旋，安定刘氏，有奇方；明哲保身，自脱免祸，有奇效；阴谋权变，荣名终生，有奇迹。

陈平的一生，是不同凡响的一生，是奇谋迭出的一生，是通权达变的一生，也是颇遭非议的一生。

首先，陈平少年，与众不同，心高气爽，志在天下。

陈平出生于贫苦人家，但他生于乡村而不愿从事农业生产。这并不是他好吃懒做，而是他别有所想，把一门心思用在读书上，专心研究黄帝、老子之术；乡村的好山好水，孕育了他美妙的身材，为人长大美色，被称为"美丈夫""如冠玉"；他虽然贫穷，但并不认命，要娶富人女子为妻，这倒不是他想"吃软饭"，而是借此积累交游的资本；他办事认真，总想着要为天下做点事情，为里社分肉，甚为均匀，得到乡邻称赞，而他却说，如果让我管理天下，便也是如此，即"使平得宰天下，亦如是肉矣！"这乃是石破天惊之语。可见其志向，非同一般。秦末率先揭竿而起的陈涉、曾为西楚霸王的项羽、破秦灭项建立汉朝的刘邦，年少时都曾有过这样的感慨，人不轻狂枉少年，少年心思当腾云。

其次，事魏依项，所谋不用，往投汉王，深为折服。

秦末时期，起义浪潮汹涌澎湃，胸怀大志的陈平，怎能置身事外？他先是投奔魏王咎，可魏咎是个"草包"，根本不听陈平的谋议，错过了发展的机会，而被秦将章邯消灭。陈平之谋不用，又被谗毁，无奈之下，而去投奔项羽，项羽刚愎自用，也不看好陈平，还差点要了他的性命。陈平只好挂印封金，只身仗剑逃亡。

陈平渡河而去投奔刘邦，船夫看到陈平一副好身材，认定他是逃亡的将军，腰裹金银，便起歹意。陈平很快识破，这不是要谋财害命吗？我无财，你还要命吗？于是脱掉衣服，帮助船夫撑起船来，终于化险为夷。这多亏了陈平并不贪财，要是把项羽赐给的珠宝带在身上，此命休矣。

陈平投奔刘邦，可刘邦例行公事，赏赐他一顿饭，就叫他去歇歇，或许这一歇歇，就"歇菜"了，永远没戏了。可陈平就是不甘心，对刘邦说，我有秘事相告，不能过今日。刘邦被吊起了胃口，就姑且听他说一说吧。至于陈平说什么，史书没有明载，但此一说，必定是刘项兴亡，而刘邦闻所未闻，引起了浓厚的兴趣，问长问短，让陈平担任都尉，监护全军。

由此看来，陈平要比韩信幸运多了。韩信当年也是亡楚归汉，而他比较自负，并未向刘邦强调什么，故未得知名，只当了个可有可无的连敖小官，还差点儿因犯法丢了性命。

如此一来，陈平从糠箩跳到了米箩，开心了，而周勃、灌婴等能征善战的将领则不开心了，纷纷议论：你汉王怎么能这样偏心？也不知道这个楚国的逃兵葫芦里卖的什么药，怎么就让他一下子担任军中警察，来管束我们？我们拿你汉王没办法，而对付一个楚国的逃兵，则是绰绰有余，泼脏污，搞臭他！于是，陈平盗嫂、受金、轻于去就、反覆乱臣的传言满天飞。

这几大罪名，足以把陈平搞垮，而无立足之地，卷起铺盖走人。对此，刘邦也疑惑了，把当初推荐陈平的魏无知找来，劈头盖脸地骂了一顿。魏无知则叙说

"行"与"能"的区别，认为刘邦所需要的，是才能杰出的人，而对于品行如何，则无关紧要。刘邦又把陈平召来，质疑他的忠心，陈平又说了一番惊世骇俗的话，说他归于刘邦，是寻求能够重用奇士的主人，魏咎、项羽不能，故离他们而去；你刘邦若不能，我何必留在这儿呢？至于受金，我赤条条而来，无钱做不成事，除了受金，其他还有什么办法？难道要去盗抢不成？受金是为汉王办事，而非是为了中饱私囊。如果您不能用我，金子还在，我再赤条条而去。一番话，也把刘邦说得愣住了，刘邦这才知道是错怪了陈平，甚至觉得，陈平是个人才啊，有点污缺又有什么关系？还是要重用啊！你不是缺金少银吗？我送给你就是，于是，"厚赐"，并正式任命陈平为护军中尉，监护诸将。这下，周勃、灌婴等人没话说了。

其实，这里面有两个问题需要辨明，一是陈平的盗嫂、受金。在一般评论中，都是以陈平盗嫂、受金为前提，与吴起杀妻求将并列，认为他们有才而无行，在非常时期，用之而战胜克敌。这其实是误解。受金，陈平有之，"不受金，无以为资"，观其为人，陈平并不是贪财之人。他从项羽军营过来，能够封金归还，足以说明这一点。至于盗嫂，陈平没有辩解，或许刘邦也根本就不在乎。他年轻的时候，不也是东宿西住，还生出个娃子刘长出来？但陈平究竟有没有这回事？其实，这都是陈平长得好看而惹出的祸。陈平的嫂子并不看好这个白吃不做的小叔子，后来索性被兄伯休之，他并无嫂啊！这牵涉到陈平的品行问题，也牵涉到对陈平的评价问题，不可不辩，怎么可能稀里糊涂地认为陈平就是盗嫂受金而才能特异呢？如曹操就认为："陈平负污辱之名，有见笑之耻，卒能成就王业，声著千载。"还是从无行而有才的角度来评价陈平的。

二是用人的原则和标准。在当时的那种战争年代，固然可以重用那些才能突出而品行有污的人物，但绝不可以认为这就是在那样的时代用人的普遍标准。如果重用那些既有品行而才能又突出的人才，不是更好吗？如果在和平年代，这种用人标准根本就是错误的，能力越强，可能危害性就越大，如唐玄宗时重用安禄山，就是明显的例证。话又说回来，陈平并不是真正的品行有污，盗嫂之事莫须有，受金是为了汉家事业，只能说是品行略有瑕疵。这是在评论陈平中需要特别注意的。

第三，反间弱项，荥阳脱围，蹑足封信，助汉灭楚。

在楚汉相争中，陈平行反间计，让项羽疏远了大将钟离眜；废掉了唯一的谋臣范增，大大瓦解了项羽的战斗力。本来，刘邦被困于荥阳城，差一点儿，就成为项羽的瓮中之鳖，而陈平又弄出个瞒天过海、金蝉脱壳的计策，让纪信装扮成刘邦，率领二千娘子军从东门一路招摇投降项羽，项羽的将兵都来看热闹，而刘邦则从西门逃之夭夭，如鱼入大海。后面还有解刘邦的白登山之围，挽救了刘邦的三十万大军。这里不再叙说。

到了楚汉相争的最后阶段，韩信攻下了齐国，便要自立为假王。使者来报，刘邦勃然大怒，他还在等着韩信前来相救呢，而韩信倒要独霸一方了。这时，陈平当着使者的面，不好说什么，就踩了刘邦的脚。这一踩，把刘邦踩醒了，刘邦恍然大悟，觉得在这非常时期，怎么能得罪韩信呢？自己有能力制止韩信为王吗？如果这样做，不是自寻死路吗？倒不如送个顺手人情，让韩信就当个真王。

再后来，刘邦和项羽都感到筋疲力尽了，就以鸿沟为界，订立盟约，从此"金盆洗手"。项羽老老实实地东去，而刘邦也打算西向，回去睡个安稳觉了。又是陈平，一句话惊醒梦中人，认为如果此时放过项羽，正是养虎遗患，不如乘其松懈，穷追猛打，或可统一天下。刘邦听进去了，才有了后来的十面埋伏、四面楚歌、霸王别姬、乌江自刎等故事。宋代史学家司马光就认为："汉得陈平而诛项籍。"

第四，人告信反，陈平献计，伪游云梦，执而废之。

韩信，是汉朝的大功臣，在楚汉战争中立下不世之功，可谓功高震主。汉朝建立后，他备受猜忌，由齐王改封楚王，他很不得意，行县视察，也盛兵相从，生怕被人害了，就在这非常微妙的时候，有人告发韩信谋反，刘邦就把陈平召来商量，陈平想出了伪游云梦的计策，结果韩信被执，贬为淮阴侯。

此事，陈平做得妥当吗？非也。首先，韩信是否就是真的谋反？事实并不清楚，在这样的情况下，就让刘邦擒捉韩信，将裂缝扩大，以致后来发生了韩信被杀、其他异姓王被诛的一连串的事情。如果陈平劝谏刘邦把事实弄清楚，再采取处理措施，不是更好吗？其次，陈平撺掇刘邦伪游云梦，是为了韩信而来，是把帝王巡守这么庄严的事情当作儿戏一般。当年，周幽王为了博得红颜一笑，烽火戏诸侯，导致了西周的灭亡。这种戏弄的伎俩，是如出一辙啊！再次，韩信果真谋反了吗？事实证明并不是。如果韩信真的是谋反，刘邦捉住了他，还把他放回去，还让他当淮阴侯吗？即使是再愚蠢的人，也不会这么做啊！这不等于是放虎归山，后患无穷吗？可见，没有任何事实证明韩信是在谋反。既然如此，陈平如此谋划，让韩信蒙受冤屈，这会带来多大的副作用？这难道不应当受到谴责吗？如果是换了张良，他是绝对不会这样做的，他会像借箸说明分封之不可行一样，劝说刘邦弄清事实真相，再采取措施。

第五，诸吕渐起，陈平顺势，全身自保，安定刘氏。

刘邦病重，即将走完生命的历程，他所考虑的是，既然太子无法废除，吕后必然掌管朝政，而戚夫人及赵王如意必将遭到蹂躏，而忧心忡忡。这时，樊哙率兵平叛，有人短恶他，说他党附吕氏，将对戚夫人及赵王如意不利。刘邦大为恼怒，要陈平立至军中取樊哙人头，由周勃取而代之。这时，陈平犯难了，樊哙是吕后的妹夫，要是杀了他，将来如何向吕后交代？而不去执行任务，又是抗旨不遵。于是，他想出了两全之计，把樊哙带回来，交由刘邦处治，或许能保住樊哙，自己的"罪过"就要减轻许多。这保住了樊哙，也就等于是保住了自己啊！

回程途中，刘邦去世，陈平直奔宫中，灵前号哭，力请宿卫，而躲过了灾难，也得到了吕后的理解。但吕媭还是不依不饶，虽然樊哙的命保住了，但权没有了，于是不断谗毁陈平，鸡蛋里挑骨头。陈平担任郎中令后，变得不问政治，寻花问柳，以此来糟蹋自己，而麻痹别人的神经，吕太后对陈平颇有好感，而成了陈平的保护伞。

陈平智释樊哙，灵前哭哀，宿卫宫中，寻欢作乐，躲过了灾难，但问题又来了。诸吕的势力渐成，吕后要封王诸吕，征询大臣意见，右丞相王陵一口否定，让吕太后老大不爽；再问陈平、周勃，两人却耍了滑头，认为"太后称制，王昆弟诸吕，无所不可"。这下，诸吕封王，尽掌朝中大权，而陈平、周勃虽为左右丞相，但大权旁落，成了朝中闲人。

但事情也有转机的时候，吕太后去世，加之诸吕并不精明，对这些赋闲大臣掉以轻心，一不小心，人头落地，陈平等人成功地平定诸吕，安定刘氏。

对于陈平当初阿附太后的行为如何评价？存在着两种不同的看法，一是陈平当初就有平定诸吕的志向，附和太后，是为了保存实力，将来有所作为；二是陈平当初纯粹是为了自保，根本没有想到将来能够诛灭诸吕，是乡下人卖糖葫芦，走到哪儿，想（响）到哪儿。

其实，陈平当初，就是一种自保行为，如果不附和太后，很有可能就职位不保，从此被架空，任人宰割，王陵就是很好的例子。那么，这种做法对不对呢？可以说，这种做法绝对不是上策，如果大臣们当时齐心协力抵制封王诸吕，还是能够形成气候的，不至于让诸吕控制军队，掌控朝政。至于后来能够平定诸吕，那是机缘巧合，天意难违，诸臣合力而成。因此，把陈平因自保而附和太后，说成是尽忠朝职，是美化了陈平。诚如吕思勉所说："平、勃等之攻吕氏，乃适逢其会，谓其固有是谋者，事后增饰之词也。"归有光也认为："陈丞追诸吕擅王，无能有所匡正，而阿意顺旨，吕氏之权，由此以起。然能将相合谋，因间而发，遂定宗庙。盖其从高祖在兵间，不惮为诈，卒以此成功，可谓应变合权矣。"

第六，陈平、周勃，欢喜冤家，互相倚重，共唱大戏。

陈平当初投奔刘邦，刘邦予以重用，周勃等人散布流言蜚语，而陈平只向刘邦辩解，并没有利用护军之职让周勃等人难堪，说明陈平的心胸是宽广的，不计较那些个人恩怨之事。

太后当政之时，陈平与周勃观点一致，都认为太后封王诸吕，无所不可。要知道，陈平为丞相，周勃为太尉，两人都抱着如此的态度，将是如何的结果？或许他们心知肚明。刘邦曾经给陈平下的判词，是"智有余，然难以独任"，在刘邦眼中，陈平只是个善于出谋划策的谋士，如果要独当一面、承担重任，还是有些不够格。刘邵亦认为，陈平"不能创制垂则，而能遭变用权，权智有余，公正不足。"陈平虽有谋划，但要有人去执行；周勃"少文"，虽然能干，但要有人谋划。两人相为"互补"，只有相互倚重，方能成事。两人为将相，乃是"天作之合"。放眼朝中，也只有他们两人能够精诚合作，才能堪当重任。后来，陆贾从中撮合，他们心心相印，上演了一曲"将相和"的好戏，在平定诸吕的进程中，达到了完胜的境界。为了安定刘氏，两人配合默契，似乎是"两小无猜"，根本没有任何嫌隙。

　　文帝即位后，两人继续在演戏。先是陈平认为周勃在平定诸吕中功劳比他大，并把右丞相之位让给周勃，不管是真心而是假意，能够如此谦让，也是很了不起的；周勃担任右丞相后，位高权重。文帝渐渐明习政事，就要折折周勃的傲气，在朝堂上连续发问刑狱、钱谷之事，周勃一个粗人，哪里答得上来？汗流浃背，无地自容。而陈平则是对答如流。这下周勃撑不住了，也提出了辞让尊位，不当这官了。周勃哪里是做丞相的料子？还算是有些自知之明。结果陈平成了专一丞相。这一曲"将相和"，也是唱得有滋有味，互相谦让，堪比千古为相的表率。

　　综上所述，陈平投奔刘邦，在刘邦时代，有大功于汉，既能在楚汉战争中起到关键性作用，又能在巩固刘氏政权，平定诸吕中发挥了重大作用，所谓"六出奇计"，第一：初施反间，楚势由此衰颓；第二：乔装诱敌，刘邦荥阳脱险；第三：蹑足封王，韩信效命汉王；第四：联齐灭楚，刘邦统一天下；第五：计擒韩信，巩固汉室江山；第六：解围白登，刘邦脱离险境。在吕太后时代，巧妙应对，明哲保身，又是六出奇计，第一：智释樊哙，留出后路好转圜；第二：灵前哭哀，诉说衷曲感太后；第三：宿卫宫中，谨防暗算遭不测；第四：阿附封吕，见风使舵讨欢心；第五：寻欢作乐，韬光养晦保其身；第六：主动让尊，退居次位观朝局。陈平无论是助汉灭项，还是平定诸吕，都直接影响了汉朝命运的走向；他不仅善于谋国，也善于谋官，还善于谋身，能够荣名而终，"笑"到最后，在中国历史上是比较少见的智谋型人才。

三、周勃父子论

　　汉兴五世，在高祖刘邦、惠帝刘盈、太后吕雉、文帝刘恒、景帝刘启时期，有两个举足轻重的人物，对汉室有再造之功，后人将其与汉朝霍光、唐朝郭子仪相提并论，这就是周勃、周亚夫父子。在他们身上，有着很多的相同点，有着相似的经历和悲剧的色彩，故将二人合并而论。

　　首先，两人都是真将军。

　　真将军，是汉文帝细柳营劳军时评价周亚夫的赞誉，其说："嗟乎，此真将军矣！至于亚夫，可得而犯邪！"细观周勃、周亚夫两人，都立下赫赫战功，担得起"真将军"之美名。

　　周勃，在刘邦沛县起义后，就跟随刘邦出生入死，立下战功无数，虽然比不上曹参，但也是屈指可数，据《高祖功臣侯者年表》，汉朝建立后以功劳封侯，曹参封万六百户，周勃封八千一百户，夏侯婴封六千九百户，樊哙、灌婴都是封五千户，说明周勃的功劳仅次于曹参。

　　而周勃的突出贡献，在于平定诸吕之乱。在吕太后去世，汉朝处于千钧一发的危急关头，"诸吕用事擅权，欲为乱"，就是害怕大臣周勃、灌婴等人，才没有敢擅然起事。而周勃虽然身为太尉，但没有实权，他凭着自己在军中的崇高威望，在丞相陈平等人的协助下，一身虎胆，独自闯入诸吕统领的北军大营，行令军中曰："为吕氏右袒，为刘氏左袒。"只一句话，便掌管了北军，成为平定诸吕的核心人物。《史记·孝文本纪》记载是："太尉以一节入北军，一呼士皆左袒，为刘氏，叛诸吕，卒以灭之。"这也应了刘邦临终所说的"安刘者，必勃也"的政治遗言。

诸吕平定了，由谁来担任汉朝皇帝，大臣们经过慎重讨论，一致选定了代王刘恒。本来齐王刘襄为最佳人选，他是刘邦庶长子刘肥的嫡子，最有资格继承皇位，但是他有一个恶名在外的舅舅驷钧，被形容是穿衣戴帽的老虎。吕太后当权，立诸吕为王，把大臣们弄得胆战心惊，怎么可能再立一个让外戚专政的皇帝呢？如果是这样，他们也是如坐针毡，一刻不得安宁啊！于是，他们把目光投向了刘邦的四儿子刘恒。刘恒是刘邦健在的最大的儿子，拥立刘恒，是能够捧上台面说话的。当时的刘恒，大臣们并不认为他有多大的能耐，而是看重了他的外戚是相当的弱势，其母薄氏是私生女，也是入宫后最不受刘邦待见的妃子，后随刘恒去了代国，才躲过了吕后当政后的劫难，只有一个弟弟薄昭，也是中规中矩。周勃盘算，如果立刘恒，大臣们将来还有好日子过呢！于是，好运落到刘恒头上。刘恒自然忘不了周勃的拥立之功，评功为第一，益封万户，赐金五千斤，并升任为右丞相。周勃可谓再造汉室，沧海横流，方显将军本色。

再说周亚夫，细柳劳军一节，可谓妇孺皆知，耳熟能详，这里不作细说，但细析亚夫何能如此，也是值得玩味。当时，亚夫如此行为，并非不知道劳军者即是文帝，这样做，难道不怕文帝恼怒而怪罪吗？这固然有性格使然，但更重要的是，亚夫要借文帝来立威。他不同于其父周勃，是个大老粗，而是通晓军事。他是在效法司马穰苴和孙武两大军事家。穰苴精通兵法，曾奉齐景公命令击退晋、燕军队，收复失地。他在统军出征前，杀掉了景公的宠臣、骄横跋扈，不把军令当回事的监军庄贾。孙武著《兵法十三章》去见吴王阖闾，吴王叫他试之后宫，后宫姬妾哪懂什么兵法队列？孙子立斩吴王二位宠姬，结果"妇人左右前后跪起，皆中规矩绳墨，无敢出声，虽赴水火犹可也。"后人评论说："（亚夫）如穰苴之斩庄贾，孙武之斩吴姬，有意为之也。"大敌当前，文帝因此重之，亚夫之名遂显，并将亚夫嘱托给太子刘启，曰："即有缓急，周亚夫真可任将兵。"由此也看出，文帝是一位真帝王，甘于成就亚夫威名，如果换成景帝，恐怕又是另外一回事儿了。

如果说，通过细柳劳军的细节，说明亚夫治军严整，那么，亚夫真正显示军威的，则是平定吴楚之乱。当是时，吴王自称"东帝"，吴楚之军，来势汹汹，仿佛一下子要把长安吞没。景帝以亚夫为太尉，率领三十六位将军平叛。临出发前，他向景帝刘启建议，"楚兵剽轻，难与争锋。愿以梁委之"，与叛军正面作战，自己率领大军绕道其后，绝其粮道，使叛军过不得睢阳，进不得长安，归不得家乡，见不着爹娘。刘启当即同意。应当说，这是一着出奇制胜的狠招，只是苦了梁王刘武，把刘武推到第一线，放到炭火上去烤，不死也扒层皮。其实，两人都是存有私心。刘启是要削弱弟弟刘武的实力，即使将他打死在战场上，也毫不心疼。因为刘武得到窦太后宠爱，太后千方百计要让刘武接班。刘启能答应吗？这计策，其实是一石二鸟之计，既平定了叛乱，也削弱了梁国，何乐而不为呢？对于亚夫来说，由于不将兵力投入正面战场，不与气焰嚣张的叛军正面较量，减少了伤亡，以逸待劳，平叛成功，可轻松地摘得胜利果实，有什么不好呢？平叛期间，梁国有些顶不住了，几次三番去求救刘启，要他命令亚夫率军出战，刘启也装模作样地下了诏书，可亚夫就是铁石心肠，根本不搭理这茬儿。结果，只花了三个月时间，就取得了平叛的胜利，凯旋而归，大家自然说亚夫的平叛方略正确。但是，亚夫如此做，却与梁王刘武彻底结了梁子，成了生死活对头。要知道，刘武的后面有太后啊！两者之间的较量，不在一个等量级上。这里只能说，亚夫是一位能征善战的真将军，成为汉朝的柱石，有再造之功。功劳，标于汉史；苦水，自己吞下。

其次，两人又是"真丞相"。

周勃平定诸吕，拥立文帝，因为功大，陈平主动让贤，让他担任右丞相。他在右丞相任上，并没有什么建树，没有什么作为，相反，倒是很不自在，竟不知道这丞相到底应当怎么做？这里说他是"真丞相"，是说他并不矫揉做作，一旦知道自己不能胜任，就立马请求辞去右丞相之职，就是这样的一个举动，则是很了不起的。既然在丞相之位了，有谁愿意主动下来？也只有周勃了。后来，陈平去世，文帝又让他担任丞相，没多久，文帝又让他带头到封地去，他虽然功高盖世，也还是被呼之即来，挥之即去。他既然对担任丞相没有感觉，何必留恋呢？周勃，担当得起一个"真"字。

再说，周亚夫，是个名副其实的真丞相。身为丞相，不是弄着玩的，一些棘手的问题，需要果断处理，来不得丝毫的犹豫不决。而刘启，又是一个阴忍之人，把一个个的"烫手山芋"交给亚夫，自己乐得当甩手掌柜，"恶人"让亚夫去做。而亚夫一个个都接过来，即使是烫焦了双手，也没有扔出去。当然，这也把自己烫伤了，伤得体无完肤，伤得性命堪忧。

亚夫接到的第一个"烫手山芋"，是废栗太子之事。栗太子的母亲栗姬很不满意长公主的一套阴奉阳违的做法，当场拒绝了长公主为太子的提亲行为，而长公主就与王姬狼狈为奸，陷害栗姬。栗姬的行为，也惹怒了景帝，景帝绝意要废太子刘荣。这时候，周亚夫站出来说话了：这太子，是国之根本，并没有什么过错，怎么能说废就废呢？这时候的刘启，怎么听得进去呢？弃之如敝屣，也与亚夫在心理上有了隔阂。

亚夫接到的第二个"烫手山芋"，是欲侯王信之事。这是窦太后设的一个局。王信，是王皇后的兄长，按照文帝的惯例，侯王信，是由继任的皇帝来处理，可偏偏窦太后提出这个问题来，刘启把"球"踢给亚夫，说这事要和丞相商量。亚夫一口回绝了，他根本不提文帝惯例，而是搬出老祖宗刘邦立下的规矩，非有功不得封侯，把王信封侯的路彻底堵死了。这下着急的不是窦太后，而是王皇后了，等着周亚夫的，能有好果子吗？

亚夫接到的第三个"烫手山芋"，是欲侯匈奴降王之事。在亚夫看来，这些降王弃义背主，怎么能封侯呢？如果将这些人封侯，还怎么去劝说天下人忠于汉朝呢？于是，坚决不同意。而刘启的考虑，则是将这些降王封侯，可以规劝更多的匈奴贵族前来归附。两人看问题的出发点根本不同。这次，刘启生气了，你亚夫不同意，我也封。于是，封徐卢等五人为侯。

从以上三事看出，亚夫位为丞相，做了他应该做的事情，顶住重重压力，阻废栗太子，阻封外戚王信，阻封匈奴降王。即使是泰山压顶，有千万人反对，他也要坚持到底！这就是亚夫，这就是历史上为之少见的"真丞相"！

再次，两人还是"真性情"。

所谓"真性情"，即至情至性，就是始终保持住一份生命的本色。人们常说"性情中人"，就是这样一种意思。作为久经沙场的将军与重权在握的丞相，周勃、亚夫父子，历经多少磨难，也有多少欢呼与荣耀，但他们并不为之动容变色，而始终都是以真面目示人，从不矫揉做作，甚至欺上瞒下，这是多么的难能可贵！

周勃，是一个忠勇的将军，但也是一个懦弱的丞相，司马迁评论他是"木强敦厚"，说穿了，木强，就是木讷、强直，不知变通，认准的道理，即使是九头牛也拉不回；敦厚，就是忠诚、厚道，丝毫不怀有二心。于是，刘邦认为他"可属大事"，后来的平定诸吕，完全证明了这一点。司马迁还说他"少文"，他对待文学诸生，并没有表现出过分的恭维，而是居于上座，吩咐他们有话直说，有话快说，不要吞吞吐吐，不要拐弯抹角。这些都是真性情的流露。后来文帝时任为丞相，感觉到力不从心，毫不犹豫地辞职不干，主动让贤，这在钩心斗角、争权夺利的古代社会，也是至为难得的，还是真性情的流露。

周亚夫，更是刚直得要命，比起其父周勃，有过之而无不及。他敢于在文帝劳军时严军以待，如临"大敌"，固然有"显摆"的意思，但更多的是他真性情的流露。他并没有把至尊的文帝看得有多么厉害，倒是效法司马穰苴、孙武，充分施展自己的治军才能，让文帝着实感觉到了他的治军才能。平定吴楚，他谋划让梁国正面对敌，自己断敌后援，并不是因为刘启厌恶刘武而讨好他，而是觉得唯有如此，才能最大限度地消灭叛军，平定叛乱，事实也完全证明了这一点。至于梁王刘武的忌恨，他根本就没有在意。他觉得：我所考虑的就是平乱、破敌，其他任何事情，都不在考虑的范围之内。以至于后来担任丞相，以上所说的三事，也都是如此，唯有考虑如何称职，当好丞相，至于会带来什么样的副作用，对自己将产生多大的危害，哪有闲工夫去考虑这些！

周亚夫真性情的流露，最为典型的，则是刘启赐食。当时，亚夫已经卸职，不担任丞相了，而刘启对他还是不放心，还是要再考考他，于是在宫中摆起了"鸿门宴"招待他，只是比较特别，只上了一道大菜，就是让亚夫无法下口的一整块大肉。刘启是要看看，亚夫不当丞相了，还是不是那么"牛"，直性子还有没有改。因为这时，刘启是在为年幼的太子物色宰辅之才，亚夫毕竟是有大才的人，如果性子改了，还是可以用的啊！哪知道，亚夫还是油盐不进，看到这一块大肉，连想都没有想，就叫宫中主管宴会的人拿筷子来。这分明还是原来的性格啊！刘启脱口而出："此不足君所乎？"意即你还有什么不满足呢？实际上是将亚夫一脚踢开了，不再任用了。亚夫已知有错，又连忙磕头谢罪，而后一下子站了起来，就径直走出去了，完全没有把皇上放在眼里。刘启想，这样的倔脾气，将来儿子即位，还怎么驾驭啊！他彻底感悟，说："此怏怏者，非少主臣也！"将亚夫在政治上彻底定了"死罪"，可谓真性情，带来真祸灾啊！

第四，两人更是"真悲剧"！

周勃、亚夫，两人连下狱的经历，也是极为相似，似乎是一个模子刻出来的。

周勃响应文帝号召，带头到封地去，但他感到浑身不自在，生怕有人要害他，连郡县派人来例行巡查，也是披甲，令家人持兵以见之。这种行为简直就荒唐可笑，哪里是一个百万之军的统帅所应有的行为？如果真的要剿灭他，区区几个持兵家人就能应付？周勃的如此可笑的行为，果然惹出了麻烦，有人上告他要谋反，便被逮去治罪。这下周勃没主张了，不知道怎么办了？他只好贿赂狱吏，狱吏示以"以公主为证"，给他指出了一条救命之路；也幸好他平时结交了文帝刘恒的舅舅薄昭，薄昭说动太后，出面相救，他才躲过了一劫，体肤完好，而心灵受到重创。他出狱后万分感慨，说："吾尝将百万军，然安知狱吏之贵乎！"从司马迁对这件事情的叙写，也折射出当时的朝廷灰暗与社会百态。

周亚夫被景帝弃用，厄运就接二连三地降落到他的头上，甚至连喝凉水也塞牙！他的儿子闲着无事，就偷买工官器甲，为父陪葬，哪知惹出了塌天大祸。帮佣受到了虐待，也没有得到应有的工钱，就上告亚夫的儿子谋反，牵连到亚夫。亚夫如此忠心耿耿，怎么可能谋反呢？刘启也是揣着明白装糊涂，派人去对簿，亚夫心中无鬼不怕鬼，根本不把这事当回事儿，还应对什么？有什么好应对的？这惹恼了刘启，觉得亚夫还是那个臭脾气，一旦太子即位，还怎么对付得了？是要好好收拾他了，并将他下狱，由廷尉去审讯。亚夫还是理直气壮，说："我买的是葬器，这也叫谋反呀？"那狱吏理屈词穷，说出了臭名昭著而又千古流传的话："君侯纵不反地上，即欲反地下耳！"真是令人哭笑不得，号称文景之治的时代，竟然是这样的办案！后来南宋岳飞被以"莫须有"的罪名治罪，何其相似乃尔！这还有什么道理可言！

周亚夫并没有像他父亲那样，去巴结过什么人，也没有所谓的公主作证，窦太后更是把他作为仇人，欲置之死地而方休，亚夫彻底失望了，也绝望了，便绝食而死，了结了自己的生命，不再作无谓的抗争。

悲剧啊，天大的悲剧！周勃、亚夫父子二人，都曾经是叱咤风云的将军，也是权倾一时的宰相，对汉朝忠心耿耿，没有丝毫的不满与背叛，竟是如此的结局，都是从将军到囚徒！一个因有人营救而保住了性命，一个因几乎把所有的人都得罪了，最后也搭上了自己的性命。

　　细细分析，造成这种悲剧的原因，很简单地说，就是朝廷需要他们时，就让他们豁出性命去拼杀；不需要他们了，就一脚踢开，甚至还要结果他们的性命。因为他们活着，本身就是最大的危险；只有把他们弄死了，才万事皆休，彻底放心。汉初韩信、彭越等人的被杀，不都是如此吗？他们何曾谋过反？但愿这种悲剧不再重演！但是，这可能吗？历朝历代，不都是在重复上演吗？封建、皇权，就是这种悲剧产生的根源！

刘项思维异同论

＊本文作者薛从军、祝兆源。薛从军，和县一中特级教师；祝兆源，安徽省和县文化研究会会长。

刘邦与项羽都是反抗秦军的主力军，二人由于出身、地位、文化素养的异同，其性格、思维乃至行为产生异同，其最后结局也就不同。刘邦的成功，项羽的失败，引起后人多种评论。但从思维角度论述似很少。本文从二人思维的角度，论述他们差异。

思维相同部分。二人都有野心，想取代秦始皇，推翻暴秦。见到秦始皇出游阵势，刘说"大丈夫当如是"，项说"彼可取而代之"。早期说的大话，是其思维的基础，也是他们的大志。二人联手果然灭了秦国。当然，在灭秦上，项羽的功劳最大。

但二人毕竟不同，其思维方式有很大差异。项羽出生名门贵族，是楚国大将项燕的孙子，贵族基因特别明显。起初随叔父项梁反秦。勇力过人，粗懂兵法，能打仗，这是他自骄的本钱。项氏家族是楚国大族，陈涉起义打项燕旗号："项燕为楚将，数有功，爱士卒，楚人怜之。或以为死，或以为亡。今诚以吾众诈自称公子扶苏、项燕，为天下唱，宜多应者。"①可见在当时项氏具有一定号召力。项梁倡导薛城之会，诸侯纷至，最能说明项氏的巨大影响。可惜的是，项梁初战获胜即有骄情，轻敌，不幸战死。其后，项羽在其叔父项伯的辅助下作战。项羽的贵族思维方式始终没有变化。

刘邦地位低下，为泗水亭长，是当地的混混，能耍赖，能吹牛，经得住折磨，没有贵族的傲视之态。随着地位的增高，当然思维也有变化，但思维基本定式没有多大改变，属于平民思维。

历史学家钱穆评项羽为"分明不失一贵族传统之身份与气派，而卒亦覆败"；对刘邦，则评为"此实无赖平民之写照耳"，又认为"自汉之兴，而平民为天子，社会阶级之观念全变。此诚中国历史上一绝大变局也"②。

项氏的贵族思维与刘邦的平民思维主要表现在下列不同点，也就决定了各自成败。

---

① 《史记》，中华书局 1959 年版，第 1950 页。
② 钱穆：《秦汉史》，生活·读书·新知三联书店 2004 年版，第 38—39 页。

一、对待人才迥然不同

项羽：重视项族人才，轻视平民人才。刘邦：无论贵贱，唯才是举。

人才发现、收揽、使用，特别是采纳其建议，为重要的大政。刘项双方人才的集聚、使用、流失是决定双方胜败的关键。陈平一针见血说："项王不能信人，其所任爱，非诸项即妻之昆弟，虽有奇士不能用，平乃去楚。"①

决定楚汉之争的胜负人才，有张良、范增、陈平、韩信、萧何。张良、萧何一直在刘邦那里，且不讨论。韩信、陈平、范增三人起初都在项羽麾下，但后来都离开项羽。贤才不能为己所用，为什么？项羽始终认为自己是贵胄后裔，轻视出身低下的人才：韩信是市井游侠，陈平是平民。韩信虽然屡屡上书给项羽献上良策，但从未见采纳。"及项梁渡淮，信仗剑从之，居麾下，无所知名。项梁败，又属项羽，羽以为郎中。数以策干项羽，羽不用。"② 后来，"项羽闻龙且军破，则恐，使盱台人武涉往说淮阴侯。淮阴侯弗听。"③ 韩信已在刘邦那里受到重用，铁了心在刘邦那里。人才流失，挽救不回来。贵族的傲物以至于丧失人才。韩信在刘邦那里一开始也未被重用，由于萧何的建议与推荐，韩信被刘邦重用。刘邦为什么能重用韩信呢？因为刘邦是平民思维，能听得见人的建议，没有贵族的傲慢与偏见。韩信率诸路诸侯于垓下一战，四面楚歌，使项羽逃之乌江而自刎。

陈平的命运似乎比韩信好一点，但最终还是离开。"久之，项羽略地至河上，陈平往归之，从入破秦，赐平爵卿。项羽之东王彭城也，汉王还定三秦而东，殷王反楚。项羽乃以平为信武君，将魏王咎客在楚者以往，击降殷王而还。项王使项悍拜平为都尉，赐金二十镒。居无何，汉王攻下殷。项王怒，将诛定殷者将吏。陈平惧诛，乃封其金与印，使使归项王，而平身间行杖剑亡。"陈平降汉后，虽绛侯、灌婴等人进谗言，但汉王最终还是重用陈平："是日乃拜平为都尉，使为参乘，典护军。诸将尽讙，曰：'大王一日得楚之亡卒，未知其高下，而即与同载，反使监护军长者！'汉王闻之，愈益幸平。遂与东伐项王。"④ 陈平正因为得到汉王充分相信，献反间计：

> 陈平既多以金纵反间于楚军，宣言诸将钟离眜等为项王将，功多矣，然而终不得裂地而王，欲与汉为一，以灭项氏而分王其地。项羽果意不信钟离眜等。项王既疑之，使使至汉。汉王为太牢具，举进。见楚使，即详惊曰："吾以为亚父使，乃项王使！"复持去，更以恶草具进楚使。楚使归，具以报项王。项王果大疑亚父。亚父欲急攻下荥阳城，项王不信，不肯听。亚父闻

---

① 《史记》，中华书局 1959 年版，第 2054 页。
② 同上，第 2610 页。
③ 同上，第 329 页。
④ 同上，第 2053 页。

项王疑之，乃怒曰："天下事大定矣，君王自为之！原请骸骨归！"归未至彭城，疽发背而死。陈平乃夜出女子二千人荥阳城东门，楚因击之，陈平乃与汉王从城西门夜出去。遂入关，收散兵复东。①

汉王得到陈平，重用其才，收到巨大的效果：使项羽失去股肱之臣，从此走向失败。范增虽然受到项梁的重视并采纳其建议，但在项羽那里位虽尊而实不用其一谋，连汉高祖都感叹："项羽有一范增而不能用，此其所以为我擒也。"项羽对范增并不信任，否则，陈平之离间计也不能得逞。

项羽重用项氏之人，很多事就坏在项氏，项伯最典型。《项羽本纪》："楚左尹项伯者，项羽季父也，[索隐]曰：名缠，字伯，后封射阳侯。"②《史记·黥布列传第三十一》："于是乃使人入九江，楚已使项伯收九江兵，尽杀布妻子。"③ 将英布完全推向了刘邦那里。项羽于范增、项伯两人，信谁？鸿门宴一事最能说明问题。项伯杀人，因张良隐匿，心存感谢。鸿门宴前，偷偷泄露军事秘密，并与刘邦结为亲家；鸿门宴中以身护刘邦。鸿门宴后，沛公为汉王时，"王巴蜀。汉王赐良金百镒，珠二斗，良具以献项伯。"为刘邦增分汉中之地。项羽对项伯言听计从。这充分说明项羽只信项伯，而不信范增。项伯泄露重大军事秘密，项羽居然不责罚，反而信其言。刘邦来谢罪时，项伯竟然以自己身体如鸟翼保护刘邦，项羽默然。

项伯出卖了项氏集团，有功与刘邦。《史记卷十八·表六》："兵初起，与诸侯共击秦，为楚左令尹，汉王与项羽有郤于鸿门，项伯缠解难，以破羽，缠尝有功，封射阳侯。六年正月丙午，侯项缠元年，赐姓刘氏。《索隐》：项伯也。三年，侯缠卒。嗣子睢有罪，国除。"④ 邵泰衢在《史记疑问》卷上说：

> 夜驰夜去，军事严且密也。私良会沛，漏师，负重罪也。犹敢以告项王乎？使项王曰"而何得见沛公？"伯敢曰"余私良乎"？《高纪》又云以文谕项羽，羽乃止。此又项伯以沛公言告项王，何也？虽古者军有可入之理，华元登子反之床，高祖晨驰入赵壁之类是也。然非所论于项伯也。

从楚方来说，项伯罪行有三：其一，泄露军情，与对手刘邦约为婚姻；其二，接受敌方贿赂，资敌方土地；其三，接受刘邦封侯，改姓刘，自感有功刘氏。项伯有功于刘氏，就有罪于楚。刘邦封其为侯，赐刘姓，婚约也就解除，古人同姓不婚。所谓"约为婚姻"，也是一时政治策略、拉拢为刘氏服务而已。项伯与一般内奸不同，他的行为是项王认可并不认为有错的行为，而此种行为的确给楚带来巨大伤害。项王至死也不知道错在哪里，却说"天亡我！"项羽不懂政治，只有贵族的傲慢与自大。刘邦懂政治，善于权谋，能采纳贤士建言。

---

① 《史记》，中华书局 1959 年版，第 2055 页。
② 同上，第 311—312 页。
③ 同上，第 2603 页。
④ 同上，第 891 页。

　　看看其他的项氏。项声，《灌婴列传》："项羽使项声、薛公、郯公复定淮北，婴渡淮，北击破项声、郯公下邳，斩薛公。"① 项它，"魏王乃使周市出请救于齐、楚。齐、楚遣项它、田巴将兵随市救魏。[索隐]曰：案：项它，楚将；田巴，齐将也。"② "项它，汉六年以砀郡长初从，赐姓为刘氏，功比戴侯彭祖，五百八十户。七年十月癸亥，赐侯刘它。"③ 项冠，"击项羽之将项冠于鲁下，破之，所将卒斩右司马、骑将各一人。"④ 但项冠下落不明。项悍，"项王使项悍拜平为都尉，赐金二十镒。"⑤ "击项悍济阳下。还击项籍陈下，破之。别定江陵，降江陵柱国、大司马以下八人，身得江陵王。"⑥ 项襄，"项燕，下相人，为楚将，子梁，梁兄子籍，号西楚霸王，项他、项伯、项襄，并籍之族也。汉初并封侯，赐姓刘氏。"（唐林宝撰《元和姓纂六》）"诸项氏枝属，汉王皆不诛。乃封项伯为射阳侯。桃侯，徐广曰：'名襄。其子舍为丞相。'《汉书》云高祖十二年封刘襄为桃侯也。'平皋侯、徐广曰：'名佗。'玄武侯，徐广曰：'《诸侯表》中不见。'皆项氏，赐姓刘氏。"⑦ 项氏不少降汉，改姓，分为侯。项氏没有多少忠于项羽，除战死外，很少有如项羽自刭者。项羽重用本项氏族人而轻视外姓族的人才，是其失败原因之一。之所以会如此，主要的思维方式是贵族氏族性思维，而非平民思维。刘邦初建大汉，"改项为刘"这一举措，对化解矛盾、稳定局势有很好的作用，的确是高明之举。

　　刘邦有自知之明，《史记》中有一段君臣对话：

　　　　高祖置酒雒阳南宫。高祖曰："列侯诸将无敢隐朕，皆言其情。吾所以有天下者何？项氏之所以失天下者何？"高起、王陵对曰："陛下慢而侮人，项羽仁而爱人。然陛下使人攻城略地，所降下者因以予之，与天下同利也。项羽妒贤嫉能，有功者害之，贤者疑之，战胜而不予人功，得地而不予人利，此所以失天下也。"高祖曰："公知其一，未知其二。夫运筹策帷帐之中，决胜于千里之外，吾不如子房。镇国家，抚百姓，给馈饷，不绝粮道，吾不如萧何。连百万之军，战必胜，攻必取，吾不如韩信。此三者，皆人杰也，吾能用之，此吾所以取天下也。项羽有一范增而不能用，此其所以为我擒也。"⑧

　　高起、王陵之论，汉高祖并不否定，认为这只是其中之一。"与天下同利也"，虽有夸饰之词，但也说明汉高祖的确也在考虑参与者利益，调动诸侯共同伐楚。

────────────

① 《史记》，中华书局 1959 年版，第 2670 页。
② 同上，第 2589—2590 页。
③ 同上，第 925 页。
④ 同上，第 2668 页。
⑤ 同上，第 2053 页。
⑥ 同上，第 2710 页。
⑦ 同上，第 338 页。
⑧ 同上，第 380—381 页。

说"项羽妒贤嫉能",未必确切。项羽自视本领大,如巨鹿之战,的确震撼诸侯。因为自己武功高,战功赫赫,故轻视其他将领与谋士,是贵族思维使之然也。

这一段可以说是汉高祖的人才论:夺天下在于人才,知人善任是关键;当然,治理天下也在于人才。毁人才,就是毁江山,毁天下。清代林伯桐《史记蠡测》说:"汉高轻士善骂,大抵近其前者,多顽钝无耻之士,然于人才实能留心。略地陈留,则时时问邑中豪俊;见《郦生传》。讨豨,则问赵有壮士可将乎;见《韩王信卢绾传》。于田横之客,则莫不加礼;于张耳之客,莫不录用;鄡侯一言,而将韩信;留侯一言,而封雍齿。不独气夺于四皓,心折三杰也。知人善用,宜其能屈群策也夫!"① 此言不谬也!元代陈栎说:"高帝知人善任,使好谋,能听得张良、萧何、曹参、韩信、陈平诸贤才佐助之,还定三秦。"②

刘邦因为自己是平民,故用人不计出身贵贱。张良是贵族,陈平是平民,樊哙是狗屠,周勃为吹鼓手,灌婴是布贩子,娄敬是车夫,韩信是游士,彭越是强盗,各为所用。刘邦人才观是取人以实,重贤重能,不论出身。刘邦部下的人才有的是旧部,如萧何、曹参、樊哙之辈;有的是提拔于卒伍,如傅宽、王陵、灌婴之类,有来自敌方投奔,如韩信、陈平、叔孙通、英布之属,有从中间势力争取过来,如张良、韩公子信、魏人彭越、魏豹等人。真是取人不拘一格。

项羽是贵族后裔,楚人,项氏,武人。唯楚是亲,他杀韩王成,派楚人郑昌为韩王;又派楚人项佗为魏相,故韩人张良、齐人蒯通、安期生皆不为所用。唯项是亲,上文已说,不复赘言。唯武是亲,重用龙且、钟离眜、周殷等武将,故对叔孙通等文人不屑一顾。其帐下有贤才而不识,流走刘氏。项羽主要是"亲亲、尊尊"的人才观,等级十分明显。

《人物志》说:"君以用人为能","君以能听为能","君以能赏罚为能","故能君众才也。"③ 可见,用人才之重要。

吕思勉说:"盖项氏故楚世家,其用人犹沿封建之世卑不逾尊、疏不逾戚之旧。汉高祖起于氓庶,则不然也。"④ 这就指明出身不同而产生的思维方式差异,贵族与平民的人才观也就有差异。

二、争取民心和对待秦的态度

项羽贵族傲慢与独断专行,看不起平民,也就很难考虑民心。项羽恨秦至深,楚国被灭,项氏四散流亡,项羽的爷爷项燕、父亲被秦人所杀,叔父项梁也战死于秦军,国仇家恨集于一身。私仇更胜于国仇,复仇之心上升到残暴。虽然

---

① 林伯桐撰:《史记蠡测》,刘彦青整理,张新科审定,陕西师范大学出版社 2015 年版,第 25 页。
② 钦定四库全书《历代通略》卷一。
③ 刘劭著:梁满仓译注:《人物志·才能第五》,中华书局 2014 年版,第 95 页。
④ 吕思勉:《秦汉史》,中国友谊出版社 2009 年版,第 39 页。

所杀之人，都事出有因，但由此带来民心尽失。项羽一出场就是杀人，会稽守本欲谋划起义一事，项梁招项羽入，"于是籍遂拔剑斩守头"，"门下大惊，扰乱，籍所击杀数十百人。一府中皆慑伏，莫敢起。"这或许为了自代，"于是梁为会稽守，籍为裨将，徇下县。"① 接着斩杀宋义，"当是时，诸将皆慑服，莫敢枝梧。皆曰：'首立楚者，将军家也。今将军诛乱。'""使桓楚报命于怀王。怀王因使项羽为上将军，当阳君、蒲将军皆属项羽。"② 他的级别提高了，由副将而"上将军"，队伍扩大了。巨鹿之战是项羽最闪光的地方：

> 当是时，楚兵冠诸侯。诸侯军救巨鹿下者十余壁，莫敢纵兵。及楚击秦，诸将皆从壁上观。楚战士无不一以当十，楚兵呼声动天，诸侯军无不人人慑恐。于是已破秦军，项羽召见诸侯将，入辕门，无不膝行而前，莫敢仰视。项羽由是始为诸侯上将军，诸侯皆属焉。③

此时的项羽勇冠诸侯，"为诸侯上将军，诸侯皆属焉"。项羽是一路打过来的，他的思维就是贵族战争思维，以为征伐就能定天下。征伐太过是其最重要特点。其坑杀秦卒二十万更令人惊心：

> 诸侯微闻其计，以告项羽。项羽乃召黥布、蒲将军计曰："秦吏卒尚众，其心不服，至关中不听，事必危，不如击杀之，而独与章邯、长史欣、都尉翳入秦。"于是楚军夜击阬秦卒二十余万人新安城南。④

项羽想不出好的办法解决秦卒可能哗变的问题，采用屠杀的办法，已经失去秦地民心了。鸿门宴后，项羽占据秦咸阳，又大开杀戒：

> 居数日，项羽引兵西屠咸阳，杀秦降王子婴，烧秦宫室，火三月不灭；收其货宝妇女而东。人或说项王曰："关中阻山河四塞，地肥饶，可都以霸。"项王见秦宫皆以烧残破，又心怀思欲东归，曰："富贵不归故乡，如衣绣夜行，谁知之者！"说者曰："人言楚人沐猴而冠耳，果然。"项王闻之，烹说者。⑤

秦已灭，就应该考虑建国、治国方略，为什么还用战争思维？秦的失败就是用打天下的办法治理天下。战争思维必然攻杀、残暴，不顾老百姓死活。汉朝政治家陆贾说："居马上得之，宁可以马上治之乎？"⑥ 贾谊的《过秦论》说："仁义不施而攻守之势异也。"项羽不懂政治，不懂打天下与治天下不一样，依然沿袭秦的战争思维：屠咸阳，杀子婴，烧宫室，火三月不灭，咸阳残破。这一举动大失民心。外黄不下时，还想坑之，被一小孩劝住了：

---

① 《史记》，中华书局1959年版，第297页。
② 同上，第305页。
③ 同上，第307页。
④ 同上，第310页。
⑤ 同上，第315页。
⑥ 同上，第2699页。

外黄不下。数日，已降。项王怒，悉令男子年十五已上诣城东，欲阬之。外黄令舍人儿年十三，往说项王曰："彭越强劫外黄，外黄恐，故且降，待大王。大王至，又皆阬之，百姓岂有归心？从此以东，梁地十余城皆恐，莫肯下矣。"项王然其言，乃赦外黄当阬者。①

这大概是唯一一次听信外人的建议，停止坑杀，尚存一系善念。可惜的是已经攻杀太过，引起民怨了。而刘邦呢，是平民思维，高级谋士多，即使有所失误，也会接受规劝改正。很注重民心。

高祖以亭长为县送徒骊山，徒多道亡。自度比至皆亡之，到丰西泽中，止饮，夜乃解纵所送徒。曰："公等皆去，吾亦从此逝矣！"徒中壮士愿从者十余人。②

解纵送徒，劝其离去，此乃仁心。起兵之时，深得民心：

沛令后悔，恐其有变，乃闭城城守，欲诛萧、曹。萧、曹恐，逾城保刘季。刘季乃书帛射城上，谓沛父老曰："天下苦秦久矣。今父老虽为沛令守，诸侯并起，今屠沛。沛今共诛令，择子弟可立者立之，以应诸侯，则家室完。不然，父子俱屠，无为也。"父老乃率子弟共杀沛令，开城门迎刘季，欲以为沛令。刘季曰："天下方扰，诸侯并起，今置将不善，一败涂地。吾非敢自爱，恐能薄，不能完父兄子弟。此大事，愿更相推择可者。"萧、曹等皆文吏，自爱，恐事不就，后秦种族其家，尽让刘季。诸父老皆曰："平生所闻刘季诸珍怪，当贵，且卜筮之，莫如刘季最吉。"于是刘季数让。众莫敢为，乃立季为沛公。③

因为刘季平民，没有贵族骄横，"恐能薄"，"刘季数让"，可见其虚己谦让，这是平民思维。此时已有"少年豪吏如萧、曹、樊哙等皆为收沛子弟二三千人"。刘季"闻项梁在薛，从骑百余往见之。项梁益沛公卒五千人，五大夫将十人。沛公还，引兵攻丰。"④ 项梁对刘邦印象好，资助兵力。怀王与诸侯约定"先入定关中者王之"，刘季名声好，而项羽名声不好：

当是时，秦兵强，常乘胜逐北，诸将莫利先入关。独项羽怨秦破项梁军，奋，愿与沛公西入关。怀王诸老将皆曰："项羽为人强悍猾贼。项羽尝攻襄城，襄城无遗类，皆坑之，诸所过无不残灭。且楚数进取，前陈王、项梁皆败。不如更遣长者扶义而西，告谕秦父兄。秦父兄苦其主久矣，今诚得长者往，毋侵暴，宜可下。今项羽强悍，今不可遣。独沛公素宽大长者，可遣。"卒不许项羽，而遣沛公西略地。⑤

---

① 《史记》，中华书局 1959 年版，第 329 页。
② 同上，第 347 页。
③ 同上，第 350 页。
④ 同上，第 352 页。
⑤ 同上，第 356—357 页。

看来这是不公平竞争。怀王为项氏所立，为什么偏心刘季呢？就是因为二人思维不同。项羽自以为贵族后裔，自傲自大，轻视怀王及其左右人；加之有勇力，能打战，强悍猾贼，残暴，所过无不残灭。这种贵族思维造成他不能谦虚，不能尊重怀王及其左右人，导致怀王及其左右之人对项羽没有好印象，但更重要的是项羽一路所为而造成不好的形象。刘季则不同，因为身份低微，没有自骄的本钱，虚心请教，毋侵暴，素宽大，尊重怀王及其左右人，故怀王及其左右人有好印象。故"卒不许项羽，而遣沛公西略地"。刘邦到了关中，受降子婴，封府库，籍吏民，约法三章。深得关中百姓欢迎。项羽呢，太史公说："诛婴背怀，天下非之"，"子羽暴虐，汉行功德。"① 此言得之。

三、政治策略：对待义帝态度

项羽不懂政治策略，未能利用义帝为自己服务，却放逐义帝，授人以柄；刘邦利用义帝大造舆论，号天下诸侯反项，是夺天下之策略。

在反秦上，刘项都尊崇义帝。楚怀王孙心，本是范增建议项梁立的，用来号令天下反秦。但是怀王孙心与诸侯约定，首先攻破咸阳者为王。怀王孙心左右人认为项羽残暴，故让项羽北上抵抗章邯部队，而令刘邦西入秦。项羽虽然打败章邯，但后至咸阳。因此对怀王心怀恨，故迁移义帝，"乃至密谋杀死义帝于江中"。这就授人以柄，刘邦乘机列出项羽十大罪状，蛊惑天下诸侯仇视项羽、讨伐项羽。《史记·高祖本纪第八》：

> 项羽出关，使人徙义帝。曰："古之帝者地方千里，必居上游。"乃使使徙义帝长沙郴县，趣义帝行，群臣稍倍叛之，乃阴令衡山王、临江王击之，杀义帝江南。
>
> 新城三老董公遮说汉王以义帝死故。汉王闻之，袒而大哭。遂为义帝发丧，临三日。发使者告诸侯曰："天下共立义帝，北面事之。今项羽放杀义帝於江南，大逆无道。寡人亲为发丧，诸侯皆缟素。悉发关内兵，收三河士，南浮江汉以下，愿从诸侯王击楚之杀义帝者。"②
>
> 项羽欲与汉王独身挑战。汉王数项羽曰："始与项羽俱受命怀王，曰先入定关中者王之，项羽负约，王我于蜀汉，罪一。秦项羽矫杀卿子冠军而自尊，罪二。项羽已救赵，当还报，而擅劫诸侯兵入关，罪三。怀王约入秦无暴掠，项羽烧秦宫室，掘始皇帝冢，私收其财物，罪四。又强杀秦降王子婴，罪五。诈坑秦子弟新安二十万，王其将，罪六。项羽皆王诸将善地，而徙逐故主，令臣下争叛逆，罪七。项羽出逐义帝彭城，自都之，夺韩王地，并王梁楚，多自予，罪八。项羽使人阴弑义帝江南，罪九。夫为人臣而弑其主，

① 《史记》，中华书局 1959 年版，第 3302 页。
② 同上，第 366、370 页。

杀已降，为政不平，主约不信，天下所不容，大逆无道，罪十也。吾以义兵从诸侯诛残贼，使刑余罪人击杀项羽，何苦乃与公挑战！"①

明代穆文熙《史记鸿裁》对此指出"汉王数项王十罪，当在平日传檄表，暴与天下共知之，何乃相临谩骂横条强敌，以致伏弩伤胸，其为失策甚矣。"② 没有发布文告，只是谩骂之语，未足信。明杨士奇等撰《历代名臣奏议》卷七十九："昔项羽杀义帝以为罪，汉祖哭之以为义，刘项存亡在此一举。"杨士奇认为，刘邦绑定天下诸侯来讨伐项羽，使之灭亡。宋吕祖谦在《左氏博议》卷十六指出这一举动的政治目的："汉高帝因倾项籍而为义帝服，非真悲也。为服，所以挫羽也。"就是利用这一形式灭亡项羽，是汉高祖的政治策略。这方式收效很好，宋钱时《两汉笔记》云：

> 汉王与项羽比肩而事义帝，义帝遭弑而汉王发兵以讨贼，此人心之公愤、万世之大法也。是故义旗一举，而诸侯五十六万之众西面而响应之。③

可见这一策略的政治效果。汪越《读史记十表》卷十指出：

> 高帝约法三章及为义帝发丧，是灭秦破楚之本，不书何也？《约法》在未为汉王前，已见月表。发丧非其本意，凌以栋云："不过假羽失着，迫取天下耳。观异日，置秦皇、楚、卫、齐、赵冢，田横亦为改葬，何独于义帝寥寥耶？"刘凤云："汉王弃其父若敝屣，于义帝何有而为之缟素？此不书亦春秋诛意之法。"

作者指出刘邦所谓发丧，是借项羽之失，夺取天下而已。"汉王弃其父若敝屣"，又怎能为怀王缟素呢？这就是《史记十表》不记载的原因。但是作者深意却在最后一句："此不书亦春秋诛意之法。"什么是春秋诛意呢？诛意语出《论语·宪问》："臧武仲以防求为后于鲁。"《集注》："夫子之言，亦《春秋》诛意之法也。"诛意，就是指责人的思想、用心。其实，作者真正的用意是怀疑项羽杀义帝这件事。如果有这件事，"表"应该表明，写上高祖发丧缟素这件事。

今人对这件事的真实性也有怀疑，如吕思勉先生《秦汉史》："《项羽本纪》之郴县二字，盖后人侧注，误入本文。义帝殆见迫逐，自长沙南走至郴而死也。义帝当时，既无足忌，项羽杀之何为？衡山、临江、九江，主名尚无一定，则义帝死事，实已不传，史之所书，皆传闻无妄之说耳。"④

从事实来说，项羽放逐义帝应该是事实，杀义帝可能为刘邦编出的政治谣言，目的是号令天下诸侯讨伐项羽，有政治用心。我们看看《项羽本纪》中太史公的话：

---

① 《史记》，中华书局 1959 年版，第 376 页。
② 穆文熙辑：《史记鸿裁》，陕西师大出版社 2015 年版，第 104 页。
③ 钦定四库全书：《两汉笔记》卷一，宋钱时撰。
④ 吕思勉：《秦汉史》，中国友谊出版公司 2009 年版，第 33 页。

及羽背关怀楚，放逐义帝而自立，怨王侯叛己，难矣。自矜功伐，奋其私智而不师古。谓霸王之业，欲以力征经营天下。五年卒亡其国，身死东城，尚不觉寤而不自责，过矣。乃引"天亡我，非用兵之罪也"，岂不谬哉！[①]

太史公只说"放逐义帝而自立"，并未提及杀义帝一事。虽然文中有记载，但可能是当时传言或刘邦有意为之耳。可见吕思勉先生的推断是正确的。其实，项羽能独立封王，自然不必在意义帝：

项王使人致命怀王，怀王曰："如约。"乃尊怀王为义帝。项王欲自王，先王诸将相，谓曰："天下初发难时，假立诸侯后以伐秦。然身被坚执锐首事，暴露于野三年，灭秦定天下者，皆将相诸君与之籍之力也。义帝虽无功，故当分其地而王之。"诸将皆曰："善！"乃分天下，立诸将为侯王。[②]

在封王大会上，说"义帝虽无功，故当分其地而王之"，大家都赞成。义帝既然得到安置，取得一致意见"封地为王"，项羽自己又能独立为楚霸王，行使攻伐之权，就没有杀义帝之必要。奇怪的是，项羽没有打着义帝之旗来号令天下，所谓"挟天子以令诸侯"，他完全可以这样做而没有做，因为贵族身份不屑为也。刘邦则不同，平民无赖，什么手段都可以用之，就牢牢抓住"挟死天子以令诸侯"。清龚炜《巢林笔谈》卷二："我翁即若翁，必欲烹尔翁，则幸分我一杯羹。最忍心语，书之史策，可丑。""要之分羹发丧，好歹俱无是心，只把此心都倾在项王身上耳，讲不到忠孝。""此心都倾在项王身上"，说的是。其实，这件事可能是刘邦集团早已谋划的政治决策。看看《高祖本纪第八》：

四月，兵罢戏下，诸侯各就国。汉王之国，项王使卒三万人从，楚与诸侯之慕从者数万人，从杜南入蚀中。去辄烧绝栈道，以备诸侯盗兵袭之，亦示项羽无东意。至南郑，诸将及士卒多道亡归，士卒皆歌思东归。韩信说汉王曰："项羽王诸将之有功者，而王独居南郑，是迁也。军吏士卒皆山东之人也，日夜跂而望归，及其锋而用，可以有大功。天下已定，人皆自宁，不可复用。不如决策东乡，争权天下。"[③]

"不如决策东乡，争权天下"，是关键之句。刘邦用什么理由东向呢？"新城三老董公遮说汉王以义帝死故"，这就是理由，就是上文所引的"项羽放杀义帝于江南，大逆无道"。于是号令天下："愿从诸侯王击楚之杀义帝者"。进攻路线已经安排好了：从关内出发，南取三河（河南、河东、河内），经江汉（汉水），至徐州。这就是韩信东向的策略与计划。"八月，汉王用韩信之计，从故道还。"

刘邦惯造谎言、运用欺诈之伎俩，所谓"兵者，诡道也"。请看数例：

① 《史记》，中华书局 1959 年版，第 339 页。
② 同上，第 315—316 页。
③ 同上，第 367 页。

高祖为亭长，素易诸吏，乃绐为谒曰"贺钱万"，实不持一钱。

汉王患之，乃用陈平之计，予陈平金四万斤，以闲疏楚君臣。于是项羽乃疑亚父。亚父是时劝项羽遂下荥阳，及其见疑，乃怒，辞老，愿赐骸骨归卒伍，未至彭城而死。

汉军绝食，乃夜出女子东门二千余人，被甲，楚因四面击之。将军纪信乃乘王驾，诈为汉王，诳楚，楚皆呼万岁，之城东观，以故汉王得与数十骑出西门遁。

项羽大怒，伏弩射中汉王。汉王伤胸，乃扪足曰："虏中吾指！"汉王病创卧，张良强请汉王起行劳军，以安士卒，毋令楚乘胜于汉。汉王出行军，病甚，因驰入成皋。①

汉高祖说谎达到纯熟。有人就指出：

弑义帝。羽不杀义帝，沛公亦必杀之。羽为沛公代之手而，且为汉借口，使天下义之此，羽之失也。盖韩彭之功犹不容，况义帝名位之足以动天下者乎？纵沛公能善处帝数年之间，反者九起，亦必有挟义帝以为名者，而帝亦不能自安于汉矣。故曰沛公必杀之也。②

这样说来，义帝之死可能是刘邦派人杀害而嫁祸于项羽。此事见于《项羽本纪》和《高祖本纪》，两次记载，倒是注重此事。而司马迁只能于"太史公曰"一段暗示。王鸣盛在《十七史商榷》中指出：

沛公入秦何如此之易乎？沛公始终藉项之力以成事而反噬项者也。故曰："吾能斗智不斗力。"其自道如此，若使夫子评之，必曰"谲而不正。"③

沛公谲而不正，说的是。欺诈是其本性。

总之，项羽放逐义帝，授人以柄，是政治上失策，是贵族自高思维的表现；杀义帝，是刘氏集团编造的谎言，目的是倒项羽、夺天下，这是刘邦平民无赖思维的表现，也是刘氏集团的政治策略。毛泽东说："项王非政治家，汉王则是一个高明的政治家。"④

四、对待战略战术的态度

项羽贵族思维，还留有战国六国分封的思维，这是那个时代六国贵族的普遍思维。项羽采取分封诸侯，自己弄一个西楚霸王，像是诸侯国的霸主，并没有统

---

① 《史记》，中华书局 1959 年版，第 344、373、377 页。

② 钦定四库全书《史记疑问》卷上，钦天监左监副邵泰衢撰。

③ 王鸣盛撰，黄曙辉点校：《十七史商榷》，上海古籍出版社 2016 年版，第 26 页。

④ 《毛泽东读文史古籍批语集》，转引《史记论丛》专辑第五卷《项羽专题研究》，中国文史出版社 2015 年版，第 375 页。

一天下的战略，其他诸侯都得到相应封地，或为王或为侯，如此而已。刘邦虽是汉中王，早已有一统天下之野心。在战术上，项羽不要阴谋，鸿门宴中招待刘邦，不杀刘邦，至德之君子也，显示贵族思维的特点。在战斗中，至多将汉高祖的父母拿来要挟而已；很少要诡计，贵族的傲慢似乎不屑于诡计。贵族傲慢到天真的程度："此沛公左司马曹无伤言之"，一语送了曹无伤的命，也断了刘邦营垒的密探！要与刘邦单挑，想用武力比高低。此天真至极！

刘邦本是无赖，虽为亭长，只是下层小官吏，能耍阴谋，施诡计。被项羽封在汉中，早有吞并天下之心。自己不会打仗，多次战败，但屡战屡败而不气馁。项羽则不同，多次打仗取胜，以为自己能征惯战。一旦失败，就受不住，认为天亡我，自刎而死。这就是平民思维与贵族思维的原因。

就项羽来说，基本上没有战略规划，只有灭秦。想王天下，却没有具体的战略步骤。项氏所立怀王，项羽没有抓住为自己服务；刘邦虽未立怀王，但却紧紧抓住，为自己服务。因为如此，项羽虽然巨鹿一战获胜却后至咸阳；刘季因怀王获利有二：一是兵锋直指咸阳，先项羽到咸阳；二是号天下诸侯共伐项羽。

在分封诸王后，刘邦被封汉王，王巴蜀、汉中。项羽既知汉王要夺天下，却资以军队，"项王使卒三万人从，楚与诸侯之慕从者数万人"；既知防汉王出关，自己却不据关中而王西楚，只让"秦降将以距塞汉王"，岂不谬哉！项羽忙于征战，似乎是在摆平各路诸侯。并没有战略规划，不知道联合各路诸侯灭汉王。项羽最多与汉王以鸿沟为界，以东属楚，以西属汉。项羽天真，真的以为刘邦会遵守这个约定，安然东去；而汉王随即就派兵东进。

汉王始终有一个目标，就是灭楚。汉王的步骤是先出关东进，然后与楚较量。为了出关，先麻痹他们，示不出关。这是战术："去辄烧绝栈道，以备诸侯盗兵袭之，亦示项羽无东意。"当项羽忙于徙义帝、平内怨之时，"汉王用韩信计，从故道"，"定雍地，东至咸阳，引兵围雍王废丘，而遣诸将略定陇西、北地、上郡"，拉开楚汉之战的序曲。还采用了一系列策略：一、重赏降将，所谓不战而屈人之兵，"诸将以万人若以一郡降者，封万户"。二是安抚父老，稳定人心："汉王之出关至陕，抚关外父老，还，张耳来见，汉王厚遇之。"三，大赦罪人。四，分化瓦解敌营，讲究战术："汉王乃西过梁地，至虞。使谒者随何之九江王布所，曰：'公能令布举兵叛楚，项羽必留击之。得留数月，吾取天下必矣。'随何往说九江王布，布果背楚。楚使龙且往击之。"五，离间项羽范增："项羽数侵夺汉甬道，汉军乏食，遂围汉王。汉王请和，割荥阳以西者为汉。项王不听。汉王患之，乃用陈平之计，予陈平金四万斤，以闲疏楚君臣。于是项羽乃疑亚父。亚父是时劝项羽遂下荥阳，及其见疑，乃怒，辞老，愿赐骸骨归卒伍，未至彭城而死。"六，适当分封，集诸侯之兵围困楚兵。约定把齐地给韩信，梁地给彭越，二人才引兵来。"五年，高祖与诸侯兵共击楚军，与项羽决胜垓下。淮阴侯将三十万自当之，孔将军居左，费将军居右，皇帝在后，绛侯、柴将军在皇帝后。项羽之卒可十万。淮阴先合，不利，却。孔将军、费将军纵，楚兵不利，淮阴侯复乘之，大败垓下。"① 吕思勉先生说："所以汉高祖的灭楚，以实在情形论，与其说是汉灭楚，毋宁说是许多诸侯，亦即许多支新崛起的军队，联合以灭楚，汉高祖不过是联军中的首领罢了。"②

五、结论

刘项之争是平民思维与贵族思维之争。项羽是贵族后裔，血统里保留许多贵族基因，加之能征惯战，又保留了贵族战争思维；刘邦身处平民，起兵之初，就得到沛地百姓的支持，基本上是平民思维。刘项对秦痛恨，联手灭秦。刘邦的平民思维，能虚心谦恭，尊重人才，重用人才，能修改错误，接受意见，故人才多走向刘邦；项羽的贵族思维，自高自傲，重视项氏人才而轻视外姓人才，乃至刚愎自用，虽身边集聚人才而逐渐离走。刘邦重视民心，获得百姓的支持，沿途受到欢迎；项羽恨秦至深，攻伐太过，杀戮很多，沿途攻占的城堡多数残破，不受百姓欢迎。刘邦早有大一统思想，制定一系列政治策略，利用楚怀王（义帝）号召诸侯讨伐项羽，最后诸侯联军灭了项羽。项羽不懂政治策略，不能利用义帝号令诸侯，反而放逐义帝授人以柄；只知道攻伐，不知道"诡道"，不能用计谋，虽勇敢、直率、天真，却屡屡受骗而不自省，岂不谬哉！亡楚兴汉，理固宜然。

① 《史记》，中华书局 1959 年版，第 378—379 页。
② 吕思勉：《中国通史》，陕西师范大学出版社 2010 年版，第 46 页。

项羽的"怒"

——以力服人与匹夫之勇

＊本文作者黄美铃，台湾阳明交通大学通识教育中心教授。

"怒"是情感的极端表现，但传统对于"怒"的行为并非只有负面评价，《孟子·梁惠王下》载齐宣王谓孟子："寡人有疾，寡人好勇。"孟子顺势引导，指出"怒"可表现为匹夫之勇的小勇，也可表现为一怒而安天下之民的文王之勇。孟子曰：

> 王请无好小勇。夫抚剑疾视曰："彼恶敢当我哉！"此匹夫之勇，敌一人者也。王请大之！《诗》云："王赫斯怒，爰整其旅，以遏徂莒，以笃周祜，以对于天下。"此文王之勇也。文王一怒而安天下之民。《书》曰："天降下民，作之君，作之师。惟曰其助上帝，宠之四方。有罪无罪，惟我在，天下曷敢有越厥志？"一人衡行于天下，武王耻之。此武王之勇也。而武王亦一怒而安天下之民。

一怒而安天下之民的"怒"与正义结合，也与天下之民的愿望和利益结合，因而可以代天行道，除暴救民，成就伟大事业。至于抚剑疾视，无人敢当，只是匹夫之勇的小勇。

《史记·项羽本纪》常出现项羽"怒""大怒"的记载，且"怒""大怒"之后经常表现为欠缺深思熟虑的攻击行为，无法由情绪中抽离出来做睿智的反应，则项羽的"怒"与残暴不仁相关联，也与冲动、喜报复有关，无法站在更高的视野处理政治矛盾，转化对方的力量为自己的力量。

项羽的"怒"呈现刚暴无谋的行为模式，是孟子所说的小勇或匹夫之勇，也是以力服人的思维与行为表现，这是项羽失败的重要因素，《项羽本纪》太史公曰："谓霸王之业，欲以力征经营天下，五年卒亡其国，身死东城，尚不觉寤而不自责，过矣。"

一、项羽易"怒"与伴随的报复、攻击行为

项羽具有易"怒"的性格，《项羽本纪》有很多项羽"怒""大怒"的记载，他遇到不如意或意志的伸张受阻时容易发怒，而且经常伴随着不假思索的报复、

攻击行为。

巨鹿之战后，项羽为诸侯上将军，降服章邯军后，率诸侯军入关，"行略定秦地。函谷关有兵守关，不得入。又闻沛公已破咸阳，项羽大怒，使当阳君等击关。项羽遂入，至于戏西。"项羽破釜沉舟救巨鹿，大破王离军后，召见诸侯将，"入辕门，无不膝行而前，莫敢仰视。"在诸侯将面前不可一世的项羽，率诸侯军入关，居然被挡于函谷关外，"大怒"成为项羽本能反应的模式，而且伴随强烈的攻击行为，"使当阳君等击关"，粉碎阻碍意志伸张的障碍。

击破函谷关入关后，刘邦手下有人觉得天下将归于项羽，遂背叛刘邦。"沛公左司马曹无伤使人言于项羽曰：'沛公欲王关中，使子婴为相，珍宝尽有之。'项羽大怒，曰：'旦日飨士卒，为击破沛公军！'"项羽在河北消灭两支秦军主力，是秦帝国覆亡的关键，刘邦居然武力抗拒诸侯军入关，想称王关中，珍宝尽有之，独占亡秦后最肥美的果实。依项羽的思维与行为模式，"大怒"是必然的，而且同样伴随强烈的攻击行为，遂下令："旦日飨士卒，为击破沛公军！"

入关后，有人说项王建都关中，项王见秦宫室皆以烧残破，又思东归楚地，曰："富贵不归故乡，如衣绣夜行，谁知之者！"说者曰："人言楚人沐猴而冠耳，果然。"项王闻之，烹说者。项王对"楚人沐猴而冠"的挖苦，必然是"大怒"，才会有"烹说者"的报复行为。对属下因建言不用而有的强烈反应以及牢骚，项羽不会重新思考建都关中的必要性，只是顺着本能表现为攻击与报复行为，以"烹说者"结束重要的决策思考。

项王分封天下后，齐之田荣、赵之陈余很快就破坏项王主宰的天下秩序，刘邦也趁机还定三秦。"项羽闻汉王皆已并关中，且东，齐、赵叛之，大怒。"主宰分封的天下秩序遭到破坏，是霸王事业很严重的挫败，这时项王应冷静下来，善加筹划面对危机，以期转危为安，但项王在"大怒"后，仍只是本能的局部应付，缺少大战略的思考与布局，"乃以故吴令郑昌为韩王，以距汉。令萧公角等击彭越。彭越败萧公角等。"以故吴令郑昌为韩王距汉，是封三秦王围堵汉王的故智。名将章邯为首的三秦王无法将刘邦封锁于汉中巴蜀，庸庸碌碌的故吴令郑昌，如何阻挡刘邦东进！令萧公角等击彭越，同样犯了不知彼不知己的错误，因而两项安排都以失败告终。

项羽击齐，齐王田荣将兵会战，失利逃至平原，被自己的子民杀害。这代表齐人想投降项羽，此时若有良好的安抚措施，可以很快解决齐国问题，全力对付东进的刘邦。但项羽却反其道而行，"遂北烧夷齐城郭室屋，皆坑田荣降卒，系虏其老弱妇女。徇齐至北海，多所残灭。齐人相聚而叛之。"这仍然是"大怒"后的报复行为。项羽无法站在更高的视野，以政治手腕处理危机，转化对方的力量为自己的力量，结果项羽在齐人群起反抗后陷入泥淖，给刘邦时间发展实力，并趁项羽在齐的机会，攻入彭城。

荥阳围困刘邦，汉将纪信假扮汉王，出荥阳东门，诈称汉王降，汉王则趁隙从城西门出，走成皋，并使御史大夫周苛、枞公、魏豹守荥阳。楚下荥阳城，生得周苛，项王以上将军、封三万户诱降，周苛骂曰："若不趣降汉，汉今虏若，若非汉敌也。"项王怒，烹周苛，并杀枞公。项羽发"怒"后的反应模式，仍是发为不假思索的报复、攻击行为。

楚、汉俱临广武对峙，项王缺粮，患之，为高俎，置太公其上，要挟汉王投降，否则将烹太公。汉王答以"吾与项羽俱北面受命怀王，曰'约为兄弟'，吾翁即若翁，必欲烹而翁，则幸分我一杯羹。"项王怒，欲杀太公。项王此举显示出他已无计可施，整个事件沦为荒诞闹剧。要挟被拒绝且受汉王调侃后，项王的反应也只是"怒，欲杀之。"完全是本能反应。

楚汉久相持未决，项王谓汉王：愿与汉王挑战决雌雄。汉王笑谢曰："吾宁斗智，不能斗力。"项王令壮士出挑战，汉有善骑射者楼烦，楚挑战三合，楼烦辄射杀之。项王大怒，乃自被甲持戟挑战。汉王面对挑衅，以嘲讽项王只能斗力的"笑谢"回击；项王遇到善骑射者楼烦射杀楚壮士时，却只是"大怒"，亲自被甲持戟挑战。"楼烦欲射之，项王瞋目叱之，楼烦目不敢视，手不敢发，遂走还入壁，不敢复出。"项王虽有使人望之丧胆的震慑力，但以统帅身份，一怒之下亲自被甲持戟挑战，未免小题大作，于大局无补，也显得自己无谋。

彭越下梁地，绝楚粮，项王乃东击彭越。外黄不下，数日，已降，"项王怒，悉令男子年十五已上诣城东，欲坑之。"外黄属项王自领的梁楚九郡，外黄百姓是西楚霸王辖下的子民，外黄百姓受彭越胁迫与己作对情非得已，应该积极争取他们归队，才不至于瓦解自己的支持力量。项王却陷入"怒"的情绪，欲坑杀之，明显会让自己陷入更不利的情境。幸好年十三的外黄令舍人儿往说项王，项王然其言，乃赦外黄当坑者。"东至睢阳，闻之皆争下项王。"

面对意志受挫或外在形势艰困超出预期时，项羽经常以"怒""大怒"响应，并发为报复性攻击行为。当项王改变"怒""大怒"后的报复、攻击行为，冷静下来善加筹划，化危机为转机的机会就会出现，可惜这些情况很少出现。项王经常被他易怒的情绪控制思维与行为，于是"所当者破，所击者服"的项羽，遂缺少谋略的高度，沦为以力服人的匹夫之勇。他战无不胜，却无政治谋略巩固获得的成果，因而逐步走入困境，霸王事业在乌江自刎后烟消云散。

二、"怒"与剽悍残暴

项羽有剽悍残暴的一面，结合他的易怒，遇到关键问题时无法冷静面对，使他选择最本能的反击，使他对霸王事业的经营偏于以力服人，成为他失败的重要原因。太史公在《项羽本纪》中批评："欲以力征经营天下，五年卒亡其国，身死东城，尚不觉悟而不自责，过矣。"而剽悍残暴与易怒的结合，也压抑了项羽性格中仁而爱人一面的表现，在缺乏谋略下，他的仁而爱人转为韩信所批评的"妇人之仁"。

项羽剽悍残暴的性格很明显，诸如：拔襄城皆坑之；坑章邯秦降卒二十余万人新安城南；入关后引兵屠咸阳；攻齐，《项羽本纪》载："田荣不胜，走至平原，平原民杀之。遂北烧夷齐城郭室屋，皆坑田荣降卒，系虏其老弱妇女。徇齐至北海，多所残灭。齐人相聚而叛之。"其表现应了韩信说的："项王所过无不残灭者，天下多怨，百姓不亲附，特劫于威强耳。"以及《高祖本纪》中楚怀王诸老将所说的：

> 项羽为人强悍猾贼。项羽尝攻襄城，襄城无遗类，皆坑之，诸所过无不残灭。且楚数进取，前陈王、项梁皆败。不如更遣长者扶义而西，告谕秦父兄。秦父兄苦其主久矣，今诚得长者往，毋侵暴，宜可下。今项羽强悍，今不可遣。

剽悍残暴，所过无不残灭者，造成天下多怨，百姓不亲附。这确实是项羽的致命缺点，他因而不得民心，制造杀不完的敌人。他屡战屡胜，却无法转化敌人的力量成为自己的力量，以战养战，壮大自己。于是，"所当者破，所击者服"的项羽，局面却愈来愈艰困，成为孤立的霸王。

然而，项羽祖父为楚国大将项燕，虽遭亡国之痛，生于大贵族世家，仍受过贵族教育，所以他有另一面有教养的性格表现，诸如：《高祖本纪》载高起、王陵曰："陛下慢而侮人，项羽仁而爱人。"《陈丞相世家》载陈平曰："项王为人，恭敬爱人，士之廉节好礼者多归之。"《淮阴侯列传》载韩信曰："项王见人恭敬慈爱，言语呕呕，人有疾病，涕泣分食饮。"可见项羽具有仁而爱人、恭敬慈爱等教养，而且此一教养性格是显性的，与他接触的人很容易感受到。

但面对关键时刻时，剽悍残暴与易怒主宰了项羽的反应，仁而爱人、恭敬慈爱的教养性格被压抑了，项羽成为专欲以力服人的无谋霸王，虽则"喑恶叱咤，千人皆废"，但只是一个具匹夫之勇的霸王。

三、项羽由"怒"而"笑"的转折

一生易"怒"的项羽，在垓下败逃，欲东渡乌江，与亭长对话时，却笑了出来，《项羽本纪》载：

> 于是项王乃欲东渡乌江。乌江亭长檥船待，谓项王曰："江东虽小，地方千里，众数十万人，亦足王也。愿大王急渡。今独臣有船，汉军至，无以渡。"项王笑曰："天之亡我，我何渡为！且籍与江东子弟八千人渡江而西，今无一人还，纵江东父兄怜而王我，我何面目见之？纵彼不言，籍独不愧于心乎？"

这是《项羽本纪》唯一出现项羽的"笑"之处。项王本欲东渡，奋战到底，乌江亭长檥船待，给了他安全东渡的机会，项羽却放弃了，而且笑了出来。项羽的"笑"是无奈，是对命运的无可奈何，所谓"天之亡我，我何渡为！"但这时项羽逐渐由不甘心的情绪中跳出来，由于领略命运已定，渡江再战只是将战火延烧到对他有情有义的江东百姓身上，他的"死"对江东百姓是苦难的解脱，对自己也是情义负债的解脱。[①] 项羽放弃挣扎，心情反而轻松了，所以才笑得出来。

心理的转折使项羽由易"怒"而"笑"，当我们第一次看到项羽的"笑"，却是他选择结束生命的时刻。

四、结语

项羽易"怒"、易"大怒"，结合剽悍残暴的性格，使他遭遇困难时表现本能的攻击反应，缺乏深谋远虑，对霸王事业的经营偏于以力服人。此一匹夫之勇，遂无法与天下之民的愿望和利益结合，成就一怒而安天下之民的文王之勇。

---

① 参见林聪舜：《霸业困局中项羽性格的转变》，《史记的世界》，国立编译馆 2009 年版，第142—146 页。

"小人物"推动"司法大改革"

——西汉孝女"缇萦孝心救父"背后的法律思考

＊本文作者薛希娟，现供职于陕西省韩城市人民法院。

司马迁在《史记·卷一百五·扁鹊仓公列传第四十五》中记载了孝女淳于缇萦上书救父，推动西汉文帝时期司法改革的故事：

> 太仓公者，齐太仓长，临淄人也，姓淳于氏，名意。少而喜医方术。高后八年，更受师同郡元里公乘阳庆。庆年七十余，无子，使意尽去其故方，更悉以禁方予之，传黄帝、扁鹊之脉书，五色诊病，知人死生，决嫌疑，定可治，及药论，甚精。受之三年，为人治病，决死生多验。然左右行游诸侯，不以家为家，或不为人治病，病家多怨之者。
>
> 文帝四年中，人上书言意，以刑罪当传西之长安。意有五女，随而泣。意怒，骂曰："生子不生男，缓急无可使者！"于是少女缇萦伤父之言，乃随父西。上书曰，"妾父为吏，齐中称其廉平，今坐法当刑。妾切痛死者不可复生而刑者不可复续，虽欲改过自新，其道莫由，终不可得。妾愿入身为官婢，以赎父刑罪，使得改行自新也。"书闻，上悲其意，此岁中亦除肉刑法。

这段话的大意是：太仓公淳于意从小喜欢学医，曾受师于公乘阳庆，医术精湛。他判断病人的病情比较准确，"决生死多验"。他任职太仓公后，处处游说、忙于公务，顾不上家事，也顾不上给病人看病，病人和病人家属多怨恨他。有人告发淳于意触犯刑法，当地官员判淳于意以"肉刑"。肉刑就是先在人脸上刺字，然后割掉鼻子，最后砍去一只脚，十分残忍。按照西汉的法律，当官的人执行肉刑要在长安。淳于意有五个女儿，没有儿子。在被押解西去长安施刑时，淳于缇萦五姐妹跟在车后哭哭啼啼。淳于意看着她们，一个个手足无措，只知道哭哭啼啼，顿时火冒三丈，便破口大骂道："奈何！生孩子不生儿子，到了紧要关头，真是一个有用的人也没有！"

最小的女儿淳于缇萦听到父亲如此大骂，痛不欲生，肝肠寸断。当下便记在心里，暗下决心要有所作为。后来，她尾随押解父亲的囚车，一路来到了长安。

到长安后，淳于缇萦几经波折，终于上书汉文帝。说父亲要受肉刑她很悲痛。因为，人死不能复生。施行了肉刑，人成了残废，就再也无法恢复健全的身体。她愿意把自己卖身为奴，做官婢替父亲赎罪，给父亲一个改过自新的机会。

　　这封信被汉文帝看到了。淳于缇萦在信中表达的对现行残酷刑法的不满和自己愿意卖身救父的孝行让汉文帝深受感动。汉文帝不仅赦免了淳于意，还还了淳于意的清白。同时颁布法令，废除了残酷的肉刑。

　　中国法制史上一次重大的改革就这样发生了。淳于缇萦孝心救父成为流传千古的美谈。班固曾说："百男何愦愦，不如一缇萦！"这话是盛赞淳于缇萦的！凭着孝心，淳于缇萦不仅救了父亲，而且促成了中国历史上一次重大的司法改革——废除肉刑。淳于缇萦的贡献，在于她以孝心感动了帝王的仁心，以良心唤回了良法。

　　汉文帝在改革法令以前，也经历过一番深刻的反省。他说，尧舜时期，对犯罪者只要在衣服上加个记号，那人就会感到羞耻而悔过自新。而当朝却要用严法酷刑来惩治罪犯，相比之下自己的德行是多么不昭彰啊！

　　这话显而易见地表现了汉文帝本是一位仁君，淳于缇萦的话不过是唤起了他的悲悯之情和仁者之心。他立即颁布了法令，法令的核心就是：以笞代替劓刑、斩左趾，斩右趾改为弃市。缇萦的孝心不仅救了父亲，还促成了汉初的一次司法改革，废除了肉刑。替天下人做了一件好事，百姓更加自觉地遵纪守法，刑事案件逐年减少。据说，当时一年里全国的刑事案件还不超过四百件。

　　当今社会，重大个案也会成为促进司法改革、推动法律进程的一个里程碑。我读过中国政法大学污染受害者法律援助中心王灿发的事迹。与庞大的国家立法机构相比，王灿发无疑是个"小人物"，但这个"小人物"曾经多次免费为污染受害者代理案件，促进环境保护和环境法治建设。他代理的江苏石梁河水库周边 97 户农民的污染死鱼赔偿案，为受害者争得赔偿款 560.4 万元，并改善了石梁河水库的水质。他代理的武汉市汉阳渔场承包人诉武汉市水务局和环保局行政诉讼案，不仅使受害者得到 200 万元的赔偿，而且也促使武汉市人民政府和有关部门加强了对湖泊生态的保护。这个"小人物"自 2001—2011 年，连续十年对律师和法官进行环境法律实务的公益培训，先后培训了 435 名律师，338 名法官和 103 名环保官员。他自己又积极参与环境立法，促进环境法律的完善。他参与 2008 年《水污染防治法》修订草案的起草，在该法中增加了许多有利于污染受害者维权的条款；他参与起草的《消耗臭氧层物质管理条例》，在法律责任和环保部门的执法手段方面比原有环境法有许多突破。这个"小人物"凭借自身的微薄力量推动着国家的法治建设。

　　我们还看到了一个个"小人物"的力量，最终推进了中国司法改革的"大进程"。任何国家、任何政府的立法都是法治建设的基础保障，而每个普通人都是立法活动中的基石。司法是法律的实践，但真正履行法律义务、保障公民权利却需要每一位司法工作者和每一位公民切切实实的努力。我们看到过许多这样的事例，无论是"乡村检察官"张章宝，还是河南省主诉检察官蒋汉生，他们都是国家司法队伍中的"小人物"。张章宝从事控申工作 15 年，无一错案，无一上访，影响了 298 个行政村的法治风气；蒋汉生用 8 年的努力让背屈含冤达 13 年之久的胥敬祥无罪释放。正是凭借这些"小人物"的力量，国家的司法权威得到了保证，公民的合法权益得到了维护，同时也推进国家的法治进程。

从西汉初年的孝女淳于缇萦到新时期的王灿发、张章宝、蒋汉生，"小人物"的力量虽然弱小，但却践行着法律的行为规范，放射出法治的精神与力量，甚至影响和改变着公众的生活。我们需要凭借这些"小人物"的力量，唤醒民众的法律意识，促使更多的人接受法律、尊重法律。同时，也必然影响着高层制定或者修订有益于国家和人民的法律条文。这样，依法治国的法治社会就会越来越完善。

浅谈家庭教育对司马迁的人生影响

＊本文作者薛引生，陕西省传记文学学会会长。

中国人一向重视家庭在个人成长过程中的作用，素有"天下之本在家"之说。习近平总书记在他的治国理政思想与实践中对家庭教育的重要作用给予了高度关注。他指出："家庭是人生的第一个课堂""家风是社会风气的重要组成部分""父母是孩子的第一任老师"。在这里，家庭既是人们人生起点的方位，也是"梦想启航的地方"。研究司马迁的人生际遇，我认为司马迁能够完成《史记》，成长为世界文化名人，与他所受到的家族、家风影响和父母熏陶、家庭教育有直接的关系。司马迁在《史记·太史公自序》中非常自豪地提到了自己的家世，提到了父亲司马谈，叙述了父亲对他的影响和教育。司马迁之所以能够取得那样伟大的成就，原因是多方面的，其中十分重要的一个因素，就是这些影响和熏陶。概括地说，司马迁所受到的家族影响、家庭教育可分为四方面。

其一，沐祖恩，承先贤，从先人家族中得到启示，增强了他人生的荣誉感和社会责任感。司马迁在《史记·太史公自序》中追溯其先祖到唐尧虞舜时代的重黎氏，"余维先人掌管斯事（天官），显于唐虞，至于周复典之，古司马氏世主天官。"到周代其先祖程伯休甫任司马这一非常重要的军职。周宣王时以司马为姓，从此司马氏世代掌管周史。到秦惠王时其家族出了一个司马错，是秦国名将，乃国之栋梁。西汉初，司马迁的父亲司马谈在汉武帝建元元年（前140年）任太史令，执掌天文地理。司马谈为自己担任太史令，上承先祖、下荫子孙感到十分荣幸和自豪。他经常教导儿子，要继承祖上的事业，完成一部史书。司马迁从家族史中所受到的熏陶，使他十分尊重太史令的职责，并以此为荣耀。司马迁忠实地继承了祖辈良好的道德品质，他熟读古书，观照当今，秉笔直书，为国修史。

司马迁六岁随父亲到京师长安，在父亲指导下，学习当时流行于关中的《左传》《国语》一类典籍。《自序》中所言"年十岁则诵古文"，写的就是这时候的学习情景。司马谈是一位学识渊博的学者，但他并不满足，又先后"学天官于唐都，受易于杨何，习道论于黄子"。他认为这些都是撰写史书必备的知识。当时，虽然汉武帝已经推行"罢黜百家，独尊儒术"的治国方略，但司马谈还是广泛涉猎，学习研究了"阴阳家""儒家""墨家""名家""法家""道德家"等各流派的学说。在研究的基础上，写下了《论六家要旨》一书。后来班固在《汉书》中把《论六家要旨》看成是司马迁思想的反映。还有的人认为，《论六家要旨》的后半部是司马迁所撰。可见司马迁知识的积累、学问的进步、思想的形成，与其父亲的苦心教育、浸染熏陶是分不开的。特别是司马谈的高尚品德，锲而不舍的钻研精神，对司马迁一生刚直不阿，忍辱负重，成为"究天人之际，通古今之变，成一家之言"的伟大史学家，是有很大影响的。我们把司马谈看作是司马迁的第一任老师，是丝毫也不过分的。

其二，览群书，明今学，接受唯物史观。司马谈总括先秦诸子百家。对每一家的理论都用一分为二的观点进行分析，指出其优点与不足。取各家之长，论证其中蕴含的朴素唯物主义观点和辩证分析的方法。司马迁在创作《史记》的过程中，无论是对历史规律的把握，还是对历史事件的表述，以及对人物的内心描述、形象刻画等等，都把这一观点贯穿始终，充分折射出其朴素的唯物史观和辩证的方法论。在安排对司马迁教育之大计时，司马谈让他在向诸子百家学习的同时，始终把学习儒家学说放在首位。司马迁在京师拜了两位儒学大师：一位是专门讲授古文《尚书》的孔安国；另一位是专门讲授《公羊春秋》的董仲舒。《汉书·儒林传》中说："孔氏（指孔子）有古文尚书，孔安国以今文字读之，因以起其家逸书，得十余篇，盖尚书兹多于是矣。"又说："司马迁亦从安国问故。迁书载尧典、禹贡、洪范、微子、金縢诸篇，多古文说。"这里的安国指的就是孔安国。孔安国是孔子的后裔，他从孔子家的墙壁中得到古文《尚书》。因他既认识用蝌蚪文（先秦时期的古文）写成的古文，又通晓秦时用小篆写的今文，因此，他成为研究古文《尚书》的通家。司马迁多次向孔安国请教有关古文《尚书》的问题，以师礼相待。古文《尚书》，记载着虞、夏、商、周的历史，保存了商、周时期很多重要的历史文献和远古传说。以司马迁的聪慧与用功，很快掌握了这些珍贵的史料。这对司马迁写秦以前的历史是有很大帮助的。今天我们读《史记》，看其所录《尚书》本文和载出的篇目，就有59篇之多。例如《五帝本纪》《夏本纪》《殷本纪》等篇目，其历史事实都源于《尚书》。司马迁在《史记》中常引用商、周的历史以喻今，或辨其正谬，完全得益于司马谈安排"司马迁亦从安国问故"的决策。

司马迁的第二位老师是董仲舒。笔者研究表明，司马迁的"大一统思想"和"秉笔直书"的性格形成都得益于向董仲舒学习《公羊春秋》。董仲舒广川人（今河北枣强人）。汉武帝举贤良文学之士，董仲舒以公羊大师应诏到京师长安，专门讲授《公羊春秋》。董仲舒讲授《公羊春秋》时，自己坐在帷幕内讲授，学生在帷幕外听讲。有的学生完成学业以后，还未见过老师的面。董仲舒讲授三年不去后花园，其专心致志、精心授业的精神难能可贵。据《公羊传》记载，当时向董仲舒学习《公羊春秋》的学生，数以百计。其中有"子沈子、子司马子、离子、鲁子"等人的名字。据考证"子司马子"就是司马迁。

《春秋》是鲁国的史书，经过孔子删订后没有刻在竹简上成书，而是层层由弟子口授，弟子们口授时各执己见。左丘明恐怕以讹传讹，就亲自讲授。到了汉初形成了左氏、公羊、谷梁三大学派。董仲舒受业于公羊一派，史称《公羊春秋传》。《公羊春秋传》着重阐释《春秋》大义，史实记载较为简略。研究公羊学说的人专门从中探求"微言大义"的道理。所谓"微言大义"，就是隐微其言，借历史事实，发挥自己的政治见解，把深刻含蓄的道理，尖锐犀利的观点包含在精微语言里。这对司马迁日后秉笔直书，著述《史记》有重大影响。如司马迁在《孟尝君列传》的赞语中说："吾尝过薛，其俗间里率多暴桀子弟，与邹、鲁殊。问其故，曰：'孟尝君招致天下任侠，奸人入薛中盖六万余家矣。'世之传孟尝君好客自喜，名不虚矣。"这段话用白话文讲就是，我过薛邑，这里风俗不好，乡里的青少年多凶暴不驯。这与我走过的邹国、鲁国的文明礼让和浓郁的文化气氛大不相同。我问当地人这是什么原因，他们回答说："孟尝君招致天下侠士，奸人也趁机入薛，大概有六万多家。"世间传说孟尝君好客自喜，名不虚传啊！其结语乍看，好像在褒扬孟尝君，而实却含贬斥之意。所谓"好客"，多是任侠奸人、鸡鸣狗盗之徒，这不能不说是孟尝君的过错。司马迁在书中直书自己的观点，直言不讳地批评战国四君子之一的孟尝君。可谓秉笔直书。又如他在《孟子荀卿列传》的卷首就写道："余读孟子书，至梁惠王问'何以利吾国'，未尝不废书而叹也。曰：嗟乎，利诚乱之始也！夫子罕言利者，常防其原也。故曰'放于利而行，多怨'。自天子至于庶人，好利之弊何以异哉"。这段话可以理解为：我读《孟子》一书，读到梁惠王问："怎样有利于我的国家。"免不了要放下书感叹一番。功利实在是一切祸乱的开始。孔夫子很少说到功利的原因，就在于要经常防止灾祸的本原。所以他说：只从自己的利益出发办事，就会招致很多的怨恨。从帝王到老百姓都有追求功利的毛病，这是没有什么区别的。司马迁断定私利是一切祸乱之原。帝王也好，老百姓也好，如果重私利，祸乱必至。这是司马迁给为政者以权谋私必然导致灾祸而敲响的警钟。

董仲舒向汉武帝建议实行"罢黜百家，独尊儒术"。历史上把董仲舒这种主张叫"大一统思想"。董仲舒认为这样天下的思想就可以统一，法度就能够明确，老百姓就有所遵循。司马迁在《史记》中，记载边陲少数民族和中原华夏民族，就反映了这种思想。司马迁曾"奉使西征巴、蜀以南，南略邛、筰、昆明，还保命。"在去西南少数民族地区考察中，司马迁获得不少中原华夏民族与边陲少数民族在血缘关系方面的资料。他根据自己掌握的材料，写了《匈奴列传第五十》《南越列传第五十三》《东越列传第五十四》《朝鲜列传第五十五》《西南夷列传第五十六》以及《大宛列传第六十三》等篇目，成为《史记》重要的组成部分。就司马迁的考察证实，"匈奴，其先祖夏后氏之苗裔也"；"越王勾践，其先禹之苗裔，而夏后帝少康之庶子也"；闽越王"其先皆越王勾践之后也"等等。司马迁不仅把少数民族和中原华夏民族从血缘关系上联系到了一起。而且从文化习俗、经济活动等方面考证了少数民族和中原华夏民族一样，也在不断地发展进步。只不过存在快慢先后而已。并且预言少数民族和华夏民族，一定会走向统一。时经两千多年，事实证明了司马迁的预言是十分正确的。青少年时期的司马迁，跟随父亲学习经典和百家知识，既耳濡目染，又善于思考，思想就接近了父亲的思想。所以，父子俩的"秉笔直书""大一统"思想是一脉相承的。

其三，重实践，走天下，为《史记》创作打下坚实的实践基础。司马迁20岁时接受父亲的安排，壮游天下："南游江、淮，上会稽，探禹穴，窥九疑，浮于沅、湘；北涉汶、泗，讲业齐、鲁之都，观孔子之遗风，乡射邹、峄；厄困鄱、薛、彭城，过梁、楚以归。"他足迹到达当时汉朝的大部分领土。这次考察，司马迁收获不小。第一，自己动手搜集了不少历史资料，验证了历史记载，辨明了正误，为《史记》创作做了大量的实践准备。其二，饱览祖国大好河山，培养了对祖国的深厚感情，对人民群众的热爱之情，对于树立进步的人生观有积极作用。其三，锻炼了体魄，磨砺了克服困难的意志。以当时的交通条件，做那样长途的旅行，是非常艰难的。这对于磨炼一个人的意志和锻炼体魄是极为珍贵的机会。司马迁谨遵父亲"读万卷书，行万里路"的教导，在交通极其不便、生活十分艰苦的情况下，进行万里考察，为他写《史记》积累了丰富的资料。如在《史记·五帝本纪第一》一文的赞语中说："余尝西至崆峒，北过涿鹿，东渐于海，南浮江淮矣，至长老皆各往往称黄帝、尧、舜之处，风教固殊焉，总之不离古文者近是"。司马迁又说，我搜集各种资料，加以研究编排，选择其中较为典型、合理的说法记述下来，写成了《五帝本纪》。可见司马迁除查阅《尚书》《公羊春秋》等古籍的记载以外，许多都是自己在实地考察以后得来材料。

其四，承父命，著信史，树立正确的人生价值观。司马谈为西汉盛世宏伟的事业所鼓舞，决心用自己的笔把它记录下来。就在司马迁奉使西征巴蜀那年，司马谈因未能跟随汉武帝去泰山封禅，忧愤而病，滞留周南。司马迁由巴蜀回来后赶去拜见父亲，父亲拉着他手，流着泪说，我死后，你必为太史，可不要忘记我想要撰写《史记》的夙愿啊！司马迁也满含热泪，他说"小子愚笨，我一定认真详述先人所编史实掌故，不敢有所遗漏。"后来，司马迁虽惨遭腐刑，痛不欲生。但谨遵父亲嘱托，顽强地活下来，完成了撰写《史记》的任务。正如司马谈当时指出的，只有这样做才是孝子！

司马谈说：孝是从侍奉父母开始的，忠于君主是尽孝的发展与延伸，但最终应体现在取得功名成就上。只有做出伟大的贡献，扬名于后世，这才是真正的孝，才达到了孝的最高境界。司马迁深受这一思想的影响，把"君子疾没世而名不称焉"作为自己人生价值的最高取向，把能否"立名"作为自己的行为标准。司马迁排除一切困难，忍辱负重完成《史记》，父亲的临终教诲无疑是巨大的动力。

吴汝煜先生在《史记与公羊学》一文中说"司马迁以恢弘的气魄，吸收了公羊学说中的精华，写出了比《春秋》规模更大，褒贬尺度更富于人民性、内容体制更符合大一统时代要求的伟大著作，这实在是空前的壮举。"一张白纸上画出的印痕最为清晰鲜明，一个人最初接受的教育往往决定人的一生。司马迁从先祖、家族，从父亲那里所接受的教育，是他能够成为中外历史上第一流史学家和文学家的必备要素。司马迁在《报任安书》中说：我虽然平庸无能，也曾聆听过德高望重的长者的教诲，继承着先辈遗留下来的风尚，"网罗天下放失旧闻"，"稽其成败兴坏之理"，"亦欲以究天人之际，通古今之变，成一家之言。"司马迁取得这个无与伦比的辉煌成就，父母教育、家庭熏陶是一个重要因素。

笔者结论：家族、家风是孩子成长的重要因素，父母是孩子的第一任老师。

从《史记》君王猜忌
臣子故事看司马迁的君臣观

＊本文作者李晓媛，广西师范大学文学院硕士研究生。

　　君王身居高位，掌握大权，是身份特殊的个体，担负着统治和管理国家的使命。臣子是君王的下属，需要具备一定的才干与能力，替君王出谋划策、分担政事。两者之间的交集密切，但也存在分歧与矛盾。《史记》中多次描写了君王猜忌臣子的相关故事，从中我们可以分析探究其产生的原因，以及感受司马迁具有个人风格的君臣观。

一、猜忌故事分析

（一）君一意孤行，臣悲剧身亡

　　君王出于自身统治利益的需要，对有才能、有权力的臣子常怀警惕之心。当臣子功高震主，或是违逆君王命令时，往往招致猜忌，最终落得惨死的悲剧命运。

　　伍子胥多次劝谏吴王夫差杀掉勾践、暂不攻齐而先灭越，但夫差都不听。之后，太宰伯嚭进谗言，称伍子胥阴谋倚托齐国反吴，听信谗言的夫差赐给伍子胥剑，让其自杀。伍子胥伤心地自刎而死。

　　信陵君魏无忌是魏国的军事家，曾率领诸侯国军队大败秦军。秦王花了万斤黄金行贿门客，让他们在魏王面前进谗言说魏无忌要称王。还利用在秦国的魏国间谍，请他们祝贺询问是否已经立为魏王。"魏王日闻其毁，不能不信，后果使人代公子将。"魏王的猜忌和疏离让魏无忌伤心欲绝，"自知再以毁废，乃谢病不朝，与宾客为长夜饮，饮醇酒，多近妇女……竟病酒而卒。"[①] 他死后十八年，魏国被灭。

　　蒙恬是秦国将军，屡立战功，他弟弟蒙毅也是秦始皇信任的大臣。始皇巡游会稽时驾崩，李斯、赵高和胡亥封锁消息，暗中策划，迫使公子扶苏自杀，拥立胡亥为二世皇帝。蒙恬被囚禁于阳周，胡亥杀死扶苏后本想释放蒙恬，但赵高捏造罪名，日夜毁谤蒙氏，终于把蒙恬、蒙毅两兄弟处死。

---

　　① 司马迁：《史记》，中华书局 2010 年版，第 5098 页。

这样的例子还有很多，许多臣子有大功于世，却遭到嫉害而被君王赐死，如李斯被赵高诬陷谋反，最终他在严刑拷打之下被迫承认谋反，被处死，夷三族；王翦重金收买赵王近臣郭开，让郭开散布李牧反叛之流言，赵王听信流言，暗中布置圈套捕获并斩杀李牧，最终导致赵国被灭。

还有的臣子，君王虽未将其直接赐死，但最终也凄惨身亡。如楚怀王听信上官大夫谗言而疏远屈原，楚怀王死后，即位的顷襄王又听信上官大夫之诽语，怒而放逐屈原，最终导致屈原自投汨罗江身亡；贾谊原被汉文帝倚重，但他提出的革新主张遭到了周勃等老臣们的反对，在多人进谗的情况下被君主猜忌，谪为长沙王太傅，又迁为梁怀王太傅，因怀王堕马猝死而歉疚抑郁过世，终年仅三十三岁；秦王原本很欣赏韩非，但听了李斯、姚贾的挑拨后，把韩非交给法官拷问，李斯趁机派人给韩非送去毒药，逼得韩非自杀身亡，秦王悔之晚矣。

（二）君回心转意，臣化险为夷

在发生分歧和矛盾时，一些君王曾经非常忌惮怀疑臣子，但最后回心转意，重新给予了臣子充分的信任。而臣子虽遭猜忌，但最后化险为夷，性命无虞。

萧何作为丞相，在刘邦平叛归来时为民请命，请求将上林苑中空地让给百姓耕种，刘邦听后雷霆大怒："相国多受贾人财物，乃为请吾苑！"[1] 认为萧何为谋私利，侵夺民财，将其打入大牢，还上了刑具。一位姓王的卫尉向刘邦求情，晓以利弊，说明萧何的情况只是为了民众的利益。刘邦也实在找不到萧何的任何罪证，"高帝不怿，是日，使使持节赦出相国。"看到出狱后狼狈的萧何，刘邦说道："相国休矣！相国为民请苑，吾不许，我不过为桀纣主，而相国为贤相。吾故系相国欲令百姓闻吾过也。"[2] 表达了自己的歉意，以及对萧何贤德的肯定。最后萧何功成身退，得以保全，年老病逝，被汉惠帝赐谥号为"文终"。

汉文帝曾非常宠信周勃，任其为右丞相。"人或说勃曰：'君既诛诸吕，立代王，威震天下，而君受厚赏，处尊位，以宠，久之即祸及身矣。'"听到周围人的警告后，"勃惧，亦自危，乃谢请归相印。"[3] 但一年多后丞相陈平去世，皇帝又让周勃任丞相。过了十几个月，周勃被免去丞相职位回封地，郡守和郡尉来巡视时，周勃怕自己被杀害，"常被甲，令家人持兵以见之。"后来"人有上书告勃欲反"，[4] 于是文帝下令逮捕了周勃。周勃把加封所受的赏赐都送给了薄太后之弟薄昭，薄昭向薄太后说情，太后坚定地向文帝说周勃不会有谋反之事。文帝最终相信了周勃的忠心，赦免了他，并恢复其爵位和食邑。周勃得以年老而终。

陈平被汉将魏无知推荐给刘邦。刘邦破例任陈平为都尉，许多将领心生不

---

① 司马迁：《史记》，中华书局 2010 年版，第 4059 页。
② 同上，第 4060 页。
③ 同上，第 4228 页。
④ 同上，第 4230 页。

满，诋毁陈平。刘邦质问陈平，陈平不紧不慢地回答道："闻汉王之能用人，故归大王。臣裸身来，不受金无以为资。诚臣计画有可采者，大王用之；使无可用者，金具在，请封输官，得请骸骨。"① 道明了自身的政治选择及诚意，刘邦的疑虑顿消，对陈平倍增好感，并重重地赏赐一番，提升他为护军中尉，专门监督诸将。自此，陈平认真辅佐刘邦，成了西汉安邦定国的著名谋臣。

（三）君心生忌惮，臣主动退出

有的臣子机智敏感，对所处形势做出正确的预见和判断后，急流勇退，主动退出政治舞台，离开权力的顶峰，保全了自己。

张良曾经积极辅助刘邦称帝，并深受刘邦器重。但在政权稳定之后，君主专制的权威与谋士的独立地位发生了变化，当吕后请求张良说服高祖不易太子时，心怀苦衷的张良说："始上数在困急之中，幸用臣策。今天下安定，以爱欲易太子，骨肉之间，虽臣等百余人何益。"② 他清醒地看到了与君王之间的这种变化，主动抽身离开，最终得以功成身退，请封留侯。

王翦在出征战场前，向秦王"请美田宅园池甚众"，有人十分不解，他回答"夫秦王怚而不信人。今空秦国甲士而专委于我，我不多请田宅为子孙业以自坚，顾令秦王坐而疑我邪？"③ 他早已看出秦王为人残暴多疑，秦王把全国的武士调光委托给自己，若不请求赏赐田宅给子孙们置产，表明自己出征定会归来，就会惹得秦王怀疑。由此可见王翦机智聪慧，看清了政治形势，这也是他被秦始皇倚重的原因。最后他平安度日，年老而终。

乐毅在军事上功劳卓绝，辅佐燕昭王振兴了燕国。燕昭王死后，燕惠王即位。燕惠王做太子时就对乐毅有所不满，齐国的田单知道后，便造谣乐毅要在齐国称王。"于是燕惠王固已疑乐毅，得齐反间，乃使骑劫代将，而召乐毅。"有着高度政治敏感的乐毅意识到"燕惠王之不善代之，畏诛，遂西降赵"，④ 向西去投降了赵国。之后燕惠王很后悔派骑劫代替乐毅，致使燕军惨败，派人去赵国向乐毅道歉。最终，乐毅顺利往来于赵国、燕国之间，被两国君王宠幸。最后老死于赵国。

这一类的例子不少，如范雎在预感到一场政治风暴即将来临时，向秦王交出相印，推荐蔡泽接替自己的相位，辞归封地；在范蠡的辅佐下，越王勾践灭吴复国，范蠡则不贪图功名，选择功成身退，长久地做起了陶朱公。他们凭借着高度的政治敏感性和准确的时局判断性，且不为功名利禄所羁绊，超脱地离开尘世，最终成功保全了自己，令人敬佩。

---

① 司马迁：《史记》，中华书局 2010 年版，第 4169 页。
② 同上，第 4141 页。
③ 同上，第 4951 页。
④ 同上，第 5233—5234 页。

二、原因分析

（一）君王的多疑寡恩

君王是至高无尚的领袖，但实际上他不可能事事躬亲，因此下设许多官僚机构和具体官职。君王宠幸谁、和谁结成信任关系，往往主要取决于他的个人感受。君王希望有人为他分忧，但面对能力强、有权势的臣子，也一直怀着警惕和提防之心，难以真正信任。

奸臣伯嚭向吴王进谗，说伍子胥的坏话。吴王却不加斥责，而表示赞同："微子之言，吾亦疑之。"说自己也早就怀疑伍子胥了，之后就下了旨意要赐死他。伍子胥自尽前留下了遗言，说死后要摘下他的眼睛挂在门上，等着看越国灭吴的一日。吴王勃然大怒，"乃取子胥尸盛以鸱夷革，浮之江中。"[1] 将其尸体装入皮革袋，扔入江中，不让他入土为安。这是对人极高的侮辱和惩罚，可见吴王为人多疑粗暴，刻薄寡恩。

景帝刚即位时，很器重周亚夫。之后景帝废栗太子，周亚夫不同意；窦太后要封自己家亲戚，亚夫也阻止；匈奴王降汉后景帝要封侯，周亚夫又反对，于是开始疏远他。一次宴席，景帝故意在席上放了一大块没切过的肉，也没放筷子，周亚夫不满地叫管宴席的官拿筷子，最后甚至谢罪而离席而去。景帝忿忿道："此怏怏者非少主臣也！"[2] 心中埋下了见疑的祸根，最后周亚夫之子被人告发盗买官器，受到牵连，在狱中绝食五日，呕血而死。

李牧是赵国名将，威望崇高。王翦行反间计，用重金收买赵王近臣郭开，让郭开散布李牧反叛之流言。昏聩的赵王迁一听到这些谣言，不加调查证实，"乃使赵葱及齐将颜聚代李牧。"李牧秉承着不愿服从，"赵使人微捕得李牧，斩之。"[3] 三个月后，王翦发起进攻，最终灭赵。司马迁《史记·赵世家》云："'迁素无行，信谗，故诛其良将李牧，用郭开。'岂不缪哉！"[4] 表达了内心的愤慨与叹息。

（二）小人的恶意进谗

政治朝局复杂多变，统治集团内部常有斗争，一些人因为对臣子心怀嫉妒怨恨之心，或是立场针锋相对，因此屡进谗言。在《史记》的视角中，他们与传记人物主角相对立，向君王煽风点火，甚至直接恶意构陷，导致了许多臣子的悲剧结局。

原本楚怀王很器重屈原，但上官大夫嫉妒屈原的才能，进谗言道："王使屈

---

[1]　司马迁：《史记》，中华书局 2010 年版，第 4549 页。
[2]　同上，第 4248 页。
[3]　同上，第 5298 页。
[4]　同上，第 3507 页。

平为令，众莫不知，每一令出，平伐其功，曰：以为'非我莫能为'也。"于是，"王怒而疏屈平。"① 怀王死后顷襄王即位，任用子兰为令尹。屈原怨恨子兰劝怀王入秦，而致怀王丧命，"令尹子兰闻之大怒，卒使上官大夫短屈原于顷襄王。顷襄王怒而迁之。"② 最终，屈原绝望投江自尽。

齐国田单知道新即位的燕惠王与乐毅不和，行反间计道："齐城不下者两城耳。然所以不早拔者，闻乐毅与燕新王有隙，欲连兵且留齐，南面而王齐。齐之所患，唯恐他将之来。"③ 表明乐毅与燕国新即位的国君有怨仇，因此乐毅用兵时故意拖延时间留在齐国，准备称王。最后燕惠王心生猜忌，罢斥乐毅，致使破齐之事前功尽弃。

将领司马穰苴为齐国打退燕、晋，收复失地，但景公听信谗言，导致司马穰苴被罢黜，抑郁生病而死；魏其侯窦婴以受景帝遗诏"事有不便，以便宜论上"为名，请求武帝召见，想要搭救好友灌夫，却被"伪造诏书罪"弹劾，此时也出现了许多诽谤窦婴的流言蜚语，汉武帝最终下令将窦婴斩首示众。可见君王在很多时候会受到外界的干扰，听信一些谗言，从而影响到自己最终的决定。

（三）臣子的性格缺陷

除了政治冲突，这些人物的悲剧结局离不开自身的性格缺陷，这让他们在政治舞台中虽立下丰功伟绩，却不懂得掩饰锋芒，最终惨淡收场，令人扼腕叹息。

第一，语言直率，过刚易折。伍子胥之死毁在自身的不知进退上。首先，他意气用事，早就想过自杀。伍子胥劝吴王夫差放弃攻齐，先伐越国。吴王不听，就出兵攻打齐国，在艾陵大败齐军。吴王责备伍子胥，伍子胥却说："王毋喜！"吴王很生气。此时伍子胥意气用事，竟想自杀，吴王听到后制止了他。其次，他坦言直谏，语带威胁，让君王心怀芥蒂。越国大夫文种找吴王借粮，子胥建议不借，吴王还是借给越国了。子胥愤愤不平，说道："王不听谏，后三年吴其墟乎！"④ 言辞凿凿，语气急躁，意带威胁，令吴王心中非常不满。这为后面吴王决意杀掉伍子胥埋下了祸根。

白起战功赫赫，但为了国家与将士们的休养生息，拒绝再次攻打赵国。但秦昭襄王还是派人攻赵，结果伤亡惨重。白起不满地说："秦不听臣计，今如何矣！"字里行间表示出对秦昭襄王的怨怼之意，"秦王闻之，怒"，感到自己的尊严受到了挑战，加上范雎进了谗言，最终"乃使使者赐之剑，自裁"，⑤ 白起落了个悲惨身死的结局。

第二，树敌过多，不留后路。张汤曾被丞相府的三位长使联合起来陷害，其

① 司马迁：《史记》，中华书局 2010 年版，第 5375 页。

② 同上，第 5389 页。

③ 同上，第 5233 页。

④ 同上，第 3238 页。

⑤ 同上，第 4943 页。

中长史朱买臣怨恨张汤已久，张汤在任小吏、廷尉时，都对朱买臣非常不客气。之后，朱买臣被降职后前去拜见张汤，张汤轻蔑地坐在床上，爱答不理。而另两位长使王朝和边通，他们的地位都曾比张汤高，但最后失去官位，任守丞相长史，只好在张汤面前委曲求全。而张汤多次代行丞相职权，时常故意凌辱他们。张汤跋扈的所作所为，为三位长吏联合起来陷害他埋下了祸根。

三、司马迁的君臣观

《史记》通过对各类君臣故事的记叙与描绘，寄托了司马迁的人生理想，蕴含着他对政治、经济和人事的观点，表达了深刻的君臣观。侯旭东提到，"其一是皇权与一般官员所缔结的君臣关系，其二是皇帝与近臣之间发展出更紧密的人际关系。"① 可见君臣关系除了利益性，在双方更熟悉、往来更紧密时又具备了信任性。

（一）儒家思想下对生命的敬重

司马迁自幼诵读儒家经典，师从孔安国与董仲舒，并对孔子非常推崇，将其列入世家。儒家思想的仁爱思想，促进了司马迁的人道主义关怀情结，造就了他对历史人物的深刻理解和同情，表现出对生命的珍视。《孟子·离娄下》曰："君子以仁存心，以礼存心。仁者爱人，有礼者敬人。爱人者人恒爱之，敬人者人恒敬之。"② 此处深刻阐述了儒家的仁爱观，表明了对他人的敬重与对生命的仁慈。

君王有着生杀予夺的权力，臣子做事不合其意，或者是听信了谗言误会臣子有二心，往往决意除掉臣子。虽身居高位，君王出发点是为了朝局利益和君权稳定，但以儒家道德来看，他们是刻薄寡恩，甚至导致亡国的。一些臣子因一生为国为民，受人爱戴，百姓在他死后会自发地进行祭拜和缅怀。伍子胥被吴王赐死后，"乃取子胥尸盛以鸱夷革，浮之江中。吴人怜之，为立祠于江上，因命曰胥山。"③ 白起死后，秦国百姓也自发祭拜纪念他。"武安君之死也，以秦昭王五十年十一月。死而非其罪，秦人怜之，乡邑皆祭祀焉。"④ 这样的细致描写，既展现了司马迁对忠心之臣的崇敬之情，也表达出他对生命的敬重与怜悯。

（二）对统治者的批判及对臣子的叹息

司马迁被汉武帝处以宫刑，抑郁悲愤，自身的坎坷经历让他对历史上被猜忌臣子的命运产生了共鸣。《史记》中强烈地表现了他对一些寡恩统治者的批判，

---

① 侯旭东：《宠—信—任型君臣关系与西汉历史的展开》，《清华大学学报》（哲学社会科学版）2016 年第 6 期，第 66 页。

② 万丽华、蓝旭译注：《孟子》，中华书局 2006 年版，第 185 页。

③ 司马迁：《史记》，中华书局 2010 年版，第 4549 页。

④ 同上，第 4944 页。

以及对忠臣不得善终的扼腕叹息，赋予了臣子理想人格的光辉。

伍子胥被夫差赐死时，他大笑着说：“我令而父霸，我又立若，若初欲分吴国半与我，我不受，已，今若反以谗诛我。嗟乎，嗟乎，一人固不能独立！”①表达出自身忠心耿耿、效犬马之劳却被诛杀的痛心疾首。范蠡离开越王后，从齐国给大夫种发来一封信。信中说：“蜚鸟尽，良弓藏；狡兔死，走狗烹。越王为人长颈鸟喙，可与共患难，不可与共乐。子何不去？”②表达了君王只可共患难、难以同富贵的情形，心中的无奈悲凉之情跃然纸上。字里行间展现了司马迁对君王昏聩的失望，以及对明德之君的渴望。

书中也描写了臣子自尽时的遗言，如白起说道：“我何罪于天而至此哉？……我固当死。长平之战，赵卒降者数十万人，我诈而尽坑之，是足以死。”③之后自刭身亡。白起将赵军降卒几十万人活埋，对此深感愧疚，与忠义心性产生了巨大的矛盾。司马迁评价白起：“鄙语云‘尺有所短，寸有所长’。白起料敌合变，出奇无穷，声震天下，然不能救患于应侯。”④表明白起虽在战场上足智多谋，名震天下，然而在政局中却愚笨迟钝，不能对付应侯给他制造的祸患。最后自刭而死的结局，令人唏嘘。

（三）对理想君臣关系的期盼

《史记》中寄托了司马迁对贤德明君的渴望，表明了对君臣和谐理想状态的期盼，臣子建功立业的梦想与君王的重视信任是紧密相连的，因此君臣关系是国家兴衰的关键。

首先，君王要仁德。舜帝认为“臣作朕股肱耳目”，表明臣子是君王的臂膀和耳目，重要至极。又道：“予即辟，女匡拂予。女无面谀。退而谤予。敬四辅臣。诸众谗嬖臣，君德诚施皆清矣。”言行有失，望臣子纠正；拒绝臣子的当面奉承、背后指责；遇到搬弄是非的佞臣，用施行德政去清除他们。⑤皋陶也曾提出过自己的君王德政的见解：“慎其身修，思长，敦序九族，众明高翼，近可远在己……在知人，在安民……知人则智，能官人。”⑥要态度宽厚，让众贤辅佐；还要理解臣下，才能明智，恰当地给人安排官职，善用人才。司马迁通过对人物的语言描写，抒发了自己对君臣关系的理想状态。

其次，臣子也要忠心、为社稷做贡献。季札曾说：“苟先君无废祀，民人无废主，社稷有奉，乃吾君也。吾敢谁怨乎？哀死事生，以待天命。”⑦表明谁当王就

---

① 司马迁：《史记》，中华书局 2010 年版，第 3238 页。
② 同上，第 3250 页。
③ 同上，第 4943—4944 页。
④ 同上，第 4957 页。
⑤ 同上，第 121 页。
⑥ 同上，第 116—117 页。
⑦ 同上，第 2465 页。

是自己的君主，自己会对死去的君主尽哀，对活着的君主尽职效忠，以尽自己的余年。晏婴是齐国宰相，"其在朝，君语及之，即危言；语不及之，即危行。国有道，即顺命；无道，即衡命。"① 国君赞许他时，便谨慎言语，国君没有赞他，便更加端正自身行为；国家政治清明时，顺着统治者的话去做事，政治昏暗时，就权衡统治者的命令，有选择地执行如此所作所为，让晏婴在三朝中名声都显扬于诸侯。

最后，君臣之间要通力合作，互相信任。如吴王阖间以楚国旧臣伍子胥为相，以齐人孙武为将军，听取了二人攻楚的建议，这才五战五胜，攻克了楚国都城郢都；西伯侯姬昌发掘了姜子牙这个人才，任用他为军事统帅，而姜子牙也发挥聪明才智辅佐武王消灭商纣，建立了周朝。可见君臣之间的友好而信任的关系，有利于相互扶持、相互成就，也有利于朝局的稳定和国家的发展。

---

① 司马迁：《史记》，中华书局 2010 年版，第 4419 页。

试论吕雉性格之变

＊本文作者许福音，国防大学军事文化学院研究生。

　　性格是一个人在对现实的稳定的态度，以及与这种态度相应的、习惯化了的行为方式中表现出来的人格特征。社会角色是在社会系统中与一定社会位置相关联的符合社会要求的一套个人行为模式。性格不是一成不变的，除了自身基因遗传因素，社会环境的影响对性格的改变也十分重要。人在社会环境中，往往承担了一系列社会角色，每个角色都代表着一系列有关行为的社会标准，这些标准决定了个体在社会中应有的责任与行为，很大程度上对人的性格起到了重要的影响作用。吕雉人生中主要扮演了农妇、皇后、女政治家的角色，每个角色时期，她的性格都处于变化之中。

一、农妇时期：苦难的淬炼

　　苦难的生活能锻炼人的意志，磨砺人的心性。吕雉从温良恭顺的女儿家成长为一个坚毅刚强的家庭妇女，这和她经受的种种苦难的淬炼是分不开的。

（一）嫁刘邦，事劳作

　　吕雉，字娥姁，砀郡单父县（今山东菏泽市单县）人，生于公元前241年，卒于公元前180年。吕雉出身平民，随父亲吕公住在砀郡单父县（今山东单县）。后吕公因避仇迁居沛中县，投奔自己的好友沛中县令。

　　闺阁时期的吕雉可算得上温良恭顺，这点从她听从父命，嫁刘邦于微时可知。在男尊女卑的社会里，吕雉也难逃作为男子的附庸，她一生的苦难，可以说和刘邦息息相关。

　　吕雉出嫁之前，刘邦并非良配。一是刘邦此时官职甚微，为泗水亭长，且好喝酒应酬。二是好说大话，臭名远扬。刘邦前来恭贺吕家乔迁之喜，没有携礼来贺，反而在礼单上填上"贺钱万"，萧何曾言："刘季顾多大言，少成事。"三是刘邦已近不惑之年，比吕雉年长许多，并且还有一个未婚生育的儿子刘肥。吕雉此时不到二十，吕公与沛中县令交好，曾向吕公要吕雉，吕公都未答应，可见吕雉不愁良配。吕公喜欢相面，见到刘邦后，觉得刘邦相貌不凡，"相人多矣，无如季相，愿季自爱。臣有息女，愿为季箕帚妾。"吕雉此时是闺阁小姐，嫁给这样的人心里应该是不情愿的，连吕母都对吕公的决定感到愤怒，但是吕雉却还是顺从了。可见此时吕雉的内心仍然遵从以父为纲的社会伦理纲常，称得上是温良恭顺的。

吕雉嫁给刘邦后，孝顺父母，养育儿女，甚至对刘邦未婚生育的儿子刘肥也并未有苛待之举。婚后生活贫苦，家里上有老下有小，几张嘴需要养活。吕雉伺候公婆，料理家务，还要带着一儿一女从事农务。白居易诗言："足蒸暑土气，背灼炎天光。"农务历来都是十分消耗人的重活。按常理该是家中丁壮主要负责，妇人老少从旁协助，但是刘邦时常出门与朋友喝酒应酬，三天两头不见人影。吕雉要照顾家庭老小，还要承担本该刘邦承担的农务劳作，家庭重担都担负在这个柔弱的女子肩膀之上，如是一般女子，内心应是苦毒的，但是吕雉仍然任劳任怨，完全可以称得上是贤妻良母。"高祖为亭长时，常告归之田。吕雉与两子居田中耨，有一老父过请饮，吕雉因铺之。"在忙碌之际，有老人讨水喝，她仍然愿意对他人伸出援助之手，可见其心存温柔良善。

（二）牢狱之苦

除了劳作之苦，吕雉还受过牢狱之苦。刘邦为泗水亭长时，其中一项任务是押送服劳役的罪犯。公元前210年，刘邦为县里押送一批罪犯到郦山，结果很多劳役犯在路上逃跑了。刘邦知道自己无法向朝廷交差，索性将剩下的人也放了，有一些年轻的劳役犯愿意跟着他，他就带着这些人逃亡芒、砀山间，逐渐走上反秦道路。

刘邦落草为寇，逃往他方，作为妻子的吕雉因此被牵连，被捕入狱。这段入狱后的经历虽然史书并未详细记载，但是秦律严苛，盛行连坐制，可以推测出，吕雉在牢中应该受到刑罚虐待。

一介女子被下了大狱，身边无丈夫可依，在牢中身体受到刑罚的摧残，还要时刻担心丈夫安危、家中情况，身心都经受了折磨与煎熬。这样的经历虽然让吕雉饱受苦楚，但无疑也让她开阔了眼界，锻炼了胆识。

（三）28个月的为质生涯

陈胜吴广起义后，刘邦起兵造反，势力渐成，对项羽形成威胁。四年的楚汉争雄，让吕雉的生活再一次动荡不安，这时的她不仅要照顾家庭，还要时刻逃避项羽的追捕。公元前205年，刘邦趁项羽山东平乱之机攻打彭城，但是到彭城之后，因其贪财好色，误了好时机，没有接到家小。"审食其从太公、吕雉间行，反遇楚军，羽常置军中以为质。"吕雉和刘邦父亲被项羽抓住圈禁，做了整整28个月的人质。

在这28个月的人质期间，吕雉生活在丈夫刘邦的死对头手里，时刻面临生死考验。她不得不撑起家里的一片天，一边担心暗淡的命运前途和刘邦的安危，一边照顾年迈的父母和年幼的孩子，承受着身体和心灵的双重煎熬。在这种情况下，吕雉依然没有背叛刘邦。项羽以"烹太公"要挟刘邦，刘邦说："吾翁即若翁，必欲烹而翁，则幸分我一杯羹。"若刘太公被烹，吕雉自然不能幸免。刘邦放言愿意分得"烹父"之羹，对父尚此，何谈妻儿，吕雉又一次见识了丈夫的薄情寡义。

忍辱负重、直面生死的经历无疑磨砺了吕雉的心志，这些艰难困苦无一不为吕雉以后政治生涯的魄力和胆识作了铺垫，让她逐渐淬炼成一个坚强刚毅的女性。

二、皇后时期：情感的磨砺

大多数女人一生之中扮演的十分重要的角色就是妻子和母亲，在男尊女卑的封建社会下，这两个角色事关女人的命运前途。吕雉在农妇时期尽力扮演好自己作为妻子和母亲的角色，完全可以称得上是标准的贤妻良母。然而，在爱情和亲情上，吕雉同样遭遇坎坷，情感上的磨砺让吕雉狠辣果敢的一面更加得到释放。

（一）丈夫薄情，心灰意冷

公元前 203 年，项羽垓下兵败，吕雉总算结束了 28 个月的人质生涯，回到了刘邦身边。刘邦并未因吕雉为自己几次三番陷入险地而在感情上对她有所弥补。虽然给了吕雉皇后的名头，但是当吕雉历经险阻回来后，此时刘邦身边已经有了年轻貌美的戚夫人。"吕雉年长，长留守，希见上，益疏。"刘邦有了宠幸的戚夫人，即便为质归来，吕雉依然很难见到刘邦。吕雉虽擅长勤俭持家，但是不如戚夫人能歌善舞。况且此时吕雉已经年近三十，又受到生活磨难的重重摧残，在刘邦眼里，她已经年老色衰，根本无力争宠，两人的夫妻感情愈加淡薄。

刘邦与吕雉真正相处的时间并不长。两人婚后一共生活了五年，育有一儿一女，儿子就是后来的汉惠帝刘盈，女儿是后来的鲁元公主。可以推测，这五年间，刘邦与吕雉是有较多的夫妻情分在的。后来刘邦经过了三年的反秦战争，四年的楚汉战争，夫妻两人差不多分居七年。这七年间，吕雉因受刘邦牵连，几经挫折，生活动荡不堪，吕雉都是一个人挺过来的，但她依然愿意恪守妇道，勤俭持家，可见封建王朝男尊女卑的伦理纲常深深刻在吕雉的心里。但是长时间未见面，再好的夫妻感情也会生出凉薄，何况刘邦本就不是被儿女情长所累的人。吕雉为刘邦付出这么多，却在情感上得不到任何补偿，之前"烹太公"事件让吕雉清醒地认识到了刘邦的薄情寡恩，加之刘邦称帝后，妃嫔众多，更有戚夫人横亘在两人中间，此时的吕雉在爱情上对刘邦应该是心灰意冷的。

宋濂曰："高祖知吕雉与戚夫人有隙，然终不杀者，以惠帝不能制诸大臣，故委戚氏不顾，为天下计也。"刘邦也十分清楚吕雉与戚夫人有嫌隙，甚至有杀念，但是为了让功臣和吕雉相互制约，才没有杀掉她。刘邦对吕雉已然没有了夫妻情分，仅仅是将她看作政治伙伴，吕雉当然早就清楚自己在刘邦心中的位置。在作为一个生活在以夫为纲的封建王朝时代的弱女子，吕雉失去了丈夫情感的怜惜，就等于失去了内心最强大的倚仗。这对吕雉后来变得狠辣果敢无疑起到了相当大的推动作用。

（二）儿子软弱，为母则刚

刘邦喜爱酒色，膝下有八个儿子。虽然吕雉的儿子刘盈因是嫡长子被立为太子，但是在风云诡谲、母凭子贵的皇室家庭，他的太子地位并不十分稳固。刘盈太子地位一旦不保，吕雉的指望就会全部破灭。

"孝惠为人仁弱，高祖以为不类我，常欲废太子，立戚姬子如意，如意类我。"刘邦给戚夫人生的儿子起名如意，可见对这个儿子欣赏有加。刘盈仁弱，刘邦对此并不十分满意。"戚姬幸，常从上之关东，日夜啼泣"，加上戚夫人经常跟着刘邦前去关东，白天黑夜哭个不停，刘邦动了易储的念头。"终不使不肖子居爱子之上，明乎其代太子之位必矣。"刘邦打定主意，要废立太子，是周昌等朝之重臣极力劝谏才没有废了刘盈的太子之位。儿子刘盈称帝寄托了吕雉全部的希冀，刘邦此举无疑想抽调吕雉最后的救命稻草。吕雉使尽浑身解数，想要为自己的儿子保住政治地位。因着周昌力保刘盈太子之位，吕雉甚至放下一国之母的身段对其下跪感谢；还几次耐着性子求计张良，在张良的建议下，耗费心力请来"商山四皓"为刘盈助阵。女子本弱，为母则刚。吕雉为了儿子的政治道路可谓费尽心机，称得上是一位能屈能伸、头脑冷静、智慧有担当的好母亲。

刘邦对戚夫人的宠爱不仅让吕雉和刘邦的夫妻感情生出厚厚的隔膜，而且几乎危及到吕雉儿子刘盈的太子之位。吕雉为刘邦付出这么多，到头来却差点鸡飞蛋打，自然怀恨在心。刘邦一死，她决定不再隐忍，彻底释放内心的怨毒，她鸩杀赵王刘如意，接着将戚夫人做成人彘。"断戚夫人手足、去眼、爆耳、饮喑药，使居厕中"，还召来孝惠帝刘盈前去观看，可谓手段蛮横残忍至极，吓得刘盈"大哭，因病，岁余不能起"，直呼吕雉此举"非人所为"。多年的积怨与嫉恨，让此时的吕雉已然不是当初那个温良恭顺的女子，而是变得丧心病狂、人性扭曲。

三、临朝称制时期：权力的异化

权力不仅能够满足人的物质需求，更能带来精神满足。品尝过生活之苦与情感之苦的吕雉内心充斥着苦毒，她逐渐冲出封建社会男尊女卑、伦理纲常的束缚，转而信靠自己，迷恋权力，逐渐成为手段狠辣的政治女强人。吕雉品尝到了权力带给她的甜头，这让她日渐沉迷，无限追逐权力的路上，吕雉释放了自己压制着的性格的黑暗面。

（一）谋权铺路：诛杀功臣

吕雉在刘邦做了那么多次让自己心灰意冷的事情之后，当然早就深知自己的角色定位，她明白要想在后宫活下去，就必须靠自己。年轻貌美自己不如戚夫人，但是论心计胆识，戚夫人远远无法比拟吕雉，这是吕雉能在刘邦面前占有一席之地的重要砝码，也是为自己儿子刘盈铺设政治坦途的重要资本，所以吕雉并不安于做养尊处优的大汉皇后，而是活跃在政治舞台上，辅助刘邦稳固汉朝统治。

汉朝初建，政局不稳。此时的汉朝还是"共天下"，而不是刘氏的"家天下"。当时刘邦项羽楚汉相争，项羽败北逃往垓下。为了使韩信、彭越等人合围项羽，刘邦采用张良之策，答应与合围项羽者共分天下，刘邦称帝后，函谷关以东的大片土地都不在汉统治之内。这是刘邦的心病，也是吕雉的心病。在这一点上，夫妻二人配合得十分默契。刘邦逐步削减韩信手中的权力，直至构不成威胁。大臣陈豨叛变，有人诬陷韩信与陈豨勾结，吕雉镇守关中，觉得此时是除掉韩信的良机，并未调查清楚此事，便与张良合谋，诱杀韩信。楚汉相争之时，韩信断了楚国粮道，项羽与刘邦无奈议和，吕雉才能够结束 28 个月的人质生活，回到刘邦身边，从这点上说，韩信可以算得上是她的恩人，但是诛杀韩信吕雉没有一丝犹豫和手软。

在平叛陈豨时，刘邦召彭越参战，彭越只让手下过去，给刘邦以把柄。刘邦斥责彭越，流放至四川，在流放途中，彭越走到陕西郑地碰见从长安到洛阳来的吕雉。彭越向吕雉倾诉冤情，吕雉便将彭越带回，假意答应给刘邦说情，背后却给刘邦说彭越留着会铸成大患。"彭王壮士，今徙之属，此自遗患，不如遂诛之。"吕雉一手策划诛杀彭越的阴谋，她指使彭越门客指控其谋反，就此灭了彭越三族，还将他剁成肉酱，分给天下诸侯，派人监督他们吃下去。

吕雉作为刘邦的政治伙伴显然是十分合格的，她凭借自己过人的政治手腕赢得了刘邦的信任。吕雉接连诛杀两个汉朝最大的功臣，并且出手果决，手段残酷，可见这时的吕雉内心全然没有了女儿家的柔转千肠，取而代之的是一个政治女强人的刚硬、冷漠和深沉。

（二）权力巅峰：临朝称制

刘邦死后，吕雉彻底没有了他人的掣肘，逐渐迷失在对权力的欲望之中，变得狠辣偏执、阴刻自私。

前期的吕雉尚且有人伦亲情，然而在对权力的追逐下，吕雉已然失去了基本的人性。吕雉与刘邦育有一子一女，儿子为汉惠帝，女儿就是鲁元公主。汉惠帝刘盈登基后，吕雉协助儿子刘盈治理朝政，权欲无限膨胀。吕雉让孝惠帝刘盈迎娶了自己的亲外甥女张嫣为皇后。刘盈此时年十七，鲁元公主也不过十九、二十岁左右，鲁元公主的女儿张嫣更是年幼，尚且没有生育能力。吕雉为了权力集中在自己手里，已经罔顾人伦，这种近乎偏执的做法让孝惠帝十分不满，加上惨绝人寰的"人彘"事件，仁弱的孝惠帝心理崩溃，以至于沉湎酒色，不理朝政，很快气愤郁闷而亡。

孝惠帝的驾崩沉重打击了吕雉，这让她失去了明面上的政治依靠。"发丧，太后哭，泣不下。"面对这种情况，吕雉哭丧都掉不下来眼泪，她首先想到的不是失子之痛，而是她的权力如何不落入他人之手。等到大臣陈平顺着吕雉的心思，提出让她的兄弟的儿子吕台、吕产为将，再让其他一些吕家人都进朝当官，她才放心，哭得伤心起来。

为了保住自己手中的权力，吕雉无所不用其极。汉惠帝与宫女生有六个皇子，吕雉不想将任何一部分权力落入其他人手中，便采用"杀母留子"的方式，从孝惠帝其他宫女手里夺取一个三岁的孩子寄养在皇后张嫣名下。汉惠帝驾崩，这个三岁的孩子登基成为前少帝。朝中所有大权尽归吕雉一人之手，掌握朝纲长达八年。在这期间，吕雉肆意用手中的权力为自己谋私利。她大封吕氏，打压刘氏集团，罢免不顺服自己的大臣；强迫刘吕联姻，收归权力；逼死少帝，饿死赵王，桩桩件件，皆为满足自己的权欲。

吕雉内心也非常清楚，自己在通往权力的路上，手中沾染了太多人的鲜血。甚至天上出现在古代预示"天变"的日食，吕雉都认为是自己作孽太多的原因。但是吕雉并未停下追逐权力的步伐，这必然需要具备超强心理素质的人才能做得出来。此时的吕雉在权欲的浸染下已然是一个玩弄心术、手腕强硬、杀伐果断的女政治家。

吕雉的一生可谓跌宕起伏，她的身份是多重的，是温柔恭顺的女儿，是贤惠的妻子，是爱子心切的母亲，也是权欲熏心、手腕强硬的女政治家。不管是哪个身份，一旦吕雉进入了某个角色，她总能为其付出相当大的代价，完成角色赋予的使命，在这个过程中，她的性格也逐渐发生变化。吕雉在历史上具有抹不掉的心狠手辣、凶残暴虐的一面，但是通过对她人生进行较为全面的了解之后，会发现这个女人之所以变成这样，和她这一生所经受的苦难的洗礼和淬炼、情感的磨砺、权力的浸染都是分不开的。

从西周到西汉的政治经济思想转变

——浅析先秦诸子学说中的"富民富士"和《史记》的"富民强国"

* 本文作者顾跃挺，三江学院历史与文化地图研究院研究员。

一、引言

政治思想是社会生活各方面在意识形态方面的反映，在社会生活的方方面面，政治制度、经济制度占有核心地位。古代中国的政治思想的发展脉络主线比较清晰，从远古时期的原始朴素的以民为本的优良传统，经过西周发展而成的"敬天、保民、明德"，这是与井田制规模化农业相适应的世袭等级贵族制度的政治思想，政府的作为一般是"重祭祀，勤民事，慎刑法"。春秋末期到战国，从世袭等级制演变为诸侯集权封建制，劳役佃租改变为实物地租，大大促进了生产力的发展。人民的经济活动扩展到其他领域，形成了士农工商的阶层分野。礼乐制度崩坏，知识精英走向民间。在政治学说方面，表现为诸子百家学说空前大发展。与西周初期的只言片语的格言古训相比，诸子全面论述政治、经济、军事、社会等学说，其中诸子的经济学说发展了民本思想，阐述"富民富士"的思想。

秦在统一中国进程中，向全国推行郡县制，初步形成全国性的城市体系。西汉初年从制度上确立了郡县城市体系，继续沿用并发展秦交通网，中央集权政府直接统治全国，改变了商周以来的依靠宗法分封间接控制各地的单体城市结构和社会格局。以工商业、服务业为主的城市经济带动形成了若干经济富庶地区。西汉初年的统治者崇尚黄老学说，提倡与民休息，无为而治。汉武帝加强中央集权，改变之前的防御守势，积极对外用兵，开拓巩固汉族疆域。西汉大儒董仲舒融合了各家政治学说，发展了儒家思想，受到大力推崇而成为国家意识形态。司马迁在《史记》里总结了西汉的政治经济成就，主张"先富民再强国"的国家发展方略，形成较为完整的政治经济思想体系。

秦汉之交是中国历史从封建等级制到中央集权制的重要转折时期，研究这个时期前后的政治经济思想转型，深入考察它们的时代背景和特征，对于中国古代政治经济思想演变研究，具有重大意义。

　　本文把兵书为代表的先秦诸子学说中民本思想概括为"富民富士",把《史记》中的政经思想概括为"富民强国",本文考察、比较这两种思想产生的历史背景,从而得出结论:这种政治经济思想的转变折射出政治经济制度的变化,从世袭贵族占主导地位的春秋战国君主等级制,到由平民承担更多社会功能的西汉中央集权制。

二、先秦诸子学说中"富民富士"理念的表述

　　中国的民本思想源头可上溯到远古时期的三皇五帝传说。这些圣人们在道德的垂范上表现为对民生的巨大贡献。燧人氏钻木取火,教人熟食,结束了远古人类茹毛饮血的历史;伏羲发明结绳记事;有巢氏开创了巢居文明;神农炎帝(农皇)"因天之时,分地之利,制耒耜,教民农作",发展农业,发明草药技术。黄帝平定天下后,采首山之铜,在荆山铸鼎①,使得华夏民族从石器时代过渡到青铜时代。

　　尤其是关于大禹治水的传说,他尊重自然规律治理水患,敬业奉献。

　　为生民立命的睿圣哲人为华夏民族的孕育和发展做出了不可磨灭的贡献。在中国最古老的书籍《尚书》中,就有很多篇幅阐述民本思想:"德惟善政,政在养民。"(《大禹谟》)"天聪明,自我民聪明。天明畏,自我民明畏。"(《皋陶谟》)"民可近,不可下。民惟邦本,本固邦宁。"(《五子之歌》)"天视自我民视,天听自我民听……天矜(同情)于民,民之所欲,天必从之。"(《泰誓》)

　　这些充满民本思想的古训,是我国优秀传统文化宝库中重要的思想资源,成为后来诸子学说民本主义的源头,也成为儒家思想的核心价值观。

　　孔子把"足食"放在首位,认为只有民众生活富足了,才能对其进行礼仪教化,社会才能进步,"子贡问政。子曰:足食,足兵,民信之矣。"(《论语·颜渊》)。"子适卫,冉有仆。子曰:'庶矣哉!'冉有曰:'既庶矣,又何加焉?'曰:'富之。'曰:'既富矣,又何加焉?'曰:'教之。'"(《论语·子路》)孔子提倡"因民之所利而利之。"(《论语·尧曰》)他褒扬施恩惠于民的郑国大夫子产说:"有君子之道四焉:其行己也恭,其事上也敬,其养民也惠,其使民也义。"(《论语·公冶长》)弟子子贡问曰:"如有博施于民而能济众,何如?可谓仁乎?"子曰:"何事(止)于仁!必也圣乎!尧舜其犹病诸!"(《论语·雍也》)

　　墨子反对战争,主张和平。他的"非命""兼爱"之论,要求"饥者得食,寒者得衣,劳者得息"。君臣、父子、兄弟都要在平等的基础上相互友爱,爱人如己,并认为社会上出现强执弱、富侮贫、贵傲贱的现象,是因天下人不相爱所致。

　　成书于战国时期的《管子》是先秦时期各学派的言论汇编,内容庞杂,包括

―――――――――――

　　① 《史记·封禅书》记载:"黄帝采首山铜,铸鼎于荆山下。鼎既成,有龙垂胡髯下迎黄帝。黄帝上骑,群臣后宫从上者七十余人,龙乃上去。"

法家、儒家、道家、阴阳家、名家、兵家和农家的观点。管子对富民以利于社会的和谐有着深刻的阐释。他说："凡治国之道，必先富民。民富则安乡重家，安乡重家则敬上畏罪，敬上畏罪则易治也；民贫则危乡轻家，危乡轻家则敢凌上犯禁，凌上犯禁则难治也。故治国常富，而乱国常贫。是以善为国者，必先富民，然后治之。"（《管子·治国》）

"畜之以道，则民和；养之以德，则民合。和合故能谐，谐故能辑，谐辑以悉，莫之能伤。"（《管子·兵法》）

"王者藏于民，霸者藏于士，仅存之国藏于大夫，残国亡家藏于箧。"（《管子·枢言》）

"王者藏于民，霸者藏于大夫，残国亡家藏于箧。桓公曰：何谓藏于民？请散棧台之钱，散诸城阳；鹿台之布，散诸济阴。君下令于百姓曰：民富君无与贫，民贫君无与富。故赋无钱布，府无藏财，赀藏于民。岁丰，五谷登，五谷大轻，谷贾去上岁之分，以币据之。谷为君，币为下。"（《管子·山至数》）

"政之所兴，在顺民心，政之所废，在逆民心。民恶忧劳，我佚乐之。民恶贫贱，我富贵之，民恶危坠，我存安之。民恶灭绝，我生育之。"（《管子·牧民》）

歌颂理想的王道精神，是对于现实财富分配不公的最大批判。也与儒家价值观相契合。

在儒家亚圣孟子的著作中，阐述以民本核心价值的道德政治，审视统治政权的合法性，主张"仁者德治"。"五亩之宅，树之以桑，五十者可以衣帛矣。鸡豚狗彘之畜，无失其时，七十者可以食肉矣。百亩之田，勿夺其时，数口之家可以无饥矣。谨庠序之教，申之以孝悌之义，颁白者不负戴于道路矣。七十者衣帛食肉，黎民不饥不寒，然而不王者，未之有也。"（《孟子·梁惠王上》）孟子认为，百姓有了固定的土地，有了生活保障，还要办好学校，反复地用孝顺父母、敬爱兄长等道理来教育他们。百姓衣食无忧，加之良好的文明教化，君王的地位就必然稳定。

孟子把民本思想发挥到极致："民为贵，社稷次之，君为轻。"（《孟子·尽心下》）"桀、纣之失天下也，失其民也；失其民者，失其心也。得天下有道：得其民，斯得天下矣；得其民有道：得其心，斯得民矣。"（《孟子·离娄上》）

孟子政治理想的最高境界是理想的仁政——"王道"："不违农时，谷不可胜食也；数罟不入洿池，鱼鳖不可胜食也；斧斤以时入山林，材木不可胜用也。谷与鱼鳖不可胜食，材木不可胜用，是使民养生丧死无憾也。养生丧死无憾，王道之始也"。减轻人民负担，遵循自然规律，人们丰衣足食，虽死无憾，这就是"王道"。

在王道境界中，俊杰在位，赏罚分明，赋税徭役适度，人民丰衣足食，于是对国家也就出于内心的拥护："以德服人者，中心悦而诚服也"。

战国末期儒家学派的代表人物荀子是先秦时代百家争鸣的集大成者，他将国分为四类："王者富民，霸国富士，仅存之国富大夫，亡国富筐箧、实府库。筐箧已富，府库已实，而百姓贫，夫是之谓上溢而下漏，入不可以守，出不可以战，则倾覆灭亡可立而待也。故我聚之以亡，敌得之以强。聚敛者，召冠、肥敌、亡国、危身之道也，故明君不蹈也。"（《荀子·王制》）

诸子百家学说中的"王者"或"王道"实在过于理想，孔、孟推行仁政而四处碰壁。对于不尚空谈的兵家而言，更现实的是如何实行类似齐桓、晋文的霸道。有不少论文阐述先秦兵书中关于"民本"的理政思想①。

《孙子兵法》开宗明义："故经之以五事，校之以计，而索其情：一曰道，二曰天，三曰地，四曰将，五曰法。"接着又说："道者，令民与上同意也，故可以与之死，可以与之生，而不畏危。"（《孙子兵法·始计篇》）把"道"的作用置于头等重要因素，与古籍中的民本思想一脉相承，也开创中国兵法的民本思想政治理念之源头。影响战争成功的首要因素是"道"，是人心向背的体现。把人民的支持列在天、地之前，其重要性不言而喻。

同属于《武经七书》的《尉缭子》，其中政治叙述明显多于《孙子兵法》："王国富民，霸国富士，仅存之国富大夫，亡国富仓府。所谓上满下漏，患无所救。故曰举贤任能，不时日而事利中；明法审令，不卜筮而事吉；贵功养劳，不祷祠而得福。又曰，天时不如地利，地利不如人和。圣人所贵，人事而已。"（《尉缭子·战威》）要求统治者使财富的分配合理，从而得到老百姓的支持。

战国末期吕不韦的《吕氏春秋》是杂家（儒、法、道等）的代表作之一："天下非一人之天下，天下之天下也。"（《吕氏春秋·贵公》）"凡君之所以立，出乎众也；立已定而舍其众，是得其末而失其本。"（《吕氏春秋·用众》）"故凡举事，必先审民心然后可举。"（《吕氏春秋·顺民》）

在诸子学说中，只有法家在民本思想方面属于例外。尽管法家先驱人物管仲提出"仓廪实，则知礼节；衣食足，则知荣辱"（《管子·牧民》），肯定了"利"对"义"的决定性意义，但后来的法家人物商鞅、慎到、申不害等，分别提倡重法、重势、重术，强调"强国弱民"，主张无限的扩大国家权力而缩小人民的利益。而法家集大成者韩非子，面对战国末年诸侯割据的局面，总结了天子弱小而诸侯强大的历史教训，主张建立统一的君主集权的封建国家。因此要尊君卑臣，提出"强公室，杜私门"（《内储说下》）

法家主张废除贵族世袭特权，加强君权，提倡以"法治"代替"礼治"，积极发展封建经济，鼓励"耕战"，力求做到"富国强兵"，如同冯友兰先生所总结的那样，"法家站在统治阶级立场为统治者出谋建言，其余各家均站在人民群众立

---

① 杨彩萍、陈金爱、原继祖、李文庆：《浅析〈孙子兵法〉的人本精神》，《〈孙子兵法〉当代社会应用研究》，2012 年第 3 期；陈二林：《论〈孙子兵法〉的民本思想》，《滨州学院学报》，2013 年 10 月第 27 卷第 5 期；周晓勇：《略论〈孙子〉十三篇的人本思想》，《济南大学学报》，2000 年第 4 期；戈春源、谈世茂：《浅论孙武民力思想》，《孙子与吴文化研究（下）》，2012 年版；虞先泽、谈世茂：《孙子兵法以人为本思想的现代意义》，《孙子与吴文化研究（下）》，2012 年版。

场，为人民群众代言说话。"①

"富民富士"作为多数战国诸子倡导的思想，虽然不是一个完整的政治学说，也不是经济发展纲领，更多的是对统治者的劝说和警告，是朴素原始的民本思想的一个升级，在当时的社会深入人心，为广泛接受，以至于在西汉末年，刘向托言周文王与姜太公的对话②，进一步论述富民富士：文王问于吕望曰："为天下若何？"对曰："王国富民，霸国富士；仅存之国，富大夫；亡道之国，富仓府；是谓上溢而下漏。"文王曰："善！"对曰："宿善不祥。是日也，发其仓府，以赈鳏、寡、孤、独。"（《说苑·政理》）因此，本文用来代表这个时期的政治经济思想，是由于多数先秦诸子引用此话。在当时的现实条件下，富民是不可能的，先秦诸子提出富民只是描述理想的政治经济思想，对如何"富民"还没有具体可行的措施。他们提倡的"富民富士"，其重心是在"富士"方面，令贤士富足。下面分析他们为自身的政治和经济权利而呐喊。

三、《史记》中"富民强国"理念的表述

司马迁作为伟大的史学家，他的思想观点来自对社会历史和现实变革的深刻总结。他鞭笞暴秦的苛政，在统治者穷奢极欲的暴政下，绝没有"富民"的可能性。

（一）铲除暴政是"富民"的前提

《史记》中处处流露出同情被压迫人民，反抗暴政的思想。《史记》的生命力在于其表现出平民立场、平民情感和平民理念，对社会普通人群、对社会低端"阶层"的关心关注。如吴越战争"十年生聚，十年教训"（《左传·哀公元年》）的事例，楚汉战争中，项羽屠城泄愤预示其灭亡的选材，俯拾皆是。

司马迁描写了一幅幅宏大的战争场面。读罢《史记》，脑海里回响着"王侯将相宁有种乎"的怒目攘臂、振聋发聩的战斗呐喊。司马迁歌颂性地记录这些历史场景，认为它们构成社会变革的原动力。

从历史的宏观来说，构成社会等级金字塔底层的平民阶层，因为他们的动态上升，打破森严的等级制度，形成社会的动能，增加了社会的活力。

（二）总结国家兴亡的历史经验，选择正确的发展道路：恢复民力为第一要务，"富民"优先于"强国"

因长期战争造成西汉初期百废待兴、经济低迷，百姓早已厌倦了战争，只求

---

① 冯友兰：《中国哲学史》，商务印书馆 2011 年版。

② 《说苑》又名《新苑》，西汉刘向编，是古代杂史小说集，原 20 卷，大部分已经散佚，后经宋朝曾巩搜辑，复为 20 卷。

一个安宁和谐的生存环境。为了抵御当时最大外患匈奴，为了给百姓营造安定的生存环境，势必需要加重百姓的赋税以供军需。西汉统治阶层采取"先富民再强国"的国家发展方略。汉高祖刘邦"使刘敬奉宗室女翁主为单于阏氏，岁奉匈奴絮缯酒食物各有数，约为兄弟以和亲"①，推行和亲政策。使得西汉和平的外部环境，加上他们推行的与民休息政策，数次下调农业税，利用秦朝郡县制、交通网和统一度量衡带来的经济基础，在全疆域里实行了统一的贸易体系，郡县两级城市数量扩大②、经济初步繁荣发展，这就保证了长治久安的政治局面。

太史公对于所处时代的大转折，有完全清醒的认识。他们有历史的担当，"欲以究天人之际，通古今之变，成一家之言。"自觉探讨兴亡历史的背后的民心向背。

在铲除暴政后的和平发展时期，在国家政策层面上，首先不要穷兵黩武，让民众的劳役赋税负担合理；其次，让工商业生产自由发展，给普通民众一个发挥的平台。司马迁关注社会普通人群，考察他们的经济状态。《史记》在中国的历史著作中首次从经济层面弘扬了"富民强国"的发展思想。"富安天下"，以民为本、富民而治，通过工商贸易实现富民富国。《史记·货殖列传》主张农商并重、农虞工商四业齐兴。③《货殖列传》里记载："计然之策七，越用其五而得意。"这"五策"里含有平衡谷价的平籴法④和发展贸易。越国"修之十年，国富，厚赂战士，……遂报强吴，观兵中国，称号五霸。"春秋末年计然的平籴法类似战国时代魏国李悝的平籴法，⑤即政府在丰年以平价收购农民余粮，防止商人压价伤农；在灾年则平价出售储备粮，防止商人抬价伤民，防止"谷贱伤农，谷贵伤民"。

司马迁以历史与当代的富民案例，鼓舞处于社会底层的平民阶层。如同为反叛平民树碑立传、令后人观择、效法那样，司马迁在《货殖列传》中列举了十多个致富的"布衣匹夫"，称他们为"贤人"，也是为了提供给人民效仿，反映了他的富民思想并非空中楼阁。

《货殖列传》和《平准书》穷举天下货物，是为了建立合理的国家赋税和贸易制度，开"食货志"先河，从《汉书》开始，《食货志》成为中国纪传体史书中专述经济史的篇名。

在社会阶层方面，他肯定工商业主；分析游侠的独特社会功能；以朝廷之学（国家意识形态）的儒学文士晋身，造就社会大变动。民富是治国的基础，只有

---

① 《汉书·卷九十四上》。

② 郡级城市包括郡治所和诸侯王都，县级城市包括一般的县，食邑城市，少数民族的道城及侯国城市，见肖爱玲：《西汉城市体系的空间演化》，商务印书馆 2012 年版，第 31 页。

③ 《史记·货殖列传》："故待农而食之，虞而出之，工而成之，商而通之。""《周书》曰：'农不出则乏其食，工不出则乏其事，商不出则三宝绝，虞不出则财匮少'。财匮少而山泽不辟矣。此四者，民所衣食之原也。"

④ 《史记·平准书》："魏用李克（即李悝），尽地力，为强君。自是之后，天下争于战国。"《汉书·食货志》详细记载李悝的平籴法。

⑤ 杨宽：《战国史》，上海人民出版社 1980 年版，第 173 页。

民富才能国强，主张经济放任政策①，"善者因之，其次利导之，其次教诲之，其次整齐之，最下者与之争。"（《史记•货殖列传》）

《史记》中与屈原合传的贾谊，也是司马迁同情和褒扬的人物。贾谊在《论积贮疏》中提出重农抑商的经济政策，主张发展农业生产，加强粮食贮备，预防饥荒。汉文帝采纳了他的建议，下令鼓励农业生产。贾谊支持"先富民再富国"："闻之于政也，民无不为本也。国以为本，君以为本，吏以为本"，以民为本当属治国的重中之重。②同时也因为这个大原则，贾谊告诫政府官员："夫为人臣者，以富乐民为功，以贫苦民为罪"的主张。③其所表达的正是一种关注民生、公平均富的治国理念。

（三）董仲舒的政治学说是诸子民本思想的改头换面

司马迁推崇董仲舒的政治学说。董仲舒融合了先秦诸子学说，尤其继承并创新了儒家政治学说。董仲舒以阴阳比附社会人伦关系，将其纲常化。推行德政仁政、民生为本，抑制贫富的过度分化。董仲舒的政治思想在汉代的政治运作中产生了重要影响。参考冯友兰的说法，中国哲学史的春秋战国的"子学时代"，以西汉董仲舒为标志，开创延续封建社会两千年的"经学时代"，各家学说改头换面在"罢黜百家，独尊儒术"的招牌下延续、融合。④

（四）《史记》通过汉文帝和汉武帝的对比，进一步阐述"富民强国"

在政治方面，司马迁论述帝王与国家的关系。他继续发挥传统的民本思想，认为国家是整个阶级的国家，而不是帝王个人的私物，集中阶级中一切优秀人才的智慧为国家强盛尽力，反对帝王专断；一定程度地同情官吏的艰难、民众的疾苦，肯定社会成员为维护自己的生存利益采取的必要行动。这表现出，司马迁既要求维护地主阶级统治长治久安的愿望，又表述出他对官吏作为、民众生活的体贴关爱，他希望治理者和生存者能够很好地协调统一，以保持礼义一统国家社会的安定。

司马迁通过汉文帝和汉武帝的对比，力图倡导构建理想的礼义一统的社会政治模式：国家有一个像汉文帝这样仁德的君王，在国君周围有一批忠诚的大臣，遵循和履行礼治，工商业生产自由发展，国家不穷兵黩武，民众的劳役赋税负担合理，和睦和谐，幸福安康。《史记》褒扬汉文帝刘恒"躬修俭节，以安百姓"的节俭习惯、多次宣布将税率减为"三十税一"的轻徭薄赋举措。这证明了"先富民再富国"思想跟西汉初期所面临的时局情势是比较吻合的，对于西汉初期经济

---

① 朱枝富：《司马迁治世思想大论》，中央文献出版社 2015 年版，第 239—248 页，"司马迁富民思想"。

② 《贾谊新书•卷九•大政上》。

③ 《贾谊新书•卷九》。

④ 冯友兰：《中国哲学史》，商务印书馆 2011 年版。

秩序以及社会秩序的恢复和发展等诸多方面都有着极为积极的意义。《汉书·景帝纪》记载"文景之治"的盛世之景："汉兴，扫除烦苛，与民休息。至于孝文，加之以恭俭，孝景遵业，五六十载之间，至于移风易俗，黎民醇厚"。

而到了汉武帝时期，由于物质财富大量增加，刺激了奢侈风气的蔓延，朝廷凭借充盈国库，连年向东瓯、两越、西南夷、匈奴开拓征战，又使国力消耗，财库空虚。这是司马迁深为担忧的，他反复强调秦国亡于虐政暴政，为防止历史的重演，与民休息、培养民力是国家长治久安的方略。果然，征和四年（前89年），汉武帝下《轮台诏》诏书，否定了桑弘羊等部分大臣主张将战争升级，表示当今最要紧的政事在于"禁苛暴，止擅赋，力本农"，指出安定生产的重要性。可惜，司马迁对此已经没有记载了，我们只能从班固的《汉书》里读到。

学者田余庆于1984年发表《论轮台诏》，系统地论述说汉武帝刘彻在其去世前两年大幅度转变政治取向，由横征暴敛、穷兵黩武，转向所谓"守文"，从而"澄清了纷乱局面，稳定了统治秩序，导致了'昭宣中兴'，使西汉统治得以再延续近百年之久"。[1]这一方面说明汉武帝晚年能够改过自新，另一方面说明西汉思想界关于"富民强国"共识的巨大力量。

四、两种思想的比较与产生原因分析

我们从社会基本力量的变化方面来分析"富民富士"和"富民强国"产生的历史背景。

（一）战国时期，卿大夫阶层没落，士族兴起

在西周封建君主等级制度下，将人分为世卿世禄的贵族和平民，贵族是国家的支柱，垄断了知识和话语权。春秋历史舞台上的主角，是周天子、诸侯国君、王公以及大夫阶层，他们都是世袭的贵族。在春秋三传里，记录的诸如齐国的晏婴、郑国的子产、宋国的向戌、鲁国的孔子，以及楚国的所有最高官衔令尹等，这些活跃的政治家均属于贵族大夫阶层。

"大夫"爵位，是靠宗亲分封而来的，是世袭的高等级。[2]在这个时代，国家即家族的扩大，天子祭礼，诸侯毕至，一起歌颂，祈祷，盟誓，宴享等，这些礼乐仪式构成了贵族文化，由贵族学者垄断；产生的颂词、祷文、誓书构成了"史"。

平民中的"士"，多为卿大夫的家臣，是官阶体系中的最低级官吏，争战时为兵卒，文武相通。他们地位在卿大夫之下，庶民之上。被历代文人津津乐道的

---

① 田余庆：《论轮台诏》，《历史研究》，1984年第2期，第3—20页。
② 孟子说："无罪而杀士，则大夫可以去；无罪而戮民，则士可以徙。"（《孟子·离娄下》）民、士、大夫分为三个不同等次。《礼记·曲礼》："故君子戒慎，不失色于人。国君抚式，大夫下之；大夫抚式，士下之。礼不下庶人，刑不上大夫。刑人不在君侧。兵车不式，武车绥旌，德车结旌。"

"二桃杀三士"的计谋，从一个侧面看到士族被任意宰割的命运。平民出身的管仲任齐国国相，这样的事例在春秋前期属于凤毛麟角。

春秋以后，由于铁器的使用和牛耕的推广，生产力水平得以提高，井田制逐渐瓦解，周王室衰微，分封制的瓦解，贵族学者不得不离开官府投向四方，凭自己的知识和技能维持生计。孔、墨游历列国，聚徒讲学，"天下有道，丘不与易也"（《论语·微子第十八》），其游士精神为后代所效仿。①

公田的劳役地租改为土地私有化的以纳税形式的实物地租，生产力的解放促进了农业和工商业的发展。齐国的改革比较早，管仲在历史上首次将平民分为士、农、工、商四种。制国"以为二十一乡"，工、商之乡各 3 个，士乡 15 个（《国语·齐语》），这里的"士"是指从事战争的兵户。

以后"士"逐渐成为专业人士与知识分子的统称。传统的官府讲学向私人讲学转变，知识到了民间，逐渐形成了平民学者群，打破了贵族对文化教育的垄断，扩大了士人的来源。战国时期兴起的士族阶层，已经不是狭义的武士阶层，他们具有知识和技能，他们汲汲于富贵和功名追求，为改善自身的政治处境和经济地位而周游列国，政治地位开始上升。士人演变为文人、官僚性质。② 各方诸侯势力坐大，为了兼并和反兼并，吸收人才，发展国力。国君养贤、公子养贤，使很多人有了进入士阶层的机会，士阶层逐渐崛起，是最活跃的政治力量，出现了"布衣卿相"。

士阶层的崛起冲击了之前的贵族政治。名士辈出，将星闪耀，士阶层大规模崛起促进了思想的传播，个人著述丰富，直接催生了"诸子百家、百花齐放"这个中华文明史上的第一座思想高峰，也形成了"士大夫"这一混合阶层。③

荀子对"士"最明确的要求是"从道不从君"（《荀子·臣道篇》）。士参与政治，要以儒家的基本价值追求、仁义之道为依归，有一定的独立性。这亦即孔子所确立的基本士则："士志于道"。（《论语·里仁篇》）

"士不可以不弘毅，任重而道远。仁以为己任，不亦重乎？死而后已，不亦远乎？"（《论语·泰伯章》）这就是说，重视道德操守、严于律己、忠君爱国的人就可以称为"士"。

（二）"富民富士"反映了士阶层的政治思想和经济要求

从政是士阶层人生的第一要务；但只有掌握国家实权的兵家，才能够充分表

---

① 钱穆：《国史大纲修订本（全 2 册）》，商务印书馆 1994 年版，第一编第 6 章"民间自由学术之兴起"。

② 余英时：《士与中国文化》，上海人民出版社 1983 年版，第 1—83 页。

③ 西周以后先秦诸侯国中，在国君之下有卿、大夫、士三级。后来大夫成为一般任官职者的称呼。周代在国君之下有卿、大夫、士三等；各等中又分上、中、下三级。大夫一称历史悠久，早在夏朝就有（《礼记》曰："夏后氏官百，天子有三公、九卿、二十七大夫、八十一元士。"）。后周成王制周礼，亦设有公、卿、大夫、士等官。到战国出现一个新概念——"士大夫"。在此之前，士均排在大夫之后。等级序列仍用"大夫士"。

达他们的政治理念并付诸实施。自春秋末期到战国时代，战争频仍，需要有专业知识的人策划战争，因此，各类士人在历史舞台上大显身手。实行变法的一般由军事统帅主导、从军事制度方面着手，如商鞅、吴起等。这点完全不同于四处碰壁的孔、孟。实践性是兵书区别于其他诸子百说的重要特征。

用兵牵涉到国之大事，中国古代的兵法作者无一例外地把治军与治国理政结合起来考虑。孙武出身于齐国的军事贵族，深受齐国传统文化中所蕴含的以民为本的影响。

孙武预测晋国六卿的争斗结果，认为废除井田制而改用二百四十步最大亩制的赵氏，由于其让利于民的"富民"措施，将最终胜出。①②

自春秋末期，战争规模趋向大型和血腥："驰车千驷，革车千乘，带甲十万"（《孙子兵法·作战篇》），因此，需要民众支持的后勤保障和兵员补充尤显重要："千里馈粮，则内外之费，宾客之用，胶漆之材，车甲之奉，日费千金，然后十万之师举矣。"（《孙子兵法·作战篇》）所以，中国历代兵法不能不考虑民众的动员与支持。

"慎战"，把"安国全军、唯民是保"当做战争的终极追求。上兵伐谋，不战而屈人之兵，胜于易胜，孙子兵法里充满了这些民本思想。处于华夏边缘的吴、越两国快速崛起，旧的贵族阶层人才不敷使用，于是国君们大量使用有才干的士族，包括从其他国家来投奔的知识分子（"游士"）。在吴楚战争中，吴国是经济资源、人才、综合国力相对弱小的一方。孙武以3万多兵力吴军对付30万楚军，按照兵法原则，避强击弱。西破强楚，五战五胜而入郢。他的对手是楚国令尹囊瓦，从春秋时期历任楚国令尹的出身看，楚国的重要职务基本局限于王亲国戚，多为芈姓之族。从某种意义上讲，吴楚战争可以认为是士人与大夫阶层之间的对决。战争的一方是新兴的、处于上升期的士族，他们渴望建功立业，寻求政治和经济地位的突破。另一方是因循守旧、故步自封的世袭卿大夫阶层。楚国的军事失利，国力渐衰，这直接导致了百年后，吴起入楚任令尹主导变法。

在先秦时代的封建等级制度下，"富民"基本是不可能的政治理想。士阶层利用自己的政治地位和资源，重新公平规划社会财富分配，因此提出"富士"的要求。

（三）在秦末战争中，平民阶层登上历史舞台，改变了主流理政思想

秦汉之交的农民起义及随后的楚汉战争，是一次历史空前的社会大动荡，也

---

① 《银雀山汉墓吴问》记载：吴王问孙子曰："六将军分守晋国之地，孰先亡？孰固成？"孙子曰："范、中行氏先亡。""孰为之次？""智氏为次。""孰为之次？""韩、魏为次。赵毋失其故法，晋国归焉。""赵氏制田，以百二步为畹，以二百卌步为畛，公无税焉。公家贫，其置士少。主金臣收，以御富民，故曰固国。晋国归焉。"赵国采用240步最大亩制，韩、魏200步，智氏180步，范氏、中行氏160步。

② 杨宽：《战国史》，上海人民出版社1980年版，第189页。

是社会各阶层的大洗牌。不同于春秋和战国时期，秦汉之交的战争多是由反叛的平民和士族谋划和统领。贫雇农、戍卒陈涉称王，连士阶层都算不上的底层庶民刘邦称帝，平民天子缔造了强盛的汉王朝。一大批出身寒微的底层人物登上官场，他们不仅开创了中国历史上的大汉王朝，也为传承至今的中华文明起到开拓和奠基作用。

根据《史记》里的统计，跟随刘邦起义的芒砀功臣封侯者有 16 名（含秦时属砀郡的横阳和单父两地），数量排名第一，排名第二的是"从起沛"的 14 名功臣。①这些在和平时期的普通农夫和贩夫走卒，经过战争的洗礼，一跃进入统治阶层。完全打乱了已经被战国时期扰乱的春秋礼乐制度，具有平民特色的理政思想也呼之欲出。

《史记》中关于朝代更迭、历史推动力的关注，超过了以前的历史学家。司马迁笔下的历史是一部爱憎分明的历史。他把大量的笔墨给了值得歌颂的底层平民。

关于《史记》中的平民精神，前人著述备矣。钱穆在《国史大纲》里称汉朝是"中国首个平民政权"，"为当时历史趋势一种不可抗之进程"，平民政府在汉景帝时代完成国家统一，在汉武帝时代开启文治模式。②与新的历史相适应的，历史记录的焦点从贵族和士大夫阶层延展到平民阶层。

梁启超 1902 年在《新史学》中提倡中国史界革命，铲除这种一家之私之国、家不分的专制性制度。③ 他写道："（《史记》其书）常有国民思想，如项羽而列诸本纪，孔子、陈涉而列诸世家，儒林、游侠、刺客、货殖而为之列传，皆有深意存焉。"

翦伯赞说，《史记》"把医生、学者、商贾、游侠、农民领袖等人物的传记，与帝王将相并于一书，反映了不同阶级、不同阶层的历史动态。"把项羽同秦始皇、汉高祖一起列入本纪，把农民领袖陈胜同诸侯一起列入世家。它不但敢于斥责历史上的暴君，而且还敢于"作景帝本纪，极言其短"。它在称赞武帝功德的同时，也斥责武帝"内多欲而外施仁义"。他赞扬了游侠的某些侠义行为，揭露了酷吏对人民的残暴统治。"《史记》是一部以社会为中心的历史"。"他几乎注意到历史上的社会之每一个阶层、每一个角落、每一个方面的动态，而皆予以具体而生动的描写。"他认为，"《史记》是中国第一部大规模的社会史"④。

秦汉史专家王子今教授使用"平民精神"，平民代指与贵族阶层相对立的士农工商。⑤齐思和在 1956 年的文章中直接称之为"人民性"。⑥我们从时代背景方面

① 《史记·高祖功臣侯者年表》。

② 钱穆：《国史大纲修订本（全 2 册）》，商务印书馆 1994 年版，第 128 页，"第三编第 7 章第 4 节 平民政府之产生"。

③ 翁有为：《梁启超对专制体制批判之发覆》，《清华大学学报》（哲学社会科学版）2020 年第 5 期，第 109—129 页。

④ 翦伯赞：《中国史纲要》，北京大学出版社 2006 年版，第 153 页。

⑤ 王子今：《"史记"的平民精神》，《学习时报》，2019 年 1 月 4 日。

⑥ 齐思和：《中国史探研》，河北教育出版社 2000 年版，第 480—488 页。

考察司马迁"富民强国"思想的产生根源，并考察其特质以及与之前的民本思想的异同。

司马迁的学术传承来自儒家孔子和他那个时代的董仲舒和孔安国。《史记》总结了西汉初年的黄老之学、无为而治的应用，充满道家的智慧。

如果说春秋战国时代的民本思想，是从统治者长治久安以及悲天悯人的立场为出发点，劝戒统治者爱惜民力，轻刑薄赋，给统治者骄奢淫逸的生活设一个限度，同时给兵家们一个发挥的舞台，那么，司马迁阐述的新的历史观，平民是历史前进的积极参与者。以活生生的战争实例，直接告诫统治者。

（四）可贵的是，司马迁从经济层面对"富民强国"做了有益的探索和总结

西周初年封国建侯，"故封建亲戚，以藩屏周。"（《左传》）这时候的诸侯小国，星罗棋布，老子崇尚的小国寡民，构不成一个规模化的经济整体，司马迁对此持批评态度："老子曰：'至治之极，邻国相望，鸡狗之声相闻，民各甘其食，美其服，安其俗，乐其业，至老死不相往来。'必用此为务，挽近世涂民耳目，则几无行矣。"（《史记·货殖列传序》）如此的小国寡民社会已经不能满足百姓对社会生活的要求。

战国时代，战争兼并，经济活动逐渐成体系。到秦汉的大一统之"国"，国家的概念发生根本的改变，因此政治理念也发生相应的改变。郡县制的推行，全国交通网的建立，度量衡的统一，六国的铸币被收缴化铜，秦国的货币推广到全国，使得商品交换形成规模，城市经济快速发展。

汉文帝"除盗铸钱令，使民放铸"，于是"盗铸如云而起"（《汉书·食货志》）。造成了货币的混乱，又使富商大贾操纵铸币权。汉武帝收回了郡国铸币权，由中央统一铸造五铢钱，五铢钱成为当时唯一合法货币。从此确定了由中央政府对钱币铸造、发行的统一管理，到了司马迁时代，富民富国的经济条件成立。

（五）"富士富民"与"富民强国"的历史局限性

综上所述，我们看到先秦诸子学说里充分表达的"富民富士"的政治思想和经济目标，除了管仲之外，他们并没有系统性的考察社会经济。在贵族统治下的社会，"富民"是不切实际的理想。司马迁受管仲启发，看到经济发展对历史演变的基础性作用。物资必然丰富，人民必然追求兴旺，促进社会进步。经济地位是人们社会地位的基础。所以，《史记》"富民强国"思想和发展理念在平民政权下是切实可行的。两者都是历史的发展必然，共性是以民为本，关心民生。两者的差异，实际上是士族与平民的社会主体之间的差异。

司马迁歌颂的平民精神，比传统士族的政治立场更具战斗性，更具反叛精神。传统的民本思想强调国家的经济基础在民，看到了民众的支持对进行战争、维持统治的作用。但司马迁笔下的平民精神和政治力量仍处于皇权政治的框架内，与西方的民权或民主思想有本质性的不同。

　　先秦士族的"富士"和《史记》的"富民"，两者的共性是都不反对君权神授或君权天授，寻求与统治者的合作。中国的皇权政治始终是压倒性的力量，"人，天地之性最高者也"，在皇权面前是如此苍白和无力。《孙子兵法》中的"唯民是保而利合于主"（《孙子兵法·地形篇》），说明其民本思想还是为了国君的利益。儒家依附于当政的权贵，在孟子以后的学术思想只能是修修补补的工作。他们提倡有德君主，而司马迁推崇的西汉大儒董仲舒希望通过天人感应来约束汉武帝，基本是失败的。①在专制条件下，一切政治学说和政治实践都是脆弱的。

　　按照新儒学代表人物之一的徐复观的说法，从公元前221年秦始皇统一中国开始，贯穿整个中国封建社会始终的二重主体性矛盾：儒家以民本为核心价值的仁政理想把人民当成政治主体，而现实是以国君为唯一主体，所以儒家的理想被架空。②

五、结语

　　在春秋时代，君王、公侯、卿、大夫们是历史的主角；随着社会生产力的发展，宗法礼乐制度的瓦解，私人学术的盛行，士阶层逐渐形成。但在世袭贵族占统治地位的社会中，话语权还很弱，比如孙武在其著作里只能相当隐晦地提出治国理念。到了战国时代，士阶层作为历史舞台的主要角色，演绎了一出又一出的雄壮历史剧；战争规模更加宏大，兵家们和其他诸子百家一样，可以洋洋洒洒地论述合理的治国理政方针，旗帜鲜明地为士阶层的政治和经济地位而鼓噪发声。

　　在旧秩序完全打乱的秦汉之交，平民坐上皇帝交椅，司马迁已经把视界扩展到社会底层人士，其平民精神不仅是大汉王朝的主旋律，也构成中华文明的核心精髓。从西汉开始，史上首次以国家意志去推动贸易制度和体系的建立。平民阶层通过致富之道，改善经济地位，从而获得知识，进而能够获得政治晋身的机会。这成为中国两千年封建社会的一大特色。从这个意义上说，《史记》里的"富民强国"思想是春秋战国时代的民本思想在大一统王朝下的延续和深化。

---

　　① 《汉书·董仲舒传》记载，董仲舒在与汉武帝进行了《天人三策》对话后，遭贬。
　　② 徐复观：《两汉思想史》，华东师范大学出版社2001年版。

《史记》在英语世界的传播与接受进程

＊本文作者魏泓，女，淮北师范大学外国语学院副教授、北京外国语大学博士、美国威斯康星麦迪逊大学《史记》翻译家倪豪士教授访问学者。

一、引　言

《史记》西传历史悠久。西方比较正式的《史记》翻译可能是始于 1828 年，小布罗塞（Marie—Félicité Brosset）把《史记》第 123 篇《大宛列传》翻译成法语（Pokora 1962：154）。《史记》的传播与接受过程显示出对《史记》的认知进程。英语世界《史记》西传史大体上呈现出三个阶段：20 世纪 50 年代之前的偏见与误解阶段、20 世纪 50 到 70 年代的理解与认可阶段、20 世纪 80 年代后的同情与全面认知阶段。本文主要以历时方法进行纵向成片钩沉，再以共时方法集结成点进行横向聚众剖析，勾勒其中重要的翻译与研究事件，提炼其中富有重要意义的观点与思想。本研究力求纵横交错地系统化阐述《史记》"走出去"、"走进去"、"走'深'进去"的传播与接受历程，尝试把西方的历史、哲学、文学、叙事学研究融为一体进行解读，但本人才疏学浅，在此仅希望抛砖引玉，并求教于大方之家。

二、《史记》在英语世界传播与接受的认知演进历程

中美之间的接触始于 1784 年。早期的中国研究由传教士进行（Nienhauser 1996：1）。中国文学的译介首先是一批基督教来华的传教士，传教士们所选择的翻译对象以经籍为主（黄鸣奋 1997：1）。作为中国一部通史巨作，《史记》自然引起西方人的关注，西方关于中国古代人物与各种话题的研究常会参考与译介其中相关内容。

早在 1840 年，美国传教士裨治文（E. C. Bridgman）就在其创办并主编的综合性英文月刊《中国丛报》（The Chinese Repository Vol. IX）从 210—219 页刊载了柯立芝夫人（Mrs Coolidge）英译的法国汉学家雷慕沙（Abel Remusat）关于司马迁父子与其《史记》的介绍文章。

1886 年，英国历史学家阿恩德（Carl Arendt）写了一篇题为《对中国历史和历史学家的补充说明》（Some Additional Remarkson the History and Historians of

China）的文章，这篇长达 14 页的文章前半部分贬低中国历史，后半部分称颂《史记》。阿恩德认为：中国历史学的方法和西方极为不同，以刻板的时间顺序构成，信息短、极为枯燥（很像儒家的编年史）（1886：143—144）。他感叹道："我必须承认中国写作历史的方法非常奇特，我有时认为中国人的大脑一定是和我们的大脑组建结构不同"（同上：146）。他转而提到司马迁的《史记》，认为中国历史学方法由司马迁所创始，他绝对应称为"中国历史之父"。最后，阿恩德编译《史记》中窦皇后的故事作为示例转述给西方读者（同上：147—151），结尾总结到："在我文章的前半部分，对于中国历史写作的方法我说了许多否定的话语，但在后半部分，我让读者相信在中国冗长的历史记录中，有时能发现生动有趣的历史记录"（同上：151）。

1938 年，哈佛大学嘉德纳（Charles S. Gardner）教授所撰写的著作《中国传统史学》（*Chinese Traditional Historiography*），"是美国第一本有关中国史学通史的著作，也是西方学者对中国史学史研究相当早的著作"（朱政惠 2006：10）。嘉德纳把中国的历史看作是原始重要材料的集合，对中西传统历史学之间的差异做了比较。他以《史记》等中国历史典籍为基进行总结道："我们西方人认为一位历史学家应以逻辑顺序对事实分析与分类，以他个人的大脑进行计算与展现，不仅按照时间顺序而且按照因果关系。我们要求历史学家对过去的时代、奇怪的地方、不熟悉的人物进行忠实与生动的再现。中国人，则相反，把过去看做一系列具体事件与外在行为，认为历史记录应是确切的、客观的，没有记录者个性的投射，他必须严格控制自己去改变表现，因为他对真正原因认识不完善"（Gardner 1938：69）。

第一阶段的《史记》译介基本上是零星翻译，其中以美国汉学家及中国历史学家卜德（Derk Bodde）的翻译内容为最多、最重要。他 1938 年翻译了《史记》中李斯传记的内容（Bodde 1938：12—55）。他 1940 年的《史记》节译本《古代中国的政治家、爱国者及将军：〈史记〉中三篇秦代人物列传》（*Statesman, Patriot, and General in Ancient China. Three Shih Chi Biographies of the Chin Dynasty*）译出了《吕不韦列传》、《刺客列传·荆轲》与《蒙恬列传》三篇传记的翻译，共有 75 页，翻译精确，书中注释与讨论内容占到了全书三分之二。卜德在 1938 年出版的专著《中国的第一位统一者：从李斯的一生研究秦朝》（*China's First Unifier：A Study of the Ch'in Dynasty as Seen in the Life of Li Ssu*）的"前言"中透露：西方人对中国历史向来持有偏见，他希望自己对秦朝历史的研究会打破西方一直所持有的"东方停滞不变"的落后观念，他说："西方人长期以来一直顽固地认为东方是停滞的，我希望本书对这些变动的研究可以彻底打破这一错误观念"（Bodde 1938：前言）。后来他又选译了《史记》秦朝中三篇传记而出版节译本《古代中国的政治家、爱国者及将军：〈史记〉中三篇秦代人物列传》（*Statesman, Patriot, and General in Ancient China. Three Shih Chi Biographies of the Chin Dynasty*）（1940），卜德的译作得到了"美国学术团体委员会"（American

Council of Learned Societies) 的资助而出版。卜德写作与翻译的一个目的是为了去除西方中心主义漠视中国文化的局面,力图把真实的中国介绍到美国。

1946 年,英国哲学家与历史学家科林伍德 (R. G. Collingwood) 在其著作《历史思想》(*The Idea of History*) 中界定了一种编史模式"剪贴式历史"(cut-as-paste history),并把这种编写形式和科学的历史进行区分 (1946:257—260)。后来,西方学者把这种编写模式用来指代中国历史。Van der Loon 认为《史记》有点"低级",因为它"由剪刀和浆糊组合,几乎没有消化和解释"(Jian 1992:9)。法国汉学家沙畹所翻译的《史记》介绍中认为司马迁可能是"剪贴式历史"的编辑者 (Prusek 1970:25)。不少西方学者认为:包括《史记》在内的中国历史作品结构松散,呈现片段化结构,缺乏统一性与持续性。中国历史编写方式常遭西方诟病。

西方对《史记》的研究多是作者研究或某种文本问题的研究,特别是其真实性研究 (Allen 1981:32)。西方学者对《史记》真实性方面颇感兴趣,有不少研究论作,如:德效骞 (Homer H. Dubs) 的《中国历史的可靠性》(1946)、何四维 (A. F. P. Hulsewé) 的《〈史记〉123 篇大宛列传的真实性问题》(1975)、柯马丁 (Martin Kern) 的《〈史记〉24 章的真实性与思想性》(1999) 等文章和奥伯丁 (Garret Olberding) 的《模糊的事实:早期中国历史学的证据》(2012) 等著作。

50 年代,出现了以美苏为中心的两极格局,社会主义和资本主义两大阵营开始形成与对立。20 世纪 70 年代,东西严重对垒的势头减弱,世界格局开始由两极向多极发展。1971 年,中国恢复了在联合国的合法席位。中国与西方关系趋于缓和,1972 年中英正式建交,1979 年中美正式建交。而且,在过去的 25 年,《史记》的研究中心从传统的汉学基地法国与德国转移到俄国和美国 (Nienhauser 1996:33)。50—70 年代,在英语世界大规模的《史记》翻译与研究产生。50—70 年代对《史记》的选择内容多是文学性强的精彩篇章,以归化方法为主流。

美国汉学家华兹生 (Burton Watson) 的《史记》翻译与研究在西方至关重要。他的研究专著《司马迁:中国伟大的历史学家》(*Ssu-ma Ch'ien, Grand Historian of China*) (1958) 与其《史记》译本 (*Records of the Grand Historian of China*) (1961) 在西方都极具影响力。华兹生《史记》研究专著的目的是把司马迁介绍给英语读者,描写《史记》的形式与内容,揭示它在中国文化中的重要性 (Watson 1958:ix)。华兹生可能是西方第一位学者对《史记》的文学特点和司马迁的文学理论表现出兴趣 (Lei Yang 2016:19)。因为《史记》在历史研究上的意义,《史记》的文学特点没有得到足够的重视 (Watson 1958:16)。华兹生的《史记》研究引发西方人对《史记》的兴趣,特别是对其文学艺术、叙事技巧、风格特点的认识。华兹生把司马迁比作西方的希罗多德:打个比方,就像希罗多德对希腊——罗马世界的历史传统的影响,司马迁对中国、朝鲜与日本产生重大影响 (同上:vii)。不过,尽管华兹生对《史记》的文学风格与创造艺术颇为赞赏,但他在 1961 年的译本中,却没有按照《史记》原有结构进行翻译。他选译了其中文学性强的 66 篇进行翻译，重新编排所译篇章，把它们安排成时间顺序，从而使文本成为一个可读的"统一的文学作品"。华译本被作为世界文学经典译本而列入联合国教科文组织的代表性著作选集：中国系列丛书。

1962 年，克尔曼（Frank A. Kierman Jr. ）的专著《从四种战国后期的传记看司马迁的撰史态度》（*Ssu-ma Ch'ien's Historio-graphical Attitude As Reflected in Four Late War-ring States Biographies*）出版。其中，他译出《史记》四个传记：《乐毅列传》《廉颇蔺相如列传》《田单列传》与《鲁仲连列传》。此书力求精确，共有 127 面，翻译部分是 28 面，而注释（Notes）等非正文部分占了 79 面。克尔曼分析了司马迁《史记》的编写动机、资料来源、列传风格、整体价值与伟大之处。此书开篇"介绍"指出《史记》是里程碑式的著作，是与知名的世界名著所比肩的作品。司马迁的创造满怀使命感，他并不限于流芳后世的个人目的，也不是为了弘扬他父亲的名声，他描绘过去、评论过去是为了塑造未来（Kierman 1962：6）。克尔曼特别关注司马迁撰史的结构安排与材料取舍，认为《史记》在选材方面表现出很有意义的包含、强调与省略的撰史模式。司马迁是有所选择的，一个决定性因素来自于他的政治态度（同上：17）。

1974 年，英国学者杜为廉（William Dolby）和司考特（John Scott）共同合译了《史记》，译作名为《司马迁笔下的军阀及其他人物》（*Sima Qian：Warlords, Translated with Twelve Stories from His Historical Record*）。他们全译或节译了《史记》7 篇内容，主要包括四大部分：三位政客列传、四大君子列传、五个刺客列传以及三个弄臣列传。这本译著没有注释，多在译文中进行解释，表达生动、口语化、很有感染力。杜为廉在译本"介绍"中高度颂扬司马迁：毋庸置疑，司马迁是中国历史之父，他绝不是进行呆板统计的列表者，也绝不是刻板潮流和运动的清道夫，相反，他强调历史的真实性和戏剧性；他用策略与技巧所写成的《史记》对后来的写作和讲故事有着深远的影响，无疑，他是一位最伟大的中国文学之父（Dolby & Scott 1974：9）。

捷克汉学家普实克（Jaroslav Prusek）错误地认为中国历史学家从不创造，而是安排历史，因为他观察到司马迁是把材料安排成某些类别而不是按照时间连续链进行安排；中西不同的历史写作反映了两种不同的历史概念（Prusek 1970：145）。普实克在他题为《中西方的历史和长诗》（*History and Epicsin China and in the West*）一文中，对中西传统历史结构及其成因进行分析。希罗多德的历史是典型的叙事形式，从开始就表现出很强的流动性，而中国的历史却不是长诗所要求的那种一致性和持续性。司马迁的《史记》结构组织复杂，按照材料的社会重要性进行安排与分类，材料之间连接松散，没有统一结构，都仅是孤立的简短的片段（episodes）。西方认为历史应描写人类命运的不同色彩，历史事实应以艺术作品的形式表现出来，但中国历史写作主要是记录事实和事件，试图表明一种普遍真理，努力激发起读者的直觉和情绪因素，而不是思想和逻辑因素。两个传统不同的重点源于对时间与空间的不同思考方式，西方重在叙事的不间断流动

(unbroken flow)，而中国叙事重在片段性进展（segmented progress）。这样的趋势影响了包括《史记》在内的中国历史作品的形式和内容。

随着中西跨文化交流的发展，西方的一些学者逐渐意识到《史记》编撰中的匠心，并进一步意识到应该尊重中西之间的差异。他们认识到《史记》编撰形式是其文化概念下的一种特有的表现形式，而不是一种低级形式。美国汉学家浦安迪（Andrew H. Plaks）在其题为《中国叙事学》（1978）一书中批评道：西方往往会自觉或不自觉地用西方小说（novel）的结构标准去要求中国古典小说，因而指责中国小说的"外形"缺乏艺术的整体感（unity）；中国小说在"外形"上的致命弱点，在于它的"缀段性"（episodic），一段一段的故事，形如散沙，缺乏西方 novel 那种"头、身、尾"一以贯之的有机结构，因而也就欠缺所谓的整体感（浦安迪 1978：56）。"史书同样是在事实的原料套上了特别的美学外形，中国的《史记》就是一个代表性的例子。《史记》诸列传中，在介绍一个人的生平时，并不采用信手拈来之笔，而是有一种形式规则、一种'外形'制约着"（同上：59）。

60 年代后英语世界所编撰的关于中国文学与历史的选集快速增多，这些选集几乎都会对《史记》的内容与结构进行介绍、促进了《史记》在西方的认识与研究，如狄百瑞（Wm Theodore de Bary）、陈荣捷（Wing-tsit Chan）和华兹生合编的《中国经典选集》（*Sources of Chinese Tradition*）（1960）、白芝（Cyril Birch）主编的《中国文学选集》（*Anthology of Chinese Literature*）（1965）、倪豪士（William H. Nienhauser Jr.）主编的《印第安纳中国古典文学指南》（*The Indiana Companion to Traditional Chinese Literature*）（1986）、梅维恒（Victor H. Mair）主编的《哥伦比亚大学中国传统文学选》（*Columbia Anthology of Traditional Chinese Literature*）（1994）、孙康宜（Kang-I Sun Chang）和宇文所安（Stephen Owen）主编的《剑桥中国文学史》（*The Cambridge History of Chinese Literature*）（2011）等。许多有关中国话题的研究著作（包括历史、文学、哲学、人物等方面）都会介绍司马迁的《史记》，强调其价值。西方逐步认识到《史记》独具特色的碎片式结构和非流动性与持续性的叙事特点。

80 年代后全球化与全球史发展快速，世界跨文化交流更为深入。这一阶段的《史记》翻译多会采取保留原文异域文化色彩的异化翻译策略。倪豪士教授的《史记》全译工程力求充分译出《史记》的全部信息。上世纪 80 年代末开始并一直持续着的美国威斯康星大学倪豪士所主导的《史记》工程赫赫有名。倪译不只是对《史记》原文内容的全部翻译，而且是对其所含有的史学信息、文化内涵、文学风格的全部翻译，以便让西方读者能有个全面而充分的了解。倪译为了满足西方的学术读者学术研究的需要，译注谨严、文献厚重，力求详尽地再现出《史记》的内容与价值。到目前为止，倪译团队迄今已连续出版《史记》（*The Grand Scribes Records*）英译本 7 卷（Vol. 1、2、5.1、7、8、9 与 10），于 1994、1994、2002、2006、2008、2010、2016 年由印第安那大学出版社出版。这项极尽充分的学术性翻译还正在进行中，今年将出版第 11 卷。倪译把《史记》带入西方的学术领地，加速了《史记》在西方的研究与接受，促进了西方学者们对《史记》之前与之后的中国典籍翻译与研究，推动了中国文化在西方的传播。

西方学者全面认可与解读《史记》艺术，研究视野更为开阔、成果甚为丰硕。越来越多的学者从文学、叙事学的角度来研究《史记》的艺术创作。1981年，艾伦（Joseph R. Allen）的《〈史记〉：叙事结构初探》（*An Introductory Study of Narrative Structure in the Shi ji*）一文具有开创性意义。艾伦甚至比华兹生走得远，他追随华兹生的论断，认为《史记》既是文学作品也是个历史作品（Klein2010：10）。这篇长达 35 页的研究论文将司格勒斯（Robert Scholes）和凯洛格（Robert Kellogg）的西方古典文学叙事理论运用于《史记》叙事的分析。艾伦真正开启了西方《史记》的文学研究，他在开篇中说：不管《史记》在中国文学历史上有多么重要，把它作为文学的研究却惊人得少（Allen 1981：31）。《史记》是中国历史与文学的巨作，吸引了文学界与历史学界批评家们的共同关注；虽然西方的大多数《史记》研究是关注作者、文本问题与史学编撰方面的，但作为文学作品的《史记》研究正在渐渐地增长（Lu 1995：51）。

1992 年，俄亥俄大学简小斌（Jian Xiaobin）的博士论文《〈史记〉的空间化》（*Spatialization in the Shiji*）从空间角度研究了《史记》的叙事基础，阐述了《史记》的"空间"位置编撰手法，强调以空间位置而不是以时间顺序来编写《史记》。《史记》中所有部分组成的是一座宝塔形体系，人物的总体形象和他们在整个体系中所处的位置很重要（Jian 1992：7）。西方人以时间为顺序而构成统一的有头有尾的整体，而中国人习惯于用空间进行组织、形成复杂的宝塔式结构。

1994 年，英国当代著名汉学家道森（Raymond Dawson）译注的《司马迁〈史记〉》（*Sima Qian：Historical Records*）作为世界经典系列丛书之一由牛津大学出版社出版。他全译或节译了《史记》秦朝中 9 篇内容，有些注释，比较精确，忠实于原作的内容与表达，同时面向一般读者、比较注重可读性。道森对《史记》非常推崇，他在其译作《司马迁〈史记〉》的开篇"介绍"中首先强调了《史记》的巨大价值：《史记》是最著名的中国历史作品，不仅为后来的中国历史写作创立模式，而且其文学质量也很受赞誉，无论是在中国还是在日本（1994：Vii）。但是他在其《史记》译作中，与华兹生类似，重新安排《史记》结构，把《史记》内容组织成西方读者所习惯的秦朝统一故事的形式，以迎合西方读者的期待视野。2007 年，道森的译作《司马迁〈史记〉中的秦始皇》（*Sima Qian：The First Emperor-Selections from the Historical Records*）出版。这本译作和 1994 年的译作内容几乎完全一致，只是换了书名，另外，多了篇著名汉学家白瑞旭（K. E. Brashier）长达 14 页的前言（Preface）和多列出的一些参考书目（Dawson 2007：xxxvii-xxxviii）。

1995 年，杜润德（Stephen W. Durrant）的专著《雾镜——司马迁著作中的紧张与冲突》（*The Cloudy Mirror：Tension and Conflict in the Writings of Sima Qian*）出版，这是西方《史记》研究中的里程碑论著。杜润德以文学视角对《史

记》进行研究，认为司马迁是位"叙事者"与"文学天才"（1995：143）。他的书不是对《史记》的综合研究，而集中于有限的主题部分，理解与欣赏司马迁的文学和历史的艺术（Klein 2010：12）。杜润德最重要的一个认知是和后宋朝代的《史记》读者一样，形成对司马迁心理学的一种阅读，并把心理学投射到《史记》中（同上：13）。

　　1996 年，威斯康星大学麦迪逊分校 Jeff Bissell 在其博士论文《历史文本的文学研究：晋文公重耳的早期叙事》（Literary Studies of Historical Texts：Early Narrative Accounts of Chong'er，Duke Wen of Jin）中对晋文公重耳在《史记》、《左传》、《汉书》三个文本中的叙事进行比较研究，通过对司马迁选材与撰写的考察，得出结论："剪贴式历史"对于描述这种编撰方式是完全不充分的；中国最古老的最有权威的历史叙事的编撰是个创造性的工程；从《国语》→《左传》→《史记》是个进化的过程；司马迁创造性材料运用与结构布局使得叙事情节更有文学与浪漫色彩，审美效果也更好；《史记》具有精彩故事和历史记录的双重效果，这是《左传》所没能取得的成就（1996：324）。2016 年，宾夕法尼亚大学 Lei Yang 在其博士论文《建构中国史学：〈史记〉的叙事分析》（Building Blocks of Chinese Historiography：A Narratological Analysis of Shiji）中用热奈特（Gerard Genette）的叙事理论来讨论《史记》是怎么进行结构组织的，他认为《史记》叙事绝不是"剪贴式"编制的片段化形式；《史记》叙事产生的文学效果让它与《左传》与《汉书》区分开来（2016：193）。

　　加州大学伯克利分校戴梅可（Michael Nylan）教授在她长达 43 页的文章《司马迁：一位真正的历史学家吗？》（Sima Qian：A True Historian?）中把西方的《史记》研究分成两派：社会/科学的（强调司马迁客观而真实的历史记录）与抒情/浪漫的（强调司马迁个人的编撰动机与意图）。她不太满意这两种解释，提出了超越这两派的第三种观点"宗教性阅读"。她阐述司马迁完成《史记》编撰是为了实现宗教目的，认为这是使整部作品成为连贯整体的最有意义的线索；强调司马迁编史中的孝道与天道，认为他通过整部《史记》文本的编撰而努力让自己、父亲司马谈、家庭史官地位传统和整个国家文化获得永恒（1999：203—246）。

　　美国汉学家侯格睿（Grant Hardy）在 1988 年的博士论文《〈史记〉中的客观性与解释》（Objectivity and Interpretation in the Shih chi）中认为：《史记》记录以道德解释性原则为第一、以客观性原则为第二。侯格睿关于中西历史叙事比较的研究文章颇为引人注目，如《一位中国古代的历史学家对现代西方理论的启示？论司马迁的多重叙事法》（Can an Ancient Chinese Historian Contribute to Modern Western Theory?（The Multiple Narratives of Ssu-ma Ch'ien）（1994）、《司马迁〈史记〉的形式和叙事》（Form and Narrative in Ssu-ma Ch'ien's Shih chi）（1992）等。侯格睿在其 1999 年的专著《青铜与竹简的世界：司马迁对历史的征服》（Worlds of Bronze and Bamboo：Sima Qian's Conquest of History）中高

度推崇《史记》，提出《史记》的"小宇宙"观。侯格睿认为《史记》把历史划分成本纪、年表、书、世家和列传的形式，可以既忠于来源史料、最小化作者的直接干预，同时保留相当大的解释能力和因果关系的描述。司马迁既要确切地重现过去，又要遵循儒家历史学范式，他通过灵活的"形式"让两个目标——历史确切性和道德说教性交汇在一起。司马迁《史记》的结构形式反映出和传统的西方历史大为不同的历史学，其片段式结构可以让故事从不同视角多次讲述。从西方视角看，这样似乎会忽视历史真实，但司马迁貌似矛盾性的叙事比西方历史的统一叙事更能确切地反映过去。司马迁的历史观承认历史学家和证据的局限性，提供多重解释的可能性，关注道德洞见，可以为寻求摆脱传统历史编撰模式的西方现代历史学家提供一个有趣案例。《史记》没有统一、连贯的叙事，处于开放、未完成的状态；司马迁应用多重叙事视角与多种叙事技巧来再现历史、塑造世界，让读者进入叙事与反叙事的世界、成为自己的历史学家。《史记》拥有持久的魅力，是个小宇宙，是个后代读者可以进入、讨论、解释的世界。

　　《史记》作者司马迁具有世界影响力，被西方许多学者看作中国的历史之父，与西方的历史之父希罗多德相提并论。1886 年阿恩德称司马迁为历史之父，1958年华兹生把司马迁比作西方的希罗多德。侯格睿（1999）、杜润德（1995）、史嘉柏（2012）等都在其著作中把司马迁与希罗多德相比较。一些西方学者撰文专门对司马迁与希罗多德进行比较，如邓嗣禹（Teng, S. Y.）的论文（1961）、Siep Stuurman 的论文（2008：38）、Thomas R. Martin 的论文（2009）等。他们比较了司马迁和希罗多德的叙述结构与视角、各自的优点与局限性等。在比较认识中，《史记》的价值更为灼显。

三、结　语

　　《史记》在英语世界的传播与接受进程是个从片面解读到全面解读的认知演进过程。《史记》对外译介过程本身就是一种认知进程，是个从零星翻译、到大规模的文学翻译、再到全译的渐进过程。第一阶段，卜德翻译与研究《史记》的目的是为了纠正西方人对中国历史的偏见。第二阶段，华兹生对《史记》的文学翻译与研究极具影响力，在很大程度上激发起西方人对《史记》的兴趣，特别是对其文学艺术、叙事技巧的认知，让《史记》真正走进了西方人的视野。第三阶段，倪豪士所主导的《史记》全译工程的翻译原则是：尽可能贴合司马迁的写作方式；不追求修改文本，而是再现文本（Nienhauser 1994 Vol. I：xviii）。倪译工程促进了西方对《史记》的深入认知，让《史记》走进了西方学术研究的广阔天地。翻译带动了《史记》的传播与接受。刚开始西方学者对《史记》的认识是片面的，抱有偏见与误解，主要从史学角度来研究《史记》，对其编撰方式表示不解、对其内容进行质疑。后来，西方学者逐步认可中西撰史的不同、尊重彼此的差异，开始欣赏《史记》的文学特色与价值。第三阶段，西方学者全面认识、多方解读《史记》，对其叙事学方面的研究成效卓著。西方的《史记》传播与接受进程是个日趋深广的过程。这个过程富有内涵与意义，不仅展现出对《史记》的认识过程，而且体现出对中华文化的认知过程。这个认知过程是个文化碰撞与冲突的过程，是不同民族文化间相互交融的进程。博大精深的《史记》走向世界的历史是中西文化交流史的缩影，展示出中西关系日渐发展的进程，昭示出世界文化融合与世界文明发展的进程，折射出世界思想史演进历程。

参考文献

[1] Allen, Joseph Roe (1981). An Introductory Study of Narrative Structure in *Shiji*. *CLEAR*, 3 (1): 31—66.

[2] Arendt, C. (1886). Some Additional Remarks on the History and Historians of China. *Journal of the Peking Oriental Society*, I: 139—154.

[3] Birch, Cyril (1965). *Anthology of Chinese Literature: From the Early Times to the Fourteenth Century*. New York: Grove Press Inc.

[4] Bissell, Jeff (1996). *Literary Studies of Historical Texts: Early Narrative Accounts of Chong'er*, Duke Wen of Jin. Ph. D. Dissertation. University of Wisconsin.

[5] Bodde, Derk (1940). *Statesman, Patriot, and General in Ancient China. Three Shih Chi Biographies of the Chin Dynasty* (255—206 B. C.). New Haven: American Oriental Society.

[6] Bodde, Derk (1938). *China's First Unifier: A Study of the Ch'in Dynasty as Seen in the Life of Li Ssu*. Leiden: E. J. Brill.

[7] Collingwood, R. G. (1946; 1993). *The Idea of History*. London: Oxford University Press.

[8] Dawson, Raymond (1994). *Sima Qian: Historical Records, Translated with an Introduction and Notes*. Oxford; New York: Oxford University Press.

[9] Dawson, Raymond (2007). *Sima Qian: The First Emperor-Selections from the Historical Records*. Oxford; New York: Oxford University Press.

[10] Bary, Wm Theodore de, Wingtsit Chan, and Burton Watson (eds) (1963). *Sources of Chinese Tradition*, New Haven and London: Columbia University Press.

[11] Dolby, William & John Scott (1974). *Sima Qian: Warlords, Translated with Twelve Stories from His Historical Records*. Edinburgh: Southside.

[12] Dubs, Homer H. (1946). The Reliability of Chinese Histories. *Far Eastern Quarterly*, 6 (1): 23—43.

[13] Durrant, Stephen W. (1995). *The Cloudy Mirror: Tension and Con-

flictin the Writings of SimaQian. Albany: StateUniversityofNewYorkPress.

[14] Gardner, Charles S. (1938). *Chinese Traditional Historiography: Essays on Sources for Chinese History*. London: Oxford University Press.

[15] Hardy, Grant (1999). *Worlds of Bronze and Bamboo-Sima Qian's Conquest of History*. New York: Columbia University Press.

[16] Hulsewé, A. F. P. (1975). The Problem of the Authenticity of Shih-chich 123, the Memoir on Ta Yuan. *T'ouna Pao*, 61: 83—147.

[17] Jian Xiaobin (1992). *Spatialization in the Shiji*. Ph. D. Dissertation. Ohio State University.

[18] Kern, Martin (1999). A Note on the Authenticity and Ideology of Shih-chi 24, 'The Book of Music'. *JAOS*, 119: 673—677.

[19] Kierman, F. A. Jr. (1962). *Ssu-ma Ch'ien's Historiographical Attitude As Reflected in Four Late Warring States Biographies*. Wiesbaden: Otto Harrassowitz.

[20] Klein, Esther Sunkyung (2010). *The History of a Historian: Perspectives on the Authorial Roles of Sima Qian*. Princeton University.

[21] Lei Yang (2016). *Building Blocks of Chinese Historiography: A Narratological Analysis of "Shi ji"*. Ph. D. Dissertation. University of Pennsylvania.

[22] Lu Zongli (1995). Problems concerning the Authenticity of Shih Chi. *Chinese Literature: Essays, Articles, Reviews (CLEAR)*, Vol. 17: 51—68

[23] Mair, Victor H. (1994; 2001). *Columbia Anthology of Traditional Chinese Literature*. New York: Columbia University Press.

[24] Martin Thomas R. (2009). *Herodotus and Sima Qian: The First Great Historians of Greece and China*. Boston and New York: Bedford/ST. Martin's.

[25] Nienhauser, William H. Jr. (1986). *The Indiana Companion to Traditional Chinese Literature*. Bloomington: Indiana University Press.

[26] Nienhauser, W. H. Jr. (1994, 1994, 2002, 2006, 2008, 2010 and 2016). Editor and Co-Translator. *The Grand Scribe's Records*. Volumes 1, 2, 5.1, 7, 8, 9 and 10. Bloomington: Indiana University Press.

[27] Nylan, Michael (1999). *Sima Qian: A True Historian? Early China*, Vol. 23/24: 203—246.

[28] Olberding, Garret P. S. (2012). *Dubious facts: The Evidence of Early Chinese Historiography*. New York: state university.

[29] Pokora, Timoteus (1962). The Present State of the Translations from the Shih chi: To the memory of Fritz Jäger. *Oriens Extremus*, 9 (2) 154—173.

[30] Prusek, Jaroslav (1970). History and Epics in China and in the West. In Jaroslav Prusek. *Chinese History and Literature*. Holland: D. Reidel Publishing

Company Dordrecht：17—34.

[31] Stuurman, Siep (2008). Herodotus and Sima Qian：History and the Anthropological Turn in Ancient Greece and Han, China. *Journal of World History*, 19. 1：1—40.

[32] Sun, Kang-I Chang and Stephen Owen (eds.) (2011). *The Cambridge History of Chinese Literature* [M]. New York：Cambridge University Press.

[33] Teng, S. Y. Herodotus and Ssu-ma Ch'ien：Two Fathers of History. *East and West*. New Series, 12 (1961).

[34] Watson, Burton (1958). *Ssu-ma Ch'ien：Grand Historian of China*. New York：Columbia University Press.

[35] Watson, Burton (1961). *Records of the Grand Historian of China：Translated from the Shih chi of Ssuma Ch'ien, in Two Volumes*, Vol. 1：*Early Years of the Han Dynasty*, 209 to141 B. C；Vol. 2：*The Age of Emperor Wu*, 140 *to Circa* 100 B. C. New York and London：Columbia University Press.

[36] 黄鸣奋. 英语世界中国古典文学之传播 [M]，上海：学林出版社，1997。

[37] 浦安迪. 中国叙事学 [M]，北京：北京大学出版社，1978。

[38] 朱政惠. 海外学者对中国史学的研究及其思考 [J]，史林，2006 (4)：165—182。

《史记》文学艺术研究

可永雪老师的《史记》文学研究

＊本文作者任刚，西安工程大学教授；李岩，西安工程大学副教授。

可永雪，内蒙古师范大学教授，中共党员。1930 年出生于河北省安平县可胡林村，后在内蒙古海拉尔学习、工作。1950 年 9 月，进入北京师范大学中文系学习，和《史记》结缘。1954 年夏，可永雪考入北京师范大学古典文学研究班，师从谭丕模、刘盼遂、李长之、王汝弼、启功诸先生（当时是集体导师制），攻读中国古典文学。其间，他重点研读《史记》，受到李长之先生的指导。1957 年夏，可永雪研究生毕业后回到内蒙古，执教于内蒙古师范学院（即今内蒙古师范大学）至今。70 年来，可老师不负师望，孜孜以求，精进在《史记》文学研究的路上。

一个成熟的学者，其研究路径独特，其研究成果独到。可老师《史记》文学研究路径的独到之处是在熟读原典、深思原典的基础上，专攻《史记》文学研究，结合先贤时彦的相关研究成果，形成见解，最后形成自己的成果。可老师《史记》文学研究的最大成就就在于从文学的角度，对《史记》"文史兼备"的特色，给予了清理、回答，并加以深入剖析，形成自己的特色。

一

可老师《史记》文学研究的代表作无疑是在学界有影响的《〈史记〉文学研究论稿》《〈史记〉文学研究论说》《〈史记〉文学研究论衡》（下文概称"三论"，并分别简称《论稿》《论说》《论衡》），这"三论"是全面系统的《史记》文学研究，可谓学界相关研究的代表作，是《史记》文学研究的重要收获。

《史记》的文学美人人可感。但从《史记》研究史上看，《史记》的文学研究比史学研究晚得多。严格地说，直到宋元以后，《史记》的文学研究才真正开启。《史记评林·高祖本纪》引南宋魏了翁评论高祖还乡："后世为史者，但云'还沛置酒，召故人乐饮极欢'足矣。看他发沛中儿，教歌，至酒酣击筑，歌呼起舞，反转泣下，缕缕不绝。古今文字淋漓尽致，言笑有情，安可及此！"魏了翁头脑清楚，眼光独到，几句话就把史学书写和文学书写讲明白了：史学叙事只讲做过某事，不涉及事之细节、情感、氛围等，重在事；文学书写则追求细节、人物形象，讲究场面刻画、氛围渲染等感性描写，以期表现人情世味，重在人。很显然，高祖还乡属于文学书写范畴。宋以后，人们才认识到《史记》的文学创作；元明清时，人们从艺术构思、艺术结构、艺术虚构、人物形象、人物语言、叙事艺术等方面对《史记》进行研究，表现出文学研究的特色。但这些研究大都散落在各种各样的评点、读书笔记之中，无专书。即使像吴见思的《史记论文》、李景星、紫垣的《史记评议》、李晚芳的《读史管见》等，虽然有十分精彩的文学研究，也不能目为系统的《史记》文学研究。

现代较早的《史记》文学研究，当首推鲁迅先生。《汉文学史纲要》是 1926年鲁迅先生在厦门大学时讲课的讲稿，第十篇《司马相如与司马迁》，结合《太史公自序》《报任安书》《汉书·司马迁传》等材料，在前代《史记》研究的基础上，指出《史记》之独特之处："恨为弄臣，寄心楮墨，感身世之戮辱，传畸人于千秋，虽皆《春秋》之义，固不失为史家之绝唱，无韵之《离骚》矣。惟不拘于史法，不囿于字句，发于请，肆于心而为文……"[1] 鲁迅先生以自己对文学生成的认识，指出司马迁创作《史记》是一个"不拘于史法，不囿于字句，发于情，肆于心而为文"的过程，实际上道出了《史记》文学创作之根因；鲁迅先生以自己独到的文学感受力，直接指出《史记》是可与《离骚》并列的诗，标志着现代学人对《史记》文学创作的认识达到了前所未有的高度。"史家之绝唱，无韵之《离骚》"遂为公认的古今最简明扼要、最精彩的对《史记》的评价。现代专文评价《史记》文学特色的是袁著先生的《〈史记〉文学之研究》[2]，对《史记》的文学性给予极高评价："他对于个性的描写和典型人物的创造，在我国的文学史上，实是任何文学家不能望其项背的。如果他是一个戏剧家，他简直可以与英国的莎士比亚相互伯仲。"之后举出四条理由说明《史记》成为文学的依据："《史记》聚精会神的地方是描写个性、创造个性之处""处处反映着他爱与憎的两种热情""《史记》中的精彩文字皆是成自史迁的丰富想象以铸成"、某些文字"在历史上是累赘的蛇足，但在文学上的价值却是很高。"最后从七个方面分析《史记》的艺术特质：个性的表现、笑的描写艺术、小说的艺术、散文诗的艺术、戏剧文学

---

① 《鲁迅全集》卷 9《汉文学史纲要》，人民文学出版社 1981 年版，第 420 页。
② 《中央大学半月刊》，1930 年 5 月第 1 卷 13 期。

的艺术、喜剧、悲剧艺术。该文发表于 1930 年 5 月，是较早的从西方现代艺术观念出发研究《史记》文学艺术的文章，比如"个性的描写""典型人物的创造""创造个性"等都是在《史记》文学研究中影响深远的提法。文章有开创性，拓宽了人们的眼界，给人启发。此文的不足之处是在肯定《史记》的文学价值的同时，贬低了其史学价值："以史学的眼光来看《史记》，因他的不翔实，在历史的征实的价值未免减低了史的价值。"① 这一观点至今也有一定的代表性。李长之先生的《司马迁之人格与风格》② 是借鉴西方文学观念研究《史记》文学成就的第一部专著。李长之先生眼光宏远周备，从文学家、史学家、思想家并重的角度，考察《史记》，知人论世；书以诗笔写成，既是学术专著，也具有评传性质，影响很大。全书围绕着《史记》文学研究的主题而涉及到了司马迁的时代、家庭背景、个人生活体验以及文学史上的地位，包括了司马迁及其时代精神、司马迁的父亲、司马迁之体验与创作、司马迁的文学批评（包括司马迁的精神宝藏之内容——浪漫的自然主义、司马迁的风格之美学上的分析、文学史上的司马迁三部分）。《司马迁之人格与风格》最大贡献是对司马迁的诗人气质、《史记》的抒情性作了前所未有的剖析论证。可以说，该书为后代《史记》文学研究开道，后来的相关研究也基本上沿着这个方向进行。可老师既亲蒙李长之先生指导，其《史记》文学研究，自然在这样的基础上进行。但是，严格地说，可老师的"三论"，是真正的系统的《史记》文学研究。

20 世纪 80 年代初期，正常的学术研究刚刚开始，可老师就写出以《史记》人物研究为中心的高水平学术论文；80 年代末，学界的《史记》文学研究热刚刚兴起的时候，可老师就已经接连发表了二十多篇系列《史记》文学研究有影响的论文，一些素未谋面的学者纷纷给可老师写信商讨有关问题，可老师也因此名声远播。可以说，80 年代是可老师《史记》文学研究成果的一个爆发期。这显然是长期研究积累的结果。《论稿》是可老师和《史记》结缘以来，沿着老师指出的路子，三十多年苦读苦思的结晶。该书主要从《史记》的写人艺术、叙事艺术、语言艺术诸方面进行探讨，重点为写人。《论稿》于 1991 年由内蒙古教育出版社出版，是《史记》研究史上第一部全面系统的文学研究专著，积累既富，功底自厚，理解精准深刻，是经得住岁月淘炼的代表作。

《论稿》与稍前出版的，如宋嗣廉《〈史记〉艺术美研究》③、李少雍《司马迁传记文学论稿》④、郭双成《〈史记〉人物传记论稿》⑤ 等相比，俱为一时之选而特色明显。费振刚先生评价此书："可永雪《〈史记〉文学成就论稿》，全面评价了《史记》文学成就，从人物形象塑造方面分析《史记》的文学性，作了大量例证分

---

① 《中央大学半月刊》，1930 年 5 月第 1 卷 13 期。
② 上海开明书店 1948 年 9 月初版，三联书店 1984 年再版。
③ 东北师范大学出版社 1985 年版。
④ 重庆出版社 1987 年版。
⑤ 中州古籍出版社 1985 年版。

析，很有说服力。作者认为，司马迁具有文人和诗人的气质，对塑造人物的文学性有明确的认识，知道文学该写什么，为什么写，以及怎么写。"① 《史记研究集成》第十四卷《史记论著提要与论文索引》："本书全面系统地抉发了司马迁写人艺术，堪称一部研究《史记》文学性的代表作。该书在继承的基础上创新，进行理论性总结，下了很深的功夫。该书最大的成就在两个方面。第一，从人物形象塑造角度抉发《史记》的文学性，不仅总结了系统的理论，而且做了大量的例证分析，结论令人信服。作者认为，司马迁具有文人和诗人的气质，对塑造人物的文学性有明确的认识，知道文学应该写什么，为什么写，以及怎么写。作者在例证分析中，总结司马迁在使用《尚书》《左传》《国语》《战国策》等前代典籍文献时是怎样进行再创作的。作者从选择传主、提炼主题、剪裁取舍、类传和合传、互见法、增润生发、移甲作乙等七个方面，分析司马迁在典型化方面的创造和贡献，提出许多新见解，为进一步研究《史记》的文学性开拓了一些新的研究起点。第二，对司马迁作为一代语言巨匠所获得的语言成就，做了全面系统的研究，达到了一个新的境界。"② 《论稿》在学界引起了较大的反响，一书难求。直到今天，《论稿》不仅是学界《史记》文学研究的不二参考，也是相关史书文学研究的共同参照。

《论说》在《论稿》出版十年以后的 2001 年由内蒙古教育出版社出版。作为《论稿》的修订版，修订的内容不少。该书在章节的修订方面，压缩司马迁其人、《史记》其书的常识性内容，加重突出"文学研究"主体，理论色彩更加鲜明。如："《史记》在文学上最大成就无疑是写人，如果说《左传》是中国叙事文学之祖的话，那么《史记》便可说是中国文学写人之祖。"又如，可老师把司马迁的写人艺术的独特性概括为"一条道路，多种方法。"这些闪闪发光的真知卓识，在当时《史记》学界有一定代表性，也代表着可老师十年努力攀登的功实。在一定意义上说，《论说》是一部新稿。

对《史记》这样的经典，可老师在《论稿》"前言"就表达过既要"仰视"，也要敢于"俯视"的气魄。这可视为可老师从一开始就确立的研究《史记》文学成就的既定方针。但是，"仰视"容易，"俯视"谈何容易！尤其是像《史记》这样的千古不二的大书，没有十分的学养，何来"俯视"！由此可见可老师的学养和自信。《论衡》就是这样思路下的结晶。《论衡》是在《论说》出版十年以后的 2011 年，由中央民族大学出版社出版的。可老师在《论衡》"前言"中说："所谓论衡，是想对《史记》在文学上最重要、最核心的成就究竟是什么？它所作的独特贡献和主要价值又在哪里？它在中国文化史、文学史上究竟处在一个什么地位等问题，能够给出一个比较恰当、比较科学的回答。"这次重新修订，变动较大。

---

① 名誉主编季羡林，主编张燕瑾、吕薇芬：《20 世纪中国文学研究》，北京出版社 2001 年 12 月；其中《先秦两汉文学研究》由费振刚主编。

② 张大可、安平秋、俞樟华主编：《史记研究集成》第十四卷，俞樟华、邓瑞全《史记论著提要与论文索引》，华文出版社 2005 年 1 月版，第 114—115 页。

首先，增加绪论，主要论述可老师新近研究《史记》的新成果："《史记》——一部形象的中华民族心灵史""《史记》——中国历史上第一曲伟大的人的赞歌。"并将之作为贯穿始终的思路。重点扩写了第四、五、六三章；第七、八两章主要论述《史记》的再创作问题。可老师《论衡》的思路更加成熟，视角更加独到，在一定意义上可以说，《论衡》是一个全新稿。

可老师研究《史记》文学，年轻立志，既长不衰，心无旁骛，几十年如一日；治学态度严谨，精益求精。"三论"既是踵事之作，也有其独特性。"三论"之所以以"论稿""论说""论衡"的题名，主要是因为《史记》文学研究是《史记》研究的大问题，非一人一时可以完成，每一稿出来，特别是对于一些自己把握不准的问题，可以听听知己同仁的意见，以求提高。从《论稿》《论说》到《论衡》，中间隔了二十年，可老师也由六旬进至八旬，但其间仍不断有心得体会，不断吸取新成果，不断进行完善。"三论"确实是可老师攀登《史记》文学研究高峰的用心之作、也是相关研究的代表作。

可老师为人诚恳耐劳。为了求真，他能耐得住寂寞，坐得久冷板凳。他在《史记》文学研究上下的功夫很深。在研读《史记》的过程中，可老师发现司马迁有意识地广泛使用了"为人"一词。为了理清"为人"一词的渊源，写作《司马迁关注人物"为人"略说》①，可老师不仅遍阅司马迁之前的史书、子书；不仅把《史记》里面的"为人"词条，一条一条的全部搜集摘录，按意思、时代、作品编排；而且还把《史记》里虽未书"为人"，却依然表达出"为人"意思的话和段落，也作了搜集。在没有检索手段的90年代初（即使现在，可老师写论文仍是手写，不会使用检索手段），可老师付出的辛勤劳动是可想而知的（后来可老师与一位学计算机的年轻人合作，计算机检索的结果与可老师的结果没有区别，两人合作写了《再说司马迁对传主"为人"的关注》，发表在《内蒙古师范大学学报》2004年第5期）。为了写作《说〈史记〉的长句》②，可老师参照、比较不同版本、不同标点的《史记》，非常细心地把《史记》长句进行了穷尽地搜集、统计；又不耻下问，向多位研究汉语句法的学者请教，最后写出此文。可老师就是这样，肯下功夫从微观问题做起，哪怕是一个词，或是一个句子，总之有问题就追索不止，最后总要求得一个结果。微观研究积久亦大有可观。

中国《史记》研究会2005年出版《史记研究集成》（华文出版社出版），其卷九《史记文学研究》为可老师所著。该书是关于司马迁文学研究古今论文论著的综述与熔铸。该书的撰写分为四步：第一步，收集资料（以论文为主）近千篇，初步分类排列，确立了292个专题；第二步，对所收集论文进行筛选，选择有特点、有代表性、权威性者；第三步，考证复核，再做精选；第四步合成综述，熔铸评析。"勾勒学术界古往今来研究者对司马迁文学贡献及其价值的看法，给读

---

① 该文发表于《内蒙古广播电视大学学报》1990年第8期，署名洁芒。
② 该文发表于《内蒙古师范大学学报》2002年第4期。

者一个全方位的把握，亦是信息线索。由于是研究成果的综述，哪些方面研究已经很成熟，哪些方面还很薄弱，哪些方面有分歧，哪些方面是空白，基本有一个轮廓。"① 无冥冥之功者，无昭昭之明。可老师学术成就的取得，是他真积力久的结果。

"三论"与《史记》文学研究热有关；"三论"出现后，也在一定程度上促进了学界《史记》文学研究热的升温。

二

可老师《史记》文学研究的有创见之处，表现为如下几个方面：

第一，关于《史记》的文学创作的认识。《史记》的文学色彩是公认的。不承认《史记》的文学性，就不能对《史记》有准确的把握；对《史记》的文学性拔得过高，就可能直接影响《史记》"实录"本色。这是一个非常严肃的问题。不对这个问题进行彻底的清理，就难以对《史记》有准确的认识。尽管《史记》研究史上积累了大量的《史记》文学研究的素材和心得，但没有人说清楚到底从哪些方面把握和看待《史记》的文学性。现代以来，虽然有学者，如上述袁著、李长之先生的论著指出了《史记》文学色彩主要集中所在，但并没有全面的分析。

可老师在研读《史记》的过程中，发现《史记》的文学性主要集中于情感和人物两点，这与现代文学理论有关原理不谋而合。可老师紧紧把握着这两个核心要素，论证出《史记》文学创作的特色。《〈史记〉文学性界说之实证》② 是一篇专门探讨这个问题的文章。可老师完全回归原典，以《史记》与《史记》据以为素材的先秦典籍进行对照比较，"就那些凿凿可考，能拿得出真凭实证的问题说话。"可老师从如下四个方面发问：（1）《史记》依凭和运用先秦典籍述史，到底是单纯的历史编纂，还是同时进行了文学再创作？（2）《史记》述史，是仅仅为历史人物做客观实录，还是同时也在特定的历史人物身上概括进更多更广泛的社会生活内容？（3）《史记》述史，从组织结构说它是把历史按其自然状态加以复述呢，还是根据自己对历史、对人生的理解和发现，根据自己的审美理想给予艺术加工，富有想象力的安排材料？（4）《史记》述史，究竟是绝对忠实于史实呢，还是允许（或说本来就包含）一定的夸张、想象乃至虚构？司马迁如何处理历史真实与艺术真实之间的关系？一口气问了这么多的问题，每一个问题都不容回避，针针见血。可老师对每一问都拿出真凭实证，作了令人信服的回答。之后得出结论：从作者主观与作品客观考察《史记》的文学性，可以分三个层次："作者写史，贯注了强烈的爱憎感情，形成浓厚的抒情意味，这是一个层次；作者把自己的一些生活体验、生活感受也渗透寄寓在人物的描写刻画当中，这又是一个层

---

① 《史记文学研究·内容摘要》，《史记研究集成》，华文出版社 2005 年版。
② 《语文学刊》1994 年第 2 期。

次；而司马迁还把他对整个社会、历史、人生的体认、理解和发现，以及他崇高的人格和理想，通过特定的历史人物的刻画和塑造体现出来。在《史记》所写历史人物中，有些就是这样的理想人物，对于这样的人物，恐怕就不好说仅仅是'用文学之笔来写历史人物'，而可以说是'借历史人物进行文学创作'了——至少具有借历史人物进行文学创作的性质。"可老师从《史记》文本和文学创作的情感和人物这两个核心要素出发，无可辩驳地证出《史记》的文学创作特色。这样全面、系统的梳理和论说，发人之未发。这已经给人不少启发了。最后，文章又以《魏世家》《魏公子列传》为例，重申上述结论："我（司马迁）在这里（《魏世家》）所写才是历史的原貌，你要想了解事实的相应以此为准；至于我（司马迁）在另外地方（《魏公子列传》）的写法、说法，乃是出于文学创作的需要。这种自相抵牾的互见（姑且称作特别的互见），等于向读者宣告：我（司马迁）写《史记》有两种身份：有时是严格的、一丝不苟的历史家；有时，又是充满诗情和想象力的文学家！"这样大胆、这样直接、这样明白地指出《史记》的文学性，在学界不多见。

但可老师似乎还没有满足，他还要进一步探讨，以期益精。《论衡》第一章的"《史记》文学性界说"，对《史记》文学性的界定，理论色彩更加鲜明，论证也更加简明扼要。可老师回顾了从汉魏六朝、唐代、宋代、明清、近现代的《史记》文学研究史，从写什么、为什么写、怎么写以及写的效果四个方面，对《史记》的文学性进行考察。这样考察以后，可老师就从两个角度对《史记》的文学性进行研究：一个是写人的角度，《史记》所写的人，是历史的人，还是人性的、感情的人？一个是《史记》写人的手法是艺术手法（艺术夸张、想象、虚构）还是非艺术手法？从这两个角度对《史记》进行考察，就可以准确地把握《史记》的文学性。思路非常清楚，结论可谓掷地有声。《史记》文学研究史上，还没有哪一位学者对《史记》的文学性有如此全面清楚的认识和界定。正是立足于这样的界定，既不否认《史记》的史学地位，又可以更加清楚地认识《史记》的文学性。

由此出发，可老师还注意到《史记》的戏剧性。《〈外戚世家〉——司马迁自觉追求戏剧性的一例显证》①，文章抓住戏剧因素中"偶然性"这一关键，着重分析了司马迁在《外戚世家》中表现出的自觉的戏剧冲突的追求。文章先列举了《左传》《国策》等的戏剧性，指出这是一种"自然形态的存在"，而司马迁"是一种有意识地追求"，接着可老师分析司马迁在《外戚世家》打破惯有体例，开篇先发了后妃和偶然性的议论："人能弘道，无如命何。甚哉，妃匹之爱，君不能得之于臣，父不能得之于子，况卑下乎！既欢合矣，或不能成子姓，能成子姓矣，或不能要其终，岂非命也哉？"之后就从吕后叙起，依次叙列薄太后、窦太后、王太后、栗姬、卫皇后戏剧性的生平遭遇，以作上述议论的例证和注脚。从而得出结论："司马迁不仅发现了偶然性，发现了由于偶然性所构成的生活中的种种戏

---

① 洁芒（可永雪）：《司马迁在〈史记〉写作过程中的两重身份》，《语文学刊》1989 年第 2 期。

剧因素，而且在描写当中有意识地渲染这种戏剧因素，追求戏剧效果。"

没有文采，就没有资格著史。中国史书，《尚书》《国语》《左传》以来皆斐然成章；在一定程度上，皆可谓文史兼备。《史记》的文史兼备与众史的文史兼备区别在哪里？可老师准确把握住了《史记》之文，对《史记》"文史兼备"特色做了清楚的论证和说明，使人们清楚认识到《史记》之"文备"。

第二，《史记》的人物研究。《史记》人物形象的生动鲜明，人人都能体会到；只要读过文章，就人人都可以说道几句；好像是一个容易的问题。但事实上，令人信服的《史记》人物形象的分析，自古缺乏，现代以来也不多见。《史记》人物研究是可老师关注的重中之重。在长期阅读思考的基础上，他对《史记》的人物形象有深刻的认识。可老师写了系列《史记》人物分析的文章，如《霸王的悲剧》（项羽论）（《语文学刊》1982 年第 3、4、6 期连载）、《响铮铮的顶梁柱》（樊哙论）（《语文学刊》1983 年 第 1 期）、《一个可悲的和事佬》（项伯论）（《语文学刊》1983 年第 5 期）、《革命暴风雨中的企鹅》（陈婴论）（《语文学刊》1984 年第 2 期，署名洁芒）、《德才分裂型灵魂的剖视——李斯论》（《内蒙古师范大学学报》1992年第 2 期。后来有新体会，进一步补充深化，写了《中国写人史上第一篇解剖心灵的作品——我读〈史记·李斯列传〉》，《内蒙古师范大学学报》2019 年第 4期）、《高歌唱大风——刘邦论》（《内蒙古师范大学学报》1994 年第 2 期）、《韩信为什么会发展到谋反这一步？》（《唐都学刊》1989 年第 3 期，署名洁芒）、《刘敬的谋略》（光明日报《史林》，1994 年 5 月 16 日）、《汉文帝二三事》（《阴山学刊》1994 年第 1 期）等。这些文章都是非有长期的思考不发，非有深的体会不发，可谓篇篇中的。

项羽是《史记》刻画最成功的人物形象，宋元以来的评点和笔记中也不乏真知灼见，但多为一些散落各书的零星认识，令人满意的专论几乎没有。《霸王的悲剧》是一篇全面分析项羽形象的长文。文章视野宽阔，不就事论事，是一种综合研究。可老师从四个方面对项羽形象进行了剖析：（1）六国贵族的子弟怎么成了农民起义的领袖；（2）反秦的英雄怎么落了个悲剧的下场；（3）项羽的性格和项羽的悲剧；（4）项羽形象的社会意义和美学价值。全文不紧不慢，有理有据，论述得头头是道，让人信服。既有事实依据，又有理论高度，把好多阅读时难解的情节，都解释得合情合理、透彻明白。这篇文章发表于 1982 年，无疑是那个时代高屋建瓴的文章；即使今天看起来，也给人启发多多，令人击节称赞，是经得住考验、不可多得的好文章。

《史记》人物研究的问题，实际上可以分为两大部分：一是某某历史人物到底是一个什么人，一是司马迁写人用了什么方法。对司马迁的写人手法，可老师也有独到见解。《史记》最大文学成就在于写人，但中国传统文学理论偏偏在这方面有所忽视。于是，人们求助西方的典型化理论。当代比较有影响的是季镇淮先生用"典型化"理论，研究司马迁写人手法。在前人研究的基础上，可老师经过自己的多年研究，把《史记》写人手法概括为"一条道路，多种方法。"（《史记文学成就论说·前言》）一条道路，即从"实录"到典型化的道路；多种方法，即选择传主、提炼主题、类传和合传、互见法以及增润生发等手法。司马迁的这种手法，即充分估计到"实录"原则，也不止于单纯的"实录"，而进入到传主的心理、情感世界。司马迁写人，严守"实录"，又超越"实录"，由外在的事功，进入到内在的心灵。论述十分精彩。

西汉前期的司马迁为何能写出那么多生龙活虎的人物形象？也是学界一直探讨的问题。这自然也是可老师一直关注且注心力的问题。《中国历史上第一曲伟大的人的赞歌》①，把《史记》写人的成就与人类自我意识的觉醒——"人的自觉"联系起来考察。该文认为"自中华民族进入文明期以来到汉代大一统的稳定帝国的建立，是一个大的（或说极大的）历史阶段，作为这第一大周期的总结归纳者，前期的代表人物是孔子，他是思想文化集大成的归纳者。在后期的代表人物是司马迁，他是人的自我意识成果的归纳者。"第一次提出司马迁是中国历史上第一大周期的代表人物，是"人的自我意识成果的归纳者。"因为如此，司马迁为中国文学史塑造起一条光耀千古的人物长廊。为什么司马迁能写出这么多具有永久魅力的人物形象，这是个大问题，这个问题也许不是一下子就可以解决的，原因也可能是多样的。但此文立论高远，发人之未发，给人很大的启发。

第三，《史记》的上溯性比较及其再创作研究。研究《史记》的文学性，一个最直接可信的手段就是把《史记》文与原材料文进行比勘对照。通过这种实证研究，就可以看出《史记》文与原材料文的不同。可老师在《〈史记〉文学性界说之实证》② 中列举了一些列实例。如通过对比《战国策·秦策五·文信侯欲攻赵以广河间》："文信侯叱去曰"与《樗里子甘茂列传》"文信侯叱曰：'去！'"说明相比之下，《史记》文是有意识的文学创作。《战国策》文也够生动了，但司马迁有"想见其为人"的天才。此刻，他仿佛变成文信侯，而少年甘罗就在眼前，只改了一个"去"字，就把纵横捭阖、恣肆不羁的《战国策》文，以一字之差，变成了"无韵之离骚，史家之绝唱"的《史记》文。司马迁仅把"去"字换了一下位置，就把吕不韦心烦意乱时失掉风度的烦躁、粗暴以及轻蔑的语气、声调都活脱逼真地给传达出来了，活画出一个未经装饰、原汁原味的吕不韦。如果不是处于"思理为妙，神与物游"的文学创作的状态，这样细微的心理、神态，他怎么会注意到呢？这种状态下写出来的文字，不是文学创作，还会是什么呢？否则的话，原句已足够传神，完全可以照录。为什么不照录呢？是司马迁在阅读这段史料的过程中，不知不觉进入文学审美、文学创作的状态，从而自然地写出这样的与造化争奇的句子来。《史记》文与其原材料文的这样一字之差，神态迥异的例子还有不少。这样表面看起来很"小"的问题，却最能看出《史记》的再创作笔墨。这

---

① 发表于《内蒙古师范大学学报》2011 年第 5 期。该文第一作者为曲阜师范大学文学院的刘振东，可老师是第二作者。
② 发表于《语文学刊》1994 年第 2 期。

样的研究方法，就自然生成了《史记》文学研究的上溯性比较及其再创作研究两个视角。

可老师《史记》上溯性比较研究的缘起约有两个方面。一个如上述；还有一个是受了南宋倪思的启发。倪思的《班马异同》，对班固常常通过删减字句把《史记》文变成《汉书》文进行研究；倪思还有一部《迁书删改古书异辞》十二卷，今佚。《直斋书录解题》著录了此书，从解题可以看出，此书当是一部专门研究《史记》采用前人材料、语言等问题的著作。可老师有了《史记》上溯性研究的想法并付诸实施是在 20 世纪 80 年代初期。《〈史记〉〈战国策〉对照举例》①。文章对照了《战国策》有关甘罗的故事和《史记·樗里子甘茂列传》中的甘罗故事，从而可以看出司马迁对史料的加工改造比较注意人物口吻的文学特点。之后也有系列文章出现，如《〈吕氏春秋〉与〈史记〉关联微探》（《语文学刊》1991年第 3 期）、《〈史记〉上溯性比较论说》（《天人古今》1994 年第 1 期）、《〈国语〉八论》（《渭南师范学院学报》2014 年第 22 期）、《〈史记〉与〈国语〉的上溯比较研究》（《渭南师范学院学报》2015 年第 7 期）等。

《史记》的上溯性比较研究，学界此前已经有一些成果，如刘师培《司马迁〈左传〉义序例》《司马迁述〈周易〉义》（《刘申叔遗书》凤凰出版社 1997 版）；20 世纪 80 年代以来，也出现一些研究成果，大陆如易宁先生的系列研究《史记》取材《尚书》的文章、台湾顾立三先生《司马迁撰写史记采用〈左传〉的研究》（台湾正中书局 1980 版）、古国顺先生《〈史记〉述〈尚书〉研究》（台湾文史哲出版社影印 1985 版）等。可老师的想法与实践，与上述著作不谋而合。但是可老师与上述学者的研究方法、目的不完全一样；可老师采取的是逐字逐句比勘的方法，目的不仅仅是取材、义理等，还有再创作的考察。在可老师的上溯性比较研究中，两万多字的长文《〈史记〉与〈国语〉的上溯性比较研究》，在学界尚属首次。

上溯性比较研究是一项工作量十分浩大的工程。一般的学者望而生畏。从 20世纪 80 年代起，可老师一直系心于此。现在可老师年近九旬，还在这项浩大的工程中耕耘着。就在 2021 年 6 月，可老师的《〈史记〉中的再创作选评》，在酝酿多年以后，由中央民族大学出版社出版。此书的出版，是学界第一部《史记》上溯性研究、司马迁再创作研究的尝试。

《史记》的再创作，学人用"增润""意趣"等称呼，主要指司马迁在已有史料的启发之下，自己想象、虚构的笔墨。可老师从现代文学理论的观念出发，把这种现象叫作"再创作"，因为这种笔墨是一种文学创作，是"作"，不是"述"，是司马迁在已有文献基础上进行的。所以可老师的"再创作"的提法，更贴近《史记》的实际，也更通俗易懂。再创作问题，也是可老师关注已久的问题。

再创作与上溯性比较研究其实是一个问题的两面。可老师的不少文章将两者

---

① 发表于《语文学习》1980 年第 4 期。

放在一起讨论。如《从〈伍子胥列传〉看〈史记〉再创作的特点——司马迁再创作例说之一》(《内蒙古师范大学学报》1987年第2期，署名洁芒)、《〈史记〉与〈国语〉的上溯比较研究》(《渭南师范学院学报》2015年第7期)。该文全面对比《史记》文与相关的《国语》文，既可以看出相关材料的上溯性比较，也可以更清楚地看出《史记》的再创作。

第四，对《史记》性质的认识。《史记》到底是一部什么书，读书至深处的人往往提出不同的看法。我国传统对史书最高的评价是"实录"。古代对《史记》的认识主要是"实录"。近现代以来，随着对《史记》研究的全面深入，"实录"似乎不足以概括《史记》的价值。如梁启超先生有"超史说"。《要籍解题及其读法·史记》指出："从前史家作史，很少为作史而作史"，"大率别有一种超史的目的"。司马迁"其著书最大目的，乃在发表司马氏'一家之言'。与荀卿著《荀子》、董生著《春秋繁露》性质正同。不过其'一家之言'乃借史的形式以发表耳。故仅以近世史的观念读《史记》，非能知《史记》者也。"① 又如当代学者袁传璋先生"法天则地"的"经书说"。袁先生《太史公生平著作考论·导论》："这部著作像《春秋》一样，是一部论治的经书。司马迁的抱负并不是要做史学家，更不是要做文学家。因此，即使在史学家和文学家的头衔上加'伟大的'桂冠，亦并未真正确当地褒美司马迁。将《史记》定为正史鼻祖和文章大宗，也未能真正体现出《史记》的价值与光辉。""《史记》在中国古代典籍中，是唯一一部可以横跨四部的巨著。""司马迁开篇塑造了中华民族人文初祖黄帝的光辉形象，为全书提炼出'法天则地'的总主题。这是'究天人之际，通古今之变'的最后结论。"② 此外还有20世纪几乎成为共识的"百科全书"说。

可老师认为，"《史记》——一部形象的中华民族心灵史。""《史记》——中国历史上第一曲伟大的人的赞歌。"③ 较早提出"心灵史"的是李长之先生；在此基础上，可老师又提出《史记》是中国历史上第一曲伟大的人的赞歌。《中国历史上第一曲伟大的人的赞歌》对人类自我意识的形成与发展过程作了简要勾勒之后，论证了《史记》所写出的人，"既是历史的人，又是人性的人；既是历史的人，又是艺术形象的人，是司马迁所谱出的中国历史上第一曲伟大的人的赞歌。"这两点是可老师对《史记》性质的认识。

最后，说一下可老师的文章。在内蒙古师大的校园里，可老师以文笔优美著称。几十年的读写生涯，滋养着可老师的那枝"意纵横"的健笔。即使是学术论文，也很少板着面孔、拿着腔调；而是根据材料、根据所写内容，随物赋形，量身定做，不落俗套。文章思想深刻、情感饱满，表述清楚生动优美，文采流于笔端，与物婉转，曲尽其妙，是学术论文中的上乘。如论述少年项羽时，可老师写

① 《饮冰室合集》(九)《要籍解题及其读法·史记》，中华书局1989年3月第一版，第18页。
② 袁传璋：《太史公生平著作考论·导论》，安徽人民出版社2005年版，第30、31、34页。
③ 可永雪：《史记文学成就论衡》，中央民族大学出版社2012年版，第2、5页。

到："按理说，无论从他整个的阶级或他自己的家国来看，都已经是没落了。然而在这个没落的贵族子弟身上，却秉赋了一腔非凡的英雄气概。他不但'身长八尺余，力能扛鼎'，有着异乎常人的体魄，而且还在童蒙之时就已经抱定了凌云壮志：不学书，不学剑，要'学万人敌'。从他所说'书足以记姓名而已，剑一人敌，不足学，学万人敌'这些话里，已经锋芒毕露地吐露出，他认定自己生来就是做大事业的，他已经为自己在未来惊天动地的事业中选定了位置和角色——在少年项羽的脑海中所常常幻映和闪现的，是千军万马的冲击，是风卷残云的胜利，是敌军的溃败逃散……"①《樊哙论》的开头："项羽是何等样的人物，能把项羽震慑住，该是何等角色？需要何等气魄！出乎一般人的意料，干出这惊人之举的，乃是出身狗屠的樊哙。""樊哙这个人物，不止在鸿门宴上给读者留下了不可磨灭的印象，就是后来排闼进谏的行动，也具有动人的光采，那'排闼直入'的气象，至今还使人想到，他率绛、灌等大臣进去之后，那门准还是忽闪忽闪的。"②文意纵横，跌宕起伏，先声夺人。可老师完全将自己融化在《史记》的情境中，似乎亲眼目睹了《史记》的一幕幕，与历史人物同呼吸、共命运，自然生成这样的寓议论、叙事、抒情于一体的妙笔。这在可老师的论文中俯拾即是。这种论文的风格，在当代学术论文中也不多见。读可老师的文章，就像和可老师交谈一样，不仅仅长知识、长见识，还有雨露般的精神滋润、情感安慰。

　　可老师一再声明，目前《史记》的文学研究与《史记》的文学成就相比，差距还是很大，甚至可以说才刚刚起步；他只是为构筑"《史记》学"添砖加瓦。现在，年过九旬的老人仍然在"添砖加瓦"的现场。

---

① 《霸王的悲剧》，《语文学刊》1982 年第 3 期，第 1 页。
② 《樊哙论》，《语文学刊》1983 年第 1 期，第 1 页。

《项羽本纪》的场面描写和性格刻画

* 本文作者魏耕原，陕西师范大学文学院教授，西安培华学院特聘教授。

《史记》以场面描写而著称，其中《项羽本纪》以场面描写刻画人物的气氛尤为震撼人心，人物形象亦栩栩如生，须眉皆动，二者结合得更为出色。

三年反秦与五年楚汉相争的风云变幻的历史大事，属于"本纪"体范围，而灭秦之绩与政令天下主要见于项羽，故八年间的大事没有进入《高祖本纪》，而弃名求实地写进《项纪》，体现了史记的"实录"精神。此篇既要缴清八年纷乱之大事，又要写活项羽以及与之相关人物。既要达到"史家之绝唱"，又要成为"无韵之《离骚》"，这本身的矛盾却构成双峰并峙之宏文。顾炎武说："秦楚之际，兵所出入之涂，曲折变化，为太史公序之如指掌。"（《日知录》卷二六"史记通鉴兵事"条）此为记事之成功；其中与史事休戚相关的诸多场面描写，尤为史公得意文字。

项羽起事之初，先杀会稽太守殷通。当时陈涉首先发难，人人以为"此亦天亡秦之时也"。项梁处心积虑地暗地做了许多准备，殷通想拉项梁起事，项梁以为疑己，遂与项羽杀殷通。此为刻画项羽第一场面："梁召籍入，须臾，梁眴籍曰：'可行矣！'于是籍遂拔剑斩守头。项梁持守头，佩其印绶。门下大惊，扰乱，籍所击杀数十百人。一府中皆慴伏，莫敢起。"项羽本为配角，于此转为主角。"梁眴籍"的细节犹如导火线，一下点烧了一场极为紧张的斫杀。项梁给项籍使了个眼色，便剑起头落。揣摸情势，"可行矣"不是梁告籍语，而是眼珠转动的"示意语"。当时气氛绷得很紧，间不容发，叔侄当在衙外商量定：见眼色行事。所以事态形成迅雷不及掩耳之势，转瞬间得手。若看作：梁向籍丢了个眼色，然后说："可下手啊"，气氛就松缓了。斩头佩印都在眨眼间，故"门下大惊，扰乱"。在惊乱间，仅"籍所击杀数十百人"，此为再次亮相。斩守头与此句，夹在前后短句中，挺劲得无坚不摧，无人不怕。"一府中皆慴伏，莫敢起"，《汉书》改作"府中皆奢伏"，当谓"一"与"皆"重复而删"一"，固然简洁干净，然气氛却淡化多了；且"奢"字僻涩，又在后句增一"复"字，愈显缓疲无力。如此"拖泥带水"与简之又简的造句的粗犷犀利狠重，可谓"增之一分则太长，减之一分则太短；著粉则太白，施朱则太赤。"《史记》叙及紧张事态，常用短句。此节从"须臾"始，至"莫敢起"终，如紧锣密鼓，如飘风急雨，更如疾风扫落叶。边叙边绷紧气氛，不容人回过神来。特别是"莫敢起"，使项羽的威慑力精光四射，字字轩昂挺拔，充斥霸气。为项羽形象首次树一高标，乃至于贯穿整篇。

项羽短促一生身经七十余战，巨鹿之战是项羽独当一面的第一战，亦是奠基霸业最为辉煌一战，比起斩守头的"室内剧"更具威力。《史记》每逢大场面，总是精神抖擞，神旺气酣。项羽又是史公特别喜爱的人物，按理说应以浓墨重彩大书特书，却付之简略；而垓下之围是走向死亡之战，却施之特详，胜略败详的经营，意在打锻英雄如何失败之悲剧，颇值得深长思之。然则无论详略，皆成精力弥满之文字："项羽已杀卿子冠军，威震楚国，名闻诸侯，乃遣当阳君（英布）、蒲将军将卒二万，渡河救巨鹿。"起笔先用一长句承接上文，再用两短句虚拢起全幅精神。接以长句缴清战之缘起："战少利，陈馀复请兵。项羽乃悉引兵渡河，皆沉船，破釜甑，烧庐舍，持三日粮，以示士卒必死，无一还心"，此为战之背景。先以一长句领起四个急促的动宾短句，加上"沉""破""烧"三个摧毁性的动词，势如破竹。末了缀以"以示士卒必死，无一还心"，极意渲染出破釜沉舟、背水一战、志在必胜的气势，此为先声夺人的大战序曲。以下正式拉开序幕："于是至则围王离，与秦军遇，九战，绝其甬道（两边有墙的运量通道），大破之，杀苏角，掳王离。涉间不降楚，自烧杀"，此为战争总叙，战果简而明；战斗过程简之不能再简。《史记》叙事往往粗枝大叶，先显示轮廓，然后截取最紧要处详写勾勒。此处亦复如是：

> 当是时，楚兵冠诸侯。诸侯军救巨鹿下者十余壁，莫敢纵兵。及楚击秦，诸将皆从壁上观：楚战士无不一以当十，楚兵呼声动天，诸侯军无不人人慑恐。于是已破秦军，项羽召见诸侯将，入辕门，无不膝行而前，莫敢仰视。项羽由是始为诸侯上将军，诸侯皆属焉。

先用"当是时"作为领起，又是提示语。前人曾言《史记》凡用"当是时""当此时"，就有精彩文字出现，犹如信号，唤起读者注意。此处"另提起"，"极脱卸安顿之妙"，为下文"写生摹神"（牛运震《史记评注》语）打了招呼。正面描写战争只有"楚战士无不一以当十，楚兵呼声动天"两句，然前后以诸侯军"莫敢纵兵"与"无不人人慑恐"作两层陪衬，楚兵之踊跃，呼声之振动，如在耳目之前；楚兵奋勇无畏、勇往直前、龙腾虎跃的摧枯拉朽之势骇人心魄。紧勒一句"于是已破秦军"，又见得尸横遍野，万籁无声。"项羽召见诸侯将，入辕门"，次句省掉主语，借前句宾语为主语，补出来便成了顶真，然省去，使刚平静的气氛骤然又紧张起来。诸侯将"入辕门，无不膝行而前"，后句仅此一细节点缀，大营内外鸦雀无声，人人震慑屏气之状如见。战场上的"万窍怒呺"一变而为"厉风济则众窍为虚"，林木众草偃伏，而后有大树还在"调调刀刀"地摇摆。此一"无不"与上两"无不"合成一片，精神百倍，顿挫淋漓。特别是"莫敢仰视"，如画龙点眼，又如颊上三毫，使项羽如狂飙卷起的英雄精神顿出，霸气笼罩辕门内外并且振动全篇，不仅与此节开端诸侯军"莫敢纵兵"前后照应，且与前之杀殷通的"一府中皆慴伏，莫敢起"，杀宋义时"诸将皆慴服，莫敢枝梧"，以及别姬时的"项王泣数行下，左右皆泣，莫能仰视"，构成一条刻画项羽的主线，形成主旋律，振跃于全文前后。"无不"与"莫敢"这种坚硬的否定性，成为最强的音符，闪动在场面描写的最关键之处，使战中战后景况如在眼前。

巨鹿之战、鸿门宴、垓下之围，构成项羽从胜利走向失败的三部曲。从巅峰跌入深谷的转折点便是鸿门宴。项羽在百万军中是斩将刈旗的英雄，而在谈判的文战上变为唯唯诺诺的侏儒。这种戏剧般的变化，正是性格上的弱点导致战略上不可挽回的失误。在这个历史决断的大场面，项羽人性的负面亦显得淋漓尽致。一生以谩骂人为特长的刘邦，进入鸿门大营一下子变得乖觉，一见面即"臣"如何，"将军"怎样，"臣"又如何怎样，如小鸟依人，把一个斗力不能斗智的东道主说得心花怒放，满怀的杀气便消释殆尽。让刘邦"今者有小人之言，令将军与臣有郤（隙）"轻飘飘的一两句话，便勾引出项羽的"此沛公左司马曹无伤言之"，使坦诚的项羽言不由衷地"出卖"了自己的间谍。宴会入座的方位看似与刀光剑影无关，却以铺陈之笔交代得面面俱到，项羽、范增向东与南，沛公、张良向北向西，而居高临下之势顿见，以下则刀光剑影、险象环生。"范增数目项王"，又频频"举所佩玉玦以示者三"，就是提不起心理已缴械的项羽的精神，而"默然不应"。项羽之"不忍"与刘邦之能忍，于此判若泾渭。而"不忍"又与无韧性相关，项羽学书学剑"不成"，"学万人敌"的兵法，"又不肯竟学"，这种略知其意的作派，与"不忍"构成双重悲剧的性格，后来"背关怀楚"，鸿沟划界引兵东归，以及不东渡乌江，均是无韧性所致。于是有了项庄舞剑，偏偏出来项伯死死挡住。张良见急而招来樊哙，以备动武。樊哙拥盾撞帐，以下两将军又形成对照。项羽自始至终的话极简略，樊哙却英猛无比，振振有词的数落责备，压过了"气盖世"的项羽。刘邦借机逃走，且安排张良"度我至军中，公乃入"，自己的安危至为重要，至于别人则不顾。鸿门宴上形成多层对比，刘邦的奸猾刁钻与项羽的沉默唯诺，范增的手忙脚乱与张良的从容不迫，樊哙的理直气壮与项羽的唯唯诺诺，项羽的受璧欣然与范增拔剑破玉的气急败坏，都在对比中显示出人物性格的不同。而且所有人物都辐射到项羽，项羽虽着墨无多，似乎形象有些暗淡，而在暗淡中正显示出他的轻信中的自信，犹豫中的失控，由顾虑重重到任人摆布。范增叹气的怒语："唉，竖子不足与谋！夺项王天下者，必沛公也，吾属今为之掳矣！"既见项羽难以成事，鸿门宴的失败会酿成天下拱手让人的悲剧。在叙事上又补足了宴前的预谋，在性格刻画上突出了项羽优柔寡断的一面，而范增的急躁与远见也灼然可见。又如樊哙撞帐，使"卫士仆地"，"披帷西向立"，直面东向对着项羽，"嗔目"而视，"头发上指，目眦尽裂"，以及"覆其盾于地，加彘肩上，拔剑切而啖之"，写得虎虎而有生气，威猛的气势压过了项羽，而且一大段真真假假的话数落的项羽"未有以应"，使一触即发的险势急转，让一个屠狗粗夫占尽上风头。反衬得在黯然无语中项羽最后打消了诛杀刘邦的念头，其摇摆不定的心理活动也悄然托出。

楚汉广武相拒数月，彭越屡绝楚粮，项羽忧患，置刘太公于高俎，威胁刘邦："今不急下，吾烹太公。"而并"吾翁即若翁，必欲烹而翁，则幸分我一杯羹!"刘邦这一番泼皮话,就把他握在手中王牌轻轻地拨了回去。而项羽所说的:"天下匈匈数岁者,徒以吾两人耳,愿与汉王挑战决雌雄,毋徒苦天下之民父子为也。"刘邦笑曰:"吾宁斗智,不能斗力。"项羽坦诚、老实真率与急不可耐,刘邦深沉狡猾与能忍,更是对比的须眉皆现,如见肺腑。楼烦连连射杀楚营三次挑战之士,"项王大怒,乃自被甲持戟挑战。楼烦欲射之,项王瞋目叱之,楼烦目不敢视,手不敢发,遂走还入壁,不敢复出",此处三个"不敢",反复突出战场上勇猛无比的项羽,使巨鹿之战的"莫敢"的主旋律得到一连串的回响。

　　垓下之围,项羽被围之数重,刘邦利用项羽忧恐心理,使项羽"夜闻汉军四面皆楚歌",又先从心理上瓦解项羽的斗志。所以"项王乃大惊曰:'汉皆已得楚乎?是何楚人之多也!'"使项羽疑惧恐慌,感到死亡逼近,而有极度悲伤的"垓下歌":"力拔山兮气盖世!时不利兮骓不逝。骓不逝兮可奈何,虞兮虞兮奈若何!"这是一种面临死亡之歌,虽然英雄气短,儿女情长,却与刘邦弃儿女、太公生死之不顾大相径庭。连唱数遍,虞姬配他合唱。"项王泣数行下,左右皆泣,莫能仰视",此真神来之笔!项羽在日暮穷途之时,手下只有"皆泣"的同情,而"莫能仰视"再次与前多次"莫敢"回奏一片,回肠荡气,"敢"与"能"一字之别,淋漓尽致而有异曲同工之妙!

　　垓下之战中项羽的一招一式,一言一笑至为详细。并且三言:"天亡我,非战之罪也",司马迁意在展现曾经以暴易暴消灭强秦的大英雄如何走向灭亡,而且连其中原因尚不明白。既充满了同情之心,又表示了不尽的遗憾,故要使人物毫发俱现,在骑从的递减也显得历历分明:先是"八百余人",陷入沼泽后"乃有二十八",最后是"今无一人还"。汉骑追兵五千,项羽分兵布阵,并对二十八人说:"为诸君溃围,斩将,刈旗,令诸君知天亡我,非战之罪也。""于是项王大呼驰下,汉军皆披靡,遂斩汉一将。是时,赤泉侯为骑将,追项王,项王瞋目而叱之,赤泉侯人马俱惊,辟易(后退)数里",与瞋目叱楼烦相似而又不同,在惨败中亦不无秋风扫落叶之势。《三国演义》中张飞在当阳桥头喝吓曹操大军溃退,当取法于此。在数次被围又冲突之后,项羽"复斩汉一都尉,杀数十百人,复聚其骑,亡其两骑耳。乃谓其骑曰:'何如?'骑皆伏曰:'如大王言。'"横戟勒马目光四射之项羽,随从壮士之畏服,情景宛然,历历在人耳目。"皆伏曰"后还有一潜台词——"莫能仰视",司马迁虽然省掉了,但在我们心里却久久回荡着。

　　项羽起初夜晚突围,渡淮能跟上的仅百余人,至阴陵(今属安徽定远西北)问一田父,田父骗说向左,"乃陷大泽中。以故汉追及之"。见出项羽失去人心,而有落井下石者。败退乌江(在今安徽和县),偏偏乌江亭长以船待渡,希望项羽江东再起,且"今独臣有船,汉军至,无以渡"。这真是从天上掉下大救星,雪中送炭之热语似与田父作对,又见出人心并未丧尽的一面。然而"项王笑曰",发出"人之将死,其言也善"的肺腑之语:"天之亡我,我何渡为!且籍与江东子弟八千人渡江而西,今无一人还,纵江东父兄怜而王我,我何面目见之?纵彼不言,籍独不愧于心乎?"且以马相赠,要与汉军最后一博。并令随骑下马步战,

"独籍所杀汉军数百人。项王身亦披十余创",知道到了最后关头,回头看见追兵中的汉司马吕马童,大声喊:"若非吾故人乎?"此人当系项王旧部而投汉,循声望见项羽,扭捏转头指着项羽给上司王翳说:"此项王也。"一切看在眼中的项羽仍然说道:"吾闻汉购(悬赏)我头千金,邑万户,吾为若德!"项羽把马送人,最后还要把项上人头送做人情,这又和刘邦逃跑连儿女都要丢弃,再次形成多大差别,陈平曾谓项羽"恭敬爱人"的一面灿放出最耀眼的光华。项羽自杀后,"王翳取其头,余骑相蹂践争项王,相杀者数十人",这无异于说这十人死于项羽英灵之下。最后吕马童等五人"各得其一体。五人共会其体,皆是",因此此五人皆封为侯。如此叙写,余波荡漾,"可为三叹"(吴见思《史记论文》语)。"项王已死,楚地皆降汉,独鲁不下",这对刘邦不能没有震撼,"故以鲁公礼葬项王谷城。汉王为发哀,泣之而去"。论者有云,此时恩怨已泯,是为真哭。揣其情理,天下不知还有多少人不服,刘邦故以"泣之",想尽买人心,这正是刘邦的狡狯处,而与项羽乌江岸的仰天大笑,又在人性的真伪上形成多大的对比!

此篇主要刻画项羽叱咤风云、摧枯拉朽如狂飙般的性格,也见出真率、老诚、豪爽、善良,也存乎残暴、偏心、不忍心,缺乏耐性,这些都围绕性格主要一面。为史传文学树立了形象鲜明与性格丰满的有血有肉的悲剧人物。性格主体一面主要在场面描写中凸显,对后世影响甚巨,如《水浒传》第十二回写杨志与索超比武,叙写不同观者神态与赞语,金圣叹评语即谓"此段须知史公《项羽纪》'诸侯皆从壁上观'一句化出"。钱钟书先生说《水浒》第44回写裴阇黎见石秀出来,"连忙放茶","连忙问道","连忙道:'不敢!不敢!'""连忙出门去了","连忙走",从巨鹿之战三"无不"来,"殆得法于此而踵事增华者欤。马迁行文深得累叠之妙"。又谓项羽性格"皆若相反相违;而既具在项羽一人之身,有似两手分书、一喉异曲,则又莫不同条共贯,科以心学性理,犁然有当。《史记》写人物性格,无复综如此者"(《管锥编·史记会注考证·高祖本纪》)。这是与《高祖本纪》《陈丞相世家》《淮阴侯列传》合观,总合论之得出的结论,其形象就更丰满了。

《史记》战争叙事中的戏剧化艺术

＊本文作者马宝记，河南省许昌学院文史与传媒学院教授。

《史记》是一部严肃的"正史"，其中有大量的战争描写，所记载的大大小小的军事行动多达五百次，其中较大规模的战役就有七八十次之多。在这些高超的战争艺术描写中，常常显现出独特的戏剧化手法，这种明显"失真"的战争叙事，不但不会给人"虚假"的认识，反而还会极大地增强战争的真实性和感染力，突出作者所要表达的战争效果，提高作品更加震撼的艺术力量。

一、戏剧化的战争场景

戏剧场景指为了达到戏剧效果而精心设计的艺术化环境，通过这种艺术化环境，可以极大地提高人物的突出地位，增强事件的重要意义，进而达到作者想要表达的主要意图。个性鲜明、特色突出的典型场景，往往让读者过目不忘。

这些戏剧场景，既有战争发生时的自然环境，也有尖锐激烈的战争场面。

首先，《史记》战争中的自然环境具有鲜明的倾向性。

对自然环境的关注，不是《史记》描写战争的主要手段，但是，大凡出现自然环境的时候，作者都是用来表达极其明显的写作目的，具有鲜明的倾向性。如楚汉战争中，刘邦带领五十六万大军占领彭城之后，项羽带领三万精兵反击，汉军大败，楚军将刘邦包围在核心，"围汉王三匝。于是大风从西北而起，折木发屋，扬沙石，窈冥昼晦，逢迎楚军。"① 刘邦的命运危在旦夕之时，狂风四起，飞沙走石，天昏地暗。有意思的是，这种极其恶劣的天气，针对的是楚军，而不是双方的军队。很明显，作者通过这样特殊的环境描写，是为了显示刘邦的帝王身份，由于刘邦后来成了大汉皇帝，所以刘邦不能有危险，即便遇到了危险，神灵也会通过各种办法保护他。因此，这种自然环境实际上是对封建帝王神化手法，带有作者明显的思想倾向，也表现了作者的时代局限性。

与这种手法相近的，还有《卫将军骠骑列传》中描写的汉匈漠北之战。元狩四年（前119）春，大将军卫青与骠骑将军霍去病带领大军出塞千余里，深入漠北，与单于带领的匈奴大军正面相逢，"于是大将军令武刚车自环为营，而纵五

① 司马迁：《史记》卷七《项羽本纪》，中华书局1959年版，第322页。以下所引《史记》原文均出本书。

千骑往当匈奴。匈奴亦纵可万骑。会日且入，大风起，沙砾击面，两军不相见，汉益纵左右翼绕单于。单于视汉兵多，而士马尚强，战而匈奴不利，薄莫，单于遂乘六骡，壮骑可数百，直冒汉围西北驰去。时已昏，汉匈奴相纷挐，杀伤大当。汉军左校捕虏言单于未昏而去，汉军因发轻骑夜追之，大将军军因随其后。匈奴兵亦散走。迟明，行二百余里，不得单于，颇捕斩首虏万余级，遂至寘颜山赵信城，得匈奴积粟食军。军留一日而还，悉烧其城余粟以归。"（《卫将军骠骑列传》）

这次"漠北之战"是汉匈之间的一次大规模战役，司马迁在叙写战场气氛时，使用了环境衬托手法，"会日且入，大风起，沙砾击面，两军不相见"，虽然只有短短数语，却写出了战场的残酷，傍晚时分，两军相对，突然风沙四起，飞沙走石，两军对阵却看不到对方。这种环境的恶劣与面对敌军所遭遇的凶险合二为一，充分渲染了汉军深入敌人腹地的艰难、最终取得胜利的壮举。

很明显，环境描写在《史记》中具有鲜明的倾向性，司马迁在环境描写中寄寓了自己独有的思想情感，这种情感对于我们了解环境之中的人物和事件具有重要的意义。

其次，《史记》极具震撼力的战争场面具有强烈的主观性。

作为史书，《史记》记录了大量的战争，其中有许多规模宏大、具有重要历史影响的战争。

作者在叙述这些战争时，主要采用了客观、真实的描写手法，但是，透过这些战争场面，我们不难发现作者寄寓在战争叙事中的主观情感，通过不同的叙事手法，表达出作者对战争和战争参与者的主观认识与评价。

《田单列传》为了表现"复仇者"的正义性，充分体现田单反击燕军的是为了收复家园的目的，司马迁设计了一个想象奇特、场面宏大的"火牛阵"：田单收得千余牛，给牛披上绛色缯衣，画上五彩龙纹，将牛角上捆绑兵刃，在牛尾上绑上芦苇，再在芦苇中灌满油脂，然后点燃芦苇，将城池凿开数十个洞口，趁着夜色，将牛驱赶进城中。燃烧的牛尾将牛逼向燕军，燕军大惊。牛尾的火光将牛身上的龙纹清晰地映现出来，火牛所到之处，燕军非死即伤。跟随在火牛阵之后的五千齐兵，趁机衔枚攻袭，城内事先埋伏的战士鼓噪呐喊，老弱者奋力敲击铜器制造声势，一时间，喊杀声震天动地，燕军大败。被燕国占领的七十余城即日收归齐国。

这种战争场面，气势宏大，生动形象，充分表现了正义者的智慧，谱写了一曲为正义而战的动人颂歌。司马迁通过这种描写手法，将自己对战争的态度鲜明地表现了出来。

著名的破釜沉舟战例，面对强大的秦军，"项羽乃悉引兵渡河，皆沉船，破釜甑，烧庐舍，持三日粮，以示士卒必死，无一还心。于是至则围王离，与秦军遇，九战，绝其甬道，大破之。"（《项羽本纪》）项羽凿沉船只，摔破釜甑，烧毁庐舍，孤注一掷，表现出了无比顽强的毅力与决心。此战是奠定项羽军事成就的重要战役，司马迁为了将项羽塑造成为一个顶天立地的英雄，给他设想了这么一次极端战术，战术的成功，让项羽成了一个光彩照人的历史巨人，"破釜沉舟"也成为浓缩着重要文化内涵的故事而永垂青史。

如果说破釜沉舟再现了项羽传奇人生的话，那么，身死乌江的悲惨场面则再现了一个英雄的毁灭之路。项羽明知汉军众多，难以抵敌，但依然选择了应战，经过酣畅淋漓的"东城快战"，最终自刎乌江。司马迁并未就此给项羽一生画上句号，而是进一步描写了项羽的尸体被撕成了碎片，五个人人手一块，他们甚至还"共会其体"，得出了"皆是"的结论后，项羽的悲惨结局才算结束。这种带有巨大渲染、夸张成分的描写，正是司马迁刻意营造出来的振聋发聩的悲剧效果，目的是突出项羽之死的悲惨。

《史记》中大量的战争场面，都带有极大的目的性，主观色彩十分浓重。

再次，《史记》战争场景中的细节描写具有明显的虚构特点。

司马迁为了强调战争的真实性，在各种战争环境中进行了大量的细节描写，这些细节描写从不同角度刻画了主要人物的内心情感与性格特征。从艺术手法上看，则具有明显的虚构特点。

垓下之围是项羽走向灭亡的开始，为了表现项羽处于极度困窘中的内心感受，司马迁设置了"四面楚歌"和告别虞姬等场景，四面楚歌将项羽内心的惊奇、失望乃至绝望、痛苦、无奈等情感熔于一炉，"汉皆已得楚乎？是何楚人之多也！"充分表现了项羽英雄末路的巨大悲伤。接着，项羽夜起悲歌，"项王乃悲歌慷慨，自为诗曰……"为了渲染这种极度悲伤的氛围，项羽连歌"数阕"，然后，虞姬也悲情唱和，"项王泣数行下，左右皆泣，莫能仰视。"（《项羽本纪》）至此，作者将悲剧气氛烘托到最高潮，之后，悲剧大幕仿佛才缓缓落下。关于这段极具悲剧气氛的描写，明末清初人周亮工说："垓下是何等时？虞姬死而子弟散，匹马逃亡，身迷大泽，亦何暇更作歌诗？即有作，亦谁闻之，而谁记之欤？吾谓此数语者，无论事之有无，应是太史公笔补造化，代为传神。"① 所谓"笔补造化，代为传神"正是司马迁用情极深、用意极明处，是作者采用的合理的文学虚构手法。

前述田单火牛阵，在今本《战国策》中只简单地记载道："燕攻齐，齐破。闵王奔莒，淖齿杀闵王。田单守即墨之城，破燕兵，复齐墟。"② 没有火牛阵之说。《太平御览·兵部》所引《战国策》文字几乎与《史记》完全一样，③ 很可能是《太平御览》将《史记》误为《战国策》。另外，从当时的具体情况看，田单组织这样大规模的火牛阵也不大可能。"蕞尔小邑，被围已三年，其不至'析骸易子'者盖已几希，何得城中之牛尚有千余耶？火牛之事，当日谅或有之，史家过为文饰，反启后人之疑窦矣。"④ 如此看来，火牛阵很可能是司马迁的"传神"之笔，

① 《尺牍新钞》，转引自韩兆琦《史记笺证》，江西人民出版社 2004 年版，第 634 页。
② 《战国策》，上海古籍出版社 1985 年版，第 460 页。
③ ［宋］李昉：《太平御览·兵部》，夏剑钦等校点，河北教育出版社 1994 年版，第 589 页。
④ 袁德俊：《增评历史纲鉴补》，见韩兆琦《史记笺证》，江西人民出版社 2004 年版，第 4469 页。

体现了司马迁卓越的艺术创造力。

此外，淮阴侯韩信勇擒魏王豹木罂缶渡河的巧妙、李广精准的射箭技艺等，无不彰显着司马迁在战争场景中的绝佳设计。

二、戏剧化的战争情节

战争情节是战争进行的重要过程，为了突出战争的结果，不少史学著作十分重视战争过程，甚至重过程而轻结果。《史记》中的大量战争情节极具戏剧性，从情节设置、细节处理、过程进展到结局安排等各环节无不如此。

田单复国之战中，为了达到削弱燕国的目的，田单使用了一环套一环的"反间计"，先是利用燕王与乐毅的矛盾，公开宣称乐毅要背叛燕国，齐国最害怕的不是乐毅，而是其他将领。"燕王以为然，使骑劫代乐毅。"田单的第一步成功了。第二步，又公开宣称说："吾唯惧燕军之劓所得齐卒，置之前行，与我战，即墨败矣。"燕人又上当了，但却引燃了齐人对燕人的愤怒之情。第三步，又实施反间计说："吾惧燕人掘吾城外冢墓，僇先人，可为寒心。"燕军再次上当，也再次让齐人更加愤怒，"即墨人从城上望见，皆涕泣，俱欲出战，怒自十倍。"田单成功引发了齐人对燕军的憎恶情感之后，开始部署第四步：犒赏将士，埋伏士兵，让老弱女子登上城墙诈降燕军；又让富豪带着自己募集来的千金送给燕将，瓦解燕军斗志，防务松懈。这一切做完之后，才开始实施火牛阵战术，并一举收回失地。（事见《田单列传》）田单的战争计划安排得天衣无缝，步骤合理巧妙，但很难经得起推敲，仿佛燕王、燕军总被他牵着鼻子走，丝毫没有辨析能力。其实，这正是作者高度艺术化处理的结果。

与此相似的，是楚汉战争中，陈平实施反间计，成功离间了项羽和范增之间的关系。"项王使者来，为太牢具，举欲进之。见使者，详惊愕曰：'吾以为亚父使者，乃反项王使者。'更持去，以恶食食项王使者。使者归报项王，项王乃疑范增与汉有私，稍夺之权。范增大怒。"盛怒之下，范增离开项羽，"项王许之。行未至彭城，疽发背而死。"（《项羽本纪》）此计虽然成就巨大，但似有刻意之嫌，引起不少后人议论，乾隆评论说："陈平此计，乃欺三尺童未可保其必信者，史乃以为奇，而世传之，可发一笑。"史珥亦云："曲逆间范增，号称奇计，然其术甚浅。岂羽本无机智，以浅中之，乃所以为奇欤！"[1]

马陵道之战中，为了表现孙子的战争才能，作者也采用了这种"预设机关"的手法。孙子估计庞涓在傍晚时分到达狭窄的马陵道，于是，提前在路两边设下"善射者万弩"的埋伏，约定信号说："暮见火举而俱发"，又在树上砍下一块树皮，写上"庞涓死于此树之下"。最终，情节的发展完全按照孙子的设想，庞涓失败后自杀。（事见《孙子吴起列传》）马陵道之战也大大改变了《战国策》的简单

---

[1] 韩兆琦：《史记笺证》，江西人民出版社 2004 年版，第 621 页。

叙述，增加了大量生动、逼真的故事情节。

　　田单、孙子、陈平等人在战争过程中表现出来的"神机妙算"，虽为巧合却不失艺术真实，既给战争情节增添了无穷的吸引力，让战争变得波澜起伏、曲折有致，又符合战争发展规律的逻辑性，是作者戏剧化艺术手法的成功体现。

三、戏剧化的战争智慧

　　战争智慧对于战争的胜负至关重要，一场精彩的战争，靠的是双方智慧的较量。而智慧体现在战争的部署、计策的制定、过程的完善，以及结果的完成等各方面。《史记》描写的战争智慧既来源于生活，又高于现实生活，具有强烈的艺术感染力。

　　韩信是楚汉战争中的重要军事将领，他先后指挥的擒获魏王豹的安邑之战、击败赵王的井陉之战、消灭龙且的潍水之战等，每一场战役都惊心动魄，都充满了战争智慧。

　　尤其是井陉之战，整个战争过程波澜起伏，把韩信的战争智慧体现得淋漓尽致。

　　韩信与张耳带着"数万"兵力要进攻赵国，赵国君臣召集二十万兵力应对。按理说，韩信以少战多，而且是长途行军，没有优势可言，取胜的可能性不大，但是，事情往往有"戏剧化"的发展，广武君李左车看到了韩信军的不足，提出了非常好的建议，但是，"儒者"成安君陈余固守兵法理论，听不进李左车的建议，这样，就给了韩信一个非常好的机会，所以韩信"大喜"。之后韩信从容地进行战术部署，部署之严密、巧妙，甚至连部将都不相信，"诸将皆莫信，详应曰：诺。"（事见《淮阴侯列传》）战争的过程完全按照韩信的设想进行，结果也与韩信预计的完全一样，最终，陈余被杀，赵王被俘。此战显示了韩信极其高明的战术，当然，这种战术带有极大的冒险成分，有很明显的"戏剧化"特征。明代茅坤说："使成安君能用李左车之计，以奇兵绝井陉之口，而亲为深沟高垒以困之，信特投虎于匣矣。信之间知成安君之不用，故敢入焉。信之虑盖亦岌岌矣。兵入之后，又安知成安君不以战少利而悔悟乎！"① 姚苎田对韩信得到赵国情报的原因予以推测说："左车之策果用，必不使敌人得知。所以为信知者，余方以大言恫吓、创虚声以折之之故耳。"② 这说明姚苎田注意到了司马迁所描述的细节所存在的问题，但他的推测似无道理。应该说，不是韩信不知危险，也不是成安君没有悔悟的可能，韩信得知情报的途径也不可能如姚苎田所说，这一切，都是由司马迁出于一种"戏剧化"效果需求而"设定"的，当然，这种"设定"是由高明的艺术手法来完成的，也就是说，司马迁的艺术创造既合乎历史事实，又符合事物

---

① 韩兆琦：《史记笺证》，江西人民出版社 2004 年版，第 4836 页。
② ［清］姚苎田：《史记菁华录》，上海古籍出版社 1988 年版，第 174 页。

发展的基本规律。

李广与匈奴的交锋，也体现了极其传奇的一面。李广带领百十个骑兵去追"射雕者"，误与敌军数千骑兵相遇，对方却把他们当做诱骑，这时，双方斗智斗勇，匈奴骑兵立刻占据山上有利位置，并布列好阵地，严阵以待。而汉军这边，面对数十倍的敌军，都极度恐慌，想要迅速撤退。李广从容不迫，告诉部下，如果逃走，只有死路一条，这时要做的，就是要让敌人把我们当成真的诱骑，他们才不敢轻易动手。确定了这种做法之后，李广采取了更加冒险的几个行动：第一个是继续前进，到离敌军阵地不足二里的时候停下来，第二个行动是，停下来后不但不作防备，反而还下马解鞍，这可是极其危险的命令。第三个行动是，看到敌军有白马将走出阵列护卫自己的骑兵，李广竟然带领十余名骑兵主动出击，杀死白马将之后又回到自己队伍之中。经过这一系列大胆又极度冒险的举动，敌军竟然越发不敢有所动作，夜半时分偷偷将军队撤走了。（事见《李将军列传》）这次"战役"虽然没有直接作战，但反映了李广沉着、冷静、机智、大胆的超人战争智慧。这种"超人智慧"，司马迁通过几个节点表现出来：其一，在敌军犹豫的片刻，李广迅速判断出敌军把自己当做诱骑了，这个判断极其重要，是后来一系列决定的基础。其二，就是上述三个行动，这三个行动的任何一个环节出现纰漏，李广这百十个骑兵都将是悲惨的结局。这几个节点是李广大智大勇的具体体现，更是司马迁的"神化"之笔。

四、戏剧化的战争效果

司马迁在叙述战争过程时，为了突出战争的某一方面的特点，达到战争叙事的某种目的，采用了大量的"戏剧化"夸张手法，极力渲染战争效果。

"申包胥哭秦庭"是著名的爱国故事。楚昭王时，吴军占领楚国，楚昭王逃亡到随国，申包胥到秦国请求救援：

> 于是申包胥走秦告急，求救于秦。秦不许。包胥立于秦廷，昼夜哭，七日七夜不绝其声。秦哀公怜之，曰："楚虽无道，有臣若是，可无存乎！"乃遣车五百乘救楚击吴。六月，败吴兵于稷。（《伍子胥列传》）

申包胥为了求得秦国的帮助，立于秦庭连续七昼夜哭泣，终于感动了秦君。

这段历史记载，是司马迁根据先秦史料改编而成的。《左传·定公四年》载：申包胥被秦哀公拒绝后，申包胥"立依于庭墙而哭，日夜不绝声，勺饮不入口七日，秦哀公为之赋《无衣》。九顿首而坐，秦师乃出。"[①] 司马迁对原文的改编主要有三点：其一，申包胥站立哭泣的地点由庭墙而变为"秦廷"，亦即秦王的王廷，站在墙壁边与站立在廷堂之上效果显然不同。其二，原文是"日夜不绝声"，

---

① 杨伯峻：《春秋左传注》，中华书局 1990 年版，第 1548 页。

这里的日夜可以理解为一昼夜，也就是哭了一整天。司马迁在"昼夜哭"之后，写道"七日七夜不绝其声"，可见是连续七昼夜哭声不断。其三，原文是"勺饮不入口七日"，也就是连续七天不喝一口水，而司马迁改编为连续七昼夜哭泣，将事件由喝水改为哭泣。经过这样的精心改编，申包胥哭秦庭的效果大大增强了。当然，原文的"勺饮不入口七日"已经具有了明显的夸张因素，正如杨伯峻注云："此言或太过，以生理言之，七日不饮水，不能生存。"① 司马迁将之改为"七日七夜不绝其声"，恐怕更难符合人的生理条件。因此，这里只能作为一种文学化手法来理解，是司马迁为了突出申包胥的哭声而进行的对艺术效果的强化。

秦晋崤之战是秦晋两国进行的争霸战，秦国趁晋文公去世，偷袭郑国，灭掉晋国的同姓国滑国，被晋国认为是对晋的巨大侮辱。司马迁为了表现秦国这次出兵的非正义性，设置了蹇叔哭师、王孙满观师、玄高犒师和晋灭秦师几个环节，这些环节都以极其典型的艺术手法，体现了司马迁对这次战争的态度。

蹇叔哭师重点表现秦国内部对非正义战争的反对力量，秦穆公因为有人做内应而悍然对郑国发动袭击，征求蹇叔意见时，蹇叔态度鲜明："径数国千里而袭人，希有得利者。且人卖郑，庸知我国人不有以我情告郑者乎？不可。"（《秦世家》）而秦穆公却我行我素。秦穆公不听谏阻，蹇叔悲愤而哭。蹇叔是秦穆公的辅佐大臣，司马迁通过蹇叔的态度，对秦穆公劳师袭远、试图投机取胜的做法进行批评。有意思的是，司马迁在记述这段史实时，对《左传》和《谷梁传》的记载进行了改写，重要的改写有两处：其一，将蹇叔对参与战争的儿子的两次哭泣改为一次；其二，将"蹇叔之子与师"改为"使……蹇叔子西乞术及白乙丙将兵"，将蹇叔之子改为将领。这种改写虽然"降低"了蹇叔"忧国忧民"的"思想觉悟"，却使情感更加真实，试想，一个堂堂的秦王廷上大夫，面对必然失败的出征军队，可以悲伤，可以愤怒，可以痛心疾首，但是嚎啕大哭可能性不大，所以，也只有自己的儿子是征战的将帅，手中掌握着众多一去不返的士兵的生命的时候，他的内心才能够因震颤而哭泣。司马迁因如此似无证据的改写，遭致后人诸多苛责，清代梁玉绳说："史公叙袭郑之事依《公》《谷》，故与《左传》异，然《公》《谷》但云二老哭送其子而已，未尝谓三帅即其子也，乃《史》取而实之。……真《史通》所谓李代桃僵也。"② 王若虚亦云："司马迁记此，以为二老同辞，不知其何据也。"③ 马非百甚至说："伐郑之役，谏而哭送其子者，只蹇叔一人。《史记》以孟明视为百里奚子，西乞术为蹇叔子，尤属荒谬至极。"④

王孙满观师，是作者用来表现秦军"无礼"而败的证据，从战争规律来看，"无礼"固然可以在一定程度上影响部队的作战效果，但并非是军队失败的必然原因，司马迁这样写，主要是从艺术的角度将秦军失败的各种因素串联在一起，

① 杨伯峻：《春秋左传注》，中华书局 1990 年版，第 1548 页。
② ［清］梁玉绳：《史记志疑》，中华书局 1981 年版，第 129 页。
③ 韩兆琦：《史记笺证》，江西人民出版社 2004 年版，第 333 页。
④ 韩兆琦：《史记笺证》，江西人民出版社 2004 年版，第 333 页。

说明这次战役的非正义性。至于郑商人弦高犒师的故事,作者也本着从现实生活出发,把犒师的原因说成是"恐死虏"。

经过上述一系列的渲染,秦军在返回途中,晋军"发兵遮秦兵于殽,击之,大破秦军,无一人得脱者。虏秦三将以归。"(《秦本纪》)

司马迁将这次秦晋殽之战作为典型战役,表现了战争胜负的关键因素不在于实力的强弱,而在于人心的向背,通过极具文学特点的故事情节,强调了战争的正义性与否与战争胜负的密切关系。

对于项羽失败的悲惨结局,司马迁所使用的渲染手法旷古未有。从阴陵失道时的无奈、四面楚歌中的凄楚,到东城快战的酣畅、五人分尸的惨烈,环环扣人心弦、步步痛心疾首,英雄失路之悲、穷途末路之哀跃然笔端。姚苎田说:"皆子长极意摹神之笔,非他传可比。"①

除了完整的战争故事之外,还有许多的"戏剧化"语言和戏剧化行为动作,如郦食其面见刘邦时高呼自己是"高阳酒徒",刘邦才待之以礼(《郦生陆贾列传》);项羽被围呵斥赤泉侯,让赤泉侯"人马俱惊,辟易数里",表现了项羽的高大威猛(《项羽本纪》);楚汉战争项羽反击刘邦,汉军死伤无数,"睢水为之不流",说明了项羽反击力量巨大,成效显著(《高祖本纪》)。

《史记》描写了许多战争,这些战争的基本创作手法是纪实的,但是,为了突出战争效果、表现作者的军事战争思想,司马迁也采取了戏剧化的描写手法,用各种文学手段将战争描写得极其生动、形象,表现了作者通过战争所寄寓的丰厚意蕴。这种戏剧化手法对后世散文作品和历史演义小说的影响是巨大的。

---

① 〔清〕姚苎田:《史记菁华录》,上海古籍出版社 1988 年版,第 19 页。

先唐《史记》图像传播考述

＊本文作者桑盛荣，陕西师范大学美术学院副教授。

　　文学与图像的传播自来已久，"河出图，洛出书"已包含了文字与图像的原初形态。而在"前四史"中，《汉书》卷三十《艺文志第十》记载"刘向所序六十篇。（《新序》《说苑》《世说》《列女传颂图》也）"① 其"列女传颂图"即使用图像便易观赏的宣教作用，从而达到传播的目的。以至于《后汉书·宋弘传》"弘当宴见，御坐新屏风，图画列女，帝数顾视之。"② 可见图像的传播力量，而在"四史"中最为重要的《史记》图像传播更是如此。但是在《史记》的研究演进中对其图像传播较为单薄，故本文之中心即东汉至南朝图像及画史所见《史记》为依托的图像传播问题，所涉及"广泛性"主要指在地下《史记》传播；画史所见主要依据现存六朝所存画论。借助于此，可将陈直先生《史记》之名，前置为元嘉元年至永寿元年即151—155年之间。同时，亦可理解《史记》逐渐偏离政教之涉，抒怀感发文学功能图像志逐渐显现。

东汉中期《史记》图像传播的"广泛性"

　　"九鼎"传为夏代所铸，随着王朝盛衰而自我迁移功能，九象征着至高无上的天子权力地位。《墨子·耕柱篇》记载夏时"鼎成四足而方，不炊而自煮，不举而自藏，不迁而自行，以祭于昆吾之墟，上飨。"翁难乙释卜兆曰："飨矣！逢逢白云，一南一北，一西一东，九鼎既成，迁于三国。夏后氏失之，殷人受之。殷人失之，周人受之"。而《战国策》亦有记载，只不过侧重于诸侯的"问鼎"的权力窥视之举，这可能是九鼎的最早记录了。在司马迁《史记》中亦曾记载，周代灭亡之后，"周民东亡，其器九鼎入秦。周初亡。"③ 但又《史记·封禅书》"其后百二十岁而秦灭周，周之九鼎入于秦。或曰宋太丘社亡，而鼎没于泗水彭城下"，又记始皇"过彭城，斋戒祷祠，欲出周鼎泗水。使千人没水求之，弗得。"④ 后有唐代张守节《史记正义》"历殷至周赧王十九年，秦昭王取九鼎，其一飞入泗水，

---

　　① 《汉书》，中华书局 1962 年版，第 1727 页。

　　② 《后汉书》，中华书局 1965 年版，第 907 页。

　　③ 司马迁：《史记》，岳麓书社 1988 年版，第 51 页。

　　④ 《史记》，第 59 页。

余八人于秦中。"或可推测"九鼎自迁",在周灭之后自沉于泗水。而始皇"泗水升鼎"早见于《史记·始皇本纪》。

在此,我们非纠缠于九鼎的历史演进,而是从中显露出后世"升鼎"的文献记忆可能多出于《史记》的记载,此为其一,其二在于《史记》"网罗天下放失旧闻",同时距"始皇泗水升鼎"已过百年又经"焚书坑儒",文献资料缺失或可能成为巨大障碍,亦如"五帝本纪"多为神语,否则实为详尽。换一种角度而言,即汉武帝时期作为史官的司马迁亦难见始皇升鼎的翔实资料,那么后人对升鼎的认识在逻辑上归于《史记》大致可信,民间只能视为零星传闻。

而现存最早的泗水升鼎,据学者考订应为在卧虎山汉画像石墓,断代时间为西汉晚期或东汉早期。[①] 司马迁《史记》亦曾记载西汉早期文帝效秦始皇升鼎,如《史记·封禅书》载方士新垣平言曰:"周鼎亡在泗水中,今河溢通泗,臣望东北汾阴直有金宝气,意周鼎其出乎?兆见而不迎则不至"。但终因方士诈伪事泄而作罢,"使治庙于汾阴南,临河,欲祠出周鼎"功亏一篑。至西汉武帝全盛时,载

> 鼎大异于众鼎,文镂无款识……天子使使验问巫锦得鼎无奸诈,乃以礼祠,迎鼎至甘泉。……有司皆曰:……禹收九牧之金,铸九鼎,皆尝鬺烹上帝鬼神。遭圣则兴,迁于夏、商。周德衰,宋之社亡,鼎乃沦伏而不见。……今鼎至甘泉,光润龙变,承休无疆。……惟受命而帝者心知其意而合德焉。鼎宜见于祖祢,藏于帝廷,以合明应。[②]

这都成为西汉晚期与东汉"升鼎"图像的资料渊源。而鼎作为征兆祥瑞,汉武帝对征兆祥瑞的政治意义实为看重,并"元鼎五年得鼎汾阴作"贺赋。

> 齐房产草,九茎连叶。宫童效异,披图案谍。玄气之精,回复此都。蔓蔓日茂,芝成灵华。[③]

公元前116年,汾阴出土大鼎,但公孙卿的方士确认为,此鼎非"九鼎"之一。但汉武帝确信无疑为黄帝时所造。(《汉书》)从属董仲舒学习的寿王亦认为此鼎为"周鼎"汉武帝也一并采纳,成为宣传王朝正统合法性证明。然而武梁祠作为个人家族祠堂并非王朝政治合法性诉求,但却采用了"升鼎"的图像,在此我们非纠结于祠堂的升鼎图案,仅说明《史记》在东汉中晚期的传播上其实带有批评反讽的话语资源,而此种话语资源其实本身就是一种传播媒介。确也如此,从武梁本人的碑文记录即可见之,不妨附录如下:

> □故从事武梁,讳梁,字绥宗。梁体德忠孝,岐嶷有异。治韩诗经,阙帻传讲,兼通河洛,诸子传记,广学甄彻,穷综典□,……。州郡请召,辞

---

① 龚世学:《论汉代的"泗水捞鼎"故事与"泗水捞鼎"》,《文艺评论》2015年第3期。
② 《史记》,岳麓书社1988年版,第59页。
③ 《汉书》,中华书局2013年版,第1064页。

疾不就。①

从中可窥，其一"诸子传记，广学甄彻"，而诸子不辩很是清楚，而"传记"应该为"传、记"两词，无疑包括了《史记》在内，而《史记》的体例本事即为"纪传体"通史；其二在于武梁"兼通河洛"而"河洛"本身具有图像语汇，也可召示对图像的青睐；其三可知武梁为东汉征而不就的隐士，其四在于"韩诗经"作为今文一脉，可以说明他以今文学为纲目。而今文学在汉代具有以图像表达对当前政治不满的意涵。② 同时东汉晚期朝堂多为皇亲国戚以及宦官把持，政治较为混乱。以此作为考察背景，武梁借用《史记》的话语资源，"升鼎"本身即是一种批评与反讽的政治抒情，预示着天下无道，鼎则自迁的政治意涵。

同时，武梁的"升鼎"用意更在于对《史记》批评语汇的借取。不难知道，东汉王允就曾表示"昔武帝不杀司马迁，使作谤书，流于后世"认为"谤书"，而葛洪辑录的《西京杂记》"（司马迁）作《景帝本纪》，极言其短及武帝之过。"而至东汉章帝也说"司马迁著书，成一家之言，扬名后世，至以身陷刑之故，反微文刺讥，贬损当世，非谊士也"（班固《典引》）都显露出《史记》作为"谤书"的政治批评特质，而兼攻"诸子传记"的武梁并非不知。其次《汉书·东平思王》载宣帝的儿子刘宇不得志，曾要求借阅《太史公书》（《史记》），"上疏求诸子及太史公书。上以问大将军王凤。对曰：'太史公书，有战国纵横权谲之谋，汉兴之初，谋臣奇策，天官灾异，地形厄塞，皆不宜在诸侯王，不可予'""天子如凤言，遂不与"。此条在于《史记》大胆批评思想助长时人对王朝不满而危害国政。"《史记》在两汉时期的传播遇到很大的阻力，一般读者无法见到这部著作。"③ 从另一角度说明了《史记》的批评价值，而《史记》本身即是"见盛观衰"。所以武梁对《史记》话语资源的借用虽然是以批评朝政"考见得失"，但却在客观上推进了《史记》的接受与传播。这也从另一方面证实，对《史记》的话语借用在东汉的公元151年的桓帝前期还带有隐秘并非广而告之。可以说明在桓帝前期《史记》的接受带有在特定地域环境下传播性质。

正如伯顿沃森所言："虽然我们（西方）有时会觉得中国人试图从古代文学作品形式和秩序中探索意义是异想天开和勉为其难的，但我们必须记住这种观念的确存在，至少在汉代是这样的。"④ 这里已经表明，古代史学与文学之间的关联性，同时可以肯定文学与图像之间的这一种工具价值，以此构建人们对历史事件的理解和评判。而司马迁《史记》被评为"史家之绝唱"即是指纪传体形式，通过对人物历史演进构建起历史的认知。这样对个人生活与行为成了司马迁历史价

① ［宋］洪适：《隶释隶续》卷六《从事武梁碑》，中华书局1986年版，第74—75页。
② ［美］巫鸿，杨柳、岑河译：《武梁祠——中国古代画像的艺术的思想性》，三联书店2018年版，第117页。
③ 张新科：《汉魏六朝：〈史记〉文学经典化的起步》，《甘肃社会科学》2016年第6期。
④ ［美］巫鸿：《武梁祠》，三联书店2015年版，第168页。

值的呈现方式。同时司马迁编撰《史记》的历史叙事中采用了《左传》《国语》等皆为"君子曰"的人称转换，将第一视角将引入了史学的编撰之中。只不过在司马迁看来，所谓的"君子曰"并非能够完全晓畅地展示自己作为历史见证者，所以司马迁又以大部分"太史公曰"作为评语首尾结束，用此种文体肯定了个人角色的定位。根据现有《武梁祠》研究成果，左壁下的汉画像一般认为是武梁本人，那么作为墓主人出现在最后一段落中亦与《史记》的书写体例"太史公曰"具有形式的同构性。武梁就成了时代隐藏的观察者，墙壁的所有图像则成了呈现形式历史的阐释话语对象与意涵表达。

对武梁祠的图像序列，南宋的洪适有所记载先不妨录入：

> 右武梁祠堂画记，自伏羲至于夏桀，齐公至于秦王，管仲至于李善。及英子母、胡秋妻，长孙儿、后母子、义浆羊公之类，合七十六人。其名氏磨灭与初无题识者，又八十六人……范史《赵岐传》云岐自为寿藏图，季札、子产、晏婴、叔向四像居宾位，自画其像居主位，皆为赞颂。以献帝建安六年卒，冢在荆州古郢城中。①

以此基点不难发现，在武梁祠三皇五帝，再到夏商周秦汉然后是列女孝子义士，荆轲刺秦，完璧归赵又如"本纪"着重于帝王，"列传"则侧重于历史个人。其中的"孔子见老子"又如"世家"。若从另外一个方面而言，当一个人有意识采用此种纪传形式进行文学或者图像架构之后，他实际是在某种程度上实践着这种新的历史观念。对此巫鸿曾指出"可以肯定武梁祠画像受到了《史记》的直接影响。"② 更进一步强调了《史记》在东汉桓帝初期元嘉元年（151）士人对其接受的有限性。而陈直先生以桓帝永寿元年至建安十七年资料考证《史记》之名在"桓帝初年"③，但在武梁祠修建的 151 年也即元嘉元年榜题引用了大量《史记》的内容④，均未言及《史记》之名。且据上文，武梁对《史记》语汇的挪用其实带有隐秘性，非广而告之，又结合陈直先生的永寿元年作为起始（155）大致推测《史记》之名"桓帝初年"之"初年"应该在元嘉元年至永寿元年即 151—155 年之间。

作为《荆轲刺秦》归于《史记》或是《战国策》实为"史记学"一大公案，至今众说纷纭。⑤ 但无论后世尤其在两汉魏晋时人对"荆轲刺秦"的描摹，上限

---

① ［宋］洪适：《隶释隶续》，中华书局 1986 年版，第 383 页。

② ［美］巫鸿，杨柳、岑河译：《武梁祠——中国古代画像的艺术的思想性》，三联书店 2018 年版，第 171 页。

③ 陈直：《太史公书名考》，《文史哲》1956 年第 6 期。

④ 详见《榜题 古帝王 列女 孝子和义士 忠臣 刺客》一文，《武梁祠——中国古代画像的艺术的思想性》，三联书店 2018 年版，第 254 页。

⑤ 详见张海明：《〈史记·荆轲传〉与〈战国策·燕太子丹质于秦〉关系考论》，《清华大学学报》2013 年第 1 期。此外若根据《史记·荆轲刺秦》与《战国策》语用修辞、句式、虚词的使用亦可判断《荆轲刺秦》的原创归属于司马迁，《战国策》后世修订借取司马迁。

至《战国策》下限至《史记》，客观都促进了《史记》的传播，这是不争的事实。所以张海明就指出"无论是《史记·荆轲传》还是《战国策·燕太子丹质于秦》章，其著作权都是属于司马迁的"。基于此，武梁祠中的"荆轲刺秦"无疑来自《史记·刺客列传》亦可自证元嘉时期《史记》应为特定人群传播。同时，现存所出"荆轲刺秦"的图像共有 15 块，其中主要分布在陕西、山东、四川、浙江等省份。① 根据学者郑红莉的研究成果，陕北的"荆轲刺秦"出现较早，"约为东汉中期"，其次是山东，为"集中在东汉晚期"，再次为四川，约为东汉晚期至蜀汉之时，浙江地区则在"东汉晚期至三国时期。"② 但现存河南"荆轲刺秦"画像石出现为西汉③。若确无疑问，根据画像石内容以及右向左观赏习惯而言，荆轲手持长剑，秦王右手持长剑左手握和氏璧。荆轲猛刺秦王，似有刺伤秦王颈部，秦王后方出现不知所措而被惊呆的仕女仍沉浸在舞乐之中表现荆轲刺秦节奏紧张快速，始料未及，这其实与《史记·荆轲刺秦》的语用短句造成的紧张感一脉相承。此图故事简单，但与《史记》所记出入较大，无樊於期头匣亦无秦舞阳以及桐柱。再考史料"太史公曰：世言荆轲，其称太子丹之命，"天雨粟，马生角"也，太过。又言荆轲伤秦王，皆非也。始公孙季功、董生与夏无且游，具知其事，为余道之如是"。可以说明，民间荆轲刺秦传闻主要在于荆轲形象之奇与秦王受伤。而从河南此画像石来看，其一荆轲上秦王颈部，其二缺少其他人物要件，符合民间传闻的特质。另外，此图从衣着简略与华丽亦可区分荆轲与秦王。而画像石本属工匠体系，以粉本为据所绘。而"秦王持璧"是将"完璧归赵"与"荆轲刺秦"连用，可窥秦王应为恶势力的代表，刺秦就具有教化的象征性图案，可能是一种保护死者地下的安定之用意。这可以说明西汉时期墓葬中的荆轲刺秦与完璧归赵图像与《史记》关系较为疏远，但至后此图式渐丰与《史记》正副两本，其"藏之名山，副在京师"，副本的传播有关亦明确其《史记》的传播影响。

　　现存出土的陕北神木大保当 M16（东汉中期）门楣"荆轲刺秦"与"完璧归赵"。其中"荆轲刺秦"荆轲将匕首掷入仙山仙云的柱状物，这与《史记》所载"荆轲废，乃引其匕首以掷秦王，不中，中桐柱。"又据《正义》"燕丹子云：'荆轲拔匕首掷秦王，决耳入铜柱，火出'"有所出入。④ 以至于郑岩先生认为，"画像石工匠所据未必是出自史家之手的文字，而更有可能是流布民间的传说或者除了文献和口述系统之外的粉本"⑤。而浙江海宁汉墓中的"荆轲刺秦"匕首直接插入桐柱与文献史料不符，但不能完全否定与《史记》之间的传播关联性。因其时

　　① 根据中国画像石全集编辑委员会：《中国画像石全集》（全册），山东美术出版社 2000 年版统计。

　　② 郑红莉：《汉代画像石"荆轲刺秦"图像探讨》，《考古与文物》2016 年第 3 期。

　　③ 《中国美术全集·绘画编石画像砖》（第 18 册），上海人民美术出版社 1988 年版，第 99 页。

　　④ 《史记》卷八十六，中华书局 2013 年版，第 2536 页。

　　⑤ 郑岩：《弯曲的柱子——陕北东汉画像石的一个细节》，《古代墓葬美术研究》，河南美术出版社 2013 年版，第 3 辑。

间断代在东汉晚期至三国时期，此时不仅《太史公书》定名为《史记》且已处于大面积传播中。从这一点来推测大保当 M16 的"荆轲刺秦"来自匠人粉本而非《史记》似乎欠妥。

那么匠人对史料"桐柱"的篡改是基于某种原因，因为材料的有限无法进行深入的分析。但墓葬往往具有私人性质，尤其墓葬图像相较其他知者甚少，那么在墓葬中经墓主即赞助人授意下进行，有利于道德或者惠及子孙，所以对其意涵指涉裁剪与删改并非鲜见。例如在绥德1957年所征集的汉画像石中"荆轲刺秦"，秦舞阳上方出现了"飞鸟"显现出故事发生地在室外与《史记·刺客列传》并未相符。而在东汉早期窦氏家族曾北击匈奴，在汉光武帝时赐《史记》单篇，"帝深嘉美之，乃赐融以外属图及太史公《五宗（世家）》《外戚世家》《魏其侯列传》"（《后汉书·窦融传》）。同时，西汉昭帝时桓宽《盐铁论·毁学篇》节引《史记·货殖列传》，而刘向《别录》亦节引《史记》；又东汉杨终删定《史记》以及续写，篡改等都在某种程度上促使《史记》的接受与流布。① 加之，傅斯年"夷夏东西说"指出远古的鸟图腾崇拜信仰，而至两汉的话语境域中鸟演变为不死长生之意。《博物志》就曾加载"汉武帝好仙道，祭祀名山大泽以求神仙之道。时西王母遣使乘白鹿告帝当来，乃供帐九华殿以侍之。七月七日夜漏七刻，王母乘云车而至于殿西，南面东向，头上戴玉胜，青气郁郁如云。有三青鸟，如鸟大，使侍母旁"。② 作为不死长生相伴的"三青鸟"就出现了，所以绥德汉画像"荆轲刺秦"的飞鸟应该是"三青鸟"。由此看来作为私人物件的"三青鸟"，可以理解为对另一世界长生不死的，自由飞升的极度信仰并在墓葬以实际图案践行长生不死，飞天成仙的理念。以此逻辑，更加证实局部图案的篡改并不能完全否认来自《史记》的可能。同时在陕北"完璧归赵"的画像石也较为多见，绥德四十铺三件墓门门楣，绥德延家岔墓前室南壁横额，绥德贺家湾残石，绥德1977征集的门楣与横额和米脂官庄7号墓前室北壁横额。③ 据发掘简报所给定的时间为东汉和帝永元八年（96）至顺帝永和五年（140）④。而根据学者判断《史记》在此时间中"还未得到广泛传播，它受到统治者的嫉恨与敌视。"⑤ "未广泛传播"并不能代表在特定地域环境中的"广泛传播"。而所谓"特定地域环境"应该"谤书"《史记》作为墓葬取材对象相较知者甚少，所以对于《史记》在东汉前中期传播更侧重于特定地域中的特定人员。甚为遗憾在于陕北汉画像石墓主信息无存，无法考量所属阶层。所以作为隐士与不得志者挪用"史记"即是孤案，但并不影响东汉早中期《史记》在特定环境中传播事实。

---

① 张新科、俞樟华：《史记研究史略》，三秦出版社1990年版，第11—21页。
② ［西晋］张华：《博物志》，上海古籍出版社2012年版，第36页。
③ 详见《绥德汉代画像石》，《中国画像石全集》卷5，《米脂官庄画像石墓》。
④ 陕西省考古研究所，榆林市文物管理委员会办公室：《神木大保当：汉代城址与墓葬考古报告》，科学出版社2001年版，第111页。
⑤ 《史记研究史略》，第12页。

六朝画史所见《史记》图像

东汉晚期《史记》的图像传播逐渐升迁为地上，基本可以看出《史记》的传播逐渐广泛聚焦《史记》的政教作用，然至六朝刘宋之际出现了《燕人送荆轲图》，具有伤古咏怀的送别基调，亦可揣摩东晋至南朝《史记》逐渐偏离政教之涉，具有抒怀感发的情志功能逐渐显现。这些零星史料，基本反映了《史记》在画史中早期传播形态，同时亦折射出《史记》图像传播相比文学的滞后性。

顾恺之《论画》作为现存最早的画论作品，但其具有著录性质"应是临摹秘府所藏历代名画的要点或记录"，同时亦认为《论画》非顾恺之，至于断代应在开成之际（836—840 年）[1]。同时《论画》所涉及取材《史记》的绘画作品来看，应该在顾恺之当时或之前已经存在。其中"周本记，重叠弥纶，有骨法。然人形不如小列女。"其中所谓《周本记》应该就是指以《史记·周本纪》为内容的周天子的群像。又记"汉本记（李（季）王首也，有天骨而少细美。至于龙颜一像，超豁高雄，览之若面也。）"其中："汉本记"亦为《史记·汉本纪》。《史记·五帝本纪》索隐"纪者，记也。本其事而记之，故曰本纪。又纪，理也，思缕有纪。而帝王书称纪者，言为后代纲纪也"。对此，陈传席说"《汉本纪》画的可能是汉代皇帝自汉高祖刘邦之汉献帝刘协的群像。似《历代帝王图》那样。"[2] 从此意义而言，后世的"历代帝王像"其资源渊源可能在于《史记·本纪》这种纪传体例。至于"李王还是季首"，马采先生考证，《王氏画苑》本，《佩文斋书画谱》均作'李王'，未能确认为谁。汉高祖刘邦，字季，季王疑为汉高祖。"[3] 而陈传席先生根据《国语》推测，季王为刘协。两种解释造成了帝王图序列的差异，一个是以刘协为首的倒叙，一个是刘邦为首的正序。如按照史记纪传编年来看，马采先生的论断更为准确。原因在于顾恺之《论画》涉及《史记》，其体例按《史记》本纪体例亦应为刘邦汉高祖为首。这里又体现了《史记》对帝王图群像位列的影响。而同时又记载"孙武（大荀首也，骨趣其奇。二婕以怜美之体，有惊据（剧）之则。著（若）以临见妙裁，寻其置陈布势，是达画之变也。）"其"孙武及二婕"，可以判断此为"孙武点兵"。"大荀"据日本学者岗村繁"指春秋时代著名的兵法家孙武。'荀''孙'在古代因为是同音字，故被通用。另外，相对弟子孙膑，才把孙武成为'大荀'"。[4] 又同时记载了"穰苴（类孙武而不如）"此类《史记·孙子吴起列传》《史记·司马穰苴列传》均有文献记载。

其后谢赫《画品录》晋明帝条"虽略于形色，颇得神气。笔迹超越，亦有奇观"可以见得晋明帝书画，而《历代名画记》载明帝"及长，善书画，有识鉴。

① 韦宾：《汉魏六朝画论十讲·传顾恺之三篇辩伪》，中国社会学科出版社 2009 年版，第 144 页。
② 陈传席：《六朝画论研究》，中国青年出版社 2014 年版，第 54 页。
③ 马采：《顾恺之〈论画〉校释》，《中山大学学报》1984 年第 2 期。
④ ［日］岗村繁：《历代名画记译注》，上海古籍出版社 2002 年版，第 33 页。

最善画佛像。"并著录《豳诗·七月图》《毛诗图》二、《史记·列女图》。而《晋书·明帝纪》"帝聪明有机断，尤精物理。于时兵凶岁饥，死疫过半，虚弊既甚，事极艰虞。属王敦挟震主之威，将移神器。帝崎岖遵养，以弱制强，潜谋独断，廓清大祲。改授荆、湘等四州，以分上流之势，拨乱反正，强本弱枝。虽享国日浅，而规模弘远矣"。而《历代名画记》卷五载"善书画，有识鉴"同时著录"《豳风·七月图》《毛诗图》二、《列女》二、《史记·列女图》二。"从张彦远著录来看，其内容主要侧重于鉴戒的政教作用，如《豳风·七月》取自《诗经》其主旨《汉书·地理志》"昔后稷封斄，公刘处豳，太王徙岐，文王作酆，武王治镐，其民有先王遗风，好稼穑，务本业，故豳诗言农桑衣食之本甚备。"同时《毛诗序》说"七月，陈王业也。周公遭变，故陈后稷先公风化之所由，致王业之艰难也。"所以晋明帝所绘《豳风》应该一语双关之意，在其统治时期，王敦狡诈时有改朝换代之意，对其较大掣肘，晋明帝以强本弱制并且成果摆脱王敦的追杀，显示了晋明帝的果敢与睿智。在此格局之中，其所绘应该为危局下的鉴戒与安定愿望，而《列女》意同出于此。《后汉书》卷十下《梁皇后纪》"常以列女图画置于左右，以自监戒"。只不过《史记》并无"列女传"亦可能是《史记》所涉烈女形象为题材。所以在东汉至魏晋，从班固《汉书》高于司马迁《史记》到"班马"同列的地位变迁，《史记》的"谤书"之嫌也逐渐摆脱，如东晋文学家张辅"良史述事，善足以奖劝，恶足以监诫，人道之常"，袁宏亦说"（司马迁）非徒纪事而已，信足扶明义教，网罗治体"，裴松亦认为"史记纪传，博有奇功于世，而云王允谓孝武应早杀迁，此非识者之言。但迁为不隐孝武之失，直书其事耳，何谤之有乎？"在此演绎脉络中，《史记》的惩戒劝善与鉴戒功能逐渐凸显。以此来看，《史记·列女图》亦应该侧重其政教的鉴戒之意。

与此不远或为同时的卫协，谢赫《画品》记"卫协，五代晋时"。《历代名画记》载"卫协师曹不兴"曹不兴有"误笔点蝇"之说当在东吴孙权时，又《佩文斋书画谱》卷九十《画辨证》之《卫协画》说"卫协，晋人"。其活动时间应该在西晋至与东晋早期。这样算来与晋明帝所据时间不远或有重合，亦以《史记》为资源进行图画创作。顾恺之《论画》"《七佛》及《夏殷》与《大列女》（二皆）卫协手，传而有情势"。而《历代名画记》著录《诗北风图》《史记伍子胥图》《史记列女图》等与晋明帝所绘内容时间跨度不远。据上条顾恺之《论画》所言，《夏殷》可能亦来自《史记》的《夏本纪》与《殷本纪》，而《夏殷》可能为此合称。

那么，卫协作为宫廷画师，从所绘内容来看主要聚焦政教鉴戒的，其中《史记·伍子胥》图可能具有鉴戒要善于纳谏之意亦凸显了《史记》的劝诫的政教功能，落实了"太史公自序"所言"王迹所兴，原始察终，见盛观衰"的"运行不穷，辅拂股肱之臣配焉，忠信行道，以奉主上"的宗旨。谢赫《画品》还记有"王微，史道硕（五代晋时）"，《历代名画记》卷五《晋》著录史道硕曾有《燕人送荆轲图》，其中《燕人送荆轲》应该来自《史记·刺客列传》"风萧萧兮易水寒，壮士去兮不复还"之意，具有诗意化性质。王微，入《南史》应该为东晋至刘宋之人，史道硕紧跟其后亦横跨东晋与刘宋。同时，《历代名画记》著录《燕人送荆轲图》等。其中《燕人送荆轲图》来自《史记·刺客列传》"风萧萧兮易水寒，壮士去兮不复还"的抒怀送别图。东晋陶渊明说"昔董仲舒作《士不遇赋》，司马子长又为之，余尚以三余之暇日，讲习之暇，读其文，慨然惆怅久之"又在《读史述九章》"余读《史记》，有所感而述之"。所述为伯夷、叔齐、屈原、韩非等人，以吊古咏怀，抒发性情。《宋书·沈攸传》"《史》（《史记》）、《汉》事多所谙忆，常叹曰：'早知穷达有命，恨不十年读书'"。自东晋《史记》涉及的古贤忠烈成为凭古咏怀的基本材料。而《燕人送荆轲图》承续此意，实为抒怀送别之意，其内涵是否为刘裕篡晋屠杀异己，诛灭司马家族士人流离失所，而牵扯史道硕或为与友人离别之意涵，因暂时所见史料有限，有待继续考证。但足以佐证《史记》着重其图像亦见得《史记》文本的传播的"广泛性"，同时亦可揣摩东晋至南朝《史记》逐渐偏离政教之涉，具有抒怀感发的情志功能逐渐显现。

梁代《史记》画史传播，在六朝画论之中出现较少，至于其中缘由可能与梁代的文学观念有关。初唐陈子昂"齐、梁间诗，彩丽竞繁，而兴寄都绝，每以永叹。思古人，常恐逶迤颓靡，风雅不作"而司马迁语言质朴，《史记索隐序》"比于班书，微为古质，故汉晋名贤未知见重"而后序亦如此说"然其人好奇而词省，故事核而文微，是以后之学者多所未究。"而现代学者也指出，梁代文学主体的从士林文学转入宫廷文人，其创作趋向"宫廷文学"。① 这也可能是梁代武帝萧衍，编撰上起三皇下至齐《通史》，"帝造《通史》，躬制赞序，凡六百卷"（《梁书·武帝纪》）。其《史通·六家篇》载"梁武帝敕群臣上至太初下终存室撰成《通史》六百二十卷，其书至秦以上皆以《史记》为本，而别采他说，以广异闻。至两汉而还，则全录当时记传，而上下通达，臭味相依。又吴蜀二主，皆入《世家》，五胡及拓跋氏列于《夷狄传》。大抵其体皆如《史记》，其所为异者，唯无表而已。"② 此史料亦间接告知，对梁代宫廷看重的应该是《史记》史学传统以及体例类型而非具体的图像转换。

总而言之，《史记》虽出于汉武帝之时传播与受众较为有限，但所谓"谤书"的史记，却受到隐者与不得志者关注，相应的在地下图像表达中具有"广泛性"，并且逐渐演化为一种政治批评策略。而至魏晋《史记》作为"谤书"之嫌逐渐消解，其价值逐渐浮出历史地表形成了"见盛观衰"的价值意涵，遂逐渐被纳入政教之中，其惩戒劝善与鉴戒功能得到凸显，其中个人抒怀之意的图像志逐渐清晰。另需注意的是山东嘉祥的汉画像《周公负成王图》，《史记·鲁周公世家》均涉及亦存有政治意义，但《史记·蒙恬列传》记蒙恬语"昔周成王初立，未离褓襁，周公旦负王以朝，卒定天下"及《孔子家语》曾于明堂见"周公负成王图"③大致可知在《史记》前已大量传播，其传播与《史记》关系并不紧密。

①　聂影：《梁代文学主体的变化与文学创作的转型》，《文艺评论》2018 年第 3 期。

②　[唐] 刘知几、姚松等译：《史通全译》，贵州人民出版社 2008 年版，第 17 页。

③　陈士珂辑：《孔子家语疏证》，上海书店 1987 年版，第 72 页。

司马迁擅长以虚词传情

＊本文作者陶长军，陕西师范大学文学院博士。

清代刘淇曾说："构文之道，不过实字虚字两端，实字其体骨，而虚字其性情也。"① 几乎与刘淇同时的袁仁林亦云："当其言事言理，事理实处，自有本字（按：此所谓"本字"，即指实词）写之；其随本字而运以长短、疾徐、死活、轻重之声，此无从以实字见也，则有虚字托之，而其声如闻，其意自见。故虚字者，所以传其声，声传而情见焉。"② 袁氏又云："虚字者，语言衬贴，所谓语辞也。盖说时为口吻，成文为语辞，论字为虚字：一也。"③ 刘、袁二氏讲得很明白：实词的功用在达意；虚词的作用在传情。由于实词具有实实在在的意义，作者通过某一词汇想要表达的具体意思或者情感，我们很容易把握；虚词则不然，它不具备词汇意义，它只是语言的"衬贴"，专门用来模拟说话人的"口吻"，它所要传达的意义或情感总是依赖于具体的语境隐微地流露出来，往往给人一种"只可意会，不可言传"的感觉。因此我们读古书，鉴赏古人文章，就需要在虚词上面下一番体察的功夫，这正如清代王德修所云："虚字不察，则先无以体圣贤之语气，又何以寻义理之归宿？"④ 司马迁尤其擅长用虚词传情，被桐城宿将刘大櫆誉为虚词使用的"集其大成"者。我们这篇小文不可能对司马迁的虚词使用艺术作全面的总结，只选取《史记》中虚词使用比较精彩的几个语段略作剖析，古人所谓"尝鼎一脔，窥豹一斑"，亦足见其大略云。

已而吕后问："陛下百岁后，萧相国即死，令谁代之？"上曰："曹参可。"问其次，上曰："王陵可。然陵少戆，陈平可以助之。陈平智有余，然难以独任。周勃重厚少文，然安刘氏者必勃也，可令为太尉。"吕后复问其次，上曰："此后亦非而所知也。"（《高祖本纪》）

《淮阴侯列传》中载有刘邦和韩信的一段对话很有意思："上常从容与信言诸将能不，各有差。上问曰：'如我能将几何？'信曰：'陛下不过能将十万。'上曰：'于君何如？'曰：'臣多多而益善耳。'上笑曰：'多多益善，何为为我禽？'信曰：

① 刘淇：《助字辨略》卷首《自序》，中华书局 2004 年版，第 1 页。
② 袁仁林：《虚字说》，中华书局 2004 年版，第 128 页。
③ 袁仁林：《虚字说》卷首《自序》，中华书局 2004 年版，第 11 页。
④ 王德修：《虚字说跋》，见袁仁林《虚字说》卷末，中华书局 2004 年版，第 144 页。

'陛下不能将兵，而善将将，此乃信之所以为陛下禽也。且陛下所谓天授，非人力也。'"但从这段对话来看，很像两人在开玩笑，"陛下不能将兵，而善将将"云云，戏谑味道很浓，更像是韩信在拍刘邦的马屁。但当我们看完刘邦在病危之际与吕雉的这段对话，我们脊背不禁阵阵发凉，才知道韩信所言非虚，他并不是在讨好奉承刘邦，而是诚意地对刘邦表示敬佩。就连他那句"且陛下所谓天授，非人力也"，也并非孟浪之语，这正可看出韩信已被刘邦驾驭臣下的超凡的本领所彻底折服，对刘邦已佩服得无以复加了。驾驭一个人的前提是要尽可能多地了解他，正所谓"知己知彼，百战不殆"。你看刘邦对自己手下的大臣了解得多么透彻，每个人的脾性、每个人的才能、每个人的办事风格、优点、缺陷，他都了如指掌，如数家珍。"王陵可。然陵少戆，陈平可以助之。陈平智有余，然难以独任。周勃重厚少文，然安刘氏者必勃也，可令为太尉。"文章妙在用三个"然"字层层转接，把每个人的优点、缺点和盘托出，见出刘邦对臣下的了解是多么的透彻，这正可看作是"上常从容与信言诸将能不，各有差"的注脚。同时，这句话还体现出刘邦为大汉王朝能传之久远所做的周详细致的筹划，他综合考量每个人的优点缺点，然后合理地对他们加以组合，来实现人力资源的最佳配置，以达到让他们既互相补充又相互牵制的目的，高祖之用心不可谓不苦矣！清代牛运震《史记评注》就说："三'然'字拗折低回，长虑苦意，神情如见。"① 张亚玲在《牛运震〈史记评注〉研究》一文中也说："这里，我们看到的既不是带有无赖气、时时对部下臣子破口大骂的刘邦，亦不是虚伪狡诈、诛杀有功之臣的阴险帝王，而是和戚姬楚舞、己则悲歌助之之时一样，是有血有肉并带有悲剧气质的刘邦，其为汉家社稷之思虑，可谓深矣。"② 而所有这一切丰富的内涵，都是由这三个"然"字的出色运用表现出来的。

　　　　竟朝置酒，无敢喧哗失礼者。于是高帝曰："吾乃今日知为皇帝之贵也。"乃拜叔孙通为太常，赐金五百斤。（《刘敬叔孙通列传》）

"吾乃今日知为皇帝之贵也"，意为"我今天才知道做皇帝的尊贵啊！""乃"为副词，应当放在动词"知"的前面，即此句按正常语序本应作："吾今日乃知为皇帝之贵也"，语言平淡无味，凸显不出刘邦当时极度兴奋的心情。这里故意把"乃"字提到前面，以打破正常的语法结构，造成一种语言上的张力，这种外在的语言上的张力恰与刘邦当时内心的极度兴奋的心情相配合，给人一种刘邦当时由于过于兴奋而说话语无伦次的感觉。同时把"乃"字提到"今日"之前，还有突出强调"今日"之意，"今日才知道做皇帝的尊贵"，言外便有知之恨晚之意，有无尽的遗憾之意，恨没早点让叔孙通干这件事。我们知道，刘邦是闾巷出身而卒践天子之位的。即位伊始，鉴于秦因律法严苛而早亡，高帝乃"悉去秦苛仪法，为简易"，于是造成"群臣饮酒争功，醉或妄呼，拔剑击柱"的不堪局面。叔

①　牛运震：《史记评注》卷二，三秦出版社 2011 年版，第 43 页。
②　张亚玲：《牛运震〈史记评注〉研究》，陕西师范大学 2010 年硕士学位论文，第 39 页。

孙通"希世度务",既知"上益厌之也",乃进言高帝欲与弟子演习礼仪,共起朝仪。仪成,"自诸侯王以下莫不振恐肃静","御史执法举不如仪者辄引去,竟朝置酒,无敢喧哗失礼者"。高帝大悦,曰:"吾乃今日知为皇帝之贵也。"这就很有些"暴发户"的口吻,让人听了忍俊不禁,言语中含着对刘邦的嘲讽。林纾《春觉斋论文》就曾对刘邦这句话有精妙的点评,他说刘邦:"以英雄作伧父语气,细味之可笑。"① 这毕竟是平民出身的刘邦生平第一次享受这么隆重的礼遇,得意忘形之际,一不小心就把自己的本真面目(伧父)给暴露出来了。古人云:"言有招辱也",盖刘季之谓乎!

> 公子于是乃置酒大会宾客。坐定,公子从车骑,虚左,自迎夷门侯生。侯生摄敝衣冠,直上载公子上坐,不让,欲以观公子。公子执辔愈恭。侯生又谓公子曰:"臣有客在市屠中,愿枉车骑过之。"公子引车入市,侯生下见其客朱亥,俾倪故久立,与其客语,微察公子。公子颜色愈和。当是时,魏将相宗室宾客满堂,待公子举酒。市人皆观公子执辔。从骑皆窃骂侯生。侯生视公子色终不变,乃谢客就车。(《魏公子列传》)

此段极力摹写魏公子迎侯生时的场景,一个真正礼贤下士的公子形象跃然纸上,无论是对公子还是侯生,人物形象刻画都非常成功,堪称太史公之得意之笔。"公子于是乃置酒大会宾客",故事一开始,先摆上一场大的盛宴,因为只有场面够阔大,才足够演出惊心动魄的大节目。你看宴会上高朋满座,人声喧哗,眼看就可开宴了,但这时作者却将笔锋一转,东家却带着车队浩浩荡荡去迎接一个看门的老头儿去了。到此时我们才豁然明白,原来酒宴的隆重、宾客的繁盛只不过是个道具、装饰,设下这么大的一个场面只不过为侯嬴的出场作衬托罢了。侯生是以非常傲慢的神态和我们见面的,你看他"摄敝衣冠,直上载公子上座,不让",但紧接着"欲以观公子",我们才发现原来他的傲慢是故意装出来的,是有意试探公子是不是真的爱士。"公子执辔愈恭",这是侯生亲眼所见,一个"愈"字,不但写出公子爱士是出于真心,也含有侯生对公子的暗暗称赞之意。但这是不是公子故意装出来的呢,侯生似乎还心怀疑虑,于是再次对公子进行试探。侯生又谓公子曰云云,把公子带到市屠腥臭污秽之地,又故意与客人久语,以"微察公子"。观察结果是"公子颜色愈和",丝毫没有半点不耐烦的神色。这个"愈"字,就更进了一层,因为"执辔愈恭",执辔只是一个动作,很容易伪装出来。但"颜色愈和"就和心境密切相关,如果不是出于一片至诚之心,想让别人在神色上看不出丝毫破绽,是非常困难的。更何况心细如侯生,且又是"微察"("微察"有暗中观察义,又有细致观察义)。要在这种情况下蒙混过去,则更是不可能了。但即便是这样严苛的考察,其结果依旧是"公子色终不变"。侯生这下真是彻底地被公子的一片诚心所打动、折服了。"乃谢客就车",一个"乃"字,干脆利落,

---

① 林纾:《春觉斋论文》,人民文学出版社 1959 年版,第 137 页。

好比"荆轲就车而去，终已不顾"的神态一般，见出侯生主意已决，已为后文"北向自刭"埋下了伏笔。文中两个"愈"字，一层深似一层，把公子礼敬侯生的场面刻画得栩栩如生，千载之下，如临其境，真是神来之笔。

　　　　及高祖崩，吕后夷戚氏，诛赵王，而高祖后宫唯独无宠疏远者得无恙。（《外戚世家》）

　　"唯独"二字，写尽吕后变态、凶狠之相，满纸血腥气味扑面而来。刘邦生前宠爱戚姬，疼爱赵王如意也胜过惠帝刘盈，且几次欲废太子而立如意，吕后因此对戚姬母子怀恨在心。待到刘邦驾崩，吕氏掌管实际的军政大权，吕雉便对以前的政敌展开疯狂的报复，首当其冲便是戚姬母子。先派人鸩杀赵王如意，再"断戚夫人手足，去眼，煇耳，饮瘖药，使居厕中，命曰'人彘'。"这样惨无人道的报复行为，让人根本无法忍受甚至几乎都不敢想象。"孝惠见，问，乃知其戚夫人，乃大哭，因病，岁余不能起。"通过惠帝看到这种惨象后的表现，我们不难看出，司马迁对吕雉是极为不满和愤怒的，他不但借惠帝的表现来批判她，而且还借惠帝的口来骂她，"（惠帝）使人请太后曰：'此非人所为。'"连自己的亲生儿子都骂她不是人，正表现司马迁对吕后凶残行为的严厉谴责和批判。更可恨的是吕后报复的对象不仅仅局限于戚姬母子二人，"而高祖后宫唯独无宠疏远者得无恙。""而"字是承接连词，表递进关系，既是语法上的递进，也是人们内心情感的递进。在把吕后的屠杀对象由戚姬母子递转到整个后宫的同时，也把人们对吕后的愤恨不满情绪向前推进了一步。"唯独"二字是强调，强调哪些人在这场残酷的屠杀中得到了幸免。由于这两个词均表范围的狭小，两个词并用则极言范围的小之又小，即是在这场宫廷政变中存活下来的人真是屈指可数。"唯独无宠疏远者得无恙"，也就是曾经受过刘邦一点点宠爱，跟刘邦稍稍有些亲近的人，都不得免于这场灾难。由此可见，吕后的凶残、疯狂已到令人发指的地步了。这样的表达效果是单独一个词很难胜任的，由此看出虚词的同义连用也是作者为宣泄情感而采取的一种语言表达技巧，是我们在阅读时需要留意的。

　　　　①蔡为人在下中，名声出广下甚远，然广不得爵邑，官不过九卿，而蔡为列侯，位至三公。诸广之军吏及士卒或取封侯。②广尝与望气王朔燕语，曰："自汉击匈奴而广未尝不在其中，而诸部校尉以下，才能不及中人，然以击胡军功取侯者数十人，而广不为后人，然无尺寸之功以得封邑者，何也？③岂吾相不当侯邪？且固命也？朔曰："将军自念，岂尝有所恨乎？"广曰："吾尝为陇西守，羌尝反，吾诱而降，降者八百余人，吾诈而同日杀之，④至今大恨独此耳。"朔曰："祸莫大于杀已降，⑤此乃将军所以不得侯者也。"（《李将军列传》）

　　句①用"甚""然""而"三个虚词点逗顿挫，极意表现史公胸中的愤恨不平。看李蔡"为人在下中"，即处于第八品，人品极差；名声又和李广相差"甚"远，一个"甚"字，如姚苎田《史记菁华录》所云："著意轻薄李蔡，言外如闻叹息之声。"① 这声"叹息"实则寓意丰富：一方面包含着对李广英俊而沉下僚的惋惜之叹；同时又含有对李蔡庸人却居高位的愤恨之叹。"然广不得爵邑，官不过九卿，而蔡为列侯，位至三公。"李广和李蔡为人相差如彼，而官职却悬殊如此，这里用"然""而"两个转折连词，正是为了强调突出二人之才能与社会地位的极不匹配，用以凸显李将军之不幸。句②连用"而""而""然""而""然"五个转折连词一路急转而下，句子拗折不平，语势凌厉，有一股抑郁不平之气喷薄而出，把李广胸中的愤懑不平疏泄得淋漓尽致。试看如果去掉这五个虚词："自汉击匈奴广未尝不在其中，诸部校尉以下，才能不及中人，以击胡军功取侯者数十人，广不为后人，无尺寸之功以得封邑者，何也？"不但不影响意思的表达，而且句子比原文更加顺畅。这里司马迁有意打破这种外在语言的流畅性，故意造成句子的崎岖拗折，以与李广内心的愤恨不平相契合。连用五个转折连词一转再转，宛有一股愤恨不平之气正穿过李将军的九曲回肠而曲曲传出一般，此正是李广感情激流的外在呈现。句③"岂吾相不当侯邪？且固命也？"姚苎田《史记菁华录》评曰："说相说命，英气索然，写无聊如画。"② 由于汉家统治者的赏罚不公、不能知人善任，竟把个才气无双的李将军逼迫到说相说命的不堪境地。李广的众多部下，才能不及中人，尚且得以封侯；而李将军才气举世无双，却终不得封邑。文章通过"岂……耶"、"且……也"两个句子的哭告、问难，直把失意情长、英雄气短的李将军形象生动画出，让人忍不住为之惋惜、堕泪。句④"至今大恨独此耳。"一个"独"字，可以看出李广一生行事光明磊落，可歌可颂，正与他始终屈居下僚的不幸境遇形成对比，含着作者对李将军的深深惋惜之情。句⑤"此乃将军所以不得侯者也。""乃……也"句式，表确凿不移的事实，即李广之所以不得封侯，原因就在于诛杀已经投降的士卒。实则司马迁这里是借"归谬法"来讽刺汉代统治者的赏罚不明。他故意找这么一个荒诞不经的理由来搪塞李广，理由愈荒唐、口气愈坚定，则讽刺意味欲强烈，所取得的讽刺效果也就愈好。"乃……也"，正是为了坚定这讽刺的口气，来达到对汉家皇帝的最大批判。总之，这个句群中虚词的抒情意味是极为浓厚的，司马迁正是借助这些虚词的出色运用，表达了自己对李广身具高才而终身困顿的不幸遭际的深深痛惜之情。

　　司马迁擅长使用虚词，充分发挥虚词在文法及文情表达上的作用，使得《史记》不仅写人、纪事前后条贯，而且感情充沛，兼具历史和文学两方面的成就。我们研究《史记》的文学性，从虚词的文学表达角度入手，可以为我们提供一个新的视角，这理应受到我们更为普遍的关注。

---

① 姚苎田：《史记菁华录》卷五，上海古籍出版社 2007 年版，第 183 页。
② 姚苎田：《史记菁华录》卷五，上海古籍出版社 2007 年版，第 183 页。

千载挹清芬^①：历代诗歌咏鲁仲连论

＊本文作者张艳丽，山东理工大学齐文化研究院副教授，硕士生导师。

　　鲁仲连，又称鲁连、鲁连子，战国时期齐国人，是历史上知名的高士、廉士、奇士、达士，《战国策》《史记》等典籍中对鲁仲连说魏救赵、射书聊城、与孟尝君辩士、助田单攻狄、功成不受爵金等事迹进行详细记载。后世诗人为鲁仲连排纷解难、不喜利禄的高洁品性所折服，纷纷吟作诗歌，表达对其的追忆追崇之情。聊城茌平被看作是鲁仲连的家乡，地方上有历史遗迹如鲁仲连村、鲁仲连墓、鲁仲连庙、射书台、高士台等，还有"茌平八景"之一的"连村烟市"。当途经这些地方的时候，诗人们抚今追昔，抒发万千感慨，通过诗歌吟诵的方式对鲁仲连的事功进行评价。

　　据现有资料不完全统计，历代吟咏鲁仲连的诗歌约 200 多首^②。这些诗歌当中，有直接对鲁仲连这位历史人物进行诗咏的，有对历史沧桑发表感慨时以鲁仲连为载体进行诗咏的，有途经山东茌平时追忆鲁仲连事功和遗迹而进行的诗咏。古代诗赋带有借古抒怀、以古讽今、直抒胸臆的特点，以诗歌吟诵历史人物，是系统而深入研究历史人物的重要内容。学界对鲁仲连的研究，有对其事迹的考辨^③，有对其佚书《鲁连子》和思想的探讨^④，而从诗歌角度对鲁仲连进行系统性和整体性的研究尚未出现。历代吟诵鲁仲连的诗歌数量较多，从中可以看出后世诗人对鲁仲连的认知和评价，领略其对事功、名利、谋略等价值观的引导，及了解对《战国策》《史记》等记载中鲁仲连形象的接受过程。

一、历代诗人对鲁仲连的吟诵

　　较早对鲁仲连进行吟诵的，当属西晋夏侯湛，其作《鲁仲连赞》曰："峨峨先

　　① 咸丰：《杂诗》（丙午秋作其五），见孙雄《道咸同光四朝诗史》甲集，卷首，十八页下，清宣统二年刻本。

　　② 笔者参与 2019 年教育部哲学社会科学研究重大课题攻关项目"稷下学派文献整理与数据库建设研究"，专门负责收集整理鲁仲连的典籍记载资料。现已收集到关于鲁仲连的诗歌 268 首，收集整理工作还在继续。

　　③ 参见王德敏：《鲁仲连杂考》，《管子学刊》1987 年第 2 期，第 65—70 页；乌庆正《档案中的齐国高士——鲁仲连》，《山东档案》2007 年第 3 期，第 65—66 页等。

　　④ 参见石小同：《谈谈鲁仲连的"势数"》，《管子学刊》1994 年第 7 期，第 34—37 页；刘金《佚书〈鲁连子〉的艺术及思想特色》，《商丘职业技术学院学报》2014 年第 32 期，第 60—62 页等。

生，有邈其节。流仁忧乱，抗道自洁。随事抑扬，与时开阖。在幽能泰，处闷惟悦。”① 对鲁仲连忧虑危乱，富有仁爱之心，洁身自好的品性进行赞颂，“在幽能泰，处闷惟悦”说的应是隐逸之后的稳定生活。

西晋左思《咏史八首》中的第三首以鲁仲连为吟咏对象，曰：“吾希段干木，偃息藩魏君。吾慕鲁仲连，谈笑却秦军。当世贵不羁，遭难能解纷。功成耻受赏，高节卓不群。临组不肯绁，对珪宁肯分。连玺耀前庭，比之犹浮云。”② 诗作对段干木、鲁仲连“功成耻受赏”的品性进行肯定，并将鲁仲连谈笑间建奇勋的精神风貌，用赞赏的口吻写出，充满钦敬向往之情。

后世有的诗歌包括了对鲁仲连的事功描述和德性评价，如明代彭孙贻《鲁连先生》曰：“鲁连高世士，谈笑却秦军。飞辨骋雄谈，意气干青云。独抗蹈海节，狼虎岂得臣？功成非有求，粪土视千金。壁立万仞巅，俯视寰中人。清风激六合，流光照无垠。”③ 诗中对鲁仲连以辩谈退却秦军，誓死不臣服秦国，功成不受赏赐，视金钱名位如粪土的品质大加赞赏，指出这种精神品质对后世留有巨大影响。

清代冯询作有《咏史》系列诗歌，其中一首是关于鲁仲连的，诗曰：“奇士不苟出，出令天下惊。东国鲁连子，倜傥无俗情。一出解秦围，再出下齐城。功成复归去，东海高风清。战国骋游士，挟策求公卿。惟君薄名利，所以去就轻。一笑却千金，俗士羞蝇营。”④ 诗中称鲁仲连为“奇士”，他为危难中的赵国、齐国做出解围的贡献。与世俗狗苟蝇营追逐名利的战国游士相比，鲁仲连的高风亮节令其羞愧。

现已整理的历代咏鲁仲连 200 多首诗歌中，从时代分布来看，魏晋南北朝时期有 4 首，唐代有 10 首，宋代有 4 首，元代有 10 首，明代有 74 首，清代有 166 首，民国时期的还未进行整理。明清时期咏鲁仲连的诗歌数量明显增多，应该与明清两代的社会状况及咏史诗总体数量比较多有关，也与后代资料保存的多少有关。年代越久远，资料越难以保存。清代的资料相较于其他朝代的资料，保存得多些。另外，清朝时期，地方志编纂中更多出现“八景”的规划，聊城茌平把“连村烟市”作为八景之一，家乡文人和外来文人纷纷对此进行吟咏，连带对鲁仲连吟诵一番。

后世对鲁仲连的人物诗歌吟诵，很多基于《史记》等典籍中的记载，及唐代李白、韩愈等知名诗人对鲁仲连的吟咏和评价，并依据自身的理解，提出赞同或不同的看法。并且诗人们有意识地把鲁仲连与其他历史人物对比或类比，以此突出鲁仲连的文化形象和后世影响，抒发心中的个性化情感，体现自我的价值追求。

---

① 严可均辑：《全晋文》中，商务印书馆 1999 年版，第 726 页。

② 《魏晋南北朝诗观止》编委会编：《魏晋南北朝诗观止》，学林出版社 2015 年版，第 74 页。

③ 彭孙贻：《茗斋集》卷十，《清代诗文集汇编》编纂委员会编《清代诗文集汇编》52，上海古籍出版社 2010 年版，第 1 页。

④ 冯询：《鸿雪轩诗钞》，广东省立中山图书馆、中山大学图书馆编，桑兵主编《清代稿钞本》三编，第 111 册，广东人民出版社 2010 年版，第 477 页。

二、回应司马迁评价鲁仲连的诗歌

司马迁在《史记》中为鲁仲连立传，把他与西汉邹阳合传。其中主要讲述鲁仲连雄辩新垣衍，说服魏国救助赵国，不屈服于秦国强权的事迹，及鲁仲连射书聊城，助齐将田单成功攻城，最终隐居海上的史事。司马迁开篇评价鲁仲连曰："鲁仲连者，齐人也。好奇伟俶傥之画策，而不肯仕宦任职，好持高节。"指出鲁仲连聪慧有谋略，而品性高洁不好仕宦。传记结尾处司马迁总结曰："鲁连其指意虽不合大义，然余多其在布衣之位，荡然肆志，不诎于诸侯，谈说于当世，折卿相之权。"认为鲁仲连的思想和做法不符合大义，但能够以布衣的身份，不畏惧诸侯和卿相的权威，解除纷难，来去自由，是值得大写特书的历史人物。

此外，唐代司马贞《索隐述赞》曰："鲁连达士，高才远致。释难解纷，辞禄肆志。齐将挫辩，燕军沮气。"司马贞称鲁仲连为"达士"，意为明智达理之士，指见识高超、不同于流俗的人。唐代张守节《史记正义》引用《鲁仲连子》的记载，增加了鲁仲连与田巴的辩论，号称"千里驹""飞兔"等内容。其云："齐辩士田巴，服狙丘，议稷下，毁五帝，罪三王，服五伯，离坚白，合同异，一日服千人。有徐劫者，其弟子曰鲁仲连，年十二，号'千里驹'。往请田巴曰：'臣闻堂上不奋，郊草不芸，白刃交前，不救流矢，急不暇缓也。今楚军南阳，赵伐高唐，燕人十万，聊城不去，国亡在旦夕，先生奈之何？若不能者，先生之言有似枭鸣，出城而人恶之。愿先生勿复言。'田巴曰：'谨闻命矣。'巴谓徐劫曰：'先生乃飞兔也，岂直千里驹！'巴终身不谈。"① 这些典籍记载，是后世诗人吟诵鲁仲连的主体文本资料。

后代诗人读到鲁仲连传记，心有所想，情感充沛，思如泉涌，吟诗创作。明代欧大任《读〈鲁仲连传〉》曰："侠夫决性命，说客驰纵横。纷其稷下士，谈折狙丘生。齐有鲁仲连，爵职非所荣。幼小讽田巴，飞兔蚤已惊。画皆俶傥策，高节每独行。何者魏将军，帝秦讲连衡。时已羁韩魏，力能胁齐荆。燕赵旦夕下，睥睨巩洛平。先生气激昂，新垣拜千旄。从容以唇舌，遂却关西兵。死欲蹈东海，千金讵辞名。咄嗟聊城书，逃隐志竟成。轻世一布衣，沧瀛藐冠缨。"② 诗中把鲁仲连所处的历史背景，及鲁仲连的谋略筹划、口舌善辩、高尚节操等进行赞扬，指出鲁仲连虽为一介布衣，不追逐功名利禄，以一己之力救百姓于危难之中，可以傲视诸侯贵族。全诗把鲁仲连豪情壮志、大义凛然、重义轻利的个性风采展露无遗，认为他无愧为一代侠士的典范。

明代郑郊也作有《读〈鲁仲连传〉》，对司马迁所记载的鲁仲连传记进行评价和感慨："鲁连发高义，帝秦终不成。谁谓匹夫手，能挽天柱倾？已矣事云毕，拂

---

① 司马迁：《史记》，中华书局 1959 年版，第 2459—2479 页。
② 欧大任等著，郑力民点校：《南园前五先生诗》，中山大学出版社 1990 年版，第 205—206 页。

衣便归耕。抽身何必早？聊以全吾生。至人贵得性，岂意后世名？茫茫为长望，东海自波盈。天地一沧桑，能得几时平？功成不受赏，千载有余情。"① 对于鲁仲连 "功成不受赏" 的做法，诗人非常钦佩，指出人生在世，贵在随性而为，不必在意后世的虚名。

《史记》记载鲁仲连的归宿曰 "鲁连逃隐于海上"，认为鲁仲连后来隐居海上，世人曾以 "东海客" 作为其指称。清代方兆曾以《东海客》为题，抒发阅读传记后对鲁仲连的敬仰之情："咸阳兵风云，书压邯郸城。四十几万坑长平，赵人新破胆卒惊。平原公子文武客，掩耳畏听桴鼓鸣。客何为者来大梁，公然欲帝秦虎狼。秦真虎狼不可帝，王城天子犹拱袂。此时若无鲁仲连，秦应称帝赵亦捐。齐民愿蹈东海死，旌旗为却五十里。因之义骑解重围，一笑千金遂辞去。吾读《鲁连传》，深嘉鲁连节。抑秦之意本尊周，难向时人数称说。东国先生无复闻，后来僭窃何纷纷。"② 诗中指出鲁仲连不愿帝秦，本意在于尊崇周王室，反对僭越篡权。后世谋逆之人不绝于史策，反而把鲁仲连的忠义与尊崇正统抛诸脑后。

司马迁传记结尾处对于鲁仲连的定位曰 "鲁连其指意虽不合大义"，后世诗人纷纷进行辨析或反驳。宋代王令作有《鲁仲连辞赵歌》，前有序言，提到作此诗歌的原因为："司马迁谓 '鲁仲连不合于大义'，以予考之信然。要之一时则连固壮士，而有所不为，此则予喜之。常壮其辞赵之意，惜其不广也，因为之歌。"其诗歌曰："秋风起兮天寒，壮士醉酒兮歌解颜，螳螂何怒兮辙下，蚁何斗兮穴间？纷扰扰兮，谁者则贤？井方崩兮治隧，屋且压兮雕椽。生则役兮，弗系念此，祸至而知悔兮，身忽焉其已死。陶唐夏子兮，今则古矣！彼秦且帝兮，连有蹈东海而死耳。"③ 王令认可司马迁对鲁仲连 "不合大义" 的评价，认为壮士随性而作，有所为有所不为，鲁仲连辞绝赵国的做法，就是他 "有所不为" 的选择，也体现出其视名利如粪土的秉性，是诗人所看重的品质，这也是后世所承袭的做法，因而赋诗吟诵。

元代杨维桢则不赞同司马迁对鲁仲连 "不合大义" 的评判，盛赞鲁仲连的功业，认为他不是一般的战国策士，可以视为 "天下士"。杨维桢作《天下士》，前有序言，表达了不同于前代史学家的见解："鲁仲连高风远致，千载一人，非战国士也。平生大义，与日月争光者，片言之激，梁赵不得帝秦也。太史公非其指意不合大义，吾不知太史指何为大义不大义耶！且俾与邹阳同传，太史诠人，何其不伦耶！太史之言，天下后世之言也。太史不知鲁仲连，不为太史者，又将何如？吾为《鲁仲连高士论》，而又赋《鲁先生天下士》。"杨维桢指出鲁仲连 "平生大义"，可与日月争光，司马迁认为鲁仲连 "不合大义"，那么 "何为大义不大义" 的标准使人困惑。把鲁仲连与汉代邹阳合为一传，有些不伦不类。司马迁是著名

① 郑郧：《垒阳草堂诗文集》诗集卷二，第五页上，民国二十一年活字本。

② 朱滋年：《南州诗略》卷五，第五页下至第六页上，清乾隆刻本。

③ 王令著，沈文倬校点：《王令集》，上海古籍出版社 1980 年版，第 19—20 页。

的历史学家，杨维桢担忧连司马迁都不能对鲁仲连做出合适的评价，其他世人更不能对鲁仲连做出正确的定位。这是杨维桢作《天下士》的直接动机。

杨维桢作《天下士》，以期纠正司马迁的错误评价，从而对鲁仲连的功劳和后世评价做出符合史实的判断，其曰："齐与秦，争雄尊，天下仗义信陵君。能杀荡阴逗兵将，不能杀新垣客将军。鲁先生，稷下来。见梁使，决赵疑。三晋大臣不如邹鲁儿。片言称危醢安釐，九鼎重赵百里退秦师。鲁先生，天下士。客将军归庆，安釐逃脯醢。"① 诗中对鲁仲连说服魏国，救助赵国，言退秦国的史事进行描述，指出鲁仲连的高风远致实际是"天下士"的风范和视野，的确是不同于先代史学家之论②。

清代林寿图也不赞同司马迁对鲁仲连"不合大义"的评价，作《鲁连村》曰："海岱惟青州，山川负劲气。是生气节人，虎狼不敢肆。何来客将军，欲昏平原智。脯鄂醢九侯，请视已往事。秦兵西引邯，黄屋未渠置。一笴取聊城，史笔偶类记。功成耻受赏，于道辨利义。生如附青云，吾将次由赐。茌平东有村，式闾独回辔。百年再田横，齐士多尚志。"认为齐地常出尚志之士，鲁仲连、田横等人是其杰出代表。提及鲁仲连"功成耻受赏，于道辨利义"的高洁品质，诗人特意做注释曰："太史公'不合于道'语，窃谓未然。"③ 指明鲁仲连的做法符合社会道义，明辨义礼。

作为被司马迁高度赞赏的历史人物，鲁仲连的文学形象深刻留在后世诗人的心目中。他们作诗吟诵鲁仲连，大多承袭于司马迁对鲁仲连的传记记载，也对司马迁的看法进行商榷。诗人们热情讴歌鲁仲连有勇有谋、义不帝秦、功成不受赏的高尚品格，从鲁仲连身上汲取丰富的精神资源，并宣扬正确的价值取向。

三、应和李白赞颂鲁仲连的诗歌

唐代大诗人李白追慕鲁仲连，对鲁仲连钦佩有加，赋诗多首对鲁仲连进行吟诵④。较有影响力的，当属《古风五十九首》中的第十首，其曰："齐有倜傥生，鲁连特高妙。明月出海底，一朝开光曜。却秦振英声，后世仰末照。意轻千金赠，顾向平原笑。吾亦澹荡人，拂衣可同调。"⑤ 诗作热情歌颂了鲁仲连救弱扶倾、反抗暴政、功成身退、不事王侯的品性。李白把鲁仲连视为同仁，立志学习鲁仲连任侠行义、不慕功利、不受羁绊、清高放纵的性格和处事风格。

---

① 杨维桢著，邹志方点校：《杨维桢诗集》，浙江古籍出版社 1994 年版，第 154 页。

② 刘美华：《杨维桢诗学研究》，文史哲出版社 1983 年版，第 56 页。

③ 林寿图：《黄鹄山人诗初钞》卷三，《清代诗文集汇编》编纂委员会编《清代诗文集汇编》688，上海古籍出版社 2010 年版，第 92 页。

④ 赵昌平：《鲁仲连、赵蕤与李白——兼论古代文化史、文学史研究的若干问题》，《文学遗产》2011 年第 1 期，第 36 页。

⑤ 侯立文主编：《太白集注》，敦煌文艺出版社 2018 年版，第 12 页。

　　清代汪瑔读到此诗，大发感慨，赋诗《太白诗云："齐有倜傥生，鲁连特高妙。明月出海底，一朝开光曜。却秦振英声，后世仰末照。"所以称鲁连者至矣。辄衍其意，更成此诗》，其曰："畏秦因媚秦，握觿良可鄙。雄谈折机牙，实赖天下士。气陵西峙云，声动东海水。异哉倜傥生，节概乃如此。平原却千金，聊城飞一矢。举世共嗟称，固其余事耳。"① 诗中延续了李白对鲁仲连的推崇之情，盛赞鲁仲连的英勇气概。

　　也有一些诗人沿用李白咏诵鲁仲连的诗歌意图，抒发自身对鲁仲连的钦佩赞赏之情。明代程嘉燧《咏古五首》其一曰："太白布衣士，所思解世纷。远希鲁仲连，片言却秦军。功成不受赏，笑谢平原君。斯意日澹荡，浩若无心云。旧业一朝尽，路有豺虎群。萧条丈夫气，难与儿女论。"② 指出鲁仲连、李白同为布衣平民，而致力于救危解纷，做人胸怀坦荡，无意追求名利，世人难以达到这种高尚境界。

　　清代傅仲辰作《鲁仲连射书处次韵》，曰："射台缥缈共云平，一矢贤于十万兵。高士曾闻归海畔，行人犹说下聊城。襟怀澹荡谁同调，学术纵横世自惊。他日抑秦秦不帝，先生飞兔有奇名。"诗中赞扬了鲁仲连的口舌辩才及解困聊城的功劳。其中注释"襟怀澹荡谁同调"一句时，曰："李白咏仲连诗：吾亦澹荡人，拂衣可同调。"③ 指明引用了李白评价鲁仲连的诗句和意图。

　　清代李金枝作《过鲁连村》，曰："曾上射书台，鲁连归何处？牛尾奏功名，宁如一箭去。况乃不帝秦，战国认正路。平凌平原君，蹈海洪波恕。博陵近茌山，徘徊有余慕。太白澹岩人，怀君有好句。亦去茌山北，海市还烟雾。日离市已沉，但见离一村。"④ 认为由李白吟诵鲁仲连的诗句可以看出，二者同为淡泊名利之人。清代苏廷魁作《鲁仲连台》曰："战国推豪杰，师儒有孟荀。仲连成别调，太白爱斯人。东海清风绝，聊城古意新。贾生年尚少，慷慨论函秦。"⑤ 指出李白推崇鲁仲连不同于孟、荀等儒家的做事风格。

　　李白吟诵鲁仲连的其他诗句之意图，也被后代诗人所采用。如李白作有《别鲁颂》，其曰："谁道太山高？下却鲁连节。谁云秦军众？摧却鲁连舌。独立天地间，清风洒兰雪。夫子还倜傥，攻文继前烈。错落石上松，无为秋霜折。赠言镂宝刀，千岁庶不灭。"⑥ 诗作通过称颂鲁仲连来表达朋友间深情厚谊的赞美，指出李白仰慕鲁仲连，是钟情于他不居功、不受赏的清廉情操，及既有超凡济世之才，又有功成身退之志和独立不倚的人格。

　　①　汪瑔：《随山馆猥稿》卷九，第十六页上，清光绪刻随山馆全集本。
　　②　上海市嘉定区地方志办公室编，沈习康点校：《程嘉燧全集》上，上海古籍出版社 2015 年版，第 82 页。
　　③　傅仲辰：《心孺诗选》卷十二，《清代诗文集汇编》编纂委员会编《清代诗文集汇编》235，上海古籍出版社 2010 年版，第 576 页。
　　④　茌平县地名办公室：《茌博乡音》，内部读物 1987 年版，第 121 页。
　　⑤　苏廷魁：《守柔斋诗钞》初集卷三，《清代诗文集汇编》编纂委员会编《清代诗文集汇编》316，上海古籍出版社 2010 年版，第 581—582 页。
　　⑥　侯立文主编：《太白集注》，敦煌文艺出版社 2018 年版，第 262 页。

　　清代王士禛游览鲁仲连陂时，有感而发，应和李白咏鲁仲连不居功邀赏的风骨。其作《鲁仲连陂怀古题祠壁》曰："少慕鲁连高节，居然倜傥权奇。邯郸指顾解秦围，一笑千金脱屣。千古清风兰雪，一竿烟水荒陂。我来髣髴见云旗，独立长留天地。"其中"千古清风兰雪"，即是来自于李白《留别鲁颂》的用意。王士禛作注释曰："李太白咏鲁连诗：独立天地间，清风洒兰雪。"①

　　鲁仲连的高风亮节与卓识奇谋，让诗人李白为之追慕和钦佩。尤其鲁仲连淡泊闲适的性情和处事风格，李白引为同道中人，称为"澹荡人"。这种秉性如同清风吹洒高洁的兰花和雪花一样，傲立天地之间，历经千年流转，令人心生敬仰之情。并持续为后人提供源源不断的精神支持，其中包括立身处世的原则，高尚的精神气度和理想人生的追求。

四、应对韩愈嘲讽鲁仲连的诗歌

　　唐代韩愈对历史人物的评价，有别于前代诗人。韩愈曾作诗《嘲鲁连子》，讥讽口辩之人，表达不屑与其相争之意。诗曰："鲁连细而黠，有似黄鹞子。田巴兀老苍，怜汝矜爪嘴。开端要惊人，雄跨吾厌矣。高拱禅鸿声，若辍一杯水。独称唐虞贤，顾未知之耳。"②韩愈认为，鲁仲连善辩，口若悬河，好似身材细长、面貌狡黠、嘴爪锋利的黄鹞。从题目、取材和语义上看，这首诗确实有讥嘲鲁仲连大言浮夸之意③。

　　韩愈把鲁仲连比作黄鹞的看法，被后世诗人沿用。清代董元度赞同韩愈把鲁仲连看作黄鹞的类比，原因在于鲁仲连射书聊城，城池攻下，而燕将自杀，《史记》记载"田单遂屠聊城"，事情没有获得圆满的结局。其作《鲁连台怀古》曰："谋事善始终，庶称天下士。为德而不卒，乃有鲁连子。战苦阵云黄，飞弩走片纸。我不杀燕将，燕将由我死。胡为屠吾民，袖手空坐视？先垄非所恤，忍人宁足恃。当其射书时，讵未见及此。何不早约言，死争犹晚已。况复避其锋，缄默良可耻。解纷纷已解，大难贻桑梓。触目肝脑涂，毋乃颡有泚。我来临高台，众好敢徇彼。卓识有昌黎，斥为黄鹞嘴。"④指出韩愈斥责鲁仲连为黄鹞嘴，比前人要有高超的见识。鲁仲连箭射聊城，目的是帮助齐将田单攻下聊城，最终聊城被齐国收复，而燕将以自杀谢罪，田单屠杀聊城，"我不杀燕将，燕将由我死。胡为屠吾民，袖手空坐视"？对此鲁仲连应负有一定的责任。鲁仲连应该早先约好，燕将弃城应以保证城内百姓安全为前提。鲁仲连这件事情处理得不妥，做事情能

　　①　邹祗谟、王士禛辑：《倚声初集》卷七，清顺治十七年刻本。

　　②　韩愈：《韩愈集》，中国戏剧出版社 2002 年版，第 99 页。

　　③　陈元锋：《洙泗弦歌之风在唐诗中的变奏》，《山东师范大学学报》（人文社会科学版）2007 年第 4 期，第 28 页。

　　④　董元度：《旧雨草堂诗》卷五，《清代诗文集汇编》编纂委员会编《清代诗文集汇编》316，上海古籍出版社 2010 年版，第 40—41 页。

够善始善终，方能称为天下士。

清代张澍作《鲁仲连》，曰："不帝西秦气独豪，奋身东海寄波涛。先生果是名心化，公子何为重币操？去矣新垣徒意败，怀哉徐劫漫声高。昔为飞兔今黄鹞，料想胸中淡薄遭。"① 指出鲁仲连因善辩而功成，原来有"飞兔"之美称，现在因善辩反而有"黄鹞"之嘲讽恶称，想来自身心绪也是有所波动。

当然，也有诗人反对韩愈对鲁仲连冠以"黄鹞"之名的嘲讽。明代钱子正作《鲁仲连》曰："贤哉鲁连子，解纷见高情。片言大义重，一笑黄金轻。名因折秦得，功为下聊成。胡为昌黎伯，却有细儿称？"② 诗中列述鲁仲连解纷排难、重义轻利、誓不帝秦的功绩和品性，反问韩愈为何鲁仲连有"细儿"，也即小儿或"小人"的称呼。在诗人心目中，这个问题的答案是否定的，对照鲁仲连所做出的功业，不应该有如此低劣的称号。

清代刘嗣绾作《鲁连台》曰："一身谈笑却强侯，天下应知蹈海羞。公子几人夸浊世，先生此去足清流。谁云最黠如黄鹞？始信难驯有白鸥。我笑平原真俗骨，铸金不到五湖舟。"其中作注释曰："韩诗：'鲁连细而黠，有若黄鹞子。'"③ 诗作对鲁仲连笑却功名利禄的高风亮节大力赞赏，以调侃的口吻回应韩愈对鲁仲连狡黠如黄鹞的评价，认为白鸥更加难以驯服，韩愈对鲁仲连应以白鸥相类比。

清代李继圣作《鲁连村》曰："周辙东西尽，虎狼讵可为。大声激巾帼，诸将竖须眉。旋发舆图剑，重飞博浪椎。树无黄鹞子，雕鹗势凭谁？"其中注释曰："韩文公以鲁连为黄鹞子。"④ 诗中借用"舆图剑"荆轲刺杀秦王的典故和"博浪椎"张良刺杀秦始皇的典故，认为鲁仲连是反抗秦国暴政的先驱，其精神激励后人继续反抗统治者的残暴统治。诗人指出，如果没有鲁仲连的抗秦精神，荆轲与张良虽才望超群，二人抗击秦国暴政的精神不会如此凸显。

也有诗人把古代文献中对鲁仲连的记载逐一点评，清代邓汝功作《鲁连台怀古》曰："鲁连天下士，抗节希鲍焦。一矢定济北，遇难曾能调。千金岂挂眼，联玺同鸿毛。鍖然不自满，倜傥清风超。邹阳难与俦，干木或其曹。伊胡怜爪嘴，细黠嗤黄鹞。老苍议稷下，腾口何譊譊。毁讥王与帝，轩羲及唐姚。谁斥为枭鸣，清辩息喧嚣。把卷偃秋墅，风雨连昏朝。登台一以望，积云淹四郊。高风木叶下，爽气灵旗飘。斯人渺千载，举手安可招？雄跨吾不厌，赋诗聊解嘲。"⑤ 诗中逐一回应司马迁、左思、韩愈等人对鲁仲连的评价，认为司马迁把鲁仲连、邹阳列为合传不妥，邹阳难与鲁仲连类同。左思把段干木与鲁仲连类比的做法，比较合

① 张澍：《养素堂诗集》卷二十五，中国西北文献丛书编辑委员会编《西北文学文献》第 10 卷，兰州古籍书店 1990 年版，第 656 页。

② 钱子正：《三华集》卷五，《景印文渊阁四库》1372，商务印书馆 1986 年版，第 78 页。

③ 刘嗣绾：《尚絅堂诗集》卷一，《清代诗文集汇编》编纂委员会编《清代诗文集汇编》469，上海古籍出版社 2010 年版，第 124 页。

④ 李继圣：《寻古斋诗文集》诗集卷一，第五十四页下，清乾隆刻本。

⑤ 邓汝功：《密娱斋诗稿》不分卷，第十五页，清乾隆刻本。

适。韩愈嘲讽鲁仲连为狡黠的黄鹄，关注的是鲁仲连口辩的能力。列述完毕历代先贤对鲁仲连的定位，邓汝功指出历经千年时间，鲁仲连的高风爽气依旧值得后人钦佩。

五、与其他历史人物对比的鲁仲连诗歌

对比或类比是诗歌创作中诗人常用的手法，历代诗人在吟诵鲁仲连的时候，经常把鲁仲连与其他历史人物放在一起进行比较，以此凸显鲁仲连的功绩和高尚情操。五代汪遵把同为齐国复国做出贡献的田单与鲁仲连进行对比，作诗《聊城》曰："刃血攻聊已越年，竟凭儒术罢戈鋋。田单漫逞烧牛计，一箭终输鲁仲连。"① 认为鲁仲连箭射聊城劝降燕将，与田单火牛阵攻破聊城相比，做到了"不战而屈人之兵"②，更胜一筹。宋代李觏把鲁仲连、伯夷、叔齐三人进行类比，认为是三位贤者，作《三贤咏》曰："鲁连誓蹈海，夷齐甘采薇。秦王不得帝，周武终见非。轻死议万乘，强哉三布衣。凡人欺贫贱，贫贱岂易欺？"③ 赞颂三人身处贫贱而不屈服于权威的高贵品性。

清代黄鹏扬作诗《鲁仲连》曰："新垣屈膝奴颜厚，季子赀多浊气豪。不肯帝秦忠义重，千金却赠岂云高。"④ 将鲁仲连与新垣衍奴颜婢膝地帝秦，与苏秦（字季子）身佩六国相印一掷千金相对比，凸显出鲁仲连忠义、清廉的气节。

清代翁心存从魏、赵两国交往中发挥重要作用的历史人物评价方面进行对比，作诗《鲁仲连》曰："精兵久已尽长平，毛遂区区尚劫盟。惊走秦军与梁客，解纷终仗鲁先生。"⑤ 对比毛遂与鲁仲连在魏、赵两国交往中发挥的作用，毛遂使用劫持方式促使赵、魏两国结盟，而鲁仲连的辩才最终说服魏国前来救助赵国。比较而言，说服比劫持的做法更容易让世人心生敬佩。

清代赵而忾作诗《过鲁仲连射书处》，把范蠡、田横与鲁仲连对比，其曰："莫疑天下士，感激在功名。直气孤城得，高才一纸轻。扁舟殊范蠡，孤岛笑田横。寂寞千秋后，谁为继此情？"⑥ 鲁仲连取得功名后谢绝赏赐，与范蠡功成后泛舟西湖，田横兵败后自杀于海岛对比，略显不平常。清代卢绂作《鲁仲连射书台》曰："箭飞一纸解聊城，却胜烧牛夜突营。方信先生全仗义，非同处士但沽名。帝秦力却终难夺，蹈海情孤总不平。料得歌闻松柏后，魂随岛客伴田横。"⑦ 则把鲁

① 彭定求等编：《全唐诗》11，延边人民出版社 2004 年版，第 3766 页。
② 李兴斌注译：《孙子兵法》，崇文书局 2007 年版，第 27 页。
③ 李觏：《李觏集》，中华书局 1981 年版，第 378 页。
④ 赵望秦、蔡丹、张焕玲等编著：《史记与咏史诗》下，三秦出版社 2012 年版，第 420 页。
⑤ 翁心存著，张剑辑校：《翁心存诗文集》上，凤凰出版社 2013 年版，第 114 页。
⑥ 邓显鹤编纂：《沅湘耆旧集》3，岳麓书社 2007 年版，第 84 页。
⑦ 卢绂：《四照堂诗集》卷六，《清代诗文集汇编》编纂委员会编《清代诗文集汇编》19，上海古籍出版社 2010 年版，第 510 页。

仲连与田单、田横相类比，认为鲁仲更连胜二者一筹。

清代舒位也从历史人物的人生最终结局对比，作诗《茌平三诗·鲁仲连》曰："黄犬东门事可怜，不如黄鹄海东边。始知战国无人物，一个波臣鲁仲连。"①"黄犬东门"指的是秦相李斯，司马迁《李斯列传》中记载李斯遗言曰："吾欲与若复牵黄犬俱上蔡东门逐狡兔，岂可得乎？"②李斯以腰斩终结人生，诗人把鲁仲连隐居海上与李斯进行对比，显现出鲁仲连的高明之处。

鲁仲连的言辩能力尤为世人关注，诗人经常将其与善辩之人相提并论，如与同为战国时代的纵横家苏秦、张仪、公孙衍等口才佳者对比。明末清初净宗九祖蕅益大师作《怀鲁仲连》曰："战国有奇士，高谈耻帝秦。抵掌解纷难，而非仪衍唇。千金笑不顾，终身居海滨。廉洁岂足慕，义重非甘贫。我悲士习陋，竟作名利臣。丑扇与蛆虫，簪笏而垂绅。读史发永叹，滔滔千古沦。"③清代严如熤作《鲁仲连》曰："泰山难并节嶙峋，玉貌先生果绝伦。漫以射书疑策士，谁能蹈海作完人？千金掷去还存赵，一字争来已却秦。堪笑苏张雄摆阖，曳裾空作丈夫身。"④诗作中"仪衍""苏张"指的即是苏秦、张仪、公孙衍。

诸多诗人在歌咏鲁仲连的诗作中，把鲁仲连与一些历史人物相对比，如与伯夷、叔齐、毛遂、范蠡、辛垣衍、田单、田横、李斯、苏秦、张仪、公孙衍等进行多方面对比，体现出诗人作诗的心意追求。马昕分析指出，在咏史诗中运用比较思维，能够求得更深刻更合理的观点认识，而诗人以其机巧灵慧获得富有新意的优越感，也会给读者带来醍醐灌顶的满足感⑤。

余　论

存世 200 多首对鲁仲连吟咏的诗歌，显示出历代诗人对鲁仲连的关注和重视。诗人吟诵鲁仲连时，多围绕司马迁、李白、韩愈等知名文人对鲁仲连的评价进行，显示出文化传承过程中"好古""追古"的情怀。鲁仲连作为一位有影响力的历史人物，其人物形象涵盖丰富的思想内容，诗人们述古而适今，或概述他的历史事迹，或赞美其排忧解难的谋略和能力，或称颂其功成不留恋名禄的高风亮节，或批评其浮夸的口辩之才，或哀婉其箭射聊城之后给城内百姓带来血腥屠杀，或借评价鲁仲连与其他历史人物对比，引申自我的价值追求和评判标准。历代诗人借古人之酒杯浇自己心中之块垒，从各个角度全面展现出鲁仲连的历史形象，及所代表的文化元素和价值标杆，表达了不同历史时期不同诗人对鲁仲连的

①　舒位：《瓶水斋诗集》，中华书局 1985 年版，第 334 页。

②　司马迁：《史记》，中华书局 1959 年版，第 2562 页。

③　蕅益著述，孔宏点校：《灵峰宗论》，北京图书馆出版社 2005 年版，第 623 页。

④　严如熤撰，黄守红标点，朱树人校订：《严如熤集》1，岳麓书社 2013 年版，第 291 页。

⑤　马昕：《中国古代咏史诗中的比较思维》，《中山大学学报》（社会科学版）2018 年第 3 期，第 13 页。

评说，也反映出后世对鲁仲连人物形象的接受和再现情况。

后代诗人在诗歌吟诵中对鲁仲连辩证地进行评价，对其功劳毫不吝啬地进行赞扬，如清代咸丰皇帝作《杂诗》第五首曰："鲁连仗高义，西谒平原君。丰采惊四座，意气凌青云。激昂逞雄辩，片言息纷纭。公子窃虎符，函关走秦军。笑却千金酬，拂袖东海滨。终身不可见，千载挹清芬。"① 而对鲁仲连箭射聊城后，聊城遭屠城的悲惨境遇，明代谢肇淛作《咏史一百首》第十五首曰："惜哉一矢书，枉杀燕烈士。至今高台风，犹洒千秋泪。解纷吐微词，轻世脱敝屣。"② 清代施润章作《射书台》也曰："飞旋逞雄辩，坚城为之摧。壮夫绝吭死，万姓一何哀！流血溢城闉，积骨高崔嵬。贤愚同白刃，千古伤人怀。"③

不可忽视的是，明清小说中也有对鲁仲连功劳的吟诵。冯梦龙《东周列国志》第一百回"鲁仲连不肯帝秦　信陵君窃符救赵"中，对鲁仲连与魏国大臣辛垣衍辩论，保护赵国的事迹进行讲述。面对赵王的赏赐，鲁仲连辞绝而飘然隐居，史臣作《鲁连赞》曰："卓哉鲁连，品高千载。不帝强秦，宁蹈东海。排难辞荣，逍遥自在。视彼仪秦，相去十倍。"④ 认为鲁仲连不屈服于强秦，为赵国排忧解难，与张仪、苏秦等人相比，品格高尚许多。

鲁仲连作为聊城、茌平地方的历史名人，当地保存有鲁仲连村、鲁仲连墓、鲁仲连祠、射书台、高士台等遗址遗迹，还有"茌平八景"之一的"连村烟市"。后世诗人途经此地，留下大量以地方风物和鲁仲连精神为主题的诗歌。如清代顺治朝进士、茌平人王曰高作诗《谒鲁仲连墓》曰："披榛迷广路，驻马拜荒丘。战国一高士，茌山万古流。尺书服燕将，大义著宗周。余憾天曾醉，临风咽未休。"⑤ 清代张存素曾任茌平县教谕、东昌府教授，作诗《连村烟市》曰："旧谒荒祠临海市，又从烟市认遗庄。分明会得先生意，名利区区付杳茫。"⑥ 地方上如此丰富的鲁仲连文化资源，应该好好地予以发掘和利用，以助力地方"乡村振兴"战略，从而形成具有影响力和品牌号召力的文旅产品，提高文化遗产开发利用的产业化程度，为经济发展助力。

① 孙雄辑：《道咸同光四朝诗史》甲集卷首，顾廷龙主编，《续修四库全书》编纂委员会编：《续修四库全书》1628，上海古籍出版社 2002 年版，第 314 页。

② 谢肇淛撰，江中柱点校：《小草斋集》下，福建人民出版社 2009 年版，第 798 页。

③ 施闰章撰，何庆善、杨应芹点校：《施愚山集》2，黄山书社 1992 年版，第 85 页。

④ 冯梦龙编，蔡元放评，竺少华点校：《东周列国志》，岳麓书社 1990 年版，第 803 页。

⑤ 牛占诚修，周之桢纂：(民国)《茌平县志》卷十二，《中国地方志集成·山东府县志辑 90》，凤凰出版社 2004 年版，第 449 页。

⑥ 牛占诚修，周之桢纂：(民国)《茌平县志》卷十二，《中国地方志集成·山东府县志辑 90》，凤凰出版社 2004 年版，第 480—481 页。

论古代越南诗人咏《史记》韩信诗

＊本文作者李帅，广西物流职业技术学院教师。

韩信的事迹最早见于司马迁的《史记》。作为汉初三杰之一，韩信卓越的军事才能令人赞叹，"兔死狗烹"的悲剧结局令人同情。关于韩信的研究，多集中在历史典籍与戏曲小说中的韩信形象。关于咏韩信诗的研究较少，著作主要有刘希平、徐业龙编著的《国士无双——历代诗人咏韩信》①，书中收集了自晋代诗人吟咏韩信的诗歌，共 294 首，并且在诗歌后加注，将作者生平、诗歌出处及生难字词等一一释出，为研究韩信在后世的接受提供了很好的基础资料。学位论文主要有王慧②《唐诗中的韩信形象接受研究》、徐晶《宋代咏韩信诗研究》③，这两篇学位论文从各个角度分析了唐宋诗人对韩信的接受，丰富了韩信形象的文学意蕴。但除了古代中国诗人，在与我们山水相连的越南，也有不少诗人写下了咏韩信的诗歌，这些从"异域之眼"看韩信的诗作，可作为韩信研究的一个补充。

一、古代越南诗人咏韩信诗概貌

在现今国内能看到的公开文献著作中，《越南汉文燕行文献集成》收录咏韩信诗 12 首，《闲中咏古咏史》收录咏韩信诗 3 首④，《全越诗录》中收录越南黎朝前期诗人咏韩信诗 3 首⑤。《越南汉文燕行文献集成》由复旦大学文史研究院和越南汉喃研究院合作编纂，影印了元明清三代越南使臣的 79 部作品，记录了越南使臣来华沿途的所见所感。写下咏韩信诗的皆为清代越南使臣，其中阮翘 1 首、阮宗窐 3 首、黎贵惇 1 首、武辉珽 1 首、佚名 2 首、吴仁静 1 首、阮攸 2 首、阮述 1 首，使臣们经过韩侯钓台、淮阴祠等韩信相关遗迹，亲临韩信过去生活和战斗过的地方，历史与现实的交错，令使臣不禁写下诗歌抒发感慨。《闲中咏古咏史》的 3 首咏韩信诗分别为阮朝末期乂安省督学杨叔珆、后黎朝进士范阮攸、阮朝探

---

① 刘希平、徐业龙：《国士无双——历代诗人咏韩信》，南京大学出版社 2009 年版。

② 王慧：《唐诗中的韩信形象接受研究》，西南大学硕士学位论文，2014 年。

③ 徐晶：《宋代咏韩信诗研究》，淮北师范大学硕士学位论文，2016 年。

④ 根据广西民族大学郭文瑞 2020 年硕士学位论文《〈闲中咏古咏史〉校注》统计。

⑤ 数据源自罗俊亮 2017 年硕士学位论文《越南阮前咏史怀古诗研究》，第 48 页。

花阮德达所作。《闲中咏古咏史》序云:"因搜集北朝历代名贤、义士及奸臣、佞人为一集, 贤妃、烈女及悍妇、妖姬为一集; 漫自效颦, 以供闲中之雅。"① 由于此诗集为杨叔玲退休致仕所编, 创作自由度高, 将咏韩信之诗收录可见其对韩信的认可。黎贵惇编纂的《全越诗录》收录了从李朝到黎朝洪德年间近 500 年历史的汉诗, 共有 175 位诗人的 2408 首汉诗, 收录汉诗数量多②。越南汉喃研究所所藏的《全越诗录》A. 1262 号抄本, 共 15 卷, 如今国内无法窥其全貌。罗俊亮的学位论文《越南阮前咏史怀古诗研究》③ 主要以其师刘玉珺整理的《全越诗录校补》为基本文献, 从论文中可了解到越南黎朝前期诗人阮孚先、程清、黄德良各有一首咏韩信诗。

　　越南诗人咏韩信诗的体式主要为七律和七绝。越南诗人的咏史诗受唐诗影响, 大约 10 世纪, 唐诗就已经传入越南。七言绝句咏史, 兴自晚唐。在咏史绝句中, 诗人要在四句诗中反映历史人物, 大多只能选择人物的某一典型事件进行高度概括和发表见解。如范阮攸和阮德达的同题诗《韩信》。"秦项既平信自难, 盖天有汉即无韩。未央亦续乌江恨, 终始英雄五载间。"(范阮攸)"真龙已帝假王拎, 推解恩深怨亦深。方外即难黄石侣, 一竿何不钓淮阴。"(阮德达)④ 两首诗都认为项羽失败刘邦功成之时, 亦是韩信悲剧开始之时。七律字数上多于七绝, 内容多, 容量大, 可以叙事写景抒情, 亦可叙事与议论相结合。越南使臣咏韩信诗用的皆是七律。如《题淮阴祠》:"无双才望的男儿, 香火长留故里祠。岸竹低垂疑下钓, 江芦拂动讶摇旗。恩深漂母山犹感, 德薄高皇水自悲。成败是非千古事, 鸦啼老树瑟风吹。"⑤ 诗人莅临古迹淮阴祠, 睹物思人。"岸竹低垂""江芦拂动"是眼前之景。颈联将漂母与汉高祖做对比,"山犹感""水自悲"用拟人手法, 表达了诗人内心对汉高祖薄情的愤慨。诗歌最后一句以乌鸦、老树、瑟风三个意象的叠加渲染了一种萧索悲凉的意境。这种悲凉, 既是为韩信悲惨结局而悲, 也是为时光消逝而悲。越南使臣追忆历史人物或宏图霸业短暂易逝的荣光, 这与眼前景物建筑的长期存在形成了强烈的对比。使臣目睹古迹如今的景象, 不免怅然若失。

　　多有诗序是越南诗人咏韩信诗的一个特点。越南使臣在燕行途中写下的咏史诗, 不仅要考虑诗歌的文学性, 以此展现越南人的汉文水平, 还要考虑利用诗歌记录下燕行行迹, 回国后向朝中统治者汇报, 由此诗歌小序就承担了记录的作用。阮宗窒《题淮侯阴祠》序云:"淮安府城, 古淮阴之地, 庐舍广大稠密, 城中有淮阴祠, 城外有漂母祠, 匾题'一饭千金', 庙旁临水次立大石碑, 题刻'韩侯

---

① 郭文瑞:《〈闲中咏古咏史〉校注》, 广西民族大学硕士学位论文, 2020 年版, 第 22 页。
② 张娇:《〈全越诗录〉纪事与诗人生平考》, 西南交通大学硕士学位论文, 2014 年。
③ 罗俊亮:《越南阮前咏史怀古诗研究》, 西南交通大学硕士学位论文, 2017 年。
④ 郭文瑞:《〈闲中咏古咏史〉校注》, 广西民族大学硕士学位论文, 2020 年版, 第 77—78 页。
⑤ 中国复旦大学文史研究院、越南汉喃研究院编:《越南汉文燕行文献集成》, 复旦大学出版社 2010 年版, 第 8 册, 第 45 页。

钓台。'"① 淮阴祠又名韩侯祠。位于淮安市楚州区镇淮楼东约 200 米处。韩侯钓台，位于江苏省淮安市淮安区西北，萧湖湖畔，明万历年间建，清同治年间重修。相传为韩信钓鱼处。《水经注》云："东经淮阴县故城北，北临淮水……昔韩信去下乡而钓于此处也。"② 杨叔玲《闲中咏古咏史》出于授课徒儿的考虑，诗序中会对所咏历史人物的事迹进行简要介绍。因为参加越南科举考试需要熟悉中国历史，陈文的《越南科举制度研究》一书指出："黎朝、阮朝进士科考试中的史论题和策文题均以历史为主，其中中国历史又占主要部分。……因此，举子们必须熟悉中国历史才能完成对策，获得高分。"③ 如杨叔玲《韩信》一诗的序："信淮阴人，家贫钓于城下。既而事项，又去项从汉王入巴蜀，登坛拜将，佐汉取天下，封楚王。人有上书告变，为吕后所杀。"④

　　虽然目前看到越南诗人咏韩信诗的数量不多，但是诗人的时代跨度从越南黎朝到阮朝皆有。体式上七律与七绝的使用，借景抒情、寓情于景、直抒胸臆、叙事、议论等中国古典诗歌艺术手法的灵活运用，反映了越南对于汉文化、对于韩信的接受与认同。

二、咏韩信角度之一：叹功高震主、兔死狗烹

　　韩信有着出色的军事才能。刘邦兵败于彭城后，韩信先破楚军于京、索之间，后平定魏国，请命北伐拿下代国。刘邦收其精兵后，韩信背水一战，击败赵国，派人降服燕国。韩信奉命攻打齐国，全歼龙且二十万楚军。汉五年，韩信带兵会师垓下，围歼楚军。韩信的实力当时已经能与刘邦和项羽三分天下，韩信归楚则楚胜，与汉则汉兴，但是韩信认为"汉王遇我甚厚，载我以其车，衣我以其衣，食我以其食。吾闻之，乘人之车者载人之患，衣人之衣者怀人之忧，食人之食者死人之事，吾岂可以向利倍义乎！"⑤ 为报刘邦知遇之恩，韩信选择了支持刘邦，汉朝得以建立。

　　但韩信这样的大功劳，显然已经超出了一般赏赐的范围，除非君主愿意以天下相让。正如蒯通所言："臣闻勇略震主者身危，而功盖天下者不赏。……夫势在人臣之位而有震主之威，名高天下，窃为足下危之。"⑥ 但韩愈为了报恩，且"又自以为功多，汉终不夺我齐"⑦。汉王朝建立后，韩信被人举报谋反，先是被

　① 中国复旦大学文史研究院、越南汉喃研究院编：《越南汉文燕行文献集成》，复旦大学出版社 2010 年版，第 2 册，第 235—236 页。

　② 郦道元，谭属春、陈爱平点校：《水经注》，岳麓书社 1995 年版，第 456 页。

　③ 陈文：《越南科举制度研究》，商务印书馆 2015 年版，第 462 页。

　④ 郭文瑞：《〈闲中咏古咏史〉校注》，广西民族大学硕士学位论文，2020 年版，第 77 页。

　⑤ 司马迁：《史记》，中华书局 2013 年版，第 3163 页。

　⑥ 司马迁：《史记》，中华书局 2013 年版，第 3164 页。

　⑦ 司马迁：《史记》，中华书局 2013 年版，第 3165 页。

贬，后被吕后与萧何合谋诱杀于长乐宫钟室，夷灭三族。刘邦听到韩信被杀的消息，"且喜且怜之"①，可见刘邦视韩信为心腹大患，韩信一死，刘邦便觉江山又稳固了些。

对于韩信惨死的结局，越南诗人主要将其归咎于汉高祖刘邦，作为士大夫的诗人们很清楚若没有刘邦的默许，萧何与吕后是不敢采取行动的。对于此，诗人们也只能对韩信报以同情。

越南使臣阮宗窒景兴三年（清乾隆七年，1742）、九年（清乾隆十三年，1748）分别以副使、正使身份两度出使清朝。回国后，升户部左侍郎。因个性刚直，左迁翰林院侍读，后贬为庶民。《题淮侯阴祠》："拎豹屠龙耀剑芒，谁教云梦叹弓藏。风云五载浑间局，香火千年付夕阳。山色未能忘漂母，水声犹有怨高皇。只今淮上非先度，何事啼鹃枉断肠"。② 云梦，《史记·淮阴侯列传》："高帝以陈平计，天子巡狩会诸侯，南方有云梦，发使告诸侯会陈：'吾将游云梦。'实欲袭信，信弗知。"③ 颈联移情于物，不说是诗人未忘漂母和怨高皇，而是说山没有忘记漂母，水声在怨高皇。啼鹃，古诗常借用杜鹃啼血的意象，表达忧国志士的忠诚、爱国之意。诗人经过淮阴侯祠，想起韩信的悲剧，不禁悲从中来。

《使程诗集》的《题淮阴祠》一诗："恩深漂母山犹感，德薄高皇水自悲。"④诗人将漂母的厚恩与汉高祖的薄情进行对比，为韩信而悲。但黎朝前期诗人阮孚先云："谁谓高皇恩德薄，功名自古保全难。"⑤ 诗人认为无须指责汉高祖对于韩信的薄德，自古功高震主、兔死狗烹，是历史发展的常态。

吴仁静诗云："英雄自古爱成名，一自成名百忌萌。祸兆不关来请印，危机多在善将兵。齐城未下威方重，楚国才亡命已轻。知到九泉犹饮恨，当年悔不听儒生。"⑥ 诗人一针见血，指出韩信成名之际即是危机到来之时。《史记·淮阴侯列传》载："使人言汉王曰：'齐伪诈多变，反复之国也，南边楚，不为假王以镇之，其势不定。原为假王便。'当是时，楚方急围汉王于荥阳，韩信使者至，发书，汉王大怒，骂曰：'吾困于此，旦暮望若来佐我，乃欲自立为王！'"⑦ 韩信当初在刘邦危急时威胁刘邦封他为王，有人认为刘邦因此事怀恨在心，所以要诛杀韩信。但诗人指出，韩信被杀的根本原因在于韩信将兵的才能。《史记·淮阴侯列传》："上问曰：'如我能将几何？'信曰：'陛下不过能将十万。'上曰：'于君何

① 司马迁：《史记》，中华书局 2013 年版，第 3168 页。

② 中国复旦大学文史研究院、越南汉喃研究院编：《越南汉文燕行文献集成》，复旦大学出版社 2010 年版，第 2 册，第 235—236 页。

③ 司马迁：《史记》，中华书局 2013 年版，第 3166 页。

④ 中国复旦大学文史研究院、越南汉喃研究院编：《越南汉文燕行文献集成》，复旦大学出版社 2010 年版，第 8 册，第 45 页。

⑤ 罗俊亮：《越南阮前咏史怀古诗研究》，西南交通大学硕士学位论文，2017 年版，第 49 页。

⑥ 中国复旦大学文史研究院、越南汉喃研究院编：《越南汉文燕行文献集成》，复旦大学出版社 2010 年版，第 9 册，第 55 页。

⑦ 司马迁：《史记》，中华书局 2013 年版，第 3160 页。

如?'曰:'臣多多而益善耳。'"① 项羽彻底失败后,大局已定,刘邦夺取天下之时也就是韩信丧钟敲响之时。儒生,指蒯通。蒯通劝韩信三分天下,但韩信拒绝了蒯通的建议。韩信临死前说:"吾悔不用蒯通之计,乃为儿女子所诈,岂非天哉!"② 诗人设想韩信大概到了九泉之下还在后悔当年的选择。

范阮攸《韩信》:"秦项既平信自难,盖天有汉即无韩。未央亦续乌江恨,终始英雄五载间。"阮德达:"真龙已帝假王拎,推解恩深怨亦深。"③ "有汉即无韩"写出了韩信悲剧的宿命。杨叔玲《韩信》:"掷了鱼竿腰印悬,到头荣利竟茫然。项刘左右难投足,绛灌功名耻比肩。望满楚王封爵日,恶生云梦出游前。给言还遇娥姁惨,指教方知漂母贤。"娥姁指吕后,杨叔玲将漂母和吕后两位女性进行对比,漂母在韩信饥饿时雪中送炭,但吕后却用阴谋害死韩信。

虽然韩信之死的直接凶手是吕后,但越南诗人清楚这不过是功高震主、兔死狗烹的结果,诗人们对韩信的悲剧只能空留一声叹息。正如《淮阴侯列传》韩信曰:"果若人言,'狡兔死,良狗亨;高鸟尽,良弓藏;敌国破,谋臣亡。'天下已定,我固当烹!"④ 只可惜,韩信明白这个道理太迟了。

三、咏韩信角度之二:对韩信结局的设想

虽然儒家讲究"修身齐家治国平天下",但为人臣子之难想必不少同样身为臣子的诗人都感同身受。司马光曾赞留侯张良懂得明哲保身:"夫功名之际,人臣之所难处。如高帝所称者,三杰而已。淮阳诛夷,萧何系狱,非以履盛满而不止耶!故子房托于神仙,遗弃人间,等功名于外物,置荣利而不顾,所谓明哲保身者,子房有焉。"⑤ 所谓伴君如伴虎,《道德经》云:"持而盈之,不如其已;揣而锐之,不可长保;金玉满堂,莫之能守;富贵而骄,自遗其咎。功遂身退,天之道。"⑥ 功成名就后及时急流勇退、保存性命,这成了一部分士大夫的理想选择。

使臣阮宗窐感叹:"盍早五湖双范蠡,却留三杰独张良。"⑦ 范蠡在帮助越王勾践灭吴之后,勾践要与范蠡共享江山,但是范蠡主动离开。因为范蠡太清楚他的君王是一个"可与共患难,不可与共乐"⑧ 的人,"兔死狗烹"一词就源自范蠡之口,可惜韩信明白这个道理太迟。范蠡与韩信相比,两人都是辅佐君王成就霸

① 司马迁:《史记》,中华书局 2013 年版,第 3167 页。
② 司马迁:《史记》,中华书局 2013 年版,第 3168 页。
③ 郭文瑞:《〈闲中咏古咏史〉校注》,广西民族大学硕士学位论文,2020 年版,第 77—78 页。
④ 司马迁:《史记》,中华书局 2013 年版,第 3166 页。
⑤ 司马光:《资治通鉴》,上海古籍出版社 2017 年版,第 110 页。
⑥ 王安石:《王安石老子注辑本》,中华书局 1979 年版,第 15 页。
⑦ 中国复旦大学文史研究院、越南汉喃研究院编:《越南汉文燕行文献集成》,复旦大学出版社 2010 年版,第 2 册,第 235—236 页。
⑧ 司马迁:《史记》,中华书局 2013 年版,第 2095 页。

业的关键人物，结局却截然不同。阮宗窒设想韩信若能早点像范蠡功成身退，避世求安，像汉初三杰之一的张良一般退隐，而不是留恋权力，也许韩信能有一个美好的结局。同样有此感慨的还有黎朝前期诗人程清，"当时若欲论三杰，谁似留侯去就明"①，诗人认为似张良一般功成身退是最明智的选择。

武辉珽《题韩信钓台》："功成再觅淮滨趣，严濑应分励世功。"② 严陵濑位于浙江桐庐，又称七里滩、七里濑等，相传为东汉人严子陵隐居垂钓之处。南朝宋范晔《后汉书·严光传》："严光字子陵，一名遵，会稽余姚人也。少有高名，与光武同游学。及光武即位，乃变名姓，隐身不见。帝思其贤，乃令以物色访之……除为谏议大夫，不屈，乃耕于富春山，后人名其钓处为严陵濑焉。"③ 严子陵无心名位，归卧富春，乐在山川，留下佳名。诗人武辉珽在经过韩信钓台时，联想到了另一位著名的垂钓者严子陵，武辉珽设想韩信若能在功成名就后，再回到当年的淮水之滨，享受垂钓草野、山水为乐的人生，这样又能获得美名，也不会有此悲剧的结局。

诗人们从中国历史上由有类似经历的人物身上，寻找韩信结局的另一种可能，即归隐。在他们心中，归隐既能保全性命还能芳名传千古，是作为功臣的上佳的选择。

还有诗人假设若韩信在有机会三分天下的时候，没有选择支持刘邦，人生结局也许会更美好。《题淮阴钓处》"有功五载基关漠，无意三分鼎立齐。世局人情如早识，淮江风月永交缔。"④ 诗人感叹韩信当初有机会三分天下之时，错误判断了局势和人心，导致了悲惨的结局。阮述也有同样的看法："品卑自苦尘缘网，信薄空烦带砺盟。梦境当年如早觉，钓台风月又谁争。"⑤ 带砺，出自《史记·高祖功臣侯者年表》："封爵之誓曰：'使河如带，泰山若砺，国以永宁，爰及苗裔。'"⑥ 韩信对刘邦抱有不切实际的幻想，相信刘邦定不会辜负他。韩信若早点醒悟，钓台风月又谁争。

越南诗人对韩信结局的另一种设想，表现了诗人们对韩信的同情和惋惜。虽然历史不容许假设，而且韩信是否真的有谋反之心是存在争议的，但在越南诗人的心中，韩信是一位有着卓越军事才能功臣。他知恩图报，对漂母、刘邦、萧何皆是如此。正因如此，韩信的悲惨结局才让越南诗人感到遗憾，他们希望韩信能有另一种美好结局，不论是"功成再觅淮滨趣"还是"淮江风月永交缔"，对韩信

① 罗俊亮：《越南阮前咏史怀古诗研究》，西南交通大学硕士学位论文，2017 年版，第 49 页。

② 中国复旦大学文史研究院、越南汉喃研究院编：《越南汉文燕行文献集成》，复旦大学出版社 2010 年版，第 5 册，第 323 页。

③ 范晔：《后汉书》，岳麓书社 2008 年版，第 1008 页。

④ 中国复旦大学文史研究院、越南汉喃研究院编：《越南汉文燕行文献集成》，复旦大学出版社 2010 年版，第 8 册，第 45—46 页。

⑤ 中国复旦大学文史研究院、越南汉喃研究院编：《越南汉文燕行文献集成》，复旦大学出版社 2010 年版，第 23 册，第 104 页。

⑥ 司马迁：《史记》，中华书局 2013 年版，第 1043 页。

圆满结局的期待反映了越南诗人们对于这一位名将的喜爱与敬佩。

司马迁《史记·淮阴侯列传》的成功令韩信形象深入人心,越南诗人以韩信作为吟咏对象也侧面反映了《史记》在越南的影响。关于韩信,除正史记载入诗外,民间传说也入诗,如越南诗人阮德达《萧何》一诗:"拜将登坛决楚亡,英雄结识迥寻常。死生亦不初心负,犹把韩儿托赵王。"① 诗人引用了历史演义小说萧何将韩信遗孤托付给赵佗的情节。清代《历代兴衰演义》载:"信当钟室难作,信家有客,匿其三岁儿;知萧何素与信善,不得已为吕后所劫。客私往见之……遂作书遣客,匿儿于佗,曰:'此淮阴侯儿,公善视之。'佗养以为子,而封之海滨,赐姓韦,用韩之半也。今其族豪于广南海濡间。因汉人为之立传,不便明言,遂以吕后为屠岸贾,以韩为赵,以萧何家为公宫,而程婴、公孙杵臼,乃韩信客名。司马迁作《史记》因之,遂为千古疑案,若今之小说然,非实录也。"可见越南人除了从史籍中了解韩信,小说也是越南人了解韩信的途径。

相比于中国诗人咏韩信诗,越南诗人咏韩信诗数量不多。但是从目前这十几首诗作中可以看到越南诗人对《史记·淮阴侯列传》的了解,对韩信才能的赞赏以及对韩信悲剧的同情和遗憾。这些越南诗人咏韩信诗是研究《史记》在海外的流传和从异域角度研究韩信的重要文献资料。

---

① 郭文瑞:《〈闲中咏古咏史〉校注》,广西民族大学硕士学位论文,2020 年版,第 76 页。

论杂剧《赚蒯通》
对《史记》人物重构的合理性

＊本文作者张岩，陕西师范大学文学院硕士研究生。

《赚蒯通》是一部历史剧，取材于《史记·淮阴侯列传》。剧写萧何因担心韩信谋反殃及自身而欲除掉韩信，蒯通劝说韩信不要入朝，韩信不听，最终被萧何斩杀，于是蒯通不得已装疯。萧何又欲斩草除根，便派随何前去打探，蒯通装疯被识破。随何赚回蒯通，蒯通面对设下油镬的萧何，毫不畏惧，大义凛然，历数韩信的"十罪""三愚"，实际是韩信立下的十件大功，以及韩信被诬赖谋反之冤。最后圣旨特下，恢复韩信封爵，立墓祭祀；蒯通免死，加官赐金，但蒯通固辞不受。

该剧最早著录在朱权的《太和正音谱》中，剧名为《智赚蒯文通》，列在"古今无名杂剧一百一十本"标目下，作者不详。但其创作时间大致可以定在元代。臧懋循在所辑《元曲选》的"元曲论"部分抄录了《太和正音谱》的"群英所编杂剧"，并对其进行了删减改订。在这一部分中记录这部杂剧的简称为《赚蒯通》，列在"无名氏"一类下。杂剧正文部分题目为《萧何害功臣韩信》，正名为《随何赚风魔蒯通》，并记载本剧的撰写时间为"元撰"。《脉望馆钞校本古今杂剧》中将本剧归为"西汉故事"类，剧名为《随何赚风魔蒯彻》。历史上蒯通本名蒯彻，后为避讳更名蒯通。脉望馆钞校本中题目为《萧何智淮阴韩信》，正名为《随何赚风魔蒯通》。这个本子应为民间流传的演出本，因此相对比较粗糙，题目设置也并不合理。《元曲选》本则将题目更为《萧何害功臣韩信》，更好地概括了剧作的内容，符合作者要表现的创作倾向。

目前没有材料记载《赚蒯通》的作者是何人，只能判断其创作时间是元代。将《脉望馆钞校本古今杂剧》和臧懋循所辑的《元曲选》中辑录的本子作一比较可以发现，这个剧本经过了一个从民间演出本到文人整理后逐渐定本的过程。本文所依据的是《全元戏曲》中辑录的《随何赚风魔蒯通》全文，该本是以《元曲选》本作为底本的，即经过文人整理而成的本子。同时参校了脉望馆钞校本。本文主要以剧作中的主要人物为核心，来分析作者对《史记》人物重构的合理性，并探讨作者改编后的基本倾向。

一、韩信：功高盖主遭枉杀

　　戏剧第一折开场，萧何上场便说"小官在朝，只有一件事放心不下"①，即自己举荐的韩信军权过大，倘若韩信生事，必然累及自己。为消除后患，保全自身，萧何便要除掉韩信。作者这里特意隐去了韩信谋反的事实，而把韩信被杀敷演为萧何对韩信的诬陷。《史记·淮阴侯列传》中记载了韩信两次谋反，并最终被吕后和萧何设计骗来斩了。然而刘邦得知韩信已死的反应是"且喜且怜之"②。刘邦的这个表现很难不让人猜测韩信被斩杀的原因究竟为何。因此后世有学者认为韩信谋反的原因是刘邦有负于韩信。如司马光在《资治通鉴》中说："观其距蒯彻之说，迎高祖于陈，岂有反心哉！良由失职怏怏，遂陷悖逆。夫以卢绾里闬旧恩，犹南面王燕，信乃以列侯奉朝请；岂非高祖亦有负于信哉？"③ 司马光认为是刘邦不信任韩信，反复对韩信夺爵削地，致使韩信闷闷不平，最终生了反心。洪迈在《容斋随笔》中也说："汉高祖用韩信为大将，而三以诈临之……夫以豁达大度开基之主，所行乃如是，信之终于谋逆，盖有以启之矣。"④ 言外之意，韩信谋反完全是被刘邦的无情无义、反复欺诈所逼。还有许多诗人在诗歌中表达了"兔死狗烹""鸟尽弓藏"的残酷现实。如北宋名臣韩琦在《过井陉淮阴侯庙》一诗中写"破赵降燕汉业成，兔亡良犬日图烹。家僮上变安知实，史笔加诬贵有名。"⑤ 韩信为汉朝立下了赫赫战功，却躲不过兔死狗烹的命运，说韩信谋反不过是历史书写诬陷韩信的一个借口罢了。这种倾向进一步影响到戏曲、小说的创作。根据徐征等主编的《全元曲》可知，有关于韩信被害的杂剧有郑廷玉的《汉高祖哭韩信》、王仲文的《吕太后揲韩信》和李寿卿的《吕太后定计斩韩信》，可惜这三本杂剧均散佚，只能从题目判断出韩信之死与吕后有关，已经无法准确领会到作者的创作意图了。此外，还有钟嗣成的《汉高祖诈游云梦》一剧也涉及韩信谋反一事，可惜也已散佚，不过从题目所用"诈"字可以判断出应该是刘邦用欺诈的手段骗了韩信。在平话中也有韩信故事，如《前汉书平话续集》，别题为《吕后斩韩信》，其卷上记载了诛韩信一事。平话中写高祖灭楚后，看到韩信的营壁，就已经有了疑惧之心。后又因钟离眜一事致使君臣失义。鉴于韩信立下盖世之功却坐家致仕，汉王的有始无终，陈豨在代州谋反。刘邦却认为陈豨造反"多因为寡人与陈稀（豨）军屯衣甲器物，是他韩信执用的物件，以此上仇寡人之

　　① 王季思主编：《全元戏曲》，人民文学出版社 1999 年版，第 6 卷，第 144 页。
　　② 司马迁：《史记》，中华书局 2013 年版，第 8 册，第 3168 页。
　　③ 司马光编著，胡三省音注：《资治通鉴》，中华书局 1956 年版，第 1 册，第 390 页。
　　④ 洪迈撰，孔凡礼点校：《容斋随笔》，中华书局 2005 年版，第 178—179 页。
　　⑤ 北京大学古文献研究所编：《全宋诗》，北京大学出版社 1992 年版，第 6 册，第 4020—4021 页。

冤。韩信与陈稀（豨）临出征，就他宅上同谋反之情。"① 就此认定了韩信参与陈豨谋反。于是刘邦亲征前交代吕后："尔敢持内罪杀韩信乎？"② 吕后便用萧何计赚来韩信将他斩杀了。该平话将韩信塑造成一个忠于刘邦却无辜被杀的悲剧英雄形象。

由以上的记载可知，后世有很多的史学家和文学家认为韩信并没有谋反，或者认为韩信谋反是被刘邦所逼。韩信战功卓著，对漂母尚且知恩图报，更何况是给自己衣食的刘邦；韩信在武信、蒯通等人的反复劝说、自己手握军权时都不肯背叛刘邦，更何况是手无兵权的时候。因此普通民众很难接受这样有汗马功劳、重情重义、知恩图报的英雄能做出谋逆之事。《赚蒯通》的作者在创作时充分考虑了观众的这种情感倾向。因此在创作时去掉了关于韩信谋反的相关描写，将韩信塑造成一个战功累累却被统治者猜忌的忠臣形象，从而产生更大的反响。

二、萧何：为保自身害忠良

萧何是作者集中塑造的一个反面人物形象。萧何先拉拢樊哙，一方面利用樊哙对韩信拜帅的嫉恨，另一方面利用了樊哙作为"天子至亲"的身份。随后又派人去请张良，不料遭到了张良的坚决反对。在论及韩信该杀的理由时，萧何的语言中反复有"倘""日后"，说明韩信没有谋反，一切只是他的无端猜测。萧何还否认韩信之功："想韩信有甚么功劳！诛灭项羽，皆托赖天子洪福，众将威风，逼的他自刎于乌江也。"③ "想当初主公起兵汉中，多亏了众位功臣，也不专靠那韩信一人之力。"④ 没有韩信谋反的证据，萧何便罗织罪名："妆诬他一个谋反情由，坐下十恶大罪，将他杀了。"⑤ 在萧何的一番运作下，最终将韩信赚来斩了。萧何不仅诬陷韩信谋反，还为避免节外生枝而斩草除根，欲杀蒯通，只因他认为蒯通"久后必然为患"⑥。

作者在剧中将萧何塑造成一个为保全自身而用奸计陷害功臣的反面形象。作者作出这样的改动，有不敢直指统治者之过的原因，还有其他方面的原因。首先，在《史记》的记载中，韩信之死确实与萧何有关："吕后欲召，恐其党不就，乃与萧相国谋，诈令人从上所来，言豨已得死，列侯群臣皆贺。"⑦ "淮阴侯谋反关中，吕后用萧何计，诛淮阴侯。"⑧ 可见，虽是吕后想要除掉韩信，但却是萧何

① 丁锡根点校：《宋元平话集》（上），上海古籍出版社 1990 年版，第 680 页。
② 同上，第 683 页。
③ 王季思主编：《全元戏曲》，人民文学出版社 1999 年版，第 6 卷，第 147 页。
④ 同上，第 160 页。
⑤ 同上，第 148—149 页。
⑥ 同上，第 158 页。
⑦ 司马迁：《史记》，中华书局 2013 年版，第 8 册，第 3168 页。
⑧ 同上，第 6 册，第 2435 页。

提供计策将韩信骗来，从而杀掉韩信的。在韩信被杀一事中，萧何参与并发挥了较大作用。因此在后世的文学作品中写韩信之死大多与萧何有关。如《前汉书平话续集》中写："当日萧何三荐（荐），登坛拜将。今日成败都是萧何用机，人皆作念怨之。"① 平话作品很能代表民间对萧何的看法：萧何本为伯乐举荐韩信，可最终却设计害死韩信，成也萧何败也萧何。中国人重视"舍生取义""杀身成仁"，萧何此举必然让民众愤愤不平。加之上文分析了普通民众更愿意接受韩信没有谋反，因此将萧何塑造成一个反面人物，抹掉了高祖和吕后想要除掉韩信的事实，是有其合理性的。其次，在《史记》的记载中，萧何也曾屡屡被刘邦怀疑，但他都能听人劝告明哲保身，最终化险为夷。为了得到刘邦的信任，萧何用亲人作人质、将财物充公，甚至不惜玷污自己的名声。因此在杂剧中，作者将韩信被杀的起因改编成萧何担心韩信谋反殃及自身，这是符合萧何性格逻辑的。此外，受到董仲舒"君权神授"思想的影响，面对灾异，本应是皇帝悔过，承担责任。然而实际上，很多时候却要大臣来承担责任和后果，轻者辞职，重者因此丢掉性命。宰相代君王受过，自古就有这样的传统，因此在戏曲作品中出现这样的改动也就不足为奇了。

三、刘邦：不许将军见太平

在《赚蒯通》中，表面上是萧何设计陷害韩信，然而实际上操纵这一切的是未曾在杂剧中出现的最高统治者——刘邦。

在《史记·淮阴侯列传》的记载中，是吕后让萧何定计处死韩信的，当时刘邦正在征讨陈豨的军中，回来时韩信已死。刘邦并没有直接参与处死韩信一事，而吕后要除掉韩信是否有刘邦的旨意也不得而知。但与《史记》记载不同，在《赚蒯通》中刘邦对要处死韩信一事是知情的，作者在萧何等人的语言中暗示了刘邦对处死韩信的默认："常言道'太平本是将军定，不许将军见太平'……则除是施些小计，奏过天子，先去了此人牙爪，然后剪除了此人，才使的我永无身后之患。"② 在剧中，韩信立下了赫赫战功，灭楚兴刘，扶立汉朝社稷，并被加封为"三齐王"。韩信贵为王侯，萧何不可能自作主张处死韩信，他必定要上书告知刘邦。且"太平本是将军定，不许将军见太平"恰好是统治者的心灵写照。打天下时，人主任用作战实力强的将军，依靠他们的军事实力、作战能力辅助自己平定天下；一旦天下已定，功高盖主的将军就成了统治者的最大威胁。国家建立后屠杀功臣的现象在历史上屡见不鲜。国家已定，武将失去了用武之地，然而他们仍然手握军权，有强大的作战能力和实力，就会威胁到最高统治者。作者有感于国家安定后屠杀功臣的事实，对他们的命运寄寓了深刻的同情，于是将韩信谋

---

① 丁锡根点校：《宋元平话集》（上），上海古籍出版社1990年版，第689页。

② 王季思主编：《全元戏曲》，人民文学出版社1999年版，第6卷，第144页。

反一事隐去，只表现出兔死狗烹的残酷现实。且刘邦本就猜忌多疑，在剧中，作者并没有表现刘邦对这件事的反应，而只是用萧何的一句话带过，这就表明刘邦早有除掉韩信之心，而正巧萧何为他提供了一个借口，于是刘邦便假手他人除掉了心腹之患。

再看第一折中张良的一段唱词："你起初时要他，便推轮捧毂；后来时怕他，慌封侯蹑足；到今时忌他，便待将杀身也那灭族。他立下十大功，合请受万钟禄，怎将他百样妆诬？"① 这段唱词可谓意味深长。"推毂"一词有两种含义：一种是助人成事，进一步可以引申为推荐、举荐，另一种含义是指古代帝王任命或排遣将军出征时所用的礼仪。在《史记·张释之冯唐列传》中有"唐对曰：'臣闻上古王者之遣将也，跪而推毂，曰阃以内者，寡人制之；阃以外者，将军制之。'"② 这里"推毂"指的就是君王排遣将军时所执行的一种礼仪，在后世的平话和杂剧作品中多用这种含义。如在《全相平话三国志》中，有韩信语："信创立汉朝天下，如此大功，高祖全然不想捧毂推轮言誓，诈游云梦，教吕太后赚在未央宫，钝剑而死。"③ 再如金仁杰的《萧何月夜追韩信》中韩信的唱词："今日又不曾驱兵领将排着军阵，不剌，怎消得我主这般捧毂推轮。"④ 在这两段记载中都是将这一词用在刘邦和韩信之间，即刘邦排遣韩信出征时所用的礼仪。其次，"封侯蹑足"一事与萧何无关。《史记》记载，韩信攻下齐国便上书请求代理齐王，刘邦大怒，为了拉拢韩信，张良和陈平暗踩刘邦提醒他不如趁机册立韩信为齐王，以利用韩信之力征伐天下。所以剧中张良的这段唱词，表面上是对萧何举荐韩信又设计杀害韩信的责备，实质上矛头直指刘邦，当初韩信登坛拜将，汉王亲自推轮，足以显示对韩信的重视和信任；后来又因为惧怕韩信背叛自己，慌忙中改变自己之前对韩信的怒骂，给韩信封王。而现如今，天下平定，便日夜担心韩信谋反，威胁自己的统治，就要将韩信杀掉灭其宗族。张良非常清楚真正要置韩信于死地的是刘邦而非萧何，因此才选择了归隐山林，全身远害。作者可能是出于不能公开批判统治者的考虑，于是在杂剧中并没有安排刘邦出场。但是从萧何和张良的唱词中我们可以感受到萧何、樊哙不过是刘邦手中的一颗棋子，他们执行的是刘邦的意志。

无论是《史记》的记载还是《赚蒯通》对历史人物的重新塑造，我们都可以说刘邦是一个成熟的政治家，他有着明确的政治目标——成为帝王。围绕着他的政治目标，形成了他超越常人的政治敏感和政治行动力，他的一切行动都服务于他的政治目的。在征讨天下时，刘邦拜韩信为齐王，解衣推食，韩信是在项羽那得不到重用才来投靠刘邦的，两相对比，刘邦成功拉拢了韩信，"士为知己者死"，韩信遂在战场上为刘邦拼尽全力，东荡西除。这也正是这部作品中韩信始

---

① 王季思主编：《全元戏曲》，人民文学出版社 1999 年版，第 6 卷，第 147 页。
② 司马迁：《史记》，中华书局 2013 年版，第 9 册，第 3319 页。
③ 钟兆华著：《元刊全相平话五种校注》，巴蜀书社 1990 年版，第 373 页。
④ 王季思主编：《全元戏曲》，人民文学出版社 1999 年版，第 4 卷，第 635 页。

终坚信刘邦不可能负了自己故而不听蒯通劝阻，坚持还朝去见刘邦的原因。

四、蒯通：辩士智勇忠故主

　　剧作者将蒯通塑造成一个知恩图报、忠于韩信的忠臣义士形象，又突出表现了他巧言善辩、机智果敢的辩士形象。蒯通先是假意要跳油镬，表明自知凶多吉少，但自己并不怕死。萧何为蒯通此举感到惊讶，忙拦住蒯通询问究竟。蒯通首先用"桀犬吠尧"的典故说明各为其主，韩信给其衣食，那么自己就应该知恩报恩，所以忠于韩信也是应该的。"忠义"自古就是儒家伦理的基本范畴，它既有有利于统治阶级进行封建统治的一面，即强调"忠君"；又有符合普通民众的社会道德规范的一面，即将忠义扩大为日常生活中的如知恩图报、勠力相助等品质。对于普通民众来说，后者则显得尤为重要。特别是当社会不公、政治黑暗时，生活在下层的民众更希望有英豪的出现来伸张正义、打抱不平。蒯通这个人物形象正符合民众的这一心理。蒯通进一步说出了韩信的"十罪"，实际上是韩信立下的十件大功，及"三愚"，即韩信不在自己军事实力最强的时候背叛刘邦，以证韩信并无谋反之心。

　　在《史记》中，涉及蒯通的篇目有《淮阴侯列传》《张耳陈馀列传》和《乐毅列传》，蒯通主要以一个有辩才的策士形象出现。古代学者对蒯通这个人物的评价并不高。如班固在《汉书》中评价蒯通："仲尼'恶利口之覆邦家'，蒯通一说而丧三俊，其得不烹者，幸也。"① 韩信听蒯通之言攻打已被郦食其劝降了的齐国，最终导致郦食其被齐王烹杀。在平定齐国后，韩信上书请求代理齐王。此举可能成了韩信最后被斩杀的一个缘由。如宋代诗人钱昆在《题淮阴侯庙》中说："筑台拜日恩虽厚，蹑足封时虑已深。隆准早知同鸟喙，将军应起五湖心。"② 但《赚蒯通》的作者将这些情节删掉了，一个是因为杂剧篇幅有限，只能集中表现与主题相关的情节，无关的情节则略去不写；另一方面作者要将蒯通塑造成一个对韩信忠诚、知恩图报的正面形象，因此将这些有碍于蒯通正面形象的情节删去。

　　此外，在《史记·淮阴侯列传》的记载中，蒯通曾多次劝谏韩信三分天下，然而韩信认为自己屡建战功，汉王定不负我，遂不听蒯通之言。然而韩信自以为汉王必不负他的原因恰好是汉王的心病，是给自己引来杀身之祸的缘由。见劝说韩信不成，蒯通便"详狂为巫"。有评论家认为"彻之心亦为富贵耳……信既二于汉，而彻之说乃得行。彻说行，则信举国而听彻矣。此彻之志也……观其不听而佯狂为巫，可见矣。"③ 历史上蒯通为了个人富贵劝说韩信背叛汉王三分天下，蒯通"详狂为巫"是因为他明白圣意难测，且他预见了功高盖主的韩信日后必定

---

① 班固：《汉书》，中华书局1962年版，第7册，第2189页。

② 北京大学古文献研究所编：《全宋诗》，北京大学出版社1995年版，第2册，第1183页。

③ 程馀庆撰，高益荣、赵光勇、张新科编撰：《历代名家评注史记集说》，三秦出版社2011年版，第4册，第1108页。

会有性命之忧，因此为了避免韩信以后的灾祸殃及自身，便装疯离开了韩信。但是在《赚蒯通》中，作者将蒯通装疯安排在劝说韩信不要入朝之后，虽然也有为了避免被萧何所害的自保心理，但更为重要的是表现对韩信的忠诚，通过蒯通的一系列唱词就可以看出这一点。白天假装疯魔，天色晚了便回到羊圈中悲叹韩信，感叹韩信白白立下大功，最后却也落得个"野兽尽时猎狗烹，敌国破后谋臣坏"①的结局。剧作者为了集中表现蒯通对韩信的忠诚，从而改变了《史记》中的记载，将蒯通的一切行为都围绕着"忠义"这个核心来展开。

　　作者在《赚蒯通》中增加了为蒯通授官赐金的情节，这一情节并不见载于《史记》。大概是出于大团圆的结局出发，以显示君主的宽仁之心，拉拢更多的人才为自己效力。这是脉望馆钞校本的结局。但是在《元曲选》本中，这一结局发生了改动，即高祖给蒯通授官赐金，但蒯通固辞不受："若是汉天子早把书明降，韩元帅免受人诬罔，可不的带砺河山，盟言无恙？我蒯彻也妆甚么风魔，使甚么伎俩！（还冠带科，唱）这冠带呵添不得我荣光。（还黄金科，唱）这金呵铸不得他黄金像。只要你个萧丞相自去思量：怎生的屈杀了什大功臣被万民讲。"②与脉望馆钞校本的大团圆结局相比，《元曲选》本的结局处理更能突现出蒯通的铁骨铮铮，大义凛然，以及他对故主韩信的忠诚。同时也表明了蒯通对于兔死狗烹的现实有着清醒的认识，正如他反复劝韩信放弃功名利禄，远害全身一样。且蒯通毕竟是有罪之人，曾经劝说韩信三分天下，告诫韩信不要入朝，如果自己做官，也会落得和韩信一样的下场。因此蒯通坚决拒绝授官赐金。

　　官场的黑暗腐朽、相互倾轧犹如南柯一梦，作者在剧作中提出的解决方案是：归隐山林，全身远害。这一点主要体现在张良和蒯通身上。在剧中，张良因为知道萧何要设计陷害韩信，他清醒地认识到韩信这样的功臣尚且要被杀掉，更何况自己。因此他选择归隐山林，修行辨道。面对功臣被杀的现实，蒯通也非常清醒。在《史记》中高祖游云梦而召韩信，当时的蒯通已经离开了韩信，没有劝说韩信不要去面见刘邦的情节。剧作者在《赚蒯通》中增加了这一情节，并且占用了一折的篇幅。蒯通前后六次劝说韩信：一步步循序渐进，其核心是韩信不可去。蒯通首先把最现实的问题摆出来：韩信有战功、有军权，这一去必定身首异处。韩信自恃功高及汉王解衣推食的好意而不肯听。蒯通便劝他有个长久打算，用范蠡和张良全身远害的例子劝说韩信，让他归隐山林。韩信因无法割舍裘马轻肥、功名利禄拒绝了。蒯通又举出丁公、雍齿的例子说明圣意难测、君王无情，韩信依然不听，甚至幻想自己能得到汉王重用。蒯通六劝而韩信六不听，蒯通的"度脱"最终失败，韩信没能及时醒悟，最终身死人手。"也只为谁人立起这山河？怎做一枕梦南柯！"③作者之所以增加这样的情节，既表现了蒯通对兔死狗烹的现

---

① 王季思主编：《全元戏曲》，人民文学出版社 1999 年版，第 6 卷，第 156 页。
② 同上，第 163 页。
③ 同上，第 6 卷，第 156 页。

实异常清醒，又表现了他对官场的深刻认识。

　　综上所述，《赚蒯通》一剧在继承《史记》书写的基础上进行了艺术创作，综合了前代学者、文学家的经验以及大众的审美期待，重新塑造了韩信、蒯通、萧何和刘邦等一系列人物形象和事件。首先，作者去掉了韩信谋反一事，集中表现了韩信对刘邦的忠诚，兼顾了前代学者的观点和民众的期待；其次作者将韩信之死的原因归结为萧何对韩信的诬陷，主要是因为萧何本就与韩信之死一事有关，同时萧何又是一个为保全自身可以不顾他人性命和个人名节的人，因此将萧何塑造成一个反面人物形象也是合理的；再次，作者虽然没有安排刘邦出场，但是他却像是一只无形的手主宰着在场人物的命运，刘邦才是斩杀韩信的幕后主使者，这也符合《史记》记载以及后世学者和文学家的创作倾向；最后，蒯通是改动最大的一个人物形象，作者着重表现蒯通对韩信的忠义、智谋和大义凛然。作者主要是从观众的接受角度出发将蒯通塑造成一个正面人物形象。

　　如清代学者程馀庆在《历代名家评注史记集说》的序言中说："良由《史记》一书，有言所及而意亦及者，有言所不及而意已及者，有正言之而意实反者，有反言之而意实正者；又有言在此而意则起于彼，言已尽而意仍缠绵而无穷者：错综迷离之中，而神理寓焉。"①

---

　　① 程馀庆撰，高益荣、赵光勇、张新科编撰：《历代名家评注史记集说》，三秦出版社 2011 年版，第 1 册，第 8 页。

《冯谖客孟尝君》的作者从属

＊本文作者张萍，西安培华学校中文系副教授。

《战国策·齐策》和《史记·孟尝君传》都有"冯谖客孟尝君"一段文章，两篇文章中冯谖故事的主干没有差异，枝叶细节上有不同，叙事一详一略，《战国策》详，《史记》略。是《史记》在《战国策》的详文里削枝减叶而成？还是《战国策》在《史记》简略的文章基础上增枝加叶而成的文章？作者从属是谁？这个要经过一番讨论。

一、作者从属的疑惑

"冯谖客孟尝君"的文章分见于《史记》与《战国策》，其先作者到底是谁，根据常识与学者的讨论大致有三种倾向：第一，《史记》撷取《战国策》说辞；第二，《史记》别有所本，不是本于今本《战国策》；第三，《战国策》本无，后人误入者。

按一般常识，认为《战国策》的文章在先，《史记》在后，那么同样的文章应该是后者抄袭先者。所以现在学界，许多人认为《史记》撷取《战国策》可能性更大。如缪文远《战国策考辨自序》说："战国策之文，纵横恣意，尤为后世文家所赏爱，司马子长作《史记》，叙战国事，时取战国纵横说辞。……撷拾《战国策》纵横说辞九十余事，载于本纪、世家、列传中。"① 《史记》是一部通史，司马迁不仅要记载当代史传，还有汉以前的史事，《战国策》必然是他会参考的资料，所以按照一般的常识，司马迁此文也应当是以《战国策》为蓝本而成的。

但是细读两篇文章，就会发现有诸多不同，所以学者提出《史记》别有所本，不是本于今本《战国策》的说法。方苞在《望溪集读书札记》说："《史记》冯谖事异《战国策》，盖秦汉间论战国权变者非一家，所传各异。"② 梁玉绳在《史记志疑》中说："国策'驩'作'谖'，所说冯事亦异，《习学记言》云《史记》盖别有所本。"③ 今人郑良树《竹简帛书论文集》谈及此篇时也说："《史记》不可

---

① 缪文远：《战国策考辨自序》，中华书局 1984 年版，第 2 页。

② 方苞：《望溪集读书札记》，又见缪文远《战国策考辨》，中华书局 1984 年版，第 111 页。

③ 梁玉绳：《史记志疑》，中华书局 1981 年版。又见缪文远《战国策考辨》，中华书局 1984 年版，第 112 页。

能本于今本《战国策》的……太史公所依据的那件材料，极可能在刘向所指的那七本里面头，也可能是在七本外的另一本，……刘向或其助手删除了其中一篇，而太史公所根据的，正是被刘向所删除的一篇。"① 从以上学者的观点看，他们认为《史记》"冯谖客孟尝君"一章应该是司马迁参考其他战国史家或辩士的文章而成，而这篇正好没有被刘向整理保留下来。这种说法是否可靠，我们没有确切的答案。《战国策》成书比较复杂，"本非先秦成书，当七雄纷争之时，纵横之士胜口说于时君，以取富贵，其文辞著诸竹帛流传至西汉者，凡有数本，编次不同，取名各异。成帝时，刘向校书中秘，始详检诸本，正其错乱，删除重复，得33篇，定名为《战国策》。"② 由此看来，刘向当年在编定《战国策》时经过了非常精细的校勘筛选，保留下来的篇章应该是诸多版本里最好的。"冯谖客孟尝君"一章确是《战国策》里非常经典的文章，假使说司马迁《孟尝君传》中一段是在战国文章的基础上而成，假使司马迁可以看到诸个不同的版本，以他的才华和文笔，也应该参考最好的一个版本。所以此说也不能成为定论。尽管看到了不同，但是此说仍然认为《史记》中"冯谖客孟尝君"的记载是本于《战国策》的。

有没有一种可能，"冯谖客孟尝君"故事最早是《史记》中所载，后被《战国策》撷取载入？这是本文提出的大胆设想，也是本文提出的观点。1973年长沙马王堆汉墓出土的帛书《战国策》，共27篇，其中11篇内容和文字与今本《战国策》和《史记》大体相同。据考古发现，这是西汉文帝时期长沙国丞相、轪侯利仓及其家属的墓葬，西汉时期的长沙是一个诸侯封国，远离政治中心长安，贾谊就曾贬至此，也就是说长沙人汉代就可以看到《战国策》，所以《战国策》应当是当时一部流行的书。但是其中就没有"冯谖客孟尝君"故事的记载，从这次发现的文献来看，汉初传播流行的《战国策》里，很可能没有此一章。此外《战国策》流传的过程更加复杂，后来刘向整理的《战国策》失传，到了北宋时期，文学家曾巩奉旨"访之士大夫家，始尽得其书"，并加以校补，通过借国家、私人的书把《战国策》补全，再到后来，南宋姚宏、元代鲍彪又分别整理注释，这个整理补全的面貌已经不是刘向当年整理的《战国策》面貌了。正如方苞《书刺客传后》说："意国策本无是文，……盖古书遭秦火，杂出于汉世，其本文散佚，与非其所有而误入焉者多矣，不独是篇为然也。"③ 方苞此语虽从《刺客传》一文出，但是也谈及今本《战国策》中除《荆轲传》外，可能还有文章也非原来所载，而是后人所作杂入其中。近人胡玉缙在《四库全书总目提要补正》中也说："及细察《国策》中诸篇，皆取太史公叙论之语而并载之，而曾子固亦称《崇文总目》有高诱注者仅八篇，乃知刘向所校《战国策》亡久矣。后之人反取太史公书充入之，非

① 郑良树：《竹简帛书论文集》，中华书局1982年版，第216页。又见缪文远《战国策考辨》，中华书局1984年版，第112页。

② 缪钺：《战国策考辨序》，中华书局1984年版，第1页。

③ 方苞：《方苞集》，上海古籍出版社1983年版，第54页。

史公尽取材于《战国策》决也。"①因为《战国策》的成书与传播过程是比较复杂的，要辨明每一篇的作者从属是比较困难的。由此推测，"冯谖客孟尝君"的故事很可能最早是在《史记》里记载的。

二、主题的分歧

要辨清《冯谖客孟尝君》一文作者的从属确有许多困惑与难处，所以我们只能从文章本身以及两书本身的特点加以细细甄别，无法从版本或者其他方面获得论证。

按照郑良树的统计，《冯谖客孟尝君》一文在《史记》《战国策》中有25点不同之处，内容上情节不同，也使两篇文章主题有分歧，环绕两个不同的主题来描写，《战国策》重点是"市义"，《史记》重点是"门客见孟尝君废，皆去，见孟尝君复位，皆返。"

造成两篇文章主题分歧的主要原因是内容情节方面的两处差异。一是冯谖去薛地收债。《战国策》写得很明快："驱而之薛，使吏召诸民当偿者，悉来合券。券遍合，起，矫命，以责赐诸民。因烧其券。民称万岁。"冯谖到了薛地以后把所有的借据都烧掉了，回去见孟尝君说"君家所寡有者，以义耳！窃以为君市义"，孟尝君被齐王遣回薛地，"未至百里，民扶老携幼，迎君道中"，孟尝君顾谓冯谖："先生所为文市义者，乃今日见之。"这里贯穿了非常重要的"市义"主题。

《史记》里写得不同，孟尝君派冯谖入薛地讨债的原因是"邑人不足以奉宾客……今客食恐不给"，孟尝君门客数量众多，为了豢养门客，所以派冯谖去薛地讨息钱。说明孟尝君的好客，这与后文孟尝君失势后门客离去时的感慨前后形成对照，更加突出了世态炎凉。此外把冯谖到薛地后的行为写得也很详细："至薛，召取孟尝君钱者皆会，得息钱十万，乃多酿酒，买肥牛，召诸取钱者，能与息者皆来，不能与息者亦来，皆持取钱之券书合之。齐为会，日杀牛置酒。酒酣，乃持券如前合之，能与息者，与为期；贫不能与息者，取其券而烧之。曰：'孟尝君所以贷钱者，为民之无者以为本业电；所以求息者，为无以奉客也，今富给者以要期，贫穷者燔券书以捐之。诸君强饮食。有君如此，岂可负哉！'坐者皆起，再拜。"这段详细的描写对突出"市义"主题似乎有损伤，不如《战国策》描写的精练突出。

另一处不同在文章结尾，《战国策》以"孟尝君为相数十年，无纤介之祸者，冯谖之计也"作结。《史记》结尾却多了一段孟尝君与冯谖关于门客去返的对话：

> 孟尝君太息叹曰："文常好客，遇客无所敢失，食客三千有余人，先生所知也。客见文一日废，皆背文而去，莫顾文者。今赖先生得复其位，客亦有何面目复见文乎？如复见文者，必唾其面而大辱之。"冯谖结辔下拜。孟

---

①　刘建国：《先秦伪书辨正》，陕西人民出版社 2004 年版，第 298 页。

尝君下车接之，曰："先生为客谢乎？"冯谖曰："非为客谢也，为君之言失。夫物有必至，事有固然，君知之乎？"孟尝君曰："愚不知所谓也。"曰："生者必有死，物之必至也；富贵多士，贫贱寡友，事之固然也。君独不见夫趣市朝者乎？明旦，侧肩争门而入；日暮之后，过市朝者掉臂而不顾。非好朝而恶暮，所期物忘其中。今君失位，宾客皆去，不足以怨士而徒绝宾客之路。愿君遇客如故。"

以上内容与《战国策》"齐人有冯谖者章"其后第三章"孟尝君逐于齐而复返章"所载内容相似，《史记》将两章内容合二为一了。《战国策》"孟尝君逐于齐而复返章"载"孟尝君复用，欲杀齐大夫，谭拾子有趋士之喻"。《史记》"以为客背孟尝，骤为客谢语"①。

以上两处不同的描写，使文章主题各行其是。《战国策》突出"市义"，《史记》通过门客聚散突出世态炎凉。两篇文章自行其文，主题各自朝自己的方向发展去了，站在内容的立场上来说，"《战国策》的主题是有意义得多了"②。

《史记》中有着鲜明的"尚义"精神，司马迁生于文景之治末期，而与汉武帝相始终，在"罢黜百家，独尊儒术"的主流文化思想影响下，他对以仁义为本的儒家思想更为亲和而向往。《孔子世家》里并将孔子列入世家，足见司马迁对他的尊崇。此外又有《仲尼弟子列传》光大其德，《太史公自序》司马迁也表达了对孔子修《春秋》的尊崇，洵为战国诸子所难比拟。《史记》尤其对儒家的尚义精神，最为热衷讴歌张大弘扬。《太史公自序》中司马迁说"扶义俶傥，不令己失时，立功名于天下，作七十列传"，表明了给各个阶层人物立传的标准。为突出秦穆公"思义"，作《秦本纪》。为显示反秦是汉之"扶义惩伐"，故详著《秦楚之际月表》。肯定汉初削藩为"推恩行义"，在于遏制动乱，作《王子侯者年表》。为"嘉庄王之义"，作《楚世家》。作《魏世家》的目的之一，在于"文侯幕义"。"末世争利，惟彼奔义"，故特作《伯夷列传》，虽然并无功烈可言。孔子弟子能"崇仁历义"，又再立《仲尼弟子列传》。在诸子类传为突出孟子"明礼义之统纪，绝惠王利端"，作《孟子荀卿列传》。因"黄歇之义"在于使士"南乡走楚"，作《春申君列传》。《离骚》以辞讽谏，"连类以争义"，作《屈原贾生列传》。豫让等"义不二心"，专作《刺客列传》。为国"敢犯颜色以达主义"，作《袁盎晁错列传》。田叔守节赴义，且"义足以言廉，行足以厉贤"，故专立单传。游侠救人于厄，"义者有取焉"，故特撰类传。这些激切奔放凛冽满目的"义"，无不体现《史记》记述历史评判人物所闪耀的尚义精神。如果说《冯谖客孟尝君》一文是《史记》撷取《战国策》的，那么《战国策》文中突出的"市义"主题，司马迁绝对不会

---

① 梁玉绳：《史记志疑》，中华书局1981年版。又见缪文远《战国策考辨》，中华书局1984年版，第11页。

② 郑良树：《竹简帛书论文集》，中华书局1982年版，第216页。又见缪文远《战国策考辨》，中华书局1984年版，第112页。

忽略或者删除，因为尚"义"在《史记》中是一以贯之的重要思想，是司马迁最感兴趣最重视的内容，绝对不会删掉。

《史记》把门客聚散放在结尾，说明司马迁对此很敏感，他曾经下狱，深切感受过人情冷暖与世态炎凉，所以在给历史人物作传时往往感慨唏嘘，并借以发愤抒情。《史记》中多次提到门客聚散，如《汲郑列传》传赞中道"夫以汲郑之贤，有势则宾客十倍，无势则否"①，强烈讽刺了门客因势利导，有势则来无势则去的情况。《廉颇列传》中"廉颇之免长平归也，失势之时，故客尽去。乃复用为将，客又复至"②，廉颇作为赵国赫赫有名的老将，在失势时门客尽去，复用后门客又复至，这其中包含了司马迁对人生的一种感慨。《史记》把《战国策》"孟尝君逐于齐而复返章"放在此作为结尾，突出了"富贵多士，贫贱寡友"，与以上诸篇所体现的主题比较接近，这也是《史记》中比较普遍的、具有特点的表现。由此可见，《史记》中的记载具有司马迁文章的特点，应该不是从《战国策》撷取而来。

两相比较，《史记》和《战国策》两书中"冯谖客孟尝君"故事的主题有所不同，《战国策》突出"市义"，《史记》通过门客聚散突出世态炎凉。到底是《史记》撷取《战国策》之文，还是后人以《史记》之文入《战国策》，不能简单定论。从文章看，《战国策》主题更集中、更有意义，似在前文基础上的改进，其中情节、细节取舍增加都为这个主题服务。总体上感觉是《战国策》去掉了《史记》相应的段落，去掉了不必要的细节，增加了一些情节的刻画，使主题更为突出，使世态炎凉的主题转移到市义的更高层面。如果是司马迁撷取《战国策》中的文章，"市义"的主题和《史记》整体风格精神是相同的，司马迁不可能在文中删掉。

三、情节细节与结构的差异

"冯谖客孟尝君"一章在《战国策》和《史记》中均有所载，故事的主干大致相同，但是两书记载有多处细节的不同③。这些细节的不同也体现了文章的优劣，也可作为我们讨论《冯谖客孟尝君》一文作者的从属问题的判断依据。

首先，细节描写的不同。《史记》"冯谖客孟尝君"一文中写冯谖初见孟尝君时，"蹑蹻而见之"，"蹑蹻"就是踩穿着草鞋，这是一个细节。其次又写"冯先生甚贫，犹有一剑耳，又蒯缑"也是个细节描写，这里的"蒯缑"就是用草缠住剑把。这里的"蹑蹻""蒯缑"两个词都突出了冯谖的贫乏，但是词语都较为生僻，很可能由于生僻在《战国策》的文章里被去掉不用了，而以"齐人有冯谖者，贫

---

① 司马迁著，张大可辑评：《百家汇评本史记》，长江文艺出版社 2007 年版，第 830 页。
② 同上，第 591 页。
③ 郑良树：《竹简帛书论文集》中说"根据我们的分析，实际上有 25 点不同之处。"

乏不能自存"代之,简洁明了。

《史记》和《战国策》都写了冯谖三次弹剑,第三次弹剑感慨"无以为家"的时候,《战国策》写道:"左右皆恶之,以为贪而不知足。孟尝君问'冯公有亲乎?'对曰,'有老母'。孟尝君使人给其食用,无使乏。于是冯谖不复歌。""无以为家"就是没办法养家,孟尝君得知冯谖家还有老母亲,于是派人供其食用,月月供给不停,"于是冯谖不复歌"。这个写法很符合孟尝君好士喜客的特点,写得很到位。《史记》写到孟尝君听到冯谖弹剑歌唱"无以为家"时的反应是"孟尝君不悦",觉得很厌烦,并且削去了《战国策》中给养冯老母一段,这一细节的不同就"无以见孟尝君待客之周"①,对人物的刻画就不如《战国策》生动了。

当孟尝君问门下诸客谁能为文收责于薛地时,《战国策》里冯谖是主动地自告奋勇前去的,《史记》中却是由传舍长推荐给孟尝君:"代舍客冯公形容状貌甚辩,长者,无他伎能。宜可令收债。"这个小细节的不同,使人物形象的展现亦有所不同。《战国策》中冯谖因贫乏投奔孟尝君门下,在表明自己无能无好后,孟尝君依然接受了他,在三次弹剑后,孟尝君都满足其要求,这时自告奋勇为孟尝君效力,前后连贯,用先抑后扬的手法凸显了冯谖的形象,写得非常生动。

在薛地烧券后,《战国策》写冯谖"长驱到齐,晨而求见"孟尝君,很快就回来了,并且主动求见孟尝君,孟尝君"衣冠而见之",并且惊奇他回来的如此快。这里与前文冯谖自告奋勇胸有成竹一致,体现了冯谖的"有能";同时孟尝君的态度也体现了他礼贤下士、信任冯谖的特点。《史记》中的描写不同,当冯谖在薛地烧券后,孟尝君是"怒而使使召谖",是被动地被召回来的,孟尝君对冯谖的做法非常愤怒。这处细节的不同,也体现了人物性格的不同,从对人物个性的凸显与前后文的一致性来看,《战国策》的描写更加精彩。

从上述内容来看,《史记》中的细节描写和整体叙事水平不如《战国策》中的出色。由此推断,《战国策》此章应该是在《史记》的文章基础上加工而来的。反言之,如果是《史记》撷取《战国策》的文章,司马迁删繁就简而成,那就显得司马迁的叙事能力太低了,司马迁是会写文章的人,不会出现这种情况。

其次,结构的松散与紧凑。冯谖客孟尝君一章无论在《史记》还是《战国策》中,都是非常经典的篇章,尤其是《战国策》中一段脍炙人口。叙事结构紧凑,前后贯通,对主题的突出,对人物个性的凸显有非常重要的作用。

《战国策》写冯谖见孟尝君的时候,详细记载了三次问答:"孟尝君曰:'客何好?'曰:'客无好也。'曰:'客何能?'曰:'客无能也。'孟尝君笑而受之曰:'诺。'"这个写法很精彩,突出了孟尝君贤公子好客的品性,而且从文章结构看,这三个问答用了反复的手法,体现了《战国策》策士文风。《史记》里没有这部分内容,把冯谖与孟尝君的三个问答都去掉了。反复的手法在《史记》中也很常

---

① 梁玉绳:《史记志疑》,中华书局1981年版。又见缪文远:《战国策考辨》,中华书局1984年版,第112页。

见，如果说《史记》撷取《战国策》之文，那这段精彩的反复对答司马迁是不会
删掉不用的。从文章结构看，此段又与后文先后呼应，先抑后扬，先写冯谖无
好、无能，再写他为孟尝君"市义""复凿二窟"，最后写三窟已就，以"孟尝君
为相数十年，无纤介之祸者，冯谖之计也"作结。整个文章结构紧凑，前后贯通，
一层层把冯谖作为政客的超凡才能展现出来。

当齐王疏远孟尝君时，《战国策》写冯谖为孟尝君"复凿二窟"。冯谖用政治
活动和国际的手段让其他国家请孟尝君，他急忙又跑回来给齐王说现在秦国邀请
孟尝君，如果这样齐国就危险了，不能让孟尝君去秦国封邑印，结果齐王又请回
孟尝君，这是冯谖为孟尝君所凿又一窟。第三窟就是在薛地建立宗庙，"愿请先
王之祭器，立宗庙于薛。"庙成，还报孟尝君曰："三窟已就，君姑高枕为乐矣。"
这个政治活动描写得非常精彩，显示了冯谖的政治才能和长远的政治眼光，并且
与开头"无好、无能"的形象形成了鲜明对比，突出表现了《战国策》先抑后扬
的叙事结构特点。《史记》对这场政治活动的描写不同于《战国策》，没有"复凿
二窟"的内容。如果《史记》撷取《战国策》文章，司马迁怎么会把如此精彩的
内容删掉呢。

《史记》最后多了一个重要的情节，就是门客聚散的问题。《战国策》中没有
此段情节，而是把此情节放在另外一章①，这样的话两篇文章的主题就不同了。
《战国策》更主要突出"市义"，《史记》通过门客的疏远和亲近突出人情世态之炎
凉，文章的性质不同。

从文章的主体来讲，《战国策》前后用欲扬先抑的手段，前后贯通，删去了
一些不必要的细节，使主题更突出，特别是把门客聚散的内容从本章删掉，而出
现在另外一章里，使文章意义更集中。《史记》最后门客的聚散，使主题发生了
转移，由"取义"转为门客聚散反映的世态炎凉。

通过两书中"冯谖客孟尝君"故事的比较，《战国策》的文章明显胜于《史
记》，第一，主题很集中，结构紧凑，《史记》中此章主题不如《战国策》突出。
第二是欲扬先抑的手法非常精彩，开始说客无好、客无能，后面又是客有能等
等，欲扬先抑、先后对比。第三，整体结构完整，把《史记》最后一部分门客的
去留放在另外一章中了，又增加了"复凿二窟""薛地立宗庙"等情节，都是为冯
谖而来，使冯谖的能力得到充分展现，正如郑板桥所谓"删繁就简二月花"，《战
国策》可以说是锦上添花。最后一句又以"孟尝君为相数十年，无纤介之祸者，
冯谖之计也"回应前文，整个文章结构非常紧凑，前后呼应。

再次，孟尝君形象刻画的不同。《史记》和《战国策》中两篇文章对孟尝君的
心理刻画也有所不同，《战国策》更精彩，《史记》把孟尝君的形象简单化了，对
冯谖形象的陪衬效果就微弱了，文章的起伏、抑扬效果也就逊于《战国策》的记
载了。

---

① 《战国策·齐策》"孟尝君逐于齐而复返章"。

　　《战国策》中孟尝君初见冯谖时，与其对话得到冯谖"无好、无能"时回答时，"笑而受之"，这说明了孟尝君的好客。冯谖三次弹剑，孟尝君显示出贤公子的大度与宽容，"使人给其食用，无使乏。于是冯谖不复歌"。冯谖去薛地要债烧掉借据后，孟尝君"怪其疾也，衣冠而见之"。要债本是件难事，孟尝君奇怪他回来的那么快，怎么这么匆匆的就回来了，所以感到惊奇。在听完冯谖说明事情原委后，"孟尝君不悦"，只是表现出不高兴。《战国策》中对孟尝君的描写不仅凸显了孟尝君礼贤下士、通情达理的贤公子的特质，也衬托了冯谖的与众不同。

　　《史记》里孟尝君在冯谖三次弹剑后，表现出来的是"不悦"的态度，知道冯谖烧券书后的反应与《战国策》的叙述也不同，孟尝君"闻冯谖烧券书，怒而使使召谖"，表现出来非常愤怒。二人的对话，孟尝君反复强调三千门客无法供给，冯谖讲了一番道理："有余者，为要期。不足者，虽守而责之十年。息愈多，急，即以逃亡自捐之。若急，终无以偿，上则为君好利不爱士民．下则有离上抵负之名，非所以厉士民彰君声也。焚无用虚债之券，捐不可得之虚计，令薛民亲君而彰君之善声也，君有何疑焉！"① 于是孟尝君"乃拊手而谢之"。相比较而言，《战国策》对人物的刻画更加生动。

　　相较而言，从文章技巧来看。不管开头还是结尾，作者把孟尝君和冯谖两人的关系、能力、彼此的反应，都说得非常清晰，这在人物刻画方面，使冯谖的形象从一开始不露声色到后面一步步大放光彩，使孟尝君礼贤下士、通情达理的贤公子的形象也越发突出。

　　总而言之，《战国策》与《史记》中"冯谖客孟尝君"故事的记载，整体上两篇文章的主干是一致的，在侧枝详略上有所区别。作者各有各的目的意图，另外在细节上也有不同。整体给人的感觉是《战国策》这篇文章的主题登上了一个台阶，结构上也更好，情节的安排、细节等都比《史记》略胜一筹。两相比较，我们认为《史记》中关于"冯谖客孟尝君"故事是原创本，《战国策》是后来在《史记》基础上删减或增加细节的修改本。

---

①　司马迁著，张大可辑评：《百家汇评本史记》，长江文艺出版社 2007 年版，第 553 页。

清代女作家对韩信诗歌接受研究①

＊本文作者张海燕，山西师范大学现代文理学院副教授。

"汉初三杰"张良、韩信、萧何在辅佐刘邦建立大汉的历史中立下了汗马功劳。在大汉王朝建立之后，三人命运各不相同，尤其是张良与韩信一隐逸一横死，成为后世功臣鉴戒的对象，从而引发后人争相吟咏，千古评说，争论不休。

张良和韩信的人生经历都颇具传奇性。张良博浪椎秦、圯上进履、功成身隐等故事让人乐此不疲的反复吟咏。而韩信的曲折悲剧人生命运，也赢得了诗人们持久关注，尤其是胯下之辱、漂母饭信、登坛拜将、千金回馈，含冤而逝等历史经典成为人们热议的话题，经久不衰。男女作家对于张良、韩信的吟咏还是有差别的。现据赵望秦师《史记与咏史诗》统计，历代诗人（男性作家）吟咏各人诗歌为张良 141 首、韩信 173 首、漂母 56 首、萧何 16 首。据现有资料统计古代女作家（明代一位，其他为清代）咏张良 12 首、韩信 23 首、漂母 14 首、萧何 1首。大致可以看出清代女作家相较于男作家而言，更多的关注点在韩信与漂母。

相比对张良的高度赞赏，清代女作家在诗歌中对韩信倾诉更多的是悲怜。这也许就是女性天生的慈悲情怀，也许是经历了太多的不幸辛酸而产生了情感上的共鸣，也许是对权力斗争中人心险恶阴暗的一面太过痛心。总之，她们在诗中各尽其能地唱着一曲曲悲伤之歌。本文按照清代女作家们阅读史书而吟咏到面临古迹而抒怀的顺序，逐次分析清代女作家诗作的思想情感！

一、一曲悲歌话韩信

早在宋代，女诗人朱淑真就已经创作了吟咏韩信诗作，其《韩信》诗曰："男儿忍辱志长存，出胯曾无怨一言。漂母人亡石空在，不知还肯念王孙。"② 女诗人在赞扬韩信忍辱负重终成大功中带着历史沧桑的悲伤。在宋代，张耒《题淮阴侯庙有序》曰："吕太后劝高祖诛彭越，使舍人告其反，而越固未尝反也，特以为名耳。高祖将兵居外，而太后在长安，太子仁弱不知兵，而韩信方失职在京师，吕畏其乘时为乱而不可制，使人诬告其反，诈召而诛之耳。方是时，萧相国居中，而信欲以乌合不教之兵欲从中起，以图帝业，使虽甚愚，必知其无成。以信之雄

---

① 本文是山西师范大学现代文理学院 2020 年校基金（项目编号：2020JCYJ20）阶段性成果。

② 傅璇琮：《全宋诗》第 28 册，北京大学出版社 1991 年版，第 17994 页。

才，谋无遗策，肯出此哉？太史公记陈豨反事，言豨居代，多致宾客，周昌畏其不轨而奏，召之不至，豨因自疑，而其后通曼丘臣、王黄，遂反。此司马迁所谓邪人进说，遂陷不义者也。迁载豨反事，未尝一言及信。吁！此迁欲见诛信之冤也。

云梦何须伪出游，遭谗犹得故乡侯。平生萧相真知己，何事还同女子谋？"①则将司马迁的历史叙写意图清楚地揭示出来，也为后世人评价韩信人生定下了情感基调——悲情英雄。只是在女性文学世界中，这样一种悲情被进一步放大，充满了浓浓的悲剧意味。

归懋仪在《淮阴侯》诗中写道："垂钓烟波意渺然，风云指顾定乾坤。若非隆准收三杰，未易重瞳局五年。漫说萧何是知己，却令樊哙与比肩。弓藏鸟尽寻常事，死后还蒙帝子怜。"②汉初三杰在"楚汉争霸"、大汉王朝建立的过程中，可谓居功至伟，但是韩信最终的遭遇却是最为悲惨的一个，萧何也并非韩信的知己，否则又怎能让樊哙与韩信比肩而立呢？女诗人同时对于中国古代鸟尽弓藏的开国功臣们遭遇的历史悲剧能有这样深刻的认识，说明女性社会政治意识的提升，最终还是同情韩信，在他死后仍能让汉高祖时时怀念，值得钦赏。徐熙珍《读淮阴侯传有感》曰："穷途谁惜翳桑人，漂母怜才款上宾。他日酬恩夸奖帅，英雄抱负岂常贫。"③认识到沉渊之龙，终有飞龙在天的时候，身怀绝世才华必然会有施展的机会，韩信这样的英雄豪杰怎能久居人下呢？实际上是在借论韩信，慨叹自己身负才华，应该不会一世无为，相信有一天自己也能功成名就，扬名青史。

陈蕴莲《读淮阴侯传》："国士信无双，功应冠太常。岂惟轻绛灌，直可轶陈张。德不忘漂母，恩宁负汉王。废书三叹息，怀古有遗伤。"④为大汉帝国建立如此勋绩，功高劳苦的韩信，尚且不忘对自己有一饭之恩的漂母，更别说对自己有知遇之恩的汉王，对大汉王朝可谓忠心耿耿，哪敢有二心呢？但是在封建帝王的政治权术中，是绝不能让他们存活于世的，功高震主而发生的谋逆事件在历代王朝中屡见不鲜，在这样的生存环境中，怎能让韩信们安享功劳呢？韩信不能隐退保全，悲剧自是不可避免，女诗人"废书三叹息，怀古有遗伤"也是为弱者流出的同情之泪，自古如此，其可奈何？

刘慧娟《淮阴侯》曰："同是中原逐鹿秋，天生大将助炎刘。核心一战归无用，鼎足三分枉进谋。但使汾阳能尽职，何须绛灌耻为侯。汉家待士恩原薄，不及千金一饭酬。"⑤女诗人全面肯定韩信在秦末汉初纷乱历史中为大汉王朝的建立所做出的重大贡献，只是汉皇"待士恩原薄"且不及漂母"一饭酬"。劳蓉君在

①　[宋]张耒撰，李逸安等点校：《张耒集》，中华书局1990年版，第498页。
②　胡晓明、彭国忠主编：《江南女性别集初编》，黄山书社2008年版，第679页。
③　同上，第1554页。
④　同上，第425页。
⑤　[清]刘慧娟撰：《昙花阁诗抄》卷二，清光绪十六年（1890）刻本，哈佛燕京图书馆藏，23b。

《淮阴侯》组诗中写道:"壮士胸藏百万兵,钓丝垂饵蛰龙惊。穷途一饭寻常事,留得千秋漂母名。"其二:"决胜功同帝者师,道旁一样困鸥饥。市人胯下仙人履,想见英雄忍辱时。"①首先肯定了韩信的雄心壮志和杰出才华,对于漂母一饭韩信的重要恩德,却说得有些酸意。漂母在韩信穷困危难之时,救助饭食,从人性为善的基本层面来讲,算是再普通不过的事情了。这也是以慈悲为怀的传统女性最常见的善举,为什么偏偏就是"留得千秋漂母名"了呢? 也许自己做了更多善事,为社会作出更大贡献,何以还是默默无闻呢? 由此不难看出女诗人内心扬名青史之愿以及难以实现的内心愤懑不平之气。因而女诗人在第二首诗中借用韩信早年所遭受的屈辱与后来成为"帝者师"的张良对比,形成错位反差,阐释出只有艰难困苦的磨炼,才能玉汝于成的道理。女诗人的领悟可谓深切。卢蕴真《读韩信遇漂母传》:"英雄落魄叹王孙,耿耿常怀一饭恩。漂母怜贫韩报德,两人青史至今存。"②韩信与漂母构成相互成全而流芳千古的典范,女诗人的吟咏中何尝没有艳羡之情呢? 以此而言,清代女作家们渴望青史扬名的愿望是非常强烈的!

二、反与不反皆是死

慕昌湁通过两首诗来总结韩信的历史悲剧。其《淮阴侯》:"会战固陵重裂土,危机自蹈假王齐。只因一死悲千古,地下应当感野鸡。英雄一旦拥强兵,浅见淮阴太不明。高鸟良弓空自悔,试看当日一杯羹。"③和《淮阴侯祠》:"祠堂相接冢嵯峨,鸟尽弓藏可奈何。猛士已教钟室死,高皇犹唱大风歌。当时诛戮寻常甚,今日登临感慨多。只有一钩残月影,夜深送客渡汾河。"④总体而言,女诗人此论仍是老生常谈,即韩信不识时务,不能急流勇退乃至酿成人生悲剧。当然作者也非常憎恨刘邦残酷地诛杀功臣行为,因而登临之时,感慨良多。当然作者也还是有些独特体会的,如在推理分析韩信悲剧中,指出"高鸟良弓空自悔,试看当日一杯羹",刘邦在危难之时连自己的父亲都可以抛弃不顾,在功成名就之时又怎会留下威胁自己王朝的潜在敌人——这些智谋超群,出生入死过的良将呢?由此而言,韩信只有死路一条了。

扈斯哈里氏《咏淮阴侯》:"漂母慈悲国士贫,偶施一饭便全人。苍天若困英雄死,谁作安邦汉室臣。"其二:"除秦覆楚立奇功,汉室江山掌握中。若信蒯公谈相法,命途岂损未央宫。"⑤女诗人的观点颇有新奇之意,认为韩信早年经历艰

---

① 胡晓明、彭国忠主编:《江南女性别集四编》,黄山书社 2014 年版,第 1251 页。

② 肖亚男主编:《清代闺秀集丛刊》(全 66 册)第三十六册,国家图书馆出版社 2014 年版,第 256 页。

③ [清] 慕昌湁撰:《古余芗阁集》,南皮张氏代兴堂,民国十八年(1929)刻本,中国国家图书馆,9b。

④ 同上。

⑤ 李雷主编:《清代闺阁诗集萃编》,中华书局 2015 年版,第 5194 页。

难困苦的磨砺，就是来为建立大汉王朝服务的，虽然屡立奇功，也有自立为王的实力和机会，但是始终未能掌控自己的命运，最终殒命未央宫。这也许就是他的宿命。女诗人不忍心大英雄得到这样的悲惨下场，就愤然鼓励他自立为帝了。即便这样，客观而言，韩信真的就能称王为帝了吗？恐怕未必，这只能是一种美好设想罢了，也是女性们多愁善感的情感发泄吧！季兰韵《咏古六首》之《韩信》："布衣拜将领三军，国士无双不愧论。施饭尚酬漂母德，封侯宁负汉君恩。不听蒯彻偏遭戮，谓结陈豨实受冤。还恐郦生逢地下，王齐笑尔祸根源。"① 女诗人此诗所论则与扈斯哈里氏形成一种鲜明对照。女诗人按照人性为善的道德原则推理，韩信一饭千金酬漂母，是个知恩图报的人，怎会不知道答谢汉皇的恩德呢？又怎会谋反呢？这些颇能说服人心，赢得同情理解。只是人心险恶，尤其是刘邦防患于未然的多疑心态，又怎能养虎为患呢？这就是"人心不可测"的可怕之处。也是世事无常，祸福心中一瞬间的大悲剧吧！方彦珍《韩信》："智勇如伊世罕侪，苦心何独助炎刘。不听蒯通防身计，肯起陈豨背主谋。破楚功虽千古建，封齐事惜一朝休。当时若使能归隐，应比留侯学更优。"② 我们可以接着扈斯哈里氏和季兰韵的观点进一步分析方彦珍这首诗，也许是刘邦疑心太重，更是韩信毫无"防患于未然"的多心，韩信最终被"瓮中捉鳖"惨死未央宫。那么，对于韩信而言，最好的出路即是效仿张良归隐山林，学做赤松游。因为世间的功名荣华都只是瞬间泡影，毕竟"破楚功虽千古建，封齐事惜一朝休"都是不可依靠的。女诗人的认识可谓透彻。陆瞻云《读淮阴侯传》："弓藏发浩叹，浮舸昧范计。"③ 同上诗相比，也有异曲同工之妙。

凌洁真《韩信》："淮阴无反心，一旦夷三族。不听蒯通言，乃与陈豨卜。智士贵审机，肯效前车覆。不反信亦死，将兵信所独。假雌诛元勋，汉王计已熟。"④ 凌洁真诗中所论可谓更加全面而深刻，无论韩信是造反还是不反，最终的结局都不会改变，只有死路一条。这是刘邦早已制定好的计划，只不过是假借吕雌来实现罢了。方云卿《咏史》十首其三："韩信真国士，何故谪淮阴。细玩当时事，萧相岂无心。暮云飞鸟尽，良弓安足抢。千金愁漂母，犹怀一饭恩。"⑤ 其还在《咏史》十四首其三写道："国士当时第一流，登坛衣锦佩吴钩。英雄旧事如相问，漂母祠前江水流。"⑥ 方云卿则进一步追究当事人萧何的责任，认为萧何也是谋害韩信的凶手之一。女诗人还是秉持着善良心愿称赏韩信的杰出才华和光明磊落行为，尤其是他对漂母感恩报德的报答行为。张玉贞《韩信》："淮阴春草钓台

① 胡晓明、彭国忠主编：《江南女性别集三编》，黄山书社 2012 年版，第 969 页。
② ［清］方彦珍撰：《有诚堂吟稿》，道光四年（1824）刻本，中国国家图书馆藏，21a。
③ 肖亚男主编：《清代闺秀集丛刊》（全 66 册）第 9 册，国家图书馆出版社 2014 年版，第 93 页。
④ 杜珣编：《闺海吟·上册》，华龄出版社 2012 年版，第 546 页。
⑤ ［清］方云卿撰：《屏山堂诗集》，清（1644—1911）刻本，中国国家图书馆藏，卷二 13a。
⑥ 同上，卷三 3b。

风，一剑登坛许大功。萧相早能知国士，汉皇何事忌英雄？空将奇策平西楚，不信良言误蒯通。吕后霜锋漂母饭，一生成败妇人中。评曰：气魄不凡，结语尤有特识。"① 此诗真如评论所说"气魄不凡，结语尤有特识"，韩信得漂母一饭而生，受吕雉一言而死。女诗人叙说韩信"一生成败妇人中"，霸气凌厉。无论是从好的方面还是从坏的方面，女人都是做到了极致。这也是女诗人有意识的来称赏女性吧！刘琴宰《漂母行》："区区一饭哀王孙，当时那知诸侯尊。崇祠名姓遂千古，岂独黄金能报恩。眼识英雄曾有几，妒才欲杀亦知己。淮阴城下未央宫，齐王生死两女子。"② 对于漂母能慧眼识英雄的高义行为极力赞赏，同时又对吕雉用阴辣计谋害死韩信，极为不满。韩信生死荣辱都在女性的手中完成，女诗人高扬女性自觉的主体意识比较明显，在于告知世人女性在男权世界的社会里，也发挥着重要作用，不可轻视。

熊琏《咏古二首》之《韩信》："封侯不为荣，胯下不为辱。失意固偶然，得意应知足。末路伤英雄，功高翻见戮。胡不归钓台，一竿江水绿？"③ 熊琏此诗所论更有一种哲学高度总结的意味。人生经常在失意与得意的天平上来回走动，就有了高峰与低谷，极端情形即是功名生死的抉择，赢得功名却功高震主而亡，这也是一种循环。在人世红尘间，这就是一个怪圈，似乎无可摆脱，因而只有超脱尘世，走进山林绿水，恬然自在地做个钓翁，才是自在之境。郭漱玉《题闺中画册八首》其八："幸遇淮阴信，酬恩奉千金。不然一饭耳，多岂到于今。男儿当自奋，闺阁有知音。（漂母饭韩）"④ 女诗人则从男女交往的角度出发，赞扬漂母和韩信惺惺相惜的知己之交。这也是清代女作家逐步扩大见闻，增强与男性交往之后，所建立起来的新型男女朋友观的一种体现吧！也许就是后来的所谓男女之间"知己之爱"的早期表现？

三、韩侯祠庙传千古

女诗人们生活空间扩大后，经过韩信祠或者是韩侯钓台时引发的感想而吟诗，可谓怀古诗。这就说明清代女性已经有更多的机会走出家门，走向社会，去感知世界了。自然看到这些历史古迹，能够引发女诗人的感想，前提条件就是女诗人们对于这段历史已了然于胸，否则怎样生发相关联想呢？吴绡《韩信城》："乞食王孙困此中，当时胯下辱英雄。万家沦灭丘墟改，数尺陂陁雉堞空。兵出陈仓纷逐鹿，势穷云梦倏藏弓。将军不解谋身策，钟室徒劳忆蒯通。"⑤ 概括了韩信一生的重要功绩，从而慨叹韩信只知建功立业却缺乏谋身策略，含冤而死。相

① 李雷主编：《清代闺阁诗集萃编》，中华书局 2015 年版，第 4833 页。
② 黄秩模编辑，付琼校补：《国朝闺秀诗柳絮集》，人民文学出版社 2011 年版，第 1467 页。
③ 李雷主编：《清代闺阁诗集萃编》，中华书局 2015 年版，第 3579 页。
④ 同上，第 4093 页。
⑤ 同上，第 196 页。

较于吴绪的观点，沈善宝的认识要深刻一些。沈善宝《阴平吊淮阴侯墓》："国士无双真不忝，假王何必借三齐。汉皇有意烹功狗，萧相无情赞野鸡。漂母祠前云漠漠，未央宫外草萋萋。千秋恩怨俱陈迹，抔土荒凉落日低。"[1] 无论是汉高祖还是萧何都是要致韩信于死地而后快的，因而以前的封赏只是障眼法。相较于这种残酷的权力争斗，漂母的一饭之恩就显得特别纯粹而毫无心机。因而是非恩怨的真真假假总是让人迷惑而茫然。回望历史，面对现实，女诗人只有一种悲凉情怀。纪玘文《过淮阴侯祠》："昔日曾闻有此台，今经斯地易徘徊。千秋共识无双士，一庙仍留盖世才。高鸟既无应早退，齐王不请亦相猜。何如也学赤松子，天际翩翩去弗回。"[2] 女诗人表彰韩信绝世无双真国士的杰出才华，赢得了世人敬重。而韩信不知明哲保身的人生哲学，不能早早归隐而酿成的人生悲剧，又让人充满同情而惋惜。刘舜仪《过韩侯祠》："懋名空胜一台存，汉室功臣少受恩。钟室已教三族灭，墓门谁见万家屯。苍葭秋水鱼惊饵，古渡斜阳鸟不喧。回首严滩好烟月，行人终古惜王孙。"[3] 为大汉建立了重大功业的韩信最终却是被怨而逝，足见汉王的寡恩薄情，每每念及此处，常常勾起一片痛心之泪。左锡嘉《过韩侯岭感作》："关门当落日，峻岭郁松楸。古道同今辙，新诗吊古侯。酬恩怀一饭，高冢尚千秋。帝业安在哉，长陵白露秋。"[4] 看到韩侯墓上的常青松柏，想到韩信一生的功过是非，尤其是感想韩信用千金回报漂母的一饭之恩，足以让人感叹不已，如此知恩图报的臣子，又怎能背叛自己的君王呢？时至今日，韩侯之墓尚存，韩侯高义照耀千秋，汉家帝业已经风吹云散，同样是秋水白露，一片萧瑟，历史就是如此之无情，埋没了一切。

陈淑英《淮阴侯庙》："国士祠堂百代新，苍松古柏自为邻。登坛伟略真名将，背水殊勋有几人。不信祸奇由蹑足，谁知功大反亡身。半生事业空陈迹，淮上于今草自春。"[5] 袁嘉《淮城怀古》："芦荻萧萧淮水寒，英雄落魄此乘竿。功成报德千金易。身贱谋生一饭难。古渡荒凉沉夕照。西风飒瑟卷狂澜。萋萋绿遍王孙草。何处重寻旧钓滩。"[6] 二诗所叙，充满千古悲叹意味，过往早已成为历史烟云，令人感想怀念不已。

四、钓台故事惹人怜

相较于韩信墓祠，韩信早年的穷困生活，尤其是厄困时光的河边垂钓，更值

① 李雷主编：《清代闺阁诗集萃编》，中华书局 2015 年版，第 4516 页。

② ［清］纪玘文撰：《重刻近月亭诗稿》，嘉庆十九年（1814）刻本，中国国家图书馆藏，卷四 2a。

③ 黄秩模编辑，付琼校补：《国朝闺秀诗柳絮集》，人民文学出版社 2011 年版，第 1448 页。

④ 胡晓明、彭国忠主编：《江南女性别集二编》，黄山书社 2010 年版，第 1386 页。

⑤ 肖亚男主编：《清代闺秀集丛刊》（全 66 册）第三十七册，国家图书馆出版社 2014 年版，第 444 页。

⑥ 同上，第 240 页。

得同情和怜悯。但也正是韩信的这段经历成为激励后世人奋发有为的动力。因而，缅怀韩信钓台，也成为一个励志故事，而最终结局却又免不了伤感。席佩兰《淮阴侯钓台》："钓竿一掷下鱼矼，定了三秦六国降。羞于将军还作伍，生来国士本无双。论功毕竟追齐地，失策翻因灭楚邦。若似客星归计早，淮阴终竟胜桐江。"① 女诗人在纵横捭阖之中，概述韩信一生功业，评价得失成败，尤其是"失策翻因灭楚邦"之论，见解高绝。韩信岂不知唇亡齿寒的道理，若不参加击败项羽之战，是否会形成三足鼎立之势，也未可知。但是女诗人认为韩信应该谋划保全之策，还是很中肯的。尤其是"若似客星归计早，淮阴终竟胜桐江"的论断，也较有新意，相比严光，韩信缺失了一点自知之明和识人智慧，不然也早早是人人敬仰、功成名就的高洁之士了。黄履《淮阴钓台》："钓台无处拜真王，逐鹿功名太渺茫。绛灌早知羞与伍，笠蓑何苦脱轻装。感恩有志酬高祖，辟谷终教羡子房。千尺碧波留片石，川流呜咽话兴亡。"② 也是一片悲怜之声，遗憾之情。

魏凤珍《韩侯钓台》："韩侯台上秋云阴，韩侯台下秋涛深。英雄不遇出胯下，感恩一饭酬千金。登坛一呼楚军窜，山河万里全归汉。丈夫生不为真王，欲借王名却疑叛。君不见，走兔死，猎狗烹，识时势者全功名。功高不免杀身祸，何不垂钓终平生？"③ 采用乐府的形式，叙说韩信一生的遭遇，功业成败都随着时势的发展而变幻不定，作者深深惋惜韩信在功成之日，不识时务，不能全名保身，及时隐退，落得个身首异地的悲剧下场，令人扼腕叹息啊！徐德音《韩侯钓台》："一望悠悠淮水湄，钓台泯没剩残碑。曩沙但知封齐贵，相背何妨灭楚迟。白帝夜诛宁可敌，赤松高蹈实堪师。始知禄位能昏智，不记当年受胯时。"④ 则深刻批判韩信贪恋功名利禄，不能效仿张良功成身退，隐居山林，保全性命，进而在更广泛的意义上指出"始知禄位能昏智，不记当年受胯时。"岂止是韩信一人被功名利禄冲昏了头脑，忘记以前的艰难时刻，更别说一帮蠹虫，整日削尖了脑袋，投机钻营，深陷其中而不可自拔。由此不难发现女诗人敏锐的眼光和深刻的思想。

屈蕙纕《淮阴钓台》："淮山青，淮水平，汉火已灭遗江城，烟波无恙钓台在。千秋犹说淮阴名，淮阴逐鹿中原去。抛却当年钓鱼处，登坛拜将领全军。解衣推食隆恩遇，雄师破楚定山河。战士投戈奏凯歌，毕竟封侯符蒯徹。岂知成败属萧何，东下齐城郦生死。未央之祸从此始，草闲兔尽狗亦烹。百战元勋竟如此，鱼水君臣恩不终。莫将成败论英雄，岂有密谋成执手。竟将钟室作酬功，自古兴衰如转毂。钟鸣漏尽非为福，只今山木怨啼鹃。王孙不归芳草缘。"⑤ 女诗人通过长篇叙写，全面展示了韩信一生际遇，内心充满怜悯同情！

① 胡晓明、彭国忠主编：《江南女性别集初编》，黄山书社 2008 年版，第 461 页。

② 杜珣编：《闺海吟·上册》，华龄出版社 2012 年版，第 462 页。

③ 黄秋模编辑，付琼校补：《国朝闺秀诗柳絮集》，人民文学出版社 2011 年版，第 2001 页。

④ 胡晓明、彭国忠主编：《江南女性别集初编》，黄山书社 2008 年版，第 41 页。

⑤ 肖亚男主编：《清代闺秀集丛刊》（全 66 册）第六十册，国家图书馆出版社 2014 年版，第 352 页。

　　江淑则通过组诗形式来检讨汉初朝臣们的功过是非。我们对比她的"汉初三杰"三诗来考查作者的情感态度差异。其组诗《淮阴侯》："蹑足时先伏祸根，功高竟至杀王孙。母施一饭犹酬惠，帝授三齐肯负恩。纵自名惭樊哙伍，几曾谋信蒯通言。千秋钟室成疑案，留与诗人替雪冤。"《张留侯》："漫将正士目留侯，才识虽兼学未优。冒险击秦非善策，假情王楚亦阴谋。汉家危本商山计，韩嗣亡由借箸筹。大势已成诸吕乱，如何竟作赤松游。"《萧相国》："秦时碌碌等凡才，第一论功汉业开。盖世英豪刀笔吏，毕生经济簿书才。谋成天下勋常烂，专任关中主屡猜。竟举曹参归代相，不思旧怨亦忠哉。"① 三首诗对于传统观点，进行了大胆突破，敢于质疑历史，勇于为韩信翻案，批判了张良的隐退行为，指斥了萧何的种种不忠，观点新颖，令人耳目一新。在韩信诗中，"母施一饭犹酬惠，帝授三齐肯负恩。"恰如陈蕴莲《读淮阴侯传》诗"德不忘漂母，恩宁负汉王"式的本真情感推理，更是言辞激烈的指出"几曾谋信蒯通言"，这些只不过是君王谋杀韩信的"莫须有"罪名而已。既然如此，女诗人的情感已是忍无可忍，决心为韩信掀翻千秋公案，期待更多的人们参与其中。女诗人用"千秋钟室成疑案，留与诗人替雪冤。"来为韩信雪千古奇冤。对待千百年来一直被视为善终功臣代表的张良，作者开篇即指出"漫将正士目留侯，才识虽兼学未优。"这种观点颠覆了人们印象中传统的张良形象，显然张良虽有才识但是非"正士"，处处隐藏着心机。椎杀秦始皇本是为人乐道的英雄行为，作者却认为是冒险，更重要的是在"大势已成诸吕乱"的危机情况之下，张良竟然还能安心地"作赤松游"。作为辅佐刘邦的重要谋臣，张良安邦定国的智谋更是要在这关键时刻发挥出来，他却没有做到，让四皓出山不知是安刘，还是亡刘？吕后乱政之祸，在女诗人看来，张良负有不可推脱的重要责任。对于萧何，作者更是批评的一无是处，"谋成天下勋常烂，专任关中主屡猜。"萧何碌碌庸才却谋得相国之高位，"竟举曹参归代相"更责难其是不忠之臣。徐德音咏史创作的精湛技艺自是清代女作家中的一流水准，女诗人高超独到的见解，往往思前人所未思，发前人所未发，体现出特立独行的另类风采。而这一点正是古代女性走向精神独立的重要表现，她们突破了"三从四德"的律令束缚，唱出了时代新声，大胆表露自己对社会的见解，勇于开拓，敢于创新。这真是值得大力赞扬的地方，为女性走向独立开辟了思想之路。

　　通过解读清代女诗人吟咏韩信的美妙诗作，我们不难体会她们内心细腻而丰富的情感生活及理想和追求，钦服她们采用的高超诗艺表现技巧，同时能够理解她们难以言说的苦衷，赞赏她们对女性尊严的维护！

---

　　① 胡晓明、彭国忠主编：《江南女性别集二编》，黄山书社 2010 年版，第 1212 页。

聂政故事的历史流变及其改编

——从《史记》到《棠棣之花》

＊本文作者李欣媛，国防大学军事文化学院研究生。

聂政故事作为《史记·刺客列传》人物谱系中慷慨雄奇的一笔，以其"士为知己者死"的悲壮叙事，为后人演绎不衰。不论是古琴曲还是志怪小说抑或话剧文本，聂政故事被一再融入不同的文化形态之中，对后世文学产生了深远影响，郭沫若写作的五幕历史剧《棠棣之花》便是近代以来最为经典的演绎之作，分析总结其嬗变情况，并对人物形象和作品主题进行发现和归析，有助于加深对民族精神中仁义思想的认识，也为我们体察不同历史发展阶段的政治与社会文化风貌提供了有力依据。

一、聂政故事改编的流变

聂政是战国时期的著名刺客，其事迹最早见于《战国策·韩策二·韩傀相韩》一节，讲述了勇士聂政为报答严遂的知遇之恩，只身入韩刺杀韩国大臣韩傀，事成之后为不牵连其姐聂荣自屠而死，后聂荣为扬弟之名，认领了聂政尸体并在其尸体旁自杀的故事。后司马迁又在《史记·刺客列传》中对聂政的事迹以类传的方式做出了记载，内容大致与《战国策》相同，只在三点问题上存在着细微的差别。其一，司马迁在叙述中并未提及聂政刺杀韩傀时兼中韩哀侯一事，因此聂政是否误杀韩哀侯便暂且存疑。其二，司马迁笔下的姐姐聂荣业已出嫁，是作为已婚之妇的身份前去认领聂政尸首的。第三点出入则在于对聂荣之死问题的书写上，《史记》中的聂荣死于悲伤过度，而在《战国策》一书中，聂荣在为弟弟显名后自戕于聂政的尸体旁。

经过了司马迁的书写，聂政事迹在民间得到了更为广泛的传扬和更为丰富的版本演绎，东汉时期蔡邕就曾将《聂政刺韩王曲》收录在其《琴操》一书中，只不过聂政刺韩傀的故事衍化为了铸剑工匠之子聂政为父报仇的故事，刺杀对象也由韩傀变为了韩王。聂政在经历了乔扮泥瓦工行刺未果之后，逃进泰山之中与仙人习琴，后恐为人识破，不惜漆身为厉，吞炭为哑，将短剑藏入琴内刺杀韩王。这里聂政刺杀的事迹显然结合了豫让"入宫涂厕""漆身吞炭"，荆轲"图穷匕见"以及专诸刺杀吴王僚时将匕首藏入鱼腹之内等不同刺客形色各异的刺杀事迹，加大了聂政事迹的传奇力度，将聂政刺杀韩傀的个人恩怨行为升华为反暴政反暴君的正义行动，更加凸显了其不畏强暴、宁死不屈的复仇意志。

此外，清代蒲松龄对聂政的事迹亦推崇有加，他在借鉴《史记·刺客列传》中聂政故事的基础上创作了《田七郎》一文。这一故事同样讲述了有恩必报、然诺必践的侠士田七郎起初为奉行孝道拒绝了贵族武承休与其结交的请求，待母亲去世后顺利为贵族报仇并在事成之后自杀的故事。故事所发生的社会环境及其情节结构与人物设置虽有所变动，但同样延续了《刺客列传》中知恩报恩、忠义冲突等主题，寄予了作者强烈的社会批判精神和浓厚的悲剧意味，极富现实针对性和艺术感染力。在蒲松龄的另一小说《聂政》中，聂政形象则是作为从潞王手中解救良家女子的亡魂而显圣的。作者再次不遗余力地书写了他心目中"手握白刃，气象威猛"①，凛然不可侵犯的英雄聂政，由此可见蒲松龄对于这一人物的推崇以及司马迁的《刺客列传》对《聊斋志异》的写作产生的深远影响。

郭沫若的五幕历史剧《棠棣之花》则是近代以来最为声名卓著的对于聂政事迹的演绎之作，作者曾于 1920 年、1925 年、1937 年、1941 年数度编写聂政的故事，几次执笔又几次搁置，于 1941 年 12 月最终定稿，其间历时 22 年之久，足以见得郭沫若对于这一事迹的偏爱。早在 1920 年和 1922 年，郭沫若便开始了对于《棠棣之花》的构思与创作，并以独幕剧的形式分别发表在《时事新报·学灯增刊》和《创造季刊》上。"棠棣"语出《诗经·小雅·常棣》一诗："常棣之华，鄂不韡韡。凡今之人，莫如兄弟。"意为凡今天下之人，莫如兄弟更亲，此诗原为周公宴请兄弟的乐歌，因棠棣之花每两三朵便彼此相依，诗人借此喻比兄弟之情，后人便将棠棣之花作为兄弟的代称。

1925 年 6 月，受"五卅运动"感召，郭沫若又以十天左右时间写就两幕剧《聂嫈》，也即现在的《棠棣之花》的最后两幕，并于同年由上海光华书局首次出版。1937 年"八一三"战役爆发后，上海沦为孤岛，郭沫若结合前两次的创作成果，整理出五幕剧《棠棣之花》。1941 年年底，得知"皖南事变"的消息后，郭沫若满腔义愤无处发泄，便凭借着戏剧家卓越的戏剧才华与巧妙的斗争艺术，再次对剧本进行增改，完成《棠棣之花》的公演版，至此，大型五幕史剧《棠棣之花》最终成型。

在中国历史长河中，聂政故事被反复审视，既有古琴曲的演绎又有志怪小说的改编，更被今人搬上了话剧舞台，成了经久不衰的故事母题。本文拟以郭沫若的《棠棣之花》为研究对象，通过梳理聂政故事近千年来的嬗变情况，比较其与《史记》中聂政故事在人物形象塑造和主题意蕴等方面的殊异之处，探讨历史经典改编的多种可能，以期待更好地了解《史记》中的刺客文化和精神。

二、《史记》与《棠棣之花》人物形象研究

《史记》中的聂政是一个忠诚守信、重情重孝、舍生取义的侠义之人，然而

---

①　蒲松龄：《聊斋志异》，中华书局 2015 年版，第 6429 页。

郭沫若戏剧中的聂政身上，"义"的内涵发生了延展与深化，作者在其身上注入了正义与公义的崭新人格风貌。姐姐聂荣也由只身赴死的烈女摇身一变，成为要求个性独立和女性解放的新时代女性，有着崇高的政治理想和强烈的社会责任感，并和弟弟一样渴望投身于救国救民的崇高事业。

（一）聂政——由以死报恩到奋勇报国

《史记·刺客列传》中，司马迁将聂政塑造成了一个重义轻身、恪守孝道、智勇兼备的完美侠士形象。严仲子贵为一国卿相，能够在市井屠夫间发现并赏识聂政，奉黄金百镒为聂政母亲祝寿，并在聂政以有老母在身为由拒绝严仲子结交之请后仍以宾主之礼对待聂政。即聂政所谓的"严仲子奉百金为亲寿，我虽不受，然是者徒深知政也。"① 聂政深为严仲子的知己之恩所感，为报答这份不远千里屈尊结交的恩情，聂政不惜以死相酬，仅仅是为了这一面之缘，为了这短暂的伯乐一顾，为了生命中受人尊重与赏识的片刻弧光，为了在后人看来或许并不比死亡更重的知遇之荣，聂政便义无反顾地牺牲了自己的性命，在这个万事万物均通过语言相互辨认，相互体察的今天，我们仍在为人际关系中的最高理想而憧憬和不断尝试着，然而来自旁人的赏识与信赖，肯定与尊重，似已成为幻觉的火海，其中掺杂了太多晦明难分的卖弄和矫饰，语言所构筑的世界或许可以被证伪，然而行动不能、生命不能、"士为知己者死"的人生价值实现方式不能，对于聂政来说，死亡或许是唯一的真实，是证明其心迹的唯一手段，非如此不能报答严仲子的知遇之恩，司马迁笔下英雄聂政"士为知己者死"的崇高壮举，足以令人感佩。

此外，在司马迁的如椽巨笔的擘画下，聂政不仅成了一位为报答知己之恩而献出生命的侠士，还是一位恪守孝悌之道，为赡养母亲不惜降志屈身，居于穷街陋巷之间，为不株连姐姐自毁其面的重情重孝之人。在严仲子登门拜访并奉以百金，表明其寻访为自己复仇之人的来意后，聂政以"老母在，政身未敢以许人也"② 为由明确拒绝了严仲子的请托，待到母亲寿终天年，守孝期满后方才动身西去濮阳为严仲子复仇。在报恩与尽孝之间，聂政首先考虑的是后者，只要母亲尚且健在，报恩就只能让位于奉养母亲，为母尽孝乃是高于一切的头等大事。而聂政为保全姐姐聂荣皮面抉眼的行为更无疑是行刺故事中最具戏剧性和悲剧色彩的一笔。聂政一开始便对自己的刺杀行为有着清醒的认知，他谢绝车骑人众，独自一人上路，既是怕走漏风声后累及严仲子，也势必早已抱定了必死之决心，身为韩王叔父的韩相侠累"宗族盛多，居处兵卫甚设"③，且严仲子曾多次"使人刺之，终莫能就"，④ 但凭他单枪匹马独闯相府又怎能岂求自己能够毫发无伤、功

---

① 张大可、丁德科：《史记通解》，商务印书馆 2015 年版，第 3008 页。
② 同上，第 3007 页。
③ 同上，第 3008 页。
④ 同上，第 3008 页。

成身退呢？聂政必是在刺杀之前就已料知自身悲剧结局，因此才能在行刺成功后做出常人难以想象的轻身自残行为，自己大恩已报，只为不牵累姐姐聂荣，此番姐弟情深，为司马迁笔下的聂政增添了一抹严酷暴戾刺杀行为之外的人性光辉。

　　两千多年后，聂政由"士为知己者死"的游侠摇身一变成了除暴牺牲的爱国志士。郭沫若笔下的聂政刺韩傀不仅仅是为私义，为报答他人对自己的赏识，更为公义，即救国救民、拯救苍生的报国理想。在《史记》中，司马迁对于严仲子与韩傀关系的表述颇值得玩味，仅凭"有郤"一词并不能说明二人因何结仇，也不能令读者从中推断出二人究竟孰是孰非，因而聂政帮助逃亡在外身处弱势的严仲子虽有扶弱抗强之意，却并无明确的政治理想与政治信念作为其行动指引，聂政的报恩动机皆系于情感，而非对于公理正义的追求。而在《棠棣之花》中，郭沫若为聂政刺韩傀一事陈设了三家分晋的更为广阔丰富的历史背景。严仲子作为"抗秦派"，主张韩、赵、魏三家联合起来一致抗秦，韩傀作为"亲秦派"，则主张三家分裂，并意欲与秦国交好，郭沫若在历史真实的基础上进行了大胆的艺术虚构，他将聂政这一人物形象设计为一个与严仲子政治主张相同的"抗秦派"人士，并有着鲜明的政治立场和自觉的政治抱负，有着"均贫富""锄强权""救彼苍生起"① 的崇高理想，渴望奋发有为和建功立业，在乱世中"做出一番救国救民的事业出来"②。私斗只是一方面，郭沫若笔下的聂政有着除暴安良、匡扶正义的更为宏大的野心与正义感，正如剧本第二幕《濮阳桥畔》中聂政所述："但只要于人有利，于中原有利而使用我这条生命，那我这条生命不也就增加了它的价值吗？"③ 郭沫若为聂政的刺杀行为披上了正义性的外衣，主人公的性格特征也由此得到了更为丰富的展现。

（二）聂荣——由为弟扬名到自我觉醒

　　除此之外，郭沫若在剧中还增添了韩山坚、韩哀侯、酒家母女（酒家母与春姑）、卫士与士长、盲叟父女（盲叟与玉儿）、冶游男女等角色，尤其加大了对聂政之姐聂荣的书写力度，甚至曾单独创作出《聂嫈》一剧，可见郭沫若对这一人物的倾心程度。

　　《史记》中的聂荣是一个不畏惧杀身之祸，一心为弟弟扬名的角色，"妾其奈何畏殁身之诛，终灭贤弟之名！"④，在"大呼'天'者三"⑤ 后因悲伤过度死在了聂政的尸体旁。齐、楚、晋三国人在得知这件事后莫不对聂荣之举做出了高度赞扬，"非独政能也，乃其姊亦烈女也。"⑥，称颂了她冒死认尸的事迹。郭沫若笔下

① 郭沫若：《郭沫若剧作全集》，中国戏剧出版社1982年版，第252页。
② 同上，第250页。
③ 同上，第269页。
④ 张大可、丁德科：《史记通解》，商务印书馆2015年版，第3009页。
⑤ 同上。
⑥ 同上，第3010页。

的聂荣则有着并不逊色于弟弟聂政的政治理想和过人胆识，更有着对于家国命运的责任感和实现自我价值的强烈愿望。"去破灭那奴隶的枷锁，把主人翁们唤起。快快团结一致，高举起解放的大旗!"① 她敏锐地察觉到了这个社会的种种弊病，试图与男子一样冲破奴隶制的枷锁，建立一个没有压迫、奴役、歧视和侮辱的新世界。自剧本第一幕二人在聂母墓前诀别之时，聂荣就曾表露出女扮男装与弟弟共赴沙场之意："假如我也是个男子，我不是也可以和你一道去做些有益的事吗?"② 然而身为女子，聂荣无法突破女性身份的束缚，也注定不能够按照自我意志去实现自己的政治主张，因此当自己生命中"生"的欲望不能被合理满足，"生"的自由意志不能得以实现之时，她至少可以安排自己的死亡。她在聂政久行未归时乔装寻弟，并与酒家女春姑一同前往东孟殉死，这既是为不辱没弟弟的英明之举，更是自己支配人生自我意志的体现，是其自尊自强的性格和自我意识充分发育的必然结果。

三、《史记》与《棠棣之花》作品主题研究

聂政故事在文本变化的过程中，由于时代背景和社会文化心理的不同，主题也随之不断演变，由司马迁到郭沫若，聂政故事也经历了由尊信崇义到望合厌分，由书写孝悌之情到展现人类之爱的过程，作品主题得到了截然不同的表达与呈现。

（一）由尊信崇义到望合厌分

司马迁在《史记·刺客列传》后论中写道："此其义或成或不成，然其立意较然，不欺其志，名垂后世，岂妄也哉。"由此可见行刺成功与否并非司马迁评价刺客的主要标准或为其立传的主要原因，司马迁写作《刺客列传》，意在褒扬刺客舍身取义的壮举及其身上迸发出的轻身重义、藐视强敌的主体人格精神。

对于"义"的阐发是司马迁写作《史记》的一贯主题。早在居于七十列传之首的《伯夷列传》中，司马迁就已提出了对于天道不公问题的困惑。"若至近世，操行不轨，专犯忌讳，而纵身逸乐，富厚累世不绝。或择地而蹈之，时然后出言，行不由径，非公正不发愤，而遇灾祸者，不可胜数。"③ 作者将盗跖等凶暴残忍之人与伯夷、叔齐、颜回等行善积仁之人作比，揭露了违法乱纪、胡作非为之人能够安逸享乐、优裕富贵，而品德高尚之人却不得善终、反遭灾祸的黑暗现实，表达了其对于道义沦丧、天道不公的社会现状的强烈愤慨与忧患意识。在发现问题的同时，司马迁亦有着恢复天道、重振仁义之风的野心与行动，那便是发扬人

---

① 郭沫若：《郭沫若剧作全集》，中国戏剧出版社 1982 年版，第 254 页。
② 同上，第 253 页。
③ 张大可、丁德科：《史记通解》，商务印书馆 2015 年版，第 3009 页。

道。他将视线转向了现实生活中的刺客群体，力图通过赞颂和激赏排难解纷、坚守道义、守节不屈的刺客义行的方式来确立整个社会的道德规范与价值取向，解决天道不存的问题。

此外，随着汉代经济社会不断发展，趋利尚贾的社会风气也不断加剧，逐步蚕食着儒家传统思想道德观念和仁义精神，对此，司马迁以史学家的自觉与忧患意识呼唤着不畏强权、己诺必诚等道德公义的回归，不遗余力地书写着聂政、荆轲、豫让、专诸、曹沫等刺客的义行，这种对于舍身取义的行为的推崇与歌颂，有力地回击着苟且偷生、卑鄙怯懦、利欲熏心的社会文化观念，因此，司马迁对于"道义"的推崇背后，实则还暗含着以礼义防于利益的写作意图。

而郭沫若《棠棣之花》的创作则是以皖南事变为时代背景的。1941 年 1 月，国民党顽固派制造了震惊中外的皖南事变。为唤醒民众、打击敌人，郭沫若将战国时期合纵连横的历史与中国共产党坚持抗日民族统一战线、反击国民党顽固派反共高潮的斗争形势结合起来，在作品中加入了望合厌分的主题。"《棠棣之花》的政治气氛是以主张集合反对分裂为主题，这不用说是掺了一些主观的见解进去的。"① 剧中的韩相韩傀与秦国勾结，媚外求荣，借秦国之力压迫齐国与魏国，实则暗指国民党顽固派破坏抗战、实行反共的罪恶行径，而聂政刺杀韩傀，牺牲性命为国除害、为民除奸，也全然是为了促成各国联合抗秦的大业，作者借此传达出反对分裂、反对投降，全国人民团结一致共同反抗日本侵略者的作品主题。《棠棣之花》中，不论是人物关系还是剧情设置，均与政治斗争紧密相连，郭沫若在尊信崇义的作品主旨基础上，融入了望合厌分的崭新主题。

（二）由孝悌之情到人类之爱

《史记》中聂政为侍奉老母拒绝严仲子请托，守着母亲清平度日，为母亲行三年之丧，此为"孝"，为不牵累姐姐而自毁其容，此为"悌"，反之，姐姐聂荣为给弟弟传名而主动暴露身份，亦是出于姐弟之间的骨肉亲情，司马迁所书写的，是父母兄弟之间原始的人际关系，受血缘所影响和决定，既出乎天性，又受到孝悌伦理的规约。无论是聂政尽心赡养母亲，还是照顾姐姐直到她出嫁，抑或是聂荣不惧死亡，执意将弟弟的姓名身份公之于众，都是自然血缘关系使然。

郭沫若在《棠棣之花》中将这种仅由血缘关系所维系的亲情升华为一种更为广泛的同类之爱。酒家女春姑这一角色在目睹了严仲子、韩山坚与聂政三人的会面并听知了聂政的刺杀计划后，为聂政的壮举所打动，对其心生崇敬与渴慕，待聂政死后决心与聂荣一道前往东孟为聂政殉死。春姑与聂政之间并无血肉联系，二人也仅仅在酒楼中有过一面之缘，但春姑却出于渴慕英雄之情和惺惺相惜之意，为了这种单纯而朴素的情感，愿意与聂政奔赴同一种命运，愿意为其交付生命，与他共同受难。酒家母也尊重并且认可女儿的志向，心甘情愿忍受丧女死别

---

① 郭沫若：《郭沫若剧作全集》，中国戏剧出版社 1982 年版，第 332 页。

之痛，将女儿送向死亡的战场。郭沫若笔下人物之间密切而复杂的感情联结很难
被归结为某种单一的男女情爱、朋友之爱或者母子之爱、兄弟之爱，这其中必然
还夹杂着崇拜与尊敬、奉献与牺牲等复杂情感，是一种更为广博的爱的杂糅，郭
沫若将《史记》聂政故事中的孝悌之情升华为仁人志士间的共通情感，并进一步
指向了救国救民的路径和共御外辱的革命理想。

　　司马迁在《史记》中对聂政所具有的性格、付诸的言行、为知己者死的气概
意念进行了全面展现，郭沫若则在此基础上根据已确定的主题进行再创作，对人
物形象和情节进行了更加丰满细致的演绎，笔下的聂政也焕发出了新的生命力，
使得聂政形象在文学中被再次激活。两千多年来，聂政事迹被不断歌颂传扬，其
精神亦成为了一笔宝贵丰厚的文化遗产，他不畏强暴、不惜代价的壮举给予我们
无穷力量，为我们注入了面对生活的不竭动力与无穷勇气。

附　录

2020 年史记曲阜研讨会暨中国
史记研究会第 19 届年会综述

＊本文作者朱枝富，江苏省产业海外发展和规划协会常务副秘书长；沈燕，江苏省产业海外发展和规划协会办公室秘书。

"2020 年史记曲阜研讨会暨中国史记研究会第 19 届年会"，由中国史记研究会主办，曲阜师范大学文学院承办，于 2020 年 11 月 7—8 日在山东曲阜举办，70 多名专家学者出席了研讨会。

一、"研讨会"概说

11 月 7 日上午，首先举行开幕式，中国史记研究会会长张大可先生，曲阜师范大学副校长、教育部长江学者胡钦晓先生，中国史记研究会副会长田志勇先生，中国史记研究会副会长兼秘书长丁波先生，曲阜师范大学文学院院长夏静女士在主席台就座。开幕式由夏静女士主持，胡钦晓先生代表曲阜师范大学、张大可先生代表中国史记研究会分别致辞。

胡钦晓先生首先介绍了曲阜师范大学的成长与成就，是文理并重、文史见长，以优秀传统文化传承和卓越教师培养为突出特色的山东省重点大学，在人文社科领域拥有文、史、哲、教、马等 7 个一级学科博士点。中文学科借助儒学发祥地的丰厚文化资源，在中国古代文学、语言学、比较文学、文艺学、儒学等研究方向凝练特色，汇聚了一支以国家"万人计划"领军人才为代表的高层次人才队伍，产出了一批具有较强影响力的学术成果。他认为，来自全国各地的知名专家学者相聚孔子故里，展开交流研讨，必将是一场激荡思想、启迪智慧的学术盛宴，相信此次研讨会的召开，必将开启"史记学"发展的新征程，推动"史记学"研究取得新成果，也将极大地促进我校中国古代文学学科迈向新阶段。

张大可先生致辞，首先感谢曲阜师范学院文学院在抗击新冠肺炎疫情的非常时期对召开这次《史记》研讨会所付出的辛劳；介绍《史记论丛》第十七集的编辑与出版以及特色体现；然后阐发中国史记研究会成立至今 20 年所作的贡献，出版《史记论丛》十七集，发表学术论文 1000 多篇，推动了五项影响社会的重大学术贡献。第一项，2001 年中国史记研究会成立，在无锡召开太伯奔吴学术研讨会，启动了吴文化研究。第二项，2006 年在河南荥阳召开第五届年会，提出了保护成皋古城文化遗产的倡议，受到河南和郑州市两级政府的重视，落实了对成皋古城遗址的保护；第三项，2008 年在安徽和县召开"项羽专题学术研讨会"，终止了某些地方制造假文物遗迹的计划，避免了巨额资金的流失，端正了不正学风的泛滥；第四项，2005 年、2015 年举办了纪念司马迁诞辰 2150 与 2160 周年学术研讨会，以及 2019 年在北京师范大学召开司马迁生年两说百年争论回顾与梳理专题学术研讨会，出版了《司马迁生年研究》，继续端正不正学风的泛滥，以及对司马迁生年的定案具有重大的历史意义；第五项，由学会组织和推动的《史记疏证》学术工程已全部完成，全书约 2000 万字，力争在两年内推出，具有里程碑意义的学术价值，是中国史记研究会留给历史的一份厚礼。

开幕式后合影留念。

上午的第二项议程是大会发言。田志勇先生、丁波先生主持，江苏省产业海外发展和规划协会朱枝富先生、曲阜师范大学文学院教授张明先生、陕西理工大学教授梁中效先生、西安外国语大学中文学院讲师李月辰女士发言。

朱枝富先生围绕《〈史记索隐述赞〉组论五题》发言。他对《史记索隐述赞》进行系统研究，撰写了《〈史记索隐述赞〉综合研究概述》《〈史记索隐述赞〉文本比较研究》《〈史记索隐述赞〉文本问题研究》《〈史记索隐述赞〉疑难问题研究》《〈史记索隐述赞〉等译读本研究》五篇论文，在发言中着重介绍了开展《史记索隐述赞》研究的一些主要做法，主要是：一是进行文本推敲，形成简体规范文本；二是进行全文注疏，形成"傻瓜"阅读模式；三是进行文字串译，形成通俗优美译文；四是进行立式评说，发掘原文深刻内涵；五是进行原文改造，形成等译阅读文本。这项研究是一项空白，走了前人没有走过的路。

张明先生的发言，题为《孔子"中和为美"的音乐艺术精神》，认为孔子不但具有很高的音乐艺术鉴赏力，而且对音乐艺术本身也有很深入的研究。孔子在归鲁之后做了大量的音乐文献整理工作。现代新儒家代表徐复观认为孔子对中国音乐艺术精神的最高确认是"中"与"和"，我们可据此认定孔子的音乐艺术精神就是"中和为美"，具体表现为"尽善尽美"与"乐而不淫，哀而不伤"两个方面，深刻影响了中国此后历朝历代的音乐艺术创作及审美观念，孟子、荀子、

《乐记》、白居易、周敦颐、王阳明、徐上瀛等音乐美学思想无一不受其影响，直至如今依然发挥着重要作用。

梁中效先生研究唐宋诗词中的司马迁形象，在发言中认为，司马迁是千百年来文人墨客崇拜的偶像、学习的楷模，吟咏了许多诗词，展示了司马迁的人格魅力与《史记》的崇高地位。司马迁的献身精神和"三不朽"的追求，让唐宋诗人敬佩不已，在他们笔下的司马迁形象高大而神圣、真实而崇高、多才而悲壮，主要表现为：司马迁是"文亚圣人"，特立独行的人格给文人们树立了"三不朽"的榜样和内圣外王的楷模，宋人誉为"百年功业秦皇帝，一代文章太史公"；"昔年子长游，落笔妙信史"，人们希望像司马迁那样漫游名山大川，著一代信史，写锦绣文章，师事太史司马公，留得信史炳丹青。

李月辰女士在发言中介绍了日本学者奥田尊对凌稚隆《史记评林》的校订，认为奥田尊是唯一一位对该书作全文校勘的学者，他的校勘十分细致，运用对校、本校、他校、理校等校勘方法，态度严谨，发现并校正了《史记评林》在流传刊刻过程中存在的诸多问题，如校正该书文本的讹、脱、衍、倒问题，对文章断句、文字读音、通假字等问题作了批校，对该书的研究具有重要价值，弥补了国内对该书的接受与研究的缺憾，显示了他扎实的文献功底，代表了明治时期日本学者的研究水平，也具有日本学者细读文本的特色。

下午分三个组开展学术讨论，第一组由河南《信阳师范学院学报》文科编辑室主任韩大强先生、河南许昌学院教授马宝记先生主持；第二组由陕西渭南师范学院组织部部长凌朝栋先生、江苏淮安市淮阴区政协文史委主任徐业龙先生主持；第三组由四川外国语大学中文系教授康清莲女士、山东曲阜师范大学文学院教授丁延峰先生主持。

11月8日上午首先举行大会。中国文史出版社一编室主任王文运先生、凌朝栋先生主持，康清莲女士、广东海洋大学教授赵永健先生、曲阜师范大学文学院院长助理副教授霍俊国先生、淮北师范大学副教授魏泓女士作大会发言。

康清莲研究李斯的人生悲剧，用"功可名世，恶足切齿"八个字来概括，认为李斯由一闾巷布衣，辅佐秦始皇统一六国，创建制度，位列三公；而奉行仓鼠哲学，投机钻营，在秦始皇死后，因畏祸贪权而卖身投靠，出卖灵魂，为虎作伥，杀胡苏，立胡亥，助纣为虐，导致四海沸腾，农民起义风起云涌，到最后，一生不能自保，被赵高、胡亥所杀。司马迁批判了李斯贪求功名富贵、一切以个人得失为转移的极端自私、懦弱的可耻本性。李斯功可与周公、召公并列，却落得身败名裂的悲惨结局，实为千古鉴戒。

赵永健先生研究岭南诗人陈乔森对燕国历史的独特观照与书写，认为陈乔森时称"岭南才子"，任雷阳书院山长，主讲近三十年，有弟子数千人，书画造诣深邃，歌咏燕国的诗作概括性强，视角独特，见解深切。如《黄金台》诗曰："荣利世所趋，人心日以靡。高台置黄金，招贤亦如此。"明确指出高台招贤的本质，就是利用人性的弱点，以物质或精神的利益引诱人们去追逐特定的目标，败坏了社会风气，引起道德滑坡，从而刺穿了屏蔽历史的迷雾，还历史人物以本原面目，发前人之所发，见解独特。

霍俊国先生介绍《史记》对孔府档案的影响，认为孔府档案是孔府留存的系统记录中国最大家族孔氏家族各项活动的私家档案，是重要的历史文献，在写作上受《史记》的影响，"史有诗心"的特点鲜明，主要体现在文学书写方式与审美意蕴两个层面。在文学书写方式上，充满浓厚文学性的文体形式和文本类型，叙事与抒情恰到好处，具有诗化的语言形式，具有激烈冲突的故事情节和个性化人物形象，具有富有张力的文学世界。在审美意蕴上，潜藏个性化的美学气质、具有天地人合一的和谐观念，体现了礼乐之美与诗礼传家的传统以及日常生活的诗意化。

魏泓女士研究《史记》的英语译介，对《史记》英译现象进行系统综观，认为《史记》英译以美国和英国的译介内容为最多。起步较迟的美国的译介成效日趋显著，直至遥遥领先。其译介历程分为三个阶段，一是 1950 年前的中西早期接触的零星译介阶段；二是 1950—1979 年的大规模节译、选译阶段；三是 1980 年至今的多元翻译与全译阶段。《史记》的英语译介从零星译介到大规模的文学性强的篇章选译，再到学术性全译的渐进过程，其传播与接受进程是从片面解读到全面解读的认知演进过程，也是中西文化碰撞、冲突与交融的过程。《史记》的英语译介促进了中国文化的对外传播，体现了中西关系日渐发展的进程，映现出世界文化融合与世界文明的发展进程。

接着是闭幕式，霍俊国先生主持，并代表曲阜师范大学文学院发言；三个小组的代表交流学术研讨情况，分别是韩大强先生、曲阜师范大学文学院研究生刘懿璇女士、丁延峰先生代表各小组发言；田志勇先生代表中国史记研究会作研讨会总结；下届东道主、江苏苏州科技大学教授戈春源先生发言表态。

田志勇先生从三个方面对研讨会予以总结：第一，在今年这样特殊的情况下，曲阜师范大学为我们提供了如此优美的环境，如此精心的安排，对此表示十分感谢。第二，中国史记研究会每次年会都会编辑一本《史记论丛》，汇聚成一本沉甸甸的学术成果集，6 个方面的栏目紧扣了此次研讨会的主题。第三，谈谈关于儒家思想、儒学发展和《史记》关系的问题。曲阜作为孔子故里、东方圣境，是中国传统文化的核心，儒家文化的发源地。《史记》中有儒家的创始人孔子的传记。第一个为儒家思想进行系统的传播，为他们重要的创始人撰写生平的就是司马迁。《史记》在儒学文化的历史传播中，显然起到了极大的作用。谈中国传统文化不得不谈到儒家思想，谈儒家思想的传播与影响，就不得不提到《史记》。

在研讨会召开前的 11 月 6 日晚上，中国史记研究会召开了理事会，20 多名学者参加，由丁波先生主持，介绍了中国史记研究会一年来的工作情况；夏静女士介绍了这次研讨会的筹备工作；戈春源先生介绍了下一届举办《史记》研讨会的初步打算；张大可先生讲话。理事会决定，增补夏静女士，江苏苏州市原政协副主席、苏州市孙武子研究会会长金海龙先生为中国史记研究会常务理事；增补丁延峰先生为中国史记研究会理事。

二、《史记论丛》概述

在这次研讨会召开前，由中国文史出版社出版了由张大可先生、夏静女士、陈曦女士、刘嵘女士主编的论文集《史记论丛》第十七集，作为这次研讨会的学术大礼。

《史记论丛》共收入论文 60 篇，约 60 万字，共分六个栏目，一是"孔子与儒学研究"，收文 5 篇；二是"《史记》文本与注释研究"，收文 5 篇；三是"《史记》思想文化研究"，收文 21 篇；四是"《史记》文学艺术研究及其他"，收文 19 篇；五是"新著摘载与评介"，收文 7 篇；八是"学术动态——会议综述"，收文 3 篇。以下依次阐述：

（一）"孔子与儒学研究"

《史记·孔子世家》，是现存孔子传记当中写作年代最早的一篇，堪称圣人孔子的第一篇传记。因此，孔子研究与《史记》研究，两者存有很大的重叠、关联部分。可以说，孔子研究是《史记》研究的一个重要课题，需要人们持续不断地展开探讨。这次研讨会，为《史记》研究会会员提供了一个研究孔子与儒学的良机。《史记论丛》特设"孔子与儒学研究"专栏，收录 5 篇论文，张明先生、霍俊国先生已在大会上发言，还有 3 篇，也都具有很高的研究质量。

夏静女士的论文《从孔子到〈诗大序〉——儒家早期文学价值观的建构》，认为考察孔子到《诗大序》儒学一脉的学术走向，除实证式地考察源流统绪与师承门户，哲理式地辨析外王资治与内圣心性外，还需评价儒家文学价值观建构的意义。于是，作者从三个方面予以探讨，即一是在价值主体的建构上，从主体性高扬的"君子儒"到主体性萎缩的经生模式；二是在价值立场的嬗变上，从孔子对话式的用诗到汉儒文献式的释诗；三是在正统文学价值观的选择上，从整体性的"六艺"传统到政教一体的诗教原则。此论无疑是孔子与儒学研究的"重磅"，材料充分，论证有力，为研究孔子与儒学提供了有价值的思考。

天津师范大学教育学部副教授傅新营先生的论文《〈史记·儒林列传〉与儒学叙事的次第升降》，指出《诗》《易》《礼》《春秋》的研究在各个历史时期并不是均衡发展的，从《史记》以降的次第变化，可以看出儒学学术发展更细微的历史变迁。并认为，二十五史中，大都为《汉书》所定的知识系统，只有《晋书》《周书》《宋史》是《史记》的子系统，古文经学在古代历史中的统治地位非常明显。

司马迁故里陕西韩城市人吉春先生作《司马迁评价孔子为"至圣"的八大理由》，充分肯定孔子的办学培养人才以及编《诗经》、著《春秋》等，司马迁认为"言六艺者折中于夫子"，故称为"至圣"。

（二）"《史记》文本与注释研究"

这是《史记论丛》的"看家节目"，每次都是作为重点栏目，其中登载了不少优秀的论文。这次收录的 5 篇文章，朱枝富先生、孙月辰女士已在大会发言。还有几篇也是钻之弥深，颇见功力。

南京大学文学院博士孙利政的论文《〈史记〉徐广注引书考》，统计其征引古书 45 种 333 条，涉及经、史、子、集，其中经部 15 种 36 条，史部 17 种 274 条，子部 8 种 17 条，集部 5 种 6 条，提供了较为丰富和珍贵的文献资料，具有重要的辑佚和校勘价值。

宝鸡文理学院副教授姚军先生的论文《〈史记音隐〉佚文的注引方式与撰作年代》，统计《史记集解》注引《史记音隐》共有 8 处，全为音注，其中反切 6 条，直音 2 条，当作于许慎、郑玄、服虔之后的东汉末期。

西安电子科技大学人文学院教师王璐女士的论文《清代的〈史记索隐〉研究》，认为在毛晋重刻单行本《史记索隐》之后，使得无论是《史记》的研究还是其他典籍的研究，又多了一种可资参考的资料，也是清代学者对单行本《史记索隐》价值的最大肯定。

（三）"《史记》思想文化研究"

由《史记》而研究司马迁的思想，研究相关的文化现象，是历代尤其是建国以来经久不衰的研究课题，这体现在各个方面，有说不尽的话语，研究不尽的课题，历来是《史记》研究的重头戏。这次研讨会也不例外，收到研究文章 21 篇，其中康清莲女士、魏泓女士已在大会发言。不少论文角度新颖，论点扎实，其研究又迈上了一个新的台阶。

中国社会科学院大学人文学院教授刘国民先生的论文《〈史记·淮南列传〉辨疑》，对汪春泓提出的此传不是司马迁所作，而是刘受、刘德所写，后经刘向、刘歆修改而成的观点予以否定，认为司马迁基本上认定刘安是谋反被诛，而有一定的冤屈；司马迁据官文书而有反省和批评，以实际的考察和见闻，撰写了此传，对刘安寄寓了一定的同情。

曲阜师范大学文学院教授崔茂新先生的论文《〈史记〉与"隐君子"老子》，质疑"孔子问礼于老子"，认为此说不可以信史视之。《老子》一书的存在，不足以证明老子先于孔子；老子，是一个不知其详，甚至不知其有无的无法作为信史人物对待的"隐君子"。

浙江工商大学人文学院教授徐日辉先生的论文《司马迁〈夏本纪〉与王权国家之启示》，认为在司马迁笔下五帝时期有国家的倾向，大禹治水实践了国家概念，九州的确立、税赋制度的完成，标志着王权国家在东方的出现，这正是司马迁王权国家概念的所在。

台湾清华大学中国文学系教授林聪舜先生的论文《酎金夺侯的法家思维——封爵世袭与集权中央的矛盾与修正》，认为，以军功封侯，形成新的贵族世袭制，与"汉承秦制"而来的法家思维矛盾，也与集权中央、皇权独尊的政治趋势矛盾，必然走向破裂，汉武帝凭借法律化的祭祀礼仪强化皇权，加强中央集权的政治运作，合乎当时的历史趋势，具有一定的合理性。

　　台湾清华大学中国文学系教授李伟泰先生的论文《〈史记·伯夷列传〉析论三题》，认为此传是司马迁借题发挥，抒发心中的怨愤情怀，反映了司马迁的"报应"思想，具有列传总序的作用，体现了文士立信的巨大作用。

　　陕西咸阳师范学院文学与传播学院教授王长顺先生的论文《司马迁的"英雄观"论略》，认为司马迁以深情的笔触书写英雄人物的传奇人生和丰功伟绩，《史记》是三千多年间英雄人物的画廊，通过"英雄"品质的表述、对英雄人物的记叙以及对"生死观"的阐述，体现了司马迁的英雄观。

　　新加坡南洋理工大学中文系副教授曲景毅先生等的论文《从〈史记·外戚世家〉管窥司马迁的天命观》，从政治天命和个人天命两个层面分析，认为司马迁对天命的理解和描述倾向于非自然主义天命观，司马迁笔下的"天"，是有意志的至上神，对王权国祚上的政治更替和个人命运的生死贫富都具有绝对的支配权和控制权。

　　这一栏目还有不少论文，如台湾嘉义大学中国文学系教授蔡忠道先生的论文《王安石史传散文的翻案手法——以〈史记〉相关篇章为考察》、台湾高雄市立空中大学教授陈连祯先生的论文《〈史记·陈丞相世家〉"有主者"君臣对话的解读》、陕西延安大学文学与新闻传播学院教师杨绍固先生等的论文《论〈史记〉在朝鲜半岛的传播与影响》、陕西渭南师范学院人文学院教授王麦巧女士的《谈谈〈史记〉多样的军事人物》、中国劳动关系学院副教授杨波先生的论文《论一代明君汉文帝》、安徽和县薛从军先生、祝兆源先生的论文《论范增"望气"及其政治策略》、台湾交通大学教授黄美玲女士的论文《张良迎四皓助太子的策略思维》、陕西西安培华学院中文系副教授张萍女士的《〈史记〉中的诚信思想及其当代启示》、陕西师范大学文学院博士韩团结先生的《〈史记·滑稽列传〉"滑稽"论》、江苏淮安市淮阴区政协文史委主任徐业龙先生的《灼灼淮阴　灵武冠世——论韩信"将、相、王、侯"的传奇人生》等，也都可圈可点，值得阅读和思考。

（四）"史记文学艺术研究及其他"

　　此栏目主要刊载关于《史记》文学艺术的研究文章。鲁迅说《史记》是"史家之绝唱、无韵之《离骚》"，无疑是充分肯定其文学性，在这方面研究的文章层出不穷。这里登载的 19 篇文章，不少的文章有见解、有价值、有意义，其中梁中效、赵永健已在大会上发言。

　　陕西西安培华学院教授魏耕原先生的论文《〈史记〉情感论》，认为司马迁寓情感于叙事之中，寓爱憎于议论之中，通过"太史公曰"的形式抒情，《史记》是一部"热史"，用来发扬赞美，也是一部"冷史"，用于讽刺鞭挞，还是一部"情史"，感昭无数读者。

　　陕西西安文理学院文学院教授李小成先生的论文《杜诗引〈史记〉与诗史的相关性》，统计杜诗显性征引《史记》69 篇，征引总数 423 条，还有很多的是隐性征引，可见杜诗的史诗性质与《史记》有着莫大关系，杜诗的笔法、精神承接于《史记》的写法与实录精神。

　　重庆市文化和旅游研究院院长刘德奉先生的《〈史记〉的文学高度》，认为《史记》的叙事的手法、故事的跌宕、语言的丰富、音韵的节奏、情感的植人、作者的在场等，都充分体现了文学的特点，所表达的博大的社会胸襟、圣人般的国家担当、深刻的规律求索、宏大的历史叙事、丰富的人文精神，充分体现了司马迁的创作高度、《史记》的文学高度。

　　广西民族大学文学院研究生李晓嫒女士的论文《论〈史记〉中〈刺客列传〉〈游侠列传〉对现代武侠小说的影响》，认为《史记》的《刺客列传》《游侠列传》对现代武侠小说影响甚深，提供了情节灵感、武侠精神以及武侠创意等，武侠的勇敢守信、无私助人的高尚精神永远不过时。

　　南京传媒学院教授徐同林先生的论文《非秦为宝——强秦话语范式浅探》，认为秦国的话语攻略，是直面自省，以错为训，以败为母，以敌为师，经历了非秦为宝的教训，而达到了惊天地、泣鬼神、语不惊人死不休的境地，故能急起直追，后来居上。

　　此栏目还刊登以下论文：内蒙古师范大学中文系教授可永雪先生的论文《〈史记〉中的再创作选评》、陕西师范大学文学院博士陶长军先生的论文《〈史记〉虚词的文学表达功能举隅——以单音词为中心》、陕西省传记文学学会会长薛引生先生的论文《项羽之死的描述缘何真实生动》、陕西师范大学文学院博士殷陆陆女士的论文《论咏史诗对〈史记〉"范蠡辞越"的接受》、广西民族大学古代文学研究生李帅先生等的论文《清代越南使臣咏豫让》、陕西师范大学文学院博士曹阳先生的论文《〈秦本纪〉对穆公形象的建构与意义——以故事重述为中心》、河北工程大学副教授王福栋先生等的论文《拨开迷雾看李广，透过飞将思马迁——司马迁与李广形象的生成》、四川外国语大学中文系研究生黎梦圆女士的论文《两个东方朔：从〈答客难〉文本变异看东方朔之史传形象》、江苏职业护理学院教师张学成先生的论文《历代诗人对伍子胥形象的接受研究》、陕西师范大学文学院博士刘悦先生的论文《雅俗承继与共构：从史传文学到〈伍子胥变文〉》、安庆师范大学人文学院副教授芮文浩先生等的论文《〈剑桥中国秦汉史〉札记》、清华大学博士刘锦源先生的论文《〈史记〉教学研究》等，都有可贵、可取之处，限于篇幅，这里不作展开，只列篇目，供阅读参考。

（五）"新著摘载与评介"

　　这一栏目，是《史记论丛》的特设栏目，介绍了三本《史记》研讨新论著：一是张大可先生的《司马迁生年研究》，商务印书馆 2019 年 1 月出版，刊登其"目录"，摘载其中的第一讲、第三讲、第七讲。二是中国史记研究会名誉会长韩兆琦先生的《点赞·志疑——〈史记〉研读随笔》，中国青年出版社 2020 年 1 月出版，刊登其"前言"。两著均为当代《史记》研究的重要收获。张大可、韩兆琦两位先生在古稀之年仍然具有极高的研究热情和极强的创造能力，所表现出来的永不停歇的生命态度值得所有晚辈学习、礼敬。三是丁波先生翻译的美国学者侯格睿的《青铜世界与竹简世界》，即将由商务印书馆出版，刊登其"目录"，摘载第二题《表现世界》，以及张大可为该书撰写的序言《怎样读〈史记〉——一位美国学者侯格睿的答卷》，表明了中国史记研究会对《史记》域外研究成果的高度重视。

本栏目还收录有关张大可先生、韩兆琦先生两部新著的书评，朱枝富先生的《张大可先生"司马迁生年研究"及相关话题评说》、海南师范大学文学院教授阮忠先生的《〈史记〉可以这样读——读韩兆琦先生〈点赞·志疑——《史记》研读随笔〉》、中国传媒大学文学院教授刘丽文女士的《点赞与志疑：韩兆琦先生史记研究的新创获》，均能从不同角度揭示这两部新著的学术价值，为人们深入把握新书题旨提供了很好的导引。

（六）"学术动态——会议综述"

这也是新开辟的一个栏目，刊登了江苏省产业海外发展和规划协会朱承玲、王小燕、沈燕三位女士参加 2019 年度召开的三个《史记》研讨会的综述，分别是中国史记研究会举办的"《史记》与华夏文明学术研讨会暨中国史记研究会第十八届年会"、华中师范大学历史文化学院举办的"《史记》与文学的对话：《史记》研究的问题与趋势"、陕西司马迁研究会举办的"2019 年学术年会暨中国古代文学、古典文献学学科建设高层论坛"，分别进行了比较全面、系统的学术综述，留下一份较为可贵的历史资料。

三、几点感想

从 2015 年开始，笔者每年都参加《史记》研讨会，每次都撰写综述，每次都有很多的感慨。这次也不例外，《史记》研讨会落下了帷幕，但我们的思绪仍在继续。

其一，在今年这样的非常情况下，能够正常召开《史记》研讨会，是非常不容易的，诚如《史记论丛》前言所说："2020 年初，新冠疫情不期而至，让全国人民经历了一场没有硝烟的战争。这次疫情是新中国成立以来我国遭遇的传播速度最快、感染范围最广、防控难度最大的一次重大突发公共卫生事件。面对突如其来的灾难，中国史记研究会全体同仁在司马迁精神的感召下，不屈不挠，奋力拼搏，一如既往地坚守于《史记》研究阵地，笔耕不辍，佳篇迭出，为今年《史记论丛》的编纂提供了丰富的稿源，也为今年年会的顺利召开提供了有力的精神支持！研究会秘书处的工作人员为此深受感动，利用业余时间加班加点，按时编好稿件，如期为今年年会献上《史记论丛》第十七集这份学术大礼。"中国史记研究成立于 2001 年，至今已 20 年，今年召开的是第 19 次研讨会，其中少开了一次，就是由于 2003 年"非典"的影响。应当说，今年的"新冠"疫情，全球传播，比"非典"要严重多了，而今年能够如期召开，是非常不容易的。

曲阜师范大学文学院为此次会议的召开，付出了大量的辛劳。在去年的《史记》研讨会上，确定举办 2020 年研讨会，并不是在山东曲阜，而原来打算举办研讨会的东道主单位因为发生了一些特殊情况，便推辞掉了 2020 年研讨会的举办。在这样的情况下，时值春夏之交，又正是"新冠"疫情肆虐的时候，中国史记研究会与夏静女士联系，她非常爽快地答应了。在今年，从上到下大都举行线上会议，而线下活动很少举办，谁愿意承担这份责任而劳心费神呢？曲阜师范学院文学院面对抗疫的特殊要求，迎难而上，克服重重困难，积极从事会议的各项准备工作，最大限度地减少疫情对办会的冲击，如期举办了这次研讨会，这份责任担当，这份执着精神，是非常感人的！张大可先生代表全体出席人员向曲阜师范大学文学院领导及承担具体会务工作的同志表示衷心感谢！

其二，中国史记研究会在每年召开《史记》研讨会前，都是正式编辑出版论文集，名为《史记论丛》，今年是第十七集。可以说，这在其他任何研究会、学会，都是无法做到的，或者说是没有打算这么做，只是在临开会前，印出一堆论文资料，会开完了，资料也散了，成了过眼烟云。只有中国史记研究会能做到这一点，这值得大大的点赞！特别是来自中国文史出版社的大力支持，短期内即完成出版。研究会各位同人予以深深地感谢！

其三，中国史记研究会还有一个独特的做法，就是每年研讨会都确定一个非常鲜明的主题，将《史记》研究不断推向深入。我从 2015 年起，一直参加了《史记》研讨会，2015 年在渭南师范学院召开，重点研讨"《史记》与人文精神"；2016 年在重庆召开，重点研讨"《史记》与巴渝文化发展"；2017 年在湖南张家界召开，重点研讨"《史记》与旅游文化"；2018 年在江苏南京召开，重点研讨"项羽文化与文化产业开发"；2019 年在甘肃兰州召开，重点研讨"《史记》与华夏文明"；今年在山东曲阜召开，重点研讨"《史记》与孔子、儒学"；明年将在江苏苏州召开，重点研究"史记与古代重大战役"。这样，每年研讨一项重要内容，不断地将《史记》研究引向深入。这种做法真好，可以说是"单兵深入"，重点突破，成效鲜明。

其四，最后，还要说的，就是《史记》研究的人才队伍，阵容不断壮大，有老一辈的研究专家，也有中年骨干，还有年轻的新生力量。非常可喜的是，有一批用一生精力致力于《史记》研究的专家学者，成果丰硕，程金造、张大可、韩兆琦、施丁、杨燕起、可永雪等老一辈，都是这样的令人敬佩的专家学者；最近几年，不断涌现出一批新的研究人员，大多是研究生，师从《史记》研究专家，从文献研究的角度入手，年轻有为，潜力很大。如陕西师范大学文学院，中国史记研究会每年都收到十多篇研究论文，绝大部分都出自年轻人之手。研究队伍的后继有人，这是非常可喜的现象。然而，一个人作一时的研究，或者完成一篇毕业论文，这是非常容易的，但如果能够坚持一生的研究，无论风吹雨打，永远坐在《史记》研究的板凳上，则是非常不容易的，需要能力，需要毅力，也需要定力。《史记》研究需要深入，需要创新，更需要一批年轻学者坚持不懈地持续研究，像老一辈专家学者那样，终生"守望"，用毕生的心血和精力，在《史记》研究上辛勤耕耘，后来居上，以取得丰硕的研究成果。